개정판

초등 도덕과 교육의 이해

김재식 지음

올력

울력에서 펴낸 지은이의 책

『초등 도덕과 교육의 이해』(1판, 2006)

『논리와 가치 교육』(2007)

초등 도덕과 교육의 이해

지은이 | 김재식

펴낸이 | 강동호

펴낸곳 | 도서출판 울력

2판 1쇄 | 2009년 9월 1일

2판 3쇄 | 2012년 3월 20일

등록번호 | 제 10-1949호(2000. 4. 10)

주소 | 152-889 서울시 구로구 고척로 4길 15-67 (오류동)

전화 | (02) 2614-4054

FAX | (02) 2614-4055

E-mail | ulyuck@hanmail.net

값 | 20,000원

ISBN 978-89-89485-75-9 93370

개정판 서문

이 책을 처음 집필할 때에는 초등 도덕과 교육의 이해를 위해 나름대로 논리적인 체계를 갖추고 접근했다고 생각했었다. 그런데 책이 출간되고 몇 해를 지나면서 여러 부분에서 부족한 점이 발견되어 개정의 필요성을 절실히 느끼고 있었다. 다행히 도덕과 교육 과정이 개편되면서 자연스럽게 2007년 개정 도덕과 교육 과정을 보완하고, 미흡했던 부분을 수정 보완하는 것이 가능해졌다.

먼저, 초판에는 바른생활과를 포함시켜 다루었는데, 개정판에서는 바른생활과 교육 과정에 대한 내용은 배제하였다. 초판에서는 바른생활과가 도덕과의 하위 교과적 성격을 지니고 있다고 생각하여 함께 다루었으나, 제7차 교육 과정 이후 바른생활과가 통합 교과적 성격이 강하게 부각되면서 별도의 독립 교과로서 다루어져야 할 필요가 있다고 판단하였다.

제1부에서는 기존의 부명部名인 '교과로서 초등 도덕과 교육'을 '초등 도덕과 교육의 기초'로 고치고, 내용을 수정 보완하였다. 도덕을 '나와 관계하는 것들'과의 관계 개선이란 관점에서 접근하여, 제1장인 '초등 도덕과 교육의 위상' 부분의 내용을 보완하였고, 기존의 '도덕과 교육의 성격이나 기능' 부분은 삭제하였다.

제5부에서는 제7차 이후 도덕과 교육 과정의 이론적 배경을 대폭 수정 보완하였다. 도덕성의 인지적 측면의 이론적 배경에는 제4차 교육 과정에서부터 제6차 교육 과정까지 중요한 가치 판단의 준거였던 '합리성'에 대한 윤리학적 배경의 비판적 대안으로 '합당성'에 대한 윤리학적 배

경으로 보완하였고, 정의적 측면의 이론적 배경에는 제4차 교육 과정부터 제6차 교육 과정에서 거의 주목을 받지 못했던 '감정'을 고려하는 배려 윤리와 공감 이론을 보충하였고, 행동적 측면의 이론적 배경에는 반두라 등의 사회 학습 이론으로 보완하였다. 또한 2007년 개정 도덕과 교육 과정과 관련하여, 개정 도덕과 교육의 성격과 목표, 내용 구성, 교수-학습 방법 부분을 보완하였다.

이외에도, 초판의 제6부인 '각 교육 과정의 이해와 반성' 부분은 각 교육 과정의 후반부로 자리를 옮겨 각 교육 과정의 이해를 도왔고, 각 교육 과정의 '내용 상세화' 부분은 교육 과정 이해에 큰 도움이 되지 못하는 것 같아 삭제하였다.

기본적으로는 초판의 전체적인 내용을 줄이면서 초등 도덕과 교육의 이해를 위해 핵심적인 것만을 부각시키고자 했던 개고改稿의 초심이 뜻대로 이루어진 것 같지는 않다. 많은 부분을 수정 보완했지만 초등 도덕과 교육을 이해하고자 하는 관점이나 기본 틀은 초판과 다르지 않다.

2009. 7.

김 재 식

초판 서문

　이 책은 초등학교 교사나 교육대학교 학생들의 초등 도덕과 교육에 대한 이해의 폭을 넓히기 위해 집필되었다. 초등학교 교사로서 효과적인 도덕과 수업을 수행하기 위해서는 초등 도덕과 교육 과정에 대한 충분한 이해가 선행되어야 한다. 왜냐하면 초등 도덕과 교육은 초등 도덕과 교육 과정의 구현 과정이기 때문이다. 이러한 점에서 초등 도덕과 교육 과정에 대한 많은 논의가 필요하다고 본다. 그러나 기존의 도덕 교육과 관련된 많은 서적들은 '도덕과 교육'을 이해하는 데에는 많은 도움을 주었지만 '초등 도덕과 교육 과정'과 직접적으로 관련짓기에는 부족함이 있었다. 이러한 문제의식에 기초하여, 이 책은 초등 도덕과 교육을 좀 더 깊이 있게 이해하기 위하여 제반 도덕 교육에 관한 이론들을 초등 도덕과 교육 과정과 연결시키고자 하였다.

　초등 도덕과 교육의 이해는 초등 도덕과 교육 과정의 이해와 다르지 않다. 왜냐하면 초등 도덕과 교육은 초등 도덕과 교육 과정의 구현 과정이기 때문이다. 따라서 오늘의 초등 도덕과 교육을 제대로 이해하기 위해서는 그동안의 초등 도덕과 교육 과정의 역정을 이해하는 것이 중요하다. 우리나라의 도덕과 교육은 해방 이전의 일제 시대에는 수신과라는 과목으로 지도되었고, 해방 후 미군정 하에서는 공민과라는 이름으로 지도되었다. 도덕과 교육은 광복 직후 1946년부터 1954년까지 교수 요목기를 거쳐, 1954년에 교육 과정이란 용어가 처음 등장하였고, 여러 차례 개정을 거쳐 오늘의 제7차 도덕과 교육 과정에 이르게 되었다.

 이러한 짧지 않은 초등 도덕과 교육 과정의 역정을 이해하기 위해, 이 책의 제1부에서는 초등 도덕과 교육의 위상과 제7차 초등 도덕과 교육의 설정 배경, 교과의 성격과 기능 등의 고찰을 통해 초등 도덕과 교육의 본질을 고찰하였다. 현재 우리나라 초등 도덕과 교육은 초등학교 1-2학년을 대상으로 하는 '바른생활과' 와 3-6학년을 대상으로 하는 '도덕과' 로 구분하여 교육을 실시하고 있다. 어떤 교과가 교과로서 정당성을 가지려면 그 교과의 설정 근거는 무엇이고, 그 교과가 왜 필요하며, 그 교과를 통해 무엇을 기대하는지 그리고 그 교과의 고유한 특성은 무엇인지를 분명히 밝혀야 한다. 이러한 교과로서의 고유한 본질을 규명하는 일은 독립 교과에 대한 정체성을 밝히는 일이며, 교과의 정체성은 독립 교과로서 교육 과정의 방향을 결정하는 중요한 의미를 갖는다.

 제2부에서는 우리나라 초등 도덕과 교육 과정을 이해하는 틀로서 도덕성의 세 가지 구성 요소에 기초하여 '행동 중심의 도덕과 교육,' '인지 중심의 도덕과 교육,' '인지 · 정의 · 행동의 통합적 도덕과 교육' 으로 구분하고, 각각의 교육 과정에 관해 고찰할 내용으로 교육 과정의 구성 요소인 목표, 내용, 방법, 평가의 관점을 제시하였다. 대부분의 학자들은 도덕성의 구성 요소를 인지적, 정의적, 행동적 측면의 도덕성으로 세분하고, 도덕과 교육이 목적으로 하는 건전한 도덕성은 도덕성의 3요소 중에서 어느 한 요소에 편중되지 않고 인지, 정의, 행동적 측면의 도덕성을 통합적으로 접근할 때 함양할 수 있다는 점에 동의한다.

 제3부는 '행동 중심의 도덕과 교육' 을 실시했던 도덕과 교육 과정 시기를 살펴보았다. 전통적 접근이라 불렸던 제4차 도덕과 교육 과정 이전의 교육 과정은 행동 중심의 도덕성 함양에 관심을 두었다. 이 시기에는 주로 도덕 규칙이나 덕목을 제시하고 학생들로 하여금 이를 행동으로 실천하도록 하는 데 중점을 두는 덕목 중심의 행동적 접근이었다. 이때의 도덕과 교육은 주로 행위에 대한 정당한 이유나 근거에 관심을 두기보다는 사회가 가지고 있는 기존의 가치나 도덕규범 체계를 내면화 · 습관화

하여, 이를 일상생활에서 실천하도록 하는 행동 중심의 도덕 교육을 중시하였다.

제4부는 '인지 중심의 도덕과 교육'을 실시했던 도덕과 교육 과정의 시기를 살펴보았다. 제4차 도덕과 교육 과정에 이르러 도덕과 교육은 중요한 전환점을 맞는다. 그 이전까지 강조되었던 '행동 중심의 도덕과 교육'이 제4차 도덕과 교육 과정에 이르러 '인지 중심의 도덕과 교육'으로 패러다임이 바뀌게 된다. 제4차 도덕과 교육 과정에서는 도덕적 행동의 실천에는 지적 이해가 선행되어야 자율적인 도덕적 삶이 가능하다고 생각하고 도덕과 교육에 인지적 접근을 도입한다. 이러한 인지적 접근은 '행위'에 대한 합리적인 이유나 근거가 중시되는, 즉 합리성을 추구하는 도덕 교육적 전략으로서 제6차 도덕과 교육 과정까지 지속된다.

제5부는 '인지, 정의, 행동의 통합적 접근'을 견지하는 제7차 도덕과 교육 과정을 살펴보았다. 도덕성의 세 가지 구성 요소를 중심으로, 우리나라의 도덕과 교육은 제3차까지의 행동 중심의 도덕과 교육 과정을 거쳐 제4차에서 제6차까지의 인지 중심의 도덕과 교육 과정을 실시하였다. 이러한 도덕과 교육 과정의 시행착오적 결과를 통해 제7차 도덕과 교육 과정에 이르러서는 인지 · 정의 · 행동의 통합적 접근을 지향한다. 제7차 도덕과 교육 과정에서는 이전의 '행위' 중심의 도덕과 교육에서 '행위자' 중심의 도덕과 교육으로 전환된다.

제6차 도덕과 교육에서는 행위에 대한 정당성 탐구, 즉 행위에 대한 정당한 이유나 근거를 탐색하는 데 관심을 두었다면, 제7차 도덕과 교육 과정에서는 행위보다는 행위자의 인격이나 덕의 함양에 초점을 맞춘다. 즉, 제7차에서는 행위에 대한 정당한 이유나 근거를 알고, 가슴으로 느낄 줄 알며, 기꺼이 실천으로 옮기도록 하는 행위자의 인격 혹은 도덕적 덕의 함양에 관심을 둔다. 이것은 구체적으로 도덕성의 인지, 정의, 행동적 측면의 구성 요소를 통합적으로 접근하는 방식이다.

제6부는 지금까지 고찰한 '행동 중심의 도덕과 교육,' '인지 중심의 도

덕과 교육,' '인지, 정의, 행동의 통합적 도덕과 교육'의 도덕 교육적 의의와 한계 그리고 반성할 점에 대해 살펴보았다.

이 책의 여러 부분들에 대해 많은 부족함을 느끼기에, 솔직히 두려운 마음이 적지 않다. 특히, 이 책은 도덕 교육 이론에 대한 객관적 서술이 아니라 필자의 주관적인 관점이 개입된 진술이기 때문에 더욱 그렇다. 이 책의 모든 부족한 부분은 필자의 학문적 미숙함에 있음을 고백하며, 앞으로 독자들의 질정을 기대한다. 다만, 이 책이 초등 도덕과 교육을 이해하는 데 미력하나마 도움이 되길 바라며, 앞으로 더욱 노력하여 부족한 부분은 수정 보완해 나가고 싶다. 끝으로, 이 책이 나오기까지 많은 도움을 주신 박재주 교수님과 선우현 교수님을 비롯한 윤리교육과 교수님들, 늘 학문적 격려와 용기를 주신 한국교원대학교 조성민 교수님과 공주대학교 이효범 교수님, 어려운 여건 속에서도 이 책의 출간을 흔쾌히 허락해 주신 울력 출판사 강동호 사장님과 직원들께 감사를 드린다.

2006. 6.

김재식

차례

제1부

초등
도덕과 교육의
기초

인간은 누구나 좋은 삶을 추구한다. 도덕적 인간은 좋은 삶을 위한 필요 조건이다. 왜냐하면 도덕적 인간이 될 때 나와 관련된 사람이나 사물들 간에 올바른 관계 정립이 가능하게 되며, 올바른 관계 정립은 좋은 삶의 토대가 된다. 초등 도덕과 교육은 도덕적 인간의 양성을 목적으로 한다. 제1부에서는 초등 도덕과 교육의 기초에 대해 살펴본다.

제1장 초등 도덕과 교육의 위상

인간은 누구나 '좋은 삶'을 소망하며, 이를 추구한다. '좋은 삶'은 시대나 개인에 따라 달리 정의될 수 있지만 한마디로 '잘 사는 삶'이다. 그리고 이러한 잘 사는 삶을 위한 의도적이고 계획적인 활동이 다름 아닌 교육이다. 인간의 보다 나은 삶을 위해, 교육은 때에 따라 선조들의 지혜나 문화를 전수하는 일에 전념하기도 하였고, 인간의 바람직한 행동에 관심을 두기도 하였으며, 인간의 잠재 능력의 발달을 통한 자아실현에 초점을 맞추기도 하였다.

이러한 관점에서, 좋은 교육은 잘 사는 삶으로부터 연역되기 마련이며, 교육이 좋은 삶에 기여하지 못할 때 바람직한 교육이라 보기 어렵다. 그렇다면 오늘날 우리가 소망하는 좋은 삶이란 어떤 것일까? 일반적으로 좋은 삶은 우리에게 필요한 물질의 풍요로움과 더불어 나를 둘러싸고 있는 것들과의 올바른 관계 정립을 통해 공동체 속에서 행복감(정신적 만족)을 느끼며 인간답게 사는 삶이라 할 수 있다.

1. 물질적 풍요를 위한 창의성 교육

르네상스 이후, 인간은 정신의 양식보다는 육신의 양식에 관심을 갖게 된다. 오늘날 우리는 영혼과 금욕주의가 강조되었던 과거와는 달리, 정신적인 만족보다는 육신의 편안함을 추구하게 되었고, 이에 따라 인간의 모든 지성은 육신의 양식에 기여하게 된다. 그 결과 과학의 발달과 산업혁명을 가져왔고, 육신의 삶은 편안하게 되었다. 그러나 오늘날에는 이러한 실용적 편리주의를 넘어 향락주의 문화로 치닫게 되는 문제를 낳았다.

기실, 어느 시대와 장소를 막론하고 인간이 물질(재화) 없이 행복한 삶을 영위하기란 현실적으로 불가능하다. 왜냐하면 인간은 의, 식, 주의 기본적 욕구를 갖고 있기 때문이다. 이러한 기본적 욕구는 인간의 삶과 직결되는 원초적인 본능이며, 이것은 결국 물질과 관련되고, 이를 만족시키지 못하고는 인간다운 삶을 살기 어렵다. 특히, 물질문명이 발전하면서 이에 대한 욕구는 점차 증대되고 있다. 따라서 좋은 삶과 관련하여 교육은 물질적 풍요의 문제에 관심을 갖지 않을 수 없다.

그간의 인간 사회는 물질(재화)을 획득하기 용이한 방식으로 형성되었다. 농경 사회에서 물질의 원천은 토지에 있었으며, 좋은 토지를 중심으로 사회가 형성되었다. 좋은 토지의 조건으로는 물을 구하기 쉽고, 평평하고 넓은 땅이었다. 그리고 물질 생산을 위해 필요한 것이 육체적 노동력이었으며, 이에 따라 남아男兒 선호와 대가족 제도는 불가피한 선택이었다. 이후, 산업 사회가 도래하고, 물질이나 재화의 근원이 토지에서 공장으로 바뀌게 되면서 사람들은 농촌을 떠나 도시의 공장 주변으로 모이게 되었다. 산업 사회에서 요구되는 것은 육체적인 노동력보다는 지식과 기술이었기에 자연히 대가족 제도는 소가족 제도로 대체되었다.

오늘날은 산업 사회에서 정보화 사회로 변모하고 있다. 이러한 정보화 시대의 물질적 풍요는 새로운 물질과 기술의 창조로부터 나온다. 오늘날에는 토지나 굴뚝과 같은 하드웨어보다는 아이디어와 같은 소프트웨어에 경제적인 부가가치가 더 창출된다. 이제, 개인이나 국가는 물질적인 풍요를 위해 새로운 물질이나 기술을 창출해 내야 한다. 새로운 기술이나 물질을 많이 생산하는 개인이나 국가는 물질적 풍요가 보장되며 경제력은 강화된다. 그리고 이러한 경제력은 곧 개인이나 국가의 힘으로 연결된다. 따라서 오늘날 새로운 물질을 많이 생산하고 기술을 개발하지 못한다면 물질적인 풍요를 누리기 어려우며, 이를 위해 요구되는 교육적 노력이 창의성 교육이 아닌가 싶다.

2. 올바른 관계 정립을 위한 도덕성 교육

좋은 삶을 위해 물질적 풍요는 필요하다. 그러나 물질적 풍요는 좋은 삶을 위한 필요조건이지 충분조건은 아니다.

> 경제는 물론 중요하다. 그러나 그것은 건전한 사회, 아름다운 가정을 위한 필요 조건이지 충분조건은 아니다. 20, 30년 전보다 우리 경제는 엄청나게 발전했고, 가전제품이나 자동차의 품질은 비교할 수 없이 좋아졌지만 우리의 생활이 그 때보다 더 행복하고 인간의 품질도 더 좋아졌다고 말할 수 있을까? 보수와 진 보, 지역 간 계층 간에 질시와 의혹과 반목이 사람들 마음속에 가득하고 포르 노와 욕지거리가 인터넷을 뒤덮는 세상이라면 경제가 좋아진들 무슨 큰 의미 가 있겠는가… 이제는 국민정신 회복에 노력해야 할 것이다. 새해 벽두, 문득 지나간 세월을 돌이켜 보면서 경제 못지않게 중요한, 잃어버린 우리의 전통적 덕목에 새삼 그리움을 느낀다.[1]

인간이 아무리 물질적 풍요를 누리고 산다 하더라도 우리와 관계하는 것들과의 올바른 관계가 정립되지 않고는 좋은 삶은 불가능하다. 예컨대, 공동체의 유대관계가 돈독하지 못하고 무질서하다면 그리고 물질을 운 용하고 통제할 수 있는 정신적인 힘이 부족하다면 결코 좋은 삶을 영위 하기 어렵다. 물질적 풍요는 좋은 삶을 위해서 필요한 조건일 수는 있지 만 충분한 조건일 수 없기에, 덧붙여야 할 중요한 조건이 또한 필요하다.

---

1. 이규민(2006), 「우리시대의 얻은 것과 잃은 것」, 동아일보 이규민 칼럼.

좋은 삶을 위해 요청되는 또 다른 조건은 올바른 자기 정립과 나와 관계 하는 것들, 예컨대 타인, 신神, 자연, 물질과의 좋은 관계 정립이다. 다시 말해, 좋은 삶은 물질적 풍요와 더불어 '나와 관계하는 것들과의 좋은 관 계'로부터 비롯된다.

먼저, 올바른 자기 정립이 필요하다. '나는 누구이며,' '어떻게 살아야 하는가'에 대한 올바른 정립이 필요하다. 나는 오늘 현재를 살아가고 있 는 주체이며, 내가 자리 잡고 있는 이 공간의 주체자이다. 이러한 나의 주 체적 자각이야말로 자신의 삶을 소중히 여기는 출발점이다. 우리는 주체 主體, 즉 '자기 몸의 주인'이라는 자각으로부터 국가와 세계의 주인으로 발전한다. 따라서 '자기 몸의 주인'이 되기 위한 철저한 자기 성찰, 즉 '나는 누구이며,' '어떤 삶을 살아야 하는가'에 대한 올바른 자각이 요구 된다. 이러한 올바른 자기 정립은 자기 자신에 대한 자긍심을 갖게 하며, 자기실현의 토대가 된다.

둘째, 타인과의 올바른 관계 정립이 필요하다. 다시 말해, 좋은 삶은 '좋 은 인간관계,' 즉 공동체와의 돈독한 유대관계로부터 나온다. 나와 관계 하는 사람들과의 좋은 인간관계는 나를 좋은 삶으로 인도한다. 예컨대, 가정에서 매일 만나는 가족들 간의 좋은 인간관계는 가정에서 나를 행복 하게 한다. 부모와의 관계가 원만하고 형제간 관계가 돈독할 때, 우리의 삶은 즐겁다. 만약 부모와의 관계가 매끄럽지 못하고 형제간의 관계가 불 편하다면 가정에서의 삶은 불행하게 될 것이다. 이것은 학교나 직장에서 도 마찬가지이다. 어찌 보면, 오늘날과 같은 물질적 기반이 갖추어진 사 회에서의 행복한 삶은 타인과의 원만한 인간관계에 더욱 의존한다.

셋째, 올바른 자연과의 관계 정립이 필요하다. 근대에 들어와 수세기 동안, 과학 기술의 발달과 산업화 과정은 물질적 풍요와 생활의 편리함을 가져왔다. 그러나 이러한 인간의 물질적 이로움 뒤에는 심각한 환경오염 과 생태계의 파괴가 있었고, 이로 인해 인류는 중대한 생존의 기로에 서 있다. 여기에는 인간과 자연과의 상호 관계성에 기초한 연대감이나 일체감의 의식보다는 자연을 지배나 정복의 대상으로 보는 편협된 자연관이 자리하고 있다. 이제, 인간 중심주의에서 벗어나, 자연과 인간이 함께 공존하는 생태학적 관점이 요구된다. 인간은 생명의 근원 혹은 삶의 터전으로서 자연과의 올바른 관계가 정립되지 않고는 행복한 삶을 보장받기 어렵다.

넷째, 신과의 올바른 관계 정립이 필요하다. 신은 인간의 궁극적인 관심거리이다. 예컨대, '신은 존재하는가' 혹은 '인간(나)과 신은 어떤 관계인가' 등 인간이라면 누구나 신에 대해 보편적인 관심을 가지고 있다. 이것은 무한성 혹은 완전성에 대한 인간의 동경이며, 유한성 혹은 불완전성에 대한 인간의 자기성찰의 반영이기도 하다. 인간은 우주의 신비로움과 관련하여 신을 생각하기도 하고, 완전한 도덕적 삶과 관련하여 신을 상정하기도 하고, 죽음의 문제를 해결하기 위해 신을 전제하기도 한다. 이처럼 우리의 삶에 있어서 신과 인간과의 관계는 불가분의 관계에 있다. 따라서 신과 인간의 올바른 관계 정립을 통해 인간의 좋은 삶의 지평은 확장될 수 있다.

마지막으로 물질과의 올바른 관계 정립이 필요하다. 오늘날 '물질과의 관계를 어떻게 정립할 것인가' 하는 문제는 매우 중요하다. 언제부턴가 물질이 신神의 자리를 대신 차지하게 되면서, 우리는 물질을 우상화하는 물질 만능주의 시대에 살고 있다. 물질이 삶의 목적이 되었고, 인간은 물질의 노예가 되어 살아가고 있다. 우리는 물질과의 올바른 관계 정립을 통해 물질의 주인으로서의 관계를 회복하여야 한다.

산업 사회에 있어서는, 물질적 가치 또는 수단적 가치를 숭상함이 지나쳐, 정신적 가치 또는 목적 가치가 압도를 당하는 경향이 있다. 예컨대, 금전이나 지위를 추구함이 지나쳐 인간 또는 인격적 가치를 소홀히 대접하는 결과가 흔히 생긴다. 이것은 인간을 위해 사용되고 봉사해야 할 돈이나 지위가 오히려 인간보다도 높은 자리를 차지함을 의미하는 것이니, 명백한 '가치체계의 전도' 현상

이다.[2]

가치체계의 전도는 우리의 생활 질서를 근본적으로 혼란에 빠뜨린다. 왜냐하면 물질이 우리의 최상의 목적이 될 때 인간의 생명이나 인격의 경시 현상은 불가피하기 때문이다. 이것은 물질이 우리의 좋은 삶을 위한 필요조건이기는 하지만, 이를 제어할 수 있는 도덕 관념을 동시에 요청함을 함축한다.

나아가, 우리는 물질을 통제할 수 있는 정신적인 힘을 강화해야 한다. 물질을 운용하는 인간의 정신적 힘이 결여되었을 때 인간은 결코 좋은 삶을 살기 어렵다. 토인비A. Toynbee의 말을 들어보자.

> 인류가 달성한 과학 기술과 윤리 사이에는 아직 위험한 간격이 있다. 지금도 이 간격은 크고 날이 갈수록 더욱 커갈 것이다. 우리 세대의 과제는 우리가 수중에 넣은 이 선악 양용의 거대한 힘을 정신적으로 지배할 수 있을 때까지 인류의 윤리를 드높이도록 노력해야 할 것이다. … 달 착륙이 제3차 대전의 대용품으로 도움이 된다고 하면 이것에 들인 용기와 돈이 좋은 목적에 쓰인 것이지만 우리가 지금까지 해 온 것처럼 지구상에서의 습성대로 나간다면 달 착륙이란 인류가 잉여생산물을 어처구니없는 일에 쓴 것으로 기억될 것이다.[3]

물질을 사용하고 운용하는 인간의 정신적인 힘이 결여될 때 물질은 인간의 삶을 편리하게 하는 도구가 아니라 인간의 생명을 위협하는 무기로 돌변할 수 있다. 물질이 인간을 위해 선용될 때 물질은 가치가 있는 것이다. 물질은 인간 삶의 수단이지 결코 목적일 수 없으며, 인간은 결코 만족한 돼지로만 살 수 없는 영적인 존재이다. 여기에 요구되는 교육적 노력

---

2. 한국국민윤리학회(1989),『사회사상과 윤리』, 형설출판사, p. 71.
3. 안종운(1990),『생활인의 윤리학』, 형설출판사, pp. 14-5 재인용.

이 도덕성 교육이다.

지금까지 살펴보았듯이, 교육은 인간의 좋은 삶에 기여해야 하며, 좋은 삶은 물질적 풍요와 나와 관계하는 것들과의 올바른 관계 정립과 개선을 동시에 요청한다. 이러한 맥락에서, 오늘날 우리의 교육은 물질과 정신의 조화로운 발달에 당연히 기여해야 한다. 따라서 오늘날 우리 교육의 핵심은 물질적 풍요를 위한 창의성 교육과 정신적 힘을 고양하기 위한 도덕성 교육이며, 초등 도덕과 교육은 이러한 도덕성의 기초를 다지는 교과로서 그 중심에 위치하고 있다.

제2장 도덕 교육과 초등 도덕과 교육의 특성

일반적으로 '도덕 교육'이라고 말할 때 '도덕 교육'은 모든 형태의 도덕 교육을 의미하지만, 교과로서 도덕 교육은 일반 도덕 교육과 구분하여 '도덕과 교육'으로 지칭한다. 이 장에서는 초등 도덕과 교육의 기본을 이해하기 위해 일반 도덕 교육에 대해 살펴보고, 교과로서 초등 도덕과 교육의 기초를 이해하기 위해 도덕 교육과 초등 도덕과 교육의 설정 근거, 도덕과 교육의 목표로서 도덕성 함양, 초등 도덕과 교육의 내용과 방법적 특성에 대해 고찰한다.

1. 도덕 교육

도덕 교육은 아동-학생의 도덕 생활에 요구되는 모든 능력과 관계되는 일체의 교육적 활동을 뜻하는 것으로, 가정이나 학교 그리고 사회에서 행해지는 다양한 형태의 교육을 포함한다. 그리고 '도덕과 교육'은 국어, 수학, 과학, 사회과, 음악, 미술, 체육과 같이 하나의 교과를 일컫는다.[4] 즉, 도덕 교육은 가정이나 사회에서 이루어지는 일반적인 도덕 교육과 학교의 일반 교과 교육에서 이루어지는 도덕 교육 그리고 잠재적 교육 과정

---

4. 이돈희(1988), 『도덕교육원론』, 교육과학사, p. 280.

에서 이루어지는 도덕 교육 모두를 포함한다. 따라서 초등학교에서의 모든 교육 활동은 도덕 교육과 무관하지 않다.

현재 초등학교의 도덕 교육은 공식적인 교육 과정에서의 도덕 교육과 잠재적 교육 과정에서의 도덕 교육으로 나누어 볼 수 있다. 먼저, 공식적인 교육 과정, 즉 전 교과 교육에서 이루어지는 도덕 교육을 살펴보자.[5] 국어과의 경우, 도덕적 개념의 정확한 이해나 용법에 대한 기초를 제공해 주기 때문에 도덕적 사고력의 발달에 중요한 의미를 갖는다. 특히, 등장인물의 행동이나 가치관 및 갈등을 이해하고 탐색함으로써 간접적인 도덕적 체험을 할 수 있는 장점이 있다.

사회과의 경우, 도덕과가 독립 교과로 분리되기 이전에는 도덕 교육의 기능을 수행하였다. 도덕 교육은 사회생활의 여러 장면에서 개인이 취해야 할 생활의 자세를 그 내용으로 하기 때문에 사회과의 내용들은 도덕 교육의 자료로 활용이 가능하다. 또한 사회생활에서 발생하는 이해관계나 문제들에 대한 도덕적 논의를 통해 도덕적 관점을 이야기할 수 있다. 자연과의 경우, 과학적 탐구 활동이 목표로 하는 세계에 관한 객관적인 이해는 합리적인 삶의 기초가 된다. 그리고 합리적 가치 판단은 과학적 지식을 요청한다는 점에서 매우 중요한 의미를 갖는다. 이외에도 체육과를 통해서 규칙의 준수를 실천하게 하고, 음악과 미술 교과를 통해서는 정서적인 체험과 순화를 꾀할 수 있다.

학교의 공식적 교육 과정에는 교과 활동 이외에 특별 활동이나 생활 지도 등이 포함된다. 초등학교에서 이루어지는 생활 지도는 연중 계획에 의거, 학생들이 지켜야 할 규칙이나 덕목을 제시하고 이의 습관화를 꾀한다. 생활 지도는 어린이로서 지켜야 할 바른 예절과 질서 생활의 습관화 및 정직하고 협동하는 생활 태도를 기르는 데 있고, 지도 방침으로는 일관성 있게 지속적으로 지도하며, 질서 생활을 습관화해 준법정신이 조기

---

5. 위의 책, pp. 229-33.

에 정착되도록 중점 지도한다.

또한 많은 초등학교에서는 아침이나 오후의 여가 시간을 이용하여 '명상의 시간'을 운영하고 있다. 이 시간에는 주로 모범 사례나 예화 혹은 옛 성현들의 이야기를 들려줌으로써 학생들로 하여금 감화 감동을 받아 그 행동을 본받도록 하고 있다. 명상의 시간을 운영하는 목적은 여러 선행 사례를 들려주고 이를 본받게 함으로써 학생들의 도덕성을 성장시키고자 하는 것이다.

학교 교육의 잠재적 교육 과정에서의 도덕 교육은 학교 환경이 차지하는 비중이 높다. 예컨대, 학교 일과를 운영하는 방식이나 학교의 전통, 교사들의 인간상, 학생들 집단에 형성된 문화나 분위기, 교사와 학생 간의 인간관계, 학부형들의 사회 문화적 지위 등은 학생들의 도덕 교육에 영향을 줄 수 있다. 이외에도 가정 혹은 사회에서 이루어지는 도덕 교육은 학생들의 도덕 교육에 지대한 영향을 주고 있는 것이 사실이다.

그러나 이러한 도덕 교육은 도덕규범을 내면화하고 도덕적 행동의 습관화를 꾀할 수 있다는 긍정적인 측면도 있지만, 교육 목적과 교육 방법론에서의 한계는 도덕성을 함양하는 데 있어 여러 문제점을 지니고 있다. 먼저, 각 교과에서 지도하는 도덕 교육은 교육 목적의 측면에서 도덕성 함양이 핵심적인 가르침은 아니라는 점이다. 다시 말해, 각 교과 교육에서 실시하는 도덕 교육은 도덕성 함양을 핵심으로 하기보다는 주변적인 교육적 효과를 노리는 것이라고 이해하는 것이 옳다.

예컨대 국어과의 핵심은 정확한 언어 학습을 통해 자신의 생각을 분명하게 표현하고 남의 생각을 제대로 이해할 수 있도록 지도하는 것이라고 볼 수 있다. 사회과에서도 도덕이나 도덕성에 관한 본질적 문제를 다루기보다는 사회의 전반적 현상에 대해 탐구하며, 과학과 역시 자연 현상에 대한 내적인 논리를 파악하는 데 주안점을 두고 있다. 마찬가지로 체육이나 음악과에서도 그 교과의 본질적 측면이 도덕성 함양에 있지 않음은 분명하다. 따라서 초등학교의 각 교과 교육을 통한 도덕 교육은 교육 목적 측면에서 볼 때 도덕 교육을 핵심으로 하기보다는 도덕적 생활을 안 내하거나 강화하는 역할을 하는 셈이다.

　다음으로, 도덕 교육의 교육 방법적 측면에서의 문제점을 지적할 수 있다. 가정이나 사회 혹은 타 교과 시간에 이루어지는 도덕 교육은 일반적으로 '거짓말 하지 마라,' '부모님께 효도해야 한다,' '질서는 지켜야 한다' 는 식의 행동 지침과 유사한 방식으로 접근한다. 다시 말해, 여기에서 제시하는 '행동 지침' 은 누구나 당연히 지켜야 할 도덕규칙이나 덕목들로 이해하고 수용한다. 이러한 행동 지침은 흔히 어른이 아이에게 일러주는 도덕적 교화moral indoctrination[6] 형태의 도덕 교육으로서, 도덕적 논의의 교육보다는 주로 가치나 덕목의 주입에 관심을 둔다.

2. 초등 도덕과 교육의 특성

　교과로서의 '도덕과 교육' 은 보다 계획적이고 체계적이다. 교과로서의 '도덕과 교육' 은 일반적인 도덕 교육에서 주변적이었던 도덕이나 도덕성에 관한 내용을 핵심적으로 다룬다.

1. 도덕과 교육의 설정 근거

　초등학교 도덕과의 설정 배경은 ① 역사 문화적 · 윤리 교육적 전통으

---

6. 교화를 위교나 맹교로 혼용하여 쓰고 있으며, 교화의 개념을 진리가 아닌 허위를 가르치는 개념으로 또는 진리를 가르치되 그것이 진리임을 뒷받침하는 근거를 제시하지 않고 맹목적으로 수용하게 할 때를 그리고 의도적으로 허위를 가르치거나 증거를 은폐시킬 때를 지칭하기도 한다. 윌슨J. Wilson은 진리가 아닌 것을 진리인 양 가르치는 것을 교화로 보고 있다. 이돈희(1988), 앞의 책, p. 301.

로부터의 근거, ② 현실적 · 국민적 요구로부터의 근거, ③ 사회 발전과 인성 교육적 요구로부터의 근거, ④ 개인의 자아 발전과 도덕적 자기 완성 요구로부터의 근거, ⑤ 학문적 · 교과 교육적 근거[7]로 정리할 수 있다.[8] 첫째는 역사 문화적 · 윤리 교육적 전통으로부터의 근거이다. 초등 도덕과 교육의 근거는 우리 민족의 독특한 정신문화에서 비롯되는 역사적 · 도덕 교육적 전통에 그 근거를 둔다. 우리 민족은 인의도덕을 숭상해 온 문화 민족이다. 일찍이 홍익인간과 재세이화의 정신은 우리가 얼마나 윤

---

7. 교육과학기술부(2009),『초등학교 교사용 지도서 도덕』, 지학사, pp. 4-7.
8. 이돈희는 도덕과의 설정 근거로서 두 가지 측면을 제시하고 있다. 하나는 교과 외적인 근거로서 사회적 요구에 비추어 정당화되어야 하고, 다른 하나는 교과 내적인 근거로서 학교의 교육 내용으로서 교과가 가지는 준거의 타당성에 근거하여야 한다고 본다. 그는 도덕과 교과 설정의 근거로서 첫째, 사회적 요구에 비추어 정당화되어야 한다고 본다. 학교는 사회적 기구로서 사회적 목적을 수행한다고 보고, 사회적 기구는 그 공통적 가치 체계의 추구와 실현을 위해 존재하므로 그 가치 체계를 내면화해야 한다. 그러므로 학교는 현대 사회의 구조적 복잡성이 가치 혼란을 야기하고 있으므로 학교가 이를 정화하여야 하며, 특히 전통적 가치 체계의 약화와 다가치 체계의 양상을 특징으로 하는 현대 사회는 시민의 자율적 가치 판단 능력의 신장을 요구한다는 것이다. 둘째는 도덕과가 하나의 독립된 교과로서 성립되기 위해서는 학교의 교과 설정의 준거를 만족해야 한다는 것이다. 그에 의하면, 도덕과 설정은 지식의 미분화 경향에 영향을 받고 있다. 즉, 현대 사회는 지식의 폭발적인 양적 증가와 질적 변화로 인해 도덕성과 관련된 지식의 증대를 가져왔고, 도덕적 가치 탐구의 방법론적 특수성은 일반 교과 교육으로 하여금 도덕 교육을 감당할 수 없게 만들었다는 것이다(이돈희(1988),『도덕교육원론』, 교육과학사, pp. 270-4). 이택휘 등은 좀 더 구체적인 설정 근거를 모색한다. 이들은 도덕과 설정 근거로서 첫째, 국가 사회적 근거를 제시한다. 도덕과는 우리 국가와 사회가 바라는 어떤 바람직한 도덕적 자질과 품성을 지닌 학생들을 길러내기 위해 설정되었다는 것이다. 둘째는 개인적 근거로서 학습자의 요구와 필요를 고려하는 것이다. 즉, 학생들은 자신의 자아실현을 위해 도덕성의 함양을 요구한다는 것이다. 셋째는 학문적 · 교과 교육적 근거로서, 도덕과와 관련된 학문적 연구 성과들 그리고 교과가 수행할 수 있다고 전문가들이 생각하는 주요한 기능으로부터 도덕과의 설정 근거를 찾는다(이택휘 · 유병열(2000),『도덕교육론』, 양서원, pp. 364-76). 박병기는 도덕과의 독립 배경으로 정치적 배경과 사회 윤리적 배경을 들고 있다. 그는 정치적 배경을 당시의 유신 정권의 등장과 그 정당화 과정으로 연결지어 이해하면서 정권의 정당성 위기를 교육과 무력이라는 두 축으로 극복하고자 하였고, 이러한 목적을 위한 수단적 교과로서 국책 과목적 성격의 도덕과가 설정되었다는 것이다. 또 다른 배경인 사회 윤리적 배경은 전통적으로 교육의 핵심에 도덕 교육이 자리하고 있었으나 해방 이후 교육 체계가 미국식 교과목 중심 체계로 전환되면서 우리 사회는 혼란을 경험하게 되고, 이러한 혼란을 정화시키려는 목적으로 도덕과 설정이 불가피했다고 본다(박병기 외(2000),『윤리학과 도덕교육』, 인간사랑, pp. 16-7).

리 · 도덕을 중시하고 도덕 공동체로서의 복지 사회를 지향하는 민족인지를 여실히 보여 준다.

도덕적 문화 민족으로서의 전통은 조선시대의 성리학을 중심으로 독특한 도덕 국가를 운영하면서 도덕 교육적 노력을 경주하였다. 최고의 교육기관인 성균관에서부터 말단의 교육기관인 서당에서는 사서삼경으로부터 동몽선습이나 천자문에 이르기까지 윤리 · 도덕과 인간 정신을 바로 세우고 국가를 바르게 운영하는 데 필요한 도덕 관련 교과를 가르쳐 왔다. 이러한 도덕 교육적 전통을 살펴보면, 갑오개혁 이후 근대의 교육제도가 최초로 설정 운영될 때 고종은 교육 조서를 발하여 덕양, 체양, 지양이라는 3대 강령을 제시하면서 국민의 도덕성 함양을 고려하였고, 1895년 소학교령에서는 수신 교과를 통해 도덕 교육을 중시하였다.

이후 대한민국 임시정부 건국 강령의 교육 정책 원칙에서 보듯이, 국민 도덕을 바로 세우는 일에 최우선을 두었다. 그리고 광복 후 미군정기의 교수 요목기에 잠시 타 교과를 통해 도덕 교육을 실시하던 때도 있었지만 제3차 교육 과정에 이르러 독립 교과로서 도덕과가 설정, 운영되어 오고 있다. 이렇듯, 도덕 교과는 우리의 역사와 전통 속에서 원래부터 있었고, 지속적으로 이어져 내려온 교과이다.

둘째는 현실적 · 국민적 요구로부터의 근거이다. 오늘날 한국 사회의 도덕적 현실은 그렇게 만족스럽지 못하다. 우리 사회가 복잡해지고 다원화 · 다가치화되면서 인간성 상실, 가치 혼란, 도덕적 위기를 경험하고 있다. 특히, 청소년들의 비행과 비도덕적 행위는 심각한 사회문제를 낳고 있다. 이러한 우리 사회의 심각한 도덕적 문제를 해결하기 위해 고민하는 교과가 다름 아닌 도덕 교과이다.

각종 조사 연구에서 나타나듯이, 오늘날 국민들이 학교에서 가장 중시해야 할 교육으로 창의성 교육과 도덕성 교육을 들고 있다. 특히, 초등학교에서는 인성 교육, 환경 교육, 전통 · 예절 교육을 주문하고 있다. 이러한 국민적 요구는 오늘날 우리 사회에 비인간적이고 비도덕적인 행동과 환경 파괴 현상들이 만연되어 있음을 반증하는 것이다. 따라서 국민들은 도덕 교과가 학생의 건전한 도덕적 인격 형성을 도와, 오늘날의 가치 혼란과 도덕적 위기 상황을 극복하는 데 기여할 것을 요구하고 있는 것이다.

셋째는 사회 발전과 인성 교육적 요구로부터의 근거이다. 초등 도덕과 교육은 21세기 한국 사회의 발전과 관련하여 중요한 의미를 지닌다. 역사적 교훈으로 볼 때 앞으로의 사회는 함께 사는 지혜, 즉 공존의 지혜가 구축되어야만 인류의 멸망으로부터 벗어나 제2의 문명 시대를 열어갈 수가 있다. 21세기가 표방하는 건강한 한국인이 지녀야 할 자질과 품성으로서, 인간을 존중하고 사랑하는 사람, 높은 공동체 의식을 갖춘 도덕적인 사람, 열린 마음과 창조적 능력을 지닌 사람, 세계적 자질과 미래 투시적 안목을 가진 사람 등은 한마디로 도덕적 인격인을 의미한다.

초등 도덕과 교육은 궁극적으로 바른 인격을 지닌 사람의 육성, 인간다운 인간의 형성, 나를 넘어 타자의 이익과 복지를 배려하며 더불어 복된 삶을 살고자 하는 정신의 함양 등을 추구함으로써 건전한 이성을 지닌 민주 시민으로서의 성장에 핵심이 되는 도덕적 자질과 품성의 형성에 직접 기여하고자 한다는 점에서 중요한 의의가 있다.

넷째는 개인의 자아 발전과 도덕적 자기 완성 요구로부터의 근거이다. 인본주의 심리학에서, 개인은 궁극적으로 자아실현을 목적으로 한다. 자아실현은 개인이 잠재 능력과 가능성을 실현하는 것을 의미하는데, 이러한 자아실현을 이루기 위해 여러 조건과 욕구들을 충족시켜야 한다. 이러한 여러 조건과 욕구들은 대부분 도덕적 요소로 이루어져 있음에 유념할 필요가 있으며, 이는 자아실현을 이루고자 하는 학생들의 개인적 요구는 그들이 도덕적 존재로 자라남으로써 가능함을 함축한다.

또한 인지적 도덕 발달론에 의하면, 인간은 보다 높은 도덕적 단계로의 진보를 좋아하고, 이를 추구하는 본래적 성향을 지니고 태어나는 존재로 간주된다. 그런데 도덕 발달이 이루어지려면 사물이나 현상 혹은 가치를 바라보는 관점이 성숙하게 변화되어야 한다. 이것은 도덕적 삶과 관련한 인지 구조 내지 사유 양식의 발전적 재구조화, 도덕적 사고력과 판단력의 증대를 통해서 가능해진다. 이는 궁극적으로 도덕적 가치 규범에 대한 깊은 이해를 통한 자각과 도덕적 삶에 대한 반성적 숙고 및 도덕적 판단 경험의 축적 그리고 사회적 참여와 역할 채택 경험의 증대를 통해서 이루어진다.

마지막으로, 학문적·교과 교육적 근거이다. 오늘날 학문은 방법론의 발달과 더불어 극히 세분화되는 경향을 나타내고 있다. 이러한 경향은 학교 교과 교육의 양상을 크게 바꾸어 놓고 있다. 현대에 이르러 지식의 양적 증가가 가속되어 왔기 때문에, 증가된 지식 모두를 학교에서 지도하기는 어렵게 되었다. 이러한 상황에서 지식 교육은 지식의 양적인 면보다 질적인 면을 고려할 수밖에 없다. 이와 같은 경향으로 말미암아 도덕 교육은 종래와 같이 여러 교과 활동 속에 포함될 수 없게 되었다.

과학적 지식의 탐구는 이론의 객관성을 유지하기 위하여 가치 판단의 개념을 배격하고자 하며, 논리적 및 수학적 지식의 탐구는 엄격한 사고를 방해하는 정서와 감정의 개입을 금기로 여긴다. 그리고 가치와 관련된 교과라고 할 수 있는 예능 교과는 주로 심미적 가치에 관심을 두기 때문에 도덕적 가치의 문제에 관해서는 주의를 기울이기 어렵다. 이와 같이 도덕적 가치 판단의 능력이나 태도에 관한 일은 실질적으로 모든 교과로부터 밀려나고 있는 실정이다. 따라서 도덕성과 관련된 지식의 증대와 가치 탐구의 방법론적 특수성은 별개 교과로서의 도덕과 교육을 요청하고 있다.

또한 도덕과 교육을 전문으로 추구하는 교과 교육계의 견해들과 관련된 근거로서, 오늘날 도덕과 교육계에서는 인간의 정체성 확립과 윤리적 성장이라는 개인적 요구와 사회의 발전과 번영이라는 국가적·사회적 요구에 기여할 수 있는 교과 교육이 이루어져야 하는데, 도덕과가 바로 이러한 필요에 부응하는 주된 교과라는 것이다.

2. 도덕과 교육의 목표로서 '도덕성' 함양

도덕과 교육은 도덕적 인간을 기르기 위한 교과이다. 도덕적 인간이란 도덕적 행위를 할 수 있는 능력이나 성향을 지닌 사람이며, 일반적으로 도덕적 행위를 할 수 있는 능력이나 성향을 도덕성이라 한다.[9] 이것은 도덕과 교육의 목표가 도덕성morality 함양임을 함축한다.

1. 도덕의 의미

일반적으로 도덕이라고 말할 때, 도덕은 단순히 규범을 의미하기도 하지만 엄밀한 의미에서 규범과 실천을 동시에 함축한다. 사전적 의미로 도덕은 "어떤 사회에서 일반적으로 인정되어 있는, 그 성원의 사회에 대한 혹은 성원 서로에 대한 행위를 규제하는 규범의 총체"[10]로 정의되어 있다. 또한 이영춘은 도덕을 "인간이 일상생활에서 어떻게 행동해야 하며, 어떤 인간관계를 가져야 하는가와 같은 전 생활영역에서의 인간 행동과 인간관계의 존재 형식에 관한 규범, 즉 우리 평범한 인간, 일반인들로 하여금 그 집단 내에서 용인된 바람직한 행동 규범에 부합되게 행동하고 사고하는 것"[11]으로 정의하고 있다.

도덕의 의미를 좀 더 구체적으로 살펴보면, 도덕은 어원적으로 도道와 덕德이 합쳐진 말이다. 이종호는 도를 "인간이 밟아야 할 도리요, 로고스logos이며, 사리이고 삶의 방도"[12]로, 이영춘은 도를 "인류의 도리를 말한 것"[13]으로, 핫토리 우노키찌服部宇之吉는 "도는 인간이 밟아야 할 길, 인간 행위의 규범"[14]이라는 뜻으로 보고 있다. 이러한 의미에서, '도'는 인간이

---

9. 이돈희(1988), 앞의 책, p. 35.
10. 신기철, 신용철(1981), 『새 우리말 큰사전』, 삼성출판사, p. 870.
11. 이영춘(1983), 『도덕과 교육』, 교육과학사, p. 42.
12. 이종호(1989), 『도덕과 교육론』, 형설출판사, p. 20.
13. 이영춘(1983), 앞의 책, p. 46.

사회생활을 함에 있어서 마땅히 가야 할 길, 즉 행위 규범을 의미한다.

한편, 이종호는 덕을 "득得을 통하여 도를 반복 실천함으로써 자기화된 도덕적 능력"[15]으로, 이영춘은 "도리를 우리가 몸소 체득하여 이루어낸 인격의 우수성"[16]으로, 핫토리 우노키찌는 "득을 통하며 도를 행함으로써 마음에 얻은 것"[17]으로 보고 있다. 이러한 의미에서, 덕은 도를 따라 반복된 실천의 결과로 얻어지는 인격의 품성을 의미한다고 볼 수 있다. 따라서 도덕이란 말 속에는 인간이 가야 할 길과 그 길의 반복된 실천의 결과로서 얻을 수 있는 성품을 동시에 함축하고 있다.

2. 도덕성 함양과 도덕과 교육

도덕성은 도덕적 품성, 즉 도덕적 행위를 할 수 있는 능력이나 성향을 의미한다. 도덕적 행위란 규범을 준수하는 행위이며, 규범은 인간관계에서 요구되는 도덕 규칙이나 도덕 원리를 말한다.[18] 따라서 도덕성은 규범을 준수함으로써 얻을 수 있는 성품이다. 즉, 도덕성은 도덕 규칙이나 도덕 원리를 알고 실천함으로써 얻을 수 있는 성향이다. 그러므로 도덕적 능력이나 성향을 갖도록 하는 데 요구되는 일차적 과제는 도덕규범에 대해 '알고 이해하는' 것이다.

앞에서 고찰했듯이, 인간이 마땅히 가야 할 길을 가기 위해서는 먼저 그 길을 알아야 한다. 인간이 가야 할 길(道)은 선험적 혹은 경험적으로 주어져 있는 경우가 있고, 자신이 스스로 개척해 나가야 할 경우가 있다. 전자는 인간이 가야 할 길이 신神이나 인간의 오랜 경험을 통해 내가 태어나기 이전부터 전통적으로 주어져 있는 경우이고, 후자는 기존의 주어져 있는

14. 유영준(1963), 『도덕교육』, 현대교육총서출판, p. 70.
15. 이종호(1989), 앞의 책, p. 20.
16. 이영춘(1983), 앞의 책, p. 46.
17. 유영준(1963), 위의 책, p. 70.
18. 이돈희(1988), 앞의 책, p.49.

길로서는 해결하기 어려우므로 자신이 직면한 다양한 도덕적 선택 상황에서 자신이 직접 자신의 가야 할 길을 찾아 실천해 나가는 경우이다.

같은 맥락에서, 전자를 도덕 규칙의 관점에서 그리고 후자를 도덕 원리의 관점에서 이해할 수 있다. 즉, 도덕 규칙은 특수한 상황에서 행위자 밖에 실재하는 전통적 혹은 인습적 가치를 의미하는 반면에, 도덕 원리는 행위자 내에서 작동하는 행위의 보편적 존재 방식을 의미한다. 도덕 원리는 구체적 상황에 적용되는 하나의 도덕 규칙이 아니라 오히려 도덕 규칙들이 이에 근거하고 정당화되는 토대이다.[19] 이렇게 본다면, 도덕 규칙에 대한 지적 이해는 사회 구성원이 공유하거나 혹은 공유해 온 어떤 전통적 가치나 덕목을 학습하는 일과 관련되며, 도덕 원리에 대한 지적 이해는 보다 합리적인 가치를 선택하는 능력과 관련된다.

이러한 의미에서 도덕성은 먼저 어떤 상황이 도덕적 행위를 요구하는 상황인지를 파악하는 것이 매우 중요하다. 공동체의 인간관계에서 도덕적 상황을 파악하지 못한다면 도덕적 행위는 불가능하다. 그런데 이러한 도덕적 상황을 파악하는 일은 어려서부터 도덕규범을 배우지 못하였다면 불가능하다. 따라서 도덕적 행위를 위해 가장 먼저 요구되는 것은 도덕규범을 알도록 하는 것이다.

---

19. 서강식(2001), 『도덕과 교육론』, 양서원, p. 24. Kurtines와 Gewirtz는, 도덕 원리는 규칙과 구별되는 것으로서 두 가지 요소를 함축하고 있다고 본다. 첫째, 도덕 원리는 '당신은 ~을 해야 한다' 혹은 '당신은 ~을 해서는 안 된다' 라는 일종의 행위가 아니라 두 개 이상의 규칙이 갈등할 때 검증하고 선택하는 방식이다. 둘째, 규칙의 저변에 놓여 있는 어떤 것을 말한다. 그것은 규칙 그 자체라기보다는 그 저변에 깔려 있는 정신이며, 규칙을 창출해 내는 태도 혹은 아이디어로서 규칙에 비해 보다 보편적이고 일반적인 것이다. 또한 Peters는 도덕 원리의 기능에 대하여 "우리가 무엇을 해야 하는가를 정확하게 처방할 수는 없지만 최소한 어떤 방면의 행위는 배제해야 함을 규정해 주며, 우리로 하여금 도덕적으로 관련된 상황의 특성에 민감하게 하며, 단순한 안내 그 이상의 길잡이 기능을 한다고 주장한다. 김태훈(1993), 「도덕 교육을 위한 가치 판단의 정당화에 관한 연구」, 서울대학교 박사학위 논문, pp. 134-5(W. R. Kurtines and J. L. Gewirtz, *Morality, Moral Behavior and Moral Development*, Wiley-Interscience Publication, 1984, p. 64와 R. S. Peters, "Moral Principle and Moral Education," in D. B. Cochrane, C. M. Hamm, A. C. Kazepides, *Development of Moral Reasoning*, 1980, p. 124를 인용).

그러나 도덕성은 규범을 아는 것에서 끝나는 것이 아니라 도덕적 실천으로 나아가야 한다. 이러한 관점에서, 이돈희는 도덕성을 지적 도덕성과 행적 도덕성으로 나눈다.[20] 지적 도덕성은 도덕적 원리 혹은 규칙의 판단과 선택에 요구되는 능력으로서 지적 합리성을 말하며, 행적 도덕성은 일관성 있는 습관의 형성을 의미한다. 따라서 도덕 교육의 과제는 지적 합리성을 높이고, 행적 도덕성의 일관성을 기하도록 도와주어 궁극적으로는 인격의 통합성을 높이는 것이다.

그러나 오늘날 많은 학자들은 도덕성의 개념에 정의적 도덕성인 도덕적 감정과 열정 그리고 의지를 포함시켜 인지적, 정의적, 행동적 도덕성 함양을 도덕 교육의 과제로 삼고 있다. 따라서 건전한 도덕성은 도덕성의 지적, 정의적, 행동적 측면이 통합적으로 잘 발달된 바람직한 도덕적 인격을 형성하고 있는 상태를 일컫는다.[21] 그러므로 도덕적 인간은 인간이 가야 할 길을 바로 알고, 이를 제대로 실천하는 사람이라 할 수 있다.

그런데 도덕, 즉 도와 덕은 저절로 알게 되고 터득하게 되는 것은 아니다. 여기에는 교육 활동이 개입되어야 한다. 도(규칙, 원리)를 알게 하고, 이를 덕(실천)으로 연결시키려는 활동이 곧 도덕과 교육이다. 학생들이 보다 넓고 깊이 있는 도덕적 인격을 형성해 나가고, 이와 일관되게 행동으로 실천하게 함으로써 학생들의 전반적인 도덕적 삶이 향상되도록 지도하는 것이 도덕과 교육이 해야 할 일이다. 이것은 구체적으로 도덕성의 인지적, 정의적, 행동적 요소를 조화롭게 함양하는 것이다. 따라서 도덕과 교육의 목표는 학생으로 하여금 도덕성의 세 측면을 잘 발달시키도록 돕는 것이다.

그러나 도덕성의 이 세 가지 측면은 별개의 실체를 가리킨다기보다는 같은 것을 다른 측면에서 본 것에 불과하다. 그리고 도덕성의 인지적, 정

---

20. 이돈희(1988), 앞의 책, pp. 278-9.
21. 이하, 교육인적자원부(2005), 『초등학교 교사용 지도서 도덕』, pp. 7-10. 참조. 도덕성의 세 요소에 관한 자세한 설명은 뒤(제2부 제1장)에서 자세히 다룬다.

의적, 행동적 측면이 엄격하게 분리되어 구성되어 있지도 않다. 인지적 측면이 정의적 요소를 띠고, 정의적 측면 속에 인지적 요소가 내포되어 있으며, 행동적 측면에 인지적 요소가 내포되어 있기도 하다.[22] 이처럼 도덕성의 세 요소는 상호 관련되어 있으므로 분리해서 접근하기에는 어려움이 있다. 그러나 도덕 교육적 관점에서 도덕과 교육의 목표가 도덕성을 함양하는 것이라고 할 때, 도덕성이 무엇인가에 대해 구체적으로 진술하지 못한다면 도덕 교육적 접근은 쉽지 않을 것이다.

3. 도덕과 교육의 내용 및 방법적 특성

도덕과는 가치에 관해 가르치는 교과로서 '무엇이 가르칠 만한 가치' 인지 혹은 '무엇이 가치 있는 것인지'에 대한 내용을 대상으로 한다. 또한 도덕과는 지식과 행동 간의 괴리를 인정하면서도 지행일치를 강하게 요구하는 교과로서, 지식 위주의 교육을 하는 타 교과와는 달리 도덕 교사가 항상 질문을 머리에 품고 다녀야 하는 교과로서 도덕과의 방법적 특성이 있다.[23]

도덕과 교육의 내용적 특성은 일반적으로 다음과 같다.[24] 첫째, 도덕과에서는 도덕적 문제를 올바로 판단하고 선택할 수 있는 능력을 기르는 내용을 다룬다. 어떤 도덕적 문제 사태에서 그와 관련된 사실이나 지식을 충분히 인식할 뿐만 아니라, 그 사태에서 사람으로서 마땅히 취해야 할 바가 무엇인지를 깨닫고 그에 따라 실천해 나가려는 의지를 가질 때에 비로소 적절한 도덕적 문제 해결 능력을 가지고 있다고 볼 수 있다.

둘째, 도덕과에서는 '일상생활'에서 제기되는 도덕적 문제를 올바로

---

22. 이에 대한 자세한 논의는 고미숙(2005), 『대안적 도덕교육』, 교육과학사, pp. 77-109 참조.
23. 문용린(1988), 『도덕과 교육』, 갑을 출판사, pp. 38-40.
24. 교육인적자원부(2005), 앞의 책, pp. 7-10.

판단하고 선택할 수 있는 능력과 관련된 내용을 다룬다. 여기서 '일상생활'은 학생들의 전 생활 영역, 곧 개인으로서의 생활, 가정·이웃·학교와 같은 근린近隣 공동체의 일원으로서의 생활, 보다 넓은 사회 구성원으로서의 생활 및 한 국가와 민족 공동체의 일원으로서의 생활을 의미한다. 도덕과에서는 학생들이 이 같은 일상생활의 제 영역에서 바람직한 생활을 영위해 나가는 데 요구되는 덕과 규범들을 다룬다.

다음으로, 도덕적 문제들을 다룰 때 요구되는 것이 도덕과 교육의 방법론적 특성이다. 주지하다시피, '도덕과 교육'의 설정 근거는 일반 교과 교육이 도덕 교육을 체계적으로 감당하지 못하고, 도덕성과 관련된 지식의 증대와 도덕적 가치 탐구 자체의 방법론적 특수성으로 인해 별개 교과로서의 도덕 교육을 요구하게 되었음을 밝히고 있다.

도덕과 교육의 방법론적 특성은 '도덕적 논의'에 있다. 도덕적 논의는 두 가지 관점에서 이해할 수 있다. 하나는 도덕적 논의에 기초한 도덕규범에 대한 합리적 이해 방식이다. 도덕적 논의에 기초한 도덕과 교육은 기본적으로 일방적인 관계가 아니라 도덕적 논의를 통한 교사와 학생의 상호 작용을 중시한다.

도덕과 교육은 크게 기본적인 도덕규범을 내면화하고 습관화하는 데 관심을 두는 접근 방식과 학생들의 합리적인 가치 판단 능력을 기르는 데 관심을 두는 접근 방식으로 나눌 수 있는데, 이 두 접근 방식 모두 도덕적 논의를 중시한다. 전자의 방식에서는 도덕적 논의를 통해 도덕규범에 대한 지적인 이해를 도모하고, 후자의 경우에도 도덕적 논의를 통해 도덕적 문제 사태를 해결한다. 즉, 전자의 경우, 어른이나 교사가 도덕규범을 일방적으로 설명하거나 주입하는 형태가 아니라 도덕적 논의를 통해 도덕규범을 합리적으로 이해하고 수긍해 나가도록 한다. 후자 역시, 도덕적으로 문제가 되는 상황에서 도덕적 논의는 합리적인 이유나 근거를 찾는 일이며, 더 바람직한 가치나 규칙을 발견하기 위해서 탐구하는 과정이다.

제2부

초등
도덕과
교육 과정
이해의 틀

초등 도덕과 교육은 초등 도덕과 교육 과정을 실현하는 과정이다. 따라서 2007년 개정 도덕과 교육 과정에서 추구하는 초등 도덕과 교육의 본질을 제대로 이해하기 위해서는 그동안 우리나라 교육 과정의 역정을 이해하는 것이 중요하다. 이를 위해, 제2부에서는 초등 도덕과 교육 과정을 이해하는 틀로서 우리나라의 도덕과 교육 과정을 행동 중심의 도덕과 교육, 인지 중심의 도덕과 교육, 인지 · 정의 · 행동의 통합적 도덕과 교육으로 나누고,* 각 교육 과정별로 고찰할 내용인 교육 과정의 구성 요소로서 목표, 내용, 방법, 평가에 관한 주요 관점을 제시하였다.

---

* 도덕성을 인지적, 정의적, 행동적 측면으로 엄격히 구분하는 것이 문제가 있을 수 있듯이, 도덕과 교육을 단순히 '행동' 과 '인지' 라는 측면에서 '행동주의' 와 '인지주의' 의 이분법적으로 분리해서 접근하는 것 역시 문제가 있을 수 있다. 왜냐하면 듀이가 지적했듯이, "습관이라는 것에서 인간의 지성이 배제되면 기계적인 인간의 모습만 남기 때문에" 습관 속에는 이미 지적인 측면이 녹아 있는 것이고, 인지 역시 인간의 행동에 영향을 주지 않는 지식이나 신념은 진정한 의미에서 지식이라 하기 어렵기 때문이다. 따라서 이 책에서는 도덕과 교육의 접근 방식을 중심으로 '행동 중심의 도덕과 교육' 과 '인지 중심의 도덕과 교육' 으로 구분하고자 한다.

제1장 도덕성의 3요소

도덕과 교육은 아동의 건전한 도덕성 함양을 목표로 한다. 주지하다시피, 도덕성은 인지적, 정의적, 행동적 측면의 세 요소로 나뉜다. 먼저, 도덕적 문제 상황에 대한 인식이나 도덕 규칙과 도덕 원리에 대한 지적인 이해에 요구되는 능력을 '인지적 측면의 도덕성'이라 부른다. 도덕성의 인지적 측면은 도덕적 규칙이나 원리 또는 규범의 합리성을 판단하고 선택하며, 그것에 비추어 자신의 행동이나 타인의 행동을 평가하는 능력을 일컫는 말로 이해되는 것이 보통이다. 이러한 의미의 도덕성은 '선악 판단의 능력'이라고 볼 수 있다.

일반적으로, 인지적 도덕성의 구성 요소로서 덕목이나 인습적 가치에 대한 지적 이해와 도덕적 사고력과 판단력을 제시하고 있다. 여기에서 덕목이나 인습적 가치에 대한 지적 이해는 주로 도덕 규칙에 관한 이해로 볼 수 있고, 도덕적 사고력이나 판단력은 도덕 원리에 대한 이해라 할 수 있다.

도덕적 지식의 이해란 어떤 덕을 형성함에 있어 그러한 덕스러운 삶과 행동을 안내하고 그것에 지표와 준거를 제공해주는 가치 규범, 실천방식, 행위 기능에 대해 바른 앎을 갖는 것을 말한다. …(중략)… 도덕적 사고 판단력이란 구체적인 문제 상황에서 합리적으로 사고하면서 올바른 도덕 판단과 결정을 내릴 수 있는 능력을 말한다. 우리가 어떤 덕성을 지니기 위해서는 도덕적 지식 이해 이외에도 그와 관련하여 목하 문제 사태에 부딪혀 올바르게 사고하고 판단하

며 합리적으로 의사결정을 할 수 있는 능력을 갖추지 않으면 안 된다.[1]

이러한 인지적 도덕성과 관련하여, 도덕과 교육은 덕목을 내면화하는 도덕 교육적 접근으로 도덕 규칙에 관한 지적인 이해를 돕고, 도덕적 추론 능력을 기르는 도덕 교육적 접근으로 도덕 원리에 대한 지적인 이해를 함양한다.[2]

도덕성에 요구되는 두 번째 요소는 '도덕적으로 느끼고 의욕하게' 하는 것이다. 도덕 규칙이나 도덕 원리를 아무리 잘 인지하였다 하더라도 그것을 기꺼이 실천하려는 도덕적 열망이나 의지 그리고 의욕이 없다면 그것이 도덕적 행위로 연결되기는 어렵다. 우리가 도덕 규칙이나 도덕 원리를 머리로만 이해하고 인지한다면 그것은 도덕적 행위와는 별개의 도덕적 지식이 되고 만다. 도덕적 행위는 도덕 규칙이나 도덕 원리에 대한 지식뿐만 아니라 선을 추구하고 열망하며 그것에 기꺼이 헌신하려는 도덕적 열정과 의지가 필요하다. 따라서 도덕성은 도덕적으로 아는 것과 행동하는 것을 매개해 줄 또 다른 능력, 즉 '정의적 도덕성'을 요구한다. 도덕성의 정의적 측면은 도덕적 민감성, 공감 능력, 분노, 배려 등을 의미한다. 즉, 도덕적 문제에 민감하고, 도덕적 행동을 좋아하며, 비도덕적 행동을 혐오하고 회피하려는 성향이다.

이러한 정의적 도덕성의 구성 요소로는 도덕적 감정이나 정서 그리고

---

1. 유병열(2003), 『도덕과 교육론』, 양서원, pp. 31-3.
2. 기존의 도덕 규칙(덕목)을 따르는 행위는 타율적 도덕성의 단계로서, 어떤 사회가 이미 확보하고 있는 기존의 인습적 혹은 전통적 도덕 규칙을 내면화함으로써 가능하며, 보다 높은 도덕 원리를 따르는 행위는 자신의 내면으로부터 반성적 사고를 통해 스스로 선택된 행위의 법칙을 따르는 자율적인 도덕적 행위로서 자율적 도덕성의 단계라 할 수 있다. 지금까지 우리의 도덕 교육은 도덕 규칙을 내면화하는 도덕 사회화 접근과 수준 높은 도덕 원리를 따르도록 하는 도덕 발달적(자율론적) 접근이라는 이분법적 접근이 주류를 이루어 왔다. 이와 같은 도덕 교육의 이분법적 대립은 공동체주의와 자유주의, 내용과 형식, 습관과 이성 혹은 사회화와 도덕 발달, 타율과 자율, 상대적 가치와 보편적 가치의 대립항을 형성하며 도덕과 교육의 핵심적 쟁점이 되어 왔다.

도덕적 열정과 의지 등이 있다. 정의적 도덕성의 구성 요소인 도덕적 감정이나 정서를 함양한다는 말은 도덕적 민감성을 기른다는 것이다. 이것은 구체적으로 도덕적 가치나 규범에 대한 민감성을 기르는 것이다. 도덕적 가치나 가치 규범에 대한 민감성은 자기 자신의 도덕적 자아와 관련된 민감성과 타인과 관련된 민감성이 있고, 전자는 도덕적 자존감과 관련되며 후자는 감정이입적인 공감을 의미한다.

또한 도덕적 열정은 선과 의무 그리고 도덕적 가치나 규범에 헌신하고 그것을 추구하고 실현하기 위해 노력하는 마음을 가리키며, 도덕적 의지는 선과 의무, 도덕적 가치 규범을 추구함에 있어 유혹에 굴복하지 않고 어려움을 극복하면서 마땅히 해야 할 일을 향해 나아가는 내적인 힘을 가리킨다.[3] 즉, 도덕적 의지는 욕망의 갈등으로부터 우리의 도덕적 감정을 보호하고 언제나 심사숙고하여 행동하게 하는 힘이다.

그런데 정의적 도덕성의 구성 요소로서 다루어지는 도덕적 감정이나 정서 혹은 도덕적 열정이나 의지 등은 인지적 요소와 불가분의 관계가 있음을 이해할 필요가 있다. 감정이나 정서 혹은 열정이나 의지 등은 그 자체로는 선도 악도 아니다. 다만 이것들이 발현될 때 과하거나 부족하면 도덕적으로 문제가 되는 것이다. 따라서 이들 앞에 붙은 도덕적이란 수식어에 주목할 필요가 있다. 예컨대 도덕적 감정이란 말은 도덕적이라는 인지적 도덕성과 감정이라는 정의적 측면의 요소가 결합된 합성어이다. 도덕적 감정은 사고라는 렌즈를 통해 나타나는 감정으로서, 인지와 정의가 결합된 도덕성이다. 그러므로 도덕적이란 개념을 이해하지 못한다면 도덕적 감정을 이해하기 어렵다. 이러한 점에서 정의적 도덕성은 인지적 도덕성과 분리해서 이야기하기는 어렵다. 이처럼 도덕적 감정은 마음의 활동에 수반되어 나타나는 쾌, 불쾌를 의식하는 감정에 인지적 작용이 가해진 복잡한 감정으로서, 기분과는 달리 지적으로 세련된 고등 감정이며 지

3. 유병열, 앞의 책, pp. 39-40.

속적이고 심층적이며 인격적인 감정이다.

도덕성에 요구되는 세 번째 요소는 도덕적으로 알고 느끼는 것을 '생활에서 일관되게 그리고 반복적으로 실천' 하게 하는 것이다. 도덕성은 도덕규범을 따라 반복적으로 실천할 때 형성되는 일종의 성품이다. 따라서 도덕적 성품은 도덕적으로 알고 느끼는 것을 생활에서 반복적으로 그리고 일관되게 실천하여 습관화하도록 할 때 길러질 수 있다. 이러한 점에서, 도덕적 성품 형성을 위한 도덕 교육은 전 교과에서 실시해야 하며, 가정과 사회에서의 지속적인 연계 지도가 불가피하다.

이처럼 도덕적으로 알고 느낀 바를 행동으로 옮기는 데 요구되는 능력을 '행동적 도덕성' 이라 한다. 도덕성의 행동적 측면은 도덕적 규칙이나 원리를 내면화하고, 이를 실천하려는 태도나 성향을 가지고 습관화시킨 상태를 일컫는다. 이는 도덕성의 실천적 측면이다. 행동적 도덕성을 구성하는 요소로 도덕적 행위와 행위 능력 그리고 습관 등이 있다.

도덕적 행위는 규범을 준수하는 행위이다. 이러한 도덕적 행위가 일어나기 위해서는 도덕적 행위 능력이 요청된다. 도덕적 행위 능력은 도덕적 사고와 감정을 도덕적 행동으로 전환시킬 수 있는 능력, 즉 도덕적으로 사고하고 판단한 것을 실천에 옮기려는 열망과 의지를 갖고 실제로 행위로 옮길 때 필요한 기능 및 능력이다. 이러한 능력은 세 가지로 구분된다.[4] 첫째는 개인적 능력으로서, 개인이 상호 작용 과정에서 자신을 표현하고 효율적 인간관계를 유지하는 것과 관련된 기능이다. 둘째는 집단 내 상호 작용 능력으로서, 집단에 고무적 분위기를 조성하고, 집단 규칙을 만들고, 집단의 지도자나 구성원으로서 봉사하고, 집단의 목표를 설정하고, 집단 내 갈등을 해결하기 위해 설득하고 토론해 타협을 이끌어 내며 구성원들과 조화를 이루는 기능이다. 셋째는 사회적 참여 능력으로서, 사회적 문제에 대한 관심과 지식을 갖고 타인과 협력하여 행위 방향을 결

---

4. 서강식(2001), 앞의 책, pp. 32-4.

정하고 영향력을 행사하고 사회적 책임을 수용하고 실행하는 데 필요한 기능이다.

도덕적 행위를 위해 요구되는 또 다른 중요한 요소가 습관이다. 일반적으로 습관은 행위의 반복성과 자동성을 함축한다. 즉, 습관은 어떤 환경이나 자극에 신체가 조건반사적으로 반응하는 것을 의미한다. 그러나 그렇다고 습관이 단순히 반복적 행위만을 의미하는 것은 아니다.

> 반복은 어떤 의미에 있어서도 습관의 본질적 특징은 아니다. … (중략)… 습관의 본질적 특징은 반응양식의 습득된 경향이지 특정한 행위에 관한 것은 아니다. 습관은 단지 특수한 행동의 반복이라기보다는 오히려 항구적인 태도로 어떤 유의 자극을 느끼고 또한 처리하는 경향성을 의미한다.[5]

습관은 행위의 전통으로서 그 안에 이성을 포함하고 있는 것이다. 이러한 습관의 반복성과 지속성은 도덕적 삶을 매우 유용하게 한다. 우리는 매 순간 생활 속에서 반드시 반성적 검토나 심사숙고를 한 다음 행위로 옮기는 것은 아니다. 많은 경우, 습관적으로 도덕적 삶을 살아간다. 이러한 점에서, 어려서의 도덕적 습관의 형성은 매우 중요하다. 또한 아리스토텔레스가 지적했듯이, 도덕적 덕의 형성을 위해 요구되는 것이 습관이다. 도덕적 덕은 습관의 산물로서 획득되는 것이다. 이 말은 덕 있는 행동을 반복적으로 실천함으로써 덕 있는 사람이 된다는 말이다.

이러한 도덕성의 3가지 구성 요소를 초등 도덕과 교육의 방법과 관련짓는다면, 가장 먼저 아동들에게 도덕규범에 대한 인지적 측면의 교육, 즉 도덕규범에 대한 지적인 이해 교육이 선행되어야 하고, 이를 실천하고자 하는 도덕적 열망이나 의지의 정의적 도덕성 교육이 필요하고, 마지막으로 이를 생활에서 직접 행동으로 옮기도록 하는 행동적 도덕성 교육이

---

5. J. Dewey(1922), *Human Nature and Conduct*, New York, Henry Holt and Company, 이돈희 (1988), 앞의 책, p. 62에서 재인용.

필요할 것으로 보인다. 그러나 피터스R. S. Peters는 이성의 도덕 교육을 위한 전제 조건으로 습관의 도덕 교육의 중요성을 인정하고, 이성이 미발달된 아동들에게 습관의 도덕 교육을 강조한다.[6] 아동은 아직 성숙한 이성을 구비하지 못하였으므로 인지적 도덕성에서 요구하는 그러한 능력을 함양하는 데에는 한계가 있다. 이러한 점을 고려하여, 어린 아동에게 있어서 도덕 교육은 습관의 도덕 교육, 즉 행동적 측면의 도덕 교육이 선행되어야 하며, 초등학교에서 습관의 도덕 교육은 매우 중요한 의미를 지닌다.

---

6. 오크쇼트M. Oakeshott는 습관의 형성이 이성의 발달을 위한 수단이 아니라 그 자체로서 의의를 갖는다고 본다. 즉, 습관은 단순한 행위의 반복이 아니라 그 안에 어떤 식으로든지 이성을 포함하고 있으며, 습관은 사회의 전통이 개인에게 내면화된 것으로 관습과 전통은 사회의 습관이라 할 수 있다. 따라서 인간에게 있어 습관은 인간의 도덕적 삶의 기준으로서 인간의 도덕적 삶의 원천이며 준거가 된다.

제2장 도덕과 교육 과정 이해의 틀

초등 도덕과 교육의 이해를 위한 틀로서 그동안 우리나라 도덕과 교육 과정을 도덕성 함양의 접근 방식에 따라 행동 중심의 도덕과 교육, 인지 중심의 도덕과 교육, 인지·정의·행동의 통합적 도덕과 교육으로 구분하고, 각각의 교육 과정을 구성하는 요소로서 목표, 내용, 교수–학습 방법, 평가로 나누어 비교 고찰하고자 한다.

1. 교육 과정 이해의 틀

주지하다시피, 초등 도덕과 교육의 목표는 건전한 도덕성 함양이다. 그리고 도덕성은 인지, 정의, 행동의 3요소로 구성된다. 그러나 우리나라 도덕과 교육 과정의 역정을 살펴보면, 각 교육 과정마다 도덕성 구성의 3요소에 대해 강조하는 바를 달리하여 왔음을 알 수 있다. 다시 말해, 그간의 초등 도덕과 교육은 도덕성의 3요소가 조화롭게 함양되도록 지도하기보다는 어느 한 측면의 도덕성, 예컨대 행동적 혹은 인지적 도덕성을 편파적으로 강조하였다. 이러한 맥락에서, 그간의 도덕과 교육 과정은 도덕성 함양을 위한 접근 방식을 기준으로, 행동 중심의 도덕과 교육과 인지 중심의 도덕과 교육 그리고 인지·정의·행동의 통합적 도덕과 교육으로 대별할 수 있다.

1. 행동 중심의 도덕과 교육

우리나라 도덕과 교육 과정에서 제3차까지의 도덕과 교육 과정은 도
덕적 행동 혹은 실천 중심의 도덕과 교육을 실시하여 왔다.[7] 이러한 접근
방식은 '전통적 접근'으로서, 덕목의 주입을 통해 도덕적 행동을 강조하
는 도덕 교육이었다. 따라서 이때의 도덕과 교육은 주로 덕목의 언어적
의미를 일러 주고 일상생활에서 이를 실천하도록 하는 이른바 '덕목주
의'적 접근이었다.

> 제3차(1973)까지의 도덕과 교육 과정에서는 도덕 교육을 덕목 중심의 교육으
> 로 간주하고, 도덕적 덕목을 행동으로 실천할 수 있게 하는 데 중점을 두었다.[8]

이러한 도덕과 교육은 전통적 가치나 덕목의 전수가 목적이었다. 여기
에서의 도덕과 교육은 전통적 가치 교육이나 덕목 교육을 통해 '도덕 사
회화'를 추구하였다.[9] 이것은 학생들로 하여금 사회의 지배적 가치 체계
를 습득하도록 하여 이에 따르도록 하는 교육 방식이다. 즉, 도덕 교육은
주어진 사회의 규범이나 이상에 일치하는 어떤 방향으로 행위하도록 개
인들을 도덕적으로 사회화시키는 것을 목적으로 한다.[10] 그러므로 도덕
교육의 주된 관심은 학생들로 하여금 사회가 가지고 있는 기존의 규범이

---

7. 문교부(1990), 『국민학교 교사용 지도서 도덕』, 국정교과서 주식회사, p. 11; 유균상(1993),
「도덕과」, 『국민학교 교육과정 해설』, 교육과학사, p. 228; 김안중(1982), 「도덕과」, 『국민학교
교육과정 해설』, 교육과학사, p. 95.
8. 홍웅선(1988), 『새초등교육과정』, 교학연구사, p. 144.
9. 박병기와 추병완은 도덕 교육의 목표로서 사회화와 발달 그리고 카D. Carr의 견해를 들어 덕
함양을 들고 있다(박병기, 추병완(1996), 『윤리학과 도덕교육』, 인간사랑, pp. 48-80. 한편 카는
도덕 교육을 세 가지 접근 — 순응의 접근, 자율의 접근, 덕의 접근 — 으로 구분하고 있다. D.
Carr(1983), "Three Approaches to Moral Education," *Educational Philosophy & Theory*, Vol. 15, No. 2,
October, pp. 39-51.
10. 박병기, 추병완(1996), 『윤리학과 도덕교육』, 인간사랑, p. 50.

나 관습을 숙지하게 하고, 그에 따라 행동하도록 하는 것이었다. 그리고 여기에서의 인간은 다분히 수동적이고 타율적인 존재로 이해된다. 따라서 학습자로 하여금 획득한 전통적 규범을 행동으로 옮기도록 하는 데 관심을 두었으므로 가치 결정 과정보다는 결과에 초점을 맞춘 교육이었다. 이로써 기존의 가치가 바람직한가 혹은 합리적인 가치인가에 대해서는 별로 관심이 없었고, 기존의 가치를 어떻게 수용하도록 할 것인가 하는 것이 중요하였다. 가르치는 방식 또한 타율적 방식으로서 가치 주입이나 설득, 설명, 모방, 강화 등에 의존하였다. 이러한 도덕 교육의 배경에는 미래의 삶이 과거의 그것과 별반 다르지 않으며, 앞으로 나타날 도덕적 문제가 과거의 그것과 별반 다르지 않을 것이라고 가정하고 있다.

그러나 현대 사회는 미래를 거의 예측할 수 없을 정도로 빠르게 변화하고 있으며, 하나의 가치만이 지배하는 단순한 사회가 아니다. 과거와 같은 타율적 교육 방식으로는 다가치 사회에서 복잡하게 전개되는 도덕적 문제에 효율적으로 대처하기 어렵게 되었다. 왜냐하면 다원화된 사회에서의 도덕적 문제는 단순히 기본적인 덕목의 적용을 통해 해결할 수 있는 성질의 것이라기보다는 복잡한 상황에서 여러 가치가 갈등하고, 덕목과 덕목이 상호 긴장하는 그러한 상황의 것이기 때문이다. 따라서 타율적 방식의 전통적 도덕 교육은 현대의 다가치 사회에서 나타나는 도덕적 문제에 대해 일일이 답해 줄 수 없는 한계를 드러냈던 것이다.

특히 기존의 전통적 가치에 대한 믿음의 약화 내지는 불신으로 인한 가치 혼란 상황은 다양하게 나타나는 도덕적 문제에 대해 무기력할 수밖에 없었다. 그리고 그동안 절대적이고 보편적인 덕목이나 가치로만 알고 무비판적으로 받아들였던 기존 가치에 대한 신뢰가 붕괴되면서 등장한 가치 상대주의적 관점은 덕목의 주입을 거부하는 강한 요인으로 작용하게 되었다. 즉, 절대적 가치가 아닌 것을 절대적 가치인 양 가르치는 것을 용납할 수 없는 시대에 직면하게 되었던 것이다. 결국 기존 가치나 덕목에 대한 순응과 복종을 중시하는 교육만으로는 복잡하게 전개되는 도덕적 문제 사태에 침묵할 수밖에 없으며, 이것은 근본적으로 새로운 도덕 교육의 출현을 요청하게 되었다.

2. 인지 중심의 도덕과 교육

사회가 다원화되면서 복잡하게 나타나는 도덕적 문제는 과거처럼 단순한 전통적 가치나 덕목의 이해 부족에서 비롯되기보다는 복잡하고 다양하게 전개되는 가치 갈등 상황에서 비롯된다. 이렇게 복잡한 도덕적 문제 상황에서, 도덕과 교육은 이를 해결하기 위해 학생들로 하여금 가치 판단 능력을 함양하도록 하여 가치 갈등 상황을 합리적으로 해결하도록 하는 데 관심을 갖는다. 따라서 인지적 접근은 특정한 가치나 덕목을 주입하거나 설명하는 타율적 방식을 지양하고, 대신에 가치를 스스로 결정하도록 유도하고 가치가 결정되는 과정이나 절차를 중시한다.

이제, 가치나 도덕의 문제는 궁극적으로 자신이 판단하고 결정해야 할 문제임을 자각하면서 도덕과 교육은 기존 가치나 덕목에의 순응보다는 자신의 가치 결정을 강조하게 된다. 여러 가치가 공존하고 상호 관계하는 상황에서는 개인의 합리적 가치 판단 능력을 필요로 한다. 따라서 가치 선택적 상황에서의 도덕과 교육은 가치의 일방적 수용보다는 개인의 자율적이고 합리적인 가치 판단과 결정을 강조하게 된다. 이로써 도덕적 행위를 위해, 행위에 대한 정당성 내지는 합리성에 관한 탐구가 도덕과 교육의 핵심적 위치를 차지하게 된다. 이러한 맥락에서, 제4차 도덕과 교육 과정은 인지 중심의 도덕과 교육으로 방향을 선회한다. 이러한 접근을 일반적으로 '인지적 접근'이라 부르고, 여기에서는 지적 이해에 관심을 둔다.[11]

---

11. 문교부(1990), 앞의 책, pp. 11-2. 행동 중심의 도덕과 교육이 도덕과 설정 배경 중 이념적 근거를 강조하였다면, 인지 중심의 도덕과 교육은 도덕과 설정 배경 중 현실적 근거를 강조하는

제4차(1981) 교육 과정에서는 덕목의 실천에 있어 지적 이해가 전제되어야 한다는 점을 강조하기 시작하였다. 다시 말하면, 도덕적 규범에 대한 인지적 이해가 바탕이 되어 규범을 실천할 수 있게 하려는 것이었다.[12]

이러한 인지적 접근 방식은 보편적이고 절대적인 가치를 전제하고, 이를 맹목적으로 순종하기보다는 기존의 가치나 덕목을 인간의 이성을 통한 합리성이란 여과 장치에 의존한다. 따라서 도덕과 교육에서는 어떤 도덕적 선택 상황에서 어떤 선택이 '절대적으로 옳다'라는 생각보다는 어떤 것이 '보다 합리적이다'라는 생각이 더 요청된다. 이러한 맥락에서, 도덕과 교육은 어떤 가치 선택적 상황에서 비합리적이거나 덜 합리적인 선택을 하는 아동을 보다 합리적인 선택을 할 수 있도록 판단 능력, 즉 추론 능력을 함양하도록 하는 '**도덕 발달**'적 접근을 견지하게 되었다.[13]

도덕 발달적 측면을 중시하는 사람들은 교사가 인습적인 사회적 규범을 전달해 주는 과정에서 교화의 위험성에 주목하면서, 학생들이 능동적으로 보편적인 도덕적 원칙들을 구성해 나가는 과정 자체를 중시하며, 외부적 권위에 대한 의존을 극복하게 해주는 정의에 대한 자율적인 내적 기준들을 발달시켜 나가는 것이 중요하다고 믿고 있다.[14] 제4차 교육 과정에서 시작된 인지적 접근은 제5, 6차 교육 과정에서도 그대로 계승된다.[15]

것이라고 볼 수 있다.

12. 홍웅선(1988), 앞의 책, p. 144.

13. 사실, 도덕 사회화를 중시하는 제3차까지의 도덕과 교육에서는 도덕성을 '허용과 금지의 행위 규범 체계'로 이해하고, 도덕적 문제 상황에서 행위 규범 체계를 올바르게 적용하는 것이 도덕 교육의 과제였기 때문에 도덕 발달이라는 개념을 사용하기 어려운 측면이 있다. 그러나 제4차 교육 과정 이후의 도덕과 교육에서 도덕성의 개념은 '가치 판단 능력'으로 이해되었기에 개인의 가치 판단 능력의 발달이 도덕과 교육의 과제가 될 수 있었다.

14. 박병기, 추병완(1996), 앞의 책, p.57.

15. 교육부(1997), 『초등학교 교사용 지도서 도덕』, 국정교과서주식회사, p. 19.

제4차 도덕과 교육 과정에서는 덕목의 실천에 있어 지적 이해가 전제되어야
한다는 것, 다시 말해서 도덕적 규범에 대한 인지적 이해가 바탕이 되어 규범
을 실천할 수 있게 한다는 기본 입장에 따라 학생의 사고와 이해, 합리적 판단,
도덕적 문제 사태에 대한 해결을 중시하였다. 제5차 교육 과정 개정에서는 인
지적 접근의 토착화를 기본 입장 중의 하나로 내세웠었다. 제6차 도덕과 교육
과정에서는 이 같은 국민학교 도덕과 교육의 일관된 흐름을 견지하면서 계속
발전시켜 나가고자 하였다.[16]

이와 같은 인지적 입장에는 개인을 도덕적 문제의 주체로 보고, 개인의
합리적 사고 능력의 고양을 통해 도덕적 삶을 보장하고자 하는 의도가
자리 잡고 있다. 다시 말해, 학생들로 하여금 여러 가지 도덕적 갈등 사태
해결의 연습을 통해 합리적 가치 판단 능력을 함양하여 현대 사회의 복
잡한 도덕적 문제에 적극적으로 대처할 수 있도록 이끈다는 계획인 것이
다. 그러나 행위의 정당성 탐구를 중시하는 인지 중심의 교육 과정은 종
래의 의무 윤리적 관점에 대한 비판과 함께 도덕 교육 범주의 편협성이
지적되면서, 앞으로의 도덕과 교육은 도덕의 지평을 행위 중심에서 행위
자 중심으로 확대하자는 주장이 설득력을 얻게 된다.

3. 인지 · 정의 · 행동의 통합적 도덕과 교육

제3차까지의 도덕과 교육은 행동 중심의 도덕과 교육으로서 인지적
측면의 도덕성이 배제되었다면, 제4~6차까지의 도덕과 교육은 인지 중
심의 도덕과 교육으로서 행동적 측면의 도덕성을 소홀히 하였기에, 학생
들의 조화로운 도덕성 함양에는 한계가 있었다. 따라서 학생들의 건전한

---

16. 교육부(1992), 『국민학교 교육과정 해설』, 교육과학사, pp. 227-30.

도덕성 함양을 위해 편향된 도덕과 교육이 아닌 조화로운 도덕성 발달 교육이 요청되었다. 이러한 맥락에서, 제7차 도덕과 교육 과정은 이 둘의 조화로운 모색, 즉 인지 · 정의 · 행동의 통합적 접근을 견지한다.

> 우리나라의 경우에 서구의 도덕 교육을 받아들여 수업에 적용하고자 노력했던 이래로 대체로 도덕과 수업에서는 소위 인지적 접근을 강조해 왔다고 볼 수 있다. 콜버그의 도덕성 발달 이론과 가치갈등 수업모형으로 대표되는 접근이 그 것이다. 이러한 인지적 접근은 그동안 우리 도덕과 수업에서 정착되어 왔고, 전통적인 덕목주의적인 수업을 바꾸는데 상당한 기여를 했다고 볼 수 있다. … (중략)… 앞으로의 도덕과 수업에서는 인지적 접근만을 추구할 것이 아니라 도덕성의 인지, 정의, 행동적 측면을 고루 발달시킬 수 있는 통합적 접근이 모색되어야 할 것이다.[17]

제7차 도덕과 교육 과정 이후에는 바람직한 인격의 기초를 함양하기 위해서 종래의 인지적 접근을 포괄하면서 정의적이고 행동적인 영역을 함양하는 통합적인 인격 교육적 접근 혹은 덕 교육적 접근을 시도한다. 이러한 시도는 종래의 초등 도덕과 교육이 행동을 출발점으로 삼았음에도 불구하고 학년이 올라갈수록 인지적 측면을 강조하는 폐단을 지양하려고 한 것이다. 따라서 제7차 도덕과 교육 과정은 정의적 영역과 행동적 영역을 인지적 영역 못지않게 강조하기 위하여 인지적 접근을 한 후에 그것을 자율적으로 정의적 측면에서 수용하고, 나아가 자율적으로 행동적 측면에서 실천할 수 있는 방향으로 도덕과 교육 과정을 개발하고자 한 것이다.

그러나 여기서 강조하는 정의적, 행동적 영역이 인지적 영역을 무시한다는 것을 의미하지는 않는다. 오히려 그보다는 종래에 경시되는 경향이

---

17. 조난심(1998), 「제7차 교육과정 개정과 학교 도덕과 교육」, 『제7차 교육과정에 따른 초등학교 도덕교과용 도서 개발 방향 정립』, 한국교육과정평가원, p. 37.

있었던 정의적이고 행동적인 측면을 인지적 측면과 대등하게 또는 그 이상으로 강조하려는 것이다. 다시 말하면, 도덕성의 인지적, 정의적, 행동적 영역이 균형을 이루고 유기적으로 작용하여 통합된 도덕성을 함양하도록 하는 것이 주요 목적이다.[18]

2. 교육 과정과 교육 과정의 구성 요소

우리나라 도덕과 교육은 행동 중심의 교육 과정을 거쳐 인지 중심의 교육 과정으로, 그리고 인지 · 정의 · 행동의 통합적 교육 과정으로 발전해 왔다. 그러면 이러한 각각의 교육 과정에 담아내어야 할 구체적 내용, 즉 교육 과정의 구성 요소에 대한 개괄적 의미와 각 구성 요소별 핵심 관점을 살펴보자.

1. 학교 교육과 교육 과정

사람을 대상으로 교육한다는 것은 많은 시간과 꾸준한 노력이 요구된다. 왜냐하면 인간을 바람직한 방향으로 변화시키는 일은 일시적이거나 단순한 작업이 아니기 때문이다. 따라서 바람직한 방향으로 인간을 변화시키기 위해 의도적이고 계획적인 노력과 작용이 필요한데, 이것이 바로 학교 교육이다.

이처럼 학교 교육은 개인적 차원의 교육이 아니라 공적 차원에서 이루어지는 교육으로서 매우 의도적이고 계획적인 것이다. 그러므로 학교 교

18. 교육인적자원부(2002), 『초등학교 교사용 지도서 도덕』, 대한교과서주식회사, p. 17.

육은 자연적 인간을 이상적 인간으로 변화시키기 위해 교육을 조직적이고 체계적으로 계획하고 입안하여야 한다. 이러한 일련의 교육 계획이 곧 교육 과정이다. 따라서 한 나라의 교육 과정은 교육 이념을 구현하는 것으로서 그 나라에서 기르고자 하는 인간상을 구체화하고 그 구현을 설계한 것이다.

> 교육 과정은 현재의 학생이 어떤 인간이 되어야 하는가에 대한 기대 그리고 그러한 인간으로 육성시키는 데 필요한 교육의 내용과 방법 등이 반영된 교육의 청사진인 것이다. 그러므로 교육 과정은 결국 교육의 방향과 내용을 결정하고 더 나아가 그 나라가 원하는 미래를 선택하게 하는 것이다.[19]

곽병선은 교육 과정의 위상에 대해 몇 가지로 요약한다.[20] 첫째, 교육 과정은 교육적 성취를 의도한다는 점에서 교육의 핵심적 위치를 차지한다. 둘째, 교육 과정은 교육이 포괄할 수 있는 가정 교육, 학교 교육, 사회 교육 등 모든 종류의 교육 형태 가운데 조직적이고 체계적인 교육, 즉 학교 교육에 초점을 맞추고 있다. 셋째, 교육 과정은 학교 교육을 위하여 주도면밀하게 계획되고 만들어진 것이다. 넷째, 교육 과정은 그 생성 자체가 교육을 위해서 계획되고 만들어진 것이기 때문에 강력한 실천성을 갖는다.

교육 과정은 체계적인 학교 교육의 기본 요소이다. 학교 교육의 핵심은 수업이며, 이 수업은 교육 과정을 내용으로 교사와 학생이 상호 작용하는 과정이다. 이러한 점에서 교육 과정은 "학생이 학습할 내용을 일정한 순서에 따라서 조직하고 배열한 것"[21]이라고 이해할 수 있다. 이러한 교육 과정의 개념은 교수 요목기에는 '교과를 가르치는 일'로, 경험 중심의 교육 과정에서는 '학생들이 학교의 계획과 지도하에 가지게 되는 모든 경

19. 박병학 외(1998), 『교육과정과 수업』, 교육출판사, p. 21.
20. 곽병선(1983), 『교육과정』, 배영사, pp. 47-9.
21. 유광찬(1996), 『교육과정 및 교육평가』, 교육과학사, p. 16.

험'으로, 학문 중심의 교육 과정에서는 '일련의 구조화된 의도적 학습 결과'로, 인간 중심의 교육 과정에서는 '학생이 학교생활을 하는 동안에 가지는 모든 경험'으로 변천되어 왔다. 이를 종합해 보면 교육 과정은 교육을 주도하는 기관이 그 기관의 교육 목표에 따라 학생의 성장과 발달을 돕기 위해 체계적으로 개발하여 수립하는 지식과 경험을 포함하는 모든 종류의 교육 내용을 사전에 의도적으로 계획하여 기대하는 학습 결과라 할 수 있다.[22]

교육 과정을 구성하는 요소로 타일러R. W. Tyler는 ① 목표, ② 학습 경험 선정, ③ 학습 경험의 조직, ④ 평가의 네 가지 요소를 제시하고 있으며, 타바H. Taba는 ① 목적 및 목표, ② 내용 및 학습 경험, ③ 평가의 세 가지 요소를 제시하고 있다. 이렇게 볼 때 교육 과정은 대체로 ① 교육 목표, ② 교육 내용, ③ 교수-학습 방법, ④ 교육 평가의 네 가지 요소로 구분할 수 있다.

2. 교육 과정의 구성 요소

이 장에서는 교육 과정의 네 가지 구성 요소인 교육 목표, 교육 내용, 교수-학습 방법, 교육 평가의 개괄적 의미를 살펴보고, 행동 중심의 도덕과 교육, 인지 중심의 도덕과 교육, 인지·정의·행동 중심의 도덕과 교육에서 각 구성 요소별로 핵심 관점을 제시하고자 한다.

1. 교육 목표

교육 목표는 교육 활동을 통하여 달성하고자 하는 학습자의 행동의 변

---

22. 앞의 책, pp. 16-26.

화를 의미한다. 즉, 교육 목표는 교육 활동을 통해 달성할 것으로 기대하는 바람직한 결과나 학습자에게 일어나기를 기대하는 행동 양식의 의미 있는 변화를 말한다. 이러한 교육 목표는 지식의 이해, 응용, 사고, 창조, 흥미, 태도, 가치관, 기술 등과 같은 일반적인 것과 특수한 행동의 변화를 모두 포함하는 개념이다. 그러므로 도덕과 교육의 목표는 도덕과 교육을 통해 달성하고자 하는 학습자의 바람직한 도덕적 가치나 신념 그리고 도덕적 행동의 변화를 의미한다.

도덕과 교육의 목표는 곧 도덕과 교육의 방향성을 나타내므로 교육 목표는 교육 과정을 연구하는 경우 가장 먼저 결정되어야 할 것이다. 교육 목표가 결정되지 않는다면 교육 내용이나 교수-학습 방법 등이 연역될 수 없기 때문이다. 이처럼 교육 목표는 학교에서 학습자가 무엇을 그리고 어떻게 배울 것인가의 기준이 된다. 따라서 교육 목표는 교육 내용이나 교수-학습 방법의 근거가 된다.

교육 목표의 설정은 교육의 이념적, 현실적, 학문적 근거로부터 연역된다. 이러한 근거는 대개 이념 혹은 정치적 배경이나 국가나 사회 혹은 개인적 요구 그리고 학문적 · 교과 교육적 요구로부터 파생된다. 이러한 맥락에서, 도덕과 교육의 목표도 교과로서의 설정 근거인 이념적, 현실적, 학문적 배경으로부터 교과의 설정 근거를 끌어내고, 그로부터 다시 도덕과 교육의 성격과 과제를 탐구하여 최종적으로 도덕과 교육이 달성해야 할 도덕과 교육의 목표를 도출하는 것이다.

교육 목표를 설정할 때 고려해야 할 원리로는 목표의 계열성과 범위의 적절성 유지, 목표의 형식과 구조적 측면에서 요구되는 일정한 조건, 목표의 방향과 성취 수준에 관한 원리 등이 있다.[23] 목표의 계열과 범위는 교과 외적인 측면과 교과 내적인 측면을 모두 고려해야 한다. 도덕과 교육의 목표는 교과 외적인 측면에서 교육의 이상, 목적, 목표 등을 고려하

---

23. 유병열(1998), 「도덕 · 윤리과 목표론」, 한국도덕윤리과교육학회, 『도덕 · 윤리교과 교육학 개론』, 교육과학사, pp. 214-9.

첫째, 행동 중심의 도덕과 교육, 인지 중심의 도덕과 교육, 인지·정의·행동 중심
의 도덕과 교육이 각각 구현하고자 하는 도덕과 교육의 목표는 무엇인가?
둘째, 행동 중심의 도덕과 교육, 인지 중심의 도덕과 교육, 인지·정의·행동 중심
의 도덕과 교육이 각각 구현하고자 하는 도덕과 교육의 목표를 뒷받침하는
이론적 배경은 무엇인가?

〈표 2-1〉 도덕과 교육 목표의 이해 관점

고, 교과 내적인 측면에서 가장 상위에 도덕과 목표가 있고, 그 다음으로
초, 중, 고등학교의 학교 급별, 학년별, 제재별, 단원별 교수-학습 목표가
있다. 도덕과 교육의 목표는 이러한 각 목표들 간의 일관성과 체계성 그
리고 계열성이 확보되도록 해야 한다.

　도덕과 교육의 목표는 형식과 구조적 측면에서 일정한 조건을 만족시
켜야 한다. 먼저, 총괄 목표와 하위 목표를 구분하여 진술할 필요가 있
고,[24] 목표 진술시 내용과 행동의 두 측면을 담아내야 하며, 목표의 포괄
성, 균형성, 간단 명료성이 확보되고,[25] 학습자 중심으로 목표를 진술하는
것이 바람직하다. 마지막으로 도덕과 교육의 목표를 설정할 때 그 목표의
방향과 중점, 성취 수준에 관해, 도덕과 교육이 어떤 인간을 육성하려 하
고 이를 실현하기 위해 무엇을 어떤 수준으로 성취하려 하는가를 분명하
게 해야 한다. 이를 위해 도덕과 교육의 목표는 도덕과 교육이 육성하고
자 하는 도덕적 인간상이나 도덕적 인간이 지녀야 할 도덕성이나 인격의
구체적 특성과 관련하여 발달적, 통합적 관점을 담아내야 하며, 도덕성의

---

24. 총괄 목표는 도덕과 교육 활동이 지향해야 할 전체적인 방향을 말하며, 하위 목표는 총괄
목표를 보다 구체화, 상세화한 것으로서 도덕과 교육의 영역에 따라 학생들이 달성하기를 기
대하는 도덕적 능력이나 품성을 의미한다. 유병열(1998), 앞의 책, p. 216.
25. 포괄성은 학교가 책임져야 할 모든 유형의 성과를 포함할 수 있도록 하는 것이며, 균형성
은 목표 설정에서 고려되어야 할 요소들을 조화롭게 반영하는 것이고, 간단 명료성은 목표가
장황하거나 중언부언하지 않고 무엇을 어떤 근거로 어느 정도 추구하는 지를 이해하기 쉽고
명확하고 구체적으로 진술하는 것을 말한다. 위의 책, p. 217.

발달 수준과 도덕적 성향의 특성이 명료하게 드러나야 한다.

이러한 교육 목표의 개괄적 이해를 바탕으로 〈표 2-1〉과 같은 관점을 중심으로 교육 목표를 살펴보고자 한다.

2. 교육 내용

교육 내용은 교육 목표 달성을 위해 교육 활동을 통해 학생들에게 학습시키고자 하는 교육 목표의 구체적인 표현이다. 즉, 교육 내용은 교육 목표를 달성할 수 있도록 목표를 구체적인 교육 활동으로 변형시켜 놓은 것으로서 교육 목표 달성을 위한 수단적 역할을 담당한다. 따라서 아무리 적절한 교육 목표가 마련되었다 해도 교육 내용이 불합리하면 교육 목표 달성에는 차질을 빚게 마련이다. 그러므로 어떠한 내용을 선정하고 어떻게 조직하느냐 하는 것이 교육 목표를 달성하기 위해 매우 중요하다.

이러한 맥락에서, 도덕과 교육의 내용은 도덕과 교육의 목표에 도달하기 위해 선정되고 조직된 그 무엇이다. 교육 목표가 달성되어야 할 그 무엇이라면, 교육 내용은 그 목표에 도달하기 위해 제공되어야 할 그 무엇이다. 도덕과 교육의 내용이 어떻게 선정되고 조직되어야 하는가 하는 문제는 도덕과 교육의 목표와 관련하여 평가되어야 하며, 내용의 구성이 학문적 체계성을 유지하여야 교과로서의 도덕과 교육의 위상을 인정받을 수 있을 것이다. 이러한 점에서, 교육 내용은 교육 목표를 달성하기 위한 수단적 가치를 지니며, 교육 목표는 교육 내용을 정당화시켜 주는 기본적인 토대이다. 그러므로 교육 내용의 가치는 교육 목표 달성의 타당도에 있고, 이 타당도는 내용의 선정과 조직의 완성도에 의해 판단된다.

일반적으로 교육 내용의 구성은 3단계를 거쳐 이루어진다.[26] 첫째는 교육 내용을 규정짓는 요인, 즉 지식과 경험 활동 중에서 어느 것으로 교육

---

26. 박장호(1998), 「도덕 · 윤리과 지도내용론」, 한국도덕윤리과교육학회, 『도덕 · 윤리교과 교육학 개론』, 교육과학사, pp. 231-4.

내용에 접근할 것인가 하는 문제이다. 교육 내용을 지식으로 접근하려는 입장은 교과를 지식의 전수나 지식의 구조로 파악하고자 하는 학문 중심의 교육 과정의 관점이다. 전통적인 주지주의 하에서의 학교 교육 내용에서 주종을 이룬 것은 학문이나 지식이었다. 그러므로 과거의 학교 교육은 주로 보다 많은 지식을 학습자에게 전수하는 일이었으며, 사회가 바라는 인간상도 지식인으로서 많은 지식을 전수받은 사람이었다. 또한 교육 내용을 학습 경험으로 접근하려는 입장은 학습 경험과 학습 활동의 참여를 통해 교육 목표에 도달하고자 하는 경험 중심 교육 과정의 관점이다.

그러나 타바의 연구 이후, 지식과 학습 경험을 대립적 관계가 아닌 상호 보완적 관계로 파악하고자 하였다. 학교가 지식만 가르치는 곳도 아니고, 또 지식을 많이 배웠다고 반드시 이상적인 인간이라고 보지도 않게 되었다. 이와 같은 변화는 학교 교육 내용의 의미를 새롭게 파악하는 계기가 되었다. 오늘날에 와서는 바람직한 교육 내용의 의미는 무엇을 배우느냐에서 끝나는 것이 아니라 무엇을 어떻게 배우느냐의 두 가지 개념을 함께 포함하는 것으로 보고 있다. 말하자면 내용과 행동, 즉 학습 내용과 학습 활동이라는 두 가지 개념이 함께 포함된 이원적 성질을 갖춘 교육 내용을 생각하게 되었다. 따라서 교육 내용은 각 교과 교육의 목표의 특성에 따라 그에 적합한 지식이나 학습 경험을 적절하게 제시하는 것이 바람직하다. 이러한 맥락에서, 도덕과 교육에서는 인지, 정의, 행동의 통합적 관점에서 지식과 학습 경험이 적절하게 조화된 교육 내용으로 제시하는 것이 바람직하다.

둘째는 교육 내용을 규정하는 요인에 대한 기본적 접근이 결정되면 내용 요소들을 선정해야 한다. 교육 내용의 요소를 선정할 때에는 각 교과마다 내용의 선정 기준들을 마련한다. 이때 내용의 폭(양)과 깊이(질)를 고려하는 것이 중요하다. 도덕 교과와 관련하여 보면, 어떤 범위의 영역을 어느 정도 질적 수준으로 그 내용을 선정할 것인가를 정해야 할 것이다. 여기에는 도덕과 교육의 목표와 학생들의 도덕 발달 수준, 학생들의 흥미

첫째, 행동 중심의 도덕과 교육, 인지 중심의 도덕과 교육, 인지 · 정의 · 행동 중심
의 도덕과 교육은 각각의 구현을 위해 어떤 내용을 선정하고 어떻게 조직하
였는가?
둘째, 행동 중심의 도덕과 교육, 인지 중심의 도덕과 교육, 인지 · 정의 · 행동 중심
의 도덕과 교육은 각각 어떻게 교육 내용을 진술하고 있는가?

〈표 2-2〉 도덕과 교육 내용의 이해 관점

와 요구 등이 고려되어야 할 것이다.

셋째는 교육 내용이 선정되면, 그 다음 단계는 어떻게 교육 내용을 조
직할 것인가 하는 문제가 대두된다. 여기에는 통합성, 계열성, 계속성의
원리가 적용된다. 먼저, 도덕과는 가치 통합적이고 교과 통합적이며, 학
제적 접근을 지향하는 교과적 성격으로 인해 수평적 연관 관계가 중요한
교과이다. 이러한 시각에서, 도덕과는 환경 확대에 따른 통합, 사회과학
의 기본 개념에 따른 통합, 주제에 따른 통합, 전체적 상호 작용에 따른
통합 등을 제시하고 있다. 두 번째는 계열성의 원리를 고려하여 내용을
조직하는 것이다. 이것은 교육 내용이 단순히 반복적으로 제시되는 것이
아니라 깊이와 폭을 더 심화하고 확대해야 한다는 것이다. 도덕과 교육과
관련하여, 아동의 도덕성 발달 정도에 따라 혹은 생활 영역의 확대 원리
에 따라 교육 내용의 계열성을 고려해야 한다. 마지막으로 교육 내용의
조직은 계속성의 원리를 고려해야 한다. 도덕적 인격이나 성품을 형성하
기 위해서는 반복 교육이 중요하므로 학년 간 혹은 학교급 간의 지속적
인 교육 내용의 반복이 필요하다.

이러한 교육 내용의 개괄적 이해를 바탕으로 〈표 2-2〉와 같은 두 가지
관점을 중심으로 교육 내용을 살펴보고자 한다.

3. 교수-학습 방법

교수-학습 방법은 교과 목표와 내용을 이어주는 교량 역할을 한다. 즉, 교수-학습 방법의 핵심은 교육 내용을 효과적으로 목표에 이르도록 하는 것이다. 아무리 훌륭한 교육 내용이 준비되어 있다 하더라도 전달 수단이 적절하지 못하면 효과적으로 목표에 도달하기 어렵다. 교수-학습 과정의 중심은 학습자가 직접 학습 경험을 쌓아 나가는 활동 과정으로서 여기에는 학습자의 심리적 특성, 교사의 인성과 자질 및 그 지도 능력 그리고 교육 목표의 내용, 교수 조건과 방법, 학교 또는 학급의 분위기, 물리적 환경 등 제 요인들의 역동적인 상호 작용이 이루어지는 과정이다. 그런데 여기서는 특히 학습자의 요인과 교사의 요인이 크게 영향을 미치는 단계이다. 학습자의 요인으로는 학습자의 발달 단계 및 특징, 지식, 학습 방법과 습관, 실습 지식이나 경험, 기능, 태도, 가치관, 인성 등이 그 주요 요인들이고, 교사의 요인으로는 교사의 인성, 교육 배경, 지식 수준, 가치관, 교육적 태도, 목표 의식, 교수 방법과 기술 및 심리적 경향 등을 들 수 있다.

일반적으로 교수-학습 방법은 교수-학습 장면에서 누가 주도하느냐에 따라 교사 중심의 교수-학습과 학생 중심의 교수-학습으로 나뉜다. 교사 중심의 교수-학습은 교사가 학습 목표와 교육 내용을 선정하고 교수-학습 방법을 계획하는 것을 말한다. 그리고 학생들은 교사의 지도나 지시에 따라 학습 활동을 진행한다. 이러한 방법에 사용되는 대표적 기법이 강의식 혹은 설명식 교육의 직접 교수법이다. 그러나 학생 중심의 교수-학습에서는 교육 목표와 내용 그리고 방법을 교사와 학생이 함께 계획하고, 학습의 주체는 학습자가 된다. 여기에서 사용되는 기법은 탐구식 수업, 토의법, 문답법, 상호 문답법 등이 있다.

도덕과 교수-학습의 기본 원리로는 다음과 같은 것들이 있다.[27] 첫째는 일관성의 원리로서, 이것은 교수-학습의 목표와 내용 및 방법 사이에 일관성이 있어야 한다는 것이다. 학습 목표가 설정되면 이를 달성하는 데 가장 적합한 학습 내용과 적절한 교수-학습 방법을 선정해야 한다. 학습 목표와 학습 내용 그리고 학습 방법에는 상호 일관성이 유지되어야 한다. 둘째는 인지화의 원리로서, 이것은 도덕과 교수-학습을 통하여 도덕 성의 인지적 요소들을 함양할 수 있도록 교수-학습이 이루어져야 한다는 것이다. 도덕성의 인지적 요소로는 도덕적 지식과 이해 그리고 도덕적 사고와 판단력을 들 수 있다. 따라서 인지화의 원리는 도덕적 지식과 이해 그리고 도덕적 사고와 판단력을 함양하는 것이다.

셋째는 심정화의 원리로서, 이것은 도덕과 교수-학습을 통하여 도덕성 의 정의적 요소들을 함양할 수 있도록 학습이 이루어져야 한다는 것이 다. 도덕성의 정의적 요소로는 도덕적 감정과 정서 그리고 도덕적 열정과 의지를 들 수 있다. 따라서 심정화의 원리는 도덕적 감정과 정서 그리고 도덕적 열정과 의지를 기르는 것이다. 넷째는 행동화의 원리로서, 이것은 도덕성의 행동적 요소들을 형성할 수 있도록 도덕적 행동을 체험하고, 이를 토대로 도덕적 행동을 실천할 수 있도록 학습이 이루어져야 한다는 것이다. 도덕성의 행동적 요소로는 도덕적 행위의 기능과 능력 그리고 도 덕적 실천과 습관을 들 수 있다. 따라서 행동화의 원리는 도덕적 행위의 기능과 능력 그리고 도덕적 실천과 습관을 형성하도록 하는 것이다.

다섯째는 통합성의 원리로서, 이것은 도덕적 가치 규범을 지도할 때 도 덕성의 인지적, 정의적, 행동적 요소가 조화롭게 형성되도록 교수-학습 활동을 고려해야 한다는 것이다. 인지화, 심정화, 행동화의 원리는 도덕 성의 인지적, 정의적, 행동적 요소를 각각 형성하는 원리이지만, 통합성 의 원리는 이러한 세 원리가 도덕과 교수-학습의 전체 과정에서 조화와 균형을 이루며 통합적으로 발달되도록 고려하는 것이다. 여섯째는 습관 화의 원리로서, 이것은 도덕과 교수-학습을 통해 지도되는 주요 가치 덕

---

27. 서강식(2001), 『도덕 교육론』, 양서원, pp. 44-61; 이택휘 외(2000), 앞의 책, pp. 475-99.

첫째, 행동 중심의 도덕과 교육, 인지 중심의 도덕과 교육, 인지 · 정의 · 행동 중심
의 도덕과 교육은 각각의 목표 구현을 위해 어떤 학습관을 반영하고 어떤 방
법적 원리를 사용하고 있는가?
둘째, 행동 중심의 도덕과 교육, 인지 중심의 도덕과 교육, 인지 · 정의 · 행동 중심
의 도덕과 교육이 각각 추구했던 교수-학습 방법에는 어떤 것들이 있는가?

〈표 2-3〉 도덕과 교수-학습 방법의 이해 관점

목이 반복된 행동의 실천으로 습관화될 수 있도록 지도해야 한다는 것이
다. 도덕적 성품은 도덕적 가치나 원리에 따르는 반복된 실천의 결과로서
형성된다. 따라서 이 원리는 도덕적 가치 규범에 대한 반복적이고 지속적
인 지도를 통해 습관화에 이르도록 하는 것이다.

일곱째는 자율성의 원리로서, 이것은 도덕적 가치 규범을 일방적으로
주입하거나 수용하는 것이 아니라 학습자의 능동적이고 자율적인 활동
에 의해 재구성 혹은 창조되도록 지도되어야 한다는 것이다. 즉, 도덕규
범은 주입이나 수용을 강요하기보다 합리성에 의해 자율적으로 이해되
고 실천되어야 하는 것이다. 여덟째는 발달의 원리로서, 이것은 학습자의
인지 발달 및 도덕성 발달 수준을 고려하여 교수-학습이 이루어져야 한
다는 것이다. 학생들의 발달 수준을 고려하여 초등학교 저학년은 덕목을
내면화하도록 하는 행동적 접근을 주로 하고, 고학년은 합리적 가치 판단
능력을 기르도록 하는 인지적 접근을 강조한다. 이로써 타율적 도덕성에
서 자율적 도덕성으로 이행할 수 있도록 한다.

아홉째는 생활 경험의 원리로서, 이것은 도덕과 교수-학습에서 가능하
면 학습자들의 경험과 밀접한 관련이 있는 사례를 활용하는 것이다. 도덕
과 교수-학습이 학습자들과 너무 동떨어진 사례나 추상적인 것을 활용
한다면 동기 유발이나 학습자의 참여는 물론 교육 효과를 기대하기 어렵
다. 열째는 연계성의 원리로서, 도덕과 교육은 학교, 가정, 사회와 연계해
지도되어야 한다는 것이다. 도덕과의 궁극적 목적은 도덕적 행동에 있다.

이러한 도덕적 행동을 위해 도덕적 성품을 구비해야 되고, 이러한 인간은 도덕적 행동의 반복적 실천과 습관화를 기해야 한다. 따라서 학교와 가정 그리고 사회에서 도덕 교육의 연계 지도가 필요하다.

이러한 교수-학습 방법의 개괄적 이해를 바탕으로 〈표 2-3〉과 같은 두 가지 관점을 중심으로 교수-학습 방법을 살펴보고자 한다.

4. 교육 평가

교육은 인간의 의도적 행위이다. 교육을 문화나 지식의 전수 행위로 보든 학습자의 바람직한 행동 변화를 위한 활동으로 간주하든 혹은 학습자의 자아 발견으로 규정하든지 간에 인간의 목적 행위임에는 틀림이 없다. 그런데 인간이 계획적으로 의도하는 이러한 활동에는 평가[28]의 과정이 따르기 마련이다. 왜냐하면 평가의 과정은 의도하고 계획한 교육 활동에 대한 반성이며, 새로운 계획의 기초가 되기 때문이다.

교육 평가에 대한 정의는 학자들마다 다양하게 제시되어 왔다. 먼저 오늘날 학교 교육에 많은 영향을 끼친 바 있는 타일러의 정의를 살펴보면, "교육 평가는 본질적으로 교육 과정이나 수업 프로그램에 의하여 어느 정도 달성되었는지를 결정하는 과정"으로 정의하고 있다.[29] 이러한 정의에 의하면, 기대한 교육 목표를 어느 정도 실현하였는가에 대한 판단 작용이 곧 교육 평가이다. 따라서 교육 평가가 성립되기 위해서는 교육 목표 성취를 위한 교육 과정이나 교육 프로그램이 전제되어야 하며, 평가 대상도 교육 과정이나 교육 프로그램에 참여한 학습자뿐만 아니라 교육 과정이나 교육 프로그램이 되어야 할 것이다. 정범모는 평가에 대해 다음

---

28. 평가와 측정의 가장 명확한 구분으로, 평가는 평가에 앞서 특정 교육 과정이나 교육 프로그램이 존재해야 한다. 그러나 측정은 특정 교육 과정이나 교육 프로그램의 전제 조건이 없거나 전제되어 있지 않다.

29. R. W. Tyler, *Basic principle of curriculum and instruction*, Chicago: The University of Chicago Press, 1949, pp. 105-6.

과 같이 말하고 있다.

> 교육평가는 교육목적을 다룬다. 교육평가는 학생의 바람직한 행동의 변화를
> 다룬다. 교육평가는 행동의 증거를 수집하는 방법이다. 행동의 표집을 다룬다.
> 교육평가는 학생평가만이 아니라 교사평가이기도 하고 문자 그대로 교육평가
> 다.[30]

크론바흐L. J. Cronbach는, "교육 평가는 어떤 교육 프로그램에 관한 의사
결정을 내리기 위하여 정보를 수집하고 사용하는 과정"으로 정의하고
있고, 스테이크Stake는 교육 평가를 "교육 프로그램을 기술하고 판단하는
일"로 정의하고 있다. 이와 같은 교육 평가에 관한 정의는 교육 과정이나
교육 프로그램에 관하여 판단하고 결정하는 일을 포함하고 있는 것으로
이해할 수 있다. 비비Beeby는 "행위를 목적으로 가치 판단에 필요한 증거
의 체계적 수집 및 해석"으로 평가를 정의하고 있다. 그리고 이 정의 속
에는 "요구되는 정보가 어느 정도 정확히 정의되고 정보를 얻고자 하는
노력이 계획되어야 하며, 증거의 해석, 가치 판단, 행위를" 목적으로 하는
네 가지 중요한 요소가 포함되어 있다.[31]

　이들 여러 정의들을 종합해 보면, 교육 평가는 어떤 교육 목표 하에서
그 교육 목표를 달성하기 위한 교육 과정 혹은 교육 프로그램을 수립하
여 시행한 결과를 판단하고 결정하는 것이라고 볼 수 있다. 이렇게 볼 때,
교육 평가는 교육 과정과 교육 프로그램 전부를 평가 대상으로 하며, 아
동 교육의 모든 것에 미치며 대상 영역 전체를 포괄하는 것으로 볼 수 있
다. 즉, 교육 평가는 학생들의 학력 평가뿐만 아니라 교육 목표를 달성하
기 위해 계획되고 조직된 교육 프로그램의 전 과정 — 교육 계획, 교육 행

---

30. 정범모(1955), 『교육평가』, 중앙교육출판사, pp. 3-9.
31. 권낙원(1991), 「교육평가모형」, 『교육과정 평가도구 개발연구』, 한국교원대학교 교육연구
원, p. 3.

첫째, 행동 중심의 도덕과 교육, 인지 중심의 도덕과 교육, 인지 · 정의 · 행동 중심
의 도덕과 교육은 각각 어떤 평가 관점에서 교육 평가를 실시하는가?
둘째, 행동 중심의 도덕과 교육, 인지 중심의 도덕과 교육, 인지 · 정의 · 행동 중심
의 도덕과 교육은 어떤 평가 방법을 사용하고 있는가?

〈표 2-4〉 도덕과 교육 평가의 이해 관점

정, 학교 조직과 시설, 교수-학습 활동 — 을 그 대상으로 하는 것이다. 따라서 교육 평가는 학생 교육에 관한 전반적인 모든 것을 포괄하는 평가를 의미한다고 볼 수 있다.

이러한 교육 평가에 대하여 평가의 관점을 어디에 두고 있느냐에 따라 학교 평가, 아동 평가, 교사 평가로 나눌 수 있고, 아동 평가는 다시 학습 평가와 행동, 성격 평가로 구분한다. 평가는 평가의 관점에 따라 평가의 대상이 달라지며, 그리고 학습과 학습의 결과로 나타나는 행위에 관한 평가로 다시 세분된다. 이렇게 보면, 학습 평가는 학생의 학습과 관련된 평가로서 교육 평가의 일부분이다.

아동들에게 있어서 학습은 학교 활동의 중심에 위치하고 있으므로, 교육 평가 중에서 학습 평가를 가장 중요하게 간주할 수밖에 없다. 따라서 학습 평가는 교육 평가의 한 부분이기는 하지만 실질적으로는 교육 평가의 핵심이라 할 수 있다. 이러한 시각에서 일반적으로 교육 평가는 곧 학습 평가를 의미하는 것으로 이해할 수 있다. 이처럼 도덕과 교육에서의 학습 평가는 도덕과의 학습을 개선하여 학생들의 도덕성 발달을 촉진하기 위한 학습의 한 과정이다. 다시 말해서 학습 평가를 통해 교사는 수업을 반성하고 학생들의 도덕성 발달 수준을 확인하여 각각의 개인에게 적절한 학습 처치를 함으로써 궁극적으로는 학습자의 도덕성 함양을 꾀하고자 한다. 이러한 관점에서 도덕과 학습 평가는 교수-학습 방법에 대한 반성적 검토와 함께 학습자의 학습 성과나 도덕적 능력에 관한 실질적 정보를 얻는 과정이라 할 수 있다.

이러한 교육 평가의 개괄적 이해를 바탕으로 〈표 2-4〉와 같은 두 가지 관점을 중심으로 교육 평가를 살펴보고자 한다.

제3부

행동 중심의
도덕과
교육

전통적 접근이라 불렸던 제4차 교육 과정 이전의 교육 과정은 행동 중심의 도덕성 함양을 목표로 하였다. 이 시기에는 주로 도덕 규칙이나 덕목을 제시하고 학생들로 하여금 이를 내면화하여 행동으로 옮길 수 있도록 하는 데 중점을 두는 덕목 중심의 행동적 접근이었다. 여기에서는 주로 사회가 가지고 있는 기존의 가치나 도덕규범 체계를 내면화·습관화하여, 이를 일상생활에서 실천하도록 하는 행동 중심의 도덕 교육을 중시하였다. 따라서 이때의 도덕과 교육은 도덕 사회화에 관심을 두었으며, 교육 내용의 핵심은 당연히 사회가 가지고 있는 주요 가치나 도덕 규칙 혹은 덕목이었다. 그리고 이러한 주요 가치나 도덕 규칙(덕목)은 보편성 혹은 절대성을 인정받고 있는 것이었으므로, 학습자는 이러한 도덕 규칙이나 덕목에 대해 '왜'를 묻지 못하고 당연한 것으로 받아들여야만 하였다. 가르치는 방식 또한 기존의 도덕 규칙이나 덕목을 내면화하고 습관화하는 일에 관심을 두었으므로 타율적이었다.

제1장 행동 중심의 도덕과 교육의 목표

제3차 교육 과정까지의 도덕과 교육은 덕목 중심의 '행동적 접근'이 주된 흐름이었다. 제3차 교육 과정까지의 도덕과 교육은 학생들의 바람직한 행동, 태도, 습관 형성에 중점을 두었다. 이를 위해 도덕과 교육은 사회가 가지고 있는 기존의 도덕규범을 내면화하고, 이를 실천으로 옮기도록 하는 도덕 사회화에 역점을 두었다. 각 교육 과정마다 도덕 사회화의 내용은 달랐으나, 사회가 요구하는 도덕규범을 내면화하고 이를 실천으로 옮기도록 하는 것은 공통적이었다.

1. 도덕과 교육 목표 변천의 개요

행동 중심의 도덕과 교육은 제4차 도덕과 교육 과정 이전의 시기로서, 교육 과정 이전 시기인 일제 강점기, 미군정기, 그리고 도덕과 교육 과정 시기인 제1, 2, 3차 도덕과 교육 과정 시기로 나눌 수 있다.

1. 교육 과정 이전 시기

우리나라의 교육 과정은 1945년 미군정 아래에서 마련된 '교수 요목'

에서 출발한다. 이때, 일본 제국주의 시대의 수신과가 폐지되고 공민과에 도덕과 교육이 통합된다. 다음해에는 종래의 공민, 역사, 지리로 구분되었던 교과 내용이 '사회생활과'로 통합되고, 교과 내용은 지식 중심에서 생활 중심으로 바뀌었다. 6.25전쟁 중에는 '전시하의 교육의 특별 조치 요강'을 제정 · 발표하여, 1952학년도 교육 방침을 자활인, 자유인, 평화인의 양성에 두고 지식 교육, 기술 교육, 도의 교육, 국제 교육을 강조하였다.

1. 일제 강점기의 도덕과 교육의 목표

우리나라의 근대 교육은 갑오개혁 이후에 본격적으로 시작된다. 1894년 과거 제도를 폐지하고 새로운 관리 등용법을 제정하고, 문교 행정 기관으로 예조禮曹 대신에 학무아문을 신설하는 등 교육 제도에 개혁이 단행되었다. 홍범 14조에서는 영재 교육의 시급함을 강조하고 계급의식을 없애기 위해 반상班常의 구별 없이 널리 인재를 등용할 것을 천명하였다. 정부는 1895년 교사 양성을 목적으로 한 칙령 제79호에 근거하여 한성 사범학교의 관제를 공포하고, 서울 교동에 부속 소학교를 설립하였다. 당시 소학교령에 의하면 초등 도덕 교육은 수신 교과를 통하여 이루어졌는데, 여기에서는 아동의 양심을 계도하며 덕성을 함양하고 인도를 실천하는 방법에 치중하였다.[1]

1909년 초등 교과서는 국어, 일어, 한문 독본, 수신의 4책이 발행되었다.[2] "수신은 교육에 관한 칙어勅語의 취지에 대하여 아동의 덕성을 함양하고 국민 도덕의 실천을 지도하는 것으로서 요지를 삼는다"[3]라고 일제

---

1. 교육과정 · 교과서 연구회(1990), 『한국교과교육과정의 변천』, 대한교과서주식회사, p. 78.
2. 일제의 침략이 시작되었던 통감부 시대에는 소학교가 4년제 보통학교로 바뀌었다가, 1922년에는 6년제로 개정되었다. 일제 강점기에는 한국인을 일본인화시키기 위해 일본어를 국어로 개칭하였다. 당시 보통학교의 교과목은 필수와 선택으로 나누어져 있었고, 필수 과목으로 수신, 국어, 조선어 및 한문, 산술이 있었고, 선택 교과로 이과, 창가, 체조, 도화, 수공, 재봉 및 수예 등이 있었다. 조선어와 학문 독본 이외의 모든 교과는 일본어로 기술되었다.

강점기의 소학교 규정 제17조에 명시되어 있다.[4] 이러한 국민 도덕 실천을 위해 '수신과修身科'의 과목을 두고 교육하였다. 일제 강점기에 수신과의 목적은 덕성의 함양과 국민 도덕의 실천 지도, 이 두 가지로 나눌 수 있다.[5]

덕성의 함양은 양심(규범의식)의 함양을 뜻하는 것으로서, 이를 함양하려면 양심의 두 가지 작용, 즉 양심의 지도 작용과 양심의 심판 작용을 왕성하게 하여야 하며, 그러기 위해 도덕적 지견의 양성, 도덕적 정조의 함양, 도덕적 의지의 단련이 필요하다. 국민 도덕의 실천은 충의 실천을 의미하는 것으로서, 수신과를 통해 충의 도가 국민 도덕의 기본임을 이해시키려 하였다. 이처럼 수신과의 궁극적 목적은 충이었다. 즉, 수신과를 둔 의도는 학생들의 생각을 한곳으로 몰아 다른 것을 생각할 모든 요소를 제거하고, 그대로 실천하게 하려는 것이었다.[6] 이처럼 수신과에서의 도덕 교육은 주로 도덕적으로 가치가 있다고 생각하는 덕목을 제시하고, 이를 따르도록 하는 내용으로 구성되어 있다. 이러한 도덕과 교육 접근은 학생들의 자율적이고 비판적인 사고를 막고 맹목적으로 지시하는 덕목에 따르도록 하는 덕목주의[7] 방식이다.

2. 미군정 하의 도덕과 교육의 목표(1945-48)

광복 직후 군정청 편수 당국은 교육 과정과 교과서도 없는 상태에서 초등학교 교과목 편제와 시간 배당표를 발표하였는데, 수신과는 '공민

---

3. 조선초등교육연구회 편(1939), 『각과지도지침』, 경성, 조선도서출판주식회사, p. 47.
4. 홍웅선(1988), 『초등교육과정』, 교학사, p. 70. 일제시대의 수신과는 정책적인 덕목을 어린이에게 주입시킴으로써 도덕의 핵심인 자율성과 비판 정신을 말살시키려는 의도가 있었다(김회식(1972), 「도덕과 수업의 전개과정에 대한 소고」, 공주교대 논문집, p. 68).
5. 홍웅선(1988), 위의 책, p. 153.
6. 위의 책, p. 153.
7. 덕목주의는 도덕적 덕목을 제시하고 학생들로 하여금 이를 행동으로 실천하도록 하는 데 관심을 두는 도덕 교육적 접근을 말한다.

과'로 대체되었다. 공민과는 새 나라의 민주 시민을 기르기 위한 교과로서 전 학년에 걸쳐 주당 2시간씩 할당되었다. 이것이 우리나라 현대 도덕 교육의 첫 출발이었다.[8] 공민과 교육의 목표는 개인과 사회와 국가와의 관계를 이해시켜 도의심과 책임감, 공덕심과 협동 정신을 기르는 것이었다. 국정인 공민 교과서는 저, 중, 고학년용 세 가지 책으로 발행되었다. 1년 뒤, 1946년 새로운 교과 편제에 따라 공민과는 역사, 지리와 함께 '사회생활과'로 통합되어 지식 중심보다는 생활 중심의 내용으로 민주적 생활에 필요한 인간을 기르는 데 관심을 두었다.

3. 정부 수립 후 도덕과 교육의 목표(1948-54)

1948년 대한민국 정부가 수립되고, 새로운 교육 과정의 기초 위에서 도덕과 교육은 '사회생활과'에 포함되어 실시되었다. 여기에서 '도의 교육'은 민주 국가에서 갖추어야 할 인격 존중, 권리 존중, 의무 수행 등의 덕목을 알고 실천하며, 대한민국의 국가관을 배우고 민주 국가 국민의 자격을 갖도록 지도하는 데 목적을 두었다.[9]

1954년 4월 문교부령 제35호로 제정 공포된 '교육 과정 시간 배당 기준령'에는 초등학교 도의 교육의 실시를 다음과 같이 규정하였다.[10]

제10조, 도의 교육을 전 교과 및 기타 교육 활동 전반에 긍하여 행하되, 각 학년 총 수업 시간 수의 범위 내에서 연 35시간 이상을 이에 충당하여야 한다.

이렇게 도의 교육을 강화하게 된 이유로 첫째, 도의 교육이 교육의 일부분이라는 생각을 바로잡기 위한 것이고, 둘째, 원만한 덕성, 강건한 신

---

8. 교육과정 · 교과서연구회(1990), 앞의 책, p. 81.
9. 문교부(1988), 『국민학교 교육과정 해설』, 서울시인쇄공업주식회사, pp. 2-12.
10. 홍웅선(1988), 앞의 책, p. 131.

체 및 유용한 지식 기능을 조화 있게 발전시켜 이 겨레를 위하여 봉사할 수 있는 전인 육성을 위해 필요하며, 셋째, 도의 교육은 생활을 떠나서는 있을 수 없는 것으로, 도덕은 덕목의 해설에 그칠 것이 아니라 일상생활의 '행동'으로 구현되도록 하지 않으면 안 된다는 것이다.[11]

2. 교육 과정 이후 시기

제1차 교과 과정기에는 반공 교육과 도의 교육을 일원화하였다. 당시의 시대적 요청이 반공과 국력 증강에 의한 국토 통일 및 산업 재건에 의한 국민 경제의 안정이었기에, 반공 교육 체제를 강화하고, 민족 도의를 진작시키며, 국민 경제를 부흥시킴으로써 민주 국가의 기반을 굳건히 마련하고자 하였다. 제2차 교육 과정은 교육 영역을 교육 활동, 반공·도덕 생활, 특별 활동 등 셋으로 구분하고, 국민교육헌장의 이념 구현과 반공 교육을 강화하는 방향으로 개편하였다. 비로소 1973년 제3차 교육 과정부터 현대적인 도덕과 교육이 시작되었고, 반공·도덕 생활이 『도덕과』로 신설되고, 국민교육헌장의 이념과 관련된 가치 덕목을 계통성 있게 전개하고, 도덕과의 학문성을 확립하여 '체계 있는 도덕 교육'을 시도하였다.

1. 제1차 도덕과 교육 과정의 성격 및 목표(1954-63)

① 교육 과정 개정의 방향

1955년 8월에 문교부령 제44호로 '국민학교 교과 과정'이 공포됨으로써 초등학교의 교육 내용을 처음으로 완전히 갖추게 된다. 초등학교의 수업 시간은 40분 단위로 하고 도의 교육은 전 교과 및 기타 교육 활동 전

---

11. 앞의 책, p. 132.

반에 걸쳐 행하되, 각 학년이 연 35시간 이상을 충당하도록 하였다. 제1차 교육 과정기의 특징은 반공 교육과 도의 교육을 일원화하는 것이었다. 당시의 시대적 요청은 반공과 국력 증강에 의한 국토 통일 및 산업 재건에 의한 국민 경제의 안정이었다. 제3공화국 정부가 들어서면서 반공 교육 체제를 강화하고 민족 도의를 진작시키며 국민 경제를 부흥함으로써 민주 국가의 기반을 굳건히 마련하고자 하였다.[12]

② 도덕과 목표

1955년 10월 '도의 교육위원회'를 조직하고, 도의 교육의 당면 목표는 "첫째, 관후고결한 인간성 도야, 둘째, 반공 방일의 애국 애족심 함양, 셋째, 대인 관계에서 협동심과 책임감 양성, 넷째, 근로 역행하는 생활 태도 확립으로 정하고, 도덕 생활 영역을 첫째, 자기실현의 도덕, 둘째, 인간관계의 도덕, 셋째, 경제 및 직업의 도덕, 넷째, 공민으로서의 도덕, 다섯째, 반공 방일 정신 5개 분야"[13]로 나누었다. 그리고 초등학교 저학년은 도덕적 습관 형성, 고학년은 사회 공동생활의 정신과 태도를 기르는 데 관심을 두었다.[14] 제1차 교육 과정의 도의 교육 목표를 살펴보면 〈표 3-1〉과 같다.[15]

이러한 목표를 달성하기 위해 1956년 말에 초 · 중학교의 '도의 교육 요항'을 발표하였다.

국민학교 저학년은 도덕적 습관 형성면에 중점을 두도록 하고, 점차 고학년에 나아감에 따라 사회 공동생활의 정신과 태도를 기르며 소기의 행동 기준에 적합하도록 배려한다.[16]

---

12. 교육과정 · 교과서연구회(1990), 앞의 책, pp. 86-7.
13. 위의 책, p. 86.
14. 1957년 '초등도의'라는 1~6학년까지의 국정 도덕 교과서가 편찬 발행되고, 1958년 초등학교 도의 교육 교사용 지도서와 도의 생활 지도 요령이 출판 배포되었다.
15. 교육과정 · 교과서연구회(1990), 위의 책, p. 87.

가. 개인생활: 자기에 대한 굳건한 사명감, 학업에 열중하는 태도, 심신의 건강과 구
   체적 생활, 취미 증진과 여유 있는 생활 태도.
나. 대인생활: 부모 섬김과 가족 간의 화목, 스승 존경과 신의 있는 교우 관계, 타인
   의 의견 존중과 관용의 태도, 많은 사람들과의 상호 협력, 타인의 인격 존중과 예
   절 준수.
다. 공민생활: 사회 일원으로서 연대 책임 의식, 비판적 사고와 자주성 확립, 규칙,
   약속 이행과 준법정신, 국가에 대한 충성심 배양, 전통 문화와 미풍양속의 계승
   발전, 인류애와 봉사 정신의 함양.
라. 경제생활: 건전한 직업관과 근면한 생활, 적성에 따른 직업 준비, 소비 절약과
   저축 증대.
마. 반공: 투철한 반공정신, 세계 시민으로서 자유 우방과의 교류

〈표 3-1〉 도의 교육 목표

이러한 도의 교육의 강화는 도의 교육이 추상적 이론의 전달에 그치지
않고 학생이 각자의 생활 현실에서 당면하는 행위의 문제를 다루는 것이
되어야 하며, 모든 학교생활과 연결될 때 효과를 거둘 수 있으며, 현실과
유리되어 관념적으로 다루어지는 것을 경계하였다.[17]

2. 제2차 도덕과 교육 과정의 성격 및 목표(1963-73)

① 교육 과정 개정의 방향

4.19혁명에 의한 제2공화국과 5.16군사 쿠데타에 의한 제3공화국 정부
가 들어서면서 제2차 교육 과정이 개정 공포되고, 이 시기부터 학교에서
는 반공 교육을 강화하기 시작한다. 이 시기에 도덕과 교육과 관련하여,
반공·도덕생활이 교육 과정상 하나의 영역으로 설정된다. 제2차 교육
과정에서는 학교 교육 활동 영역을 교과 교육, 반공·도덕생활, 특별 활

16. 문교부(1988), 『국민학교 교육과정 해설』, 서울시인쇄공업협동조합, pp. 180-1.
17. 홍웅선(1988), 앞의 책, p. 134.

가. 일상생활에 필요한 기본적 행동 양식과 그 근본정신을 알고, 예절에 맞는 행동
　을 습관화하도록 한다.
나. 양심에 따라 행동하고 항상 자기를 반성하는 습관을 길러 자기를 올바르게 신
　장시키고, 훌륭한 품격을 갖추어 나갈 수 있는 능력을 기른다.
다. 사회의 일원으로서 자기의 위치를 깨닫고 민주적 사회생활에 올바르게 적응함
　은 물론, 사회생활을 명랑 화목하게 하고 건전한 발전에 이바지할 수 있는 기초
　적 힘을 기른다.
라. 공산주의의 그릇됨과 민주주의의 우월함을 깨닫고, 애국 애족하는 마음과 태도
　를 기른다.

〈표 3-2〉 반공 · 도덕생활의 목표

동의 3대 영역으로 구분하고, 반공 · 도덕생활은 특별 영역으로서 모든 학교 교육 활동 전반에서 지도하도록 하였다. 반공 · 도덕생활은 모든 교육 활동을 통하여 지도하는 것을 원칙으로 하되, 특설된 반공 · 도덕생활에는 각 교과 및 학교 활동 전반에서 얻은 성과를 종합하고 체계를 세워 실천력을 기르는 데 중점을 두도록 하였다.[18]

② 도덕과의 목표

반공 · 도덕 생활의 영역을 크게 예절생활, 개인생활, 사회생활, 국가생활의 4영역으로 나누고, 각 영역별로 목표를 제시하였다. 반공 · 도덕생활의 목표는 〈표 3-2〉와 같다.[19]

반공 · 도덕생활의 목표에 기초한 반공 · 도덕생활의 학년 및 영역별 목표는 〈표 3-3〉과 같다.[20]

이러한 반공 · 도덕생활을 통해 학생들로 하여금 확고한 민주적 신념과 생활 태도를 기르고 올바른 국민정신을 신장시키고 철저한 반공 의식

18. 앞의 책, p. 135.
19. 문교부(1963), 『국민학교 교육과정 해설』, 교학도서주식회사, pp. 452-9
20. 위의 책, pp. 198-9.

영역＼학년	저학년(1-2학년)	중학년(3-4학년)	고학년(5-6학년)
예절생활	나와 다른 사람, 어른과 어린이의 구분을 알아서, 이에 알맞은 언어 행동을 취할 수 있게 한다.	남과의 사이에 예절 바른 언행을 익혀, 사회생활을 명랑하고 질서 있게 꾸려 나갈 수 있는 기능을 기른다.	예절 생활의 기본 정신을 깨닫고, 여러 가지 경우의 예절을 익혀, 품위 있는 생활을 영위할 수 있게 한다.
개인생활	명랑 활달한 생활 가운데서도 선악의 구분을 스스로 깨닫고, 언행을 조절할 수 있게 한다.	날마다의 생활을 반성하고 선악을 판단하여, 이에 따라 자기 생활을 조절할 수 있는 습관을 기른다.	높은 뜻을 세워 꾸준히 자기 발전을 꾀하게 하고, 양심에 따라 행동하며 훌륭한 품격을 갖추도록 한다.
사회생활	부모, 선생의 가르침에 기꺼이 따르고, 형제, 동무들과 사이좋게 지내는 습관을 기른다.	공동생활에서 남과의 사이에 지켜야 할 일을 깨닫고, 이를 익혀 가는 습성을 기른다.	민주 사회에서의 도덕의 기본 정신을 깨달아, 이에 올바르게 적응하게 하고, 나아가서 우리 사회를 더욱 민주적으로 발전시키는 기능을 기른다.
국가생활	국가와 민족에 대한 고마움을 간직하고 국가와 민족을 위하여 애쓰는 사람들의 은혜에 보답하려는 마음을 갖게 한다.	우리의 국가와 민족이 세계에서 자랑할 만하다는 것을 알고, 공산주의의 죄악을 깨달아, 애국, 애족하는 굳건한 마음과 태도를 가지게 한다.	멸공 통일이라는 국가 민족의 지상 목표와 오늘날의 우리의 현실을 파악하고, 국가 민족의 번영과 발전을 위하여 더욱 헌신하려는 결의와 태도를 가지게 한다.

〈표 3-3〉 반공 · 도덕생활의 학년 및 영역별 목표

을 함양할 수 있도록 지도하고자 하였다. 반공 · 도덕생활의 지도상의 유의점은 다음과 같다.

첫째, 민주사회에서 소망되는 도덕생활은 어떤 덕목을 관념적으로 주입시켜서 육성되는 것이 아니므로 학교 교육의 모든 기회를 이용하여 아동의 도덕적 발달을 조장시켜 실천력이 풍부한 자율적인 인간의 형성에 중점을

두어야 한다. 둘째, 반공·도덕 교육은 그 성질상 학교 교육의 어떤 특정한 교과에만 의존할 수 없는 것이므로, 학교 교육의 모든 영역에 걸쳐서 계획성 있게 실시하여 그 성과를 거둘 수 있도록 하여야 한다. 셋째, 반공·도덕 교육을 교육의 전체 계획에서 실시하기 위해서는 사회과를 위시한 모든 교과 학습과 교과외의 모든 활동이 아동의 도덕적 성장 발달에 어떠한 역할을 수행할 것인가에 대하여 명백한 이해를 가지고, 모든 학습 경험 상호 간에 긴밀한 관련을 유지하도록 한다. 넷째, 국민학교 아동들에게는 깊은 도덕적 이해와 판단력을 요구하기 어려울 것이므로, 친근한 일상생활에 적응하여 도덕적 품성과 태도를 형성하도록 유의한다. 다섯째, 각 학교에서는 반공·도덕생활 지도 내용에 의거하여 아동의 정도에 맞도록 바람직한 생활 습관과 예절을 습득하게 하는 데 필요한 종합적 학습지도 계획을 수립하여 운영하도록 한다.[21]

이상의 반공·도덕생활 지도상의 유의점에 의하면, 반공·도덕생활을 통해 덕목의 관념적 주입보다는 실천력이 풍부한 인간을 형성하고자 하였으며, 특히 초등학교 학생들에게는 일상생활에 적응하여 도덕적 품성과 태도를 형성하고 바람직한 생활 습관과 예절을 습득하도록 치중하고 있음을 알 수 있다.

3. 제3차 도덕과 교육 과정의 성격 및 목표(1973-81)

① 교육 과정 개정의 방향

1973년 국민교육헌장 이념을 바탕으로 제3차 교육 과정이 개정 공포되어, 종래의 생활 영역으로 설정되었던 반공·도덕생활이 교과 교육의 하나인 '도덕과'로 신설되어 체계적인 도덕 교육이 확립된다. 그리하여

---

21. 앞의 책, p. 22.

가. 일상생활에서 갖추어야 할 예절과 그 근본정신을 알고, 예절에 맞는 생활 습관을 기른다.
나. 사리를 바르게 판단하여 행동하고, 개성을 바르게 신장시키며 자성 자율하는 습관을 지녀 훌륭한 품격을 갖추어 나가는 기초를 닦게 한다.
다. 사회의 일원으로서 자기의 위치를 깨닫고 사회생활에 올바르게 적용함은 물론 질서 있고 협동하는 사회생활을 민주적으로 영위할 수 있는 능력과 태도를 기른다.
라. 빛나는 민족 문화를 창조한 조상의 얼을 본받아, 우리나라의 발전과 세계 평화에 이바지하려는 애국심이 두터운 한국인을 기른다.
마. 민주주의의 우월함과 공산주의의 그릇됨을 알고, 국토 통일을 평화적으로 이룩하려는 마음과 태도를 기른다.

〈표 3-4〉 도덕과의 일반 목표

1963년 교육 과정의 3대 영역 8개 교과가 1973년 교육 과정에서는 2대 영역 9개 교과, 즉 도덕, 국어, 사회, 산수, 자연, 체육, 음악, 미술, 실과로 되었다. 제3차 도덕과 교육 과정의 내용 선정은 국민교육헌장에 제시된 도덕 요소를 기반으로 하여 42개 도덕 요소를 추출한 다음, 이를 학년에 맞도록 체계를 세웠다. 그리고 종래의 4개 영역을 국가생활과 반공생활로 분리하여 5개 영역으로 나누었다.

② 도덕과 목표
제3차 도덕과 교육 과정의 일반 목표는 〈표 3-4〉와 같다.[22] 이러한 일반 목표와 더불어 〈표 3-5〉와 같은 학년 목표가 주어졌다.[23]

22. 교육과정 · 교과서 연구회(1990), 『한국교과교육과정의 변천』, 대한교과서주식회사, p. 92.
23. 위의 책, p. 93.

저학년(1, 2학년) 목표

가. 나와 다른 사람, 또는 생활 주변에서 지켜야 할 예절을 알고, 이에 알맞게 언행하는 습관을 기른다.

나. 명랑 활달한 생활 가운데서 선악을 가릴 줄 알고 이에 따라 언행할 수 있게 한다.

다. 부모와 스승의 가르침에 기꺼이 따르고, 형제 친구들과 사이좋게 지내며 서로 돕는 마음을 가지게 한다.

라. 우리 국가와 민족의 자랑을 알고, 나라를 사랑하는 마음을 지니게 한다.

마. 북한 공산 집단의 그릇됨을 알고, 나라를 지켜 주는 분들에 대하여 감사하는 마음을 가지게 한다.

중학년(3, 4학년) 목표

가. 일상생활에 필요한 예절을 알고, 예절 바른 생활 태도를 익힌다.

나. 자기 생활을 반성하고 선악을 판단하여 바르게 행동하며 즐거운 생활을 할 수 있게 한다.

다. 공동생활에서 지켜야 할 일을 알고 기꺼이 따르며 질서를 지키고 서로 돕는 생활 태도를 가지게 한다.

라. 우리 국가에 대한 고마움을 간직하고 나라를 위하여 애쓰는 사람들에게 감사하며, 나라를 사랑하는 마음과 태도를 가지게 한다.

마. 북한 공산 집단이 저지른 죄악상과 북한 동포의 참상을 알고, 민주주의의 좋은 점을 알게 한다.

고학년(5, 6학년) 목표

가. 예절의 기본 정신을 깨닫고 여러 가지 경우의 예절을 익혀 품위 있는 생활을 할 수 있게 한다.

나. 자율적 판단에 따라 책임 있게 행동하고, 꾸준히 사기 발선을 쇠하여 훌륭한 품격을 갖추는 기초를 닦는다.

다. 민주 사회에서 지켜야 할 도덕의 기본 정신을 깨달아 행동하고, 사회 발전에 이바지하려는 마음과 태도를 기른다.

라. 조상의 뜻을 받들어 국가 발전에 이바지하려는 태도를 지니게 하며, 세계 평화에 공헌하는 길을 생각하게 한다.

마. 북한 공산 집단의 죄악상을 알고 평화 통일을 이룩하려는 결의를 굳게 한다.

〈표 3-5〉 도덕과 학년 목표

2. 제4차 이전의 도덕과 교육 목표의 특성

지금까지 고찰했듯이, 제3차까지 도덕과 교육 과정의 특징은 먼저 행동 중심의 도덕과 교육이었다는 점이다. 이러한 도덕과 교육은 도덕 교육을 덕목 중심의 교육으로 간주하고 도덕적 덕목을 행동으로 실천할 수 있게 하는 데 중점을 두었다.[24] 따라서 도덕과 교육의 목표는 덕목의 정당성 탐구보다는 기존의 덕목을 당연한 것으로 받아들이고, 이를 내면화하도록 하여 생활에서 행동으로 옮길 수 있도록 하는 것이었다.

1940년대 말에 듀이J. Dewey의 민주 교육 사상이 소개되어 교사 중심 수업 대신에 아동의 경험 중심 수업으로 학습 지도법을 개선하려는 노력이 있었지만, 근본적으로 학습관이 변한 것은 아니었다. 왜냐하면 도덕을 보는 관점의 변화라기보다는 학습자 밖에 존재하는 도덕을 내면화하는 방식의 변화였기 때문이다. 따라서 제3차까지의 교육 과정에서 덕목의 실천에 관심을 가졌다는 것은 합리적 가치 판단 능력의 신장보다는 도덕 규범에 대한 숙지를 통한 아동의 바람직한 행동 변화에 초점을 맞춘 행동적 측면의 도덕성을 중시한 도덕과 교육이었다.

그러나 제3차까지의 도덕과 교육이 행동 중심의 도덕과 교육이었다고 하지만 그렇다고 인지와 정의적 측면의 도덕 교육을 완전히 배제한 것은 아니었고, 소극적이고 미약하지만 인지와 정의적 측면에서의 도덕 교육은 존재했다. 이때까지의 인지적 측면의 도덕 교육은 대부분 기존의 도덕 규칙이나 덕목의 숙지였다. 다만, 제1차 교육 과정에서 '창조적인 문제 해결력을 배양'하도록 한 것이나 제2차 도덕과 교육 과정의 지도상의 유의점에서 '자율적 인간 형성'이라는 말과 제3차 5~6학년 도덕과 학년 목표에 '자율적 판단'이라는 말이 등장하지만, 여기에서 자율은 가치 선택

---

24. 홍웅선(1988), 앞의 책, p. 144.

이나 가치 결정이 문제가 되는 상황에서 자신이 가치를 선택하고 판단하는 것이라기보다는 기존 가치나 덕목에 대한 충분한 지적 이해를 통한 자율적 행위를 의미하는 것이었다.

또한 이때의 정의적 측면의 도덕 교육은 감화 감동을 주는 도덕 이야기 형태의 접근으로 도덕 규칙이나 덕목에 대한 실천 의욕이나 열망을 고취하고자 하는 것이 고작이었다. 따라서 이때의 도덕과 교육은 주로 일상생활에 적응하여 도덕적 품성과 태도를 형성하도록 하는 데 관심을 두었다고 볼 수 있다. 이러한 행동 중심의 도덕과 교육은 자연스럽게 덕목의 내면화와 습관화에 관심을 두게 되었다. 또한 여기에서의 도덕과 교육의 목표는 도덕적 행위에 관심을 두었으므로, 도덕과 교육은 당연히 사회의 지배적인 가치 규범 체계를 내면화하고 나아가 습관화하는 것을 강조하였다. 사회가 소망하는 도덕적 행동을 실천하기 위해서 학생들은 기존의 전통이나 덕목을 내면화해야 하며, 이를 습관화하기 위해서는 지속적인 도덕 교육이 불가피하였다. 그러므로 이 시기에 모든 학교 교육은 도덕적 행동의 교정 및 습관화, 나아가 가정과 사회의 연계 교육을 통해 학생들이 도덕적 습관을 형성하도록 하는 데 역점을 두었다.

3. 이론적 기초

제3차까지의 도덕과 교육 과정은 기존의 도덕 규칙이나 덕목을 행동으로 실천하도록 하는 데 중점을 두었다.[25] 이러한 도덕과 교육의 특성을 한마디로 요약한다면, 도덕 사회화를 지향한 것이었다. 여기에서의 인간은 능동적 존재이기보다는 다분히 수동적 존재이고, 도덕은 인간 외부에

---

25. 문교부(1988), 『국민학교 교육과정 해설』, p. 25.

이미 존재하고 있는 전통, 관습, 가치, 행위 규범 등을 가리키는 것[26]이다. 그리고 여기에서의 도덕성은 사회적으로 규정된 가치 및 행위 규범을 내면화하여 충실히 실천해 나가는 성향이며, 도덕적 인간은 그 사회의 지배적 행위 규범을 잘 받아들여 내면화하고 그 사회에서 요구하고 기대하는 행동을 잘 실천하면서 살아가는 인간으로 규정된다.[27] 이러한 맥락에서, 도덕과 교육의 과제는 학습자 밖에 존재하는 도덕 규칙을 숙지하고 내면화하여 이를 실천으로 옮기도록 하는 데 있었다. 이러한 행동 중심의 도덕과 교육의 핵심어key word는 도덕 사회화, 동일시, 조건화, 강화, 모방, 관찰 등이다.

1. 도덕 사회화

교육을 사회화로 보는 대표적 인물은 뒤르켕Emile Durkheim이다. 그에 의하면, 교육의 본질은 사회화 과정을 사회 사상事象으로서 파악하는 데 있다. 사회 사상이란 사회의 객관적 측면인 사회 사실과 사회의 주관적 측면인 사회 표상을 의미한다. 각 개인에게는 공동체와 공통된 의식, 즉 객관적 사회 사실인 사회의식과 다른 개인과 구별되는 협의의 주관적 사회 표상인 개인의식이 있다. 그리고 협의의 주관적 개인의식은 생물학적이며, 객관적 사회의식은 사회 심리적인 것으로서, 개인은 이 사회의식을 내면화하여 생물학적 존재에서 사회적 존재로 변화되어야 한다. 이 과정을 사회화라 하고, 사회화에 교육의 목적이 있다.

　무릇 인간에게는 두 측면의 존재가 있다고 말할 수 있다. 이 두 개의 존재는 추
　상 이외로는 분리할 수가 없는 일이지만 그렇다고 하여 구분이 불가능한 것은

---

26. 이택휘 외(1997), 『도덕과 교육의 이론과 실제』, 교육과학사, p. 103.
27. 위의 책, p. 103.

아니다. 그 하나는 우리 자신 및 우리의 개인적 생활 사항에만 관계하는 일체
의 정신 상태에 의해서 형성되는 존재가 있다. 이를 개인적 존재라고 불러볼
수가 있다. 다른 하나는, 우리들 개인에게 있어서 개개인의 인격이 아니라 집단
또는 우리를 부분으로 하는 여러 집단을 표현하는 각종 사상, 감정 및 습관의
체계를 말한다. 예를 들어 종교적 신앙, 도덕적 신념 및 관습, 국민적 또는 직업
적 전통, 모든 종류의 집단적 의견들을 말한다. 이들의 총화가 사회적 존재양식
을 형성한다. 이 사회적 존재양식을 각 개인 속에 형성하는 것이 교육의 궁극
적 목적이다.[28]

뒤르켕에 의하면, 사회화는 사회를 동화하는 과정, 즉 사회 사상이 지
니고 있는 외면성을 내면화하는 과정이다. 개인적 존재였던 인간은 사회
의식의 내면화를 통해 점차 사회적 존재로서의 인격을 형성하게 된다. 이
러한 사회화에 의해 인간의 이중성이 극복될 수 있고, 인격화된다. 이처
럼 그에게 있어서 교육은 "성인 세대가 아직 사회생활에 성숙되어 있지
않은 세대에 대해서 행사하는 작용이다. 이 교육이 목적하는 바는 전체로
서의 정치 사회 또는 아동에게 운명 지워진 특수한 환경이 요구하는 일
정한 신체적, 지적, 도덕적 상태를 구현시키고 발전시키는 데 있다."[29]

그는 인간이 인간일 수 있도록 하는 것은 사회 안에서 그리고 사회에
의해서 가능하다고 본다. 인간이 동물 이상의 존재가 될 수 있는 것은 자
신의 이익만을 추구하지 않고 사회 구성원과 더불어 살아야 하는 존재임
을 자각하고 행동할 때 가능하다. 이것은 도덕적 인격을 지닌 사회 없이
는 인간이 동물 이상의 존재가 될 수 없다는 것을 의미한다. 그러므로 개
인은 사회화에 의해 사회성을 획득함으로써 자연 상태에서 벗어나 자제
할 수 있고 인격화가 가능하다. 이처럼 뒤르켕에게 있어서 교육은 사회화
로 규정되며, 그가 교육을 통해 실현하고자 한 인간은 자연적 상태의 인

---

28. 정인석(1982), 『뒤르켕의 도덕교육론』, 재동문화사, p. 86.
29. 위의 책, p. 91.

간이 아니라 사회가 바라는 인간이다. 교육은 비사회적이고 이기적인 개인적 인간을 도덕적 사회생활의 영위가 가능한 사회적 존재로 변화시키는 것이다. 따라서 그에게 있어 교육의 핵심은 도덕 교육이다.

뒤르켕에 의하면, 도덕은 "행위를 먼저 결정해 놓은 규칙 체계"이며, '규칙 체계'는 사회의 법, 관습, 여론과 같은 풍속의 구성을 의미하고, '사전의 결정'은 개인이 규칙 체계를 위반하였을 때 사회로부터 가해질 객관적 제재의 결정을 의미한다.[30] 풍속은 제재의 힘을 소유하고 있기 때문에 도덕적 권위를 가지며, 개인이 도덕적 권위를 따르는 것을 의무라고 보았다. 이처럼 도덕은 미리 결정된 행동 규범 체계로서 역사적이고 세속적인 사회적 사실로 간주되며, 특정한 사회의 필요에 의해 역사적으로 형성되어 온 일련의 행위 규칙이다.

그에 의하면, 도덕이나 공동체는 이미 우리가 태어나기 이전부터 존재하고 있었고, 우리에게 공동체의 구성원으로 기능하기 위해서 그것들을 따르도록 요구하고 있다. 따라서 그 공동체의 한 구성원으로 기능하기 위해서는 먼저 공동체에 적응하고, 그것이 요구하는 규범에 자신의 행위를 조화시켜야 한다. 이는 자신이 태어나기 이전부터 이미 존재하고 있던 그 사회의 한 구성원으로 입문함을 의미하는데, 우리는 이를 도덕 사회화 moral socialization라 한다.[31]

그가 모든 교육을 도덕 교육이라고 생각한 것은 아니지만, 그는 교육을 근본적으로 도덕적 과업이라고 여기고, 도덕 교육에 대한 현대적 분석의 개념적 틀을 확립하였다. 이러한 연유로 그는 현대 도덕 교육의 아버지로 불린다. 그는 기존의 도덕 철학이 선험적 원리에서 윤리적 규범을 연역함으로써 도덕 문제를 해결하려고 한 것은 무익한 시도였음을 지적하고, 사회에 존재하는 다양한 도덕규범들을 경험적으로 연구해야 한다고 주장하였다.[32] 그는 기존의 개인주의적 교육학에 반기를 들고, 사회의 역사와

---

30. 위의 책, p. 97.
31. 이택휘 외(2000), 앞의 책, p. 158.

전통 그리고 공동체를 중시하면서 도덕 교육을 통해 사회의 존속과 발전을 도모하고자 하였다. 인간은 교육의 탁월한 도덕적 기능으로 인해 사회적 존재가 되고 도덕적 인격자가 될 수 있다고 보았다. 이처럼 그는 인간의 도덕적 인격 발달을 도덕 사회화 과정으로 이해하고, 도덕성은 규율 정신spirit of discipline, 사회 집단에의 애착attachment to social group, 자율성 autonomy으로 발달한다고 주장한다.

이처럼 뒤르켐은 교육을 사회화로 규정한다. 그리고 교육은 그 대상인 학생의 심리적 측면인 도덕성에 관심을 가져야 하며, 도덕 교육의 목적은 도덕성을 함양하여 도덕을 수용하고 내면화시키는 것이다. 그리하여 마치 자연의 법칙을 이해하여 자연의 입법자가 되는 것처럼, 도덕 세계에 있어서도 도덕의 입법자가 되려면 도덕 법칙을 완전히 이해해야 한다는 것이 도덕 교육의 기본 가정이다. 다시 말해, 도덕성은 규율 정신, 사회 집단에의 애착, 자율성의 과정을 거쳐 발달하며, 이러한 도덕성의 함양을 통해 도덕 규칙을 타율적으로 실천하는 타율적 도덕인이 아니라 행위를 통제하는 도덕 규칙을 자유롭게 의지화할 수 있는 자율적 도덕인으로 육성하자는 것이다.[33]

뒤르켐은, 교육을 사회 사상으로 파악했듯이, 도덕 교육 역시 도덕 사상으로 파악하고자 한다. 그리고 교육의 본질을 사회의 본질인 구속성과 외재성에서 찾았듯이, 도덕의 본질도 구속성과 외재성에서 구한다. 교육이 사회화 과정을 통해 주관적 개인 표상을 사회적 존재로 변화시켰듯이, 도덕 표상도 주관적 개인 표상으로부터 이끌리는 것이 아니라 객관적 도덕 사실로부터 연역될 때 가치가 있다고 본다.

---

32. 박재주(2003), 『서양의 도덕 교육 사상』, 청계, pp. 226-7.
33. 이러한 관점에서 뒤르켐의 자율성은 도덕 발달 이론에서의 자율적 판단과는 차이점이 있다고 보인다. 즉, 뒤르켐의 자율성 개념은 도덕 규칙에 대한 충분한 지적 이해를 통한 의지의 자율, 즉 객관적 도덕에 대한 지적 이해를 통한 자율적 실천을 의미하는 반면에, 도덕 발달론자들이 주장하는 자율성은 보편성에 기초한 개인의 합리적 이성이 구성하는 가치의 자율을 의미한다.

그는 사회 사상을 객관적 사회 사실과 주관적 사회 표상으로 구분하였
듯이, 도덕 사상事象 역시 객관적 도덕 사실과 주관적 도덕 표상으로 나눈
다. 도덕 사실은 도덕의 객관적 측면이고, 도덕 표상은 도덕의 주관적 측
면이다. 그는 도덕 표상의 감상적 주관주의로부터 해방되기 위해 관습의
과학을 주장하고, 도덕의 객관적 측면을 무시하고 도덕의 주관적 측면만
을 강조하게 될 때 도덕이 빠질 수 있는 형이상학적 독단론을 경계하고
자 하였다. 따라서 그는 기본적으로 도덕의 객관적 측면을 중시하고, 도
덕 사실의 구속성과 외재성에 주목한다.

그에 의하면, 도덕은 행위를 미리 결정해 놓은 규범 체계로서 사회의
법이나 관습 같은 것들이다. 개인은 이러한 규범 체계를 위반했을 때 제
재를 받게 되므로, 이러한 규범 체계는 강제성과 구속성을 갖는다. 따라
서 이러한 규범 체계는 제재의 힘을 소유함으로써 도덕적 권위를 갖게
되고, 개인은 그러한 규범 체계의 권위를 수용하고 받아들여야 하는 의무
를 갖게 된다. 그리고 여기에 요구되는 것이 규율 정신이다.

규율 정신은 도덕규범이 명하는 바를 의무로 받아들이고 그것의 권위
를 존중하여 이에 기꺼이 따르려는 경향성을 말한다.[34] 인간은 일정한 사
회적 상황에서 우선 그에 알맞은 행위를 규칙적으로 실천할 줄 알아야
하며, 그러한 규칙들의 명령을 권위적인 것으로 존중하여 실천하려는 의
무감을 가져야 한다. 그러므로 규율 정신은 규칙성과 권위라는 두 가지
요소를 갖는다. 규칙성은 도덕규범을 일관되게 준수하는 지속적인 성향
을 의미한다. 도덕적 행위는 행위자의 자의적인 성향에 관계없이 동일한
것이어야 한다. 즉, 도덕적 행위는 내일도 오늘과 같은 행위의 규칙성을
따라야 한다. 예컨대 어른을 만났을 때 인사하는 규범이 요구된다면 이것
은 시간과 관계없이 실천할 수 있어야 한다. 이러한 규칙성은 습관을 통
해 확보될 수 있으며, 규율 정신의 함양은 도덕적 습관의 교육과 관련이

---

34. 이택휘 외(2000), 앞의 책, pp. 158-9.

있다.

또한 권위는 우리가 우리보다 우월하다고 인식하는 모든 도덕적 힘이 우리에게 가하는 압력[35]이다. 권위는 도덕 규칙을 명령하는 힘의 원천을 가리키는 것으로, 이 권위에 대한 존중심이 형성되지 않으면 도덕 실천의 규칙성은 확보되기 어렵다. 즉, 도덕은 일단 명령으로 다가오는데, 도덕성의 출발은 이 명령을 권위적인 것으로 받아들여 복종하려는 성향을 필요로 한다. 도덕규범이 개인 밖에 존재하고 있다면, 습관은 개인 내부에 존재하는 힘이다. 따라서 규칙이 습관으로 내면화되려면 강제성을 띠는 규범의 권위가 필수적이다.

뒤르켐은 규율 정신을 길러야 하는 이유에 대해 세 가지로 정리한다.[36] 먼저, 인간은 세상에 내던져진 존재로서 그 사회에 일단 적응해야 한다. 하나의 공동체와 그 공동체의 도덕규범은 우리 이전부터 이미 존재해 왔고 그것에 따르는 구체적 행위를 요구하는 것이기 때문에, 그 공동체의 한 구성원으로 기능하기 위해서는 먼저 공동체에 적응하는 일과 그것이 요구하는 규범에 자신의 행위를 순응시키는 성향을 길러야 한다. 개인이 사회 구성원으로서 자신의 신분을 자각하고, 자기에게 부과된 의무를 이기적 가치로 받아들이지 않고 도덕적 가치로 수용하고, 공동체가 공동으로 지향하는 가치에 동참함으로써 공동체의 한 구성원으로서의 역할을 담당한다.

또한 규율 정신은 한 개인과 사회의 존립에 기본이 된다. 개인은 자신을 존속시키기 위해 자연 상태의 욕구를 억제하고 자기 파괴를 막아야 한다. 이를 위해 요구되는 것이 자기를 규제하는 일이다. 자기 규제는 자유에 대한 구속이 아니라 적절히 확립되면 오히려 진정한 자유를 준다. 자유는 도덕이 갖는 권위를 수용하여 자기가 자신의 지배자가 되어 자기 의무를 완수하는 데에서 발생한다. 따라서 도덕적 권위를 따르도록 훈련

35. 정인석(1982), 앞의 책, p. 103.
36. 이택휘 외(2000), 앞의 책, p. 159.

하고 도덕적 권위가 내면화되어 자기의식 속에 자리 잡아 진정한 자기 규제 능력이 생기도록 해야 할 것이다. 그리고 이렇게 적절히 규제된 개인들에 의해 형성된 사회만이 질서와 안정을 보장할 수 있는 것이다.

마지막으로 규율 정신은 민주적 사회의 건전한 구성원을 형성하는 데 가장 밑바탕이 되는 자질이다. 공적 사회의 시민에게는 규율의 권위를 존중하고 따르는 성향, 즉 인간에 대한 복종이 아니라 시민 사회의 복지를 위한 규율 그 자체에 순응하는 성향이 필요하다. 이처럼 뒤르켐은 도덕을 본질적으로 규율이라고 보았다.[37] 이러한 입장에서 그는 도덕을 미리 결정된 규범 체계로 보고, 도덕의 영역은 의무의 영역이며, 의무는 명령된 행위로 간주하였다.

그러나 도덕적 행위는 단순히 도덕의 객관적 측면인 도덕 사실의 구속성과 외재성만으로 이루어지는 것은 아니다. 그것은 또한 도덕의 주관적 측면인 도덕 표상의 측면을 필요로 한다. 즉, 자신에 대한 구속이나 내적 투쟁 없이 도덕적 행위로 연결되기 어렵다. 여기에 요구되는 것이 사회 집단에의 애착이다. 이것은 도덕적 행위자의 내적인 것에 해당되는 것으로 선과 관련된다. 규율 정신이 도덕성의 외적 형식, 즉 객관적 측면을 나타내는 것이라면, 집단에의 애착은 도덕성의 주관적 측면을 나타낸다.

뒤르켐에게 있어서, 인간의 행위는 그것이 실현하고자 하는 목적에 따라 개인적인 것과 비개인적인 것으로 구분된다. 그리고 도덕적 행위는 개인적 목적을 위한 것이 아니고, 개인을 초월한 비개인적 목적을 갖는 데 있으며, 그 목적은 개인을 초월한 집단이나 사회로부터 파생한다고 볼 때 도덕적 행위는 집단적 이익을 위한 행동이며, 집단에 대해 애착을 가지고 헌신적으로 행동하는 데 있다.[38] 사람은 도덕적 존재가 되려면 어떤 것에 헌신해야 한다. 인간은 사회적 존재로서 사회 집단과의 일체감을 느껴야 한다. 진정한 도덕적 힘은 집단에 대한 애착을 가질 때 발생한다. 따라서

---

37. 정인석(1982), 앞의 책, p. 102.

38. 위의 책, p. 108.

사회 집단에의 애착은 사회와 단절된 개인이 아니라 사회 집단 속에서 다른 사람들과 관계 맺음을 통해 자신의 정체성을 확립하고, 사람들과 더불어 조화롭게 어울려 사는 삶을 지향하는 성향이라고 할 수 있다.

도덕적 행위는 자기 보존만을 추구하는 삶이 아니라 사회적 이익을 위한 행위이다. 예컨대, 오직 자신의 입신출세를 위해 기능을 배우거나 공부를 하는 일에서는 어떠한 도덕적 감정도 찾아보기 어렵기 때문에 도덕적 가치를 인정할 수 없다. 도덕적 행위는 개인적 목적이 아니라 비개인적 목적, 즉 초개인적 행위여야 한다. 사회 집단에 대한 애착은 개인들의 연합된 공동체인 사회의 목적, 즉 집단의 이익을 위해 행위하는 것이다. 또한 그것은 단순히 생을 유지하기 위한 삶이 아니라 자기의 생을 초월한 어떤 목적을 달성하기 위한 수단이 될 때 생의 의무를 완수하는 것이다. 이렇게 될 때 개인은 자율성의 실현과 자아실현이 가능하다.

규율과 자유와의 관계를 통해 진정한 자유의 실현이 가능하였듯이, 사회와 개인과의 관계 속에서 개인의 자아실현이 가능하다. 왜냐하면 개인은 사회적 존재로서 혼자서는 살아갈 수 없는 인간의 본성을 가진 존재이며, 개인의 인격 또한 사회 내에서 형성되기 때문이다. 따라서 인간이 자신이 속한 사회 집단에 자기를 종속시키고 자기를 규제하는 것은 인간의 당위적 행동 양식이다.

사회 집단에의 애착이 배양됨으로써 인간은 사회 속에서 다른 사람과의 상호 교류를 통해 인간의 원초적 본성인 공감성과 이타심을 계발하게 되고, 한 인간으로서 온전히 성장할 수 있다. 인간은 타인과 협력하고 이해하고 사랑받고 사랑하는 경험 속에서 보다 고귀하고 가치 있는 인간 모습을 경험하고 본받게 되며, 이렇게 형성된 공감과 이타성이 인간 사이의 연대감과 공동 복지를 추구하는 삶으로 이끌어 가는 원동력이 된다. 특히, 인간성의 분열과 비정상성은 타인과의 관계가 단절되고 고립될 때 발생한다. 더욱이 인격의 내용이 되는 관념, 감정, 관습, 양심 등의 체계도 사회로부터, 사회에 의해 형성된다는 것을 인식한다면, 인간이 사회 속에 있다는 사실은 도리어 그의 본성을 실현하는 일이 되며 정신적·도덕적 생활을 영위할 수 있는 올바른 길이 된다는 것을 알 수 있다.

다음으로 도덕성 함양에 필요한 것이 '자율성'이다. 전술한 규율 정신이 도덕의 객관적 측면인 도덕 사실의 '의무'를 나타내는 것이었다면, 사회 집단에의 애착은 도덕의 주관적 측면인 도덕 표상의 '선'을 나타낸다. 의무가 명령하는 도덕으로서 개인이 수용하고 따라야 할 그 무엇이라면, 선은 개인의 의지를 자극하는 자발성의 도덕을 의미한다. 그런데 이 두 측면은 도덕이라는 하나의 실재의 양면으로서, 의무나 선을 별개의 것으로 다룬다면 온전한 도덕을 이룰 수가 없다. 즉, 의무가 배제된 선의 실천이나 선의지가 따르지 않는 의무의 수행은 건전한 도덕을 실현하는 것으로 보기 어렵다. 사실, 인간은 의무에 의해서만 혹은 선에 의해서만 도덕적 행위를 실행할 수는 없는 존재이다. 따라서 도덕적 행위는 규율을 존중하고 사회 집단에의 애착을 가지도록 조절하고 통합하는 능력인 합리적 도덕으로서 자율성을 필요로 한다.

진정한 도덕적 행위는 자율성을 전제한다. 그리고 자율성은 행위를 규제하는 규율을 자유롭게 의지화할 수 있을 때 가능하다. 그러기 위해 규율에 대한 합리적 이유가 수반되고 거기에 자율적 의지가 동반될 때 자율적 도덕이 가능하다. 도덕 법칙은 사회적 산물로서 강제성과 의무를 수반한다. 이러한 도덕 법칙을 무비판적으로 수용하고 단순히 따르는 것은 강제된 타율적 도덕이다. 그러므로 자율적인 도덕적 인격 형성을 위해 도덕 규칙의 본질과 특성 그리고 그 가치와 기능을 합리적으로 이해하는 능력을 소유하지 않으면 안 된다. 이처럼 도덕 규칙에 대한 합리적 이해를 바탕으로 강제적인 외적 규율이 제거되고 자유 의지에 의해 도덕 규칙을 따를 때 자율적 도덕인이 될 수 있다.

이러한 뒤르켐의 주장은 도덕의 기원을 사회에 두는 것이며,[39] 도덕 사회화는 개인적 존재를 사회적 존재로 변화시키는 역할을 한다. 제3차 도덕과 교육 과정까지의 행동 중심의 도덕과 교육은 이러한 도덕 사회화와 유사한 접근이었다.

2. 동일시 과정을 통한 도덕 사회화

프로이트S. Freud는 동일시identification라는 적응 기제[40]를 통해 초자아

---

39. 비고츠키 역시 도덕의 기원을 사회에 둔 대표적인 사람이다. 그에 의하면, "고등 형태로 있는 내적인 모든 것은 반드시 외적인 것이었다. 즉, 현재 어떤 사람에게 있는 것은 다른 사람에게 있었던 것이다. 어떤 고등 정신 기능도 처음에는 사회적 기능이었기 때문에 그 발달에 있어서 반드시 외적 단계를 거친 것이다. 우리가 어떤 과정을 말할 때 외적이라고 하는 것은 사회적인 것을 의미한다. 어떤 고등 정신 기능도 진정으로 내적인 정신 기능이 되기 전의 어떤 시점에서는 사회적이었기 때문에 외적이다." L. S. Vygotsky(1981), "The Instrumental Method in Psychology," in J. V. Wertsch(1981), *The Concept of Activity in Soviet Psychology*, Armonk, N.Y.: M. E. Sharpe(Original Work Published in 1930).

40. 프로이트에 의하면, 인간은 모태로부터 분리되면서 스스로 환경과 상호 작용하면서 살아가야 하는데, 이때 환경과의 관계에서 나타나는 현실적, 신경증적, 도덕적 불안을 느끼게 된다는 것이다. 그리고 동일시는 이러한 불안을 해소하기 위한 기제라는 것이다. 현실적 불안은 외부 세계로부터 오는 실제적 위협에 대한 불안을 말하며, 신경증적 불안은 실제로 불안을 느껴야 할 현실적 이유가 없는데도, 원자아가 본능적 충동을 통제하지 못하므로 곧장 어떤 불상사가 일어날 것 같은 위협을 느끼는 불안을 말하고, 도덕적 불안은 어떤 행동이 초자아의 양심에 꺼리는 일이 아닐까 하는 경계심과 공포에서 오는 불안으로서, 양심에 위배되는 행위를 했을 때 느끼는 불안을 말한다. 적응 기제는 지나친 불안의 압력 하에서 자아가 때로 압력에서 벗어나기 위해 극단의 조처를 취하는 것을 말하며, 여기에는 동일시, 억압, 전이 등 여러 가지가 있다. 모든 적응 기제는 다음 두 개의 공통된 특징, 즉 실재를 부인하거나 변조 또는 왜곡하거나 무의식적으로 작용한다는 점이다. 동일시는 한 사람이 다른 사람의 특징을 이어 받아 그것을 사신의 통합된 인성의 부분이 되게 하는 것이며, 전이는 에니지를 직집직인 성직, 공격직 행동이 아닌 다른 활동으로 향하게 하는 과정이다. 그리고 억압은 불안을 일으키게 하는 기억, 감정, 충동 등이 의식으로 떠오르지 못하게 막는 것이며, 반동 형성은 바람직하지 못하다고 생각되는 행동과 충동을 억누르고 그 반대되는 행동을 과잉 표출하는 것이고, 고착은 우리가 어떤 단계를 넘어 얼마나 나아갔는가에 관계없이 이전 단계의 문제점이나 쾌락에 계속 집착하는 것을 의미하며, 퇴행은 불안이나 공포에 직면했을 때 발달 이전 단계로 되돌아가는 것이다. 합리화는 바람직하지 못한 행동에 그럴듯한 이유를 붙여 정당화하는 것을 말하고, 투사는 사회적으로 인정받을 수 없는 자신의 행동과 생각을 다른 사람 탓으로 돌리는 것이다. 그리고 감정 전이는 감정을 다른 대상에게 표출하는 것이고, 보상은 어떤 분야에서 탁월하여 인정을 받음으로써 다른 분야에서의 실패나 약점을 보충하여 자존심을 고양시키는 기제이며, 히스테리는 어렵고 힘든 사태에서 잘 벗어날 수 있는 신체적 증상을 발달시키는 기제이다.

super ego의 형성을 설명한다. 초자아는 양심과 자아이상으로 대별되는데, 양심은 초자아의 소극적인 측면으로서 금지나 비난 혹은 질책에 의해 형성되며, 이것은 죄의식을 느끼게 함으로써 개인을 벌히는 역할을 한다. 자아이상은 초자아의 적극적인 측면으로서 시인이나 칭찬, 허용에 의해 형성되며, 적극적으로 선행이나 선의지를 증진시키고자 하는 내부 격려자이다. 따라서 프로이트의 관점에서 초자아의 형성은 자신의 행위를 적절히 조절해 가는 내적 규제 능력, 즉 도덕성의 함양과 관련된다. 그리고 그는 이러한 초자아가 동일시라는 적응 기제를 통해 형성된다고 본다. 따라서 도덕성으로서의 초자아는 외적인 어떤 권위가 동일시라는 기제를 통해 개인에게 내면화되어 형성되는 것이다.

프로이트에 의하면, 인성은 대부분 6세 이전에 형성된다. 그리고 인성의 구조는 처음에는 원자아id라는 본능 에너지만을 가지고 태어나서 현실과 관계를 맺으며 살아간다. 이 원자아는 인성의 본래적 체제로서 무의식적[41]이며, 자아와 초자아가 분화되는 모체이며, 자아와 초자아를 작용하게 하는 힘을 제공한다.[42] 그리고 이 원자아는 쾌락의 원칙의 지배를 받으므로 고통을 회피하고 쾌락을 추구한다. 즉, 원자아는 생물학적이고 본능적인 것으로서 쾌락의 원칙에 의해 본능적 욕구를 만족시키려는 단 하나의 목적을 갖고 움직인다. 원자아는 쾌락의 원칙에 의해 무조건적인 본능적 만족을 추구하므로 어떤 가치나 선악, 도덕성을 알지 못한다. 그러나 현실은 이러한 본능적 욕구를 모두 충족시키도록 용인하지 않는다. 따라서 유아는 원자아의 목적 달성을 위해 현실을 고려해야 한다는 것을

---

41. 의식은 자신이 주의를 기울이는 순간에 곧 알아차릴 수 있는 정신생활의 부분을 말하고, 전의식은 현재 우리가 알지 못하나 조금만 노력을 기울이면 곧 알 수 있는 기억이나 생각이나 감정 등을 말한다. 예를 들면, 친구의 전화번호를 기억해 낸다든지, 역사 시간에 배운 연대를 기억해 내는 일 등이 이에 속한다. 무의식은 자신이 전혀 알지 못하는 정신 활동으로 구성되어 있으며, 의식 밖의 원함이나, 감정이나 충동들이 역동적으로 작용하고 있음을 말한다. 이것은 인간의 행동과 사고를 결정하는 데 매우 결정적인 역할을 한다.
42. 남궁달화(1996), 『도덕교육론』, 철학과현실사, pp. 12-3.

깨닫게 된다. 유아는 점차 본능적 욕망을 가로막는 장애물이 있다는 것을 인지하기 시작하고, 그 욕구는 가끔 처벌에 의해 좌절되기도 한다. 이러한 좌절에 의해 원자아는 변화를 일으키며, 그 일부분은 외부 세계로 주의를 확대하게 된다. 이로써 인간과 현실 세계 사이의 거래를 위한 새로운 심리 체계인 자아를 형성하게 된다.

이처럼 원자아는 쾌락의 원칙에 의해 지배되므로 현실을 잘 알지 못한다. 그러므로 원자아는 현실과 작용하면서 욕구 불만을 경험하게 되고, 이러한 연유로 인해 새로운 심리 기제, 즉 자아의 출현을 가져오게 된다. 결국 자아는 원자아가 현실과의 상호 작용을 통해 변형된 것이다. 이처럼 자아는 현실의 원칙에 지배를 받는다. 이러한 현실의 원칙 하에서 인간은 이성을 발달시키고 선과 악, 진위, 이익과 불이익을 구별하는 것을 배우게 된다. 즉, 자아는 정보를 평가하고 찬성과 반대를 저울질하고 결정을 내릴 수 있는 이성적 능력이다. 그러나 자아는 원자아와 분리되어 독립적으로 존재하는 것이 아니라 현실을 고려하면서 그 목적을 성취하고자 하는 심리 체계로서 원자아에 봉사한다. 따라서 자아는 현실 상황의 여건에 따라 기본적인 본능적 충동을 억제하거나 방출하는 통제 체계이다. 그렇지만 자아는 원자아의 무의식적 충동들 중에서 스스로 충족시켜야 할 것과 말아야 할 것을 고려하기에는 그 힘이 미약하다. 다시 말해, 유아의 자아는 지극히 미약하여 전체적인 무의식적 충동을 스스로 처리하지 못하므로 초자아에 의해 강화되지 않으면 안 된다. 이로써 프로이트는 원자아의 본능적 욕구에 대항해서 자아를 강화시켜 주는 새로운 심리 체계로서 초자아를 상정한다.

초자아는 인성의 각 부분 중에서 가장 나중에 발달하며, 당위의 원칙에 지배를 받는다. 초자아는 인성 구조의 도덕적 혹은 사법적인 측면으로서 현실보다는 당위적이며 이상적인 것을 추구한다. 그러므로 초자아는 허용과 금지가 내면화된 체계로서, 비도덕적인 행동을 억제하도록 하는 동시에 무엇이 옳고 그른지를 가르치는 역할을 수행한다. 초자아의 주요 기

능은 원자아의 충동을 억제하고 현실적 목적을 도덕적 목적으로 대체하
도록 설득하고 완전성을 추구한다. 이러한 초자아는 그 사회의 도덕규범
이 내면화됨으로써 형성된다. 이러한 내면화는 주로 부모가 주는 보상과
벌에 의해서 이루어진다. 금지와 허용이 반복되는 과정 속에서 점차 외적
압력으로 작용하던 부모 또는 사회의 권위가 개인의 내부에 자리를 잡고
행위를 통제하는 힘으로 작용하게 된다. 이러한 의미에서, 초자아의 형성
으로 인해 부모의 통제는 자아의 통제로 대체된다.

초자아는 사회적 존재로서 부모의 권위가 유아에게 내면화되어 형성
되는 심리 기제이다. 그리고 동일시는 내면화의 기제이다. 프로이트에 의
하면, 인성은 성적 에너지libido가 신체의 어느 부위에 집중하느냐에 따라
구순기, 항문기, 남근기, 잠복기, 성기기의 5단계로 나뉜다.[43] 그런데 초자
아가 형성되는 시기는 남근기이다. 먼저, 구순기(0-1세)에서의 욕구는 입
에 집중되며, 유아는 먹기, 빨기, 씹기, 물어뜯기, 삼키기 등을 통해 쾌락의
충족을 경험한다. 이 단계에서 입은 가장 중요한 감각 기관으로 기능하는
데, 유아는 이를 통해 세계와 접촉하고 그것을 경험하게 된다. 이 시기에
먹는 일과 관련하여 어른이 제공하는 양육 방식은 유아가 최초로 사회적
세계에 관한 기대와 이미지를 형성하는 데 매우 결정적인 역할을 한다.
따라서 이 시기에는, 리블M. A. Ribble이 지적했듯이, 머더링mothering이 매
우 중요하다.[44] 프로이트는 이 시기의 양육에 의해 형성된 경험이 나중에
의존성, 수용성, 관대함, 비판성, 언어적 공격성 등과 관련하여 성인의 인
격을 결정하는 데 중요한 영향을 미친다고 보고 있다.

둘째 단계인 항문기(2-3세)에는 배설물을 배출하는 데에서 쾌감을 얻는
다. 이 시기에는 대소변 가리기 훈련이 시작되는데, 이때 유아는 처음으

---

43. 정인석(1988), 『신교육심리학』, 대왕사, pp. 94-7.
44. 머더링은 어머니의 애정 어린 보살핌으로 유아의 얼굴을 사랑스럽게 보아 주고, 웃어 주
고, 표정에 반응하고, 말을 걸고, 안아 주고, 흔들어 주고, 가볍게 어루만져 주고, 뽀뽀해 주고,
머리를 쓰다듬어 주고, 기저귀를 갈아 주고, 업어 주고, 목욕시켜 주고, 유아 체조를 시켜 주고,
수유하고, 옷을 갈아입히는 것이다. 위의 책, p. 94.

로 외부의 통제를 경험하게 된다. 용변 바로 보기를 배우는 과정에서 부모와 어린아이 사이에는 규범의 제시와 받아들임, 엄격함과 자애로움, 욕구 및 의지의 충돌, 해소 등과 관련된 중요한 상호 작용이 일어나게 되는데, 이는 나중에 권위, 사회적 인습과 요구 등에 대해 한 인간이 어떤 자세를 갖게 되느냐 하는 문제에 중요한 영향을 미친다. 나아가 청결, 질서, 솔선하는 태도, 창의적 성격 등도 항문기의 훈련 과정과 관련하여 그 기초가 형성된다.

인성의 발달 단계상, 남근기가 되면 성적 에너지는 성기에 집중되고, 남아는 아버지를 미워하고 어머니에 대한 애착을 무의식중에 갖게 된다. 즉, 오이디푸스 콤플렉스oedipus complex를 경험하게 된다. 인간은 어린 시절에 누구나 어머니에 대한 애정을 느낀다. 남아의 경우 이러한 애정이 이성인 어머니에 대한 연정으로 발전한다. 이와 동시에 아버지를 경쟁자로 인식하고, 강한 질투심과 함께 그를 제거해 버리고 싶은 충동까지 느낀다. 그러나 만약 자신의 감정과 생각이 알려지면 아버지는 능히 복수를 할 수도 있는 위협적이고 힘이 강한 인물임을 알게 되고 불안에 휩싸인다. 그 결과 거세 불안이 발달하고 어린 아들은 항복을 선언하게 된다. 이 과정에서 아버지에 대한 적대감과 경쟁이 억압된다.

남아는 애정을 억압하는 대신에 그 보상으로 아버지의 모습을 받아들여, 자신도 아버지와 같은 존재가 되고자 한다. 이것이 동일시이다. 또한 아버지를 동일시하는 과정에서 아들은 아버지가 제시하는 허용과 금지의 체계, 사회 규범을 수용하여 자신의 행위를 규율하는 준거로 삼게 된다. 이것을 내면화라고 한다. 따라서 정신분석학에서 도덕성 형성은 결국 오이디푸스 콤플렉스를 극복하는 과정에서 억압과 동일시 그리고 내면화라는 메커니즘을 통해 이루어지는 것으로 설명된다.

한편, 여아는 남근이 없다는 것을 발견하고 남근 선망을 가지며, 이의 책임을 엄마에게 돌린다. 이와 동시에 어머니를 미워하며, 아버지를 좋아하기 시작한다. 이러한 현상을 엘렉트라 콤플렉스electra complex라고 한다. 여아는 이때 어머니와 동일시하고 어머니와 같은 여성이 되고자 노력한다. 그러나 여아는 남아의 경우처럼 명확하고 완전하게 갈등을 해소시켜 주는 거세 불안이 없기 때문에, 엘렉트라 콤플렉스를 완전히 해소할 수는 없다. 여아들은 남아들처럼 오이디푸스 콤플렉스를 통한 초자아의 발달을 얻지 못하기 때문에, 남아들과 똑같은 강력한 초자아를 발달시키지 못하게 된다. 프로이트는 잘 형성된 초자아가 발달하지 못했다는 점이 여성의 성격 특징, 즉 정서적인 성격, 정의에 민감하지 못함이나 생활의 요구에 마지못해 복종하는 것 등을 설명해 준다.

이처럼 남자의 오이디푸스 콤플렉스와 여자의 엘렉트라 콤플렉스에서 동성 부모에 대한 동일시가 이루어지는 주요 원인은 매우 다르다. 여아의 어머니에 대한 동일시는 잃어버린 사랑의 대상을 다시 찾으려는 것이며, 아버지에 대한 남아의 동일시는 거세 공포에서 벗어나려는 것이다. 유아가 부모와 동일시하는 과정에서 중요한 것이 부모의 권위이다. 권위는 물리적이거나 외적인 힘이 아니라 거역할 수 없는 힘으로서, 부모가 이러한 권위를 갖지 못할 때 사회적 존재로서의 부모의 가치나 신념이 유아에게 내면화되는 정도는 다르다. 이처럼 프로이트에게 있어서, 이러한 양심은 아주 어렸을 때의 경험에 의하여 무의식적으로 형성되며, 도덕성으로서의 양심은 동일시 과정을 통해 내면화되며, 이를 어겼을 때에는 수치심이나 죄책감을 느끼도록 함으로써 도덕적 행위로 이끈다.

마지막 단계인 성기기(12세 이후)는 잠복기를 거치면서 동면 상태에 있던 성적 욕구와 여러 가지 본능적 충동들이 다시 살아나게 된다. 그리하여 오이디푸스 콤플렉스 극복 시기에 경험했던 것들과 유사한 갈등과 공포, 번민들을 다시금 겪게 된다. 이 시기에 청소년들이 심한 정서적 혼돈과 방황을 겪게 되는 이유를 여기서 찾아볼 수 있다. 다만 이 시기에 나타나는 성적 욕구는 이미 사회화 과정을 통해 형성된 가치관과 초자아의 강화로 인해 순치되고 정련된 것이기 때문에, 남근기 때의 근친상간적인 것이 아니라 다른 이성을 향한 욕구의 형태로 나타나게 된다. 동시에 성적, 육체적 만족과 함께 정신적 만족을 취하려는 경향이 또한 이 시기에 나타나는데, 이로 인해 이타적 성향과 타인에 대한 사랑의 감정을 발달시키게 된다.

3. 조건화와 강화를 통한 도덕 사회화

조건화와 강화를 통한 도덕 사회화의 이론적 근거는 행동주의 이론이다. 행동주의 이론에서의 인간관은 다분히 수동적이며 동물적으로 파악하고, 인간의 도덕적 행위도 학습자 밖에 객관적으로 주어진 행위 규칙으로 보고, 이를 내면화하여 실천하는 도덕 사회화의 관점에서 이해한다.

행동주의 이론은 가치가 전제된 윤리적 문제와는 상관없이 가치중립적인 입장에서 행동이 어떻게 학습되는가를 설명한다. 행동 학습 이론의 대표적 인물로는 파블로프I. P. Pavlov와 스키너B. F. Skinner이다. 파블로프의 고전적 조건화 이론과 스키너의 조작적 조건화 이론은 학습이 일어나기 위해서는 자극이 제시되어야 하고, 이러한 자극은 관찰된 반응을 결과해야 한다.

파블로프의 고전적 조건화 이론은 개를 이용한 실험 연구를 통해 확립된 이론이다. 개를 어두운 방에서 함부로 날뛰지 못하도록 하는 장치에 매어 놓고 나서 전등을 켠 다음, 30초가 지난 후에 음식을 개의 입에 넣어주어 타액 분비 반사를 유도한다. 이러한 과정을 몇 차례 반복하는데, 불빛이 켜질 때마다 음식을 준다. 그리고 한참 후, 처음에는 타액 분비와 아무런 관계가 없었던 불빛만으로도 타액 분비 반응을 일으키게 된다.

여기에서 음식은 무조건 자극이고, 음식에 대해 침을 분비하는 것은 무조건 반사이다. 이에 반해 불빛은 조건 자극이다. 개의 실험 연구를 통해 먹이와 직접적으로 관련이 없는 불빛의 자극만으로도 개는 타액을 분비한다. 개는 먹이를 수반하지 않더라도 불빛의 조건 자극만으로도 타액을 분비하는 조건 반사가 일어난 것이다. 이처럼 조건 자극과 조건 반사가 결합된 것을 학습이라 한다.

파블로프의 입장에서, 인간의 거의 모든 행동을 이렇게 일정한 자극과 결합하여 조건화된 학습 상태로 본다. 특히 무의식중에 일어나는 인간의 대부분 행동은 환경이라는 자극과 무의식적으로 결합된 행동이라는 것이다. 습관은 인간이 무의식적으로 환경이라는 자극과 신체 반응에 조건 반사적으로 자동화된 상태이다. 이렇게 볼 때, 인간의 도덕적 감정 역시 조건 반사적 행위로 볼 수 있으며, 이러한 반사적인 정서 감정에 따라 인간의 행동이 결정된다.

스키너 역시 동물 실험 연구를 통해 조작적 조건화 이론을 정립한다. 그는 스키너 상자라 불리는 작은 상자에 동물이 마음껏 돌아다닐 수 있도록 고안하였는데, 한쪽 구석에는 지렛대가 있어 이것을 누르면 자동적으로 먹이나 물이 나오도록 되어 있다. 동물들은 이리저리 돌아다니다가 마침내 지렛대를 누르게 되고, 그럼으로써 보상을 받게 된다. 그리고 시간이 흐름에 따라 동물이 지렛대를 누르는 횟수가 늘어나게 된다는 것이다.

스키너는 이러한 실험을 통해 동물이 스스로 먹이를 얻는 법을 학습한다고 설명한다. 즉, 지렛대를 누름으로써 행위의 보상을 얻게 되므로 먹이를 얻기 위한 도구적 행동으로서 지렛대를 누르는 행동을 한다는 것이다. 이때 먹이는 도구적 행위를 보상해 주고 이와 같은 행위를 일어나도록 하는 강화인이 된다. 이와 같이 뒤따라 나타난 결과에 의해 한 행동이 습득되는 과정을 조작적 조건화라고 한다. 스키너 입장에서 보면, 아동의 다양한 신체적 반응은 이러한 다양한 강화인과 결합된 조건화된 행동이다. 동물이 지렛대를 누르면 먹이가 나와 그것을 먹을 수 있듯이, 사람들도 지렛대를 눌러 맛있는 음식이 나온다면 그것을 누를 수 있다는 것이다.

이러한 행동주의 이론의 이론적 바탕을 토대로, 인간의 행동을 일정한 자극과 결합하여 조건화된 학습 상태로 파악하거나, 인간의 행위를 강화인과 결합된 조건화된 행동으로 이해한다. 이 이론에 적용할 수 있는 방법적 원리는 강화(정적, 부적), 벌 등이 있다. 정적 강화는 어떤 자극을 제시함으로써 반응이 증가된 경우의 자극을 말한다. 반면에 반응 경향을 증가시키는 효과가 자극을 제거하거나 중지시킴으로써 얻어지는 것이라면, 이때의 자극을 부적 강화라 한다. 벌은 부적 강화와 미묘한 차이가 있는데, 부적 강화는 반응의 확률을 증가시키는 것을 목적으로 하지만 벌은 반응의 확률을 감소시키는 것을 목적으로 한다.

행동 학습 이론가들은 이러한 방법적 원리를 통해 사회적 규범이 내면화되는 방식을 설명하고, 도덕성을 조건화된 반사 작용으로 이해한다. 아이젠크는 발달된 도덕성의 본성에 관하여 다음과 같이 말한다.

> 양심(도덕성)은 단순히 조건화된 반사 작용이며, 공포심이나 신경질적 반응과 똑같은 방식으로 발생한다는 것이 우리가 주장하는 바이다. … 달리 말하면, 어린이가 과거부터 금지되어 온 많은 활동 중의 하나를 수행하려 할 때, 조건화된 자동적 반응이 즉각적으로 일어나는데, 그 자체 불유쾌한 강한 방해물로 작용한다.[45]

이것은 도덕적 행동이 일어나기 위해 외적인 규칙이나 교훈이 어떻게 내면화되는가에 대한 아이젠크의 설명의 일부분이다. 여기에서 시사하는 점은 기본적으로 벌을 통해 결과한 불안으로서의 도덕성이라는 것이다. 사람에게 두렵고 불유쾌한 고통의 반응을 불러일으키는 자극을 제공한다면, 불안이 점차 행동 결과를 숙고하게 한다고 보는 것이다. 이러한 조건화된 불안을 도덕성으로서 경험하게 된다. 그리고 벌의 개입으로 새로운 행동의 변화가 가능할 수 있다.

예컨대, 오락실에 잘 가는 어린이가 있다고 가정하자. 이 아동은 오락

---

45. H. J. Eysenck, *Fact and Fiction in Psychology* (Harmondsworth: Penguin Books, 1965), p. 260.

실에 가는 것이 재미있고 즐겁다. 그러나 아동의 부모나 교사는 이 아동이 오락실에 가는 것을 무척 싫어한다. 왜냐하면 오락실에 가면 공부할 시간을 빼앗길 뿐만 아니라 돈을 낭비하고 자칫 좋지 못한 친구를 사귀거나 또는 다른 사람의 돈을 훔치는 일이 발생할 수 있기 때문이다.

이러한 상황에서, 아동의 '재미나 즐거움'은 오락실 출입에 정적 강화로 작용하고 있으며, 부모나 교사의 '싫어함이나 비난'은 아동의 오락실 출입 금지에 부적 강화로 작용하고 있다. 그리고 아동이 오락실에 가는 행동을 반복하는 것은 정적 강화가 부적 강화보다 크게 작용하고 있기 때문이다. 따라서 이 아동의 행동 변화를 유도하려면 정적 강화를 상쇄시킬 수 있는 새로운 방법이 요구된다. 이때 사용되는 강화 수단이 벌이다. 즉, 아동이 오락실에 가는 행위를 금지하도록 하는 행동의 변화를 가져오려면 벌이라는 수단이 필요하다. 벌을 통해 불유쾌한 결과를 예견하고 이를 회피하고자 하는 자극을 제공한다면, 이 아동의 행동은 변화가 가능하다.

이렇게 본다면 행위자는 단지 강화에 대한 결과를 비교하는 장소로 전락될 가능성이 높다. 도덕적 행위자는 사라지고 오히려 어떤 힘을 겨루는 장소로서 생각된다는 것이다. 스키너는 그의 행동주의적 입장에서 이와 유사한 견해를 밝히고 있다. 사람은 창조하는 행위자가 아니다. 인간은 많은 유전적 · 환경적 조건이 함께 효과적으로 결합한다는 점에서 하나의 장소이다.[46]

인간 행동에 대한 이 같은 설명은 도덕적 행위자 없는 도덕적 행위에 대한 설명일 뿐이다. 실제로 벌을 통해 일시적으로 아동의 행동을 변화시킬 수 있을지 몰라도, 벌이라는 외적 통제 수단을 제거하였을 때 과연 그 아동의 행동이 지속적으로 변화되었다고 볼 수 있을 것인가 하는 문제에는 회의적이다.

---

46. B. F. Skinner, *About Behaviorism*, New York: Knopf, 1971, p. 188.

제2장 행동 중심의 도덕과 교육의 내용

　행동 중심의 도덕과 교육의 1차적인 관심은 도덕 사회화였다. 이때의 도덕은 그 사회에 이미 존재하고 있는 허용과 금지의 체계로서, 도덕적 인간은 학습자 밖에 객관적으로 존재하는 행동 규범 체계를 내면화하고 이를 실천에 옮기는 사람이다. 그러므로 여기에서의 도덕과 교육의 내용은 당연히 이미 사회가 가지고 있는 전통적 가치나 덕목일 수밖에 없다. 그러나 도덕과 교육의 내용으로 가르치고자 하는 덕목의 범위와 종류 그리고 구성 방법은 각 교육 과정마다 달랐다.

1. 교육 과정 이전 시기의 도덕과 교육의 내용

　행동을 강조한 교육 과정 이전의 도덕과 교육은 일제 강점기의 수신과, 미군정기의 공민과, 정부 수립 후의 도덕과 교육으로 나눌 수 있다.

第一課 學校
우리들이 처음 이 學校에 入學ᄒ얏스니 우리들이 學校에 입학ᄒ 것은 무엇을 빈호려 ᄒ임고 여러 가지 일을 빈화 착ᄒ 사롬이 되고져 ᄒ임이니라. 先生은 됴흔말슴을 들니여 주시며 쏘 滋味잇ᄂ 遊戲를 ᄀᄅ쳐주시ᄂᄂ니라.
第二課 착ᄒ 學徒
이 그림을 볼지어다. 이곳은 學校의 敎室이니라. 이곳에 活潑히 손을 들고 잇ᄂ 學徒가 잇도다. 이 學徒ᄂ 이제 先生이무르시ᄂ더로 對答을 잘 ᄒᄂ도다. 쏘 이 학도들은 端正히 거러안졋스며 誠心으로 先生의 ᄀᄅ치ᄂ 말슴을 드르며 先生의 무르시ᄂ더로 잘 對答ᄒ니 이 學徒ᄂ 참 착ᄒ 學徒니라. 이 중에 뒤롤 도라보ᄂ 學徒도 잇고 窓 밧갓을 보ᄂ 學徒도 잇스며 冊床에 기더안진 學徒도 잇도다. 이러ᄒ 學徒들은 모다 착ᄒ 學徒가 아니니라.

〈표 3-6〉 일제 강점기 '수신서' 구성과 진술의 예시

1. 일제 강점기 도덕과 교육의 내용

1. 내용 구성의 방향

일제 강점기에 조선 총독부에 의해 이루어진 초등 도덕 교육은 국민 도덕의 중추 개념인 충효 정신의 양성을 중시하고 내선일체內鮮一體를 강조하였다. 그러나 이 시기에 수신과는 일본 제국주의 교육 정책을 바탕으로 우리 민족을 황국 식민화시키기 위한 수단으로 이용되었다. 국권 침탈 후 1911년에 공포된 조선 교육령에서는 충량한 국민의 육성과 함께 시세와 민도에 적합한 교육을 강조하였다. 충량한 국민 교육은 충효를 기반으로 하는 덕성 함양, 실용을 준거로 한 지식과 기능 교육, 그리고 강건한 신체 육성을 의미하였다. 수신서의 내용은 각 학년에서 일본 국왕과 국가에 대한 관념, 자신과 타인의 구별, 가정과 사회에 대한 관념, 그 밖의 국민성 양성에 필요한 여러 가지 덕목들로 구성되었다. 특히, 수신 교과서는 국민 도덕의 중추 개념인 충효 정신의 양성을 중시하고, 일본 국왕에 대한 내용을 학년별로 적절하게 안배하였다.[47] 〈표 3-6〉은 보통학교 학도용 수신서 일 권 내용의 일부이다.[48]

2. 교과서 내용의 구성 및 진술

수신과는 학생들이 현실에서 당면하는 행위의 문제를 다루고 있으며, 그 진술 방식은 설명식이고 훈화조이다. 즉, 학교에서 무엇을 배우고, 배우는 목적은 무엇이고, 선생님의 역할과 착한 학생들에 대해 설명하고, 이를 따르도록 하고 있다. 여기에서는 도덕적 행동을 설명하고 덕목을 따르도록 하는 데 관심을 둘 뿐 학생들의 자율적 판단이나 실천은 배제되어 있다.

2. 미군정기 도덕과 교육의 내용

1. 내용 구성의 방향

우리나라의 도덕과 교육은 일제 강점기의 수신과가 폐지되고, 군정청 편수국에 의해 민주 시민을 기르기 위한 공민과가 만들어지면서 시작되었다. 공민과는 1946년 역사, 지리와 함께 사회생활과에 통합된다. 따라서 이때의 도덕과 교육은 민주적인 생활을 할 수 있는 사람을 기르는 데 관심을 두고 사회생활과에서 실시되었다.

2. 교과서 내용의 구성 및 진술

1946년 군정청 학무국에서 발행한 초등 공민과 5~6학년의 내용 구성을 살펴보면 15과로 되어 있고, 도덕과 교육과 관련된 부분은 10과와 11과의 '시간 지키기' 단원과 '용기' 단원이 있다(〈표 3-7〉참조).

---

47. 교육과정 · 교과서연구회(1990), 앞의 책, p. 79.
48. 한기언 외(1996), 『한국교육사료집성 교과서편 VIII』, 한국정신문화연구원, pp. 1-3.

열째과 시간 지키기
약속을 굳이 지킴이 사회생활에 중대한 덕의(德義)임은 다시 말할 필요도 없으나, 시간의 귀중함이 날로 더하여 가는 현대에 있어서는 더욱 약속한 시간을 굳이 지키기에 애를 써야 합니다. …(중략)… 옛적에는 시계가 없어서 바른 시간을 알지 못하였으나 지금은 우리의 긴장과 조심만 있으면 시간을 잘 지킬 수 있습니다. 그런데 사실은 우리 겨레의 시간관념이 아직도 부족한 것은 퍽 걱정하고 반성할 점입니다. 이렇고야 도저히 질서 있고 규율 있는 큰 국민이 될 수 없습니다. 우리들은 똑바른 시계에 의하여 꼭 맞는 때를 아는 동시에 정한 시간을 잘 지키도록 주의하지 않으면 안 됩니다. 등교의 시간, 집합의 시간 등을 작정한 대로 반드시 지키고 또 하학(下學)후의 일과시간도 마련하여 매일 행할 것입니다. 모딤이 있을 때에는 작정한 시간에 반드시 출석하고, 그 회의 사무를 맡아 볼 때에는 개회와 폐회시간 등을 미리 작정한대로 꼭 진행하여야 합니다.

〈표 3-7〉 미군정기 '초등 공민' 교과서 구성과 진술의 예시
출처: 군정청 학무국(1946), 『초등공민』 제오륙학년함께씀, 조선서적인쇄주식회사, pp. 28-30.

1946년에 발행된 초등 공민과에서는 종래의 수신과에서보다는 진술 방법이 현대적으로 기술되기는 하였지만, 여전히 '~해야 한다,' '~해야 합니다' 등의 도덕적 지시나 훈화의 수준을 벗어나지 못하고 있다. 다음해인 1947년에 발행된 사회생활과에서는 도덕과와 관련된 내용은 부분적이며, 주로 사회과와 관련된 내용이 포함되어 있다. 예컨대 6-1학기 사회생활과에는 총 6과로 되어 있고,[49] 그중에 도덕과와 관련된 내용은 제1과 '아름다운 습관' 부분이다(〈표 3-8〉참조).

1947년에 발행된 사회생활과의 도덕과 내용의 진술은 종래의 도덕과 내용보다는 완화된 형태의 훈화식이다. 즉, 종래의 '~해야 한다,' '~해야 합니다' 등의 도덕적 지시나 훈화식이 아닌 '~하자' 는 식의 느슨한

---

49. 제1과는 아름다운 습관, 제2과는 우리나라의 내력, 제3과는 우리 역사를 빛낸 이들, 제4과는 우리나라의 정치, 제5과는 민주주의, 제6과는 국제연합 단원으로 구성되어 있다. 문교부(1947), 『사회생활 6-1』, 대한문교서적.

― 아름다운 습관
1. 좋은 계획

우리는 우리 학교의 최고 학년이 되어서 밑에다 많은 동생들을 거느리게 되었다. 우리는 다만 학년이 높다는 것만으로 뽐낼 수도 없고 또 학년이 높은 것으로 훌륭하다고도 할 수 없다. 우리는 어떻게 이 어린 동생들을 잘 지도하며, 우리가 앞장을 서서, 어떻게 이 학교를 훌륭하게 만드는가 하는 것이 문제가 된다. 6학년이 되어서 첫 사회생활 시간에 "좋은 일은 좋은 계획에서 나온다"는 이야기를 선생님에게서 들었다.

"옛날 사람들은 일년의 계획은 원단에 있다고 말하였다. '시작이 반이다'라는 격언도 있는 만큼 처음 계획이 잘 되어 있으면 실제 일하는 것은 아주 편하다. 나는 나대로, 너희들을 지도하는 하루의 계획, 한달의 계획, 일년의 계획을 가지고 있다. 물론 이 계획은 그대로 나아갈 때도 있고, 고칠 때도 있지만 이 계획이 좋으면 좋은 결과를 가져오게 될 것이다. 오늘은 너희들의 하루의 생활계획을 세워보기로 하자. 우리들은 하루의 생활을, 학교에서의 계획과 가정에서의 계획으로 나누어서 다음과 같이 결정하였다.

학교생활의 계획, (1) 아침에는 시작하기 30분 전에 와서 자습을 하자. (2) 공부시간과 쉬는 시간은 학교에서 정한대로 잘 지켜나가자. (3) 아침과 점심시간에는 당번이 간단한 교실청소를 하자. (4) 일제 청소시간에는 저학년 동생들을 잘 도와주자. (5) 공부가 끝나면 1시간씩 자습시간을 두고 복습과 예습을 하자. (6) 자습시간이 끝나면 제각기 맡은 학교의 일을 30분씩 하기로 하자.

가정생활의 계획, (1) 아침에는 6시 이전에 일어나서 자기 손으로 집안 청소를 하자. (2) 아침 먹기 전에 1시간의 자습시간을 갖도록 하자. (3) 학교에 오기 전에 잊은 물건은 없나 다시 한번 조사하자. (4) 집에 돌아가서는 반드시 손발을 씻고 저녁을 먹기로 하자. (5) 저녁 먹은 뒤에는 2시간 이상 자습시간을 갖도록 하자. (6) 늦어도 10시까지는 자도록 하자. 우리는 선생님의 말씀에 따라서 이 계획에 무리한 점은 없는가 다시 한번 살펴보았다. 그리고 제각기 자기의 하루 시간표를 만들어서 책상위에 붙여놓고 꼭 지키기로 약속하였다.

그리고 다시, 이러한 계획적인 생활을 하는데 노력해야 할 점을 의논하면서, 다음과 같은 것을 추렸다. 계획만 세워도 아무 소용이 없다. 세운 계획은 어디까지나 지켜 나가는 데에 뜻이 있고, 목적이 있다. 날마다 계획대로 생활해서 저절로 습관이 되도록 해야 한다. 그러니까 우리는 하루 이틀 해보아서 안 된다고 단념하지 말고 꾸준히 계속해서 힘써야 하겠다 …(중략)… 우리는 이 네 가지를 항상 잊지 않기 위해서 교실에다 표어를 만들어 붙여놓고 어린이회 때마다 다같이 읽기로 하였다. 꾸준히 노력하자. 참을성을 기르자. 항상 연구하자. 반성은 향상이다. 선생님께서 우리들이 정한 것을 보시고 만족해 하시면서 말씀해 주셨다. "사람에게는 한사람 한사람의 계획이 있으며, 학교에는 학교의 계획이 국가에는 국가의 계획이 있다. 그러므로 이 계획은 결국 일의 바탕이 되며, 좋은 계획에서 좋은 일이 나오게 되고, 좋은 생활이 이루어진다. 계획이 없이 좋은 일이 되는 수는 있지만 그것은 우연한 일이며 흔히 있는 일도 아니다. 훌륭한 발견이나 발명, 사회를 아름답게 하는 아름다운 습관은 좋은 계획에서 기대할 수 있는 것이다.

〈표 3-8〉 미군정기의 사회생활(도덕) 교과서 구성과 진술의 예시

출처: 문교부(1947), 『사회생활 6-1』, 대한문교서적. pp. 1-6

권고형의 도덕적 훈화로 진술 방식이 바뀌었다. 또한 여기에서 주목할 점은 도덕적 논의 방식이 도입되고 있다는 것이다. 즉, 일방적인 도덕적 지시나 훈화가 아니라 학생들의 '도덕적 논의'를 통한 도덕적 결정을 존중하려는 모습을 보이고 있다는 것이다. 하지만 여기에서의 '～하자'는 진술은 여전히 도덕적 논의의 형식을 띤 덕목의 주입이다.

3. 정부 수립 후 도덕과 교육의 내용

1. 내용 구성의 방향

1948년 12월에 공표된 교육법에 의하면, 초등학교는 국민 생활에 필요한 기초적인 초등 보통 교육을 목적으로, 국어, 사회생활, 자연, 산수, 실과, 음악, 미술, 보건 등 8개 교과를 실시하였다. 사회생활과 영역은 "개인과 사회와의 관계를 이해시켜 도의심과 책임감, 공덕심과 협동 정신을 기른다. 특히, 향토 및 민족의 전통과 현상을 정확하게 이해시켜 민족정신을 앙양하며, 독립자존의 기풍을 기르는 동시에 국제 협조의 정신을 기른다"[50]는 것을 목표로 하고 있다.

1950년 6.25전쟁으로 인한 극심한 혼란 가운데에도 정부는 '전시하 교육의 특별 요강'을 발표하였다. 전시 교육은 멸공 필승의 신념을 배양하고 전국戰局과 국제 집단 안전 보장의 인식을 명확히 하여 전시 생활을 지도하는 데 중점을 두었으며, 1952학년도 교육 방침으로 자활인, 자유인, 평화인의 양성을 들고, 이를 구현하기 위해 지식 교육, 기술 교육, 도의 교육, 국제 교육 실시를 강조하였다.

---

50. 교육과정 · 교과서연구회(1990), 앞의 책, p. 82.

---

1. 따뜻한 박수
- 닉슨아저씨 이야기 -

그 날 서울 안은 발끈 뒤집혔읍니다. 멀리서 찾아온 아메리까의 부통령 닉슨 아저씨를 환영하기 위해서입니다. 여러 가지 환영행사의 하나로 시공관에서는 음악회니 연극이니하여 닉슨 아저씨를 모시었읍니다. 여러 가지 순서가 재미나게 진행되었읍니다. 이번에는 합창을 할 차례입니다. 그런데 아름다운 노래 소리가 여러 사람의 마음을 한참 끌고 있던 때였읍니다. 갑자기 무대 위가 크게 어지러졌읍니다. 합창 단원들이 딛고 있던 발판이 무너진 것입니다. 그것은 물론 발판 장치가 잘되지 못했기 때문입니다. 너무나 갑자기 일어난 일이었기 때문에 이 일을 당하는 합창 단원들은 몹시 당황하여 미처 부끄러운 생각보다는 발판과 함께 넘어지는 몸을 가누기에 화당탕거리며 한때는 일대 수라장이 되고 말았읍니다. 그리고 다음 순간 그들은 부끄러움에 어쩔 줄을 모르고 모두들 얼굴이 새빨간 채 고개를 푹 수그리고 있을 뿐이었읍니다. …(중략)… 장내는 침묵이 흘렀읍니다. …(중략)… 바로 이때였읍니다. 별안간 귀빈석에서 힘찬 박수 소리가 들려온 것입니다. 사람들이 놀라 바라보니 박수를 하는 이는 닉슨 아저씨였읍니다. 뜻하지 않은 실수에 어쩔줄 몰라하는 합창단원들에게 다시금 용기를 주려는 따뜻한 마음에서 하시는 박수입니다. 장내는 감격에 싸여 버렸읍니다. 어느새 구경 온 사람들도 힘차게 박수를 시작했읍니다. 그동안 발판은 다시 놓이게 되었읍니다. 맑고 깨끗하게 가라앉은 자리 위에 아름다운 노래소리가 들렸읍니다. 따뜻한 마음의 박수에 감사하는 듯 맑고 우렁찬 노래 소리가 흘러나왔읍니다. 1. 닉슨 아저씨를 모시고 무엇을 하였읍니까? 2. 발판이 무너져 어떻게 되었읍니까? 3. 닉슨 아저씨는 어떻게 하였읍니까? 4. 박수를 하니 어떻게 되었읍니까?

〈표 3-9〉 전시하의 '도의생활' 교과서 구성과 진술의 예시

출처: 문화교육출판사(1954), 『도의생활』, pp. 4-7.

2. 교과서 내용의 구성 및 진술

이 시기의 도덕과 교과서에 대한 자료는 남아 있는 것이 별로 없어 살펴보기는 어려우나, 1954년에 발행된 도의 교육 독본인 '도의생활'을 통해 당시의 도덕과 교육을 짐작할 수 있다(〈표 3-9〉참조).

도의생활 독본에서는 직접적인 도덕적 지시나 훈화보다는 감화 감동식 이야기를 통해 바람직한 가치나 덕목을 전수하고자 한다. 즉, 교과서 내용 진술의 형태가 직접적인 덕목의 주입이 아니라 교화적인 감화 감동식 진술로 바뀌어, 우회적으로 덕목이나 가치를 주입하고 있다는 것이다.

그리고 여기에서 특이 사항은 중점적으로 공부할 문제를 제시하고 도덕적 논의의 과정을 거치고자 하였다는 점이다. 그러나 여기에서의 도덕적 논의 내용은 도덕규범이나 덕목에 대한 정당한 근거나 이유를 묻는 것이 아니고 지문의 내용을 파악하는 수준이어서, 도덕과 교육이 국어과 교육과 흡사하게 이루어지고 있음을 알 수 있다.

2. 교육 과정 이후 시기의 도덕과 교육의 내용

행동을 강조한 교육 과정 이후 시기의 도덕과 교육은 제1, 2, 3차 도덕과 교육으로 나눌 수 있다.

1. 제1차 도덕과 교육 과정의 내용

1. 내용 구성의 방향

1955년 8월 제1차 교육 과정이 제정되기 이전의 교육은 대체로 지식 중심의 도의 교육보다는 민주 시민이 기본적으로 지녀야 할 덕목을 중심으로 한 생활 혹은 실천 위주의 도의 교육이었다. 1955년 제1차 교육 과정에서의 도덕 교육은 관후 고결한 인간, 통일성 있는 생활 태도 형성, 근로역행의 태도 육성, 명랑한 사회생활, 애국 애족 정신의 고취 등의 덕목을 강조하였다.

도의 교육 과정은 첫째는 자기실현의 도덕, 둘째는 인간관계(가정, 학교 등 신변의 사회)의 도덕, 셋째는 경제 · 직업(생산, 소비)의 도덕, 넷째는 공민으로서의 도덕, 다섯째는 반공 방일의 정신의 다섯 영역을 다룬다. 그리고 도덕적 심정을 배양하고, 도덕적 판단력을 부여하며, 도덕적 습관을 형성하는 일에 중점을 두고 있다. 초등학교 저학년에서는 도덕적 습관 형성의 측면에 중점을 두었고, 고학년으로 나아감에 따라 사회 · 공동생활의 정신과 태도를 기르며 소기의 행동 기준에 적합하도록 배려한다.[51]

2. 교과서 내용의 구성 및 진술

'초등 도의'는 5개 영역으로 나뉘고, 각 영역마다 몇 가지 덕목들을 다루고 있다. 교과서의 구성은 각 단원마다 ① 단원명이 나오고, ② 단원 안내를 통해 다루고자 하는 덕목에 대해 생각하게 하고, 어떻게 행동해야 할 것인가를 안내하고, ③ 덕목에 대한 제재명과 덕목과 관련된 내용(주로 감동적인 예화 자료)이 제시된다. ④ 단원을 정리하는 '우리의 할 일'이 설정되어 있다. 〈표 3-10〉은 1957년도에 발행된 4학년 '초등 도의' 교과서의 한 단원의 내용이다.

제1차 때의 도덕과 교육은 도덕성의 인지, 정의, 행동적 측면을 강조하고 있으나 실제 교과서는 인지적 측면의 도덕성을 심도 있게 다루지 못하고, 주로 도덕적 훈화나 감동적인 예화 자료를 통해 덕목을 내면화하고 이를 일상생활에서 실천하도록 구성되어 있다.

2. 제2차 도덕과 교육 과정의 내용

1. 내용 구성의 방향

제2차 도덕과 교육 과정에서 반공 교육과 도덕 교육을 반공 · 도덕생

---

51. 홍웅선(1988), 앞의 책, p. 153.

一. 좋은 습관

여러분은 집안이나 이웃에서 칭찬을 받고 있는가? 그리고 동무들한테 귀염을 받고 있는지 생각해보기로 하자. 이 책 첫머리에 나오는 "귀염받는 어린이"와 견주어 보자. 우리는 모두 이와 같이 귀염을 받는 어린이가 되도록 마음 먹고 자기의 행실을 닦아 나가도록 하자. 그리고 나만 남한테 귀염을 받을 뿐만 아니라 남을 사랑할 줄 아는 사람이 되자. 남한테 귀염을 받는다는 것은 결국 남을 귀여워할 줄 알기 때문일 것이다. 예절을 잘 지키고 말을 똑똑히 하고 공손히 할 줄 알아야 하며, 늘 자기의 나쁜 버릇을 고치도록 하자. 그리고 남을 귀여워할 줄 알며, 남이 또 자기를 귀여워하도록 힘써 보자.

1. 귀염 받는 어린이

반듯이 서고, 반듯이 앉고, 반듯이 일하고, 반듯이 말하는 어린이. 남의 말에는 귀를 귀울여 듣고, 모를 적에는 서슴지 않고 묻는 어린이. 발굼치에 때가 끼지 않고, 귓속을 깨끗이 하고, 머리를 잘 빗고, 이가 하얀 어린이. …(중략)… 모를 적에는 "모릅니다" 하고, 잘못을 했을 적에는 "미안합니다" 하며, 일이 생겼을 적에는 곧 "제가 하겠습니다" 하고 말할 수 있는 어린이. 제가 했을 적에는 "제가 했습니다" 하지만 핑계나 고자질하기를 싫어하는 어린이 …(중략)… 이런 어린이라면 어디를 가든지 귀염을 받는다. 집에서도 이 어린이가 필요하다. 놀이터나 기차 속에서도 이 어린이가 필요하다. 남의 집 어린이들도 이 아이가 필요하다. 살아있는 사람은 누구나 다 이런 어린이가 필요하다.

우리의 할 일

1. 누구에게나 귀염을 받는 어린이란 어떤 어린이인가? 이 글에 쓰어있는 것을 정리해보자. 2. 여러분의 행실과 이 글에 쓰어있는 어린이의 행실과 비교하여 이야기 해보자. 3. 이 글에서 가장 중요하고 마음에 맞는 말을 써서 자기 방 책상 앞에 붙이기로 하자. 4. 누구에게서도 귀염을 받지 못하는 어린이의 미운 점을 서로 이야기하고, 여러분 중에도 그런 미운 점이 있으면 서슴지 말고 고치도록 하자. 5. 살아있는 사람들은 모두 어떠한 어린이가 필요한가? 6. 착하고 귀염을 받는 어린이가 되려면, 먼저 아름다운 마음이 필요하다. 여러분도 부지런히 아름다운 마음을 기르자.

〈표 3-10〉 제1차 '초등 도의' 교과서 구성과 진술의 예시

출처: 문교부(1957), 『초등도의 4』, 대한서적공사.

활이라는 영역으로 묶은 것은 각 학교에서 반공·도덕 교육에 관한 종합적 계획을 수립할 수 있도록 하기 위해서였다. 여기에서는 도덕생활의 영역을 크게 예절생활, 개인생활, 사회생활, 국가생활의 4영역으로 나누고, 예절생활에서는 일상생활에 필요한 기본 행동 양식과 그 근본정신을 이해하고, 예절에 맞는 행동을 습관화하도록 지도하였다. 그리고 개인생활 영역에서는 양심에 따라 행동하고 자기를 반성하는 습관을 길러 훌륭한 품격을 갖추어 가는 능력을 기르고, 사회·국가생활 영역에서는 사회의 일원으로서 민주적 사회생활과 명랑하고 화목한 사회생활을 하도록 하는 교육과 함께 민주주의의 우월성과 애국애족하는 마음을 갖도록 하는 도덕 교육에 관심을 기울였다.

2. 교과서 내용의 구성 및 진술

1963년의 반공·도덕생활 교육 과정에서는 각 단계별(저, 중, 고학년)로 따로 도달 목표를 설정하고 지도 내용을 학년별이나 단계별로 구분하지 않았다. 왜냐하면 모든 학년에서 학생의 심신의 발달, 지역 사회, 학교 환경 등의 특색에 따라 융통성 있게 지도할 수 있도록 하기 위해서였다.[52] 특히 제2차 교육 과정에서는 예절생활을 하나의 지도 영역으로 간주하여 학생들의 예절생활을 독려하고 습관화하고자 하였다. 제2차 교육 과정의 유의점에서 밝히고 있듯이, 초등학교 아동에게는 깊은 도덕적 이해나 판단력보다는 친근한 일상생활에 적응하여 도덕적 품성과 태도를 형성하도록 하고 있다. 또한 덕목의 관념적 주입보다는 일상생활에서 일어나는 모범 사례를 통해 덕목을 내면화하고자 하였다. 따라서 도덕과 내용 구성에 있어서도 덕목이나 도덕규범의 일방적인 주입보다는 모범적인 생활 사례의 감화 감동을 통해 자연스럽게 내면화하도록 내용이 진술되

---

52. 홍웅선(1988), 앞의 책, p. 135.

2. 그림붓

집을 나올 때, 꼭 무엇을 잊어버린 것 같더니 정말이었읍니다. 학용품 가게 앞에 왔을 때, 나는 비로소 그림붓 생각이 났읍니다. 오늘 미술 시간에 쓸 그림붓 살 돈을 타 가지고 올 것을 깜박 잊은 것입니다. "인제 다시 집에 돌아갔다 오려면 시간이 늦을 텐데…" 이렇게 생각하며, 나는 그냥 학교 쪽으로 걷고 있었읍니다. "영식아, 너 왜 오늘 아침엔 그렇게 힘이 없어 뵈니?" 그것은 가게 누나였읍니다. "옳다. 저 누나에게 사정 이야기를 좀 해 보자." 하고, 나는 보따리 가게를 벌여 놓고 있는 누나에게 사정 이야기를 했읍니다. 그랬더니, 누나는, "그럼, 내가 그림붓 살 돈을 꾸어 주지. 내가 그림붓 장사를 했더라면 좋았을 걸 그랬지?" 이렇게 말하고, 웃으며 십 원을 내어 주었읍니다. "이거면 살 수 있니?" "응." 돈을 받아 들고 나는 말했읍니다. "누나, 나 학교 갔다 집에 돌아와서 돈 갖다 줄게." "그래라. 학교에 늦지 않게 어서 가거라." 나는 누나에게 고맙다는 인사를 하고, 학교로 달음질하였읍니다. 바로 학교 앞 가게에서 나는 그림붓 한 자루와 도화지까지 샀읍니다.

미술 시간이 되었읍니다. 어쩐지 새 그림붓으로 그림을 그리려니, 한층 더 그림이 잘 그려지는 것 같았읍니다. 그림을 그리면서 나는, "오늘 이 그림은 내게 돈을 꾸어 준 누나에게 선물로 주어야지." 하고 생각하며, 열심히 그림을 그렸읍니다. 내가 그림 그리는 것을 보신 선생님께서, "아, 참 잘 그렸구나. 이 그림은 우리 교실에 붙여 놓아야겠다."고 말씀하셨읍니다. 다른 때 같으면 얼마나 기쁘겠읍니까. 그러나, 오늘은 선생님의 말씀이 괴롭게 들렸읍니다. 내게 그림을 그릴 수 있게 해 준 누나에게, 이 그림을 꼭 자랑하고 싶었기 때문입니다. 그러는 동안에 종이 울었읍니다. "오늘 다 못 그린 사람은, 다음 미술 시간까지 마저 그려서 가지고 와요." "선생님, 저 이 그림은 제가 그냥 집에 가지고 가고, 다음에 더 잘 그려 오겠어요." "그래? 그럼, 네 마음대로 해라." 그런데, 오늘따라 학교에 일이 많았읍니다. 다른 때보다 일찍이 집에 갔으면 했는데, 퍽 늦게야 집에 돌아갔읍니다. 나는 가게 누나 생각을 하면서, 지름길을 택하여 빨리 집으로 달려갔읍니다.

나는 집에 와서 곧 어머니께 돈 십 원을 타 가지고 가게 누나에게 가려 했는데, 웬일인지 어머니가 어디 나가셔서 도무지 돌아오지 않으십니다. "가게 누나가 이상하게 생각하지냐 않을까? 곧 돈을 갖다 줘야 할 텐데…" 퍽 오랜 뒤에야 어머니께서 돌아오셨읍니다. 나는 돈 십 원을 타 가지고, 곧 누나가 있는 곳으로 달려갔읍니다. 그러나, 내가 누나 가게 있는 곳에 갔을 때에는, 하나 둘씩 가게 문이 닫히는 중이었읍니다. "누나가 벌써 집으로 들어갔을까?" 나는 가슴을 죄며 다가갔더니, 정말 누나는 보이지 않았읍니다. "약속을 지킬 줄 모르는 아이라고, 누나가 얼마나 섭섭하게 생각할까?" 하고 생각하니, 가슴이 답답했읍니다. "이 가게 누나 돌아간 지 오래

여요?" 하고, 남아 있는 아저씨에게 물어 보았습니다. "이제 금방 걷어 가지고 들어 갔다." "그래요? 어느 쪽으로 갔어요?" "저 쪽으로." 나는 그 아저씨가 가리키는 쪽을 향해 막 달음질쳤습니다. 숨이 막힐 정도로 빨리 달려가다가, 나는 머리에 커다란 보따리를 이고 가는 그 누나를 발견했습니다. "가게 누나!" 하고 불렀더니, 누나가 멈춰 서며, 뒤를 돌아다보는 것이었습니다. 내가 헐레벌떡 누나 곁에 다가가서 누나에게 돈을 내밀자, 누나는 웃는 얼굴로, "학교가 늦게 파했나 보구나. 늦었으면 내일 학교 가는 길에 주지, 일부러 이렇게 달려왔구나." 하고 말했습니다. "누나, 이건 오늘 미술 시간에 내가 그린 그림이야." 나는 누나에게 그림을 주고는, 얼른 되돌아 집으로 왔습니다. 내일 아침에 자세한 이야기를 해야겠다고 생각했기 때문입니다.

우리의 할 일

1. 영식이는 그림붓 값을 누구한테 꾸었는가?
2. 영식이는 왜 자기 그림을 교실에 붙이자는 선생님의 말씀을 듣지 않았나?
3. 가게 누나의 영식이에 대한 마음씨를 이야기해 보자.
4. 영식이의 가게 누나에 대한 행실에 대하여 이야기해 보자.

〈표 3-11〉 제2차 도덕 교과서 구성과 진술의 예시
출처: 문교부(1965), 『도덕 6-1』, 국정교과서주식회사, pp. 8-14.

어 있다. 〈표 3-11〉은 1965년도에 발행된 6학년 1학기 도덕 교과서 내용의 일부이다.

제2차 도덕과 교과서의 내용은 종래의 모범적 인간상을 제시하고 따르도록 하는 방식이나 도덕적 모범 사례를 통한 감화 감동식의 진술에서 학생들이 일상생활의 모범 사례를 통해 도덕적 감화를 받고 도덕규범이나 덕목을 내면화하도록 하는 방식으로 많이 바뀌었다. 그러나 여전히 국어과 수업에서처럼 인지적 측면의 도덕성에 접근하는 방식이 교과서 지문에 관한 이해 수준을 벗어나지 못하고 있어, 도덕과 수업의 방법론적 특성인 도덕적 논의의 수업은 되지 못하고 있다.

3. 제3차 도덕과 교육 과정의 내용

1. 내용 구성의 방향

1973년 국민교육헌장 이념을 바탕으로 제3차 교육 과정이 개정·공포되었고, 종래의 반공·도덕생활이 교과 교육의 하나인 도덕과로 신설되어 체계적인 도덕 교육이 확립된다. 이로써 제2차 교육 과정에서 3대 영역, 8개 교과가 제3차에 와서는 2대 영역, 9개 교과로 달라졌다. 그리고 이전에 전 학년을 통해 제시되었던 지도 내용을 저, 중, 고학년으로 분류하여 42개 덕목을 해당 학년에 맞게 배열하였다. 교육 내용은 예절생활, 개인생활, 사회생활, 국가생활, 반공생활로 짜여 있고, 각 영역별로 덕목을 설정하였다. 예컨대 예절생활의 영역으로는 자세, 용의, 인사, 언행, 일반 예절, 집회 의식의 덕목이 설정되었고, 개인생활 영역에는 건강, 안전, 정직, 성실, 검소, 절제, 근면, 노력, 사려, 반성, 개성 신장의 덕목이 그리고 사회생활 영역에는 인권 존중, 공익, 공덕심, 가정애, 협동, 상부상조, 책임, 의무, 규율, 준법, 공명정대를 그리고 국가생활 영역에는 국가 의식 고취, 국민 긍지, 민족 자각, 국가 발전에의 협동, 미풍양속 계승 발전, 인류애, 세계 평화 등을 지도 덕목으로 설정하였다.

2. 교과서 내용의 구성 및 진술

제3차 교육 과정에서 비로소 독립 교과로서의 도덕과가 체계성을 갖추게 된다. 지도상의 유의점에서도 밝히고 있듯이, 도덕 교육은 내용을 체계화하고 그 성과를 올리기 위해 모든 교육 활동과 유기적으로 연결시키도록 하고, 도덕 교육을 통하여 도덕적 판단력을 기르도록 하고, 도덕 교육을 학교 교육 이외에 가정이나 지역 사회와 긴밀한 연계를 이루도록 하고 있다.[53] 이것은 산만하던 종래의 도덕 교육의 내용을 제3차 교육 과정에·이르러 체계화하고, 학교에서의 도덕 교육만이 아니라 가정과 사회와의 연계 지도의 필요성과 도덕적 판단력을 기르고자 하였음(제2차 교육 과정에서는 어린이들에게 깊은 도덕적 이해와 판단력을 요구하고 있다고 보기는 어렵다)을 나타낸다. 〈표 3-12〉는 제3차 도덕과 교과서의 일부이다.

제3차 도덕과 교육 과정은 종래의 도덕 교과서의 내용이나 구성과 크게 다르지 않다. 다만, 종래의 '우리의 할 일'이라는 수업 활동 과제가 없다. 또한 제3차에서는 도덕적 판단력을 기르도록 하고 있지만, 교과서 구성을 보면 과거와 별반 달라진 것이 없다. 오히려 도덕 교과서에 도덕적 모범 사례만을 제시함으로써 '무엇을 어떻게 가르칠 것인가' 하는 점에서는 후퇴한 듯하다.

지금까지 고찰했듯이, 제3차 도덕과 교육 과정까지의 도덕과 교육은 학생들에게 도덕적 모범 사례나 모범적 인간상을 제시하고, 이를 본받아 실천하도록 하는 데 관심을 두었다. 도덕규범이나 덕목을 내면화하는 방식은 교육 과정 이전 시기, 특히 일제 시대에는 '~가 옳으니라' 혹은 '~아니니라' 혹은 ~해야(하지 말아야) 한다는 식의 훈화식 혹은 설명식의 설교적 진술이 많지만, 제1~3차 교육 과정에서는 덕목을 강제로 주입하는 형태를 벗어나 도덕적 모범 사례를 통해 자연스럽게 내면화하도록 하는 방식을 취하고 있다.

예시로 제시된 도덕 교과서 진술에서 나타났듯이, 교육 과정 이전 시기의 도덕 교과서의 진술은 주로 직접적인 도덕적 훈화나 설명의 방식을 띠고 있으나 점차 교육 과정 시기로 오면서 직접적인 주입의 방식보다는 도덕 이야기 형태(내러티브)의 간접적인 덕목의 내면화 방식을 취하고 있고, 도덕과 수업의 주요 활동도 '덕목에 대한 숙지'에서 '덕목에 대한 도덕적 논의의 형태'로 점차 변화하고 있음을 알 수 있다.

이러한 교과서 구성이나 진술 방식은 도덕적 행위에 대한 합리적 이유

---

53. 교육과정 · 교과서 연구회(1990), 앞의 책, p. 93.

3. 서독에서 온 아버지 편지

준이 아버지께서는 지금 서독에 가 계십니다. 무역회사를 다니시는데, 회사 일로 서독에 출장을 가신지 벌써 두 달이 가까워 옵니다. 준이는 오늘, 두 번째로 아버지의 편지를 받았습니다.

진이와 준이에게

어머니 모시고 그동안 잘 있었니? 아버지도 아무 일 없이 잘 지내고 있단다. 아버지가 이곳에 온지도 벌써 두 달이 되는구나. 제2차 세계대전 때 서독의 여러 지방은 연합군의 심한 폭격으로 거의 모두 부서져 있었단다. 그러나 서독 사람들은 희망을 잃지 않고 검소한 생활을 하면서 공장을 건설하여 부지런히 일을 했다고 한다. 그 결과 오늘날 세계에서도 손꼽히는 부유한 나라로 발전하게 된 것이다. 이러한 놀라운 발전을 보고, 세계 여러 나라 사람들은 '라인강의 기적'이라고 부르고 있단다. 서독이 오늘날과 같이 부유하게 된데 대하여 그들의 생활 속에서 보고 느낀 것을 몇 가지 이야기해주마. 나도 지금까지 이야기로만 듣고, 그들의 부흥에 대해서 신기하게 여겨왔는데 내 눈으로 그들의 생활을 직접보니, 그것은 우연이 아니라 먹을 것을 덜 먹고 입을 것을 아끼면서 국민 모두가 저축하고 부지런히 일을 한 결과라고 느껴지는구나. 내가 들어있는 아파트만 해도 참으로 철저하게 절전을 하고 있단다. …(중략)… 어느 외국인이 아침에 하숙방의 불을 끄지 않고 출근했기 때문에 그 하숙집에서 쫓겨났다는 이야기도 정말 있을 법한 이야기더라. 진이는 이제 불을 잘 끄고 자는지? 요새도 불을 끄지 않았다고 어머니께 꾸중을 듣지는 않는지 궁금하다.

진이야! 준이야! 서독 사람들은 이웃 나라로 장거리 여행을 하는데도 손수 만든 빵을 싸 가지고 다닐 뿐 아니라, 휴지까지도 자기들 국산품 아니면 쓰지 않더구나. 이웃 스위스나 이탈리아까지 여행을 가서도, 거기에 버리고 오는 것은 휴지와 포장지뿐이라고 한다. 관광 수입으로 사는 스위스나 이탈리아의 사람들은 인색한 관광객이라고 말할지 모르나, 이것만 보아도 서독 국민의 검소한 생활을 넉넉히 짐작할 수 있을 것이다. 그들의 좋은 점들은 이 밖에도 많이 있단다. 귀국해서 더 자세한 이야기를 하기로 하자. 그동안 어머니 모시고 잘 있거라. 3월 7일 서독에서 아버지로부터.

나는 아버지의 편지를 읽고, 성냥개비 하나를 아끼려고 여러 사람이 모여야만 담뱃불을 붙였다는 서독 사람들의 이야기가 생각났습니다. 잘사는 나라를 이룩하기 위하여, 우리들도 더욱 절약하고 부지런히 일해야겠다고 생각하였습니다.

〈표 3-12〉 제3차 도덕 교과서 구성과 진술의 예시

출처: 문교부(1979), 『도덕 6-1』, 국정교과서주식회사, pp. 18-22.

나 근거를 파악하기보다는 기존의 도덕규범이나 덕목을 내면화하고 습
관화하여 도덕적 실천을 하도록 하는 데 관심을 두는 행동 중심의 도덕
교육의 전형이다.

제3장 행동 중심의 도덕과 교육의 교수-학습 방법

　행동 중심의 도덕과 교육은 학생들에게 사회에 실재하는 도덕적 가치나 덕목을 제시하고, 학생들은 이를 숙지하고 받아들여 실천에 옮김으로써 사회의 바람직한 구성원으로서의 자격을 획득하게 하는 도덕 사회화에 치중한다. 이러한 접근은 인간을 능동적 존재보다는 수동적 존재로 파악하는 것으로, 도덕을 학습자 내부에서 파악하기보다는 학습자 밖에 존재하는 어떤 것으로 본다. 따라서 도덕성은 사회적으로 규정된 가치 및 행위 규범을 내면화하여 충실히 실천해 나가는 성향으로 이해되며, 도덕적 인간은 그 사회의 지배적 행위 규범을 잘 받아들여 내면화하고 그 사회에서 요구하고 기대하는 행동을 잘 실천하면서 살아가는 인간으로 규정된다. 이러한 도덕과 교육의 학습관은 객관주의적 학습관을 반영한다. 여기에서의 교수-학습 방법은 교사 중심 혹은 실천 중심의 교수-학습 방법 등이 있다.

1. 이론적 기초

1. 객관주의 학습관

　행동 중심의 도덕과 교육은 객관주의 학습관과 맥을 같이한다. 학습관은 '진리를 어떻게 볼 것이냐' 하는 진리관에 따라 달라진다. 즉, 교수-학습을 어떻게 할 것인가 하는 문제는 '진리(지식)를 어떻게 볼 것이냐' 하는 진리의 본질에 관한 문제와 관련된다. 일반적으로 진리 혹은 지식이 인간이 알고 있는 개념을 지칭하는 것이라면, 인식은 그것을 알게 되는 과정을 말한다. 진리의 본질에 관한 탐구로서의 인식론은 인식의 대상(무엇)과 인식의 방법(어떻게)의 문제를 다룬다. 여기에서 인식의 대상으로서의 '무엇'은 '교육 내용'과 관련되며, 인식 방법으로서의 '어떻게'는 교육 방법과 관련된다고 볼 수 있다.

전통적 진리관은 진리(지식)를 인식 주체와는 무관하게 객관적으로 실재하는 것으로 보고, 그것을 수동적으로 파악하는 것이었다. 플라톤Platon은 참된 진리를 이데아 세계에 존재하는 것으로 간주하고, 인간의 이성적 인식의 직관을 통해 이데아를 인식할 수 있다고 보았다. 그러므로 전통적 관점에서의 인식은 밖에 객관적으로 존재하는 실재를 주관의 개입 없이 정확하게 파악하는 것이다. 여기에서 인식 주체의 역할은 실재하는 세계를 있는 그대로 모사하거나 거울처럼 반영하는 것으로 한정된다. 따라서 인식의 주체는 아무런 발언권을 가지지 못하며, 단지 수동적으로 객관적 실재를 받아들이는 역할에 국한되며, 인식 주관의 경험은 무시된다.

이러한 인식론은 대상 중심의 인식론으로서 인식의 주체보다는 인식 대상이 중시된다. 근세에 이르러 이러한 인식론은 객관적 실재를 파악하는 인식의 원천에 따라 합리론과 경험론으로 나뉜다. 합리론은 인식의 대상을 파악하는 인식의 원천으로서 '이성'을 강조하고, 경험론은 인식의 원천으로서 '감각적 경험'을 강조한다. 전자의 입장에서는 이성을 통해 먼저 일반 원리를 파악하고 이로부터 특수 법칙을 유도하는 연역적 방법을 취하고, 후자의 입장에서는 감각적 경험을 통해 특수 사실로부터 일반 법칙을 이끌어내는 귀납적 방법을 취한다.

이러한 두 인식론적 전통에 따르면, 인간은 이성과 경험을 통해 실재를 거울처럼 투명하게 비추어냄으로써 진리를 획득해 나가게 되며, 이때 지

식의 타당성은 그것과 실재와의 대응성 여부에 따라 결정되며, 인식 주체
의 마음과 인식 주체를 둘러싼 사회·문화적 상황과는 독립적으로 존재
하는 객관적 실재에 대한 지식을 획득하는 것이다. 이처럼 전통적 진리관
에서 진리나 지식은 개별 인간과는 독립적으로 존재하는 것으로 간주되
었고, 객관적 존재나 지식은 학습자의 경험이나 이성을 통해 발견되는
것으로 믿었다. 이러한 관점에 의하면, 대상 그 자체는 고유한 의미를 가
지고 있으므로 지식은 객관적 표상에 지나지 않는다.

　이러한 전통적인 인식론적 관점에서 보면, 학교에서의 학습은 학습자
가 이성과 경험적 방법에 의해 객관적으로 실재하는 지식을 발견하거나
획득해 나가야 하는 것이다. 그러므로 가르쳐야 할 교육 내용은 미리 선
정 조직되어 있어야 하고, 학교에서는 이러한 교육 내용을 학습자들이 습
득할 수 있도록 계획하여야 한다. 따라서 도덕과 교육에서도 가르쳐야 할
객관적 지식으로서의 보편적 가치나 규범이 미리 정해져 있어야 하고, 학
교에서의 학습은 학습자의 주관과는 별도로 계획된 가치나 규범을 습득
하도록 가르쳐야 하는 것이다. 전통적 윤리관의 절대론적 윤리설에 의하
면, 인간에게는 인간이 지켜야 할 선천적으로 주어진 절대적 가치가 존재
하였다.[54] 그리고 이때의 도덕 교육은 인간에게 주어진 절대적 가치를 수
용하고 실천하는 것이라고 볼 수 있다.

　오늘날 도덕성 이론에 지대한 영향을 미친 행동주의 도덕 심리학에서
보는 도덕 역시 인간의 외부에 이미 존재하고 있는 전통, 관습, 가치, 행위
규칙 등을 가리키는 것으로 파악된다. 선과 옳음 등은 개인의 내부에서
나오는 것이 아니라 밖으로부터 주어지는 것에 불과하며, 이때 사회로부
터 주어지는 도덕의 정당성은 별로 문제가 되지 않는다. 다만 사회적 요

---

54. 절대론적 윤리설에는 일반적으로 목적론적 윤리설과 의무론적 윤리설이 있다. 전자는 기
본적으로 우리가 살고 있는 인간 세계와 우주에는 궁극적으로 실현될 목적이 객관적으로 주
어져 있다고 가정한다. 후자는 궁극적 목적이 존재한다고는 믿지 않지만, 자연 세계를 지배하
는 법칙이 존재하듯이, 시간과 공간 그리고 보편적으로 적용되는 절대적 권위를 가진 도덕 법
칙이 존재한다고 가정한다.

구와 기대, 그 사회의 규범에 순응하여 그것에 일치되는 삶을 살아가는 인간으로 성장해 가느냐 하는 것이 중요할 뿐이다. 따라서 여기에서의 도덕적 인간은 그 사회에 실재하는 도덕규범을 잘 받아들여 내면화하고 그 사회에서 요구하고 기대하는 행동을 잘 실천하면서 살아가는 인간으로 규정된다.

진리가 객관적으로 존재한다고 할 때 가르쳐야 할 진리는 미리 존재하고 있어야 하며, 이러한 진리나 지식은 주로 고전에 있다고 본다. 그리고 교육받은 학습자들은 고전을 통해 객관적으로 주어져 있는 지식을 마음속에 많이 저장한 사람들이다. 그러므로 효율적인 교육이 되려면 가능한 짧은 시간에 많은 양을 전달해야 하고, 이를 학습자들이 저장할 수 있도록 하려면 수업의 형태는 일제식 · 주입식 교육이 주를 이루어야 할 것이다. 따라서 이러한 객관주의적 접근에서 교사의 주된 임무는 객관적으로 존재하는 진리 혹은 지식을 충실하게 전달하는 것이고,[55] 학습자는 교사에 의해 전달되는 지식을 잘 저장해 두었다가 나중에 기억해 내거나 재생산하는 데 사용하면 되는 것이다. 학습자는 지식의 수동적 담지자로서, 이해력과 기억력이 중시되었다.

이러한 객관적 학습관에서는 도덕의 기원을 어떤 초월적 존재로부터 혹은 사회로부터 구한다. 도덕이 신이나 사회에 토대를 두기 때문에 도덕의 권위가 담보되고, 개인에게는 이러한 도덕이 외적 압력으로 작용하게 되어 의무의 형태를 띠게 된다. 따라서 여기에서는 도덕의 내용이 정당하

---

55. 이러한 객관주의적 관점에 충실한 도덕과 교수-학습을 위해서 교사는 기존의 가치나 덕목을 알기 쉽게 혹은 감화 감동식의 설명이나 해설을 통해 학습자들이 그러한 가치나 덕목을 수동적으로 받아들여 내면화하기 쉽게 하여야 할 것이다. 즉, 도덕 교육의 방법은 고전에 있는 옛 성현의 가르침이나 종교적 계율에 의거하여 주입식 혹은 훈화식 수업으로 이루어져야 할 것이다. 이러한 교육 방법은 도덕적 언어의 설명과 훈화에 의존하여 기존의 가치나 덕목을 내면화하는 데 목적이 있고, 교사와 학생 간의 상호 작용이 생략되기 때문에 행위자 자신의 상황이 무시되는 반면, 도덕적 행위에 대한 구체적 이유나 근거의 제시 없이 오직 행위 규칙에 의한 일관된 행동(습관)만 중시된다. 따라서 교사는 주입식 교육에 의존할 수밖에 없으며, 학습자들 역시 기존의 가치나 덕목을 무비판적으로 수용할 수밖에 없다.

지 못하다거나 타당하지 못하다고 주장하는 것은 거의 불가능하다. 그러므로 학습자 밖에 존재하는 도덕의 권위를 수용하고 따르도록 하는 접근 방식이 중요했던 것이다. 이러한 접근의 목적은 도덕 사회화를 중시하는 것으로서, 사회에 존재하는 도덕규범을 내면화하고 습관화하여 이를 실천하도록 하는 것이다.

2. 교수-학습 방법

제3차 교육 과정까지의 도덕과 교육은 덕목 중심의 행동적 접근이었다. 즉, 도덕적 덕목을 제시하고 학생들로 하여금 이를 행동으로 실천할 수 있도록 하는 데 중점을 두는 접근이었다.[56] 이때까지의 도덕 교육의 전형은 교사가 학생들에게 덕목을 제시하고, 설명이나 훈화 방식을 통해 학생들이 이해하도록 하고, 제시된 덕목대로 실제 생활에서 행동하도록 가르쳤다. 따라서 여기에서는 덕목에 대한 지적 이해보다는 가르친 덕목대로 실천을 하도록 하는 행동이 강조되었다. 그러므로 학생들은 덕목에 대한 충분한 지적 이해에 기초한 실천보다는 기존의 가치나 덕목이 가치 있다는 전제하에 덕목을 실천하는 것에 관심을 두었으므로, 도덕 교육 역시 과정보다는 결과에 높은 비중을 두었다. 이러한 도덕 교육의 방식은 앞서 고찰한 도덕 교육의 흐름으로 보아 덕목주의적 접근에 해당하는 교육 방식이라 볼 수 있다. 여기에는 교사 중심의 교수-학습 방법과 실천 중심의 교수-학습 방법이 있다.

---

56. 이택휘, 유병열, 앞의 책, p. 422.

1. 교사 중심의 교수-학습 방법

교사 중심의 지도 방법은 교사가 교수-학습의 목표와 내용 그리고 방법과 평가를 결정하며, 주도적으로 교수-학습을 이끌어 간다. 그러므로 교사의 사고나 흥미, 가치와 태도가 학습에 중요한 영향을 주며, 교수-학습 과정에서 교사와 학습자 간의 상호 작용의 기회가 많지 않다. 교사 중심의 지도 방법으로는 강의법, 설화법, 도덕적 모범 인물 제시법 등이 있다.

1. 강의법

강의법은 교실 현장에서 가장 빈번하게 활용하는 기법 중의 하나이며, 나름대로 가치와 장점을 갖고 있다. 강의법의 장점은 어떤 태도나 가치, 지식을 의미 있게 전달할 경우 효과적이며, 학습의 일관성, 명료성, 정밀성에 있어 질적으로 높은 수준에 도달할 수 있다. 또한 강의법은 많은 학습자들에게 짧은 시간에 많은 내용을 체계적으로 지도할 수 있으며, 소극적이고 순종적이며 내성적인 학습자에게 효과적이다.

한편, 강의법의 단점은 주입식 학습으로 학습자의 참여나 활동이 없어 학습자를 타율적으로 흐르게 할 가능성이 있고, 획일적인 일제 학습으로 학습자의 개인차를 고려하지 못하는 학습이 될 가능성이 있다. 또한 강의법은 학습자의 흥미와 동기 유발, 주의 집중이 어려우며, 교사의 일방적인 설명이나 훈화에 의존하므로 학습자의 사고력과 판단력을 기르기가 어렵다.

강의법으로는 헤르바르트Herbart의 강의식 교수법이 있다. 이 방법은 첫째, 학습자의 동기 유발에 관심을 두는 준비 단계, 둘째, 학습자에게 개념적 차이를 분명히 제시하는 제시 단계, 셋째, 기존의 개념과 새로운 개념을 결합하는 결합 단계, 넷째, 결합된 개념들을 일반화하고 법칙화하여 개념들을 분류하고 조직하는 체계화 단계, 다섯째, 과제를 부여하고 적용

하는 적용 단계 등 5단계로 구체화하였다. 강의법의 교수-학습 원리로는
선행 조직자의 원리, 점진적 분화의 원리, 통합 조정의 원리, 선행 학습 요
약정리의 원리, 학습 준비도의 원리가 있다.

2. 설화법

설화법은 학습자들에게 도덕적인 이야기를 들려줌으로써 도덕적 가치
나 규범을 전달하는 방식으로서 부모나 교사들에 의해 많이 행해졌던 방
식이다. 이 방식은 부모나 교사가 도덕적 교훈을 담고 있는 이야기를 들려
줌으로써 학습자로 하여금 감화 감동을 받아 자신의 행동을 반성하게 하
고 이야기 속 인물들의 도덕적 이상을 내면화하도록 하는 것이 중요하다.

설화법의 교수-학습 과정은 학습 동기를 유발하는 도입 단계, 둘째는
전개 단계로서 학습 자료나 다양한 교수-학습 매체를 이용하거나 직접
이야기를 들려준다. 셋째는 정리 단계로서 실천 동기를 강화하고 실천을
다짐한다.

3. 도덕적 모범 인물 제시와 도덕 이야기법

도덕적 모범 인물 제시 방법은 도덕적으로 모범이 될 만한 인물이나
행동을 제시한 후, 학습자들로 하여금 이를 본받도록 하는 방법이다. 여
기에서 제시되는 인물로는 위인, 담임 교사, 부모 등과 같은 실존 인물과
문학 작품, 영화, 컴퓨터 등에 나오는 가상 인물이 될 수 있다.

도덕 이야기 방법은 도덕적인 이야기를 통해 참되고 가치 있는 삶이
무엇인지를 가르치고 배우는 방법이다.[57] 교훈적이거나 감명 깊은 이야
기를 통해 도덕적 모형을 제공하는 동시에 도덕적 가치 규범에 관한 학

---

57. 교육과학기술부(2009), 『초등학교 교사용 지도서 도덕』, 지학사, p. 30.

생들의 도덕적 이해나 사고와 판단을 심화시키고 감동 감화를 통해 학생들의 실천 의욕을 증진시키는 방법이다.

2. 실천 중심의 교수-학습 방법

실천 중심의 지도 방법은 학습 활동의 내용을 기준으로 하여 분류할 경우, 체험에 중점을 두고 있는 것이다. 이 방법은 일상생활 속에서 실제로 도덕적 행동을 실천할 수 있도록 하기 위해 학습자들에게 도덕적 행동을 경험할 수 있는 장을 마련해 주는 데 의의가 있다. 여기에는 훈련법, 실연법, 실행법 등이 있다.

1. 훈련법

훈련법은 일정한 목표나 기준에 도달하게 하기 위해 실제로 동작이나 행동을 해봄으로써 도덕적 행동을 익히거나 도덕적 행동 성향을 기르는 방법이다. 실제로 해보고 익힌다는 면에서 훈련과 유사하며, 반복적 연습을 통해 도덕적 행동을 익힌다.

2. 실연법

실연법은 교실에서 혹은 일상생활에서 당면하는 도덕적 상황을 가상하여 도덕적 행동을 실제로 해보는 방법이다. 연극이나 역할극처럼 특정한 도덕적 문제 상황에서 각자의 역할을 맡아서 실제로 그 역할을 맡아해보는 것, 가상 체험 활동에서 도덕적 행동을 실제로 해보는 것이 실연법에 속한다.

3. 실행법

실행법은 교실이나 학교 등 일상생활에서 수업 시간에 학습한 도덕적 가치나 규범에 따른 행동을 실제로 행동으로 옮기는 것이다. 예컨대 예절실 운영, 정의 공동체 교실 운영, 학교나 학급에서 프로그램 및 제도를 운영하는 것 등이 여기에 속한다. 이외에도 교실을 떠나 도덕적 실천을 연습하는 것, 예를 들면 현장 학습법, 집단 수련 활동법, 창작 실천 활동법 등이 여기에 속하는 기법들이다.

제4장 행동 중심의 도덕과 교육의 평가

평가를 위해 요구되는 것은 평가할 내용과 평가의 준거 그리고 평가 방법의 구체화이다. 평가 내용은 지향하는 목표와 직접적으로 관련이 있다. 즉, 도덕과 교육의 목표가 무엇이냐에 따라 평가의 방향과 내용이 달라진다. 행동 중심의 도덕과 교육의 목표는 사회의 지배적 행위 규범을 잘 받아들여 내면화하고, 사회에서 요구하고 기대하는 행동을 잘 실천하도록 하는 도덕 사회화에 있다. 따라서 이때의 도덕과 평가는 사회의 지배적 도덕규범을 어느 정도 숙지 혹은 내면화하고 있고, 행동으로 실천하고 있는가에 초점이 맞추어질 것이다.

또한 도덕과 평가는 교수-학습 방법에 대한 관점에 영향을 받는다. 즉, 교수-학습을 교육 목표 달성을 위한 하나의 수단으로 생각하느냐 아니면 교수-학습 방법의 과정 자체로 중시하느냐 하는 문제는 곧 도덕과 평가를 어떻게 할 것이냐 하는 문제로 연결되기 때문이다. 따라서 전자의 입장이 강조되는 경우의 평가 방법은 목표에 얼마나 근접했느냐 하는 것이 평가의 기준이 될 것이며, 후자의 입장에서는 교수-학습 과정 자체에 대한 평가가 중시될 것이다. 이러한 평가 방법은 결과적으로 전자의 입장에서는 학습 목표에 어느 정도 접근했는가 하는 양적 평가가 될 것이고, 후자의 입장에서는 교수-학습 자체에 대한 과정이 중시되는 질적 평가로 나타나게 될 것이다.

행동 중심의 도덕과 교육의 교수-학습 방법은 객관주의 관점을 지향한다. 전통적 객관주의 관점을 지향했던 교수-학습 방법은 객관적으로 실재하는 진리(지식)를 교사 중심의 가치나 덕목의 단순한 암기식 수업 방법으로 동원하는 것이었다. 이러한 수업 방식에는 당연히 가르치고자 하는 학습 목표(기존의 객관적 지식)가 존재하기 마련이며, 학습자의 경험은 무시되었다. 따라서 도덕과 평가는 과정 중심의 평가이기보다는 목표 지향적 평가가 되기 마련이다. 다시 말해, 인간 밖에 객관적으로 존재하는 도덕을 제대로 이해하고 내면화하여 이를 실천으로 옮겼는가 하는 것이 평가의 과제였다.

실제로, 도덕과 교육 과정에서 평가에 대한 언급은 제3차 도덕과 교육 과정의 지도상의 유의점에 처음 등장한다. 도덕과 교육 과정의 지도상의 유의점 ⑦항에 "도덕과의 평가는 도덕 교과 학습 내용의 이해, 태도 외에 학교생활의 전반에 걸치도록 한다"[58]라고 되어 있다. 이러한 평가는 첫째는 지적인 측면의 평가로서, 도덕 교과 학습 내용에 관한 이해와 태도를 평가하고, 둘째는 행동적 측면의 평가로서, 학교생활 전반의 도덕적 행동에 주안점을 두는 것이다. 따라서 평가의 내용이나 준거는 덕목의 암기나 숙지 정도와 학생들의 외현적 행동이다. 그러나 여기에서는 도덕성의 행동적 측면의 평가가 핵심적이다.[59] 왜냐하면 이때의 도덕과 교육은 학생들이 자신들이 속해 있는 사회의 핵심적 가치나 도덕규범을 잘 수용하여 이를 실천으로 옮기도록 하는 데 있었기 때문이다.

먼저, 도덕적 지식에 대한 지적 평가는 객관성을 확보하기 위해 주로 객관식 문제에 의존하는 경향을 보였다. 따라서 도덕적 지식에 대한 평가

---

58. 홍웅선, 앞의 책, p. 143.
59. 이러한 행동 중심의 평가에 동원될 수 있었던 용이한 평가 방법은 환원주의적 입장이다. 환원주의적 평가 방법은 도덕과의 목표를 도덕적 지식과 도덕적 행동으로 구분하고 각각에 알맞은 평가 방법을 모색한다. 이러한 입장은 행동적 목표 진술이라는 타일러와 블룸B. S. Bloom 계열의 주장을 받아들인 것으로, 평가할 목표나 대상이 행동적으로 진술되기만 하면 객관적이고 정확한 평가가 가능하다고 가정한다. 이와 같은 입장에 따라 각 학교마다 약간의 차이는 있으나, 대체로 도덕적 지식(30-40%)과 도덕적 행동(60-70%)을 일정한 비율로 나누어 평가한 다음 이 두 가지를 합산하여 도덕과 성적을 산출하는 방식을 취하고 있다. 조난심, 정재걸(1985), 『도덕과의 새로운 학습평가방안 탐색연구』, 한국교육개발원, pp. 16-9.

는 도덕과 교과서에 나오는 지식이나 덕목을 어느 정도 암기하고 있는가를 묻는 단순 암기식의 사지선다형 지필고사를 통해 평가하였다. 이러한 평가가 이루어질 수밖에 없는 이유 중의 하나는 목표 시향적인 수업을 강조하는 교육 형태를 띠고 있었기 때문이다. 왜냐하면 기존의 도덕과 교육이 덕목이나 가치가 어떻게 형성되고 창조되는가 하는 가치 형성 과정에 대한 교수-학습이 아니라 기존의 가치나 덕목을 이해하고 내면화하는 데 초점이 맞추어져 있었기 때문이다. 따라서 단순 암기식 평가 방법은 도덕과 교수-학습이 덕목이나 가치에 대한 설명식 혹은 훈화식 수업으로 이루어지고 있음을 반증하는 것이다. 예컨대 효孝란 무엇인가, 혹은 바람직한 행동은 어떤 행동인가 등의 단순한 덕목 자체에 대한 물음이 많은 비중을 차지하고 있는 것이다.

이러한 평가 방법은 객관적으로 존재하는 진리(덕목)를 학습자가 어느 정도 인지하고 있는가를 측정하는 평가 방법으로, 가치문제에 관하여 학습자가 생활 속에서 구체적으로 어떻게 적용하고 해결해 나가야 하는가에 대한 경험은 무시되는 평가 방식이라 할 수 있다. 그러므로 학습자의 도덕적 사고력이나 판단력 그리고 동기나 의도에 관한 정보의 획득은 물론 학습자의 도덕성 상태를 제대로 진단하기 어렵다고 볼 수 있다.

다음으로, 도덕적 행동에 대한 평가는 대부분 도덕과 수업 장면과는 직접적으로 관련이 없는, 학생들의 전반적인 학교생활에서 이루어지는 행동을 대상으로 관찰하여 평가하였다. 특히 도덕적 행동에 관한 평가의 범위도 학교에서의 전반적인 생활 장면으로 확대하여 실시하고 있으므로 주당 1~2시간씩밖에 지도하지 못하는 현실을 감안한다면 도덕과 수업의 학습 결과를 훨씬 초월하고 있다고 볼 수 있다. 특히, 도덕적 행동에 관한 평가 방식이 너무 피상적이고 형식적이었다. 예컨대, 예절에 관한 평가 항목에서 '상) 인사를 공손히 마음으로부터의 존경심을 갖고 한다. 중) 인사하는 방법은 알고 있으나 형식적으로 한다. 하) 성의도 없고 인사하는 방법도 제대로 모른다' 라는 식의 행동 평가 기준에 따라 도덕적 행동을 평가하였다.

　이러한 평가 방식은 학습자의 도덕적 행동에 대한 평가로는 너무　형식적이며 일회적인 측면이 강하다고 볼 수 있다. 겉으로 드러나는 일방적인 행동을 평가 척도에 의해 평가한다는 것은 많은 문제를 내포하고 있다. 정말로 존경심을 갖고 인사를 하고 있는지 아니면 어쩔 수 없이 하는 인사인지를 파악한다는 것 자체가 애매모호하며 상당히 주관적인 평가라 할 수 있다. 또한 이러한 도덕적 행동의 결과가 도덕과 수업과 관련해 학습된 것인지 아니면 가정이나 사회 교육을 통해 획득된 것인지 구분하기가 상당히 어렵다는 것이다. 따라서 이러한 도덕과 평가는 학생들의 도덕적 심성을 깊이 있게 평가하기보다는 겉으로 드러나는 피상적인 반응만을 보고 평가할 우려가 없지 않다.

　평가의 유형에 있어서도 당연히 총괄 평가에 치중할 수밖에 없다. 그리고 여기에서는 학습 과정보다는 덕목에 대한 이해가 중요시되었기 때문에 학습 결과에 관한 평가 방법이 필요했다. 따라서 학습 과정이 중시되는 진단 평가나 형성 평가는 소홀히 취급될 수밖에 없었다. 이러한 평가 방법은 평가의 본래 목적인 ‘도덕과 수업의 개선’과 ‘학생의 도덕성 발달을 촉진하기 위한 자료’를 위한 평가라기보다는 평가를 위한 평가라고 볼 수 있다.

제5장 행동 중심의 도덕과 교육의 의의와 한계

1. 도덕 교육적 의의

앞에서 고찰했듯이, 제3차 도덕과 교육 과정까지 덕목주의로 대변되는 전통 도덕 교육인 행동 중심의 도덕과 교육은 도덕 사회화를 고려하는 도덕 교육이었다. 이러한 도덕 사회화적 접근은 당연히 공동체를 중시하였으며, 교육 내용의 핵심은 공동체의 주요 덕목이었다. 그리고 교수-학습 방식은 도덕규범이나 덕목을 학생들로 하여금 내면화하고 습관화하여, 이를 일상생활에서 실천하도록 하는 데 관심을 두었으므로, 덕목의 언어적 의미를 일러주는 훈화식 혹은 주입식 교육이 주를 이루었다.

이러한 행동 중심의 도덕과 교육의 도덕 교육적 의미를 살펴보면, 첫째, 구성원으로서의 자격 획득과 공동체 유대를 공고히 할 수 있다는 점이다. 주지하다시피, 여기에서의 도덕과 교육의 목표는 도덕 사회화와 관련 있다. 도덕은 인간 외부에 이미 존재하고 있는 전통, 관습, 가치, 행위규범 등을 가리키는 것이며, 도덕성은 사회적으로 규정된 가치 및 행위규범을 내면화하여 충실히 실천해 나가는 성향과 관련된다. 따라서 도덕적 인간은 그 사회의 지배적 행위 규범을 잘 받아들여 내면화하고 그 사회에서 요구하고 기대하는 행동을 잘 실천하면서 살아가는 인간으로 규정된다. 이러한 행동 중심의 도덕과 교육은 개인의 합리적 가치 판단보다는 공동체가 지니는 덕목의 내면화와 실천이 우선시되는 도덕 교육으로서 공동체의 유대감을 공고히 하는 데 기여한다.

덕목은 사회적·역사적 전통에 기반을 둔다. 매킨타이어에 의하면, 덕목은 오랜 세월 사용되어 오면서 그 자체 내에 역사를 구현하고 있다. 그리고 역사적 의미를 이해하기 위해서는 덕목이 정의되고 설명되는 사회적 맥락, 즉 전통적 도덕 속에서 의미를 갖는 덕목의 개념이 중요하다고 본다. 그에 의하면, 개인의 자격으로 선을 추구하거나 덕목을 실천할 수는 없고, 공동체의 삶에 뿌리를 둔 도덕적 전통을 고려한다.

> 나는 과거와 함께 태어났다. 그리고 이러한 과거로부터 개인주의 방식으로 내 자신을 분리시키려는 시도는 나의 현재의 관계들을 왜곡시키는 것이다. …(중략)… 덕목들은 과거와의 관계들뿐만 아니라 미래, 현재 속에서의 관계들을 보존해야 한다.[60]

그는 현재의 나는 특정한 과거를 물려받은 존재이며, 역사의 부분임을 강조한다. 따라서 현재의 나는 전통의 담지자이며, 내가 지니고 있는 덕목은 나의 의식을 초월한 문화적 전통 속에서 의미를 갖는다. 그러므로 문화적 전통, 즉 덕목은 도덕성의 기반이 되며, 이것은 덕목이 공동체의 전통 혹은 역사성을 기반으로 한다는 것을 의미한다. 이러한 덕목의 내면화를 통해 학습자는 그 사회가 요구하는 도덕 규칙을 이해하게 되고, 그 사회 구성원으로서의 자격을 갖추게 되며, 사회가 요구하는 도덕 규칙을 중시하고 실천함으로써 공동체의 유대는 강화된다.

둘째, 자율적 도덕인의 준비 단계로서 도덕 교육적 의미가 있다. 도덕과 교육의 궁극적 목적은 자율적 도덕인의 양성이다. 그러나 피아제가 지적했듯이, 자율적 도덕인은 타율적 도덕인을 전단계로 한다. 자율적 도덕인은 이성의 인도를 받는다. 그러나 아직 이성이 발달하지 못한 어린 아

---

60. A. MacIntyre, *After Virtue: A Study in Moral Theory*, Notre Dame: University of Notre Dame Press, 1981, pp. 205-6.

동에게 있어 타율적인 도덕적 습관화 교육은 불가피하다.

> 아이들을 자율적 존재로 키우는 사회에 있어서도 아이들은 일곱 내지 여덟 살
> 이 되어야 비로소 규칙은 사회 질서의 일부로서 신성불가침하게 주어지는 것
> 이 아니라 각각 그 이유가 있다는 생각을 희미하게 가지기 시작하는 것이다.
> 그러므로 아이들에게 먼저 기본 규칙을 확실히 알도록 하되, 다만 나중 단계에
> 가서 합리적인 도덕적 사고를 하는 데에 방해가 되지 않도록 해야 한다.[61]

이성의 궁전으로 들어가기 위해서는 습관의 마당을 거쳐야 한다는 피
터스의 말이나 도덕 교육의 문제는 합리적 자발성을 증대시키고 인격과
정신의 습관을 동시에 형성하는 것이라는 프랑케나의 주장[62]은 습관의
형성 없이 이성적인 도덕 교육은 불가능함을 표현하는 것이다. 이러한 맥
락에서 도덕적 문제를 이성적으로 판단하고 검토한다고 할 때의 이성은
관습의 세계인 공동체의 삶과 전통에 참여함으로써 획득되는 것임을 알
수 있다.

이것은 자율적 도덕이 타율적 도덕을 토대로 함을 의미한다. 자율은 진
공 상태에서 막연히 이루어질 수 없다. 자율적 도덕은 기본적으로 사회
구성원이 요구하는 행위 규범 체계와 밀접히 관련되어 있는 것이다. 아동
은 사회 속에서 살면서 사회가 요구하는 가치나 덕목을 내면화함으로써
그 내면화된 가치나 덕목의 관점에서 사물이나 현상을 평가하는 능력을
갖게 된다. 만약 그러한 기본적인 가치나 덕목이 내면화되지 못한 아동은
어떤 사물이나 현상을 보고 그에 대한 적절한 평가를 내리기가 어렵다.
따라서 어려서부터 사회가 요구하는 덕목이나 가치를 내면화하는 일은
사물이나 현상을 보게 하는 안목, 즉 가치관 형성과 밀접한 관련이 있다.
그리고 이러한 기본적 가치나 덕목의 내면화 교육은 자율적 도덕인으로

---

61. R. S. Petets, 이홍우 역(1994), 『윤리학과 교육』, 교육과학사, p. 351.
62. W. K. Frankena, 안상원 역(1987), 『교육철학』, 성원사, p. 33.

나아가는 기초가 된다.

셋째, 덕목을 내면화하고 습관화함으로써 일상적인 도덕 생활을 원활하게 할 수 있다. 우리의 대부분의 도덕적 행위는 습관으로부터 나온다. 우리가 일상적으로 생활하면서 직면하는 대부분의 도덕적 문제 상황은 복잡한 가치 갈등 상황이라기보다는 소박한 도덕적 문제 상황, 예컨대 기본예절이나 나와 타인 혹은 사회와의 단순한 이해관계 등이다. 이러한 도덕적 문제 상황은 심오한 도덕적 추론 능력을 동원해야 해결할 수 있는 성질의 것이라기보다는 기존의 전통 도덕규범이나 덕목을 내면화하고 습관화함으로써 해결할 수 있는 도덕적 문제들이 대부분이다. 따라서 행동 중심의 도덕과 교육은 이러한 도덕 교육에 강점을 갖고 있으며, 이러한 이유들이 행동 중심의 도덕 교육을 요청하는 이유이다.

2. 도덕 교육적 한계

행동 중심의 도덕과 교육은 몇 가지 교육적 결함을 갖는다. 첫째는 행동 중심의 도덕과 교육은 교사와 학생 간의 상호 작용이 무시된다는 점이다. 행동 중심의 도덕과 교육은 교사가 학생들에게 덕목의 언어적 의미를 일러주고, 이를 행동으로 실천하도록 독려한다. 이때의 가르치는 방식은 주로 교사에 의한 일방적인 설명이나 훈화 형태로서 교사와 학생 간에 상호 작용이 생략되어 있다. 다시 말해, 덕목에 대한 교사와 학생의 충분한 도덕적 논의 없이 도덕 교육이 이루어진다는 것이다. 따라서 덕목에 대한 학생들의 지적인 이해는 합리적 이유나 근거에 기초한 자율적 이해라기보다는 덕목의 주입에 의한 타율적 이해이다.

맹목적으로 주입된 가치나 합리적인 근거 없이 내려지는 판단은 객관성과 실천을 담보하지 못한다. 따라서 도덕과 교육에서 학생들이 배워야 할 것은 행동 그 자체가 아니라 행동에 스며 있고, 행동의 근거가 되는 도덕적 의미로서 규범을 채택하고, 비판하고, 정당화하는 행위이다.[63] 즉, 행동이나 규범 자체가 아닌 그 행동이나 규범에 관한 비판적 사고이다.

둘째는 교사에 의한 일방적인 덕목의 주입은 학습자의 도덕적 자율성의 결여로 이어진다는 것이다. 행동 중심의 도덕과 교육은 교사에 의한 일방적인 덕목의 설명이나 훈화에 의존하므로 학생의 자율적 판단 능력을 위축시켜 타율적 도덕성을 고착화시킬 우려가 있다. 그리고 여기에서의 도덕적 행동은 행위자 자신의 반성적 사고에 의해 덕목이 내면화된 것이라기보다는 타율적인 규범의 전수나 강요로부터 나타나는 타율적 행동이다. 이러한 타율적 도덕성은 도덕규범 자체의 시간과 공간의 제약성은 물론 상황에 따른 규범의 변화 가능성을 이해하지 못하기 때문에 기존의 도덕규범에 대한 혼란과 회의 현상이 나타날 가능성을 안고 있다.

특히, 타율적으로 혹은 강제적으로 습관화된 도덕적 행동은 강제성의 소멸과 동시에 멈춰질 수 있으며, 자율적으로 형성된 반대 입장의 신념을 지닌 타인을 만날 때 동요할 수 있다. 따라서 도덕규범에 대한 합리적 근거를 바탕으로 하지 않는 일방적인 도덕규범의 강요는, 비록 그것이 사회에서 동의된 것이라 할지라도 도덕적 행위를 수행하고자 하는 행위자 자신에게 의미 있는 것이 되지 못할 때, 도덕규범과 행동을 분리시킬 수 있다.

셋째는 이러한 도덕적 자율성의 결여는 가치 선택적 상황에서 무기력할 수밖에 없다는 것이다. 우리는 매 순간 가치를 선택해야 하는 상황에 직면한다. 이때 요구되는 능력이 합리적 판단 능력이다. 그러나 행동 중심의 도덕과 교육은 교사의 일방적인 지시나 강요에 의한 타율적 방식을

---

63. 도덕적 논의를 위해서는 몇 가지 능력이 요구된다. 윌슨은 첫째, 자기 자신과 다른 사람의 감정을 상상하는 능력, 둘째, 행위의 사실적 결과를 확인하는 능력, 셋째, 도덕적 원리를 형성하고 수정하는 능력, 넷째, 언어를 정확하고 분명하게 사용하는 능력의 네 가지로 보고 있다. 이홍우, 앞의 책, p. 160.

견지함으로써 합리적 가치 판단 능력의 결손을 초래할 수 있다. 이러한 합리적 판단 능력의 결손은 가치 선택적 상황에서 침묵케 하며, 가치가 갈등하는 상황의 합리적 해결을 어렵게 한다.

오늘날과 같은 국제화, 세계화 시대에는 다양한 가치가 상존한다. 이러한 다원화되고 다가치화된 사회 속에서 합리적 가치 판단 능력의 결여는 심각한 교육적 문제를 야기할 수 있다. 왜냐하면 가치 선택적 상황에 직면하여 주체적 삶을 살아가는 데 심각한 방해로 작용할 수 있기 때문이다. 이러한 행동 중심의 도덕과 교육의 결함은 결국 도덕성의 인지적 요소에 대한 도덕 교육적 결손으로 요약될 수 있다.

제4부

인지 중심의
도덕과
교육

제4차 도덕과 교육 과정에 이르러 도덕과 교육은 중요한 전환점을 맞는다. 제4차 도덕과 교육 과정에 이르러, 이전까지 전통적 도덕과 교육이 강조하던 행동 중심의 도덕과 교육에서 인지 중심의 도덕과 교육으로 패러다임이 바뀌게 된다.

도덕과의 새 교육과정이 지향하는 바를 가리켜 '인지주의적' 이라고 한다. 그 말의 요지인즉, 종래의 도덕과 교육과정은 덕목을 행동으로 실천하도록 하는 데 역점을 둔 반면(행동주의적), 새 교육과정[제4차 교육 과정]은 실천의 전제 조건으로 지적 이해가 앞서야 한다는 점을 분명히 하고 있는 것이다.*

과거의 도덕과 교육은 행위에 대한 정당한 이유나 근거를 제대로 알지 못하고 수동적인 도덕적 행위만을 강요받아 왔다고 볼 수 있다. 이러한 도덕 교육의 결과는 자칫 타율적이고 맹목적인 신념의 소유자를 양산할 위험을 안고 있으며, 다양한 가치가 공존하는 다가치 사회에서 자율적으로 도덕적 문제를 해결하기 어렵게 만들 수 있다. 이러한 관점에서, 제4차 도덕과 교육 과정에서는 도덕적 행동의 실천에는 지적 이해가 선행되어야 자율적인 도덕적 삶이 가능하다고 생각하여 도덕과 교육에 인지적 접근을 도입한다. 인지적 접근은 학생들 스스로 합리적인 도덕적 판단을 할 수 있는 능력을 배양하는 데 중점을 두기 때문에 학생들이 당면하게 되는 도덕적 문제 사태에 대한 사고력과 판단력의 함양에 주의를 기울인다.** 이러한 인지적 접근은 '행위'에 대한 합리적 이유나 근거가 중시되는, 즉 합리성rationality을 추구하는 도덕 교육적 전략으로서 제6차 도덕과 교육 과정까지 지속된다.

---

*이영덕 외(1982), 『국민학교 교육과정 해설』, 교육과학사, p. 95.
**서강식(2001), 앞의 책, pp. 102-3.

제1장 인지 중심의 도덕과 교육의 목표

제4차 도덕과 교육 과정에서부터 제6차 도덕과 교육 과정까지의 특징은 과거의 행동 중심의 도덕과 교육인 덕목주의에서 인지 중심의 도덕과 교육인 자율론적 접근으로의 전환이었다. 이 시기에는 인지적 접근을 표방하면서 학생들의 자율적이고 합리적인 가치 판단을 도모하고자 하였다. 제4차 교육 과정에서는 도덕적 실천의 전제 조건으로 인지적 이해가 선행되어야 한다고 보고 인지적 접근을 시도하였고, 제5차 교육 과정에서는 지행합일의 통합적 관점에서 인지적 접근을 받아들였다. 제6차 도덕과 교육 과정에서도 학생들의 합리적 판단과 선택을 강조하는 자율적 가치 판단 능력을 기르고자 하였다.

1. 도덕과 교육 목표 변천의 개요

1. 제4차 도덕과 교육 과정의 성격 및 목표(1981-87)

1. 교육 과정의 배경과 방향

제4차 교육 과정은 1981년 12월 문교부 고시 제442호로 공포된다. 제4차 도덕과 교육 과정 개정의 학문적 배경은 학문 중심의 교육 과정이다.

도덕이 교육 과정상 하나의 교과목으로 설정된 데에는 두 가지 학문적 공헌이 관련되어 있다.[1] 하나는 전통 '규범 윤리학'에서 벗어나 도덕적 판단과 행위의 논리성을 밝히려 한 '메타 윤리학'의 공헌이었다. 규범 윤리학은 도덕적 판단의 처방적 측면과 생활 지표로서의 구체적 덕목의 추천에 관심을 둔 반면에, 메타 윤리학은 도덕적 판단에 동원되는 언어의 양식이 그 자체의 독자적 자율성을 가지고 있다고 판단될 때, 그 언어 양식을 교육에서 따로 가르쳐야 한다는 것이다.

또 다른 하나는 듀이 이후 경험 중심의 교육 과정이 등장하면서 훈련과 도야를 강조하는 전통적 교육관이 후퇴하게 된 것이다. 그리고 경험 중심의 교육 과정은 아동이 학교에서 경험하는 것과 학교 밖에서 일상적으로 경험하는 것을 동일하게 간주하는 오류를 범하면서, 이에 대한 비판과 더불어 학교의 근본 목적인 진리 탐구의 본래 모습을 찾으려는 노력이 나타난다. 기존의 경험주의 교육 과정은 일상생활 속의 경험을 강조하였다. 그런데 이러한 일상생활 속의 경험은 진정한 의미의 진리 탐구와는 거리가 있었고, 먹고살기 위한 것에 집중하게 되었다. 따라서 학습자들에게 무엇이 참이고 거짓인지, 즉 진정한 탐구를 하려면 일상생활의 경험으로부터 분리되어야 할 필요가 있음이 제기되었다. 이러한 맥락에서 탐구 태도와 발견 원리를 강조하는 학문 중심의 교육 과정이 나타났고, 이것이 제4차 도덕과 교육 과정의 학문적 배경이 되었다.

당시 도덕과 교육의 현실적 문제로서, 첫째는 어떤 도덕을 가르칠 것인가 하는 문제가 대두되었다. 해방 이후 도덕과 교육은 민주 시민을 위한 도덕 교육에 초점을 맞춰 가르쳐 왔지만 현실적으로는 유교적 사고와 생활 방식에 머무르고 있었다. 이러한 서구 문화의 유입과 전통 도덕 교육의 갈등이 존재하는 상황에서 무엇을 가르칠 것인가에 대한 고민이 있었다. 둘째는 1960년대 이후 성장의 시기에 나타난 '안보다 바깥'을 중시하

---

1. 이영덕 외(1982), 『국민학교 교육과정 해설』, 교육과학사, pp. 88-90.

는 가치관의 변화에 대한 중대한 반성이 자리하고 있었다.

한 개인의 도덕적 인격이란 따지고 보면 바깥보다는 자신의 내면을 돌보는 데
서 나올 수 있는 것이다. 소크라테스가 말한 바 "너 자신을 알라"와 공자의 가
르침인 "하루에 세 번 반성하라"가 모두 인간의 내면의 세계를 돌보기를 요구
하는 그런 가르침들이었다. 이 점에서 바깥으로만 시선을 돌리지 않으면 안 되
는 우리의 발전의 시대에는 분명히 도덕적 위기를 가져오기에 충분한 것이었
다. 우리의 도덕과 교육을 맡은 교사들은 이 점에서 우리 사회 전체가 바깥으
로만 시선을 돌리는 시기에 아동들에게 내면의 세계를 돌볼 것을 요구하는 어
렵고도 갈등적인 일을 맡고 있는 것이다.[2]

이러한 교육 과정의 배경 아래 도덕과 교육은 도덕적 행동의 전제 조
건으로 지적 이해가 선행되어야 한다는 인지적 접근을 중시하게 되었다.
즉, 여기에서 과거의 덕목 중심의 행동적 접근에서와 같은 도덕적 지침,
지시, 훈화 형태의 도덕 교육이 아니라 지적인 이해를 바탕으로 도덕적
안목을 넓혀 주는 도덕 교육으로 바뀌게 되었다.

2. 도덕과 교육의 목표

제4차 도덕과 교육 과정에서는 "일상생활에 필요한 기본적인 예절과
도덕적 규범을 이해하게 하고, 이를 준수하는 습관을 가지게 하며, 도덕
적 생활을 영위할 수 있는 능력과 태도를 기르기 위해" 4개 생활 영역에
따라 교과 목표를 제시하고 초등학교를 저, 중, 고학년의 3개 학년으로 구
분하고, 각 생활 영역에 따라 각각의 학년 목표를 〈표 4-1〉과 같이 제시하
고 있다.[3]

---

2. 앞의 책, p. 93.
3. 위의 책, pp. 98-100.

2. 제5차 도덕과 교육 과정의 성격 및 목표(1987-92)

1. 교육 과정의 필요성과 방향

제5차 교육 과정은 1987년 6월 문교부 고시 제87-9호로 개정 공포되었다. 제5차 도덕과 교육 과정의 개정 필요성에 대해 문용린은 4가지로 요약한다.[4] 첫째는 도덕적 가치 선택의 민주화와 다양화에 대한 요구로서, 종교적 가치 선택에서의 공평성 요구, 서구적 민주 시민 교육과 전통적 인간관계 덕목 간의 강조점 차이에서 오는 차이의 해소 요구, 남녀 차별 및 편견의 해소 요구, 청소년 문제에 대한 적극적인 관여의 요구를 들고 있다. 둘째는 급격한 국내외 여건 변화 및 예견되는 미래 상황에 효과적으로 대처할 수 있는 가치관에 대한 요구로서, 과학 기술의 발달 등 후기 산업 사회에서 발생되는 가치문제에 대처할 수 있는 가치관 형성 요구, 국가 경쟁에 창조적으로 대처할 수 있는 국가관 요구, 남북한 교류 증진 등 남북 관계의 변화에 부응하는 이념 교육에 대한 요구를 들고 있다. 셋째는 도덕과의 효과적인 학업 성취를 위한 교수-학습 및 평가 방법 개선에 대한 요구로서, 제4차 도덕과 교육 과정에서 의도했던 교육의 내용과 방법 간의 일관성 유지, 교사의 교수 및 평가 방법의 쇄신과 다양화에 대한 요구, 현장 교사들을 중심으로 교육 자료 제작 및 활용상의 현실성과 다양성의 제고 필요성을 들고 있다. 마지막으로 사회 윤리를 포함한 내용 재구성에 대한 요구를 들고 있다.

이러한 여러 가지 요구들을 해소하기 위해 제5차 도덕과 교육 과정은 제4차 도덕과 교육 과정에서의 인지적 접근을 계승하면서 인지, 정의, 행동의 통합적 관점에서 인지적 접근을 보다 발전 심화시킴으로써 도덕과 교육의 내실화를 꾀하고자 하였다. 이러한 요구를 감안하여 제5차 도덕

---

4. 문용린(1987), 「도덕과」, 『국민학교 교육과정 해설』, 교육과학사, pp. 94-9.

영역	교과 목표	학년 목표		
		저학년	중학년	고학년
개인생활	개인으로서 생활하는 데 필요한 기본적인 규범을 이해하고 이를 준수함으로써 자기의 발전을 위하여 노력하게 한다.	개인으로서 생활하는 데 필요한 기본적인 생활 습관을 익히게 한다.	개인으로서 생활하는 데 필요한 기본적인 규범의 의미와 중요성을 이해하여, 올바른 개인생활을 영위하게 한다.	자신의 행동과 태도를 반성함으로써 자율적 인격 형성의 기초를 마련하게 한다.
사회생활	원만한 사회생활을 영위하는 데 필요한 기본적인 규범을 이해하고 이를 스스로 준수하는 태도를 가지게 한다.	가정, 학교, 이웃생활에서의 원만한 인간관계를 위하여 필요한 기본적인 생활 습관을 익히게 한다.	사회의 일원으로서 생활하는 데 기본이 되는 규범의 의미와 필요성을 이해하여, 원만한 사회생활을 영위할 수 있게 한다.	일상생활에 필요한 규범과 그들 간의 관계를 이해하여, 도덕적 문제를 합리적으로 해결할 수 있게 한다.
국가생활	국민으로서의 긍지와 애국심을 가지고 나라와 겨레의 발전에 협력하며, 국가 간의 이해를 위하여 노력하게 한다.	나라와 겨레의 우수성을 알고, 나라와 겨레를 사랑하는 마음을 가지게 한다.	개인과 나라와의 관계를 이해함으로써 나라의 발전에 협력하는 태도를 가지게 한다.	나라와 겨레의 발전을 위하여 각자의 처지에서 노력하는 태도를 가지게 한다.
반공생활	북한 공산당의 그릇됨과 침략성을 경계하고, 민주주의의 우월성을 이해하여 평화 통일의 신념을 가지게 한다.	북한 주민들의 생활 참상을 알고, 동족으로서 동정하는 마음을 가지게 한다.	북한 공산당의 잔인성과 북한 주민들의 생활상을 알고, 북한 공산당을 경계하는 태도를 가지게 한다.	민주주의의 우월성을 이해하고, 평화 통일을 위하여 노력하는 태도를 가지게 한다.

〈표 4-1〉 도덕과의 영역별 목표의 전개(제4차 교육 과정)

과 교육 과정 개정의 기본 방향은 다음과 같다.[5] 첫째, 사회 윤리적 문제
들을 보강하였고, 둘째, 통일 안보 교육 부문의 내용을 우리 체제에 대한
올바른 인식과 통일 의지를 고취하는 방향으로 개편하였다. 셋째, 학생들
의 도덕적 사고를 불러일으킬 만한 '생각할 거리'를 교육 내용으로 제시
하려고 하였다. 종래에는 실천 위주의 덕목 중심으로 이루어져 교과서가
탐구보다는 설교조로 구성되어 있다는 비판을 수용하여 도덕적 문제의
탐구식 해결 방안을 모색하려고 노력하였다. 넷째, 생활 영역을 5개로 조
정하였다. 개인생활/가정·이웃생활/시민생활/국가생활/통일·안보생
활로 나눈 것은 전통 윤리를 강조하고 사회 윤리를 보강하며, 문제에 따
라 서로 다른 대안을 동시에 수립할 수 있게 하기 위한 것이었다.

2. 도덕과 교육의 목표

제5차 도덕과 교육 과정에서는 "일상생활에 필요한 기본적인 예절과
도덕규범의 의미를 이해하고, 이를 실천하게 하여 자율적인 도덕 생활을
영위할 수 있는 능력과 태도를 기르기 위해" 5개 생활 영역과 초등학교
3, 4, 5, 6학년으로 학년을 구분하고, 각 생활 영역에 따른 각각의 학년 목
표를 〈표 4-2〉와 같이 제시하고 있다.[6]

3. 제6차 도덕과 교육 과정의 성격 및 목표(1992-97)

1. 교육 과정의 배경과 방향

제6차 교육 과정은 1992년 교육부 고시 제1992-16호로 개정 공포되었

5. 문교부(1973), 『국민학교 교육과정 해설』, p. 165.
6. 문용린(1987), 『국민학교 교육과정 해설』, 교육과학사, pp. 104-7.

다. 제6차 도덕과 교육 과정의 개정 방향은 다음과 같다.[7] 첫째, 제6차 교육 과정은 교육의 지속적인 발전을 도모하기 위해 제5차 교육 과정 개정의 기본 정신을 발전 계승하였다. 도덕과 교육은 제3, 4, 5차 교육 과정을 거치면서 점차 하나의 교과로서 체계를 갖추게 되고, 학생들의 합리적 판단을 강조하는 도덕과 교육의 인지적 접근은 제6차 도덕과 교육에서도 그대로 계승 발전된다. 둘째, 우리 사회의 중핵적인 도덕적 가치를 중심으로 도덕과의 교육 과정을 통합하고 정선하였다. 도덕과 시간이 2시간에서 1시간으로 줄어듦에 따라 교육 내용도 보다 본질적이고, 보다 보편적이며, 보다 지속적인 영향력을 가지는 가치만을 선정하였다. 셋째, 도덕과 교육 내용에 시대적, 사회적 요구를 반영하였다. 민주 시민 공동체 의식과 통일 여건의 변화에 따라 통일 교육의 내용을 조정하고, 총론의 운영 지침에서 중점 교육 활동으로 제시한 환경 교육, 경제 교육, 근로정신 함양 교육, 보건 안전 교육, 진로 교육, 통일 교육 등을 부각시켰다.

　제6차 도덕과 교육 과정은 우선 통합적 기능을 강조하였다. 도덕과의 통합적 기능은 교과 통합적 면에서는 학교에서 여러 교과를 통해 획득된 지식, 능력, 태도를 통합하여 개인의 인격 형성에 의미 있게 연결해 주고, 가치 통합적 면에서는 가정, 학교, 사회의 전체 생활 과정을 통하여 획득된 다양한 가치와 규범들의 상호 의존 관계와 그 모순성을 파악할 수 있도록 하여 학생들이 하나의 통합된 가치 체계를 가진 인격을 형성할 수 있도록 하는 데 중점을 두었다. 둘째는 도덕적 발달 단계를 고려하였다. 제6차 도덕과 교육 과정에서 1~2학년 바른생활과는 기본예절과 도덕규범의 습관화를 강조하였는데, 이로써 3~6학년 도덕과 교육을 위한 행동의 토대를 저학년에서 이미 마련하였다고 볼 수 있으며, 3~6학년 도덕과에서는 이를 기초로 학생들에게 도덕규범의 내면화를 중심으로 교육 과정을 구성하여 다음 단계인 중학교 도덕과 교육과 연계되도록 하였다.

---

7. 교육부(1993), 『국민학교 교육과정 해설(II)』, 대한교과서주식회사, pp. 50-1.

영역	교과 목표	학년 목표 3학년
개인생활	자신의 발전에 필요한 규범의 의미를 이해하고, 이를 실천함으로써 자율적인 인격 형성의 바탕을 기르게 한다.	자신의 안전과 발전에 기본이 되는 행동 규칙과 생활 태도의 중요성을 알고, 이를 습관화하게 한다.
가정, 이웃생활	가족과 친지 및 이웃과 더불어 생활하는 데 필요한 규범의 의미를 이해하고, 이를 실천함으로써 바람직한 인간 관계를 형성할 수 있는 기초를 다지게 한다.	가정과 이웃의 일원으로서 생활하는 데 기본이 되는 규범의 필요성을 알고, 이를 습관화하게 한다.
시민생활	민주 시민으로서 생활하는 데 필요한 규범의 의미를 이해하고, 이를 실천함으로써 바람직한 민주 시민의 태도를 가지게 한다.	민주 시민 생활의 기본이 되는 공중도덕과 사회적 규범의 필요성을 알고, 이를 습관화하게 한다.
국가생활	국가와 개인과의 관계를 이해하여, 국민으로서의 긍지와 애국심을 가지고 나라와 겨레의 발전에 참여하며, 인류 공영에 이바지하려는 태도를 가지게 한다.	국토 애호와 국가 발전의 의미를 알고, 국민으로서의 긍지와 애국심을 가지게 한다.
통일, 안보생활	국토 분단의 현실과 북한 공산 집단의 실상을 바르게 이해하여, 대한민국의 정통성 및 우월성을 알아 민주적 평화 통일을 위한 신념과 태도를 가지게 한다.	북한 주민의 생활상을 우리와 비교함으로써 대한민국의 우월성을 인식하여, 민주적 평화 통일의 필요성을 깨닫게 한다.

학년 목표		
4학년	5학년	6학년
자신의 발전에 필요한 기본 규범의 의미와 중요성을 이해하고, 이를 실천하게 한다.	자신의 발전에 필요한 여러 규범 간의 관련성을 이해하고, 이를 구체적 사태에 적용하는 능력을 가지게 한다.	자신의 행동과 태도를 반성함으로써 자율적인 인격 형성의 기초를 다지게 한다.
가정과 이웃의 일원으로서 생활하는 데 필요한 기본적 규범의 의미와 중요성을 이해하고, 이를 실천하게 한다.	가정과 이웃의 일원으로서 생활하는 데 필요한 여러 규범 간의 관련성을 이해하고, 이를 실생활에 적용하는 능력을 가지게 한다.	가정과 이웃의 일원으로서 타인에 대한 자신의 행동과 태도를 반성함으로써 바람직한 인간관계의 기초를 다지게 한다.
민주 시민 생활의 기본이 되는 공중도덕과 사회적 규범의 의미와 중요성을 이해하고, 이를 실천하게 한다.	민주 시민 생활에서 요구되는 다양한 규범 간의 관련성을 이해하고, 이를 실생활에 적용하는 능력을 가지게 한다.	민주 시민의 일원으로서 자신의 사회적 행동과 태도를 반성함으로써 바람직한 민주 시민의 자질을 갖추게 한다.
나라를 빛내는 일의 참 뜻을 알고, 민족 문화에 대한 긍지와 애국심을 가지게 한다.	국가와 개인의 관계 및 국가 간의 문화 교류의 필요성을 바로 알아, 바람직한 국민의 자세를 확립하고, 인류 공영에 이바지하려는 태도를 가지게 한다.	자유 민주주의 국가의 국민으로서 긍지를 가지고, 나라와 겨레의 발전에 협력하며, 인류 공영에 이바지하려는 태도를 가지게 한다.
북한 사회의 실상을 통해 북한 공산 집단의 문제점과 대한민국의 우월성을 인식하여, 민주적 평화 통일의 필요성을 깨닫게 한다.	남북 분단의 문제점과 국가 안보의 중요성을 알고, 대한민국의 우월성을 인식하여, 민주적 평화 통일을 달성하기 위해 노력하게 한다.	북한 공산 체제의 문제점과 대한민국의 우월성을 인식하여, 자주 국방 의식을 높이고 민주적 평화 통일을 달성하기 위해 노력하게 한다.

〈표 4-2〉 도덕과의 영역별 목표의 전개(제5차 교육 과정)

2. 도덕과 교육의 목표

도덕과 교육의 목표는 이러한 개정 방향을 반영하고, 학생들의 도덕성 발달 수준을 고려하여, 초등학교 3~6학년 시기에는 도덕규범의 의미나 근거를 이해하고, 올바른 가치 판단을 할 수 있는 초보적인 단계로서 도덕규범을 스스로 내면화하여 도덕 생활을 영위할 수 있는 기본 능력을 기르도록 하였다. 그리고 도덕 교육상의 학년 단계별 중점 내용을 반영하였고, 교과 교육으로서 기대되는 도덕적 성향의 특성을 제시하였다. 제6차 도덕과 교육 목표를 살펴보면 다음과 같다.[8]

① 목표 체계표

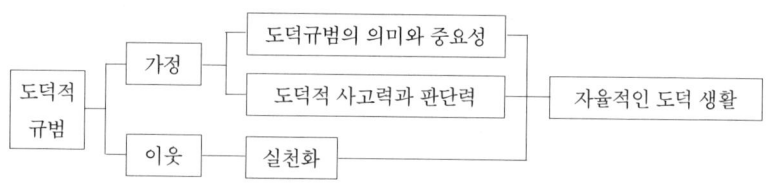

② 총괄 목표

제6차 교육 과정에서 제시하고 있는 도덕과의 교과 목표는 다음과 같은 측면을 고려하였다. 첫째는 학생들의 도덕성 발달 수준을 반영하였다. 초등학교 3~6학년 시기는 도덕규범의 의미나 근거를 이해하고 올바른 가치 판단을 할 수 있는 초보적인 단계이므로 도덕규범을 스스로 내면화하여 도덕 생활을 영위할 수 있는 기본 능력을 기르도록 하였다. 둘째는 도덕 교육상의 학년 단계별 중점 내용을 반영하였다. 초등학교 도덕과 교육은 바른생활과에서 배운 기본 생활 습관을 바탕으로 다음 단계의 도덕적 규범의 내면화를 다지도록 하였다. 셋째는 교과 교육의 결과로서 기대

---

8. 앞의 책, pp. 62-4.

일상생활에 필요한 도덕규범의 의미와 중요성을 이해시키고, 이를 실천하게 하여 자율적인 도덕 생활을 영위할 수 있게 한다.
가. 일상생활에 필요한 기본적인 예절과 도덕규범의 의미와 중요성을 이해하게 한다.
나. 도덕적인 문제 해결에 필요한 사고력과 가치 판단 능력을 신장시킨다.
다. 바람직하고 합리적인 생활 태도로 자율적인 도덕 생활을 영위할 수 있게 한다.

〈표 4-3〉 **도덕과 학년별 목표**

되는 도덕적 성향의 특성을 제시하였다. 그러나 제6차 도덕과 교육 과정에서는 제5차 도덕과 교육 과정에서 제시하였던 학년별, 영역별 목표는 제시하지 않았다. 이와 같은 측면을 고려하여 설정된 도덕과의 목표는 〈표 4-3〉과 같다.

③ 하위 목표

초등학교 3~6학년 시기는 도덕적 발달 수준으로 볼 때 '인습 수준'에 해당되기 때문에 저학년 단계에서 습득한 기본 생활 습관을 바탕으로 기본적인 예절과 도덕규범의 의미나 근거를 이해하고, 도덕규범을 내면화할 수 있는 시기이다. 따라서 생활하는 가운데 요구되는 기본적인 예절이나 도덕규범의 의미를 스스로 이해하게 한다.

현실적으로 학생들이 당면하는 도덕적 문제는 기존의 규범이나 규칙이 적용되는 문제라기보다 규범이나 규칙이 서로 갈등하는 상황이다. 이 상황에서 갈등을 해결하기 위해서는 기존 도덕규범의 합리성과 타당성을 따져 보고, 새로운 사태에 적합하지 않을 때에는 포기하거나 개선할 줄 알아야 한다. 도덕과 교육은 단지 덕목의 실천에만 있는 것이 아니라, 도덕적 문제 해결에 필요한 합리적 사고력과 선악에 대한 분명한 가치 판단 능력을 길러 주어야 한다. 즉, 도덕적 문제 사태에 직면했을 때, 행동을 판단하고 어떤 결정을 내려야 하는가에 대한 안목을 가지게 한다.

제6차 도덕과 교육 과정은 저학년 바른생활과에서 습득한 기본예절과 도덕규범을 보다 확대하여 그 의미와 중요성을 이해하게 하고, 아울러 일 상생활에서 부딪치는 도덕적 문제들을 해결하는 데 필요한 능력과 태도 를 길러 자율적인 도덕 생활을 할 수 있는 기초를 다지게 한다. 제6차 도 덕과 교육 과정의 특징은 도덕과 주당 수업 시수가 1시간으로 축소되었 고, 제5차 교육 과정의 교과 목표, 학년 목표 및 내용, 지도 및 평가상의 유의점으로 구성되었던 것을 성격, 목표, 내용, 방법, 평가의 다섯 부분으 로 도덕과 교육 과정 체제를 구성하였다. 생활 영역 측면에서도 제5차의 국가생활과 통일 · 안보생활이 제6차에서는 국가 · 민족생활 영역으로 통합되었고, 제5차의 26개 주요 지도 요소가 제6차에서는 20개로 축소되 었다.

2. 제4~6차까지 도덕과 교육 과정 목표의 특성

지금까지 고찰했듯이, 제4차에서 제6차까지의 도덕과 교육 과정은 학 생들의 합리적 판단과 선택을 강조하는 인지 중심의 도덕과 교육을 견지 해 왔다. 제4차부터 시작된 인지 중심의 접근은 제5차에 이르러 인지적 접근의 토착화를 기본 입장으로 설정하였고, 제6차에서는 이와 같은 도 덕과 교육의 인지적 접근의 흐름을 일관되게 발전시키고자 하였다.

60년대 이후 산업화 과정을 겪으면서, 사회는 다원화되고 다가치화되 었다. 이러한 다원화되고 다가치화된 사회에서 중요한 도덕적 문제는 가 치 선택적 상황에 직면하여 합리적인 가치를 선택하는 것이었다. 즉, 가 치나 덕목이 서로 갈등하거나 충돌 혹은 긴장하는 관계를 해결하는 것이 었다. 그리고 이러한 도덕적 문제를 해결하기 위해, 도덕과 교육은 가치 나 덕목에 대한 맹목적인 수용보다는 가치나 덕목에 대한 합리적인 이유 나 근거를 밝히는 데 관심을 두었다.

이러한 변화는 과거에 보편적 혹은 절대적이었던 가치를 당연한 것으로 받아들이도록 하는 도덕과 교육에서 절대적이고 보편적이었던 가치가 약화되면서 가치나 덕목에 대한 이유, 즉 '왜'가 중시되는 도덕과 교육으로 패러다임의 전환을 요청하였던 것이다. 선택에 대한 이유나 근거도 '옳다, 그르다' 단정적으로 판단하기보다는 '어느 이유나 근거가 보다 합리적이냐' 하는 문제로 바뀌었다.

따라서 도덕의 개념도 인간의 외부에 존재하면서 행위를 외적 · 타율적으로 규율하는 것이라기보다는 인간 내부로부터 반성적 검토 과정을 거쳐 자율적으로 채택된 규범 체계로 규정된다.[9] 또한 여기에서의 도덕성은 도덕적 삶과 관련하여 무엇이 옳고 그른지, 무엇을 마땅히 해야 하거나 하지 말아야 하는 것인지 그리고 합리적인 이유와 근거는 무엇인지를 사고하고 판단하는 능력, 즉 도덕적 사고 판단 능력으로 규정된다.[10] 그리고 이때의 도덕적 인간은 학습자 자신이 스스로 보다 수준 높은 가치 원리를 선택해서 자율적으로 실천해 가는 인간이다.[11]

이러한 점에서 여기에서의 도덕과 교육은 행위의 정당성을 탐구하는 활동으로서, 행위에 대한 합리적인 이유나 근거를 마련하는 일에 관심을

---

9. 이택휘 외(1997), 앞의 책, p. 117.

10. 위의 책, p. 117.

11. 인간의 도덕적 삶에 필요한 관점과 방향, 원리 등을 밝혀 제시하는 일에 중점을 두는 입장을 의무 윤리라고 한다. 의무 윤리 혹은 규칙의 윤리는 준거가 되는 어떤 도덕 원리나 규칙에 의거하여 행위가 이루어질 때 인간의 도덕적 삶이 바람직하게 될 수 있다고 보는 입장이다. 따라서 이 윤리는 사람들의 도덕 생활을 안내해 줄 도덕 규칙은 우리에게 이미 주어져 있거나 어떤 외적 권위에 의해 부여되는 것이 아니라 우리가 찾아내야 할 그 무엇으로 간주하는 한편, 변화된 사회적 조건 하에서 바람직한 도덕 생활을 영위하기 위해서는 많은 사람들에게 받아들여질 수 있는 소수의 형식적이고 보편화 가능한 도덕 원리와 그것에 준거하여 도덕 문제를 해결하는 자율적인 도덕 행위자의 능력이 무엇보다 중요하다고 본다. 그리하여 의무 윤리 혹은 규칙의 윤리는 의무 자체가 옳아서든(칸트류의 의무론) 아니면 원리나 규칙에 의거할 때 좋은 결과를 가져오기 때문이든(공리주의), 도덕적 인간이 되기 위해서는 옳은 행위 또는 그런 행위를 가능하게 하는 원리나 규칙을 판단, 결정할 수 있는 능력이 필요하며, 도덕 교육은 바로 그러한 능력을 길러 주어야 할 과제를 안고 있다고 주장한다(조난심 외(2003), 『도덕교육학신론』, 문음사, p. 20).

집중한다. 도덕과 수업에서, 교사는 학생들이 가치를 탐구할 수 있도록 도덕적 논의의 수업을 통해 안내하고 도와주는 활동을 하며, 학생들은 '저는 이렇게 생각해요, 그 이유(까닭)는 ~예요' 라고 대답하는 전형적인 수업 형태를 띠게 된다.

이러한 도덕 교육적 배경에는 기존의 규범 윤리학에 대한 회의와 메타 윤리학의 등장이 한몫을 하였다. 보편적이고 절대적인 것으로 여겨졌던 기존의 가치에 대한 불신 내지는 회의 현상은 가치 상대주의적 관점을 부추겼다. 예컨대 정의주의 윤리학자들은 윤리학의 학적 존립을 부정한다. 그러나 윤리나 도덕 없이 이 사회가 유지되고 발전되기는 어렵다. 삶의 지혜로서 윤리학은 반드시 필요하다. 이러한 맥락에서, 윤리학은 가치 판단에 대한 정당한 이유나 근거를 바탕으로 학문적 위상을 다시 회복한다.

정당한 이유나 근거는 합리적인 이유나 근거이다. 다시 말해, 가치 판단의 준거는 합리성이다. 그리고 구체적으로 합리성이란 칸트I. Kant에 있어서는 보편성이고, 공리주의에 있어서는 유용성이다. 따라서 합리적인 판단을 위해서는 보편적이고 유용한 것을 가치로 선택해야 한다. 이러한 점에서 칸트나 공리주의가 이 시기의 윤리학적 토대가 된다. 특히, 합리성이 가치 판단의 준거로서 작동하게 됨에 따라, 가치 선택적 상황에서 어떤 가치를 선택하였을 때 그 선택이 다른 선택에 비해 합리적 혹은 비합리적이라는 평가가 가능하다. 따라서 이러한 가치 선택에 대한 평가는 가치 선택 능력의 발달을 가정할 수 있고, 도덕과 교육의 목표로서 '도덕 발달' 의 개념을 상정할 수 있다. 이러한 점에서, 도덕 발달 이론은 이 시기의 중요한 이론적 배경이 된다. 인지 중심의 도덕과 교육의 핵심어는 합리성, 도덕(성) 발달, 가치 탐구, 자율성 등이다.

3. 이론적 기초

제4차 도덕과 교육 과정에서 제6차 도덕과 교육 과정까지의 인지 중심의 도덕과 교육은 행동 중심의 도덕과 교육과는 달리, 가치 탐구식 이론과 인지 발달을 통한 도덕성 발달 이론을 토대로 가치 구성적 관점에서 도덕을 이해하고 도덕 교육을 구상한다. 이러한 관점은 도덕적 문제를 개인의 합리적 가치 판단 능력으로 해결하고자 하는 것이며, 그것은 구체적으로 추론 능력을 함양하는 것이라고 볼 수 있다. 이와 같은 도덕 교육적 접근은 기존의 가치나 덕목의 주입보다는 가치가 결정되는 과정을 중시하는 입장으로서 가치 탐구 혹은 가치 구성적 관점을 중시하고, 인지 발달을 통한 도덕 발달을 도모하고자 하는 이론적 토대에 의해 지지된다.

1. 도덕 판단의 준거로서 합리성

인지 중심의 도덕과 교육에서는 개인의 합리적 가치 판단 능력의 함양을 중시하고, 이를 위해 개인의 추론 능력을 배양하고자 한다. 추론은 추리를 언어로 표현한 것으로서, 이미 알고 있는 사실(전제)로부터 새로운 사실(결론)을 이끌어내는 정신적 사고 절차를 말한다. 인지 중심의 접근에서는 직면한 도덕적 문제 사태 속에서 알고 있는 기존의 여러 사실적 정황으로부터 어떤 준거와 절차에 따라 판단 과정을 거친 다음 도덕적 판단을 내리게 된다. 이러한 일련의 판단 과정은 궁극적으로 자신이 스스로 결정하는 것이며, 추론 수준이 곧 도덕성 발달 수준과 직결된다. 높은 추론 수준은 높은 도덕 원리를 준거로 선택한 판단이다. 그리고 도덕 판단의 중요한 준거는 합리성이며, 이러한 합리성은 구체적으로 객관적 보편성이나 유용성에 의존한다. 이러한 인지 중심의 도덕과 교육은 칸트 윤리학과 공리주의에 기반을 둔다.

1. 칸트의 실천 이성

칸트는 세계를 자연의 세계인 감성계와 도덕의 세계인 초감성계로 나누고, 자연의 세계에는 이론 이성이, 도덕의 세계에는 실천 이성이 관여하고 있다고 주장한다.

> 이성의 인식은 두 가지 방식에서 대상과 관계할 수 있다. 외부에서 주어져야만 하는 대상과 그 대상의 개념을 규정하는 방식이 그 하나이고, 또 다른 하나는 대상을 실현하는 방식이다. 전자는 이성의 이론적 인식이요 후자는 이성의 실천적 인식이다.[12]

자연이 필연의 세계인데 반해, 도덕의 세계는 자유의 세계이다. 인간은 존재론적으로 선천적인 자유를 가진 존재이다. 또한 이 선천적 자유를 규정하는 원리가 도덕 법칙이라 할 수 있다. 자연의 세계가 자연 법칙에 의해 운행되듯이 인간은 도덕 법칙에 의해 지도된다. 그런데 자연의 모든 존재들은 '법칙'에 따라 움직이지만 인간은 법칙의 개념, 즉 '원리'에 따라 움직인다. 원리는 준칙과 도덕 법칙이 있는데, 준칙은 주관적 실천 원리로서 사람마다 다를 수 있지만, 도덕 법칙은 행위의 객관적 원리로서 보편타당성을 갖는다. 그렇지만 원리에 따라 지도되는 인간의 행위는 법칙에 따라 움직이는 자연의 세계와는 달리 '필연적'이지 않고 '당위적'이다. 왜냐하면 인간의 행위는 실천 이성에 의해서도 일어나지만, 감성 작용에 의해서도 가능하기 때문이다.

그러면 이러한 실천 이성에 의한 도덕 법칙은 어떻게 형성되는가? 실천

---

12. I. Kant, 최재희 역(1988), 『순수이성비판』, 박영사, p. 28.

이성도 이론 이성과 마찬가지로 경험적이고 질료적인 것을 통일하는 원칙의 역할을 한다. 다시 말해, 인식의 세계에서 감성의 질료(내용)를 오성과 이성(형식)에 의해 구해 내듯이,[13] 도덕의 세계에서도 감성적 욕망을 누르고 실천 이성에 의해 도덕 법칙을 끌어낸다. 그에 의하면, 감성적 욕망의 단계에서는 쾌, 불쾌의 감정을 좇아 의욕하며, 이는 자연 법칙의 원리인 인과율의 법칙에 지배받는 수동적인 의욕이었다. 그러나 선의지의 단계는 이러한 타율적 원리에서 벗어나 개인이 실천 이성에 의해 스스로 도덕 법칙을 세우는 것이다. 이처럼 이성적 인간은 쾌, 불쾌를 느끼는 감성적 욕망의 단계(내용)에서만 행위하는 것이 아니라 감성적 욕망의 단계에서의 내용을 실천 이성의 형식으로 여과하여 도덕 법칙을 도출하고, 그에 따른다. 그리고 여기에서 실천 이성의 형식은 그의 보편적 입법의 형식이다.

네 의지의 준칙이 항상 동시에 보편적 법칙 수립이라는 원리로서 타당할 수 있도록 행위하라.[14]

칸트에 따르면, 사람은 어떤 행위를 하기 전에 스스로에게 보편화 검증

---

13. 칸트는 합리론과 경험론의 종합을 철학적 과제로 삼고, 인간의 이성 능력의 비판에 착수하여 경험을 토대로 하는 확실하고 보편타당한 지식을 추구하고자 하였다. 비판은 어떤 주어진 사실이 진리임을 주장할 경우에 그 주장하는 근거와 권리를 탐구 분석하는 것, 즉 참된 인식이 성립하는 과정을 규명하는 것으로서, 그는 경험계에 관여하는 이론 이성과 초경험계에 관여하는 실천 이성을 구분하고, 자연계, 즉 경험계에서의 보편타당한 지식을 구하기 위해 이론 이성을 동원한다. 그에 의하면, 인식 대상은 인식 주관에 의한 인식이 성립되기 전에 이미 객관적으로 존재하는 것이 아니다. 인식의 성립 과정은 먼저 혼돈 상태에서 촉발되어 들어오는 경험적 질료(내용)를 주관이 받아들여 감성의 형식, 즉 시간과 공간으로 질서 지운다. 그는 이렇게 질서 지운 상태를 직관이라 한다. 그리고 직관의 내용을 다시 오성의 형식(Kategorie, 범주)으로 질서 지움으로써 인식은 완성된다. 이처럼 칸트는 인식에 작용하는 이론 이성의 내용과 형식으로 지식을 구성해 냄으로써 대상 중심적 사고에서 주관 중심적 사고로 인식의 전환을 가져왔다(코페르니쿠스적 전환이라 부름).
14. I. Kant, 최재희 역(1986), 『실천이성비판』, 박영사, p. 33.

작업, 즉 '모든 사람이 나처럼 행위해도 좋은가' 라고 질문함으로써 자신의 행위의 보편성을 확보하고자 한다. 그리고 이것이 보편적인 검증을 통해 나타나는 실천 이성에 의한 도덕 법칙이라는 것이다. 따라서 칸트의 실천 이성의 법칙은 보편적이고 객관적인 행위로서, 어떤 상황에서 나에게 옳은 행위는 누구에게나 옳은 행위이며, 나에게 옳지 않은 행위는 누구에게도 옳지 않은 행위이다.

그런데 도덕적 명제는 진 · 위의 문제가 아니라 신념의 문제이기 때문에 도덕 법칙은 '당위'로서 명령의 형식을 띤다. 그리고 이러한 명령은 무조건적인 정언 명령categorical imperative으로서 조건적인 가언 명령과 구분되고, 도덕적 명령은 정언 명령이어야 한다. 이러한 정언 명령은 어떤 결과를 고려하고 나온 것이 아니라 옳음의 이유 그 자체인 도덕 법칙으로부터 도출된 것이다. 이것은 각 개인의 준칙이 언제나 보편적 입법의 원리로서 행위하도록 하라는 말이다. 도덕 법칙은 다른 어떤 목적을 위해서 지키는 것이 아니라 마땅히 그 자체의 옳음만을 위해 지켜야 한다.

인간은 이러한 도덕 법칙을 인식하기만 하면 의무감이 생기게 마련이며, 의무감은 도덕적 행위로 인도한다. 이러한 의무에 따르는 행위를 선의지라 한다. 칸트에게 있어 본래적인 선은 선의지이다. 그리고 선의지를 따르는 행위만이 도덕적이다. 이러한 선의지는 욕구의 대상과는 무관하므로 자율이며, 이러한 자유 의지가 다름 아닌 자유이다. 인간이 욕구에 따라 행위한다면 인과율의 지배를 받게 된다. 하지만 일단 욕구에서 떠났으므로 자유 원인성에 의해 행동하는 자율적 존재이다. 이는 인간 밖의 어떤 외적인 권위에 의한 도덕 법칙을 따르는 타율과는 달리, 자기 스스로 실천 이성에 의한 도덕 법칙을 따르는 것이다. 이러한 자유의 주체가 곧 인격성이다.

이처럼 칸트의 실천 이성은 쾌와 불쾌의 감정이 내용으로 들어오면 실천 이성의 형식으로 구해 낸다. 그는 인간이 감성적 욕망을 가졌으면서도 이성을 지닌 이중적 존재임을 인정하면서, 이성을 존중하는 인간관을 드러낸다. 즉, 인간은 비록 자신의 행위나 욕구가 실천 이성의 법칙을 따르지 못했다 하더라도 '그래도 무엇 무엇을 했어야 하는데' 라고 의식하며, 그 '했이야 하는' 의지와 행위가 옳다고 생각한다. 이러한 당위 의식은 감성적 단계인 감정의 영향에 의해 생기는 것이 아니라 의지를 결정하는 실천 이성의 능력으로부터 나오는 것으로서 '무엇 무엇을 했어야 한다' 는 이성적 당위 의식이 다른 의욕보다 우위에 있다는 것을 함축한다.

그러나 이러한 칸트의 도덕적 자기 입법, 즉 자신이 따라야 할 도덕 법칙을 스스로 정한다는 이론은 도덕의 원천을 개인의 이성에서 구하는 것으로서, 어떤 도덕의 내용을 구체적으로 언급하는 것이 아니라 보편적 입법의 형식을 통한 도덕 법칙으로서 형식주의적 가정에 기초하고 있는 것이다.

2. 공리주의

칸트 도덕 이론의 핵심적인 난제 중의 하나는 의무와 의무가 서로 갈등하는 상황의 경우, 이 문제를 해결하기 어렵다는 것이다. 이러한 갈등 상황의 문제를 해결하기 위한 로스W. D. Ross의 조건부적 의무론이 등장하기까지 도덕 이론으로서 공리주의가 핵심적 위치를 점유한다. 공리주의utilitarianism의 핵심 개념은 유용성이다. 즉, 행동의 옳고 그름의 준거가 유용성이라는 것이다. 공리주의자들에 의하면, 인간의 행위는 모두 쾌락과 고통이 원인이 되어 이루어진다. 즉, 인간은 쾌락을 추구하고 고통을 회피하고자 한다는 것이다. 이때 쾌락을 선, 즉 본래적 가치(목적)로 본다는 점에서 목적론적 윤리설과 같은 맥락으로 이해할 수 있다. 따라서 여기에서도 형이상학적 윤리 이론에서처럼 가치 결정의 과정을 중시하기보다는 행위의 결과와 목적과의 관계가 중시된다.

벤담J. Bentham은 심리학적 명제로부터 윤리학적 명제를 이끌어내고 있다. 사람의 심리에는 쾌락을 좇고, 그것을 조장하는 행위를 찬양하는 자연적 경향이 있다는 심리학적 명제가 쾌락을 도덕의 근본 원리로 삼을 이론적 근거가 된다고 믿었다. 그는 이른바 '유용성의 원리principle of utility'를 "우리들의 행복을 증진시키느냐 감소시키느냐에 따라 어떤 행동을 승인하고 거부하는 원리"로 규정한다. 그리고 이러한 유용성의 원리에 부합하는 행위를 마땅히 해야 할 행위 또는 적어도 해도 좋은 행위로 간주한다. 이러한 유용성의 원리를 '최대 다수의 최대 행복의 원리the greatest happiness of the greatest number'라고 불렀다.[15]

> 최대 행복의 원리에 의하면… 그것에 관하여, 그것에 의하여 다른 모든 것들이 바람직한 것이 되는 (우리가 우리 자신의 선을 고려하고 있거나 아니면 타인들의 선을 고려하고 있거나 간에) 그 궁극적인 목적은 가능한 한 고통이 면제되고 즐거운 일이 풍성한 사태가 존재하는 일이다.[16]

이 원리는 "관계되는 모든 사람의 '행복'이 타당하고 적절한 것이며, 오로지 옳고 타당하며 바람직한 인간 행동의 목표임을 선언하는 원리"[17]이다. 벤담의 이러한 주장은 인간의 본성에 기초하여 하나의 경험적 원리로서 도덕 원리를 도출하고 있다. 즉, 인간의 심리가 고통을 멀리하고 쾌락을 추구하는 경향을 가졌다는 심리적 명제로부터 '유용성의 원리'인 도덕적 원리를 이끌어 내고 있는 것이다.

그런데 여기에는 '무엇을 위한 유용성인가'라는 문제가 제기된다. 이에 대하여 벤담은 본래적 가치로서의 '쾌락'을 제시하고 있다. 즉, 쾌락이 유용성의 기준이 되는 것이다. 따라서 벤담에게 있어서 선은 '쾌락'이다. 그런데 벤담에게 있어서 쾌락은 한 가지 종류밖에 없으며, 따라서 그는 쾌락이 양적으로만 차이가 있을 뿐 질적으로는 차이가 없다고 보는

---

15. W. S. Sahakian, 송휘칠, 황경식 역(1986), 『윤리학의 이론과 역사』, 박영사, p. 229.
16. J. Rachels, 김기순 역(1989), 『도덕 철학』, 서광사, p. 139.
17. 위의 책, p. 229.

양적인 쾌락주의자이다. 그러면서 그는 쾌락을 계산하는 법을 제시하고 있다.[18]

벤담은 형이상학적 원리로부터 '행복'을 이끌어 내었던 형이상학적 윤리론자들과는 달리, 인간의 심리적 사실로부터 '쾌락'을 이끌어 내고 있다. 그러므로 벤담의 입장에서 가치 판단을 내릴 때에는, 어떤 행동이 실현되었을 때, 그것이 쾌락을 가져다주는가 혹은 그렇지 못한가 하는 것이 가치 판단의 준거가 된다. 따라서 가치 판단자는 가치 판단을 하기 전에 이 행위의 결과를 고려해야만 할 것이다. 이러한 관점에서 공리주의를 '결과주의'라고 부르기도 한다. 따라서 공리주의는 옳은 것이 좋은 것에 의존한다는 결과주의의 한 형태이다.

이러한 벤담의 주장은 칼라일T. Carlyle의 이타적 공리주의[19]를 거쳐, 밀J. S. Mill에 의해 더욱 발전된다. 벤담이 양적인 쾌락주의를 주장한 반면에, 밀은 쾌락이 양적으로 구별되는 것이 아니라 질적으로 구별된다는 질적인 쾌락주의를 주장한다.

단 하나의 명확한 행동의 준칙, 혹은 도덕의 기준은 최대의 행복이다. 그러나 무엇보다 먼저 행복의 철학적인 평가가 요청된다. 행복의 양 못지않게 질의 문제가 고려되어야 하며, 질적으로 높은 소량의 쾌락이 질적으로 낮은 다량의 쾌락보다 더 바람직하기 때문이다. 질에 관한 평가는 두 가지의 쾌락에 모두 익숙한 사람들이 할 수 있는 일이다. 소크라테스는 만족한 돼지가 되기보다는 불만 있는 소크라테스가 되고자 할 것이다. 그러나 돼지는 아마 불만 있는 소크라테스가 되기를 원치 않을 것이다. 왜냐하면 돼지는 쾌락의 한 가지 측면, 즉 양적인 차이밖에 모르지만 소크라테스는 두 가지 측면을 다 알기 때문이다.[20]

---

18. 쾌락의 양을 측정하는 법에는 ① 강도 ② 지속성 ③ 확실성 ④ 근접성 ⑤ 생산성 ⑥ 순수도 ⑦ 파급 범위 등이 있다. 송휘칠 외 역, 앞의 책, p. 230.
19. 칼라일은 벤담의 최대 다수의 최대 행복의 원리를 최대 고결의 원리로 대체한다. 이 원리는 우리들에게 각자의 행복을 스스로의 일에서 찾도록 지시하는 원리로서 정신적 쾌락이 육체적 쾌락보다 우월하며, 교양이 관능적인 탐욕보다 우월하다고 주장한다. 위의 책, pp. 235-6.

밀은 만족한 돼지보다 불만족한 인간이 되고자 하는 인간의 본성을 바탕으로 질적인 쾌락주의를 이끌어내고 있다. 정상적인 인간은 고통이 따르더라도 그 고통 뒤에 행복이 있다면 그 고통을 감수하고 극복하고자 한다는 것이다. 왜냐하면 그러한 고통 뒤에는 더 큰 행복이 있기 때문이다.

이것을 '불행이 닥칠 위험을 무릅쓰고서라도 일시적인 쾌락을 추구할 것인가' 라는 문제로 바꾸어 보면 대답은 간단하다. 예컨대 '일시적인 쾌락을 위해 혼전 성관계를 가질 것인가' 라는 문제로 전환해 보면 대답은 명확해진다. 그러므로 밀에 이르러 선은 쾌락보다는 '행복' 쪽에 가깝다. 따라서 도덕 판단의 준거는 벤담의 '쾌락' 에서 밀에 이르러 '행복' 으로 발전된다고 볼 수 있다. 이외에도 선을 '인간이 욕구하는 것' 으로 이해하는 홉스T. Hobbes의 이론과[21] 시즈위크H. Sidgwick의 보편적 쾌락주의나 라슈달H. Rashdall의 공평의 원리 등이 있다.[22]

이처럼 공리주의자들은 가치나 당위의 근거를 인간이면 누구나 욕구하는 경향성을 지닌 경험적 사실로부터 이끌어 내고 있다. 도덕 판단의 근거를 '경험적 사실' 에 두는 것은 가치 판단의 객관성 확보에 도움을 준다. 특히, 여기에서는 도덕 판단을 개인의 주관적 판단에 근거하는 것이 아니라 '최대 다수의 최대 행복' 이라는 보편적 도덕 원칙에 의존하고 있어 공평성과 객관성을 확보한다.

인지 중심의 도덕과 교육에서는 합리적 가치 판단 능력을 배양하여 자

---

20. 앞의 책, p. 237.

21. R. S. Peters, "Classical Theory of Justification," in P. F. Carbone (ed), *Value Theory and Education* (Florida: Robert E. Krieger Publishing Co, 1987), p. 25.

22. 시즈위크의 보편적 쾌락주의는 칸트적인 직관주의를 밀의 공리주의와 결합시킨다. 시즈위크는 밀의 윤리학적 쾌락주의의 타당성에 확신을 가지고 행복은 의문의 여지없이 인간의 윤리적 목표라고 주장했으며, 동시에 칸트의 정언 명법의 진리성에 설득되어 인간은 누구나 보편적인 행복을 증진시킬 의무가 있다고 주장했다. 또한 라슈달은 우리의 행동이 인류를 위하여 쾌락을 포함한 이상적 목적과 선을 산출하는 경향이 있느냐 없느냐에 따라 선과 악이 규정된다고 보고, 옳은 행동은 항상 전체적 관점에서 볼 때 최대의 선을 산출하는 것으로 보았다. 송휘칠, 황경식 역, 앞의 책, pp. 240-5 참조.

율적인 도덕인을 지향한다. 합리적 가치 판단은 개인의 논리적 추론 과정을 통해 어떤 행위에 대해 정당한 이유나 근거를 확보해야만 한다. 그리고 어떤 행위에 대한 정당한 이유나 근거는 주관적 판단이 아닌 객관적이고 보편적인 판단이어야 한다. 이러한 맥락에서, 공평성의 토대 위에서 도덕 판단의 보편성과 객관성을 확보하고자 한 칸트의 도덕 이론과 공리주의는 인지 중심의 도덕과 교육의 이론적 토대가 된다.

2. 도덕 발달 이론

인지 발달을 통한 도덕성 발달을 이론적으로 체계화시킨 사람은 콜버그L. Kohlberg이다. 그의 이론의 특징은 인간 발달을 인지 발달로 접근하고자 하였다는 점이다. 그는 인지 발달을 고려하여 도덕 판단의 단계를 기술하고, 도덕화의 일관된 이론으로 도덕 판단의 발달을 설명하고자 하였다. 그리고 그는 도덕 발달에 관한 연구를 도덕 교육의 이론과 실제에 적용하고자 하였다.[23] 콜버그의 도덕 발달에 관한 생각을 이해하기 위해서는 듀이J. Dewey와 피아제J. Piaget를 먼저 살펴볼 필요가 있다.

1. 듀이: 반성적 사고를 통한 가치 탐구

도덕을 선험적 혹은 초월적 존재나 사회로부터 구하는 것이 아니라 인

---

23. 인지 발달론자들의 도덕 발달에 대한 공통된 가정은 첫째, 도덕 발달은 인지적 혹은 판단적 내용에 두고 있고, 그것은 인지 구조적 변화이며, 둘째, 기본적인 도덕적 규준과 원리들은 사회적 상호 작용의 경험을 통해서 생겨나는 구조들이고, 셋째, 도덕 발달에 있어서 환경적 영향은 아동 발달을 통해서 생겨나는 인지의 확장과 사회적 자극에 의해서 판단되며, 넷째, 도덕성의 기본적 발달은 불균형의 결과로서 생겨나는 인지 구조의 변환을 의미한다. 다섯째, 인지 구조의 발달은 유기체의 구조와 환경의 구조 간의 상호 작용의 결과이다. 이현우(1988), 「도덕 추리와 도덕 판단과의 관계에 미치는 여섯 가지 관련 변인」, 부산대학교 대학원 박사학위 논문, p. 14.

간 자체에서 구하고 인간의 성장, 즉 발달의 관점에서 교육을 파악하는 대표적인 사람이 듀이이다. 과거의 도덕이 도덕을 인간 밖에 존재하는 어떤 것으로 상정하고 그것을 수용하도록 하는 수동적 인간관에서 출발하였다면, 듀이의 도덕관은 도덕을 인간 밖에 존재하는 어떤 절대적인 도덕 규칙으로 보지 않고 인간성에서 찾음으로써 인간의 능동성을 인정하고 인간의 도덕 발달을 도모하고자 하였다고 볼 수 있다.

듀이의 교육 사상은 교육이 그 사회의 문제를 해결하는 활동의 일환이어야 한다는 그의 철학 사상에 기초한다. 교육은 생활과 일치하고 사회생활의 가치와 일치하는 아동의 자연적 활동을 유발할 수 있어야 하며, 그러기 위해 모든 사람들로 하여금 삶의 과정에서 학습할 수 있게 삶의 조건을 만들어 가는 것이어야 한다. 따라서 교육은 삶이라는 환경에 작용하여 스스로 성장해 가도록 하는 변화 과정이기에 삶의 과정 자체이며, 환경과의 상호 작용을 통해 인간 지성[24]의 발달을 도와주는 과정이 교육의 본질인 것이다. 이러한 시각에서 그는 교육 목적의 설정 원리로서 성장 이론을 제시한다.

듀이에게 있어, 성장은 경험을 통하여 자신과 환경에 대한 통제 능력을 증진시켜 나가는 것을 의미한다. 성장은 발달 능력이 있다는 것을 가리키는 미성숙을 조건으로 하며, 미성숙은 의존성과 가소성을 특징으로 한다.

　　미성숙은 발달할 수 있는 능력, 성장 가능성, 성장하려는 힘으로서 의존성과 가
　　소성의 특징을 갖는다. 의존성은 상호의존성을 뜻하며, 가소성은 성장을 위한
　　적응력의 정도를 말하며, 이 적응력과 가소성은 경험과 상호 작용을 통하여 배

---

24. 듀이에게 있어서 지성의 개념은 앎을 제공한다는 점에서 지적이기는 하지만, 듀이는 이것을 전통적인 이성의 개념과 대립시킨다. 이성은 추상적인 개념을 재료로 하여 보편타당한 지식을 목표로 하기 때문에 경험과 떨어져 있지만, 지성은 경험과 유리되어 있지 않다. 지성은 '경험 속의 사고'로서 경험 속에 경험과 더불어 있다. 즉, 경험이 부단히 제공하는 문제적 상황을 과거에 비추어 또 미래의 가능성을 예측하여 해결의 방향으로 이끌어 가는 것이다. 차인석 외(1992), 『철학개론』, 서울대학교 출판부, p. 92.

울 수 있는 능력이다. 그러므로 미성숙은 소극적 특성을 가졌다기보다는 적극적인 힘이고 능력을 나타내는 것으로 성장하려는 힘인 것이다.[25]

듀이는 의존성과 가소성에 의해 이루어지는 성장을 삶 자체와 동일시한다. 그에게 있어 교육의 과정은 그 자체 외의 다른 목적을 가지지 않으며 교육 자체가 목적이다.[26] 그리고 교육의 과정은 끊임없는 재조직, 재구성, 변형의 과정으로서, 성장은 곧 경험의 재구성인 지성의 발달을 의미한다.

듀이에게 있어서 경험은 삶의 모습 그 자체이다. 인간의 경험은 삶의 과정을 통해 환경과 상호 작용하면서 자신의 삶을 유지하고 발전시키는 데 요구되는 제반 지식을 자연스럽게 혹은 의도적으로 획득해 나가는 것이다. 이러한 경험의 기준은 계속성과 상호 작용이며,[27] 경험을 행동으로 옮기려는 것을 사고로 본다. 그러므로 그에게 있어 교육은 학습자로 하여금 경험의 과정을 통해 개념을 정확하게 이해하고, 그 개념을 구체적인 지성적 행동으로 구현하여 삶의 과정에서 나타나는 문제 해결에 도움이 되도록 하는 것이다.

이러한 그의 교육 사상은 그의 인간관을 반영한다. 듀이는 인간성이 습관, 충동, 지성의 세 요소로 구성되어 있다고 본다.[28] 인간의 삶은 대부분 습관에 의해 지배된다. 습관은 특정한 사회적 관습을 지닌 환경에서 태어나 그것을 배우고 몸에 익혀 행동하게 되는 경향성을 갖게 되는 것을 말한다. 그러므로 습관의 뿌리는 사회적인 것이며, 그 통로는 문화이다. 문화는 습관의 사회적 전달을 의미한다. 무엇을 먹고, 읽고, 믿고, 생각하는

25. J. Dewey, 이상옥 역(1989), 『민주주의와 교육』, 배영사, p. 52.
26. 박재주(2003), 앞의 책, p. 287.
27. 계속성은 경험이 이전의 경험에서 무언가를 섭취하고 다음의 경험의 질을 지성의 형성과 발달을 촉진하는 방향으로 변화시키는 것을 의미하며, 상호 작용은 개인과 환경과의 관계를 말한다. 박재주, 위의 책, p. 287.
28. J. Dewey, *Human nature and conduct* (New York: Henry Holt and Company Inc, 1944), p. 17.

가 등은 성장하면서 받는 문화 학습의 산물이다. 우리는 습관을 전수받았던 선조로부터 습관을 전수받는다.[29] 이렇게 사회적 관습이 개인에게 전수되어 습관으로 자리 잡으면서 일반 행동을 지배한다. 우리가 일반적으로 말하는 도덕적 행동도 예외는 아니다. 어떤 도덕적 문제 상황에 직면하게 되면, 대부분 습관에 의존하는 경우가 많다. 이러한 점에서 습관은 우리의 인간성을 드러내는 강력한 행동 방식인 것이다.

그러나 듀이에 의하면, 습관은 긍정적 기능만 갖는 것은 아니며, 일단 형성된 습관은 자신을 영속화하려는 보수적 기능을 가지고 있어 개인의 창조적 발전을 제한하기도 한다.

습관은 일단 형성되면 선천적으로 간직하고 있는 활동력들에 계속해서 작용함으로써 그 자신을 영속화한다. 습관은 후천적인 활동력을 자극, 억제, 강화하거나 약화시키고 도태, 집중, 조직하여 자기의 동류로 만든다.[30]

듀이에 의하면, 이러한 습관은 충동에 의한 자극으로 인해 새로운 방향으로 변화하고 재구성된다. 충동은 생리적 욕구와 같은 강렬한 에너지를 갖고 있으면서, 인간 행위에 있어서는 방향성이 불분명하다. 이러한 충동은 습관을 통해 인도되고 질서를 갖게 되고, 종래의 습관을 변화시키는 계기가 된다. 따라서 충동은 본능적인 생명과 같은 것으로서 습관의 전단계이며, 습관을 갱신하는 동력의 역할을 한다. 이처럼 습관과 충동은 상호 의존적이어서 생래적인 충동은 기존의 습관에 의해 검토 받지 않으면 무절제하기 쉬우며, 기존의 습관은 충동에 의해 새로운 힘과 방향감을 제공받아야만 환경에 적절하게 대응할 수 있는데, 기존의 습관을 적절하게 재편성하는 데 개입하는 것이 지성이라는 것이다.

29. 박재주, 앞의 책, pp. 270-1.
30. J. Dewey(1944), op. cit, p. 125.

듀이는 반성적 사고reflective thinking를 지성의 본질적 기능으로 간주한다. 반성적 사고는 심사숙고이며, 이것은 바람직한 행위를 선택하기 위해 문제 상황을 검토하고 결과를 예측하는 일종의 실험이다.[31] 인간은 삶의 과정에서 문제 상황에 직면하게 되면 습관과 충동이 충돌하게 되고, 기존의 습관과 충동은 각각 지성의 검토를 받게 된다. 그리하여 심사숙고 과정에 의해 모순되고 충돌되는 것들을 합리적으로 재조직하고 수정함으로써 습관은 부단히 경신된다.

이러한 듀이의 인간관은 도덕 교육에도 적용된다. 그는 도덕을 인간 밖의 어떤 것에서 구하지 않고 인간 내부의 인간성으로부터 찾고, 도덕의 근원을 인간의 구체적인 일상생활에서 찾는다. 그러므로 듀이에게 있어서 도덕은 인간 외부에 존재하는 어떤 절대적 규범이나 선험적 규범이 아니라, 인간의 모든 행동 양태 가운데 인간 사회에 이로운 것으로 규정된다. 그리고 도덕 교육은 사람들로 하여금 사회생활에 유효하게 참여할수 있는 능력을 기르는 것으로 본다. 따라서 그의 도덕 교육은 생활 교육이다. 즉, 사람들로 하여금 사회생활에 유효하게 참여할 수 있는 능력을 길러 주는 교육이면 모두 도덕 교육이다. 따라서 생활에 유효한 것은 모두 도덕적인 것이므로 생활 그 자체가 도덕이라는 명제가 성립되고, 도덕교육은 곧 생활 교육이 된다. 그런데 사람들이 생활해 나가는 데에는 끊임없는 문제 상황이 발생하고, 이를 해결하기 위한 탐구 활동이 요청된다. 결국 도덕 교육의 목적은 현실의 구체적 생활의 장을 개선하여 그 의미를 보다 증대시킴으로써 성장해 나갈 수 있는 지적인 능력을 길러 주는 것이다.

전통적 도덕 교육은 기존의 도덕규범이나 덕목을 반복적으로 주입하여 이를 생활에서 실천하도록 하는 접근이었다. 이때의 도덕규범이나 덕

---

31. 반성적 사고 과정은 암시 단계, 지성화 단계, 지도적 관념과 가설 단계, 추리 작용 단계, 행위에 대한 가설 검증 단계를 거친다. J. Dewey, *How We Think* (Lexington, Massachusetts: D. C. Heath & Company, 1960), pp. 106-15.

목은 바람직하고 의심의 여지가 없는 절대적인 것으로 여겼기 때문에 사람들은 당연히 이를 수용하여 실천해야만 하였다. 그러나 듀이에게 절대적 선이나 고정된 목적은 있을 수 없고, 그것은 구체적 상황 속에서 판단되어야 한다. 그러므로 인간이 직면하는 도덕적 문제는 각 문제 상황 속에 내재해 있는 문제의 정황들을 정확하게 포착해 내는 것이 된다. 따라서 듀이에게 있어 문제 상황의 전제는, 가치는 선험적으로 주어지는 것이 아니라 경험을 통해 획득되는 것이며, 도덕적 문제를 다룸에 있어 인간의 욕망과 사유의 결합을 시도하려는 의도이다. 이러한 시각에서 그는 과거의 덕목 전수식 도덕 교육을 반대한다.

> 듀이는 진정한 도덕 교육은 지성의 자유를 보증하고 지행합일의 사회적 행동을 가져오게 하는 간접적 도덕 교육이 되지 않으면 안 된다고 주장하고, 이와 관련하여 도덕은 현실사회에 있어서 행동해야 할 인간의 행위와 구체적인 관계를 맺어야 하기 때문에 사회 현실과 관련성이 없는 덕목주의에 반대한다.[32]

듀이에게 있어서 도덕 교육의 임무는 어떤 도덕적 문제 상황에서 그 상황을 관찰 분석하고 예견되는 결과들을 비교 평가할 수 있는 탐구 능력, 즉 과학적 지성을 길러 주는 것이다. 따라서 듀이에게 있어 도덕적 특성을 함양한다는 것은 반성적 사고의 탐구 작용을 통해 지성을 기르는 것이다.

듀이는 도덕 발달 문제에 대해 폭넓은 논의를 하고 있다. 그는 학교 교육의 목적이 아동의 지적 발달에만 그치는 것이 아니라 아동의 도덕적 성장과 발달에 있다고 주장한다. 그는 지적 교육과 마찬가지로 도덕 교육도 도덕 문제의 결정에 대한 아동의 적극적 사고를 자극하는 데 바탕을 두고 있기 때문에 인지적이라 부르고, 도덕 교육의 목적을 도덕 단계를

---

32. 임한영(1983), 『존 듀이의 생애와 사상』, 배영사, p. 156.

통한 성장으로 보았기에 발달적이라 불렀다.[33]

그는 도덕 발달 단계를 세 수준으로 나누었다.[34] 첫째는 전도덕적 혹은 인습 이전 수준으로서, 도덕적 행동의 동기가 생물적, 경제적 또는 그 밖의 도덕 외적 행동이나 요구에 의해 이루어지는 단계이다. 둘째는 인습의 수준으로서, 개인이 그다지 비판적인 반성을 취하지 않고 집단의 습관과 도덕에 따라 행위하는 단계이다. 셋째는 자율적 수준으로서, 개인은 목적이 바르고 선하다고 생각하여 결정하고 선택하며, 반성적 숙고 없이는 그가 속한 집단의 규범을 받아들이지 않는 단계이다.

그는 또한 학교와 사회와의 관련성을 강조한다. 그는 교육의 목적을 사회에 대한 관심과 적극적 사고의 발달에 두었는데, 이때 관심과 적극적 사고의 발달은 사회 정의 개념에 대한 강조로서, 발달은 다름 아닌 정의감의 발달이고, 학교는 이러한 정의감을 고취하여 적극적으로 사회에 참여하는 민주 시민 양성에 목적을 두어야 하는 것이다.

2. 피아제의 인지 발달과 아동의 도덕 판단

(1) 환경 적응 능력으로서 인지

피아제의 주요 관심사는 인간 지능의 발달이었다. 그리고 그는 개인 지능의 토대가 되는 인지 과정이 어떻게 발달해 가는지를 기술하면서 지능 발달 개념을 제시하였다.[35] 그는 처음에 생물학도였으나 박사 학위를 받

---

33. L. Kohlberg, "The development of moral judgement and moral action," in Kohlberg, *Child psychology and childhood education* (New York: Holt, Rinehart and Winston, 1985), pp. 13-6.

34. L. Kohlberg, "The cognitive-developmental approach to moral education," *Phi Delta Kappan* (June, 1975), p. 670.

35. 우리는 인지cognition를 지능intelligence과 동일하게 간주하는 경향이 있다. 지능은 개인이 어떤 사태나 상황에 두어졌을 때 발휘하는 정신 기능의 통합으로서 그 사람이 살아가기 위해 필요한 판단력, 즉 사물의 본질을 꿰뚫어 보는 힘이다(안도 하루히코, 손영수 역(1994), 『지능이란 무엇인가』, 전파과학사, p. 14). 그러나 인지는 지능보다 포괄적인 개념으로서, 지식, 의식,

은 후에는 심리학에 관심을 두었다. 그리고 그는 비네Binet의 실험실에 취직하여 표준화된 추론 검사를 개발하는 과제를 수행하였다. 그러나 표준화된 추론 검사로는 인지 발달 과정을 설명할 수 없음을 깨닫고 심리학에 대한 연구를 시작하였다. 마침내 그는 아동이 사용하는 추론 과정을 이해하기 위해 표준화된 검사를 포기하고, 아동들이 주어진 문제를 추론 과정을 통해 어떻게 해결하는지를 주목하면서 프로이트나 다른 임상 심리학자들이 개발한 임상 방법을 채택한다.

임상 심리학자들이 사용하는 방법은 상담자의 자발적 사고 과정을 최대한 보장하는 것이었다. 피아제는 이러한 방법을 적용하여 아동들에게 구체적인 문제를 제시하고, 그들이 문제를 해결할 수 있도록 자유를 허용하고, 어떻게 문제에 접근하여 그것을 해결하는지를 관찰하였다. 그리고 그는 아동들이 문제를 해결하는 기본 방식은 나이와 관련이 있음을 알게 되었다. 즉, 나이가 다른 아이들에게는 문제를 해결하는 일정한 다른 방식이 있음을 발견하였다. 예컨대, 네 살 정도 된 아동에게 지구와 태양 중 어느 것이 더 크냐고 질문했을 때, 이 아동은 지구가 더 크다고 대답한다. 그리고 그 이유에 대해 태양이 지구보다 더 작게 보인다고 응답하는데, '작게 보이는 것이 크기가 작다' 라는 논리의 답변을 한다.

그러나 일곱 살 아동들에게 똑같은 질문을 하였을 때 그들은 태양이 크다고 응답한다는 것이다. 다시 말해, 네 살 정도의 아동은 지각된 것의 크기와 실제 크기를 일치시키지만, 일곱 살 아동의 경우에는 둘 사이의 관계를 일치시키지 않는다는 것이다. 이것은 두 집단이 다른 논리, 즉 다른 추론 형식으로 결론에 도달한다는 것을 의미한다. 피아제는 이들 답변

지능, 사고, 상상, 창조, 계획과 전략의 생산, 추리, 추론, 문제 해결, 개념화, 분류와 관련짓기, 상징화와 같은 고등 정신 과정뿐만 아니라 조직화된 신체 운동, 즉 지각, 심상, 기억, 주의, 학습 등을 포함한다(김재은(1982), 『인지발달론』, 정민사, p. 10). 그리고 오늘날에는 여기에 자신이나 타인과의 사회적 관계, 사회 조직과 기관에 대한 생각이나 지식과 같은 사회적인 것 등의 모든 인간적 문제를 다 포함한다. 따라서 지능과 달리, 인지는 한마디로 정의하는 것이 불가능할 정도로 광범위한 인간의 정신적 과정 혹은 지적 체계라고 볼 수 있다.

의 차이를 '발달적'이라는 관점에서 찾는다.[36] 즉, 아동이 성장하면서 대상 세계에 대한 더 많은 경험을 얻게 됨에 따라, 그러한 대상 세계 사이의 관계들을 이해하는 능력이 성장한다는 것이다. 다시 말해, 일곱 살 아동은 지구로부터의 거리와 태양의 상대적 크기에 대해 알고 있으며, 태양이 지구보다 크다는 구체적 자료와 논리적으로 관련시킬 수 있다. 그러나 네 살 아동은 비록 그러한 정보를 배웠다 하더라도 그것을 적용시키지 못한다. 왜냐하면 관점에 대한 논리적 원리를 이해하는 능력이 부족하기 때문이다.

피아제는 인지를 인간의 복잡한 생체가 복잡한 환경에 적응하는 특이한 형태로 본다. 인간은 행동주의 이론이나 정신분석학에서처럼 외부로부터의 자극을 그대로 받아들이는 것이 아니라, 자기 자신의 정신 형태에 맞도록 환경을 능동적으로 재구성, 재해석, 재조직함으로써 지식 구조를 형성한다. 그에 의하면, 정신은 능동적이고 자율적인 방식으로 환경과 만난다. 이로써 외적 자극을 자기 내부의 지적 체계에 맞게 받아들이는 동화assimilation 과정과 자신의 지적 구조를 외적 자극의 구조에 맞게 조절해 가는 조절accommodation 과정을 통하여 환경에 적응해 가는 인간의 지적인 기능이 나타난다. 인간의 내적 인지 구조는 자신의 구축을 위해서 외부 환경과 끊임없는 상호 작용을 한다. 그리고 차차 또 다른 동화와 조절이 일어나게 되고 결과적으로 정신적 구조는 한 단계 더 높은 차원으로 움직이게 된다. 이와 같이, 다른 어떤 발달 영역보다도 넓은 영역을 포함하고 있는 인지 발달, 즉 정신적 구조의 변화는 인간의 모든 지적, 사회적, 정서적, 육체적 행동의 변화를 초래하는 데 가장 중추적인 역할을 한다고 볼 수 있다.

---

36. 발달은 분명히 정신 과정을 일관된 체계로서 체계화하고, 이러한 체계를 변화하는 환경 자극에 적응하는 인간 정신 성향과 관련 있다. 정신은 인간 유기체가 환경과 상호 작용할 때 나타나는 구체적인 자료를 단순히 흡수하는 것이 아니라 오히려 그것을 조직화한다. 정신은 구체적인 정보를 관련 환경으로부터 구하고, 그것을 질서 체계를 구성하는 데 사용할 수 있다. 그렇게 함으로써 세계와의 상호 작용을 이해한다.

인지 발달은 일반적으로 말하는 사회 · 정서적 영역 그리고 언어 발달 영역과 밀접하게 관련되어 있다. 예를 들어, 사회 · 정서적 경험이 풍부한 아동은 지적으로도 많은 자극을 받게 되어 더 적극적으로 성장할 수 있으며, 이에 따라 언어 발달도 촉진된다. 그리고 인지 발달 과정과 사회적 행동과는 상호 촉진적이고 상호 보완적인 관계에 있다. 특히 영아기에 자기를 돌보아 주는 사람과의 사회적 상호 작용을 통한 정서적 관계는 인지 발달 과정에 밀접하게 영향을 주게 된다. 한 개인이 보여 줄 수 있는 사회적 행동의 질이나 발달 정도는 최소한 부분적으로라도 그의 지적 능력의 질이나 발달 정도에 따른다. 이처럼 지적 발달은 사회적 발달을 위한 충분조건은 아니더라도 필요조건이라고 말할 수 있다.

언어 발달과 인지 발달과의 관계에 대해서는 이미 많은 연구들이 그 관계를 이야기하고 있다. 언어는 인지 발달에 도움을 주고, 인지 발달 역시 언어 습득 능력에 도움을 주어 서로 평행적인 발달을 이루어 간다는 것이다. 피아제에 의하면, 언어는 행동이 생각 속에서 표상화하기 시작할 때 나타난다. 따라서 표상적 사고와 언어는 모두 상징적 기능과 관계되는 복잡한 과정의 부분이다. 아동은 차차 상징이나 부호의 매개를 통해서 표현하는 것을 배워 가게 된다. 감각 운동기(0~2세)를 지나면 언어 발달이 더 빨라진다. 피아제는 언어가 기본적으로 인지 발달의 원인이 되는 것은 아닐지라도 사고를 더 진전시켜 주고, 지적 균형 상태에 도달하도록 도와줌으로써 사고를 변형시키는 일을 하게 된다. 사고의 구조가 정교해질수록 그 정교성을 높이기 위해서 더욱 언어가 필요하다.

(2) 인지 발달 단계[37]

인간은 외부 환경에 적응하며 생활해 나간다. 피아제에 의하면, 인간의

---

37. 문교부(1984), 『유치원 교육과정 해설』, pp. 4-19.

인지도 이러한 적응의 한 형태이다.[38] 인간은 외부 환경과의 끊임없는 상호 작용을 통해 지식을 구성하고 활용하며, 이 과정에서 환경으로부터 주어지는 정보를 단순히 수동적으로 받아들이는 것이 아니라 능동적으로 선택하고 해석한다. 이러한 상호 작용은 앞에서 언급했던 동화와 조절이라는 두 개의 동시적이고 상호 보완적인 과정으로 이루어진다. 동화는 외부 자극을 자신의 내부 구조에 순응시키는 과정이며, 조절은 자신의 내부 정신 구조를 바로 그 외부 자극에 순응시키는 과정이다.

사람들은 기존 인지 구조를 새롭게 변형시킴으로써 외부 자극을 받아들이고(조절), 기존 인지 구조의 틀에 맞추어 외부 자극을 해석한다(동화). 동화와 조절은 한 인지 과정의 두 측면으로서 경우에 따라 어느 한 측면이 우세할 수는 있으나 언제나 함께 발생한다. 조절이 우세하면 사진을 찍듯이 외부 자극을 정확히 묘사하는 모방이 되며, 동화가 우세하면 화가가 그림을 그리듯이 외부 자극에 물리적으로 충실하기보다는 자기 나름의 개성을 부여하는 놀이가 된다. 동화와 조절 개념은 인간의 인지 체계가 외부 환경과 어떻게 상호 작용하는가에 대해 설명해 줄 뿐 아니라, 아울러 아동의 인지 체계가 성숙과 경험을 통해 어떻게 점진적으로 발달하는가에 대해서도 설명해 줄 수 있다.

피아제는 동화와 조절 가능성의 점진적 변화로 인한 이러한 인지의 발달을 균형equilibration 모델로 설명하고 있다. 같은 양의 물이 담겨 있는 두 개의 똑같은 컵 중 한 컵의 물을 유아가 보는 앞에서 길고 가느다란 다른 컵에 옮겨 붓는다. 원래의 컵과 새 컵에 담긴 물의 양이 같은지, 또는 어

---

38. 피아제의 인지 발달 이론은 발생론적 인식론과 구조주의에 입각하여 정립되었다. 발생론적 인식론은 상대적으로 낮은 단계에서 높은 단계로의 지식의 성장을 문제 삼으며, 구조주의는 체계의 변형에 대한 연구와 관련 있다. 구조라는 개념은 전체성, 변형 및 자기 규제라는 세 가지 개념으로 구성된다. 전체는 부분의 단순한 총합과는 다르며, 체계는 언제나 끊임없는 변형 상태에 있어서 세상에 대한 새로운 사실을 동화하고 정보를 기존의 구조 속으로 조절한다. 그리하여 생성된, 충분히 통합된 상태는 평형 상태를 이룬다. 따라서 이것은 자기 규제적 장치라고 할 수 있다.

느 한쪽이 더 많은지를 물어 본다. 이때 유아는 물의 높이에만 주목하여 새 컵에 담긴 물의 양이 더 많다고 대답한다. 그러나 얼마 후, 새 컵이 더 가늘다는 것을 발견하게 될 때 유아는 사고의 불균형 또는 갈등 상태에 빠지게 된다. 높이가 높기 때문에 양이 많다는 것과 넓이가 좁기 때문에 양이 적다는, 모순되는 두 가지 판단을 동시에 생각하면서 혼란을 겪게 된다. 이런 경우, 유아는 높이의 증가와 넓이의 감소가 서로를 상쇄함으로써 결과적으로 물의 양이 변화하지 않는다는 새로운 개념을 가지게 되어 인지적으로 진보된 균형 상태에 도달하게 된다. 낮은 발달 수준에서의 인지적 균형이 과거에 주목하지 않았던 모순되고 동화할 수 없는 정보에 주목하게 됨으로써 인지적 불균형으로 옮겨지고, 문제를 새롭게 개념화하여 모순되게 보이던 것을 조화시킴으로써 보다 높은 발달 수준에서 다시 인지적 균형을 이룩한다.

인지 발달은 명확히 구분되는 몇 개의 단계를 거쳐 이루어진다. 각 단계에 도달하는 연령은 동기나 문화적 환경 조건 등에 따라 개인적 차이가 있을 수 있으나 각 단계를 밟아 나가는 순서는 보편적이며 일정불변한 것이다. 발달의 어느 한 단계도 건너뛰거나 다른 단계에 의해 대치될 수 없다. 피아제는 인지 발달의 단계를 감각 운동기(약 0~2세), 전조작기(약 2~7세), 구체적 조작기(약 7~11세), 형식적 조작기(약 11세 이후)의 네 단계로 나누고 있다. 한 단계에서 다음 단계로 옮겨갈 때 기존 인지 구조는 새로운 인지 구조 속에 흡수 통합된다. 각 단계의 성취는 누적되며, 전 단계의 습득은 다음 단계에서 상실되지 않는다.

① 감각 운동기

유아는 어른과 같은 의미에서 '생각' 하지 않는다. 유아는 완전히 무의식적으로 동작을 통해 '생각' 한다. 유아는 외적인 행위 ― 보고 듣는 등의 감각적 행위나, 잡고 빨고 만지는 등의 물리적 행위 ― 를 통해 환경과 상호 작용한다. 일상생활에서 자주 접하는 친숙한 사물과 상황들을 알아

보거나 그들의 발생을 예상한다는 의미에서 무엇인가를 '알며,' 그들에 대해 입, 눈, 손 등을 사용하여 행동한다는 의미에서 '생각'한다. 장난감은 손에 잡히는 감각, 혀에 닿는 감각, 눈에 보이는 색깔로써 파악한다. 이런 의미에서 피아제는 유아의 인지를 감각 운동적 지능이라 불렀다. 유아는 어떤 사물이나 상황이 주어지면 이에 대한 반응으로 일련의 조직적인 감각 운동적 동작을 반복적으로 수행한다. 이러한 동작들의 기초가 되는 내부 정신 구조를 스키마schema라 한다.

감각 운동 수준에서의 스키마는 상징적 표상 수준에서의 개념에 해당한다. 어른들은 딸랑이를 '딸랑이'라는 개념적 범주의 하나로 '생각'한다. 유아는 그것이 마치 '잡는 것'이라는 개념적 범주의 하나로 '행동'한다. 즉, 딸랑이가 주어지면 잡는 동작을 취한다.

유아의 인지 활동은 감각 운동 스키마라고 하는 내부 인지 구조에 외부 자료를 동화하고, 동시에 외부 자료의 구조에 이 스키마들을 조절하는 과정으로 이루어져 있다. 딸랑이를 잡는 아이의 경우, 딸랑이를 잡기 스키마에 동화하고 동시에 잡기 스키마를 딸랑이의 특수한 물리적 특징에 조절하는 것이다. 즉, 유아는 딸랑이를 잡을 수 있는 것으로 해석하고, 동시에 딸랑이의 크기와 모양에 맞게 손의 움직임을 적절히 조절함으로써 다른 물건, 예컨대 우유병을 잡을 때와는 다른 방식으로 딸랑이를 잡는다.

② 전조작기

아동은 감각 운동기에서 이미 상징을 사용하기 시작했으며, 전조작기 동안 상징 사용 능력을 더욱 발달시키게 된다. 그러나 이 시기의 아동은 단어나 문장과 같이 추상적 형태의 상징보다는 사물 자체에 대한 상징이나 행위의 생략 형태와 같은 상징을 주로 사용한다. 초기의 상징들은 언어적인 것이 아니라 운동적인 것이다. 전조작기의 아동이 단어를 상징으로 사용할 수 없는 것은 아니며, 실제 이 시기의 상징 사용은 전조작기 초기(2~4세)의 급속한 언어 발달에 기인한다고 볼 수 있다.

전조작기 동안, 물체들을 어떤 기준에 따라 몇 개의 유목으로 묶고 이 유목들을 일관성 있게 활용하는 분류 능력이 급속하게 발달한다. 모양, 색깔, 크기 등이 각기 다른 색종이들을 주고 비슷하거나 관련이 있는 것들끼리 묶어서 여러 집단으로 만들어 보게 하면, 전조작기 아동들은 크게 다음과 같은 세 종류의 반응을 보인다. 첫째는 가까이 있는 것들끼리 한데 모아 놓거나, 전혀 묶으려는 시도를 하지 않는 경우, 둘째는 색종이로 어떤 모양을 만드는 경우, 셋째는 둥근 것은 둥근 것끼리, 네모난 것은 네모난 것끼리 묶는 것과 같이 유사성을 기준으로 분류하는 경우들이다.

나이가 많아지면서 유사성을 기준으로 분류하려는 경향이 두드러지게 나타난다. 전조작기 동안에는 뚜렷한 언어 발달이 이루어진다. 자신의 생각을 말로 표현하며, 말로 표현된 다른 사람의 생각을 잘 이해할 수 있게 된다. 또한 비언어적 신호들을 전달하고 수용하는 능력도 발달하게 된다. 이러한 의사소통 능력의 발달은 전반적인 인지 능력의 발달과 밀접한 관계를 가지고 있다. 의사소통 능력이 발달함에 따라 아동은 다른 사람들이 언어나 다른 전달 매체를 통해 그에게 전달하는 정보를 받아들여 학습할 수 있으며, 거꾸로 다른 사람에게 정보를 전달할 수도 있다. 또한 자기 자신과 의사소통하는 능력도 가지게 된다. 그리고 다른 사람의 말에 더 어린 아동들보다 훨씬 잘 반응할 수 있고, 다른 사람의 행동을 통제하고 그들로 하여금 자신이 원하는 행동을 하게 할 수 있으며, 자기 자신의 행동도 스스로 통제할 수 있게 된다. 이러한 자기 통제 능력의 출현은 전조작기의 인지 발달에서 중요한 위치를 차지한다. 전조작기 아동은 어떤 물체의 모양이나 크기가 변한다고 할지라도 그 물체의 지속적이고 변화하지 않는 특질을 파악할 수 있다. 물체의 외관이 변화해도 그 물체가 본질적으로 동일한 물체임을 이해한다.[39]

---

39. 예컨대, 두 개의 찰흙 공이 있다고 하자, 두 찰흙 공의 양이 똑같다고 아동이 인정하면 한 공을 소시지처럼 길쭉한 모양으로 변형시킨다. 이때 아동은 찰흙 공이 시야에서 사라져도 여전히 존재한다고 말할 수 있다(물체 영속성). 또한 찰흙 공이 소시지같이 길쭉한 모양으로 변

전조작기의 아동들은 자기의 관점 이외에 또 다른 관점이 있을 수 있다는 것을 알지 못한다. 자기의 관점만이 유일한 것이며, 따라서 다른 사람들도 모두 자기와 똑같은 방식으로 사물을 판단한다고 생각한다. 예컨대, 자기가 보고 싶은 TV 프로그램이 다른 어른들에게 왜 재미가 없는지 이해하지 못한다. 이것을 자아 중심성egocentrism이라 한다.[40]

그러나 전조작기의 어린 아동들은 의도나 동기는 전혀 고려하지 않고 행위 자체에 의해서만 판단한다. 한 아이는 선반 위의 사탕을 훔쳐 먹으려다 컵 1개를 깼고, 또 한 아이는 엄마 설거지를 도와주려다 컵 15개를 깼다. 누가 더 나쁜 아이인가? 전조작기의 아동들은 결과의 중대성에만 주목하여 15개의 컵을 깨뜨린 아이가 더 나쁘다고 대답한다. 또한 전조작기의 아동들은 생명이 없는 대상에 생명과 감정을 부여하는 물활론적인 사고를 한다. 사물은 모두 살아 있고 의식을 가지고 있으며, 각자의 의지에 따라 움직인다고 생각하는 것이다. 태양은 빛을 발하므로 살아 있고, 또 자기가 빛난다는 것을 알고 있으며, 달은 어두운 밤길을 비추려고 나오고, 자전거는 자기가 느리게 달리는지 빨리 달리는지 알고 있다고 생각한다는 것이다.[41]

화했음에도 불구하고 모양이 변한 찰흙이 이전의 바로 그 찰흙이라는 데에도 동의한다. 찰흙이 질적인 의미에서 여전히 찰흙이라는 '동일성'을 유지하고 있다고 생각하는 것이다. 그러나 양에 있어서는 모양이 변한 찰흙의 양과 원래의 찰흙의 양이 더 이상 같지 않다고 생각한다. 즉, 이 시기의 아동은 어떤 물체의 모양이 바뀌는 경우 그 물체의 동일성은 유지된다고 생각하지만, 양은 보존되지 않는다고 믿는다.
40. 최근의 몇몇 연구들은 전조작기의 아동들이 피아제가 생각한 것보다는 덜 자아 중심적임을 보여 주고 있다. 예컨대, 4세 아동은 어른에게 말할 때보다 자기보다 어린 아동(2세)에게 말할 때 더 쉽고 단순한 단어를 사용해서 이야기한다고 한다. 즉, 상대방의 입장을 이해하고 이에 맞추어 적절히 행동할 수 있다는 것이다. 그러나 이들은 구체적 조작기 이후의 아동들보다는 더 자아 중심적이며, 다른 사람이 자기와 다른 것을 알고 또 다른 감정을 가질 수 있으며 자기의 생각을 모를 수도 있음을 알지 못한다. 어떤 행동의 의도를 파악하는 것은 그 행동을 한 사람에 대한 칭찬이나 비난 여부를 결정하는 데 있어서 중요한 근거가 된다. 좋은 행동이 의도적이라면 더욱 칭찬을 받아야 하지만, 나쁜 행동이 의도적이라면 더욱 비난을 받아야 할 것이다. 어른들은 도덕 판단을 할 때 이와 같이 의도를 중요시한다.
41. 4~6세경에는 활동하는 것은 모두 살아 있다고 생각한다. 그리고 태양은 빛나므로 살아 있

③ 구체적 조작기

전조작기의 어린 아동들은 그들의 동일성에 대한 이해에서 볼 수 있듯이, 문제의 답을 지각적으로 추정하거나 단순히 추측할 수 있을 뿐이다. 그러나 구체적 조작기의 아동들은 보다 양적인 태도로 문제를 해결하고자 하며, 정확한 측정을 통해 답을 얻고자 한다. 구체적 조작기의 아동들은 사물을 길이나 크기 등의 기준에 따라 순차적으로 늘어놓을 수 있다. 예들 들어, 5개의 막대기를 가장 긴 것부터 가장 짧은 것까지 차례대로 배열할 수 있다. 이렇게 사물을 순서대로 늘어놓는 능력은 수를 이해하는 것과 사용하는 것에 앞서 발달한다.

전조작기의 아동들은 한 가지 속성만을 고려하여 사물을 분류하지만, 구체적 조작기의 아동들은 사물의 여러 가지 속성들을 동시에 고려하여 위계적으로 사물을 분류한다. 사물을 위계적으로 분류하고 상위 유목 간의 관계를 이해하는 것을 유목 포괄class inclusion 개념이라 한다. 피아제는 유목 포괄에 대한 이해가 논리적 추리 능력의 중요한 한 측면으로서, 구체적 조작기가 시작되는 7~8세경에야 비로소 나타난다고 본다.[42]

전조작기와 구체적 조작기의 인지적 특성을 비교하면, 같은 양의 물을 길고 가느다란 컵과 짧고 넓은 컵에 담았을 때 전조작기의 아동은 짧은 컵보다 긴 컵에 많은 양의 물이 담겨 있다고 생각한다. 그에게는 긴 컵이 물을 많이 담고 있는 것처럼 보이기 때문이다. 이처럼 전조작기의 아동들

으나 산은 아무것도 하지 않으므로 죽어 있다. 6~8세경에는 움직이는 것들에 한해 생명을 부여하며, 장난감이 부서지면 죽은 것이며 바람은 움직이니까 살아 있다. 8세 이후가 되면 외부의 힘에 의해 움직이는 것이 아니라 스스로의 힘에 의해 움직이는 것만이 생명을 가지고 있다고 생각한다.

42. 그는 전형적인 유목 포괄 실험에서, 아동들에게 18개의 갈색 나무 구슬과 2개의 흰색 나무 구슬을 보여 주었다. 모든 구슬이 나무로 만들어져 있고 그중 어떤 것은 희고 어떤 것은 갈색이라는 것을 아동이 분명히 이해하게 한 다음, "갈색 구슬과 나무 구슬 중 어느 것이 더 많은가"를 물어 보았다. 5~6세의 전조작기 아동들은 갈색 구슬이 더 많다고 대답했다. 이들은 갈색 구슬의 수에 압도되어 갈색 구슬이 나무 구슬의 유목에 포함된다는 것을 깨닫지 못했다. 그러나 구체적 조작기의 아동들은 갈색 구슬이 나무 구슬에 포함되며, 따라서 갈색 구슬은 언제나 나무 구슬보다 수가 적다는 것을 이해했다.

은 사물을 그 표면적 특성에 의해 눈에 보이는 그대로 받아들이고자 한다. 반면에, 구체적 조작기의 아동은 기다란 컵에 담긴 물의 높이가 더 높기 때문에 물이 더 많이 담겨 있는 것처럼 보인다고는 생각할 수 있으나, 여기서 한 걸음 더 나아가 두 컵에 담긴 물의 양이 실제로는 똑같은 것이라고 추론한다. 일반적으로 전조작기 끝 무렵에야 비로소 '더 커 보인다'는 개념과 '정말로 더 크다'는 개념을 구분할 수 있게 된다.

전조작기의 아동은 특별히 눈에 띄고 흥미로운, 자극의 한 가지 특징 또는 제한된 부분에만 주의를 집중하고(중심화), 과제 해결에는 필요할지라도 눈에 잘 띄지 않는 특징들은 무시하기 쉽다. 액체의 양 보존 과제에서 두 컵에 담긴 물의 높이의 차이는 아동의 주의를 끄나, 이를 상쇄하는 넓이의 차이는 주의를 끌지 못하고 있다. 반면 구체적 조작기의 아동은 전체 자극을 폭넓게 파악한다(탈중심화). 물의 높이의 차이와 넓이의 차이 등 관련된 모든 특징들에 주목하고 이를 적절히 고려한다.[43]

전조작기 아동들의 사고는 비가역적이지만, 구체적 조작기 아동들의 사고는 가역적이다. 즉, 구체적 조작기의 아동들은 사고나 행위가 진행되어 온 과정을 거슬러 올라감으로써 이들을 직접적으로 추리할 수 있으며, 또 어느 한 측면의 증감이 다른 한 측면의 증감에 의해 상쇄될 수 있음을 이해한다. 액체의 양 보존 과제에서, 조작기 아동은 길고 가느다란 컵에 물을 옮겨 붓는 행위가 원래의 컵에 물을 다시 옮겨 붓는 역행위에

---

43. 액체의 양 보존 검사는 물이 담겨 있는 처음 상태와 나중 상태의 두 상태와 이 두 상태를 연결하는 변화 과정 또는 변형으로 구성된다고 볼 수 있다. 전조작기 아동들은 상태를 만들어 내는 변형보다는 상태 자체에, 또 과거나 미래의 상태보다는 현재의 상태에 더 주의를 기울인다. 즉, 앞서 말한 중심화를 공간적 중심화라고 한다면, 이것은 일종의 '시간적 중심화'라고 할 수 있다. 다시 말해, 전조작기의 비보존 아동은 현재의 자극 장면에만 주의를 기울이며(시간적 중심화), 또 현재의 자극 장면 내에서도 특히 눈에 띄는 자극 특징들에만 선택적으로 주의를 기울임으로써(공간적 중심화) 보존 문제를 해결하고자 한다. 반면 구체적 조작기의 보존 아동은 처음의 상태와 중간의 변형을 모두 고려하여 보존 문제를 해결한다. 구체적 조작기의 아동들은 모양이 바뀌어도 양은 바뀌지 않는다는 것을 이해한다. 양, 수, 길이의 보존은 대개 6~7세경에 최초로 습득되며, 무게의 보존은 8세경에, 그리고 부피와 면적의 보존은 10~12세경에 습득된다.

의해 같아질 수 있음을 알아차리며, 물의 높이의 증가는 넓이의 감소에 의해 상쇄된다는 것을 알아차린다.

④ 형식적 조작기

형식적 조작기에 접어들면서 아동은 이제 성인과 같은 성숙한 사고 체계를 형성하기 시작한다. 구체적 조작기의 아동들은 실제의 행위가 수행될 수 있는 구체적 사물과 상황에 대해서만 논리적이고 체계적으로 사고할 수 있었다. 그러나 형식적 조작기의 아동들은 추상적이고 가설적인 범위에까지 사고를 확대한다. 구체적 조작기의 아동들은 당면한 문제 상황을 보이는 그대로 사실적으로 탐색하며, 여기서 발견된 경험적 현실들을 중시한다. 경험적 현실에서 비롯된 것이 아닌, 가능성의 존재 여부에 대해서는 거의 생각하지 않는다. 반면 형식적 조작기의 아동이나 성인은 문제 상황을 신중하게 검토하여 우선 있을 수 있는 모든 가능성들을 파악하고자 하며, 또 이들 중 어떤 것이 현재의 경우에 현실적으로 부합되는 것인지 알아내고자 한다. 구체적 조작기의 아동이 보통 현실에서 시작하여 마지못해 가능성으로 이동한다면, 형식적 조작기의 아동이나 성인은 먼저 가능성에서 시작하여 점차 현실로 이동한다.

구체적 조작기의 아동들은 가능성을 상상할 수는 있으나 이들을 논리적으로 분류하고 조작하지 못한다. 그리하여 처음부터 특수하고 구체적인 질문을 하기 시작하는 비능률적인 방법을 사용한다. 예를 들면, "벌이 눈을 쏘았나요?" 등의 질문을 한다. 형식적 조작기의 아동이나 성인들은 가능성들을 상상할 뿐 아니라 동시에 이들을 논리적으로 분류하고 조작할 수도 있다. 그리하여, 일반적인 질문으로부터 시작하여 구체적이고 특수한 질문으로 진행함으로써 점차 가능성을 줄여 나가는 능률적인 방법을 사용한다. "날씨 때문에 사고가 났습니까?" "운전기사가 무엇인가를 잘못했습니까?" 등이다.

형식적 조작기의 아동은 가설 연역적 사고를 한다. 즉, 문제 자료를 검토하고 어떠한 이론 또는 설명이 옳을 것이라는 가설을 세우고, 이로부터 논리상 어떠한 경험적 현상이 현실적으로 발생할 것인지 연역해 내며, 여기서 예언된 현상이 실제로 발생하는지 여부를 관찰함으로써 자신의 이론을 검증한다. 이것은 개인적인 실제 경험을 토대로 결론에 도달하는 구체적 조작기의 경험적 · 귀납적 사고와 뚜렷한 대조를 이룬다.

(3) 아동의 도덕 판단

피아제는 아동이 어떻게 사회 세계로 향하는지를 이해하려는 노력의 일환으로 아동의 도덕 판단을 연구하기 시작했다. 그는 도덕 교육의 근본은 아동들이 사회의 도덕 규칙에 자신을 제한하고, 사회적 선에 봉사하는 것이라고 가르치는 뒤르켕의 영향을 받았다. 피아제는 어떻게 아동이 사회적 유대감과 규칙에 대한 존경심을 발달시키는지를 연구의 초점으로 삼았다. 그는 독창적으로 자신의 실험을 실시하였는데, 그것은 분명한 도덕 규칙을 가진 실험이 아니라 아동들이 즐겨 노는 길거리 놀이 규칙이었다.

3~5세 된 아동들은 타인과 의사소통할 때 자기중심적인 경향이 있다. 마찬가지로 아동들이 놀이를 할 때도 자기중심적이다. 예컨대 야구 경기를 할 때 모자를 쓰고, 방망이를 휘두르고, 공을 잡거나 던진다. 그러나 그들은 가끔 공을 보지 않고 방망이를 휘두르거나 목표도 없이 공을 던지고, 공을 받을 때 눈을 감는다. 이처럼 각각의 행동은 독립적이다. 어떤 행동을 할 때 다른 것과 조화를 이루지 못한다. 그러나 7~8세 아동들은 똑같은 놀이를 해도 아주 다르다. 그들은 다른 친구들이 무엇을 하는지 주의 깊게 보면서 신호에 따라 공을 던지고 받는다. 그들의 행동은 다른 사람들의 행동과 조화를 이룬다. 그들은 함께 규칙에 따라 놀이하고, 다른 사람들이 똑같이 할 것을 기대하면서 팀 동료들과 조화롭게 놀이한다. 그러나 그들은 융통성 없이 규칙을 따른다. 그들은 구체적 상황에 따라 규

칙을 적용해야 된다는 생각을 거의 하지 못한다.

이와는 달리, 11~12세 아동들은 규칙과 함께 놀이를 시작한다. 그들은 왜 규칙이 필요하고, 그것들을 어떻게 준수해야 하는지를 알고 있을 뿐만 아니라 규칙이 바뀌어야 하거나 바뀔 수 있다는 것을 이해한다. 따라서 그들은 상황에 따라 규칙을 수정한다. 이와 같이 놀이를 조직화하는 독특한 방식, 즉 타인의 자기중심적 모방, 고지식하게 규칙을 따르며 놀이하기, 규칙의 협조적 적응은 하나의 발달 단계로 간주될 수 있다. 다시 말해, 규칙을 존중하거나 사회적 협조의 정도에 따라 한 단계에서 다음 단계로 발전하는 것일 수 있다.

피아제는 규칙에 대한 분명한 이해를 이끌어내기 위해 아동들과 면담하면서, 이와 유사한 발달 단계를 발견하였다. 규칙에 대한 첫 번째 이해는 6세 전후에 나타나는데, 이 시기의 아동들은 규칙을 법으로 믿고 있다. 법은 언제나 거기에 있어야 하며 바뀔 수도 없다고 생각한다. 왜냐하면 법은 고정 불변한 것이기 때문이다. 이러한 생각은 새로운 이해가 나타나는 약 11세까지 계속된다. 이처럼 아동이 규칙을 신성불가침한 것으로 여기는 이유는 이들의 사고가 자기중심적이기 때문이다. 자기중심적 사고의 특징은 자기와 타인을 구별하지 못하고 주관적 세계와 객관적 현상 그리고 정신과 사물을 구분하지 못하는 데 있다. 이러한 자기중심적 사고에서 벗어나기 위해서는 가역적 사고reversible thinking가 필요하다.[44]

가역적 사고란 사고가 진행되어 온 과정을 거꾸로 되밟아서 사고할 수 있는, 즉 현재의 조건이나 상태를 과거의 그것으로 되돌릴 수 있는 사고 능력을 말한다. 가역적 사고에 의해 어떤 조건이나 상태를 되돌릴 수 있을 때 그러한 정신 활동을 조작operation이라 하고, 이러한 가역적 사고에 의한 조작이 일어나는 시기는 대개 7세 이후부터이다. 가역적 사고의 출현으로 타인의 존재 인식과 역지사지가 비로소 가능해진다. 이러한 점에

---

44. 이택휘 외(1997), 앞의 책, p. 119.

서 가역적 사고의 출현은 아동으로 하여금 도덕으로 입문하는 데 매우 중요한 의미를 갖는다.[45]

피아제는 도덕성을 근본적으로 도덕적 판단 능력으로 보고, 도덕성의 발달을 그의 지적 발달 이론에 비추어 설명한다. 자신의 책인 『아동의 도덕 판단』에서, 그는 아동이 '규칙'에 대해 어떻게 생각하고 있는지에 관해 그리고 도덕적 책임감과 '공정성', '정의'에 관해 다루었다. 이 연구의 결과, 피아제는 규칙, 책임감, 공정성에 관한 아동의 생각을 연령에 따라 몇 단계로 나눌 수 있다는 것을 발견하였다. 그는 아동의 도덕성을 타율적 도덕성과 자율적 도덕성으로 구분하고, 아동의 도덕성은 타율적 도덕성에서 자율적 도덕성으로 발달한다고 보았다. 이와 같이 아동의 도덕 생활을 크게 타율과 자율의 수준으로 구분하면서, 타율의 수준에는 자아 중심주의와 권위주의의 단계를, 자율의 수준에는 호혜적 협동과 공정의 단계가 있음을 주장하였다.[46]

타율적 도덕성은 권위주의적 도덕 관념, 즉 어른의 권위에 복종하는 것이 도덕의 본질이라는 관념에 의해 지배되며, 비합리성을 특징으로 하고 있다. 여기에서는 규칙을 절대적이며 감히 도전할 수 없는 것으로 여긴다. 이에 반해서 자율적 도덕성은 인간관계에서 상호 존중과 협동을 바탕으로 한다. 그것은 성인의 영향에 의해서 형성되는 것이 아니라 동년배 집단에서 자연적으로 발생하는 상호 존중과 연대감에 의해서 형성된다. 규칙은 상대적이며 행위자의 의도와 더불어 규명되어야 하고, 공정은 획일적인 것으로서가 아니라 상황에 맞게 조화되어야 한다. 피아제에 의하면, 도덕 판단은 아동의 생활에서 동료, 그룹 간의 협동이 증대될 때, 유년기를 지배하고 있던 성인의 억압이 감소될 때, 아동이 성숙함에 따라 일어나는 지성의 발달에 의해 성장한다는 것이다.

---

45. 위의 책, p. 120.
46. 도덕교육연구회편(1985), 『도덕과 교육』, 형설출판사, pp. 86-7.

3. 콜버그의 도덕성 발달 6단계[47]

(1) 콜버그 이론의 배경

콜버그의 도덕 발달 이론은 피아제 연구, 특히 아동의 도덕 판단에 관한 그의 생각에 많은 영향을 받았다. 피아제의 중요한 가정은 인지와 정서는 평행하게 발달하며, 도덕 판단은 자연적으로 인지 발달을 드러낸다는 것이다. 이와는 대조적으로, 그 당시 대부분의 심리학자들은 도덕적 사고는 보다 더 기본적인 다른 사회 심리적 과정의 기능이 있다고 가정하였다. 예컨대 프로이트는 도덕성의 문제에 관심을 가지고 있었는데, 의식 형성에 대한 그의 연구에서 의식을 무의식적이고 비합리적인 초자아의 통제 하에 있는 것으로 간주하였다. 그러므로 도덕적 사고는 자율적이고 합리적인 과정이 아니라 개인이 거의 의식하지 못하는 무의식적인 힘의 산물이다. 이와 같은 초자아에 관한 프로이트 이론을 거부하는 심리학자들도 도덕성이 기본적으로 삶의 초기에 획득된 감정의 결과라거나 합리적인 사고 과정과는 거의 관련이 없다는 그의 가정에는 동조한다. 그리고 그들은 도덕성을 이해하기 위해서는 아동이 사회 규범이나 규칙을 지키기 위해 학습하는 사회화 과정을 연구해야 한다고 믿었다.

도덕 발달에 관한 이러한 접근은 오랫동안 계속되었지만, 점차 피아제의 도덕 발달에 관한 생각을 받아들이기 시작하였다. 이러한 추세는 증가하는 피아제의 영향력 때문이기도 했지만, 시대적 영향도 무시할 수 없었다. 즉, 도덕성이 단순히 무의식적 과정 혹은 초기 사회 학습의 산물이라는 가정은 상대주의적 입장으로 이끈다. 이러한 상대주의는 받아들이기 어려운 것이었다. 콜버그에 의하면, 도덕적 가치는 보편적이다. 그는 도덕을 상대적 가치로 보는 것을 비판하면서, 기본적인 도덕적 가치는 보편

---

47. J. Reimer, D. P. Paolitto, R. H. Hersh, *Promoting Moral Growth: From Piaget to Kohlberg*, New York & London: Longman, 1983, pp. 43-51.

적이라고 주장한다. 그는 피아제가 제시한 도덕적 성장에 대한 개념을 체계적으로 발전시킨 사람이다. 그의 유일한 공헌은 피아제가 인지 발달과의 관계에서 수행한 발달 단계의 개념을 도덕 판단의 연구에 적용한 것이었다. 어떤 의미에서, 콜버그는 피아제의 미완성 연구를 마무리하였다고 할 수 있다. 그러나 그 과정에서 그는 피아제의 초기 연구를 확대하고 수정하였다.

  (2) 도덕 판단의 개념과 뿌리

  콜버그의 도덕 발달 이론은 엄밀히 말해서 도덕 판단의 발달을 의미한다. 그러므로 그의 생각을 파악하려면 도덕 판단이 인간의 삶 속에서 어떻게 작동하는지를 이해해야 한다. 많은 사람들은 도덕성을 사회적 환경으로부터 획득한 가치로 생각한다. 그러므로 사람들은 가치를 소유하는 것으로 생각하고, 도덕적 인간은 그러한 가치에 따라 행위하는 것으로 생각한다. 이러한 상식적 생각은 많은 일상 경험과 일치하지만, 가치가 서로 갈등할 때 어떻게 될지를 고려하지 못한다. 그렇다면 어떤 가치를 따를지 어떻게 결정할 것인가? 예컨대 낙태가 잘못된 것이라고 교육받고 또 그렇게 믿고 있는 여인을 생각해 보자. 그런데 그 여인이 원치 않는 임신을 했다면 어떻게 할 것인가? 그녀의 입장에서는 낙태를 하고 싶지만 부모나 교회는 인위적인 유산을 금지하고 있다. 이것은 서로 다른 가치관에 기초한 상반된 견해에 직면하게 될 때 해결해야 하는 문제이다.
  분명히 여러 요인들이 그녀의 결정에 영향을 줄 것이다. 그녀가 유산을 했을 때, 아니면 아이를 낳았을 때, 도덕적, 정서적, 사회적, 경제적 문제들은 중요하게 고려해야 할 사항들이다. 이러한 고려 사항 가운데 어떤 것을 우선시해야 할 것인가? 콜버그는 이러한 문제에 관심을 가졌고, 그것은 도덕 판단과 관련된 것이다. 그에 의하면, 이 같은 상황은 두 가지 권리, 즉 자신의 행복이나 이익을 추구할 권리와 생명에 대한 태아의 권리 사이에 어떤 것을 선택할 것인가를 결정해야 하는 도덕적 딜레마에 직면하고 있다. 이러한 갈등하는 주장 속에서 어떤 것을 우선적으로 선택해야 한다.

이 문제를 해결하기 위해서는 논리적 과정인 추론이 필요하다. 이러한 과정은 피아제의 이론, 즉 원치 않는 임신으로 인해 그녀에게 불균형이 개입된 것이다. 만일 그녀가 균형을 회복하려면 어쨌든 어떤 결정을 해야 하고, 그것을 남이나 자신에게 정당화시켜야 할 것이다. 이것은 동화와 조절의 과정을 통해서 균형을 회복하는 것이기도 하다. 이러한 추론에 의한 결정은 각각의 상황에 대한 면밀한 검토와 대안이 요구된다. 예컨대 본인의 입장이나 상대 남자의 입장 그리고 어떤 결정에 대한 결과의 예측 등이 종합적으로 고려되어야 한다. 도덕 판단의 실행은 우리로 하여금 자신의 가치에 대해 숙고하도록 하는 것이며, 논리적 위계로 가치들을 질서지우는 것이다. 그것은 일상생활에서 일어나는 도덕적 갈등들을 상황에 맞게 해결하는 사고 과정이다.

사람들은 어린 아동은 도덕 판단을 하지 못한다고 주장하기도 한다. 사실, 2~3세 유아의 경우 7~8세 아동의 행동과 같이 책임감을 가지고 행동하고 있다고 보기는 어렵다. 그리고 2~3세 유아의 행동에 대해 옳고 그름을 판단하기는 어렵다. 우리는 아동들에게 적절하거나 부적절한 행동에 관한 구체적 규칙을 가르치고, 그들은 점차 왜 어떤 행동이 옳고 그른지를 이해하게 되고, 그러면서 그것이 아동의 행동을 인도할 수 있을 것이라고 기대한다.

발달적 관점에서, 아동은 규칙의 의미를 이해할 수 있기 전에 적절한 행동 규칙에 관해 배운다. 예를 들어, 엄마가 일을 하고 너무 피곤해 머리까지 아파하면서 귀가했을 때 유아가 부모를 이해하는 문제를 생각해 보자. 엄마는 아이에게 피곤하고 머리가 아파서 함께 놀아줄 수 없다고 설명하지만, 아이는 그 말을 이해하지 못하고 화를 낸다. 엄마는 엄마 나름대로 왜 아이가 이해할 수 없는지를 이해하지 못한 채 불평하고 화를 낸다. 이에 대해 피아제는 아이가 엄마의 말을 제대로 이해하지 못하기 때문에 엄마에 대해 호의적이지 못하다고 해명한다. 이 단계에서 아동의 사고와 사회적 상호 작용은 자기중심적이라는 것이다. 즉, 그들은 아직 자신의 관점과 남의 관점을 분별하지 못한다는 것이다. 어린아이는 엄마가 화가 났다는 것은 이해하지만, 머리가 아프다는 것이 무엇을 의미하는지는 이해하지 못한다. 유아는 아직 엄마의 입장에서 생각하지 못하기 때문에 엄마가 느끼는 고통을 알지 못한다. 그는 자신의 관점밖에 알지 못한다.

아동이 자기중심성을 벗어나 성장하는 것은 발달의 경이로움 중의 하나이다. 만약 앞의 예에서 8살 정도 되는 아동이었다면 달리 반응했을 것이다. 그는 부모가 같이 놀아 주지 않는 데 대해 실망은 하겠지만, 부모의 입장에서 생각해 보고, 피곤하고 머리가 아프다는 것이 함께 놀아주지 못하는 것에 대한 이유임을 이해할 수 있을 것이다. 콜버그는 3살 아이와 8살 아동의 반응 차이를 역할 채택, 즉 역지사지의 능력에서 기인하는 것으로 본다. 만일 우리가 도덕 판단에 대한 콜버그의 견해를 받아들인다면, 도덕 판단은 아동이 역지사지의 능력이 있을 때에만 가능하다. 즉, 3살 된 아이는 엄마가 독립된 주장을 가진다는 것을 인지하지 못하지만, 8살 된 아동은 엄마의 생각을 인지한다는 것이다. 피곤하다는 엄마의 생각을 존중하고자 결정하는 데 있어, 8살 된 아동은 도덕 판단을 수행하고 있는 것이다.

아동은 두 가지 발달적 연속성을 경험한다. 그들은 자신의 경험을 물리적·사회적 세계와 분리하지 못한다. 그들은 다른 사람과 상호 작용하듯이 물리적 대상에 대해 생각한다. 그러므로 자기중심성과 같은 발달 단계는 인지적 차원과 사회적 차원을 갖는다. 태양이 자신이 지각한 크기보다 더 크다는 것을 상상할 수 없는 3살 난 아이는 마찬가지로 엄마가 자신과 놀아주지 못하는 합리적인 이유를 생각할 수 없다는 것이다. 자기중심성을 벗어나기 위해, 아동은 물리적이고 사회적 세계를 새롭게 이해할 수 있는 새로운 인지 구조를 개발해야 한다.

물리적 세계에 대한 새로운 이해는 아동의 구체적인 조작적 사고의 발달에 기인하고, 사회적 세계에 대한 새로운 이해는 도덕 판단 능력과 역할 채택 능력의 발달에 기인한다. 이러한 두 가지 발달적 연속성은 서로 관련되고 영향을 준다. 태양에 대해 지각된 크기와 실제 크기를 구별할 수 있는 7살 아동은 지각과 판단 사이에 관점의 원리를 개입시킨다. 이러한 능력은 즉각적인 지각을 두 대상 사이의 관계에 대한 진리라고 알고 있는, 즉 지구로부터 멀리 떨어져 있는 것은 작게 보인다는 사실에 적응시키는 능력으로 본다. 마찬가지로 우리는 역할 채택이 사회관계에서 관점의 원리로서 작동하는 것으로 인식할 수 있다. 예컨대 8살 된 두 여자 어린이가 똑같은 인형을 갖고 놀기를 원한다고 가정하자. 이때 여자 어린이의 역할 채택 능력을 시험해 보면, 각 어린이는 인형에 대한 즉각적인 소망과 혼자 인형을 가지고 싶다는 결정 사이에 자신의 친구 역시 혼자 인형을 갖고 싶어 한다는 인식을 개입시킨다.

그러한 인식은 자신의 소망을 새로운 관점에 두게 한다. 즉, 자신의 소망은 홀로 존재하는 것이 아니라 다른 사람의 소망과의 관계 속에서 존재하는 것이다. 똑같은 물건을 원하는 두 사람의 관점으로부터 새로운 행동 방향, 즉 나눔이 나타나는데, 이것은 적어도 두 사람이 부분적으로 이러한 소망들을 나누도록 하는 논리적 가능성에서 기인한다. 일단 이러한 논리가 가능해지면 아동은 점차 더 잘 이해하게 되고, 결국에는 그러한 상황에서 공평함을 위해 다른 사람과 나누어야 한다는 것을 느끼게 된다. 이렇게 될 때 역할 채택의 새로운 단계는 도덕 판단의 새로운 단계로 이끈다.

역할 채택 단계와 도덕 판단이 동일하게 발달하기 전까지 아동은 구체적 조작기에 머무르는 경향이 있다는 것은 인지 발달과 도덕 발달 단계 사이의 관계에 대한 경험 연구를 통해 밝혀졌다.[48] 이것은 두 가지를 함축한다. 첫째는 인지 발달 단계는 동등한 도덕 발달 단계를 위한 필요조건이라는 것이다. 예를 들어, 8살 아동이 태양과 지구 같은 물리적 대상 간의 관계에서 관점의 논리를 이해하지 못한다면, 역할 채택에 의해 제공된 사회적 관계에 대한 관점도 발달시킬 수 없다. 둘째, 인지 발달 단계는 필요조건이긴 하지만 충분조건은 아니라는 것이다. 물리적 관계의 관점을 이해하는 것이 사회적 관계의 관점을 이해하는 것보다 더 쉽다는 것이다. 아동은 물리적 관계의 관점에 도달할 수는 있지만, 도덕 발달의 관계로 동일하게 나가지 못할 수 있다. 그 이유는 소유물을 나누는 논리적 방식을 받아들이는 것은 지구와 태양과의 관계를 이해하는 데에는 필요하지 않은 정서적 반응의 재구성을 요구하기 때문이다. 이것은 도덕 단계의 발달이 더 많은 성숙함을 요구한다는 것을 의미하며, 아동은 인지와 정서가 평행하게 발달하지만 사회 세계에 대한 이해보다는 물리적 세계에 대한 이해가 좀 더 빨리 진행된다는 것을 함축한다.

(3) 도덕 판단의 단계

콜버그는 피아제가 도덕성을 타율적 도덕성과 자율적 도덕성으로 양분한 것은 도덕성 발달을 지나치게 단순하게 본 것이라고 생각하고, 피아제가 주로 아동을 연구 대상으로 한 것에서 성인까지 확대하여 도덕성 발달을 3수준 6단계로 확대하여 제시하였다. 그는 가설적인 도덕적 딜레마를 제시하고 그 상황에서 어떻게 행위하고, 그 이유는 무엇인가를 묻는 형식으로 도덕성 발달을 측정하였다. 여기에서는 콜버그의 도덕성 발달 단계를 살펴보고, 그가 제시한 주요한 가설적 딜레마인 하인츠Heinz 딜레마를 통해 도덕성 발달의 3수준 6단계를 살펴본다.

---

48. R. L. Selman, *The growth of interpersonal understanding development and clinical analysis*, New York: Academic press, 1980.

① 도덕 발달의 3수준 6단계[49]

가. 인습 이전의 단계 ──────────────────

제1단계 : 벌과 복종에 의한 도덕성

도덕적 선악의 개념은 있으나 준거는 권위자의 힘이나 개인적 욕구와 관련해 해석된다. 이 단계에서 옳은 것은 벌을 피하고, 신체적·물리적 손상을 입히지 않고, 규칙과 권위에 충실하게 복종하는 것이다. 즉, 옳은 것은 규칙의 위반을 피하고 복종 자체를 위해 복종하고 사람과 재산에 대한 신체적·물리적 손상을 피하는 것이며, 옳은 행동을 하는 이유는 벌의 회피와 권위자의 우월한 힘 때문이다. 그러므로 행위의 옳고 그름을 그 행위의 결과로 판단하고, 진정한 의미의 규칙에 대한 개념이 없으며, 도덕 판단 기준은 신체적·물리적 힘이다. 이러한 관점에서, 이 단계의 사람은 다른 사람의 관점을 고려하지 못하고, 다른 사람은 그와 관점이 다르다는 것을 인식하지 못한다. 다른 사람의 심리적 관점에 의해서보다는 물리적 결과에 의해 행동을 판단하며, 권위자의 관점과 자신의 관점을 혼동한다.

제2단계 : 도구적 상대론자의 도덕성

이 단계는 순진한 도구적 상대주의에 자리하고 있다. 자신에게 당장 이익이 있을 때 규칙을 준수하고, 네가 나를 도와주면 나도 너를 도와준다는 상호 교환 관계의 기준이 있다. 이 단계에서는 자신이 속한 집단의 기대나 기준에 맞추어 행동하는 것을 이상으로 여기며, 사회 질서에 순응하고 힘 있는 사람과 동일시하려 한다. 다른 사람과의 상호 작용을 고려한 사회 지향적 가치 기준을 갖는다. 따라서 옳은 것은 자신 또는 다른 사람

---

49. J. Reimer, D. P. Paolitto, R. H. Hersh(1983), op. cit., pp. 65-82.

의 욕구를 만족시키고, 구체적 교환에 의해 공정한 거래를 하는 것이다. 옳은 것은 자신의 이익과 욕구를 만족시키는 것이며, 다른 사람에게도 그와 같이 하도록 허용하는 것이다. 옳은 것은 또한 공정한 것으로서, 동등한 교환, 거래, 협약이다. 옳은 행동을 하는 이유는 그 행동이 자신의 이익 또는 욕구를 충족시켜 주기 때문이다. 이러한 관점에서, 이 단계는 구체적인 개인주의적 관점을 취하며, 자신의 이익이나 관점을 다른 사람의 이익이나 관점과 구별한다. 이 단계에서는 누구나 각자 추구해야 할 이익이 있고, 그것은 서로 갈등한다는 것을 알고 있다. 그러므로 옳은 것은 상대적이라고 의식하고 있다. 그리고 도구적 관점을 통해 갈등하는 개인적 이익을 서로 관련시키고 조정한다.

나. 인습의 단계

제3단계 : 개인 간의 조화의 도덕성

이 단계에서 도덕적 행위는 다른 사람들을 도와주고 기쁘게 해주는 행위로서 타인의 반응이 도덕성 판단의 기준이 되지만, 물리적인 힘보다는 심리적인 인정 여부에 관심이 있다. 그리고 사회적 규제를 수용하며, 의도를 근거로 행위의 옳고 그름을 판단한다. 이 단계에서 옳은 것은 다른 사람들의 감정에 관심을 가지고, 동반자에 대한 충성과 신뢰를 간직하고, 규칙과 기대에 따라 좋은 역할을 하는 것이다. 그리고 자기와 가까운 사람들의 기대에 따라 착하게 살아가는 것이다. 착하다는 것은 다른 사람들에 대해 관심을 보이고 좋은 동기를 가지고 있음을 의미하며, 이것은 신뢰, 충성, 존경, 감사를 간직하면서 상호 관계성을 유지하는 것이다. 옳은 행동을 해야 하는 이유는 다른 사람들을 돌보면서 착하게 살아야 하기 때문이다. 왜냐하면, 만약 자신이 다른 사람의 입장에 놓이게 되면, 그는 착한 행동을 원할 것이기 때문이다(황금률). 이러한 관점에서, 이 단계는 다른 사람들과의 관계 속에서 개인적 관점을 취하며, 공유된 감정, 협약,

기대를 의식한다. 그는 역지사지를 통해 그의 관점을 말하지만 일반화된 체계적 관점을 고려하지는 못한다. 이 단계는 추상적 사고가 가능한 피아제의 형식적 조작기의 초기에 해당된다.

제4단계 : 사회 질서 유지의 도덕성

이 단계는 법과 질서를 준수하며 사회 속에서 개인의 의무를 다하는 단계이다. 이 단계에서는 법과 질서가 호소력이 있으며, 정의는 자신의 의무를 수행함으로써 사회의 질서나 가치를 유지하는 것이다. 그러므로 이 단계에서는 권위, 고정된 규칙, 사회 질서를 지향한다. 사회, 집단, 제도에 공헌하는 것이 선이다. 따라서 옳은 것은 사회 질서를 유지하고 사회 또는 집단의 복지를 유지하면서 자기의 사회적 의무를 다하는 것으로서, 자기가 동의한 현실적 의무를 수행하는 것이다. 이 단계는 사회적 관점과 체제 내의 의무와 관련해서 개인의 관계를 고려한다. 자신의 가치관과 도덕적 원리나 원칙이 자신이 속한 집단과 별개임을 깨닫게 되면서 개인의 양심에 근거하여 행위를 하지만, 아직 소수의 권리에 대한 예리한 감각은 없다.

다. 인습 이후의 단계 ─────────────────────

제5단계 : 사회 계약의 도덕성

이 단계는 인간으로서의 기본 원리에 따라 행동하는 시기로서, 사회적 책임으로서의 공리주의와 가치 기준의 일반화를 추구한다. 이 단계의 사람들은 신념이 서로 다른 사람들의 상호 유익을 위하여 합의를 시도하므로 소수까지 포함된 모든 개인의 권리가 인정되는 단계이다. 예컨대, 어떤 친구의 비행을 말할 것이냐 아니냐 하는 문제는 이제는 그 친구가 그 행위를 하게 된 이유에 달려 있게 되고, 가능한 여러 행동이 그 친구와 보다 넓은 공동체에 끼칠 영향력을 고려하게 된다. 따라서 정의는 개인의 권리를 존중하고 사회 전체가 인정하는 기준을 준수하는 것이며, 사회 질서를 유지하기 위해 법과 규칙을 준수한다. 그리고 그 법과 규칙은 대다수 성원들의 더 나은 이익을 위해 변경 가능하다. 이 단계에서 사람들은 다양한 가치와 의견을 가지고 있으며, 대부분의 가치와 규칙은 집단에 따라 상대적이라는 것을 깨닫는다.

이 상대적 규칙은 공정성을 위해 일반적으로 옹호되어야 한다. 왜냐하면 그것은 사회적 계약이기 때문이다. 그러나 생명이나 자유와 같이 상대적이지 않은 가치, 권리는 어느 사회에서나 지지되어야 한다. 그리고 옳은 행동을 해야 하는 이유는 일반적으로 법률에 복종해야 하는 의무감 때문이다. 모든 사람의 이익을 위해 법을 만들어 지키기로 하고 자신과 다른 사람의 권리를 보호하기로 사회적 계약을 한 상태이기 때문이다. 이 단계의 사람은 최대 다수의 최대 이익이라는 합리적 계산에 기초한다. 이러한 관점에서, 이 단계는 개인의 가치와 권리를 사회보다 우선하는 관점을 취하며, 가치와 권리를 사회적 결속이나 계약보다 우선하는 합리적이고 개인적인 의식을 취한다. 이 단계에 있는 사람은 협약, 계약, 객관적 공평성, 합당한 절차와 같은 형식적 기제에 의해 여러 관점을 통합한다. 그리고 도덕적, 법적 관점을 고려하고, 양자가 갈등하면 통합이 어렵다는 것을 알게 된다.

제6단계 : 보편 윤리적 원리의 도덕성

이 단계는 법이나 관습 이전에 인간 생명이 관여된 문제로서, 생명의 가치는 무엇보다도 우선하여 생각해야 하며, 보편적 도덕 원리를 지향한다. 스스로 선택한 도덕 원리나 양심의 결단에 따르는 단계이며, 보편적 도덕 원리를 인식하게 된다. 사회 질서에 대한 것이 아니라, 모든 사회와 모든 사람을 결속시키는 도덕적 원칙을 존중한다. 어떤 상황에서의 정의는 모든 주장에 대하여 동등하게 생각하는 것이며, 모든 사람이 결코 수단으로 여겨지지 않고 목적으로 여겨지는 것이다. 따라서 옳은 행동은 자신이 스스로 선택한 윤리적 원리와 일치하는 양심에 따라 결정되며, 정의와 인간 권리의 상호성과 평등성, 개인으로서의 인간 존재의 존엄성을 존중한다. 이 단계에서 기본적 원리는 가역성, 보편화 가능성, 일관성으로서의 공정성의 원리이며, 가역성의 원리는 황금률 개념의 분석적 적용에 의한 이상적 역할 채택으로서 정의의 원리이다. 그리고 옳은 행동을 해야하는 이유는 합리적 인간으로서 원리의 타당성을 알고 그것에 충성하기 때문이다. 따라서 이 단계에서는 사회적 합의를 이끌어 내고 그것이 바탕이 되는 도덕적 관점을 취한다. 도덕성의 본질, 즉 다른 사람을 수단이 아닌 목적으로서 존중하는 기본적인 도덕적 전제를 인식하는 합리적인 개인적 관점을 취한다. 이처럼 인습 이후의 단계에서의 도덕적 결정은 사회구성원 모두가 동의하는 권리, 가치 또는 원리로부터 이루어진다.

이러한 콜버그의 도덕성 발달 단계는 다음과 같은 특징을 가지고 있다.[50] 첫째, 단계들은 각 사고방식에 있어서 질적으로 다르다. 단계가 다른 두 사람이 비슷한 가치를 공유할 수는 있으나 그것에 대한 그들의 사고방식은 질적으로 다르다. 예컨대 갑과 을은 둘 다 친구에게 우정의 가치를 부여할 수 있다. 갑이 생각하는 친구는 그의 이익에 관심을 가지고 그가 곤란에 처했을 때 그를 도와줄 수 있다. 한편 을이 생각하는 친구는 한 인간으로서의 그를 좋아하고 그의 문제에 뜻을 같이하기 때문에 우정의 가치를 부여할 수 있다. 이 두 사람의 경우, 우정의 가치를 부여하는 것은 비슷하나 가치로서의 우정의 의미는 다르다.

둘째, 각 단계는 구조화된 전체를 구성한다. 예를 들어, 피아제가 말하는 구체적 조작기에 이르면, 아동은 선택적 반응을 단순히 수정만 하는 것이 아니라 전체 사고방식을 재구성한다. 도덕 영역에서도 단계가 변화되면 도덕적 문제의 전체 계열에 대한 사고방식을 재구성한다. 셋째, 단계들은 불변의 계열을 형성한다. 아동은 피아제가 제시하는 인지 발달의

---

50. 남궁달화(1995), 『콜버그의 도덕 교육론』, 철학과현실사, pp. 40-1.

전조작기를 통과하지 않고는 구체적 조작기에 도달할 수 없다. 도덕 발달에서도 왜 인간의 생명이 성스럽고 어떠한 일이 있어도 보존되어야 하는가를 이해하기 전에 인간의 생명이 재산보다 더 가치 있음을 이해해야한다. 다음 단계는 전 단계가 계발된 뒤에 계발된다. 왜냐하면 다음 단계의 성취는 앞 단계를 특징짓는 조작보다 논리적으로 더 복잡한 인지적 조작의 습득을 요구하기 때문이다.

넷째, 단계들은 위계적 통합체로 구성되어야 한다. 한 사람의 사고가한 단계로부터 다음 단계로 발달할 때 높은 단계는 낮은 단계에서 발견된 구조들을 통합한다. 한 사람이 형식적 조작기에 이르렀을 때 그는 구체적 조작기의 사용 방법을 잊지 않는다. 그는 문제가 단순할 경우에는구체적 조작을 사용하지만, 문제가 복잡할 경우에는 형식적 조작을 통해문제를 해결한다. 다섯째, 단계의 개념은 다양한 문화적 조건 하에서도계열의 보편성을 갖는다. 발달은 문화적 가치 또는 규칙을 학습하는 것뿐만 아니라 어떤 문화에서나 나타나는 발달의 보편성을 반영하는 것이기도 하다. 도덕 판단의 단계는 문화적으로 보편적인 모습을 보여 준다.

② 도덕 발달 단계 예시

다음은 하인츠 딜레마이다.

유럽의 한 부인이 특수한 종류의 암 때문에 거의 죽어가고 있었다. 그 부인의병을 치료하는 데에는 오직 한 가지 약밖에 없는 것으로 알려져 있었다. 이 약은 같은 마을에 사는 어느 약사가 최근에 발명한 라디움 종류의 약이었다. 그약을 만드는 데에는 원가가 상당히 비싼데다가, 그 약사는 약값을 원가의 10배나 요구하였다. 200달러에 라디움을 구입해 만든 그 조그만 약을 2,000달러에팔려고 한 것이다. 병든 부인의 남편인 하인츠는 돈을 구하기 위해 아는 사람들을 모두 찾아 다녔으나 그 약값의 절반밖에 안 되는 1,000달러밖에 마련하지 못했다. 할 수 없이 하인츠는 그 약사에게 가서 자기 부인이 죽어가고 있다고 설명하고 그 약을 1,000달러를 받고 싸게 팔거나, 아니면 외상으로라도 자기에게 팔면 다음에 그 돈을 갚겠다고 간청했다. 그러나 그 약사는 "안 됩니다. 그 약은 내가 발명한 약인데, 나는 그 약으로 돈을 벌어야 합니다"라고 대답했다. 절망에 빠진 하인츠는 약방에 침입하여 자기 부인을 위하여 그 약을 훔칠 생각을 하고 있다.[51]

이에 대한 반응을 발달 단계별로 살펴보면 다음과 같다.[52]

1단계 찬성: 하인츠가 약을 훔치는 것은 옳다. 그가 부인을 위해 약을 훔치지 않으면 부인은 화를 낼 것이고 그래서 그를 죽일지도 모르기 때문이다. 1단계 반대: 하인츠가 약을 훔치는 것은 옳지 않다. 그가 약사의 재산을 훔치면 경찰이 붙잡아 처벌을 할 것이기 때문이다.

2단계 찬성: 하인츠가 진정으로 약을 훔치고 싶지는 않겠지만, 이 경우에는 자기 부인의 생명을 구하기 위하여 훔치는 것이 옳다고 본다. 하인츠가 부인을 사랑하고 있고 또 필요로 하고 있기 때문이다. 2단계 반대: 하인츠가 약을 훔치는 것은 옳지 않다. 하인츠는 그의 부인을 그렇게 필요로 하지 않을지도 모른다. 만약 그가 감옥에 들어간다면 부인의 생명을 구하는 것이 이득이 되지 못하기 때문이다.

3단계 찬성: 하인츠가 약을 훔치는 것은 옳다. 그가 약을 훔치는 것은 좋은 남편, 충실한 남편으로서 해야 할 일을 하는 것이다. 만약 그가 약을 훔쳐서 부인을 구하지 않는다면 죄책감을 느낄 것이다. 3단계 반대: 하인츠가 약을 훔치는 것은 옳지 않다. 그의 부인이 죽는다 할지라도 그를 비난할 수는 없다. 비난받아야 할 사람은 오히려 약사이다. 의료계에 종사하는 사람으로서 그는 사람들을 치료해야 할 의무가 있다.

---

51. J. Reimer, D. P. Paolitto, R. H. Hersh(1983), op. cit., pp. 54-5.
52. 조성민 · 정선심(1993), 『논리와 가치탐구』, 철학과현실사, pp. 67-74.

4단계 찬성 : 재산을 보호하는 법을 어기게 되므로 개인 재산을 훔치는 것은 옳지 않다. 그러나 이 경우에는 인간의 생명이 걸려 있기 때문에 하인츠가 약을 훔치는 것이 꼭 나쁘다고 말할 수는 없다. 그는 보다 상위법을 따르고 있는 것이다. 물론 그는 부족한 약값을 나중에 치르고 아마도 잠시 동안 감옥에 들어가 있어야 할 것이다. 4단계 반대 : 물론 약사가 그렇게 많은 액수의 돈을 약값으로 요구하는 것은 도덕적으로 옳지 않지만 법적으로는 허용이 된다. 하인츠는 다른 사람의 정당한 재산을 훔칠 수 있는 법적 권리가 없다. 우리는 법에 의해 보장된 권리를 존중해야 한다. 그렇지 않으면 사회 혼란을 야기하게 될 것이다.

5단계 찬성 : 법은 물론 다른 사람의 정당한 재산을 훔치는 것을 금지하고 있지만 하인츠 딜레마와 같은 상황을 고려하고 만든 것은 아니다. 이 상황에서 법은 인간의 기본적 권리를 보호한다는 목적을 제대로 수행하지 못하므로 하인츠가 약을 훔치는 것은 정당화된다. 생명의 가치는 개인의 재산 가치보다 훨씬 우선한다. 5단계 반대 : 하인츠가 이러한 상황에서 약을 훔치는 것에 대하여 사회 구성원들이 비난하기는 어렵겠지만, 훔치는 것이 꼭 옳다고 말할 수는 없다. 하인츠는 자신이 어떻게 행동해야 궁극적으로 모든 사람들에게 최대의 선을 가져올 수 있는가를 고려해야 한다.

6단계 찬성 : 하인츠는 도덕적으로 볼 때 약을 훔칠 수밖에 없다. 생명과 같은 개인의 기본권이 법에 의해 보장받지 못할 때 그 권리를 위해서 그 법을 위반할 수 있는 권리가 있다. 약사는 일반적인 정의 관념에 따라 행동하지 않았기 때문에 그의 재산권을 사실상 포기한 것이나 마찬가지이다. 6단계 반대 : 자기 부인의 생명을 포함하여 누구의 생명이든 간에 생명을 구하기 위해 약을 훔치는 행위는 도덕적으로 용인할 수 있을 것이다. 그러나 그 약을 필요로 하는 다른 사람이 있다면, 그 사람도 마찬가지로 그 약에 대한 동등한 권리를 갖고 있다. 만약 한 번 복용할 약밖에 없다면 누가 그 약을 차지할 것인가를 보다 공정한 방식으로 결정해야 할 것이다.

이처럼 콜버그의 도덕 발달 이론은 도덕성의 내용, 즉 덕목의 주입을 반대하고 도덕성 발달 수준을 함양하는, 즉 도덕성의 형식에 관심을 둔다.[53] 이러한 도덕 판단의 형식을 강조하는 콜버그의 도덕 발달 이론은 칸트의 형식주의 윤리학에 기초하고 있다.

---

53. 도덕성의 내용은 특정한 덕목 혹은 도덕적 가치관과 같은 실질적인 도덕적 판단의 내용을 말하며, 도덕성의 형식은 그 판단을 도덕적이게 하는 형식적 특징 혹은 그러한 도덕적 판단에 이르는 절차나 방법을 지칭한다. 예컨대 어떤 학생이 아버지의 병을 고치기 위해 약국에 가서 특효약을 훔치겠다는 판단을 했다고 하자. 이 판단은 '부모에 대한 효도'라는 내용 곧 덕목과 '대인 간의 조화를 증진시키는 것이 도덕적'이라는 형식을 동시에 포함한다. 이때 전자는 도덕적 의무의 내용을 말하고, 후자는 어떤 판단을 도덕적인 것으로 볼 것인가 하는 형식을 나타낸다. 조난심(1991), 「도덕 교육의 목적으로서의 자율성」, 서울대학교대학원 박사학위논문, pp. 26-7.

제2장 인지 중심의 도덕과 교육의 내용

인지 중심의 도덕과 교육의 관심은 인지적 접근을 통한 아동의 합리적 가치 판단 능력의 배양이었다. 그리고 여기에서 도덕은 인간 밖에 존재하는 어떤 것이 아니라 인간 내부에서 자율적인 작동을 통해 채택된 규범 체계이다. 따라서 이때의 도덕 교육적 관심은 개인이 합리적으로 가치를 판단할 수 있도록 하는 능력을 함양하는 것이다. 이를 위해 제4~6차 도덕과 교육은 가치가 갈등하는 상황, 즉 도덕적 딜레마 사태를 제시하고 그 딜레마를 합리적으로 해결하도록 하는 내용 구성이 요구되었다. 그러나 인지 중심의 도덕과 교육 과정에서의 내용은 과거의 행동 중심의 도덕과 교육 과정에서와 마찬가지로 덕목 중심으로 제시되었고, 다만 방법적 측면에서 인지적 접근을 실시함으로써 소기의 성과를 거두는 데에는 한계가 있었다. 이러한 반성은 제5차 도덕과 교육 과정 개정 시안에 잘 나타나 있다.

구체적인 행동의 지침이 되는 덕목을 가르치면서, 동시에 특정한 도덕적 문제 사태를 놓고 이를 개방적으로 논의한다는 것은 불가능한 일이다. 다시 말하면, 제4차 도덕과 교육 과정은 덕목위주의 교육에서 강조해온 '행동'을 내용으로 하고 인지적 접근에서 강조해온 '지적 이해'를 방법으로 채택하였기 때문에 수업 현장에서 많은 어려움을 겪게 하였던 것이다.[54]

---

54. 홍웅선(1988), 앞의 책, p. 149.

　이러한 지적에도 불구하고, 인지 중심의 도덕과 교육 과정 시기에는 기존의 덕목을 도덕과 교육의 내용으로 삼는다. 다만 제4차 도덕과 교육 과정에서는 제3차 교육 과정의 42개 덕목을 21개 덕목으로 줄이고, 3차에서의 5개 생활 영역을 4개 생활 영역으로 축소하였다. 제5차 도덕과 교육 과정에서는 제4차 도덕과 교육 과정의 4대 생활 영역을 개인, 가정 · 이웃, 시민, 국가, 통일 · 안보 생활의 5대 영역으로 확대하고, 26개의 지도 요소(덕목)를 제시하였다. 그리고 제6차 도덕과 교육 과정에서 도덕과 수업 시수는 종전의 2시간에서 1시간으로 축소 조정되는 대신에 모든 교과와 특별 활동을 통해 도덕 교육을 강화하고자 하였다. 도덕과 수업 시수의 감소에 따라 지도 요소(덕목)도 제5차 도덕과 교육 과정에서의 26개에서 20개로 축소되었다. 이러한 지도 요소(덕목)는 4개 생활 영역에 각각 5개씩으로 배열되었다. 그리고 학생의 인지 발달과 도덕적 사고의 형태와 수준에 따라 초등학교 중학년에서는 기본 덕목의 내면화 과정을 중시하였고, 고학년 도덕과에서는 합리적 가치 판단 능력을 함양하고자 하였다.

1. 제4차 도덕과 교육 과정의 내용

1. 개정의 방향

　제4차 도덕과 교육 과정의 내용 특징은 교육 내용을 4개 생활 영역으로 분류하여 제시하고, 통합 교과에 해당하는 1, 2학년의 경우 가정과 학교에서 생활하는 데 필요한 가장 기초적인 생활 습관을 강조하고 있고, 고학년으로 갈수록 어려운 덕목들을 다루도록 하고 있다. 제4차 도덕과 교육 과정의 기본 입장은 첫째, 행동과 인지의 두 가지 측면을 절충하여 초등학교 저학년에서는 행동적 접근을 모색하고, 고학년으로 올라감에 따라 점차 인지적 접근에 비중을 두고 있고, 둘째, 초등학교에서는 덕목 중심으로 내용을 구성하고자 하였다. 제3차 교육 과정과 비교하여 달라진 점은 ① 제4차 도덕과 교육 과정은 최초로 인지적 접근을 도입하였고, 학생들의 사고와 이해를 중요시하며, 합리적으로 판단하고 도덕적 문제 사태를 능동적으로 해결해 나갈 수 있도록 하였다. ② 생활 영역을 개인의 발전, 명랑한 사회, 나라의 발전, 평화 통일 등 넷으로 줄여 덕목을 재편성하였다. ③ 국가와 반공생활 영역의 비율을 50~60%로 늘려 국민정신교육의 내용을 강화하였다. ④ 제4차 도덕과 교육 과정에서는 도덕, 국어, 사회과의 통합 교과로서 바른생활 교과가 신설되어 1, 2학년에서 가르치게 되었다. ⑤ 덕목의 수를 제3차의 42개에서 21개로 축소하고, 학년 목표를 저, 중, 고학년으로 나누어 제시하였다. ⑥ 제3차의 '지도상의 유의점'을 '지도와 평가'로 나누어 구분함으로써 도덕과 평가에 대한 지침이 마련되었다.

2. 교과서 내용 구성과 진술

〈표 4-4〉는 1982년도에 발행된 제4차 교육 과정 6학년 도덕 교과서 내용의 일부이다.

제4차 도덕과 교육 과정은 인지적 접근을 표방하고 도덕과의 영역을 5개 생활 영역에서 4개 생활 영역으로 구성하였다. 그러나 실제 교육 과정의 내용 서술은 전통적인 덕목 위주의 교수 방법과 인지적 접근과의 차이가 무엇인지를 쉽게 알 수 있도록 되어 있지 않았다. 그리하여 덕목 실천을 지향했던 제3차 도덕과 교육 과정의 내용과 인지적 접근을 강조했던 제4차 교육 과정의 내용이 차이가 없는 것이 되고 말았다. 예를 들면, 제3차에서의 '시간의 의의를 알고 효과적으로 이용한다'는 것과 제4차에서의 '계획적인 생활로 여가를 선용한다'는 진술의 차이만으로는 인

1. 자주정신(새결심)

6학년이 된 첫날이었습니다. 우리 선생님께서는 다음과 같은 말씀을 해주셨읍니다. "여러분은 이 학교를 졸업할 때까지 이제 꼭 1년을 남겨 두고 있읍니다. 이 1년 동안 여러분이 모두 노력해야 할 점이 하나 있읍니다." 선생님께서는 '자주 정신'이라는 네 글자를 칠판에 크게 쓰시고, 그것을 가리키시면서 모든 일을 자주적으로 할 줄 아는 사람이 되어야 한다고 말씀하셨읍니다. 그리고, 우선 민족의 자주 정신을 깨우치기 위하여 평생 동안 애쓰셨던 도산 안창호 선생의 이야기를 들려 주셨읍니다. 다음은 안창호 선생의 글 중에서 선생님께서 읽어 주신 내용입니다. 내가 간절히 부탁하는 것은 '힘을 기르소서. 힘을 기르소서.' 하는 말입니다. 우리가 믿고 바랄 것은 오직 우리의 힘입니다. 독립이란 내가 내 힘을 믿고 내 힘에 의지하여 사는 것을 말합니다. 남의 힘을 믿고 의지하여 산다면 노예 생활과 다를 것이 없다고 생각됩니다. 만일 우리가 말로는 독립 운동을 한다고 하면서 다른 나라들의 사정만 쳐다보고 기다리고 있다면, 이는 독립 운동이 아닙니다. 참배나무에 참배가 열리고, 돌배나무에 돌배가 열리는 것처럼, 독립할 만한 힘을 기른 민족에게는 독립국의 영광이 있을 것이고, 힘을 기르지 못한 민족에게는 망국의 슬픔이 있을 것입니다. 세상의 모든 크고 작은 일의 성공이라는 것은 곧 힘의 열매입니다. 힘이 작으면 성공이 작고, 힘이 크면 성공이 큽니다. 그리고, 힘이 없으면 죽고, 힘이 있으면 사는 것은 당연한 이치입니다. 그러므로, 천 번 만 번 생각해 보아도 우리의 독립을 위하여 믿고 바랄 것은 오직 우리의 힘뿐입니다.

그런데, 우리의 힘은 너무나 보잘 것 없읍니다. 따라서, 우리 민족의 힘을 기르는 것이 무엇보다도 급합니다. 민족의 힘은 민족 각 개인이 가진 힘을 합한 것입니다. 그러므로, 민족의 힘을 키우려면 각 개인의 힘을 길러 이를 뭉치는 길밖에 없읍니다. 한 가지 이상의 학문이나 기능을 익혀서 각자 직업을 감당할만한 능력을 기르고, 정직하게 살라면서 우리 모두 힘을 모아 일합시다. 오늘날, 힘이 세다고 자랑하는 민족들도 본래부터 그 힘을 가지고 있었던 것은 아닙니다. 꾸준한 노력을 통해 그와 같이 힘을 기르게 된 것입니다. 우리 모두 배우고자 한 그 결심, 옳은 사람이 되고자 한 그 결심, 굳게 단결하려고 한 그 결심을 잊지 맙시다.

○ '참배나무에 참배가 열리고, 돌배나무에 돌배가 열린다.'라는 말의 뜻을 생각해 봅시다.
○ 자주 정신이란 무엇인지 각자 자기의 생각을 말해봅시다.

자주적인 사람

도산 선생은 우리 민족의 독립을 위해서 가장 중요한 것은 우리 민족 각자가 자주 정신을 가지는 일이라고 생각했읍니다. 이 자주 정신은 힘을 기르지 않고는 가질 수 없는 것이라고 선생은 생각했습니다. 여기서 힘이라고 하는 것은 곧 경제적인 힘, 지식의 힘, 단결의 힘, 그리고 가장 중요한 도덕의 힘을 말하는 것입니다. 그래서, 선생은 남을 속이거나 거짓말하지 말고, 진실되게 살며, 힘을 모아 일하자고 역설하였습니다. 도산 선생이 말한 자주 정신은 우리가 나라를 잃었던 일제 때에만 필요했던 것은 아닙니다. 나라와 민족이 독립을 찾은 후에도 보다 나은 나라를 건설하기 위해서 언제나 우리가 지녀야 할 것이 바로 이 자주 정신입니다. 그러면, 이 자주 정신이란 무엇일까요? 도산 선생은 그것을 '독립 정신'과 같은 것으로 보았습니다. 그래서, 내가 내 힘을 믿고, 내 힘에 의지하여 사는 것이 곧 독립이고, 자주라고 하였습니다. 나의 일을 내가 하지 않고 남의 힘을 빌어 하려 한다면 이것은 곧 자주 정신이 없는 것입니다. 이것은 국가에만 해당되는 것이 아니라, 우리 각자에게 모두 해당되는 말입니다. 내가 어떤 사람이 될 것인가 하는 것은 나 스스로 결정해야 할 문제이며, 그렇게 결정한 것을 성취하기 위해서 노력해야 할 사람도 다름 아닌 나 자신입니다. 내가 무엇이 될까를 남이 정해 주고, 그렇게 되어 가는 것도 남에게 의지하려 한다면, 그 사람은 곧 자주 정신이 없는 사람입니다. 우리는 자주 정신이 있는 사람을 가리켜 '얼이 있는 있는 사람'이라고 하기도 합니다. 얼빠진 사람은 곧 이 자주 정신이 없는 사람을 가리킵니다. 그리고, 어떤 사람이 '얼이 있다, 없다.'라고 말하는 것은 곧 그 사람의 됨됨이를 표현해 주는 방법이기도 합니다. 얼빠진 사람, 곧 자주 정신이 없는 사람은 자기의 할 일이 무엇인지 모르고, 남이 자기에게 할 일을 정해 주기를 바랍니다. 그런 사람은 자기의 할 일이 정해져도 그 일을 자기의 힘으로 하려고 애쓰지도 않습니다.

국민학교의 최고 학년인 우리들은 지금부터라도 자주적인 사람이 되도록 다 같이 노력합시다. 지나간 국민학교 5년 동안의 일들을 돌이켜보고, 내가 해야 할 일을 얼마나 나 스스로 실천했는가를 반성해 봅시다. 내가 해야 할 일을 남에게 맡기거나 의지한 적은 없었는지? 오늘 할 수 있는 일을 내일로 미루고 게으름에 빠졌던 일은 없었는지? 나의 힘을 기르기 위해 노력하려고 결심했던 일들을 지금 잊어버리고 있는 것은 아닌지? 앞으로의 1년을 아껴서 자기가 할 일들을 스스로 찾아 더욱 열심히 합시다. 부모님이나 선생님, 그리고 남에게 의지하는 일이 없도록 합시다. 잘 모를 때에는 다른 사람에게 물어 봅시다. 그러나, 내가 해야 할 일을 남에게 부탁하지는 맙시다. 그래서, 국민학교를 졸업하고 훌륭한 중학생이 될 수 있도록 준비합시다. 그리고, 앞으로 자주적인 사람이 되도록 계속 노력하여 이 나라의 앞날을 짊어질 훌륭한 일군이 됩시다.

○ 우리가 자주적으로 해야 할 일들을 생각해 보고 각각의 중요성을 말해 봅시다.
○ 각자 앞으로 어떤 사람이 될까를 생각해 보고 그렇게 되기 위해서 어떤 노력을 해야 할 것인지 발표해 봅시다.

〈표 4-4〉 제4차 도덕 교과서 구성과 진술의 예시

출처: 문교부(1965), 『도덕 6-1』, 국정교과서주식회사, pp. 8-14.

지적 접근의 특징이 무엇인가를 뚜렷이 할 수 없었다. 따라서 제4차 교육 과정에서 인지적 접근을 시도한 내용은 덕목 위주의 방법으로도 가르칠 수 있었고, 인지적 접근을 통해서도 가르칠 수가 있었던 것이다. 이 경우 인지적 접근은 순전히 교육 방법에 대한 시사로밖에는 볼 수 없다.[55]

제4차 도덕과 교육 과정의 기본 입장에서도 밝혔듯이, 제4차 도덕과 교육 과정에서는 행동과 인지의 두 가지 측면을 절충하여 저학년에서는 행동적 접근을 모색하고, 고학년으로 올라감에 따라 점차 인지적 접근에 비중을 두고자 하였다. 그러나 실제로 도덕과 교육의 내용은 제3차 도덕과 교육 과정과 달라진 것이 거의 없다. 예컨대, 도덕 교과서에 제시되어 있는 '공부할 문제'가 교과서 지문의 이해 내지는 숙지를 겨냥하고 있어 제4차 도덕과 교육 과정이 지향하는 합리적 가치 판단 능력을 함양하는 데에는 별다른 도움을 주지 못하였다.

2. 제5차 도덕과 교육 과정의 내용

1. 개정의 방향

제5차 도덕과 교육 과정은 종래의 인지적 접근을 지행합일의 통합적 관점에서 받아들임으로써 도덕과 교육의 내실을 기하고자 하였다.[56] 제5차 도덕과 교육 과정은 제4차 교육 과정의 인지적 접근을 계승하면서, 도덕적 지식의 이해, 도덕적 사고와 판단에 중점을 두면서 도덕적 열정이나 행동까지도 고려하였다. 제4차 교육 과정에서 인지적 접근을 제대로 실

---

55. 홍웅선(1989), 앞의 책, pp. 148-9.
56. 위의 책, pp. 149-52.

시하지 못한 이유는 인지적 접근을 할 수 있도록 교육 내용을 제시하지 못한 데 있다고 보고, 제5차 도덕과 교육 과정에서는 인지적 접근이 가능하도록 교육 내용의 선정 및 조직을 조정하였다. 이러한 기본 입장 하에서 제5차 도덕과 교육 과정의 내용의 특징은 첫째, 사회 윤리의 문제를 보강하였다는 것이다. 제4차에서는 도덕적 문제를 궁극적으로 개인의 탓으로만 돌리는 개인 윤리를 중시하였지만, 제5차에서는 사회에서 발생하는 가치문제를 제시하고 이를 도덕적 논의를 통해 해결하고자 하였다. 둘째, 반공 교육의 내용을 우리 체제에 대한 올바른 인식과 통일 의지를 고취시키는 방향으로 개선하였다. 셋째, 도덕과 교육의 내용을 학생들의 도덕적 사고를 촉진할 수 있도록 하였다. 교육 내용을 가능한 '도덕적 문제'로 진술함으로써 도덕 교과서가 탐구 활동 중심이 되도록 하였고, 교육 내용에 서로 대립하는 가치나 갈등을 초래하는 문제를 제시하여 사고를 촉진하도록 하였다. 넷째, 생활 영역을 종래의 개인, 사회, 국가, 반공 생활의 4개 영역에서 개인, 가정·이웃, 시민, 국가, 통일·안보 생활의 5개 영역으로 확대하였다. 다섯째, 지역적 특성을 고려하여 지역화의 내용을 설정하였다.

2. 내용의 선정 및 조직

제5차 도덕과 교육 과정의 내용의 선정 및 조직의 원칙은 다음과 같다.[57] 내용의 선정은 첫째, 기본 생활 습관의 형성 및 도덕적 실천을 강조하였다. 둘째, 이기적 성향을 극복하고 남을 생각할 줄 아는 공동체 의식과 태도를 강조하였다. 셋째, 전통 문화의 우수성을 강조하고, 민족 주체성을 회복할 수 있는 내용을 포함시켰다. 넷째, 반공 생활 영역의 내용은

---

57. 문교부(1990), 『국민학교 교사용 지도서 도덕 6-1』, 국정교과서주식회사, pp. 15-6.

공산 체제 및 현실에 대한 합리적 비판과 우리 체제에 대한 우월성을 강조하였다.

제5차에서는 교육 과정에 포함되어야 할 내용의 특성 및 학생들의 지적, 도덕적 발달 수준과 바람직한 도덕과 교수–학습의 과정에 비추어 내용을 조직하였다. 여기에서의 특징은 첫째, 생활 영역을 5개로 확대하였다. 둘째, 학년 간의 내용을 배열함에 있어서 생활 장면의 확대 원리, 추상화의 원리, 개념화의 원리를 따랐다. 셋째, 교육 내용의 적절성을 높이기 위해 지역화가 가능한 내용을 선정하도록 교육 내용 결정의 자율성을 도덕과 수업을 지도하는 교사의 수준에까지 확대하였다. 넷째, 제4차의 경우에는 내용이 문장으로 진술되어 있어서 목표와 구분되지 않았는데, 제5차의 경우에는 내용을 개조식으로 진술하였다.

3. 교과서 내용 구성과 진술

제4차 도덕과 교육 과정의 내용의 방향은 가능한 도덕적 문제로 진술함으로써 도덕 교과서가 가치 탐구 활동 중심이 되도록 하였다. 초등학교 교육 과정의 내용에 서로 대립되는 가치나 갈등을 초래하는 문제를 제시하여 사고를 촉진하도록 하였다. 그러나 제4차 도덕과 교육 과정은 덕목의 주입이라는 전통적 도덕 교육의 이념과 내용은 변화시키지 못한 채 주로 방법적 원리의 수준에서 인지적 접근을 도입한 것이었다. 따라서 전통적 교육에서 강조하는 행동과 인지적 접근에서 강조하는 지적 이해를 각각 도덕과 교육의 내용과 방법으로 채택함으로써 교육 실제상의 혼란과 어려움을 야기한 측면이 있었다.[58]

제5차 도덕과 교육 과정은 인지적 접근을 기조로 사회 윤리 문제를 보

강하고, 반공 교육을 개선하며, 교육 내용을 가능한 '생각할 거리' 중심
으로 제공하려고 하였다.[59] 이렇게 개정된 근저에는 제4차 교육 과정에서
의 인지적 접근이 본래 취지와 동떨어진 채 도덕적 사고를 요하는 도덕
적 문제보다도 주입과 실천을 요하는 덕목이 도덕과 내용의 주를 이루고
있었고, 탐구식보다는 설교조로 구성되어 있었기 때문이다(〈표 4-5〉참조).

제5차 도덕 교과서는 ① 제재명, ② 도입글, ③ 제1소제재, ④ 연구 문
제, ⑤ 제2소제재, ⑥ 연구 문제, ⑦ 제3소제재, ⑧ 연구 문제, ⑨ 관련 격
언이나 명언의 순서로 구성되었다. 교과서 구성 내용은 제4차 도덕과 교
과서 구성과는 달리 도덕적 문제 중심의 탐구식으로 구성되었다. 이러한
시도는 교과서의 '탐구 문제'를 통해 쉽게 알 수 있다. 각 탐구 문제에는
행위나 선택에 대한 '이유'나 '까닭' 그리고 '왜'를 묻는 질문들이 많이
나타난다. 예컨대,〈표 4-5〉의 도덕 교과서에서 "각자 장래의 꿈을 발표해
보고, 왜 그런 꿈을 가지게 되었는지 말해 봅시다"라든지 혹은 "지금의
꿈이 어렸을 때의 꿈과 달라졌다면, 그 까닭을 생각해 봅시다"라는 질문
은 학생들의 도덕적 사고를 자극하고, 어떤 선택이나 결정에 대한 합리적
인 이유나 근거를 묻고 있다.

이것은 과거의 도덕 교과서처럼, 덕목에 대해 설명하고 이를 얼마나 이
해하고 숙지하고 있는가를 묻는 것과는 근본적으로 다른 접근이다. 이러
한 점에서, 제5차 도덕과 교육 과정에 이르러 제4차 도덕과 교육 과정에
서 기획한 어떤 행위에 대한 정당성, 즉 합리적 이유나 근거를 찾는 활동
을 통해 합리적 가치 판단 능력을 함양하고자 하는 시도가 본격적으로
나타나고 있는 것이다.

---

59. 문교부(1988),『국민학교 교육과정 해설』, 서울시 인쇄공업협동조합, p. 193.

1. 큰 뜻과 실천

우리는 큰 뜻을 지니고 자라야 한다는 말을 자주 듣습니다. 그러나 목표만 세우고 노력하지 않으면 큰 뜻을 지녀도 소용이 없습니다. 여러분이 간직하고 있는 큰 뜻은 무엇이며, 또 그 뜻을 성취하기 위해서 평소에 어떻게 노력하고 있습니까?

큰 뜻

일기를 쓰다 말고 나는
큰 뜻을 품으라는 선생님의 말씀을
생각해 본다.
긴 듯, 짧은 듯
어느덧 여섯 해
몸도 자랐고 마음도 커졌다.

…(중략)…

언제나 마음속에
밝고도 커다란 큰 뜻을 품고,
쉬지 않고 나아가리.
꾸준히 실천하리.

○ 각자 장래의 꿈을 발표해 보고, 왜 그런 꿈을 가지게 되었는지 말해 봅시다.
○ 지금의 꿈이 어렸을 때의 꿈과 달라졌다면, 그 까닭을 생각해 봅시다.

꾸준한 실천

선생님께서는 새 학년이 된 우리에게 다음과 같이 말씀하셨습니다. "여러분은 장래에 이루고 싶은 큰 뜻을 지니고 살아가야 합니다. 여러분이 장래에 이루고자 하는 큰 뜻을 지니지 않는다면, 모든 일에 더욱 열심히 하려는 마음을 가지기가 어렵습니다. 그러나 지금 큰 뜻을 지녔다고 하더라도, 그것이 곧 이루어지는 것은 아닙니다. 먼 훗날에야 이룰 수 있습니다. 그렇기 때문에 큰 뜻을 이루기 위하여, 여러분은 저마다 지닌 소질을 키우고 좋지 못한 점을 고쳐 나가도록 노력해야 할 것입니다. 또, 그 큰 뜻을 이루기 위해서 지금 내가 할 수 있는 일을 생각해 보는 것도 매우 중요합니다." 그리고는 선생님께서 과제를 하나 내주셨습니다. 그것은 새 학년이 되어서 이루고 싶은 일이나 고쳐야 할 점을 한두 가지씩 정해서, 실천하자는 것이었습니다. 선생님께서는 과제를 칠판에 쓰고 아울러 보충 설명을 해 주셨습니다. "처음부터 너무 큰 목표를 세우면 실천하는 데 어려움이 따릅니다. 또, 목표는 혼자 정하는 것도 좋지만, 가족과 의

논하여 정하면 더욱 좋을 것입니다. 그리고 실천 과정을 꾸준히 기록하여 그때그때 반성한다면, 목표 달성에 도움이 될 것입니다." 오늘은 각자가 세운 목표와 그 동안에 실천한 내용을 발표하는 날입니다. 아이들은 자신의 목표와 그 목표를 세우게 된 까닭을 발표하였습니다. 그리고 그 동안의 경험도 이야기하였습니다.

…(중략)…

이 밖에 다른 아이들의 발표도 있었습니다. 선생님께서는 발표 내용을 들으시고, 자신의 잘못된 버릇을 고치고, 소질을 키우기 위해서 노력한 점을 칭찬해 주셨습니다. "큰 뜻을 세우는 것은 매우 중요한 일입니다. 그러나 큰 뜻을 세운 사람 중에는 그것을 이룬 사람도 있고, 이루지 못한 사람도 있습니다. 그것은 세운 큰 뜻을 어떻게 실천에 옮기느냐에 따라서 결과가 달라지기 때문입니다. 큰 뜻을 이루려면, 먼저 작은 목표를 세워서 하나하나 꾸준히 실천해 나가야 합니다." 선생님께서는 이렇게 말씀하시며, 우리들이 세운 목표를 꾸준히 실천하도록 격려해 주셨습니다.

> ○ 똑같은 목표를 세운 경우에도 그것을 실천하는 사람이 있고, 그렇지 못한 사람이 있습니다. 왜 그런지 이야기해 봅시다.
> ○ 자신이 세운 목표를 잘 실천하려면, 특히 어떤 점을 반성하고 고쳐야 할지 생각하여 봅시다.

꿋꿋한 삶

정약용 선생은 조선 시대의 유명한 학자이며 정치가였습니다. 당시에는 정치하는 사람들끼리 반대파를 관직에서 물러나게 하거나 귀양을 보내는 일이 많았습니다. 정약용 선생도 이때 귀양살이를 하게 되었습니다. 정약용 선생이 오랫동안 귀양살이를 하던 중 큰아들에게 한 통의 편지를 보냈습니다. 이 편지에서 선생님은 옳은 것을 지키면서 생활하다 보면 해를 입는 경우도 있지만, 해를 입을까 두려워서 옳지 못한 행동을 하면 안 된다고 가르치셨습니다. 선생의 이러한 생각은 다음과 같은 이야기에 잘 나타나 있습니다.

…(중략)…

선생은 다른 사람들이 부러워하는 높은 지위를 바라지도 않았습니다. 선생은 오직 옳은 신념을 꾸준히 실천하며 꿋꿋하게 일생을 살았습니다.

> ○ 자신의 옳은 신념을 꾸준히 실천한 사람의 예를 더 찾아봅시다.
>
> 가다가 중지하면 아니 감만 못하다.

〈표 4-5〉 제5차 도덕 교과서 구성과 진술의 예시

출처: 교육부(1990), 『도덕 6-1』, 국정교과서주식회사, pp. 4-19.

3. 제6차 도덕과 교육 과정의 내용

1. 개정의 방향

제5차 도덕과 교육 과정에서는 인지적 접근의 토착화를 기본 입장으로 삼았다. 제6차 교육 과정에서도 이와 같은 도덕과 교육의 흐름을 견지하면서 계속 발전시키고자 하였다. 교육 내용과 관련하여 우리 사회의 중핵적인 가치와 덕목을 뽑아 도덕과 교육 과정의 교육 내용으로 삼고, 도덕과 수업 시간이 주당 1시간으로 감소한 것에 맞춰 26개에서 20개로 축소 조정하였다. 특히 제6차 교육 과정에서는 1~2학년의 바른생활과가 독립 교과로 신설되어 기본적인 예절과 도덕규범의 습관화를 강조함으로써 3~6학년 도덕과 교육을 위한 행동 차원의 기초가 저학년에서 이미 마련되었다고 볼 수 있다. 따라서 3~6학년 도덕과에서는 이를 기초로 학생들에게 합리적인 도덕적 탐구 중심으로 교육 과정을 구성하였다.[60] 제5차 교육 과정에서의 5개 생활 영역을 제6차 교육 과정에서는 개인, 가정 · 이웃, 사회, 국가 · 민족생활의 4개 생활 영역으로 조정하였다.

2. 도덕과 교육 내용의 선정 및 조직

제6차 도덕과 교육의 내용 선정 및 조직의 원칙은 다음과 같다.[61] 제6차 교육 과정의 내용 선정 원칙은 첫째, 개인의 도덕적 성장과 인격 형성에 필수적인 규범들을 중심으로 지도 요소를 선정하였다. 둘째, 우리의

---

60. 한명희(1993), 『국민학교 교육과정 해설』, 교육과학사, p. 230.
61. 교육부(1992), 『국민학교 교육과정 해설(II)』, 대한교과서주식회사, pp. 66-7.

학년	도덕성 발달 수준	학년별 내용
중학년 (3-4학년)	기본 덕목의 내면화	◦규범의 의미와 중요성 이해 ◦규범에 근거한 생활 반성, 실천의지
고학년 (5-6학년)	기본적인 도덕적 판단 능력의 형성	◦규범 간의 관련성 이해 및 사태 적용 ◦기초적인 도덕적 사고 능력 형성

〈표 4-6〉 제6차 도덕과 내용 조직

전통적 규범과 가치 중에서 오늘의 사회 현실에 적절한 것들을 내용으로 선정하였다. 셋째, 오늘날 학교 교육에서 요구되는 내용을 중심으로 선정하였다. 넷째, 초등학교 학생들의 생활 경험과 관련되고 실천 가능한 규범을 중심으로 선정하였다.

도덕과의 학년별 내용은 다음과 같이 구성하였다. 첫째, 각 생활 영역별로 주요 지도 요소를 제시하였다. 둘째, 바른생활과에서 중점 구성한 '개인생활'과 '가정ㆍ이웃ㆍ학교생활'보다는 '사회생활'과 '국가ㆍ민족생활'을 강조하여 구성하였다. 셋째, 학생들의 생활 경험과 관심 영역을 감안하여 3, 4학년에서는 '사회생활,' 5, 6학년에서는 '사회생활'과 '국가ㆍ민족생활'을 강조하였다. 넷째, 도덕성 발달 수준에 근거한 학년별 내용은 〈표 4-6〉과 같다.

3. 교과서 구성 및 진술

도덕 교과서는 ① 제재명, ② 도입글, ③ 규범에 대한 설명, ④ 문제 사태 제시, ⑤ 연구 문제, ⑥ 실천 사례, ⑦ 연구 문제, ⑧ 실제로 해봅시다, ⑨ 더 공부할 문제, ⑩ 금언/격언의 순서로 구성하였다. 이러한 구성의 기본 기조는 교사에게는 가르칠 거리가 충분하고 학생에게는 배울 거리가

1. 나의 삶, 나의 일

머지않아 초등학교를 졸업하게 될 6학년 학생으로서 장래의 일을 준비하는 것은 우리에게 매우 중요한 일이다. 나는 어떤 일을 하는 사람이 되겠는가? 자신의 미래에 대하여 설계를 해 보고, 자기 적성에 알맞은 일은 무엇인지 알아보자.

삶의 설계와 일의 선택

인간은 우주에 비하면 모래알처럼 아주 작지만, 한편으로는 '나' 안에 우주를 담을 수 있을 정도로 커다란 존재이기도 하다. 그런데 우리가 살 수 있는 기회는 오직 한 번뿐이며, 시간도 한정되어 있다. 그러므로 우리들은 삶이 소중함을 깨닫고, 후회 없이 살아갈 수 있도록 미리 준비해야 한다. 그렇게 하기 위해서는, 첫째, 나를 올바로 알고, 둘째, 삶의 목표를 세우며, 셋째, 자기의 적성과 능력에 맞는 일을 선택해야 한다.

자기가 주인이 되어 자기 힘으로 모든 일을 결정하고 실천하려는 마음을 자주 정신이라고 한다. 이러한 자주 정신을 바탕으로 우리는 앞날을 설계하고, 자신의 적성과 소질에 알맞은 일을 선택해야 한다. 우리 학급에도 글짓기나 웅변을 잘 하는 아이들이 있는가 하면, 노래나 운동을 잘하는 아이들도 있다. 이처럼, 사람마다 각자 소질과 적성에 차이가 있으며, 능력을 발휘할 수 있는 분야도 다르다. 따라서, 자기의 적성과 소질을 제대로 안다면, 직업을 선택하는 데에 많은 도움이 될 것이다. 우리는 스스로 자기의 적성을 발견하여 계발할 수 있도록 노력하고, 그에 맞는 일을 하면서 보람 있게 살아갈 수 있도록 하자.

나의 장래 희망

유미네 반에서는 새 학년의 첫 시간에 한 사람씩 앞에 나와서 간단히 자기소개를 하고 장래의 희망을 말하였다. 유미는 연습장에다 여러 친구들의 이름과 장래의 희망, 그리고 그러한 꿈을 가지게 된 이유를 차례대로 적어나갔다. 어떤 아이들은 자기의 적성이나 능력 등은 생각하지 않고 엉뚱한 희망을 이야기해서 다른 아이들의 웃음을 자아내기도 하였다. 미경이는 간호사, 수진이는 연예인, 병욱이는 운동선수, 민수는 과학자가 되겠다고 하였다. 유미는 아이들을 가르치는 선생님이 되겠다고 발표했다. 그 이유는 자신의 적성에도 맞고 보람도 얻을 수 있을 것이라 생각했기 때문이다. 그러나 사실 마음속으로는 '텔레비전에 나오는 연예인이 되었으면…' 하는 꿈도 가지고 있었다. 연예인이 되면 많은 사람들로부터 인기를 누릴 수 있고, 화려하게 살수도 있을 것이라는 생각에서였다. 하지만, 노래 실력도 뛰어나지 못하고 수줍음도 잘 타는 등 적성에 맞지 않는 것 같아서 친구들 앞에서 공개하지 않았다.

> ♣ 부모님이나 선생님은 여러분이 앞으로 어떤 일을 하기를 바라는지 알아보자.
> 그리고 그렇게 권하거나 바라는 이유에 대해서도 알아보자.
> ♣ 부모님의 뜻과 내 희망이 서로 다를 경우에는 어떻게 하는 것이 좋을까?

내 삶은 내 힘으로

철민이는 학교에서 읽은 '국내 첫 여성 야구 선수 나온다. 한국 중학교 ○○○, 야구부 합숙 훈련, 협회에 선수 등록 신청' 이란 기사가 실려 있는 신문을 아버지께 보여 드렸다. 신문 기사를 자세히 읽고 난 아버지께서는 "남자들만 하던 야구를 여자가 하기란 쉽지 않을 텐데⋯. 하긴, 사관학교나 경찰대학에도 여자들이 다닌다고 하더라"라고 말씀하였다. 옆에서 잠자코 듣고 계시던 어머니께서 "부모가 반대하지 않았을까요?" 하시자, 아버지께서는 다음과 같이 말씀하셨다. "잘 모르겠지만, 이 아이의 부모도 적성이나 능력 등을 여러 모로 신중하게 생각한 뒤에, 아이가 야구 선수가 되려는 것을 이해했겠지요." "그렇다 하더라도 쉬운 결정은 아니었을 거예요." "앞으로 나도 철민이가 하고 싶어 하는 일을 하도록 도와 줄 생각이오. 왜냐하면, 철민이의 삶은 철민이의 것이지 그 누구의 것도 아니지 않소?" 아버지의 말씀을 듣고, 철민이는 자기의 적성이나 능력에 맞는 일을 스스로 선택해야겠다고 마음속으로 다짐하였다.

> ♣ 여러분의 장래, 직업은 누가 선택해야 한다고 생각하는가? 그렇게 생각하는 이유를 말해 보자.
> ♣ 자기의 삶을 꿋꿋하게 개척한 사람들의 이야기를 더 알아보자.

실제로 해봅시다.

- 다음에 대하여 스스로 조사해 보자.
  - 내 소질이나 적성
  - 장래 내가 하고 싶은 일
  - 내가 하려고 하는 분야에서 훌륭하게 된 사람
- 장래에 하고 싶은 일을 위해 지금부터 준비한다면, 공부 이외에 어떤 일에 노력을 기울여야 하는지 내 생각을 적어 보자.
- 장래의 꿈과 자기의 적성이 잘 어울린다고 생각하는가? 만약, 잘 어울리지 않는다면, 어떤 점에서 그런지 생각해 보자.

더 공부할 문제

얼마 전, 아버지의 자동차를 수리하러 갔을 때의 일이다. 고장 난 곳을 점검하던 정비사가 이렇게 말했다. "이건 어려워서 제가 하지 못합니다. 다른 분을 불러 드리겠습니다." 잠시 후에 기름때로 얼룩진 작업복 차림의 아저씨가 오셨다. "아니, 현 선생님 아니십니까?" 아저씨가 먼저 손을 내밀며 아버지께 반갑게 악수를 청했다. "3년 전에 회사를 그만두고, 1년 반 동안 자동차 정비 학원에 다녔습니다. 거기서 자동차 정비사 자격증을 따고는 1년 정도 정비 공장에 들어가 일을 배웠습니다. 그리고 얼마 전에 제가 직접 정비소를 차렸습니다." 몇 년 전에 우리 옆집에 살았던 아저씨는 이제 예전의 지치고 힘없는 모습이 아니었다. 깨끗하고 하얗던 얼굴은 건강하고 활기차 보였으며, 굵은 손 마디마디와 손톱 밑에도 기름때가 묻어 있었다. "제가 다니던 회사는 누구나 부러워하는 괜찮은 데였지만, 적성에 맞지 않았습니다. 오랫동안 방황하던 끝에 자동차 정비가 적성에 맞다는 것을 알게 되었습니다." 자신 있게 말하는 아저씨에게 아버지께서 물으셨다. "주위에 있는 사람들이 말리지 않았습니까?" "물론, 처음에는 나보고 미쳤다고까지 말하는 사람도 있었습니다. 하지만, 자기 적성에 맞는 일을 하는 것이 중요하지요. 우리의 삶은 연습이 없고, 너무도 짧습니다. 그러니 하고 싶은 일을 신명나게 하면서 살아야 되지 않겠어요?" 나는 돌아오면서, 자기의 적성과 소질에 맞는 일을 찾았다고 흐뭇한 표정을 짓던 아저씨의 얼굴을 다시 한 번 떠올렸다.

◆ 위의 이야기를 읽고, 적성에 맞는 일을 하는 것이 왜 중요한지 생각해 보자.

> 각자 자신의 적성과 소질을 살리겠다는 자신감과 용기를 가져야 한다.

〈표 4-7〉 제6차 도덕 교과서 구성과 진술의 예시
출처: 교육부(1997), 『도덕 6』, 국정교과서주식회사, pp. 4-13.

풍부한 교과서로서 도덕과가 아닌 다른 수업에서는 경험하기 힘든 독자적인 교수-학습 과정을 안내하는 교과서가 되도록 하는 것이다. 이를 위해 도덕적 사고나 도덕적 판단의 결과를 직접적으로 제시하지 않고 교과서를 통해서 학생들이 결과에 도달하는 과정을 체험할 수 있도록 '문제 사태'를 제시하여 도덕적 논의의 과정을 중시하였다. 특히, 학생들의 합리적인 가치 판단 능력을 함양하기 위해 도덕 교과서는 가치 탐구 중심으로 구성하고자 하였다. 또한 도덕 수업 시간에 학생들이 직접 실천해 볼 수 있는 기회를 제공하여 도덕적 행동에 익숙하도록 "실제로 해봅시다"라는 과정을 두었다(〈표 4-7〉참조).

제6차에서의 도덕 교과서 구성은 제5차에서보다 합리적 판단 능력을 함양하고자 하는 노력은 훨씬 강화된다. 제6차 도덕과 교육 과정은 도덕과 교육의 목표부터 합리적인 가치 판단 능력의 함양에 초점을 맞추고 있음을 분명히 하였다. 그리고 이러한 도덕과 교육의 목표에 도달하기 위해 교과서의 구성도 다양한 가치 갈등을 해결하게 하는 가치 탐구식으로 전환하고, 도덕적 논의 과정에 많은 할애를 하도록 구성하였다. 이로써 제4차 도덕과 교육 과정에서 시작된 합리적 가치 판단 능력을 위한 도덕과 교육은 제6차 도덕과 교육 과정에 이르러 정점에 이르게 된다.

제3장 인지 중심의 도덕과 교수-학습 방법

과거 제3차 도덕과 교육 과정 이전의 행동 중심의 도덕과 교육은 도덕 사회화를 주된 목적으로 했고, 교수-학습 방법의 핵심은 덕목의 내면화였다. 그러나 제4차 도덕과 교육 과정에서 제6차 도덕과 교육 과정까지의 인지 중심의 도덕과 교육의 주된 목표는 학생들의 합리적 가치 판단 능력을 배양하는 것이었다. 그리고 합리적 가치 판단 능력을 함양하는 구체적 방법은 도덕적 가치 갈등 사태를 제시하고 도덕적 문제를 해결하는 과정을 통해서 추론 능력을 계발하는 것이었다. 따라서 여기에서의 도덕과 교수-학습 방법은 도덕적 문제 사태를 합리적으로 해결하는 과정과 절차에 관심을 둔다. 그러므로 교수-학습의 주된 관심은 가치가 합리적으로 결정되는 가치 결정 과정으로서 도덕적 논의에 있다. 이러한 인지적 접근은, 도덕은 궁극적으로 개인이 선택하고 판단해야 할 문제로서, 개인이 자신의 가치를 판단하고 구성해 내는 구성주의적 학습관을 반영하는 것이다.

1. 이론적 기초

1. 구성주의 학습관

인지 중심의 도덕과 교육은 구성주의 학습관을 반영한다. 전통적 진리 관은 인식 주관과는 별도로 객관적 실재로서 진리가 존재한다고 보았고, 인식의 원천으로서의 이성과 경험에 의해 이러한 진리를 발견해 내거나 획득한다고 보았다. 이때에는 대상 중심적 사고였으므로 인식 주체는 아무런 발언권을 갖지 못했다. 인식 주체의 마음과 인식 주체를 둘러싸고 있는 사회 · 문화적 맥락은 무시되었던 것이다. 그러나 근세로 넘어오면서 절대 불변하고 궁극적이며 보편적인 실재의 존재에 대한 가정과 그러한 실재를 과연 객관적으로 표상해 낼 수 있는 확실한 지식의 원천이 인간에게 존재하는가에 대한 회의가 제기되게 된다.

칸트는 보편타당한 객관적 실재는 인정하면서도 대상 중심적 사고에서 벗어나 주관 중심적 사고의 코페르니쿠스적인 발상의 전환을 주장한다. 그는 기존의 합리론과 경험론을 종합하여 경험을 토대로 확실한 지식을 구하고자 하였고, 선천적 원리에 기초한 보편타당한 지식을 구하고자 하였다. 경험을 통해서 인식의 내용을 구하고, 이 인식을 토대로 하여 인간 누구나가 지니고 있는 선천적 형식으로 질서 지움으로써 확실하고 보편타당한 지식을 구하고자 하였다.

전통적 인식 방법에서처럼 대상이 먼저 있고 그것을 주관이 그대로 모사하거나 반영하는 것이 아니라 주어진 잡다한 질료(경험적 내용)로부터 인간의 주관 형식에 따라 대상을 구성해 내는 것이다. 따라서 대상에 대한 확실하고 보편타당한 인식이 가능하기 위해서는 인식이 대상에 의존하는 것이 아니라 대상이 인식에 따라야 한다는 것이다. 이처럼 칸트 이후의 인식론은 인식 주관이 중심이 되는 인식론으로 바뀌게 된다. 보편타당한 객관적 지식은 대상 자체가 아니라 인식 주관에 의해 구성된, 즉 인식 주관이 개입된 지식이라 할 수 있다. 이로써 지식은 객관적으로 주어지기보다는 인식 주관에 의해 구성되는 것으로 파악되기에 이르렀다.

그러나 지식이 객관적으로 주어지는 것이 아니라 인식 주관에 의해 구성된다고 해서 칸트의 구성주의적 인식론이 상대주의적 관점에 있는 것은 아니다. 왜냐하면 이때의 지식을 구성하는 인식 주관은 보편적 입법자인 이성의 정언 명령으로서 합리성Rationality에 의존하기 때문이다. 인지적 도덕 발달론은 인간을 수동적 존재로만 파악하는 것이 아니라 능동적 존재로 이해한다. 인간은 스스로 자기 조직화를 이루는 존재인 동시에 자기 발달을 도모하는 자기 구성적 존재이며, 능동적으로 환경과 상호 작용하는 존재라는 것이다. 따라서 도덕은 인간의 외부에 존재하면서 인간의 행위를 통제하기보다는 인간의 내면으로부터 반성적 사고 과정을 통해 자율적으로 채택된 규범의 체계이다.

이러한 입장에서의 도덕적 인간은 그 사회가 규정한 가치와 행위 규칙들을 수동적으로 받아들여 실천하는 인간이 아니라 자기 반성적 검토 과정을 거쳐 보다 높은 도덕적 원리들에 합치한다고 생각하는 행위를 스스로 판단하고 선택하여 자율적으로 실천해 가는 인간이 된다. 오늘날에는 전통적 입장에서와 같이 객관적이고 보편타당한 진리(지식)가 인식 주체와는 별도로 실재한다는 것 자체를 거부하며, 진리를 파악하는 방법에서도 전통적 입장에서처럼 진리를 인식하는 것이 단지 객관적 실재를 반영하거나 모사하는 것과 같은 역할을 하는 것이 아니라 인식 주관이 환경과의 상호 작용을 통해 진리를 구성해 내는 것으로 본다.

이러한 진리관에서의 지식은 객관적으로 존재하기 때문에 학습자가 그대로 수용하는 것이 아니라 학습자 개인의 인지 구조 속에서 재구성되고 재조직되므로, 학습자는 능동적으로 자신의 경험을 재구성하고 자신에게 의미 있는 지식이나 정보를 적극적으로 학습하게 되었다. 그리고 학습의 내용으로는 전통적으로 중시되어 왔던 선언적 혹은 결과적 지식만

이 아니라 절차적 혹은 과정적 지식을 중시한다.

전통적 학습자관에 있어서 개별 학습자는 객관적 지식이나 정보를 수동적으로 받아들이거나 단순히 재생산하는 존재로 간주되었다. 한편, 인지 중심의 지식은 학습자 개인의 경험에 의하여 주관적으로 구성된다는 철학을 바탕으로 교육 방법의 커다란 변화를 가져왔다. 인식 주관의 발언권이 강화되면서 교수-학습 방법도 교사 중심에서 학습자 중심으로 변하게 되었다.

절대적이고 보편적인 것으로 여겨졌던 가치가 붕괴되면서 다양한 관점에서 세계를 조망하려는 시대적 흐름은 도덕과 교육에서의 가치 교육을 덕목이나 가치 자체에 대한 교육보다 합리성에 근거하여 가치나 도덕적 안목을 넓혀 주는 도덕 원리의 교육을 지향하게 된다. 도덕과의 수업 방식에 있어서도 기존의 가치나 덕목을 전수하는 식의 교사 중심의 수업 방식이 학습자 중심의 도덕적 논의의 수업과 가치 탐구식 수업으로 전환되었다.

이로써 기존의 전통적 덕목이나 가치를 맹목적으로 전수할 것이 아니라 학습자가 학습 경험을 통해 덕목이나 가치를 창출해 낼 수 있도록 하는 도덕과 교육의 기획이 강조된다. 왜냐하면 아무리 훌륭한 덕목이나 가치라 하더라도 학습자 자신의 경험과 관련짓지 못한다면 아무런 의미가 없기 때문이다.

이처럼 구성주의적 학습관에서는 지식의 객관적 존재를 인정하지 않고, 지식은 인식 주체에 의해 주관적으로 구성된다. 여기에서의 지식은 개별 인간의 정신 활동의 산물로서 인식 주체의 주관적인 경험이나 대상과의 관계를 바탕으로 사물이나 현상을 해석하는 것이다. 따라서 도덕과 교수-학습에 있어서 교사는 학생들이 합리성에 기초한 자신의 지식을 구성할 수 있도록 도와주거나 안내하는 일을 하며, 학생은 자신의 인지 구조에 기초하여 스스로 정보를 선택하고 변형하며 가설을 설정하고 판단하는 일을 한다.

이러한 접근은, 행동주의나 정신분석 이론에서와 같이, 인간을 수동적 존재로 파악하기보다는 능동적 존재로 파악하는 것이다. 이러한 맥락에서, 도덕은 개인 외부에 존재하는 어떤 도덕규범 체계가 아니라 개인 내부에서 작동하는 어떤 원리로서 이해된다. 따라서 도덕의 기원을 선험적 존재로부터 혹은 사회로부터 구하는 것이 아니라 인간으로부터 찾는다. 도덕의 문제는 궁극적으로 개인의 도덕 판단의 문제이며, 개인은 인지 구조 개선, 즉 도덕 발달을 통해 이를 해결하고자 하였다. 이로써 도덕과 교육은 보다 높은 가치 원리를 채택할 수 있는 합리적 가치 판단 능력을 길러 주고자 하는 노력으로 이어졌다. 따라서 행동 중심의 도덕과 교육에서와는 달리, 여기에서는 도덕적 행위의 습관 형성보다는 이성적 가치 탐구 활동과 합리적 가치 결정 과정을 중시한다.

2. 인지 중심의 교수-학습 방법의 윤리학적 기초

1. 가치 판단의 논리적 구조

합리적 가치 판단은 한마디로 판단이나 행위의 정당성을 탐구하는 활동이다. 이것은 판단(결론)과 이유나 근거(전제) 사이의 논리적 연관성을 살피는 추론 활동이다. 추론 활동은 어떤 현상이나 사태를 판단함에 있어 가장 좋은 이유나 근거를 마련하는 일이며, 이러한 과정은 이성적 사유에 의해 인도된다. 따라서 합리적 가치 판단은 주관적이고 감정적인 판단이 아닌 객관적이고 보편적인 이유나 근거에 기초한 판단을 의미한다. 개인의 기호나 자의적 판단에서 벗어나 객관적이고 보편적인 판단을 지향한다. 합리적으로 가치를 판단하거나 결정하려면 가치 결정 과정이 합리적이어야 한다. 이러한 점에서 가치 판단에 대한 분석적 접근이 필요하며, 이것은 가치 판단 과정, 즉 가치 판단의 논리 구조에 대한 이해를 요구한다.

가치 판단은 '무엇이 좋다 혹은 무엇이 나쁘다' 와 같이 도덕적 명제의 형태를 취한다. 여기에서 가치 술어 '좋다/나쁘다' 와 주어 '무엇' 과의 관계 분석은 어떻게 가치가 결정되는가 하는 가치 판단의 과정을 함축한다. 바꾸어 말하면 이것은 가치가 가치 술어의 객관적 속성에 의해 결정되는가 아니면 가치 속성이 경험적 속성으로 환원될 수 있는가 하는 문제이기도 하다. 가치 판단이 객관적 이유나 근거를 가질 수 있는가 하는 문제는 가치 판단에 관한 윤리학적 분석을 요구한다.

(1) 가치와 사실의 단절

가치를 평가 대상의 사실적 근거에 기초하여 이끌어내기보다는 평가자의 직관에 의지하는 직관주의와 가치를 평가자의 정서적 표현으로 보는 정의주의 윤리설이 이에 해당된다. 먼저 직관주의에 관해 살펴보면, 직관주의intuitionism는 가치 실재론에 근거를 두고 가치 판단의 진위를 밝힐 수 있다고 보는 이론으로서, 도덕적 가치는 사실 판단을 소재로 하여 간접적으로 파악되는 것이 아니라 인간의 선천적 능력에 의하여 직접적으로 파악된다고 주장하는 윤리 이론이다. 직관주의는 당위 내지는 가치에 관한 이론을 사실에 관한 명제를 전제로 간접적으로 추리해 내는 것이 아니라 모종의 선천적 능력을 동원하여 직접적으로 파악한다.

프라이스R. Price는 가치 판단이 어떤 추리를 거쳐 이루어지는 결론이란 주장을 배척한다. 도덕 원리를 심리적 또는 생물학적 사실에 관한 지식으로부터 끌어내거나 초경험적인 인식으로부터 그것을 추리하려는 윤리설에 공감하지 못하고, 가치 판단은 그 행위의 결과와는 무관하게 직각적으로 내려진다고 주장한다.

무어G. E. Moor는 '선의 정의' 에 관한 윤리학적 문제로부터 논의를 시작한다. 그에 의하면, 선은 본래 궁극적이며, 단순한 개념으로써 정의할 수 없다는 것이다. 그는 '선이란 무엇인가?'에 대한 대답으로 '선은 선이다'라는 말밖에 할 수 없으며, '선을 어떻게 정의할 수 있는가?'에 대한 질문에 '그것은 정의될 수 없다'[62]라고 대답한다. 이처럼 그는 선을 더 이상 분석할 수 없는 궁극적이고 단순한 개념으로 이해하기 때문에 정의할 수 없는 단순한 관념이라는 것이다.

선악은 형이상학적 세계에 속해 있으므로 이를 경험적으로 파악한다는 것은 불가능하며, 오직 직관에 의해서만 파악이 가능하다는 것이다. 이러한 무어의 견해는 선이나 악이 경험 안에서 파악될 수 있는 성질의 것이 아니라, 초경험적인 성질의 것임을 의미한다. 선善을 비자연적인 성질로 이해하였기 때문에 선악은 시간과 공간의 제약은 물론 인간의 주관적 감정이나 의지 같은 제약으로부터도 벗어나 있다. 따라서 가치는 직관적으로 인식할 수밖에 없다.

직관주의는 어떤 사물의 빛깔은 그 사물의 빛깔만 보면 알 수 있듯이, 어떤 사물이나 사태의 좋고 나쁨은 추리나 논쟁의 문제가 아니라 그 사물이나 사태에 관한 직관의 문제라고 주장한다. 사물의 빛깔이 자명하게 직관적으로 인식된다는 말은 우리가 빛깔을 인식할 때 판단, 추리 등의 사유 과정을 거치지 않고 감각을 통하여 직각적으로 파악한다는 것을 의미한다. 이와 같이 도덕적 원리도 사실에 관한 명제를 전제로 간접적으로 추리해 내는 것이 아니라, 정상적 인간이라면 누구나 지니고 있는 선천적 능력을 동원하여 직접적으로 파악할 수 있다는 것이다.

만약 이러한 직관주의의 견해를 받아들인다면 가치는 사실과 무관하므로 가치 판단의 진위를 가릴 만한 직관을 소유한 인격의 형성에 관심을 기울일 수밖에 없다. 가치 판단을 평가 대상에 관한 사실적 토대보다는 평가자의 직관에 의존함으로써 가치 판단의 문제가 개인의 자의적인 판단이나 선호의 문제가 될 가능성이 많아진다. 따라서 이러한 직관주

---

62. G. E. Moore, *Principia Ethica* (Cambridge University Press, 1903), p. 6.

적 관점으로부터 가치 판단의 논리적 구조를 객관적으로 이끌어내기란 불가능해 보인다.

정의주의emotivism 역시 가치와 사실의 논리적 무관성을 주장한다. 정의 주의는 논리 실증주의의 분석적 방법론을 윤리학 내지 가치론에 적용함으로써 생긴 메타-학설로,[63] 이 학설에 의하면 가치 진술은 진위를 밝힐 수 없는 것이라는 입장에서 하나의 학學으로서 윤리학의 성립을 부정한다. 카르납R. Carnap과 에이어A. J. Ayer는 윤리학이 학문적 연구의 대상이 되려면 검증 가능성을 가져야 한다고 주장한다.

그러나 가치 판단은 검증 가능성을 지니지 못하며, 경험계의 현상을 기술하는 바가 없고, 다만 감정을 표명하거나 주의를 환기시키는 발언에 불과하다는 것이다. 도덕적이거나 명령의 의미를 지닌 언사의 기능은 청취자의 감정 혹은 행동에 정의적 영향을 주는 것에 불과하며, 여기에는 어떠한 경험적 요소도 내포되어 있지 않다는 것이다. 따라서 도덕적 명제는 경험적 명제로 환원될 수 없다는 것이다.[64]

카르납에게 있어서도 가치 진술은 문법적 형식을 넘어선 명령에 불과하며 진위를 따질 수 있는 성질의 것이 아니다.[65] 도덕적 명제가 경험적 명제로 환원될 수 없다는 말은 도덕적 개념이 아무런 사실적 내용을 갖지 못하는 단순한 유사 개념pseudo-concept임을 의미한다.[66] 유사 개념의 도덕적 언사로 구성되는 진술은 진위를 가릴 수 없는 단순한 감정의 표현에 불과하다는 것이다.

이러한 정의주의의 관점에서 보면 도덕적 명제는 분석될 수 없으며, 가치 진술은 진위를 가릴 수 없는 명제이고, 가치 판단은 단순히 감정의 표현에 지나지 않는다. 따라서 가치 판단은 인지적 요소를 포함하고 있지

---

63. 김태길(1984), 『윤리학』, 박영사, p. 215.
64. A. J. Ayer, *Language, Truth and Logic* (Pelican Book, 1936), p. 24.
65. R. Carnap, *Philosophy and Logical Syntax* (London: Routledge & Kegan Paul, 1935), p. 49.
66. A. J. Ayer, op. cit., pp. 141-2.

않으므로 도덕적 지식의 영역에서는 다룰 수 없게 된다.

(2) 사실로부터 가치의 도출

자연주의naturalism는 가치를 인간 외적인 어떤 원리에 의해서 요구되는
것이 아니라 인간의 자연적 속성, 예컨대 쾌락 혹은 욕구 등으로 설명하
고, 당위의 근거를 경험적 사실에서 구하려는 윤리 이론이다. 가치 실재
론을 부인하고, 가치는 대상과 그것에 대한 유정자sentient being의 마음가
짐과의 관계를 통하여 생기는 경험 안의 사실[67]이라고 보는 학설이다. 이
러한 자연주의의 대표적 학파가 공리주의utilitarianism이다. 이 학파에 의
하면, 인간의 행위는 모두 쾌락과 고통이 원인이 되어 이루어진다고 본
다.

벤담은 심리학적 명제(사실)로부터 윤리학적 명제(가치)를 이끌어낸다.
사람의 심리가 쾌락을 좇고, 쾌락을 조장하는 행위를 찬양하는 자연적 경
향을 가졌다는 심리학적 명제가 쾌락을 도덕의 근본 원리로 삼는 이론적
근거가 된다고 믿었다.[68] 그는 심리학적 사실의 원리인 유용성의 원리로
부터 마땅히 해야 할 도덕적 명제를 도출한다. 모든 사람이 항상 쾌락을
추구하고 있다는 사실로부터 쾌락을 마땅히 추구해야 할 것으로 믿고 최
대 다수의 최대 행복을 추구했던 것이다.

한 걸음 더 나아가 밀은 공리주의를 이론적으로 증명하고자 했다. 어떤
사물이 바람직하다는 것을 밝히기 위하여 제시할 수 있는 유일한 증거는
사람들이 실제로 바란다는 사실뿐이며, 사람들이 바라고 있는 것은 각자
의 쾌락 또는 고통의 면제이므로 각자의 쾌락(행복)은 자신에게 바람직한
것, 즉 '선'이라는 것이다.[69] 그리고 그는 쾌락의 질적 차이를 인정하고,

---

67. 김태길, 앞의 책, p. 184.
68. 위의 책, p. 95.
69. J. S. Mill, *Utilitarianism* (The Liberial Art Press 1863), pp. 40-1.

인간이 바라는 행복이 단순히 양적으로 많은 쾌락이 아닌 질적으로 높은 쾌락임을 입증하고자 했다.

현대 자연주의 윤리학자 중 한 사람인 페리R. B. Perry는 감정, 욕구, 의견 등의 마음가짐을 묶어서 관심interest이라 표현하고, 가치를 '모든 관심의 대상'으로 정의하였다. 즉, 가치는 관심이 작용하는 곳에 생기게 마련이며, 관심이 없는 곳에 가치는 없다는 것이다. 따라서 'X는 값지다=X는 관심을 받고 있다'는 등식이 성립한다.[70] 이와 같은 도덕적 명제는 정의주의 입장과는 대조적이다. 앞의 논의에서 알 수 있듯이, 정의주의는 도덕적 명제에서 사실적 요소를 배제한 채 감정적 요소만을 강조했다. 그러나 자연주의 윤리 이론에서 도덕적 명제는 사실적 요소를 강조하고, 사실 혹은 존재로부터 가치를 이끌어낸다.

듀이 역시 주관을 떠나 가치가 객관적으로 실재한다는 입장에 반대하고, 대상과 인간의 마음가짐이 관계하는 곳에 가치가 발생한다고 주장한다.[71] 가치는 선험적 특질이 아니라 인간의 마음가짐의 산물로서 일정한 조건 하에서 경험을 통해 발생한다는 것이다. 그는 가치문제를 과학적으로 다루기 위하여 주어진 대상의 가치를 객관적 기준에 의하여 결정하는 평가 개념을 도입한다. 평가라는 것은 문제 상황의 지각과 더불어 시작된다. 이러한 불완전한 상황(문제 상황)에 처하게 되면 인간은 능동적 행동을 통해 스스로 불완전한 요소를 제거하기를 원하며, 탐구라는 하나의 실험적 문제 해결 과정을 시도하게 된다는 것이다.

주어진 상황을 살피고 여러 조건들을 고려하여 가능한 방법들을 생각해 내고 각각의 방법이 가져올 결과를 예견하여 서로 비교해 보는 과정을 거치게 되는 과정이 평가이다. 평가한다는 것은 가치 판단에 이르기 위한 숙고와 반성의 작용으로 볼 수 있다. 따라서 듀이에게 있어서 평가

---

70. 김태길, 앞의 책, p. 194.
71. J. Dewey, *The Quest for Certainty* (London: Unwin Brothers Press, 1930), pp. 246-58.

행위야말로 가치의 시발점이 된다. 그리고 평가 행위에는 반드시 지성의 사유 작용을 거쳐야 한다는 것이다.[72] 왜냐하면 평가의 객관성을 확보하기 위해서는 개인의 주관을 배제해야 하기 때문이다. 그는 지성의 사유 작용을 통한 평가만이 가치의 객관성을 보장한다고 본다. 평가의 객관성의 의미는 평가의 대상 속에 포함되어 있는 객관적 사실을 전제한다.

평가 대상에 포함되어 있는 객관적 사실을 토대로 가치 판단이 내려졌을 때 개인의 주관성을 배제할 수 있다는 말이다. 평가는 평가 대상에 대한 개인의 주관적 의견에 의해 내려지는 것이 아니라, 평가 대상에 대한 사실에 기초함을 의미한다. 그는 평가도 자연 과학적 판단과 같은 논리적 성격을 가진 일종의 가치 판단임을 실천 판단이라는 개념으로 입증하고자 하였다.[73] 이러한 관점에서 가치 판단도 과학적 사실 판단과 마찬가지로 구체적 맥락 안에서 진위를 검증할 수 있다고 본다.

이러한 자연주의 윤리의 관점을 통해 가치 판단은 사실 판단으로 환원될 수 있으므로, 가치 판단의 진위를 밝히는 방법도 사실 판단의 경우와 다르지 않다. 가치 판단의 근거는 직관주의에서처럼 기존의 가치나 선험적 이유가 아닌 도덕적 사고 과정을 통해 제시된다. 그리고 이때의 도덕적 사고 과정은 학생들에게 문제 상황(도덕적 문제 사태)을 제시하고, 그 문제 사태를 해결하기 위한 지성의 사유 작용과 숙고의 과정을 말한다. 이러한 관점에서 듀이는 가치 탐구 과정에 대한 이론적 기초를 제공한다.

그러나 여기에서 가치 탐구는 결국 가치 대상에 관한 사실 탐구를 의미한다고 볼 수 있다. 그렇다면 자연주의에서처럼 가치 탐구를 사실 탐구와 동일하게 취급하는 것이 정당한가 하는 문제가 제기된다. 이 문제는 곧 가치 판단이 사실만을 토대로 내려질 수 있는 것인가에 대한 문제이며, 이는 가치 판단의 정당성에 관한 문제이기도 하다

---

72. Ibid., p. 259.
73. J. Dewey, *Logic, the Theory of Inquiry* (New York: Henry Holt and Company Inc., 1938), pp. 164-74.

(3) 가치와 사실의 수반적 관계

위에서 고찰했듯이, 정의주의자들은 가치 판단에는 정의적 요소만 있을 뿐 사실적 요소를 배제하기 때문에 가치 인식이 불가능하다고 주장한다. 스티븐슨C. L. Stevenson의 윤리론은 에이어와 카르납의 정의주의 윤리론보다는 덜 극단적인 정당근거론theory of good reasons [74]으로 넘어가는 과도기적 단계에 있다.

스티븐슨은 인식주의를 부정한다. 그러나 가치 판단은 사실을 나타내는 것이 아니라, 화자의 태도를 기술하고 청자의 태도에 영향을 끼치는 두 요소를 포함한다는 주장으로 정의주의를 완화한다. 평가적 언어에는 정의적 의미만이 있는 것이 아니라 서술적 의미도 있음을 암시한다. 그는 자신의 기초적 모형으로부터 도덕적 판단이나 언사에는 인지적 요소와 정의적 요소가 있음을 주장한다.[75] 그는 윤리적 언사가 정의적 특성으로 규정된다 하더라도 이에 대한 심리적 과정을 면밀히 분석한다면, 감정적-정의적 특성에서 인지적 특성을 발견할 수 있다는 것이다.[76]

툴민S. E. Toulmin은 사실적 전제에서 평가적 결론으로 넘어갈 수 있는 논리적 근거를 인정한다. 툴민은 도덕적 결정을 지지하는 어떤 논의는 정당하지만, 그렇지 못한 경우에는 정당하지 않다는 것이다. 툴민에게는 정

---

74. 논리 실증주의의 영향을 받은 정의주의emotivism 학파는 분석 철학, 특히 비트겐슈타인의 언어 분석의 영향을 받은 일상 언어 학파와는 입장을 달리한다. 정의주의 학파는 가치 판단을 단지 감정이나 태도의 표명에 불과하거나 혹은 명령이나 자의적인 결단으로 간주하는 반면, 일상 언어 학파는 가치 판단을 내린다는 것이 평가하고, 권유하며, 규정하는 그 본질상 합리적 행위이며, 가치 판단은 합리적으로 정당화되거나 정당화될 수 있다고 주장한다. 일상 언어 분석 철학자들의 이러한 이론을 정당근거론이라 한다. 여기에 속한 학자로는 툴민, 바이어K. Baier, 싱어M. Singer 등이다. 이들은 도덕 추론의 논리에 관심을 두고 있으며, 도덕 판단이 일차적으로 행위의 지침을 주고 그것을 변화시키기 위한 역동적 표현이라는 점에서 정의주의자들과 일치하나, 도덕 판단이 사실적 진술도 포함하고 있다는 점에서 자연주의자의 입장에 동조한다.

75. G. E. Kenner, *The Revolution in Ethical Theory*(Oxford University Press, 1966), p. 41.

76. C. L. Stevenson, *Ethics and Language*(Yale University Press, 1944), pp. 20-4.

당성의 기준이 있으며, 그것은 우리의 윤리적 판단(결정)에 이미 함축되어 있고, 철학자는 정당성의 개념이 도덕적 담화에 적용될 수 있는지 없는지를 문제 삼는 것이 아니라, 그 의미를 분석하는 것이 임무라는 것이다.[77]

스티븐슨에게 있어 도덕 판단은 부분적으로는 태도의 표현이고, 부분적으로는 명령문의 성격을 띠는 것으로 보였다. 스티븐슨은 이 중에서 후자를 훨씬 더 강조하였다고 볼 수 있다. 결국 도덕 판단의 진위를 입증하는 문제는 단순히 화자가 대상에 대해 어떤 태도를 갖느냐를 보여 주는 것이다. 즉, 스티븐슨이 도덕적 추론에 대한 정당성을 거부한 이유는 도덕 판단이 근본적으로 사실이거나 거짓일 수 없다는 신념을 가지고 있었기 때문이다.[78]

그러나 툴민은 스티븐슨의 이러한 입장을 비판하면서 도덕 판단에 관한 진위의 검증 문제는 언제나 엄격하고 의미 있는 것이며, 이것은 지지하는 '정당한 이유와 그렇지 못한 이유' 사이에 차이가 있기 때문이라고 주장한다. 사실적 전제로부터 도덕적 결론으로의 논의로써 도덕 판단의 정당성을 말할 수가 있으며, 비록 도덕 판단이 어떤 것도 언급해 주지 않는다 하더라도 도덕 판단의 진위는 물론 서로 반박할 수 있다는 것이다.[79]

따라서 윤리학자들이 해야 할 일은 도덕적 언사에 대한 논의가 아니라 도덕적 추론에 관한 논의여야 한다는 것이다. 그러므로 '선'의 정의가 무엇인지 혹은 무엇이 '선'인지에 관한 것이 아니라, 어떤 이유가 도덕 판단을 위해 좋은 이유인가를 문제 삼아야 한다는 것이다. 이와 같은 관점에서 툴민은 새로운 접근 방법, 즉 정당근거론을 제시한다. 즉, 어떤 행위나 도덕 판단을 지지하거나 반대하는 정당한 이유가 있으며, 실제적으로

77. S. E. Toulmin, *An Examination of The Place of Reason in Ethics* (Cambridge University Press, 1970), p. 41.
78. G. C. Kerner, op. cit., p. 99.
79. Ibid., p. 101.

도덕적 논의는 이러한 가치 판단을 내리기 위한 정당한 이유를 찾기 위한 것이다.

이를 위해 툴민은 도덕적 추론에서 사실적 근거 위에 윤리적 판단을 도출할 수 있는 추론 — 그는 평가적 추론evaluative inference이라 부름 — 을 사용한다.[80] 즉, 도덕 추론에 포함되어 있는 정당한 이유를 통해서 정당화에 접근하려는 방법론을 모색한다. 평가적 추론은 부분적으로 논리적 추론과 귀납적 추론 그리고 부분적으로 도덕적 추론에 고유한 추리 형식으로 구성되는 윤리적 논증을 말하는데, 그것에 의하여 사실적 근거에서 윤리적 결론으로 나아갈 수 있다는 것이다.[81] 즉, 가치 판단과 사실 판단 간에는 엄격한 함축 관계는 없지만, 보다 완화된 관계가 있어 사실 판단에서 가치 판단으로의 추리가 가능하다는 것이다.

일상 언어 분석 학파인 헤어R. M. Hare에 의하면, 가치어에는 사실적 기능과 함께 권장과 비난의 기능이 있고, 어떤 기준을 함축하고 있는데, 그 기준은 '좋게 만드는 특성'에 의해 각 사물마다 다르다는 것이다.[82] 예컨대 '이 사과는 좋다'라는 문장과 '이 연필은 좋다'라는 문장에서 각각의 사물이 지니고 있는 좋게 만드는 특성은 다르다는 것이다. 따라서 헤어에게 있어서, '당신은 왜 이것이 좋다고 주장하는가?'하는 이유나 근거의 제시는 곧 그 평가 대상을 좋게 만드는 특성을 밝히는 문제가 된다.[83] 즉, '이 사과는 좋다'에서 사과를 좋게 하는 특성으로 사과가 크고, 달고, 맛있다는 속성을 제시할 수 있으며, '이 연필은 좋다'에 대한 이유로서 이 연필은 잘 써지고, 오래 쓸 수 있으며, 잘 부러지지 않는다는 점을 제시할 수 있다는 것이다. 그러므로 헤어에게 있어서 가치 판단을 지지하는 이유나 근거는 평가 대상을 '좋게 만드는 특성'을 밝히는 일이다.

---

80. Ibid, p. 98.
81. Toulmin, op. cit., p. 83.
82. P. W. Tayor, *Principle of Ethics*, 김영진 역(1985), 『윤리학의 기본원리』, 서광사, p. 262.
83. 위의 책, p. 265.

또한 이것은 가치 판단의 보편성을 인정한다는 의미이기도 하다. 왜냐하면 어떤 사물에 대하여 그것을 좋게 만드는 특성을 제시한다는 것은 누구나 그 사물의 좋게 만드는 특성을 인정한다는 점을 가정한다. 동시에 어떤 사물의 좋게 만드는 특성을 인정한다는 것은 비교 부류를 전제한다.[84] 이러한 측면에서 가치 판단은 보편성을 특성으로 한다고 볼 수 있으며, 이것은 곧 가치 판단의 정당성 여부를 따질 수 있는 근거가 된다. 즉, 가치 판단은 어떤 개별적 대상의 가치에 대해서 뿐만 아니라 그와 유사한 다른 대상에 대해서도 같은 판단이 내려져야 한다는 것이다.

결국 이러한 관점에서 가치 판단은 경험적 사실과 관련성이 있음을 알 수 있다. 따라서 가치 판단을 할 수 있는 것은, 우리가 어떤 주어진 부류에 속하는 한 대상을 같은 부류에 속하는 다른 대상들과 비교할 때, 그 비교 부류에 속하는 모든 대상들을 평가하기 위한 표준으로서 받아들여지는 기준을 그 대상이 어느 정도 만족하느냐 또는 만족하지 못하느냐 하는 '좋게 혹은 나쁘게 만드는 특성'을 지니고 있기 때문이다.[85]

그러나 어떤 평가 대상에 대한 경험적 사실을 아무리 많이 모은다고 해도 그것이 가치 판단으로 연결되는 것은 아니다. 여기에는 평가의 표준 혹은 행위의 규칙이 작용하게 된다. 사실에 대한 진술은 가치 판단을 구성하는 첫 단계일 뿐이라는 것이다. 평가 대상에 대한 사실 정보를 가치 판단과 연관 지으려면 그것이 행위의 규칙이나 평가의 표준과 관련되어야 한다. 평가의 표준이 우리에게 어떤 사물이 좋은지 그른지를 말해 준다면, 행위의 규칙은 우리에게 어떤 행위가 옳은지 그른지를 말해 준다. 헤어는 이러한 평가의 표준과 행위의 규칙을 '원리principle'라고 부른다.[86] 이러한 원리가 우리의 선택과 행위를 지도하게 된다는 것이다. 다시 말해서 여러 대안들 중에서 어떤 것을 선택하거나 어떤 행위가 옳은지 그른

---

84. 위의 책, p. 262.
85. 위의 책, p. 263.
86. 위의 책, p. 266.

지를 선택할 때, 우리는 이 원리에 의해 판단이나 결정을 내리게 된다는 것이다.

그렇다면 원리 자체는 어떻게 정당화될 수 있을까? 이에 대한 대답으로 헤어는 '결단decision'을 말한다.[87] 하나의 사물이나 행동에 대한 선택 또는 판단에는 여러 가지 원리의 적용이 가능하다. 그러나 여러 원리들 가운데 어떤 원리를 선택할 것인가 하는 문제는 행위자 자신의 결단에 의존할 수밖에 없다는 것이다. 시간과 공간에 따라 삶의 방식이 다르므로 규범 또한 다를 수 있으며, 어린 시절의 경험이 다르고, 가치관이 다를 수 있다. 따라서 행위자 자신이 적용하는 가치의 원리는 다를 수 있다.

어떤 원리를 결단하고 그 원리를 적용시킨 결과가 좋지 않을 때 그 원리는 수정될 수밖에 없다.[88] 헤어는 가치 판단에 있어서 가치와 사실 간의 관련성을 인정하고, 둘 사이에 가치 원리를 개입시킴으로써 사실을 가치와 관련시키고 있다. 이것은 가치가 사실을 토대로 정당화될 수 있다는 가능성을 열어놓음과 동시에 사실 판단만으로 가치 판단이 정당화될 수 없음을 함축한다.

(4) 가치 판단의 논리와 도덕과 교육

이상의 가치 판단의 윤리학적 근거의 고찰을 통해, 도덕적 명제에서의 주어와 술어의 관계는 선험적 관계가 아니라 경험적 사실과 가치 원리가 고려되는 관계임이 밝혀졌다. '도덕과 교육이 어떻게 이루어져야 하는가' 하는 문제는 가치 판단에 대한 도덕적 명제를 분석함으로써 분명해진다. 왜냐하면 도덕적 행동은 합리적 가치 판단을 전제하기 때문이다.

가치 판단은 도덕적 명제 형태로 나타난다. 따라서 가치 판단의 주어와

---

87. 김태길, 앞의 책, p. 283.
88. G. E. Kerner, op. cit., p. 176.

술어의 관계를 파악하게 되면 도덕과 교육의 접근 방식이 드러난다. 즉, '무엇이 좋다, 무엇이 나쁘다' 라는 가치 판단에서 '무엇' 과 '좋다' 나 '나쁘다' 에 대한 관계가 어떻게 규정되는가에 따라 도덕과 교육의 유형은 달라진다. 이에 대해 직관주의자들은 주어와 술어의 관계가 분석에 의해서가 아니라 직관에 의해 파악될 수 있는 것으로 보았다.

이러한 관점은 가치를 판단하는 데 있어서 관찰이나 분석 혹은 추리의 과정을 배제하는 것이므로 도덕과 교육에서 가치 탐구 활동은 무의미하게 된다. 또한 정의주의자들은 이 관계를 평가자의 주관적 감정이나 태도의 관계로 간주한다. 따라서 여기에서도 도덕적 탐구 활동을 통한 도덕적 추론 과정은 무시된다.

그러나 자연주의자들은 가치 판단의 주어와 술어 관계를 경험적 관계로 파악한다. 가치나 당위의 근거를 쾌락이나 욕구에서 구하는 것이다. 자연주의 윤리학은 가치나 당위의 근거를 선험적 이유가 아닌 경험적 근거에 토대를 두고 사고 과정을 통해 획득되는 것으로 간주함으로써 가치 탐구 교육으로서 도덕과 교육의 이론적 토대를 제공한다. 가치 판단은 경험적 근거에 기초하기 때문에 가치 탐구 과정을 요구한다. 그렇지만 여기에서는 가치 판단과 사실 판단을 동일시함으로써 자연론적 오류[89]라는 비판에 직면하게 된다. 만약 가치 판단과 사실 판단이 동일하다면, 도덕과 교육에서의 가치 탐구 과정은 평가 대상에 대한 사실 탐구 과정만을 필요로 하게 된다.

그러나 사실 판단과 가치 판단은 엄연히 구분되는 것이며, 가치 판단은 사실 판단과는 다른 논리 구조를 갖고 있다. 헤어는 가치와 사실 간의 관

---

89. 자연론적 오류naturalistic fallacy는 학자들 간에 여러 주장이 있지만, 일반적으로 선악이나 옳고 그름의 문제는 사실 판단이 아닌데, 사실에 근거하여 가치를 판단하는 것을 자연론적 오류라 부른다. 즉, '사실fact' 과 '존재being' 라는 영역은 '가치value' 와 '당위Sollen' 와는 본래 다른 영역이다. 따라서 전자로부터 후자를 추리할 수 없다. 이처럼 자연론적 오류는 가치어value terms를 비가치어non-value terms로써 정의하거나 혹은 가치 판단을 사실 판단으로 환원하려는 시도 안에 깃든 논리적 난점을 지적한 것이다.

련성을 인정하고, 그 사이에 가치 원리를 개입시킴으로써 자연론적 오류에서 벗어난다. 그는 가치 판단의 주어와 술어 사이에 경험적 관계뿐만 아니라 가치 원리의 관계까지도 고려한다. 따라서 가치 판단은 사실 판단과 가치 원리의 두 요소가 동시에 고려되는 논리적 구조를 포함하므로, 도덕과 교육은 평가 대상에 대한 사실 판단과 가치 원리가 함께 고려되어야 한다.

이것은 도덕과 교육에서 도덕적 가치나 덕목을 학생들에게 맹목적으로 수용하도록 하거나 주입을 강요해서는 곤란하다는 점을 시사한다. 따라서 교과로서 도덕과 교육에서의 덕목 교육은 주입이나 설명보다는 학생 중심의 가치 탐구 활동이 바람직하다. 왜냐하면 도덕적 명제에서 주어와 술어의 관계는 가치를 포함하는 경험적 관계이기 때문이다.

사실, 사회가 가지고 있는 도덕적 가치나 덕목이라는 것도 따지고 보면 역사적 산물이며, 그것들은 충분한 이유나 근거를 내포하고 있다. 이런 점에서, 교과로서 도덕과 교육은 가치 탐구 활동과 관련되며, 가치 탐구는 평가 대상에 대한 경험적 사실과 가치 원리를 포함하는 활동이어야 할 것이다. 따라서 도덕과 교육에서 합리적 가치 판단 능력을 신장시키는 교육이 되려면 사실 판단을 위한 사실 탐구 과정과 가치 원리를 위한 원리 탐구 과정의 구조적 틀 위에서 도덕 발달이 함께 고려되는 교수-학습 과정이 되어야 할 것이다.

2. 교수-학습 방법

합리적인 가치 판단 능력 신장에 관심을 두는 인지 중심의 도덕과 교육의 교수-학습 모형은 가치 명료화 모형, 도덕적 추론 모형, 가치 분석 모형, 합리적 공리주의 모형 등이 있다.[90]

1. 가치 명료화 모형

사람들은 사회 속에서 생활하고 그 속에서 많은 경험을 하면서 배운다. 그리고 행동에 대한 지침도 이와 같은 경험 속에서 나오는데, 우리는 이러한 지침을 가치라고 부른다. 가치는 이러한 사회적 경험으로부터 나오기 때문에 우리가 다른 경험을 할 때에는 다른 가치를 갖게 되고, 우리의 경험이 바뀔 때마다 우리의 가치 또한 변화되고 수정되기 마련이다. 따라서 가치는 고정된 것이 아니라 개인의 사적이고 사회적인 경험 속에 토대를 이루고 있다. 우리는 가치를 형성하고 검증하는 경험과 끊임없이 관련되고, 또한 어떤 종류이든 자신의 가치를 갖게 된다. 그리고 이러한 가치들은 대부분의 경우 자신도 모르게 주위나 환경의 영향으로부터 형성되며, 충분한 검토 후에 바람직한 가치로 발전하게 된다.[91]

---

90. 이외에도, 올리버D. W. Oliver와 쉐이버J. P. Shaver의 '법리적 모형'과 헌트M. P. Hunt와 메카프L. E. Metcalf의 '의사 결정 모형', 그리고 메카프와 쿰즈J. Coombs 등이 개발한 '가치 분석 모형'은 가치 판단을 위한 적절한 가치 탐구 수업 모형이라 할 수 있을 것이다. 올리버와 쉐이버는 합리적 가치 판단을 위해 '정의의 문제'와 '가치의 문제' 그리고 '사실의 문제'를 분석한다. 그리고 이러한 분석을 위한 8가지 구체적 전략을 제시하고 있다. ① 구체적 사실로부터 일반적 가치를 추상화하기, ② 일반적 가치 개념을 차원적 구조로서 사용하기, ③ 가치 구조들 사이에 갈등을 확인하기, ④ 가치 갈등 상황을 유형화하기, ⑤ 고려중인 문제와 유사한 가치 갈등 상황을 발견하거나 만들어 보기, ⑥ 자기의 가치 입장을 결정하기, ⑦ 적절한 가치 입장을 지지하는 사실적 가정들을 검증하기, ⑧ 진술의 적합성을 검증하기(D. W. Oliver & J. P. Shaver, *Teaching Public Issues in the High School*, Boston: Houghthon Mifflin, 1974, pp. 126-30. 이 모형은 공공 정책에 대한 현안 문제와 관련된 가치와 사실의 문제를 분석하여 합리적 결정을 이끌어 내고자 한다. 이에 비해 가치 개념을 분석하고 가치 대안의 결과를 고려하는 데 강조점을 두고 있는 헌트와 메카프의 '의사 결정 모형'이 있다. 이 모형의 절차를 요약하면 다음과 같다. 첫째, 평가되어야 할 대상, 사건, 정책의 성질은 무엇인가? 둘째, 결과의 문제로서 ① 문제가 되는 정책으로부터 어떤 결과가 기대되고 예상될 수 있는가? ② 고안된 결과 예측에 합의하지 못한다면 증거를 사용해 합의에 도달할 수 있는가? 셋째, 결과에 대한 평가로서 ① 고안된 결과는 바람직한가? ② 어떤 평가 기준에 의하여 결과를 평가할 수 있는가? 넷째, 평가 기준의 정당화로서 ① 결과들을 평가하는 기준이 어떻게 정당화될 수 있는가? ② 만약 학생들이 평가 기준에 대해 의견을 달리한다면 그리고 결과에 대한 평가 의견을 달리한다면 어떻게 이 차이를 다룰 것인가? ③ 학생들은 평가 기준을 사용함에 있어 일관성이 있는가? M. P. Hunt & L. E. Metcalf, *Teaching High School Social Studies*(New York: Haper & Row, 1968), pp. 133-4.

그러나 이러한 가치가 형성되기까지는 많은 경험과 검토를 필요로 하는데, 오늘날과 같은 복잡한 사회에서는 더 많은 어려움과 더 많은 선택의 기회에 직면하게 된다. 이러한 복잡한 상황 속에서 살아가는 젊은이들과 그들을 지도하는 교사들을 위해 개발된 가치 교육 방법 중의 하나가 가치 명료화 모형이다.

가치 명료화 모형은 라스L. E. Raths, 하민M. Harmin, 사이먼S. B. Simon의 『가치와 교수 *Values and teaching*』라는 책과 사이먼, 호웨L. W. Howe, 커센바움H. Kirschenbaum의 『가치 명료화 *Values Clarification: A handbook of practical for teachers and students*』라는 책을 통해 보급된 가치 교육 방식의 하나이다. 이 모형은 가치를 본질적으로 고정 불변된 것이 아니라 유동적이며 개인적 차원의 것으로 간주하는 가치 상대주의를 전제한다. 따라서 이 모형은 개인의 가치가 혼동 상태에 있다고 생각될 때 그것을 명료하게 해줌으로써 스스로 합리적 가치 또는 가치관을 갖게 하는 모형이다.

가치 명료화는 경험에서 비롯된 가치의 결과에 대해서는 관심을 두지 않고 가치를 획득하는 과정에 깊은 관심을 기울인다. 왜냐하면 가치는 시간과 공간에 따라 달라질 수 있는, 영원한 진리는 아니기 때문이다. 그러므로 이 모형은 한 사회 체계 내에서 하나의 가치가 형성되고 그것이 한 개인의 것으로 내면화되는 과정을 중시한다.

1. 가치화 과정

가치 명료화는 가치를 지시해 주는 여덟 가지 가치 지표 — 목표, 포부, 태도, 관심, 느낌, 신념, 활동, 근심 혹은 문제 — 를 열거하고, 가치는 이러한 가치 지표에서 나타난다고 본다. 그리고 가치는 선택, 존중, 행위의 세 과정에 기초하고 있으며, 이 세 과정에 따른 일곱 가지 준거를 만족할 때

---

91. 정세구(1979), 『가치이론과 가치교육』, 교육과학신서, p. 116.

가치가 생기는 것으로 정의하고, 이 과정을 가치화 과정이라 한다. 그리고 이러한 가치화 과정을 거칠 때 정가치이며, 그렇지 못한 경우에는 준가치에 해당한다.

일곱 가지 가치화 과정은 다음과 같다.[92]

(선택) ① 자유롭게

② 여러 대안들로부터

③ 각 대안들의 결과에 대하여 사려 깊은 생각을 한 후에

(존중) ④ 선택에 대하여 소중히 여기고 기뻐하며

⑤ 기꺼이 선택한 것을 공적으로 확인하고

(행위) ⑥ 선택한 것에 대하여 행하고

⑦ 생활에서 반복하기.

이러한 일곱 과정이 저자들이 의미하는 가치화이다. 즉, 그들은 일곱 개의 모든 과정을 거쳤을 때 생기는 결과들이 가치이며, 이 준거를 다 만족시키지 못하면 가치라고 부를 수 없다고 주장한다. 선택에 있어서 ①의 '자유롭게'의 의미는 어떤 권위자의 강제성이 없는 상태에서 학습자들로 하여금 자유롭게 선택하도록 하고, 어떻게 과거의 선택들이 만들어졌는가를 알게 하는 것으로, 여기서 교사의 역할은 학습자에게 선택의 기회를 더 많이 주고 그것을 자유롭게 선택할 수 있도록 하는 것이다. ②의 '여러 대안들로부터'의 의미는 학습자들로 하여금 유용한 대안들을 탐색, 검사, 결정하게 하는 것으로, 학습자들이 어떤 선택의 문제에 직면했을 때 그에 대한 대안들을 발견하게 돕는 것을 말한다. ③의 '대안의 결과를 고려한 후'의 의미는 제시된 각 대안들의 결과를 반성적으로 검사

---

92. L. E. Raths, M. Harmin & S. B. Simon, *Values and Teaching: Working with Values in the Classroom*, 2nd(Columbus Ohio: A Bell & Howell, 1978), pp. 27-30.

하는 것으로, 학습자들로 하여금 사려 깊은 검사를 한 후 선택케 하여 합리적인 가치 체계를 갖게 한다. 여기에 중요한 인지적 요인이 있다고 볼 수 있다.

존중에 있어서 ④의 '선택을 소중히 여기고'의 의미는, 라스에 의하면, 우리는 마음속에 우리의 가치를 품어야 하고,[93] 그것들을 우리 실존의 가장 중요한 측면으로 간주하고, 또한 우리의 가치들을 자랑해야 한다는 것이다. ⑤의 '선택한 것을 확신한다'는 의미는 학습자가 여러 결과들을 심사숙고한 후에 자유롭게 가치를 선택했다면 그리고 그 선택에 대해 자부심을 느낄 때 그 결정을 확신할 기회를 주는 것으로, 선택한 가치를 부끄럽게 여겨서는 안 되며, 일이 일어날 때마다 그것을 적용하려고 해야 한다는 것이다.

행위에 있어서 ⑥의 '선택한 것을 행하기'의 의미는 학습자들의 선택에 따라서 행위하고 행동하며 살아가도록 하는 것으로서, 실제 가치들은 우리 행위에 분명히 나타나며 또한 행위는 우리 마음속에 있는 가치들을 반영해야 한다. 사실, 어떤 것에 대하여 말을 하면서 행동을 전혀 하지 않는 것은 가치를 가졌다고 보기 힘들다. 마지막으로 ⑦의 '생활 속의 반복'은 학습자가 선택한 가치에 따라서 행위한다면 일관성이 있고 반복적으로 그렇게 해야 하는데, 일관성이 없다면 가치와 행위 간의 관계를 세밀히 검토해야 하며, 가치는 영원성이 있어야 하고 생활양식을 이뤄야만 한다는 것이다.[94]

가치 명료화 모형은 이상의 일곱 가지 준거를 가짐과 동시에 네 가지 주요 요소를 갖는다.[95] 첫째 요소는 삶에 초점을 맞추기로서, 이는 학습자들로 하여금 그들의 현실적 삶의 양식에 관심을 두게 하며, 그들의 생활

---

93. 박재주 편역(1989), 『도덕 교육: 이론과 실제』, 도서출판 거제, p. 314.

94. Bill E. Forisha & Barbara E. Forisha, *Moral development and education* (Lincoln, Nebraska: Professional educators publishing, Inc, 1976), pp. 67-8.

95. R. H. Hersh et al., *Models of moral education* (New York: Longman Inc., 1980), p. 70.

양식과 개인적 우선순위가 가치들의 위계질서를 어떻게 반영하는지에 초점을 맞추게 한다. 둘째 요소는 현 상황을 받아들이기로서, 이는 학습자들로 하여금 그들의 입장을 무비판적으로 수용하는 것이 중요함을 인식시켜야 한다. 이것은 어떤 사람이 말하거나 행위하는 것을 시인하도록 하는 것을 의미하지는 않는다. 이는 학습자들로 하여금 자신들을 하나의 개체로 받아들이고 스스로 정직한 존재로 여기게 하는 수용을 의미한다.

셋째 요소는 보다 심도 있게 숙고하기로서, 수용뿐만 아니라 가치에 대한 숙고를 요구하는데, 이것은 학습자가 존중하고 마음에 품고 있는 것이 무엇인지를 아는 것, 선택들과 존중하는 것들을 일상의 행위로 더 잘 통합시키는 것 등에 의해 이루어진다. 이것은 학습자들로 하여금 그들의 사고와 감정 그리고 행위를 통합하는 능력을 성장시켜 줄 뿐만 아니라 학교생활 외의 나머지 일상생활에서 그들이 사용할 수 있는 기능을 지도한다.[96] 마지막 요소는 개인 능력 함양하기로서, 가치 명료화를 지지하는 사람들은 가치 명료화에 참여하는 개인들은 개인적 방향 감각과 성취감을 얻을 수 있다고 주장한다.[97]

또한 이러한 가치화 과정은 세 가지 종류의 내용에 적용[98]되는데, 첫째는 사람의 삶에는 목표와 포부 같은 가치 지표들로 불리는 측면이 있는데, 토론은 학습자들의 관심과 포부를 명료화하는 데 초점을 맞출 수 있다. 둘째는 우리가 직면하는 개인적 문제들, 즉 사랑, 우정, 성, 노동, 결혼, 충성심 등에 관한 문제가 여기에 포함된다. 마지막으로 가치 명료화를 통해서 몇 가지 사회 문제들, 즉 빈곤, 종족주의, 언론 자유, 태업권 같은 문제들을 다룰 수 있다.

가치 명료화 모형 이론의 지지자들은 청소년들이 사회와의 관계 속에서 그들 자신을 얼마나 분명하게 이해하느냐가 그들의 행동 방향을 결정

---

96. L. E. Raths, M. Harmin et. al., op. cit., p. 48.

97. 박재주, 앞의 책, p. 311.

98. 위의 책, p. 315.

하게 될 것이라고 믿는다. 가치 명료화는 결코 명쾌함을 강조하는 것이 아니며, 가치 있는 행위를 포함하는 인간 가치의 끊임없는 발달을 의미한다. 가치 명료화 이론가들은, 자신과 사회와의 관계를 분명히 알고 있는 사람들은 적극적이고 목적적이며 자신만만하고 일관성 있는 행동 특성을 잘 나타낸다고 믿고 있으며, 그러한 관계를 잘 알고 있지 못한 사람들은 보통 냉랭하고, 경솔하며, 확신이 없고, 일관성과 줏대가 없고, 너무 순종적이고, 불만에 차 있는 성품을 잘 나타낸다고 믿고 있다. 따라서 가치 명료화 모형은 가치 혼란의 행동적 징후들을 감소시킬 교육적 해결책을 제시하려는 한 시도이며, 인간으로 하여금 만족스럽고 지적인 방법으로 끊임없이 변화하는 세계와 관계할 능력을 얻게 하는 전략이다.

2. 가치 명료화 활동들

본래, 가치 명료화 모형은 교실 안에서의 대화에 뿌리를 두고 있으며, 이 접근법은 특별한 가치들을 주입시키는 데 목적이 있는 것이 아니라 학습자 자신의 생활 속에서 일곱 가지 가치화 과정을 통해 기존의 신념과 행동에 적용하는 데 도움을 주는 것이다. 이러한 과제를 달성하기 위해 교사는 학생들이 일곱 가지 가치화 과정들의 기준에 따라 그들의 가치를 명료화시키는 데 도움을 주기 위해 개발된 전략과 훈련들을 이용한다. 이러한 활동들에는 반응 명료화, 가치지, 순서 정하기, 공개 인터뷰, 가치 투표, 가치 연속선, 어느 하나 선택하기 등 여러 가지 활동들이 있다.[99] 여기에서는 이러한 전략들 중 대화 전략, 쓰기 전략, 토론 전략을 살펴보고자 한다.

---

99. 이러한 다양한 활동들에 대해서는 L. E. Raths, M. Harmin et. al., 조성민, 정선심 역(1994), 『가치를 어떻게 가르칠 것인가』, 철학과현실사 참조.

① 대화 전략

대화 전략은 가치 명료화 모형의 가장 기초적인 전략이다. 이 방법은 주로 명료화 반응을 통해서 이루어진다. 명료화 반응은 수업 시간이나 이후의 가치와 관련된 상황에서 교사가 자극적인 질문을 던진 다음 학생이 그에 반응하는 말이나 수행하는 행동에 대해 더 깊이 숙고할 수 있도록 유도하는 활동을 통해 이루어진다. 즉, 이 방법은 가치를 포함하여 믿음이나 문제점, 태도 등과 관련된 교사의 질문에 학생이 그에 반응하는 말이나 행동에 대해 다시 한 번 생각해 보도록 함으로써 가치나 신념 등을 명료화하는 것이다. 이 방법은 명료화 반응을 유발할 수 있는 곳이면 어떤 장소든 상관없이 가능하며, 적용 시기 또한 대화할 수 있는 적절한 시간만 주어진다면 가능하다.

가치 명료화 방법에 적합한 교사의 명료화 반응 방법은 가치가 포함되어 있다고 생각되는 가치 징표나 진술, 행동들을 잘 살피고 귀를 기울이며, 분명한 개인적 가치를 갖도록 하는 것이 목적이라는 점을 기억하면서 가치화의 일곱 과정을 이용하고, 가치 징표에 대한 명료화 질문이나 간단한 논평으로 반응을 해준다. 이 방법에서 주의해야 할 점[100]은 첫째, 비난하거나 평가하지 않는 개방적 분위기를 형성한다. 가치 명료화 질문은 개인의 의사 결정권을 존중하는 것으로서, 학생은 자신이 말한 것이나 행동한 것 때문에 비판이나 비난받지는 않는다는 것을 인식하는 게 중요하다. 둘째, '왜'라는 질문을 삼간다. '왜'라는 질문을 하면 학생들이 방어 태세를 취하고 이유나 변명을 말하려는 경향이 있기 때문에 "어떤 이유라도 있니?" "나에게 말해 줄 수 있겠니?"와 같은 질문으로 긍정적 답변을 유도하는 것이 좋다. 셋째, 너무 길어지지 않는 것이 좋다. 되도록이면 아주 적은 질문만을 제기하고, 교화시키려 하지 않고, 학생들이 계속해서 생각하도록 하는 것이 중요하다. 넷째, 명료화 반응에서 특별한 가치로

---

100. 조성민, 정선심 역, 앞의 책, pp. 120-1.

유도하거나 정답을 말해 주어서는 안 된다.

② 쓰기 전략

쓰기 전략은 주로 가치지를 활용한다. 가치지는 한 장의 종이 위에 학생들에게 가치문제를 제기하는 진술이 있고, 이에 대한 질문이 쓰여 있어, 학생들이 이를 읽은 후에 자연스럽게 응답하는 것이다. 이처럼 가치지에 진술된 가치문제에 대해 답을 쓰게 하는 목적은 학생들이 응답하는 과정에서 자신의 가치를 명료화하도록 하기 위해서이다. 가치화를 개인 일의 하나라고 할 때, 학생들이 혼자서 가치지를 메우는 것은 세상을 살아가면서 직면하는 문제점들을 하나하나 해결하는 과정과 동일하다고 가정할 수 있다.[101] 가치지에서는 자신이 직접 답을 적는다는 것과 이를 통한 개인적 반성에 강조점이 두어진다.

가치지를 활용한 수업 절차는 첫째, 자신이 쓴 답을 선생님 없이 학생들만 있는 소그룹에서 토론하기, 둘째, 학생들이 제출한 것 중에서 교사가 흥미 있는 선택을 보여 주고 있거나 문제를 특별한 방법으로 설명하고 있는 글들을 골라서 논평이나 평가 없이 읽고 나서 토론하기, 셋째, 필요한 경우 학생들이 제출한 종이 가장자리에 교사가 논평을 해서 돌려주기, 넷째, 학생들은 쓴 것을 위원회에 제출하고 그 위원회에서 읽을 것들 또는 게시판에 붙일 것들을 고르기, 다섯째, 학생 각자가 가치지 작성을 완성하면 학급에서 그 주제에 대해 전체 토론을 실시한다.[102]

여기에서 교사가 유의해야 할 점으로는 첫째, 학생들이 가치지를 작성한 후 제출하면, 교사는 그것들을 읽어 본 후에 평가하지 말고 그 견해들을 종합하여 학생들에게 다시 한 번 문제점을 제시한다. 둘째, 가치지를 읽어본 후 학생들에게 다시 나누어 줄 때 조금씩 논평을 하여 줄 수도 있

101. 정세구(1984), 『가치태도교육의 이론과 실제』, 배영사, p. 130.
102. 조성민 외 역, 앞의 책, pp. 166 9.

다. 그러나 그 논평은 가치 원칙에 부합하는 것으로서 어떤 판단을 제시하는 것이 아니라 재고할 기회를 더 많이 줄 수 있는 것이 좋다.

③ 토론 전략

토론 전략은 가치 토론을 통해 서로 배울 수 있는 기회를 제공하여 개인적 가치의 질적 수준을 높이고, 가치의 상이성과 다양성에 관한 이해를 높이고자 하는 데 목적이 있다. 이 전략은 학습 주제에 대한 학생들의 주의를 집중시키고 상호 학습 기회를 넓혀 주고, 사고하도록 자극하고, 흥미를 불러일으킬 수 있다는 장점을 갖고 있다. 토론 전략의 4단계를 제시하면 다음과 같다.[103] 첫 단계는 주제 선택하기 단계로서, 교사는 중요한 가치가 함축되어 있는 주제를 제시한다. 예컨대, 우정, 돈, 규칙, 종교, 정치 등 학생들이 혼란스러워 하는 문제나 주제들을 제시한다. 두 번째 단계는 말하기 전에 생각하도록 자극하기이다. 여기에서는 본격적인 토론에 앞서, 개인적으로 생각할 수 있는 시간을 제공하는 것이다. 개별적으로 생각할 수 있는 시간을 주지 않으면 토론에 진지하게 참여하기 어렵다.

세 번째 단계는 조직적으로 토론에 참여하기 단계이다. 토론은 전체 토론과 소집단 토론이 있다. 전체 토론이나 소집단 토론은 나름대로 장단점이 있으므로 상황에 맞는 적절한 토론을 택하여 토론하도록 한다. 마지막으로 배운 것을 이끌어내는 단계로서, 학생들이 조용히 앉아서 토론에서 배운 것을 생각해 보게 하고 배운 것을 표현하도록 한다. 이러한 토론 전략은 자칫 몇몇 학생들만 토론에 참여함으로써 나머지 학생들은 방관자가 되어 흥미를 잃을 수도 있으며, 토론에 익숙하지 않은 아동들은 은연중에 특정한 소수의 아동에 이끌려 가는 경향이 있음을 유의하고 진행해야 할 것이다.

---

103. 앞의 책, pp. 190-3.

3. 가치 명료화의 장 · 단점

이 모형이 가지고 있는 장점은 불분명한 가치를 명료하게 해줌으로써 스스로 합리적 가치 또는 가치관을 갖도록 해준다는 점이다. 가치 명료화는 가치를 지시해 주는 여덟 가지 가치 지표 — 목표, 포부, 태도, 관심, 느낌, 신념, 활동, 근심 혹은 문제 — 를 열거하고, 가치는 이러한 가치 지표에서 나타난다고 본다. 가치 명료화 모형에서 가치 선택 과정은 대안을 고려하고, 그 대안의 결과를 심사숙고하여 자율적으로 선택하는 것이다. 여기에서 중시되는 것은 선택을 강요하지 않고 대안의 결과를 여러 측면에서 고려한 후 스스로 선택하도록 하는 과정이다. 이러한 가치 명료화 모형의 장점은 첫째, 가치화 과정의 학습이라는 점이다. 이는 학생들에게 기성세대가 가치 있다고 인정하는 기존의 가치를 일방적으로 전달하거나 주입시키는 것이 아니라 학생들로 하여금 그들의 시대와 자신에게 적합한 가치를 스스로 발달시키도록 돕는 방식이다. 즉, 아동 중심의 교실에서 하나의 가치가 개인적으로 내면화되는 과정을 아동 스스로 경험하게 하고, 아동 자신을 하나의 성실한 개체로 보게 하며, 그 주변에서 발생하는 삶의 문제를 다루게 하고 있으며, 가치를 습득하는 데 관심을 두는 것이 아니라 그들이 어떻게 그 가치를 얻는가를 강조하며, 가치를 가장 효율적으로 얻을 수 있는 과정을 중시한다. 따라서 이 모형은 가치를 얻는 과정이 학습이라 할 수 있다.

둘째는 이 모형은 지적, 정의적, 행동적 측면을 모두 고려한다는 점이다. 이 모형의 세 단계 중 '선택' 단계는 인지적 측면을, 그리고 '존중' 단계는 정의적 측면을, '행동' 은 행동적 측면을 고려하는 과정이다. 그리고 마지막으로 이 모형은 인간주의 교육에 부합되는 모형이라는 점이다. 여기에서의 전략과 기법들은 학생들의 반응을 충분히 불러일으키게 해주고, 유쾌하고 인간적인 교실 분위기를 조성할 수 있다. 특히, 학생 스스로 자아를 인식하도록 도와주며, 주변의 타인들과의 관계 속에서 발생하는 문제들을 다루고 있기 때문에 집단 속에서 가치를 내면화하도록 해준다는 것이다. 이렇듯 집단 속에서 가치를 내면화하고 명료화하는 과정을 통해 자연스럽게 타인과 사고나 감정을 교감하면서 그들을 이해할 수 있는 마음의 폭을 넓힐 수 있다.

그러나 가치 명료화 모형이 내재하고 있는 기본적인 도덕적 상대주의에 대한 회의적 시각이 남아 있는 것이 사실이다. 구체적으로 이 모형은 자신이 어떤 가치를 지니고 있는가를 아는 자아 인식 자체에 목적을 두고 있어 어떤 가치가 보다 나은 가치인가를 식별할 수 없기 때문에 올바른 가치가 무엇인지를 제대로 깨닫지 못한다는 것이 이러한 비판의 요지이다. 이 점에 대해 콜버그는 "도덕에는 정답이 없다. 다만 차이만 있을 뿐이다"[104]라고 비판하고 있다. 이는 누구의 가치에 대해서도 비판적으로 평가하는 것을 돕지 못하며, 오히려 학습자들이 사회의 가치를 무비판적으로 받아들일 소지가 있다.

또한 이러한 가치 명료화에서의 가치화 과정은 도덕적 가치를 선택하는 과정으로는 부족한 측면이 있다. 가치화 과정은 심사숙고에 대한 구체적 언급 없이 포괄적으로 진술함으로써 개인마다 내용과 방법이 다를 수 있다. 얼마만큼의 선택적 대안이 있어야 하는가 혹은 심사숙고의 과정과 방법은 어떻게 하는 것인가 그리고 얼마나 자유로운 선택이어야 하는가 등의 기준이나 준거가 배제된 채 절차적 과정만이 제시되고 있다.

이러한 문제점을 파악하고 커셴바움은 가치화의 세 범주를 느낌, 사고, 의사소통, 선택, 행위의 다섯 범주로 확장한다.[105] 그리고 사고의 과정을 논리적, 비판적, 창조적, 인지적 측면에서 다양하게 사고하도록 강조한다. 의사소통 과정을 통해 명확하게 의사 전달하기, 감정이입으로 경청하기, 요점 찾아내기, 명확하게 질문하기 등의 절차를 보완하고, 선택 과정에서

---

104. L. Kohlberg, "The cognitive-developmental approach to moral education," op. cit., p. 673.
105. B. Chazan, *Contemporary Approaches to Moral Education*, 이구재 외(1990), 『현대도덕교육방법론』, 법문사, p. 99.

는 대안을 찾고 고려하기, 대안의 결과에 대해 심사숙고하기, 전략적으로 선택하기, 그리고 자유롭게 선택하기 등의 과정을 더 두고 있다. 그러나 가치화 과정만을 지나치게 강조한 반면에 '사실적 정보'를 소홀히 취급하고 있으므로 가치문제를 해결하는 데에는 부족한 면이 있다. 특히, 가치가 서로 갈등하는 상황에서 이를 해결하는 데 도움을 주기 어렵다는 점이 지적될 수 있다.

2. 도덕적 추론 모형

　도덕적 추론 모형은 콜버그의 도덕 발달 이론을 근거로 갤브레이스R. E. Galbraith와 존스T. M. Jones, 아버스노트J. B. Arbuthnot와 파우스트D. Faust 그리고 베이어B. K. Beyer 등이 도덕성 논의를 유도하기 위해 제시한 교수-학습 전략이다. 이 모형은 아동에게 도덕적 갈등 사태를 제시해 인지 부조화를 일으키고, 인지 부조화의 해결 과정을 통해 인지 구조의 발달을 꾀하려는 수업 방법이다. 다시 말해서, 학생들로 하여금 현재의 추론 상태에 심각한 부조화를 일으키게 만들고, 그 결과 그들은 이 상태를 타개하기 위한 적절한 해결책을 구하게 되는데, 이때 한 단계 높은 도덕적 추론을 제시해 줌으로써 도덕 발달을 이룰 수 있다고 보는 입장이다. 따라서 이 모형은 개인의 도덕 발달 단계를 높이려는 데 목적이 있으며, 개인의 현재 도덕 추론 수준과 다음 단계의 추론 수준 사이의 간극을 좁히려는 수업 계획이다. 즉, 개인은 성장 과정에서 주위 환경에 대한 이해의 폭을 넓히면서 새로운 인지 구조를 발전시켜 나가며, 그러한 인지 구조에 따라 도덕 판단 수준도 발전해 나간다는 도덕 발달 이론을 토대로 도덕적 갈등 사태에 대한 논의를 위해 개발된 교수-학습 전략이다.

1. 가치 갈등 논의를 위한 다섯 가지 절차

갤브레이스와 존스는 '① 갈등 사태 제시, ② 입장의 진술, ③ 추론의 검토, ④ 입장의 재고'의 4단계 절차를 제시하고,[106] 아버스노트와 파우스트는 '① 추론 단계에 따른 소집단 구성, ② 딜레마 선정과 준비, ③ 적절한 심리 상황 조성, ④ 토의 시작, ⑤ 토의 안내와 +1 단계 논의, ⑥ 토의 종결'의 여섯 단계를 제시한다.[107] 그리고 베이어는 학생들이 가치 갈등 사태의 논의에 참여할 수 있도록 다음과 같이 다섯 가지 활동을 제시하고 있다.[108] 여기에서는 베이어의 다섯 가지 활동 단계를 중심으로 살펴보고자 한다.

① 갈등 사태 제시하기
② 갈등 사태를 해결할 수 있는 잠정적 행동 방향들을 추천하고, 이들을 정당화하기
③ 소집단에서 그들이 제안한 사항 그 이면에 있는 이유를 논의해 보기
④ 갈등 사태에 대한 해결책으로서 정당화할 때 그들의 이유와 다른 집단의 이유를 전체 학생들이 검토하기
⑤ 자신과 다른 사람들의 추론을 성찰하기

첫 단계는 갈등 사태 제시하기이다. 먼저, 교사는 가치 갈등 논의를 위해 갈등 사태를 제시해야 한다. 학생들이 생각해 볼 수 있는 특정의 가치 갈등 상황을 글이나 말, 시청각 자료, 역할극을 통해 제시한다. 때로는 현

106. R. E. Galbraith & T. M. Jones, *Moral Reasoning: A teaching handbook for adapting Kohlberg to classroom* (Minnesota: Green haven press Inc., 1976), pp. 5-10.

107. J. B. Arbuthnot & D. Faust., *Teaching Moral Reasoning: Theory and Practice*, New York: Harper & Row, Publishers, Inc., 1981. pp. 145-85.

108. J. R. Fraenkel, 『가치 탐구 수업을 어떻게 할 것인가?』, 송용의 역(1986), 교육과학사, pp. 94-9.

재의 사태와 관련된 질문이나 설명을 통해 학생들이 갈등 상황에 대해 명확히 인식하도록 하여야 하며, 교사는 이를 위해 용어의 정의와 함께 갈등 사태를 정확히 파악하도록 도와주어야 한다. 특히, 가치 갈등 수업이 잘 이루어지기 위해서는 달성하고자 하는 목표에 부합하는 좋은 딜레마 제작이 필요하다.

이를 위해 유의해야 할 점은 첫째, 딜레마는 가능한 여러 교과와 관련을 가지도록 하여 단순한 하나의 교과가 아니라 여러 교과의 복합적 상호 작용을 통해서 이해할 수 있도록 한다. 둘째, 딜레마를 간단하고 명료하게 계획 또는 제작하여 교사가 문제를 설명하는 데 드는 시간은 최소화하고, 대신에 아동이 토의할 수 있는 시간은 가능한 많이 확보하도록 한다. 셋째, 딜레마는 개방적이어야 한다. 가치 갈등 상황이 명백하고 유일한 답이 있어서는 안 되며, 학급 구성원들 사이에 찬·반 양론을 다 일으켜야 한다. 그래서 학생들로 하여금 갈등에 빠지고 자기 생각에 부족함을 느끼게 하여 불균형 상태를 타개하고 심리적 만족감을 얻기 위해 한 단계 높은 도덕적 사고로 옮겨가게 해야 한다. 마지막으로 학생들이 딜레마 상황에 대해 도덕적 추론에 몰입하도록 도와주어야 한다. 딜레마에 포함된 갈등에 대해 어떤 선택을 하는가에 중점을 두기보다는 선택을 하게 된 동기에 초점을 맞추어야 한다. 즉, 행위를 선택한 이유에 초점을 맞추어 그 이유들에 관해서 학생들 간의 상호 의견 교환을 통해 도덕적 성장이 가능하도록 하게 하는 것이다.

두 번째 단계는 갈등 사태에 대한 입장 진술이다. 갈등 사태를 제시하고 딜레마에 대해 이해하도록 하였으면, 교사는 학생들이 갈등 사태에서 취할 수 있는 행동에 대해 생각해 보고 자신들의 입장을 취하도록 한다. 그리고 자신들의 생각을 종이에 쓰게 하고 그렇게 쓴 이유에 대해서도 진술하게 한다. 그리고 각 입장들을 대표하는 지원자에게 그 입장을 택한 이유를 발표하도록 한다. 만약 현재 논의되고 있는 갈등 사태에 대해 학급 인원이 양분되지 않을 경우 대안적 갈등 사태를 제시한다. 만일 대안적 갈등 사태로도 학생들을 적절히 분배하지 못하면 학생들에게 갈등 사태의 다른 측면에서 역할 놀이를 해보게 하거나, 딜레마를 수정한 후에 택하게 할 수도 있다. 이렇게 하여 50:50 내지는 60:40 정도로 양분하고 소집단 토의를 준비시킨다.

셋째 단계는 소집단 토의이다. 학생들은 그들이 선택한 입장을 정당화하기 위해 소집단에 참가하게 된다. 소집단 토의는 입장을 같이하는 집단별로 분단을 나누어 토의에 들어간다. 한 집단에 소속된 구성원들은 그들이 왜 그러한 입장을 취하게 되었는지 이유를 모두 열거한 후 그 이유들 중에서 가장 좋은 이유를 선택하고, 왜 그 이유가 가장 좋은 이유인지를 진술하게 한다. 여기에서 가장 좋은 이유는 많은 학생들이 지지하기 때문일 수 있고 또는 보다 높은 수준의 도덕적 추론이기 때문일 수도 있다. 이때 교사는 학생들 간의 용어 정의와 주제에 관한 토의와 수준 높은 추론을 유도하면서 대화가 원만하게 이루어지도록 도와주어야 한다. 또한 토의 도중에 학생이 자신의 입장을 바꾸었을 때에는 자유롭게 소속 집단을 바꿀 수 있도록 해야 한다. 이와 같이 집단에게 주어진 과제가 완성되었을 때에는 전체 학생이 모여서 논의할 수 있도록 학생들을 소집한다.

넷째는 전체 토의 단계이다. 전체 토의는 ① 학생들로 하여금 자신들이 취하고 있는 입장의 배경, 이유를 보고할 수 있는 시간을 주기 위함이며, ② 다른 사람들이 그 입장을 취한 데 대한 이유를 듣게 하고, ③ 그 이유에 대해 반박도 해보고 반박도 받아보게 하는 것이다. 이러한 도덕적 추론의 비판적 검토 과정을 통하여 자기 자신의 도덕적 추론 단계와 자기보다 높은 추론 단계 사이의 간극을 인식하게 도와준다. 이러한 간극의 인식은 그것을 메우려는 학생들의 노력 때문에 다양한 토론 과정에서 그들의 인지 도덕 발달을 용이하게 해준다. 이때 교사는 탐색적 질문을 사용하여 학생들이 미처 생각하지 못하였거나 간과했던 문제에 대해 검토할 수 있도록 도와주어야 한다. 교사의 발문은 도덕적 토의를 해나가는 데 있어서 결정적 역할을 한다. 교사가 토의를 원만히 이끌어 가기 위해서는 토의 상황에 가장 알맞은 발문을 하여야 하고, 이것이 제대로 이루어질 경우 학생들은 낮은 도덕적 추론 단계에서 높은 단계로 옮아가게 된다.

마지막으로 추론에 대한 반성적 사고이다. 서로 반대 입장을 정리해 보고 가장 설득력 있다고 생각되는 이유를 선택한다. 그리고 자기가 선택한 입장과 이유를 종이에 적도록 하고 수거하지는 않는다. 이때 교사는 토의 결과에 대해서 자신의 의견을 표시하거나 어떤 가치의 선택을 강요해서는 안 된다.

2. 도덕적 추론 모형의 장·단점

이 모형은 아동들 스스로 자기들끼리의 대화를 통해 반성적 사고를 하고, 교사가 제공하는 한 단계 높은 사고를 통해 아동의 도덕성 발달을 도와주는 방식이다. 다시 말해, 교사와 학생, 학생과 학생 간의 토의를 통해서 수업이 진행되므로 학생들은 자신의 의견을 발표하고 상대방 의견을 듣고 다시 비판하는 과정을 통해 의사소통 기술을 발달시키고, 일상생활에서 흔히 접할 수 있는 쟁점들을 가지고 논의를 하기 때문에 수업에 흥미를 느끼고 적극적으로 참여할 수 있다. 또한 교사의 불간섭과 가치의 주입이나 강요가 배제되기 때문에 학생 개개인은 수업에 자신감을 갖고 임하게 되며, 호의적 태도와 가벼운 마음으로 토의에 참여하게 된다. 이러한 활발한 토의가 진행되는 동안에 학생들은 서로의 마음을 이해하게 되는 기회를 갖게 된다.

이 모형의 절차적 과정은 가치 갈등 상황에서 학생으로 하여금 자신의 도덕적 수준에서 가치 선택에 대한 합리적 근거를 찾아내도록 하고, 이를 여러 동료 학생들과의 도덕적 논의 과정과 자신이 선택한 가치에 대한 이유나 근거에 대한 반성적 추론을 거쳐 다음 단계의 도덕적 추론으로 안내한다. 가치 선택에 대한 보다 합리적 이유나 근거를 발견하도록 함으로써 개인의 가치 지평을 확대하고, 가치 명료화 모형의 단점인 가치 상대주의의 한계를 극복하고자 한다.

가치 명료화 모형은 학생 각자의 현재의 도덕 수준을 확인하는 데 그치지만, 이 모형에서는 보다 나은 단계로 향상시키는 전략에 집중한다. 보다 나은 가치를 추구한다는 것은 가치의 보편성과 객관성을 확보하려는 것으로 가치 상대주의를 극복하는 것이다. 이러한 관점은 보편적인 도덕적 가치가 존재하고, 이러한 가치는 도덕과 교육을 통해 단계적으로 접근할 수 있다는 발달론적 전통을 전제한다. 따라서 이 모형은 도덕적 갈등 사태의 합리적 해결보다는 도덕적 논의 과정을 통해 학생들의 도덕적 추론 능력의 발달을 기대하는 것이다.

가치 명료화 모형은 인지적 추론을 통한 합리적 의사 결정을 강조하므로 어떤 선택을 하였나 하는 결과보다는 왜 그러한 선택을 하게 되었느냐 하는 선택의 동기나 과정을 더 중시하였다. 이러한 측면에서는 가치 명료화 모형과 일맥상통한다고 볼 수 있으나, 토의 방법에 있어서 도덕적 추론 모형은 가설적 딜레마를 도입하는데 비해서 가치 명료화 모형은 학생 자신들의 경험을 도입시키고 있다. 또한 도덕적 추론 모형은 가치 명료화 모형에 비해 개념의 이해를 더욱 분명히 해준다. 가치 명료화 모형도 학생들로 하여금 자신의 가치를 명료하게 해주는 과정에서 연관된 가치에 대한 개념을 명확히 인식하도록 해준다. 그러나 콜버그의 인지 발달 이론에 근거한 도덕적 추론 모형은 개념 이해의 단계가 높아질수록 학생들의 가치 인식을 더욱 명확하게 해주는데, 이것이 이 이론의 특징이라 할 수 있다. 도덕 단계가 높아질수록 개념에 대한 이해는 자기중심적 관점에서 점차 사회 중심적 관점으로 변해 간다. 특히, 가치 명료화 모형의 단점인 가치 갈등 상황의 해결 과정을 통해 학생들의 도덕 발달을 도모하고자 한다. 여기에 도덕적 추론 모형의 강점이 있다고 볼 수 있다.

그러나 이 모형의 과정들은 체계적이지 못하며, 교사의 전문적 역할이 요구된다는 데 어려움이 있다. 도덕적 추론 모형은 도덕적 문제를 해결하기보다는 단지 도덕적 추론을 한 단계 상승시키는 데 목적을 두고 있다. 이러한 이유에서 교사는 가치중립적인 입장을 견지해야 하며, 평가 대상에 대한 특별한 신념보다는 학생들의 추론 단계 상승에 초점을 맞추어야 한다. 도덕적 문제 사태를 합리적으로 해결하려면 이를 위한 체계적 과정이나 절차가 필요하지만, 여기에서의 목적은 추론의 단계적 상승에 있다. 따라서 보다 합리적인 가치 선택 전략을 위해서는 개인의 이유나 근거를 바탕으로 공적인 논의 과정을 거치는 단순한 절차보다는 더 체계적인 가치 선택 과정이 필요하다.

또한 이 모형을 도덕과 수업에 적용하기 위해서는 교사의 전문성이 요청된다. 이 모형은 기본적으로 교사가 학생의 도덕 판단 수준을 진단할 수 있는 전문적 능력을 겸비해야만 가능하다. 이러한 전문성을 확보하지 못한 교사는 단지 학생들을 도덕적 논의로는 이끌 수는 있어도 한 단계 높은 수준으로 끌어올리는 데에는 한계를 갖는다. 이러한 전문적 능력을 결여한 교사는 이 모형이 요구하는 교사의 가치중립적 입장의 견지라는 미명의 그늘 속으로 자신의 적극적 역할을 회피할 수밖에 없다.

3. 가치 분석 모형

가치 분석 모형은 메카프 등의 『가치 교육』에서 구체적으로 제시되었다. 이 모형은 메카프, 캐스퍼G. Casper, 채드윅J. Chadwick, 쿰즈J. Coombs, 묵스M. Meux 등이 소속된 미국 사회과교육협의회를 중심으로 개발된 모형이다. 쿰즈는 네 가지 가치 분석의 목표를 제시하고 있다.[109]

첫째, 학생들에게 어떤 평가 대상을 어떤 특정한 방식으로 평가하도록

---

[109]. L. E. Metcalf(ed), *Values Education: Rationale, Strategies and Procedures*, Washington, D. C: NCSS, 1971, p. 19.

가르친다.

둘째, 학생들에게 문제가 되고 있는 평가 대상에 대하여 그들이 할 수 있는 가장 합리적인 판단을 하도록 돕는다.

셋째, 학생들이 합리적 가치 판단[110]을 할 수 있도록 가르친다.

넷째, 학생들에게 한 집단의 구성원으로서 어떤 평가 대상에 대하여 공동의 가치 판단을 내리는 것을 어떻게 수행하는지 가르친다.

1. 가치 분석 모형의 6가지 절차

가치 분석의 목표를 달성하기 위한 6가지 과제를 제시하면 다음과 같다.[111]

① 가치문제를 확인하고 명료화하기
② 알려진 사실들을 수집하기
③ 사실들의 참을 평가하기
④ 사실들의 관련성을 명료화하기
⑤ 잠정적으로 가치 결정하기
⑥ 가치 결정에 함축되어 있는 가치 원리 검사하기(역지사지 검사, 새로운 사례 검사, 보편적 결과 검사, 포섭 검사)

이러한 가치 분석 교수 과정(가치 결정 과정)에서 ②, ③, ④의 과정까지

---

110. 합리적 판단이 되기 위해서는 다음의 네 가지 조건을 만족시켜야 한다. 첫째, 가치 판단을 지지하는 가능한 사실들이 참이거나 또는 충분히 확인되어야 한다. 둘째, 사실들은 진정한 관련성이 있어야 한다. 즉, 사실들은 판단을 내리는 사람에게 실제로 가치가 있어야 한다. 셋째, 다른 고려 사항이 똑같다면, 판단을 하는데 고려해야 할 관련 사실들의 범위가 클수록 더욱 적합한 판단을 내릴 가능성이 있다. 넷째, 가치 판단에 함축되어 있는 가치 원리는 그 판단을 내린 사람이 받아들일 수 있는 것이어야 한다(정선심 · 조성민 역(1992), 『가치교육』, 철학과현실사, p. 39).

111. L. E. Metcalf (ed), op. cit., p. 29.

는 평가 대상에 대한 사실 탐구 과정이고, 이 과정들을 토대로 판단자는 잠정적으로 가치를 결정한다. 그리고 ⑥의 과정은 가치 결정에 함축되어 있는 가치 원리를 검사하는 과정으로 네 가지 절차가 있다. 이러한 가치 원리 검사를 거친 후 최종적으로 가치를 결정한다.

이처럼 가치 분석 모형은 가치를 결정함에 있어서 '가치 원리'와 '사실'을 모두 중시한다. 그러므로 이 모형에서는 평가 대상에 대한 사실적 지식을 위한 '사실 탐구 전략'과 올바른 가치 원리의 탐구 과정인 '원리 수용성 검사'가 핵심적 활동이 된다. 따라서 가치 분석 모형에서는 크게 사실을 탐구하는 전략과 가치 원리를 정당화하는 전략으로 대별할 수 있다.

그러나 이 같은 여섯 가지 과제를 충실히 이행하지 못했을 때, 가치 갈등을 일으키게 된다. 가치 분석은 이러한 가치 갈등 현상을 해결하기 위한 가치 갈등 해결 전략을 제시하고 있다.[112] 이를 도식화하면 〈표 4-8〉과 같이 나타낼 수 있다.

이러한 여섯 가지 교수 전략은 가치를 결정함에 있어서 해결해야 할 과제이며, 가치 판단을 결정하기 위해 필요한 절차이기도 하다. 그러므로 여섯 단계의 과정을 충실히 수행한 후에 내린 가치 결정은 합리적 근거를 토대로 결정된 가치 판단이며, 각 단계별 과정을 소홀히 하고 내린 가치 결정은 합리적 가치 판단이라 할 수 없다.

어떤 도덕적 문제 사태에 직면하여 합리적 가치를 결정하도록 하기 위해서 학생들에게 이러한 여섯 가지 과제를 성실히 수행할 수 있는 능력을 함양시켜 주어야 한다. 그러므로 학교에서는 이와 같은 여섯 가지 과제를 제대로 수행하도록 하기 위한 구체적이고 체계적인 프로그램을 개발하여야 할 것이다. 가치 분석의 여섯 가지 과제에 관해 구체적으로 살펴보자.

---

112. L. E. Metcalf(ed), op. cit., pp. 120-36.

가치 분석 과제	가치 갈등 해결 과제
1. 가치문제를 확인하고 명료화하기	1. 가치문제의 해석에서 의견 차이 줄이기
2. 알려진 사실들을 수집하기	2. 수집된 사실들에서 의견 차이 줄이기
3. 사실들의 참을 평가하기	3. 사실들의 참을 평가할 때 의견 차이 줄이기
4. 사실들의 관련성을 명료화하기	4. 사실들의 관련성에서 의견 차이 줄이기
5. 잠정적으로 가치 결정하기	5. 잠정적 가치 판단에서 의견 차이 줄이기
6. 가치 결정에 포함되어 있는 가치 원리를 검사하기	6. 가치 원리의 수용성 검사에서 의견 차이 줄이기

〈표 4-8〉 가치 분석 과제와 가치 갈등 해결 과제

출처 : Hersh, R. H., et.al., *Models of Moral Education* (N.Y.: Longman Inc., 1980), p. 103.

① 가치문제를 확인하고 명료화하기

가치문제의 접근은 가치문제를 명료화하는 것으로부터 시작해야 한다. 즉, 논의하고자 하는 문제를 명확히 해야 한다. 이는 논점의 핵심을 정확히 인식하지 못하고서는 올바른 가치 결정을 내릴 수 없기 때문이다. 가치문제를 명료화하는 과정에서 나타나는 문제는 대부분 용어의 정의에 관한 문제이다. 도덕적 문제 사태에서 제시되는 용어가 애매모호하거나 혹은 어려운 용어로 기술될 때 이를 명확하게 정의하는 과정이 필요하다. 이 과정에서 용어 정의에 관하여 토의 당사자 간에 합의를 도출해내지 못한다면 논쟁이나 토론은 혼란에 빠지게 되어 결국 가치 판단의 갈등을 유발하게 된다.

용어의 정의에 관한 혼동은 적어도 두 가지 이유에서 발생한다.[113] 첫째는 판단을 해야 하는 관점[114]의 불명확성을 들 수 있다. 즉, 평가 대상이나

---

113. Hersh, R. H., et.al., *Models of Moral Education* (N.Y.: Longman Inc., 1980), p. 104.

혹은 도덕적 문제 사태에 관해 토의 당사자 간에 서로 다른 관점을 갖고
문제에 접근한다면 합의를 도출한다는 것은 불가능하다. 예컨대 지역 사
회의 재개발 문제를 둘러싸고 논의가 진행 중일 때, 갑이란 사람은 '경제
적 관점'에서, 을이란 사람은 '환경적 관점'에서 평가한다면 합의된 판
단을 도출하기 어렵다. 즉, 갑은 경제적 관점(지역 사회의 경제적 이익에 기여
함)에서 '재개발을 해야 한다'고 판단을 내릴 것이고, 을이란 사람은 환
경적 관점(자연을 훼손함)에서 '재개발을 반대'하는 판단을 내릴 것이다.
그러므로 가치문제를 논의할 때, 토의 당사자 간에 평가 대상에 대한 평
가 관점을 분명히 한 후에 토의를 진행하는 것이 이로 인해 야기되는 가
치 갈등을 해결할 수 있는 한 가지 방법이다.

둘째는 평가 대상이 구체적이지 못할 경우에 용어의 혼란을 초래할 수
있다. 예컨대 '약물 복용은 그릇된 것인가'라는 문제가 제기되었을 경우,
'약물'의 애매모호함 때문에 가치 판단에 혼란을 야기할 수 있다. 즉, 약
물이 특정한 약을 지칭하는 것인지, 아니면 일반적 약을 의미하는지 불분
명하다. 그러므로 여기에서의 약물이 '치료를 목적으로 하는 모든 약물'
을 의미하는지, 아니면 '환각제'만을 의미하는지에 따라서 가치 판단은
달라질 수 있다.

따라서 가치문제에 포함된 용어를 어떻게 정의하느냐에 따라 가치 판
단의 결과가 달라질 수 있으므로, 가치문제를 논의할 때 용어의 정의를
명확히 해야만 한다. 무엇에 관한 논의인가를 확실히 알지 못한다면, 관
련된 사실 수집은 물론 사실의 관련성 여부를 판단할 때에도 혼동이 나
타나기 마련이다. 이처럼 가치 판단이 요청되는 상황에서 가치문제를 확

---

114. 평가의 관점은 대개의 경우 평가 대상에 관한 미적, 도덕적, 경제적, 타산적 관점에서 평
가할 수 있다. 그러나 이외에도 여러 다른 관점에서 평가할 수 있고, 또한 종합적 관점에서도
평가할 수 있다. 평가에서 사용하는 평가 용어도 각 관점마다 달리 사용된다. 즉, 미적 관점에
서의 평가적 용어는 '아름답다,' '추하다' 등이 있고, 도덕적 관점에서의 평가적 용어는 '좋
다,' '나쁘다' 등이 있으며, 경제적 관점에서의 평가적 용어는 '효율적이다,' 그리고 타산적
관점에서는 '현명하다'는 평가적 용어가 쓰인다. 정선심 · 조성민 공역, 앞의 책, p. 23.

인하고 명료화함으로써 합리적인 가치 결정을 이끌어낼 수 있다.

② 사실들을 수집하기

가치 분석에서 가치 판단은 개인의 주관적 감정이나 태도의 표현이 아니라 평가 대상과 관련된 사실을 토대로 가치 판단이 결정된다. 평가 대상에 관한 사실적 근거를 바탕으로 가치 판단이 내려지므로 가치 판단에 대한 객관성을 확보할 수 있으며, 이것은 평가 대상에 대한 사실 정보가 다를 때 다른 가치 판단이 내려질 수 있음을 함축한다. 평가 대상과 관련된 사실 수집에서 성공하려면 교사는 다음을 확실히 해야 한다.[115]

첫째, 가치 주장을 관련된 사실들의 일부분으로 잘못 수집하는 일이 없도록 해야 한다.

둘째, 문제의 평가 대상을 판단하는 것과 관련된 사실들을 광범위하게 수집하도록 한다.

셋째, 학생들이 사실 자료의 복잡함에 당황하지 않는 한도 내에서 사실 수집을 하도록 한다.

학생들이 평가 대상과 관련된 사실들을 수집하기 전에 사실적 주장과 평가적 주장을 구별할 수 있어야 한다. 사실적 주장은 사실적 진술로 기술되고, 평가적 주장은 평가적 진술로 기술된다. 사실적 진술은 관찰 가능한 상태나 사건들을 보고 기술하는 것이며, 평가적 진술은 사물들을 가치와 관련시켜 평가하는 것이다.[116] 가치 결정은 사실적 주장에 기초해야 하며, 평가적 주장을 사실적 주장으로 받아들여 가치 결정에 토대가 되게 한다면 합리적인 가치 판단을 내릴 수가 없다. 예를 들면, 어떤 차가 좋은 차인지를 결정할 때, 그 차가 믿을 만하고, 경제적이고 안전하다는 것을

---

115. 앞의 책, p. 62.
116. Richard H. Hersh, op. cit., pp. 104-5.

사실로 든다면, 이것은 사실적 진술에 토대를 두고 있는 것이 아니라 평가적 진술에 토대를 두고 있는 것으로서, 이와 같은 평가적 진술을 토대로 가치를 판단하는 일은 올바른 가치 판단을 도출할 수 없다.

또한 평가 대상과 관련된 사실을 수집할 때, 평가 대상에 관해 가능한 많은 사실들을 수집하는 것이 중요하다. 평가 대상에 관하여 다양한 시각과 관점에서 많은 자료를 모으고, 전문가의 조언을 듣고, 실제로 경험토록 함으로써 평가 대상에 대한 관심을 고조시킬 수 있다면 보다 더 합리적인 가치 판단을 이끌 수가 있을 것이다. 만약에 평가 대상과 관련된 중요한 사실 하나를 빠뜨린다면 엉뚱한 가치를 결정할 수가 있다. 예컨대 동성동본의 금혼 제도의 근거로서 동성동본의 금혼은 과거 우리의 전통이고, 미풍양속이라는 사실을 제시한 경우와 근친상간은 기형아 출산 확률이 그렇지 않은 경우보다 훨씬 높다는 과학적 사실을 제시하는 경우에, 전자보다는 후자가 합리적 가치 판단을 이끌 수 있을 것이다. 따라서 판단자가 평가적 주장과 사실적 주장을 모를 때 그리고 평가 대상과 관련된 많은 사실적 자료를 얻지 못했을 때에는 합리적 가치 판단을 내릴 수가 없으며, 토의 당사자 간에는 가치 갈등이 유발되게 마련이다. 일단 사실적 주장과 평가적 주장을 구분할 줄 알고, 평가 대상과 관련된 가능한 많은 사실들을 수집한다면, 교사는 다음과 같은 것을 해야 한다.[117]

첫째, 학생들에게 각기 다른 관심 분야, 예를 들면 경제학적, 생태학적, 미적, 도덕적 측면에서 사실들을 조직화하도록 시켜야 한다.

둘째, 학생들에게 사실들이 긍정적 값을 갖는가, 혹은 부정적 값을 갖는가라는 점에 기초해서 사실들을 구별하도록 시켜야 한다.

셋째, 보다 더 일반적인 자료 하에 특수한 사실들을 포함시켜야 한다.

넷째, 가치 결정을 위해 사실들의 중요성에 따라서 사실들의 순서를 정

---

117. Ibid., p. 105.

		긍정적		부정적		보조적 가치 판단
		일반적	특수한	일반적	특수한	
학생들의 기본적 관심들	A					
	B					
	C					
	D					

〈표 4-9〉 사실 수집 체계화를 위한 도표

해야 한다.

이러한 과정을 단순화하고 체계화하기 위해서 '사실 수집표'를 작성하면, 평가 대상과 관련된 사실들을 '전체로서' 볼 수 있다. 사실 수집 체계화를 위한 도표는 〈표 4-9〉와 같다.[118]

학생들의 기본적 관심들은 도표 왼쪽에 쓴다. 이러한 관심들은 하나일 수도 있고 여러 개일 수도 있다. 평가 대상에 관한 사실들도 긍정적인 것과 부정적인 것, 그리고 일반적인 것과 특수한 것들을 구분해서 적는다. 끝에는 학생의 기본적 관심 각각에 대한 보조적 가치 판단을 적는다.[119]

③ 사실 주장을 평가하기

평가 대상에 관해 가능한 많은 사실 진술들이 수집되면, 이 사실들이 정당한 근거를 갖고 있는지에 대한 평가를 해야 한다. 판단자는 평가 대상과 관련된 사실 진술들에 기초해서 가치를 결정해야 하기 때문에, 사실 진술에 관해 참이거나 충분한 근거를 확인하지 않은 가치 결정은 그릇될 수가 있다. 가치 결정과 관련된 사실에는 특수한 사실, 일반적 사실, 조건적 사실의 세 가지 종류가 있다.[120] 특수한 사실 주장은 단일 사건이나 상

---

118. L. E. Metcalf(ed), op. cit., p. 42.
119. 사실 수집표에 대한 예문은 L. E. Metcalf, op. cit., p. 43을 참조.

황을 기술한다. 예를 들면, '이승만은 대한민국 초대 대통령이었다' 와 같은 진술이다. 이러한 특수한 사실 주장은 그 주장이 기술하고 있는 사건이나 사건들의 상태를 관찰함으로써 참을 증명할 수 있다.[121]

일반적 사실은 특수한 사실들에 의하여 경험적으로 검증될 수 있는 일반화된 지식이다.[122] 예를 들면, '쓰레기 소각장에서 나온 매연에는 암을 유발할 수 있는 성분이 포함되어 있다' 라는 진술은 일반적 사실이다. 왜냐하면 소각장에서 나온 매연을 분석해 봄으로써 진위가 검증될 수 있기 때문이다. 이러한 일반적 사실 주장은 그 주장을 지지하거나 혹은 그 주장을 반박할 수 있는 특수한 사실들을 찾아냄으로써 진위가 검증된다. 즉, 소각장에서 나온 매연이 암을 유발할 수 있는지의 여부는 소각장에서 나온 매연 성분 중 암을 유발할 수 있는 성분을 동물에게 투여해서 암을 유발시키는지를 관찰함으로써 진위를 알아낼 수 있다.

조건적 사실들(if-then의 주장들)은 주장의 '만약에if' 에 해당되는 부분에서 구체화되고 있는 것과 유사한 사건들이 발생했을 때, '그러면then' 에 해당되는 부분과 비슷한 어떤 것이 과거에 뒤따라 일어났는지를 밝힘으로써 검증된다.[123] 예를 들면, '만약에 자동차 노동자들이 그들의 파업을 한 달간 더 연장한다면, 내년에 자동차 값은 확실히 올라갈 것이다' 와 같은 것이다.

그러나 대부분의 경우에 평가 대상과 관련된 사실들의 주장을 직접적으로 증명하기는 어렵다. 오히려 공식 기록이나 증인 설명 또는 전문가의 증언에 의존할 때가 많다. 즉, 사실 주장은 그 주장의 출처를 평가하는 것으로써 검증되어야 하며, 그러한 유형의 평가는 사실 주장을 한 사람의 위치와 상황이 중시된다.[124] 교사는 학생들이 수집한 평가 대상에 대한 사

120. L. E. Metcalf, op. cit., p. 44.
121. Ibid., p. 45.
122. Richard H. Hersh, op. cit., p. 105.
123. Ibid., p. 105.

실들을 평가할 때 다음과 같은 질문을 함으로써 사실 평가를 하도록 할 수 있다.[125]

첫째, 이것이 사실이라는 것을 어떻게 아는가?

둘째, 이것이 사실이라는 것을 나타내는 증거는 무엇인가?

셋째, 누가 이것이 사실이라고 말했는가?

넷째, 우리는 그 사람이 말한 것을 왜 믿어야 하는가?

다섯째, 다른 권위자들도 그가 말한 것에 동의하는가?

이러한 질문들은 평가 대상에 관한 사실들의 진위를 평가하는 것이지 결코 사실들을 수집한 학생들 개개인을 비판하려는 것이 아님을 분명히 해야 한다.

④ 사실의 관련성을 명료화하기

가치 결정을 위해 수집한 사실들의 평가 대상과의 관련성을 검토하는 일은 매우 중요하다. 사실을 토대로 가치가 결정되므로 평가 대상과의 관련 여부는 가치 결정의 방향을 결정한다. 따라서 관련성이 없는 사실을 고려하는 일은 가치 판단의 합리성을 감소시킨다. 판단자가 수집한 평가 대상에 관한 사실들이 실제로는 평가 대상과 아무런 관련이 없는 경우가 있다. 예컨대, 어떤 사람이 교육위원으로서 도덕적으로 적합한지를 결정한다고 가정해 보자. 이때 그가 학교 교사로 재직할 당시 전교조에 가입하여 활동하다 해직된 적이 있다는 사실을 고려할 수 있다. 그러나 이러한 사실은 교육위원의 도덕성과는 무관하다고 볼 수 있다.

또한 어떤 특정한 사실을 상대적으로 강조하는 데에서 토의 당사자 간에 가치 갈등을 초래할 수 있다. 즉, 어떤 사람은 특정한 사실에 관련이

---

124. L. E. Metcalf, op. cit., p. 45.

125. Ibid., p. 46.

있다고 생각하는 반면, 다른 사람은 관련이 없거나 혹은 대수롭지 않게 생각하는 데에서 의견 차이가 나타난다. 이것은 사람이 가지고 있는 관심의 차이에서 발생하는 의견 차이라고도 볼 수 있다. 예를 들어, 어떤 사람은 건강에 대하여 많은 관심은 있으나 경제적 측면에는 관심이 없다든가 혹은 그 반대인 경우가 있을 수 있다.

설령 평가 대상과 관련이 있다고 하더라도 그 사실에 대하여 긍정적인 값을 부여하는 사람과 부정적인 값을 부여하는 사람이 있을 수 있다. 예를 들면, 농사를 지을 때 농약을 사용하는 것이 생산량을 증대시킨다는 측면에서 긍정적인 값을 부여할 수 있지만, 한편으로는 농약이 인체에 해롭다는 이유로 부정적인 값을 부여할 수 있다. 이러한 이유에서 가치 분석에서는 판단자가 사실에 값을 부여할 때 사용하는 준거를 가능한 명료하게 형식화해서 사실의 관련성을 결정토록 하고 있다.[126]

첫째, 그 준거는 그가 내려야 할 가치 결정에서의 판단과 같은 관점에서 판단을 내리고 있는가?

둘째, 그 준거는 그가 정말로 믿고 있는 것을 나타내고 있는가?

셋째, 그가 그 준거를 믿는 어떤 정당한 이유를 갖고 있는가?

만약 판단자가 준거를 정말로 믿지 않는다고 결정한다면, 문제의 사실은 관련성이 없는 것이다. 위의 예에서 판단자는 자신의 준거를 다음과 같이 형식화할 수 있다. "교직 생활 중 전교조 활동으로 인해 해직됐던 경험이 있는 교사는 교육위원으로서 적합하지 않다." 이때 '적합하지 않다' 는 것은 '도덕적으로 적합하지 않다' 는 것을 의미하는지 생각해 보아야 한다. 평가해야 할 관점과 관련이 없는 사실에 중요성을 부여하는 일은 합리적 판단을 방해한다.

---

126. Ibid., p. 48.

판단자의 준거가 형식화되면 학생이 그 준거를 믿는지 그리고 그 준거를 믿는 근거는 무엇인지 생각해 보도록 해야 하고, 준거가 사실을 가치 판단과 연결시킨다는 것을 분명히 밝혀야만 한다. 준거는 사실을 평가하며, 결정해야 할 가치 판단과 동일한 관점에서 사실과 가치 판단을 연결시킨다.[127] 또한 가치 분석에서는 학생들이 수집한 사실의 관련성을 명료화하기 위해 '증거 카드'를 사용토록 한다.[128]

⑤ 잠정적으로 가치 결정 내리기

가치 분석의 과제 ②에서 ④까지는 평가 대상에 대한 사실 탐구의 측면이었다. 이러한 사실 탐구를 토대로 판단자는 잠정적으로 가치를 결정한다. 판단자가 앞의 네 가지 과제를 잘 수행했다면, 어느 정도 합리적인 가치 결정에 이를 수 있을 것이다. 그러나 사실 탐구만으로 가치가 결정되는 것은 아니다. 잠정적 가치 결정 속에 함축되어 있는 가치 원리를 판단자가 수용할 수 있는지 여부를 검사한 후에야 비로소 최종적 가치가 결정된다.

⑥ 원리 수용성 검사

판단자는 평가 대상에 관한 사실 탐구 결과를 토대로 잠정적인 가치 판단을 내린다. 그러나 이때의 가치 판단은 완전한 판단이 아닌 잠정적인 판단이다. 왜냐하면 가치 판단은 사실만을 토대로 내려지는 것이 아니라, 가치 원리나 도덕 규칙을 함축하고 있기 때문이다. 그러므로 판단자의 가치 판단 속에 판단자 자신이 수용할 수 있는 가치 원리가 포함되어 있을 때 합리적 판단이 될 수 있다.

여기에서 판단자는 자신이 내린 가치 판단 속에 포함되어 있는 가치 원리를 진정으로 수용할 수 있는지 없는지를 확인할 필요가 있다. 왜냐하

---

127. Ibid., pp. 49-50.
128. 증거 카드에 관해서는 L. E. Metcalf, op. cit., pp. 50-3을 참조.

면 판단자가 수용할 수 없는 가치 원리를 바탕으로 한 가치 판단이라면 그것은 합리적 가치 판단이라고 할 수 없기 때문이다. 따라서 합리적 가치 판단을 도출하기 위해서는 충실한 사실 탐구와 더불어 수용할 수 있는 가치 원리에 기반을 두어야 한다는 것을 알 수 있다.

가치 원리의 수용성을 검사하는 작업은 교사들에게는 상당히 어려운 일이다. 특히 이 부분은 아동의 자아 발달 능력과 깊은 관련이 있으므로 초등학교에서 수용성 검사를 진행할 때에는 교사의 도움이 많이 필요하다. 가치 원리의 수용성 검사에는 새로운 사례 검사, 포섭 검사, 역할 교환 검사, 보편적 결과 검사가 있다.

가. 새로운 사례 검사New Cases Test

이 검사는 가치 원리를 명료하게 형식화한 다음, 논리적으로 관련이 있는 다른 유사한 경우에 적용했을 때, 도출되는 가치 판단을 받아들일 수 있는지 생각해 보는 검사이다. 먼저 이 원리를 적용하려면 가치 판단 속에 함축되어 있는 원리를 형식화하는 법을 알아야 하고, 그 원리가 논리적으로 적용되는 사례를 찾아낼 수 있어야 한다.

원리가 논리적으로 적용된 사례는 원리 속에 기술되어 있는 특성을 갖고 있는 사례를 말하며, 가치 판단 속에 함축되어 있는 원리를 형식화한다는 것은 가치 판단의 근거가 되는 평가 대상에 대한 사실들을 모았을 때 이와 동일한 특징을 갖는 모든 경우에는 똑같은 가치 평가를 한다는 것을 말한다.[129] 예를 들면, 철수는 '자기보다 나이가 어린 영철이와 복도에서 부딪쳤을 때, 때려 주는 것이 옳다'고 판단했다. 이러한 철수의 가치 판단은 '복도에서 자기보다 어린 아이와 부딪쳤을 때에는 때려 주는 것이 옳다'는 원리에 토대를 두고 있다. 이러한 원리를 새로운 사례 검사에 적용시켜 보면, '내 동생이 나이가 많은 어떤 사람과 부딪쳤을 때 구타를

---

129. 정선심 · 조성민 역, 앞의 책, p. 84.

당해도 그것이 옳은가?' 라는 새로운 사례에 적용시킬 수가 있다. 만약 새로운 사례에 적용시켰을 때, 즉 자기 동생이 똑같은 상황에서 맞아야 한다고 생각한다면 그 원리는 수용될 수 있는 것이지만, 그렇지 않을 경우에는 그 원리는 거부되어야 한다.

나. 역할 교환 검사Role Exchange Test

이 검사는 평가자가 어떤 원칙의 영향을 받은 사람의 역할을 상상력에 의해 교환하는 검사로서, 이를 통해 평가자는 그것을 수용할 수 있는지를 고려한다. 이러한 검사는 일상적으로 어떤 행동을 판단할 때 고려하는 검사라 볼 수 있다. 예컨대 한 아이가 다른 아이를 괴롭힐 때, 우리는 보통 "얘, 상대방이 너를 괴롭히면 좋겠니"라고 말하는데, 이것도 역할 교환 검사의 일종으로 볼 수 있다. 이러한 행동의 결과에 대한 상상을 통해 그에 대한 충분한 인식을 얻을 수 있다. 즉, 남의 입장에서 행동의 결과를 고려해 봄으로써, 그 행동의 결과를 수용할 수 있는지 없는지를 결정할 수 있다.

만약 우리가 도덕 판단을 도덕 원리에 기초한다면, 어떤 누가 그 행동에 참여한다고 하더라도 혹은 누가 그 결과를 경험한다 하더라도, 똑같은 상황에서는 똑같은 판단이 내려져야 한다.[130] 따라서 도덕적으로 문제가 되는 행위에 관해, 그 결과가 고통을 수반한다 하더라도, 그 행위를 옳은 것으로서 간주할 것인가를 고려함으로써 원리를 검사할 수 있다.

역할 교환 검사는 두 단계로 적용할 수 있다.[131] 첫째 단계는 다른 사람이 도덕적으로 문제가 되는 행위로 인해 경험할 결과와 그 사람의 입장에 있다면 좋아할 것인지를 상상하는 단계이다. 그러나 역할 교환 검사는 대부분의 사람들이 도덕적 추론에서 사용하기 때문에 이러한 검사를 지

---

130. J. R. Coombs, "Attainments of the Morally Educated Person," D. B. Cochrane(ed), *Development of Moral Reasoning*(A Division of CBS, Inc., 1980), p. 34.
131. Ibid., p. 36.

도하는 데 시간을 낭비할 필요가 없다고 생각하지만, 역할 교환 검사를
할 때 몇 가지 주의해야 할 것들이 있다.

먼저 이 검사를 시작할 때, '만약 당신이 그것을 한다면, 당신은 그것을
좋아하겠는가' 하는 형식의 질문을 던질 것이다.[132] 이때 주의해야 할 점
은 어떤 것을 우리에게 행하게 할 때, 우리가 좋아할지 안 할지를 생각하
는 것이 아니라, 어떤 사람이 그것을 행하는 것이 옳은지 어떤지를 생각
하는 것이다. 또한 다른 사람의 입장에서 고려할 때, 자신이 그 사람과 똑
같은 사람이라고 가정하는 것이다.[133] 이러한 가정은 상상할 때 정확하게
하지 못할 수가 있으므로, 행동 결과에 대한 평가가 잘못될 수 있다. 그러
므로 남의 입장을 정확하게 이해하려면, 남의 관심, 기호, 민감성 등에 관
한 것들을 알아야 한다

다. 보편적 결과 검사Universal Consequence Test

만약 도덕 원리에 따라 행동한 결과가 수용될 수 없다면, 그 도덕 원리
도 수용될 수 없으므로, 원리를 수정하든지 새로운 이유를 발견해야 한
다. 이때 원리의 결과는 한 개인에게 적용할 수도 있고, 모든 사람에게 적
용할 수도 있을 것이다.

보편적 결과 검사는 도덕적으로 문제가 되는 행위에 관하여 '모든 사
람'이 그와 같은 방법으로 행하였을 때의 결과를 생각케 하고, 그 결과를
수용할 수 있는지 생각하도록 요구하는 방식이다.[134] 이러한 원리의 검사
는 보통 행위의 잘못을 사람들에게 설득하는 방식으로 사용되었다. 예컨
대 한 아이가 운동장에 과자 껍질을 버렸을 때, "만약 모든 사람들이 그
렇게 과자 껍질을 버리면 이 운동장은 어떻게 될까"라고 질문할 수 있다.

보편적 결과 검사의 첫 단계는 만약 같은 이유로 모든 사람이 그렇게

---

132. Ibid., pp. 37-8.
133. Ibid., p. 38.
134. Ibid., p. 38.

행동한다면 그 결과가 어떻게 될 것인가를 상상하는 단계이다.[135] 보편적 결과 검사 후에 그 검사 결과를 수용할 수 없다면 그 행위는 옳지 않다는 결론을 내려야 한다. 그런데 그 행위를 선택할 수 없는 이유가 다를 수는 있다.

라. 포섭 검사Subsumption Test

포섭 검사는 자신이 이미 받아들인 보다 일반적인 가치와 자신이 받아들일 가치 원리와의 비교를 통해 그 관계를 검사하는 단계이다. 즉, 이미 받아들인 일반적 가치 원리로부터 검사되고 있는 가치 원리가 타당하게 연역되는가를 보여 주는 것이다. 만약 우리의 가치 판단이 기초하고 있는 원리가 이미 수용된 좀 더 포괄적인 원리로부터 연역될 수 있다면, 그것 역시 수용되어야만 한다. 이것은 결국 도덕 판단을 기초하는 원리가 더 포괄적인 다른 도덕 원리와 일치하는가를 결정하는 것이다.[136]

포섭 검사에서 도덕 원리를 공식화할 때 유의할 점은 첫째 공식화에는 도덕 판단 때 사용된 것과 같은 판단적 용어를 항상 포함해야 한다는 것이다. 즉, 도덕 판단에 어떤 것이 행해져야 한다고 언급되면, 원리의 형식에도 역시 어떤 것이 행해져야 한다고 언급되어야 하며, 도덕 판단에서 '잘못이다' 라는 가치의 언사는 도덕 원리의 형식에서도 판단 언사처럼 나타나야 한다는 것이다. 둘째는 원리에 언급된 종류의 행동은 최초의 도덕 판단에 대한 이유로서 주장되었던 것과 같은 종류의 특징을 갖는 행위라야 한다는 점이다.[137]

---

135. Ibid., p. 40.
136. Ibid., p. 41.
137. Ibid., p. 44.

2. 가치 분석 모형의 장 · 단점

이러한 여섯 가지 교수 전략은 가치를 결정함에 있어서 해결해야 할 과제이며, 가치 판단을 결정하기 위해 필요한 절차이기도 하다. 그러므로 여섯 단계의 과정을 충실히 수행한 후에 내리는 가치 결정은 합리적인 근거를 토대로 결정된 가치 판단이며, 각 단계별 과정을 소홀히 하고 내리는 가치 판단은 합리적 가치 결정이라 할 수 없다.

학생들로 하여금 어떤 도덕적 문제 사태에 직면하여 합리적 가치 결정을 할 수 있도록 하기 위해서는 이러한 여섯 가지 과제를 성실히 수행할 수 있는 능력을 함양시켜 주어야 한다. 그러므로 학교에서는 이와 같은 여섯 과제를 제대로 수행할 수 있도록 하기 위한 구체적이고 체계적인 프로그램을 개발하여야 할 것이다.

이와 같이 가치 분석 모형은 가치를 결정함에 있어서 가치 원리와 사실을 모두 중시한다. 이 모형에서는 사실 탐구와 원리 탐구 과정이 매우 구체적이고 체계적이다. 합리적 가치 선택과 결정은 평가 대상에 관한 폭 넓은 사실적 정보를 토대로 한다. 이 모형에서 제시하고 있는 사실 탐구의 절차는 광범위한 사실적 정보를 기반으로 관련성 및 정보의 진위 여부를 탐구하고 있어 합리적 사실 판단에 도움을 준다. 또한 사실 판단 속에 함축되어 있는 가치 원리를 드러내는 네 가지 원리 검사의 과정은 객관적이고 보편적인 가치를 선택하도록 하는 데 매우 유용하다.

특히 이 모형의 강점은 가치 선택이나 가치 판단이 서로 갈등하는 경우 가치 갈등을 해결하는 데 도움을 줄 수 있다. 합리적 가치 결정은 주지하다시피 사실 탐구와 원리 탐구 과정의 절차가 필요하다. 만약 이러한 과정들이 체계적으로 진행되지 못한 채 가치가 결정되었다면 합리적 가치를 산출해 내기 어려울 것이다. 이러한 판단의 결과는 결국 가치 갈등의 원인을 초래한다. 따라서 가치 선택과 결정이 서로 갈등하는 경우, 가치 판단의 절차적 과정을 구체적으로 되짚어 봄으로써 도덕적 문제 해결의 실마리를 찾을 수 있다.

그러나 이 모형은 가치 판단의 논리를 충실히 반영하고는 있지만 초등
학교 학생들에게 적용하기에는 인지 발달상 어려움이 있다. 이 모형은 도
덕 추론 능력의 발달보다는 도덕적 문제의 합리적 해결에 초점을 맞춤으
로써 합리적 사고 능력이 성숙되지 못한 초등학교 도덕과 교육에 적용하
는 데에는 어려움이 예견된다. 왜냐하면 가치 원리를 합리적으로 결정하
기 위해서는 가치 원리를 검사하는 절차를 거쳐야 하는데, 초등학교 저학
년의 경우 가역적 사고, 즉 자신과 상대방의 입장을 서로 바꾸어 생각하
지 못할 수도 있기 때문에 이 모형을 적용함에 있어 어려움이 예상된다.

또한 이 모형이 추구하고 있는 도덕적 문제의 '합리적 해결'이라는 개
념이 너무 추상적이고 포괄적이어서 구체적 추론의 발달을 기획하기 어
렵다는 것이다. 초등학교 학생들에게는 추론의 발달 과정을 지도하는 것
이 중요함에도 불구하고 가치 분석 모형에서는 단지 합리적 해결을 위해
사실 판단과 가치 원리의 네 가지 일반적 검사 과정만을 두기 때문에 보
다 높은 가치 원리를 선택해 가는 추론의 발달에 관한 절차나 과정이 없
다. 따라서 미성숙한 인지 능력으로 합리적 가치를 결정하기는 불가능하
므로 추론의 발달을 고려하는 구체적 과정이나 전략의 보완 작업이 필요
하다.

4. 인지적 접근의 도덕 교육적 의미

합리적 가치 판단 능력의 함양은 초등 도덕과의 중요한 목표 중의 하
나이다. 이를 위해 도덕과 교육은 도덕적 추론 능력의 발달을 도모한다.
추론 능력의 발달은 추론의 논리적 구조와 발달의 측면을 동시에 요청한
다. 추론의 논리 구조에 대한 구체적 이해 없이 추론의 발달을 도모한다
는 것은 매우 추상적인 작업일 수밖에 없으며, 추론 활동은 논리적 사고를

통해 가능한 일이므로 학생들의 인지 발달적 측면을 도외시할 수 없다.

도덕적 추론은 도덕적 문제 사태에 직면하여 도덕적 결정이나 선택에 대한 합리적이고 정당한 근거나 이유를 찾아내는 논리적 과정을 의미한다. 이것은 평가 대상에 대해 이미 알고 있는 사실(전제)로부터 새로운 가치를 도출해 내는(결론) 과정이다. 이 과정이 논리적이고 정당성을 확보할 때 합리적인 판단이 가능하다.

가치 판단(결론)은 사실 판단과 가치 원리(전제)의 논리 구조를 갖는다. 그리고 이러한 과정이 논리성과 정당성을 갖기 위해서는 전제와 결론과의 논리적 연관성을 유지해야 한다. 즉, 합리적 가치 판단은 사실 판단과 가치 원리가 합리적임을 전제한다. 따라서 도덕과 교육은 전제가 합리적이도록 수업 절차나 과정이 체계적이고 구체적으로 조직되고 계획되어야 한다.

이러한 관점에서 추론 능력의 함양을 위한 도덕과 교수-학습 모형은 추론의 논리 구조를 기본 틀로 삼고, 이러한 기본 틀을 토대로 체계적이고 구체적인 사실 탐구 과정과 원리 탐구 과정이 계획되고 동시에 학생의 인지 발달 측면이 고려되는 모형이 바람직할 것이다. 이러한 시각에서 인지 중심의 접근은 각각 나름대로의 강점과 한계를 지니고 있다.

가치 명료화 모형은 도덕성의 인지적, 정의적, 행동적 측면의 요소가 고루 고려되는 과정을 포함하는 강점을 지니고 있고, 도덕적 추론 모형은 기본적으로 가치 원리의 계열적 탐구가 가능하도록 계획되어 학생들의 추론 능력의 발달을 도모할 수 있는 강점을 가지고 있다. 그리고 가치 분석 모형은 사실 탐구 과정과 원리 탐구 과정이 모두 고려되는 합리적 추론을 위한 논리적 구조의 강점을 갖는다.

그러나 가치 명료화 모형은 원리 탐구 과정이 배제되어 있어 가치 판단의 객관성과 보편성을 결여하고 있고, 도덕적 추론 모형은 사실과 원리 탐구 과정의 체계적 기제의 부족으로 학생들에게 가치 탐구 활동의 구체적 동인을 제공하는 데 어려움이 있다. 그리고 가치 분석 모형은 도덕적 문제 해결에 집중함으로써 학생들의 추론 능력 발달에 소홀할 수 있다는 단점을 가지고 있다.

　이러한 인지 중심의 수업 모형에 대한 분석적 접근은 도덕과 교육에 다음과 같은 시사점을 제공한다. 첫째는 인지 중심의 접근을 위한 도덕과 수업 모형에 대한 전반적인 재검토와 정비가 필요하며, 둘째는 도덕과 교육을 진행함에 있어 수업 목표와 주제에 적절한 수업 모형을 선택해야 할 필요성이 있으며, 셋째는 추론 능력의 계발을 위해 좀 더 체계적이고 포괄적인 절차를 겸비한 통합적 수업 모형이 필요하다.

제4장 인지 중심의 도덕과 교육의 평가

제4차 도덕과 교육 과정에 와서 행동 중심의 도덕과 교육에서 인지 중심의 도덕과 교육으로 패러다임이 변화되었음에도 불구하고 평가에 있어서는 종래와 크게 달라진 것은 없었다. 제4차 도덕과 교육 과정의 평가상의 유의점으로, "첫째는 도덕과 평가는 단순한 지식의 평가에 그치지 말고 도덕적 습관, 태도와 사고력을 평가하며, 둘째는 평가는 타당성과 객관성이 유지될 수 있도록 하고, 셋째는 평가의 결과가 아동의 도덕적 생활 전반과 관련짓도록 노력하기를 당부하고 있다."[138] 이러한 점에서 볼 때, 결국 제4차 도덕과 교육 과정에서도 평가에 대한 환원주의와 객관주의의 입장을 고수하고 있는 것으로 보인다. 그러나 도덕과 교육 과정 해설서에는 평가의 방향이 인지주의 입장으로 바뀌어야 한다고 서술되어 있다. 김안중은 제4차 도덕과 평가의 기본 원리를 다음과 같이 기술하고 있다.

평가는 우리의 일상생활에서 흔히 또는 가끔이라도 볼 수 있는 구체적인 문제 사태 속에서 이루어질 수 있고, 때로는 문학작품이나 동화에 나타나는 도덕적 문제 사태를 활용할 수도 있다. 문제 사태는 반드시 도덕적 판단에 관련된 세 가지 요인, 즉 사실, 정의, 가치의 문제를 포함하고 있는 것이어야 한다. 아동들에게 문제 사태를 주고 난 후, 자신의 입장을 밝히도록 요구하고 그 문제 사태

---

138. 교육과정·교과서 연구회(1990), 앞의 책, pp. 98-9.

속에서 문제가 되고 있는 이슈나 관점, 행위 등에 대해 아동이 자신의 의견으로 판단해보게 하고 그 판단의 이유와 근거를 제시하는 것이다. 그리고 아동의 판단이 옳은지 그른지는 문제 삼지 말고 그 판단에 도달하게 된 과정을 평가해야 한다. …(중략)… 결국 교사는 아동이 주어진 문제 사태를 분석하고 자신의 판단을 내리며, 그 판단에 대한 근거나 이유를 제시하며 자신의 판단을 수정하는 등의 과정에서 아동의 도덕적 사고 내용을 평가하게 된다. 이 과정은 근본적으로 교사가 수업시간에 행한 것을 돌이켜보는 자기평가의 성격도 함께 가지고 있다.[139]

이러한 평가관은 첫째, 도덕성의 주된 평가의 준거로서 도덕성의 인지적 측면인 합리성, 즉 도덕적 추론에 두고 있다는 점이다. 이것은 종래의 도덕성의 행동적 측면의 평가에서 인지 중심의 평가로 전환되고 있다는 점을 보여 준다. 둘째는 종래의 결과 중심의 평가에서 과정 중심의 평가로 전환되고 있음을 보여 준다. 셋째는 평가가 교수–학습 과정의 한 과정으로 인식되어 가고 있다는 점이다. 즉, 도덕과 평가를 통해 교수–학습을 개선하려는 움직임이 나타나고 있다는 것이다.

이러한 제4차 도덕과 평가 방향은 제5차 도덕과 교육 과정의 개편을 계기로 종래의 인지 중심적 평가 방식에 대한 반성적 대안으로 통합적 평가 방식으로 전환된다. 다시 말해, 제4차에서의 인지주의적 평가 방식[140]은 평가 대상인 학생 자신과 직접적으로 관련이 없는 도덕적 문제 사태에 대한 형식적 추론 능력만을 평가함으로써 학생들의 구체적 현실 이해

---

139. 이영덕 외(1982), 『국민학교 교육과정 해설』, 교육과학사, pp. 110-1.
140. 인지주의적 평가 방식은 주로 도덕 판단 능력에 관한 평가로서 기본적인 평가의 준거는 합리성에 두고 있지만 그것은 크게 두 가지로 나눌 수 있다. 하나는 콜버그류의 도덕적 추리의 발달 정도를 보는 방법이고, 다른 하나는 올리버와 쉐이버D. Oliver & Shaver에 의해 개발된 것으로 사회 문제들을 제대로 이해하고 처리해 나가는 능력을 평가하는 방식이다. 전자가 주로 학생들이 도달해 있는 도덕적 사고 구조를 변별해 내는 데 목적을 두고 있다면, 후자는 사람들의 의견이 대립될 수 있는 사회적 문제들을 합리적으로 다루어 나가는 과정을 평가하기 위한 것이다. 조난심 외(1985), 앞의 책, p. 29.

나 이에 따른 실천적 의지에 대한 평가가 생략되었다는 것이다. 주지하다 시피, 인지 중심의 도덕과 교육에서 도덕성은 합리적 가치 판단 능력을 의미하였으므로, 도덕과 교육은 학생들의 합리적 가치 판단 능력을 함양 하는 데 집중하였다. 도덕과 평가 역시 인지주의적 입장을 견지하는 것은 자연스런 현상이라 할 수 있을 것이다.

그러나 도덕성은 정서적 측면을 포함하는바, 도덕과 평가에서도 인지 적 측면뿐만 아니라 정서적 측면의 평가도 아울러 실시해야 한다는 통합 적 관점의 평가관이 제시되었다. 이러한 맥락에서, 제5차 도덕과 교육 과 정에서는 "첫째, 도덕적 판단의 수준, 실천 동기, 태도 등을 평가할 수 있 는 다양한 평가 방법을 사용하도록 하고, 둘째, 도덕과 평가의 결과는 주 로 학생 개개인의 도덕적 성장과 도덕과의 교수-학습 개선을 위한 자료 로 활용하도록 한다"[141]는 도덕과 평가상의 유의점을 제시하고 있다.

제5차 도덕과 교육 과정은 이와 같은 유의점을 제시하고 다음과 같이 해설을 덧붙인다.[142] 첫 번째 유의점과 관련하여, 종래의 평가 방법과 같 이 4지 선다형의 정보 암기 수준의 평가 방법이 아니라 다양한 평가 방법 을 채택할 것을 제안하고 있다. 대안적 평가의 방향으로 도덕적 판단력의 평가와 도덕적 실천 동기와 연결되는 도덕적 민감성의 평가를 들 수 있 다. 그리고 도덕과 평가에 대한 통합적 접근을 들 수가 있다. 이러한 입장 은 앞에서 말한 도덕적 판단력에 대한 평가와 도덕적 민감성에 대한 평 가를 종합하려는 시도이다.

여기에서 통합적이라는 말은 두 가지 의미가 있다. 하나는 평가의 대상 에 관한 것이고, 다른 하나는 평가 문항 자체에 관한 것이다. 즉, 학생들의 도덕성을 평가한다고 하는 것은 도덕성의 어느 한 측면을 평가하는 것이 아니라 도덕적 지식, 감정, 실천의지 등 여러 측면을 동시에 고려하는 것

---

141. 문교부(1987), 『국민학교 교육과정 해설』, 서울시 인쇄공업협동조합, p. 216.
142. 위의 책, pp. 216-8.

이어야 한다는 것이다. 이렇게 하기 위해서는 평가 문항도 지적 측면과 정서적 측면에 대해 각기 다른 평가 도구를 사용할 것이 아니라 동일한 평가 도구를 사용하여야 한다는 것이다. 이와 같은 평가에 대한 통합적 접근은 문제 사태에 대해 도덕적으로 성숙한 사람의 반응은 통합적 특징을 갖는다는 것을 가정하고 있다. 우리는 문제 사태에 대한 지적 판단과 아울러 모종의 정서적 반응과 행동 태세를 갖춘 사람을 도덕적으로 성숙했다고 본다. 도덕적 성숙 과정에 있는 학생들의 경우에는 지적 측면이든 정서적 측면이든 한쪽으로 치우치는 경향이 있을 수 있다. 통합적 평가를 통해 이러한 학생들의 상태를 분명히 파악하는 것은 도덕과 교수-학습을 개선하는 데 중요한 자료가 될 것이다.

두 번째 유의점은 도덕과 평가 결과의 활용에 관한 제안이다. 엄밀히 말해서, 그 누구건 한 인간의 도덕성 전체를 완벽하게 평가하기는 힘들다. 학교에서 이루어지는 도덕과 평가는 그 학생의 인격 전반을 평가하는 것이 아니라 도덕과 교육을 통해서 학습한 결과를 주로 평가하는 것이다. 이 점은 도덕과 평가를 실시하는 사람은 누구나 분명히 인식해야 할 점이다. 따라서 도덕과 평가의 결과는 궁극적으로 도덕과 수업을 위한 개선 자료나 학생들의 도덕 발달을 촉진하기 위한 하나의 근거 자료로서의 의미만을 가져야 할 것이다. 즉, 도덕과 평가는 학생들을 등급화하고 서열화하는 것이어서는 안 된다. 오히려 몇 가지 도덕적 특성을 유형화하여 학생들이 어떤 유형화 경향을 보여 주는지 정기적으로 진단하는 것으로 실시되어야 할 것이다.

제6차 도덕과 교육 과정에서의 평가 기조는 제5차 때와 별반 다르지 않다. 다만 평가의 객관주의의 오류를 극복하려는 노력이 제4차 때보다 강하였다고 볼 수 있다. 제6차 도덕과 교육 과정에서는 "첫째, 도덕성의 제 측면이 반영된 통합적 평가가 되도록 하고, 둘째는 객관식 평가 방식을 지양하고 다양한 평가 방식을 활용하며, 셋째는 평가 결과가 학생 개개인의 도덕적 성장과 도덕과 교수-학습 방법을 개선하기 위한 자료로

활용되도록 한다"는 도덕과 평가상의 유의점을 제시하고 있다.[143]

　제6차 초등학교 교육 과정 총론의 운영 지침에 의하면, '평가' 항에는 '다양한 평가 도구와 방법으로 성취도를 평가'하고, 평가의 결과는 '수업의 질 개선을 위한 지도' 자료로 활용할 것을 권장하고 있다. 특히, 선다형 일변도의 객관식 평가를 지양하고 논술형의 주관식 평가를 조화롭게 실시하여, 평가의 결과를 상호 비교하거나 등급을 매김으로써, 인간관계나 자아의식을 저해하는 것을 억제하고자 한 점이 제6차 교육 과정의 특징이다.

---

143. 교육부(1992), 『국민학교 교육과정 해설(II)』, 대한교과서주식회사, pp. 84-5.

제5장 인지 중심의 도덕과 교육의 의의와 한계

1. 도덕 교육적 의의

행동 중심의 도덕과 교육은 전통적 가치나 덕목의 전수를 통한 도덕 사회화에 중점을 둔다. 이것은 학생들로 하여금 사회의 지배적 가치 체계, 즉 덕목을 습득하도록 하여 사회 구성원으로서의 자격을 획득하도록 하는 것이었다. 도덕 사회화의 내용으로서 덕목은 대부분 인습적 혹은 전통적 가치로서 정당성을 이미 확보하고 있기 때문에 개인이 마땅히 받아들여야 할 것으로 간주된다. 이로써 개인은 단지 그것을 수용하고 실천하면 된다. 이러한 점에서 도덕과 교육은 개인의 도덕 판단보다는 덕목의 내면화에 집중하게 된다. 따라서 여기에서는 개인의 도덕적 사고 과정보다는 행동 결과를 중시한다.

그러나 진정한 덕목의 내면화는 덕목에 대한 충분한 지적 이해를 요구한다. 물론 행동 중심의 도덕과 교육에서도 덕목에 대한 설명이나 설득 과정을 통해 덕목에 대한 지적 이해를 도모하지만, 이 접근 방식은 덕목에 대한 인지적 접근을 타율적 방식에 의존함으로써 덕목에 대한 피상적 지식에 머물 수밖에 없는 한계를 가지고 있다. 덕목에 대한 철저한 지적 이해 없이 내면화된 덕목은 진정으로 내면화된 덕목일 수 없다. 설령 그 덕목이 반복적인 실천의 결과로 습관화되었다 하더라도 충분한 지적 이해가 뒷받침되지 못할 때 그 실천의 지속성은 한계를 갖는다. 예컨대 우리는 어려서부터 어른께 인사하는 습관을 가지고 있다. 그러나 인사하는 이유나 근거에 대한 지적 이해가 생략된 채 이루어지는 그 행위는 청소년이 되면서 그 빛을 잃고 만다.

덕목의 내면화는 일차적으로 덕목에 대한 지적 이해에 기반을 둔다. 덕목을 실천해야 하는 명확한 이유나 근거에 대한 지적 이해는 학생들로 하여금 덕목에 대한 당위감 혹은 의무감을 불러일으킨다. 그리고 덕목에 대한 지적 이해 정도에 따라 도덕적 의무감은 비례하며, 의무감이나 당위감의 발현 정도에 따라 그에 수반되는 죄책감이나 수치심을 느끼는 정도도 달라진다. 이러한 점에서, 덕목에 대한 지적 탐구는 덕목을 내면화하는 데 있어 필요조건이다. 덕목에 대한 충분한 지적 이해를 동반하지 못한 일방적이고 맹목적인 덕목의 수용은 피상적이거나 표면적인 내면화에 불과하며, 이러한 내면화의 결과는 지속적인 실천을 보장하기 어렵다. 따라서 덕목이나 도덕 규칙에 대한 지적 이해는 타당성과 정당성의 탐구를 요구하며, 덕목에 대한 정당성과 타당성의 탐구에 필요한 능력은 합리적 가치 판단 능력이다.

사실, 어떤 덕목이나 가치에 대해 합리적으로 판단을 내릴 수 없다면 그 덕목이나 가치에 대한 정당성을 확보하기 어렵다. 즉, 도덕적으로 문제가 되는 상황에서 요구되는 가치나 덕목을 찾아내고, 이에 대한 정당한 근거나 이유를 발견해 내는 일은 가치를 합리적으로 볼 수 있는 안목이 결여되었다면 불가능하다. 일반적으로 덕목을 강조하는 도덕 교육은 덕목의 합리적 가치를 전제하므로 기존의 덕목에 대한 정당성이나 타당성을 문제 삼기보다는 덕목의 내면화를 강조한다. 그리고 이때의 학생들은 덕목이나 가치에 대한 합리적 근거를 동반하지 않은 채 일방적인 수용만을 강요받는다. 도덕적 가치가 결정되는 과정을 소홀히 하고 결과만 중시하며 가치를 주입하는 접근 방식은 아동들을 자칫 맹목적인 신념의 소유자로 성장시킬 가능성이 높으며, 여기에 덕목 교육의 심각한 결함이 존재한다. 도덕과 교육이 아동을 자율적 도덕 판단의 소유자가 아닌 어떤 가치나 덕목의 맹목적 신념의 소유자로 만들었을 때 다원화되고 다가치화된 오늘의 시대에 요구되는 도덕적 인간상과는 상당한 거리가 있을 수 있다.

다양한 가치가 공존하는 다가치 사회에서는 우리는 매 순간 선택적 상황에 직면한다. 세계화, 국제화, 개방화를 표방하는 오늘의 사회는 소규모 공동체로서의 국지적 가치가 존재하기보다는 다양한 가치가 공존하는 거대 지구 공동체로 존속할 수밖에 없다. 이러한 거대 공동체 속에서는 어떤 절대적 가치, 즉 누구나 쉽게 수용하고 받아들이는 가치가 미리 주어져 있다고 가정하기도 어렵다. 이미 절대 선의 개념이 무너진 오늘날 누구나 지켜야 할 덕목의 정당한 근거나 이유를 마련하는 것이 쉽지는 않다. 다양한 가치가 공존하고 다원화된 사회에서 어떤 가치를 무조건 따라야 할 가치라고 주장하기는 매우 어렵다. 특히 사회의 급속한 변화는 새로운 도덕적 문제를 계속해서 양산하고 있어 기존의 도덕적 가치로 그것들을 진단하고 처방하는 데 한계가 있다.

도덕적 문제의 해결은 '도덕 원리'를 통해 가능하다. 갈등하는 도덕적 문제를 해결하기 위해서는 이를 해결할 수 있는 도덕 원리를 필요로 한다. 프랑케나W. K. Frankena에 의하면, 도덕적 지식은 학생들에게 어떤 원리를 가르침으로써 그 원리에 의하여 학생들이 어떤 상황에서 그들의 행동을 지도할 수 있는 조건으로 구성된다. 여기에서 원리는 어떤 개인이 그가 처해 있는 상황에서 마땅히 취할 바를 결정할 수 있는 사고의 결과를 의미한다.[144] 이러한 점에서, '도덕과 교육'에서 요구되고 있는 원리의 성격은 이미 사고가 완료된 행동의 준칙이 아니라, 원리를 필요에 따라 이끌어 내고 적용할 수 있는 사고방식 또는 그 과정이라 할 수 있다.

이러한 도덕 교육적 요구로 등장한 것이 인지 중심의 도덕과 교육이다. 인지 중심의 도덕과 교육은 덕목의 권위에 맹목적으로 순종하기보다는

144. W. K. Frankena, "Toward a Philosophy of Moral Education," J. P Strain (ed.), *Modern Philosophy of Education* (New York: Random House, 1971), p. 321.

덕목에 함축된 도덕 원리를 이해하는 토대 위에서 덕목 교육이 이루어지고, 나아가 차원 높은 도덕 원리를 선택할 수 있는 자율적 도덕성을 함양하도록 한다. 이로써 학생들은 합리적 가치 탐구 활동을 통해 덕목의 배후에 있는 참된 정신을 밝혀 명확히 이해함으로써 덕목 교육을 견고히 하고, 나아가 매 순간 직면하는 가치 선택적 상황에 적극적으로 대처할 수 있는 능력을 배양하게 된다. 이러한 관점에서, 인지 중심의 도덕과 교육은 학생들의 합리적 가치 판단 능력을 통해 오늘날처럼 다가치 · 다원화된 사회에서 직면하는 가치 선택적 상황에 자율적이고 적극적으로 대처할 수 있도록 하는 강점을 갖는다.

2. 도덕 교육적 한계

행동 중심의 도덕과 교육은 기본적으로 개인의 자율적 가치 판단 능력보다는 습관적 실천을 중시하기 때문에 도덕성의 인지적 측면을 위축시킬 소지가 다분히 존재한다. 도덕과 교육에서 인지적 요소가 배제된 채 덕목의 일방적 전수와 실천의 강요는 학습자를 타율적 도덕성에 고착화시킬 위험성을 내포하고 있으며, 이러한 방식으로는 다양한 가치가 공존하는 오늘날의 시대적 상황에 적극적으로 대처하기 어렵다. 특히 현대 사회는 빠르게 변화하고 있다. 시시각각 변화하는 시대적 상황은 때와 장소에 맞는 적절한 가치를 끊임없이 요구하고 있다. 이러한 요구는 학생들로 하여금 합리적 가치를 스스로 탐구하도록 하는 자율적 가치 판단 능력을 필요로 한다.

인지 중심의 도덕과 교육은 합리적 가치 판단 능력 함양을 통해 자율적 도덕인을 지향한다. 그러나 이러한 인지적(자율론적) 접근도 1980년대 중반부터 미국 사회의 보수화 경향과 점증하는 청소년들의 비도덕적 행위에 대한 사회적, 교육적 대응책의 필요성과 맞물려[145] 위기에 직면하게 된다. 다원화된 사회에서 도덕 교육적 대안으로 제시되었던 인지적 접근이 도덕적 문제 해결에 별로 도움을 주지 못한다는 비판이 제기된 것이다. 이러한 비판은 자율론적 접근의 기본 근간이 되는 '합리성'에 대한 인식론적 근본 문제를 강도 높게 지적하면서 본격화되기 시작한다.

도덕 교육에서 도덕적 갈등 사태를 해결하는 토대로서 합리성은 도덕성의 기반을 이성에 두고 있다. 인지론적 접근의 대표자인 피아제나 콜버그의 자율성 개념은 칸트의 자율성 개념에 기초한다.[146] 자율성의 토대로서 이성은 칸트의 이성적 자기 입법에 기원을 둔다. 그는 자신의 도덕 철학에서 이를 의지의 자율로 표현하고, 자율성을 도덕적 행위자가 자신이 따라야 할 도덕 규칙을 스스로 입법하는 것으로 보았다. 그러나 도덕성의 근원으로서 이성은 구체적 내용이 결여된 공허하고 추상적인 형식이다.

칸트가 말하는 자율성의 추구는 보편적 형식으로서의 이성에 기초하는 것이다. 따라서 개인은 외적인 도덕적 권위의 체계로부터 해방되어 자신의 이성에 의해 도덕 입법을 하고 그것을 정당화[147]하는 것이다. 그러나 이와 같은 자율성의 추구는 개인의 자아를 전통과 관습으로부터 단절시켜 종국에는 공동체의 해체를 초래하게 되었다는 것이 공동체주의자[148]들의 지적이다.

인지론적 접근이 도덕성의 근거를 이성에 두고 사회 문화적 맥락에서

---

145. 추병완(1999), 『도덕 교육의 이해』, 백의, p. 151.
146. 조난심(1991), 「도덕교육의 목적으로서의 자율성」, 서울대학교 대학원 박사학위논문, p. 4.
147. 위의 논문, p. 10.
148. MacIntyre, Taylor, Macpherson, Barber, Sandel 등이 대표적 공동체주의자들이다. 이들은 자아self를 역사와 전통과 분리시켜 합리적이고 이성적이며, 주체적인 개별 인간으로 파악하는 것에 반대한다. 그들은 인간이 사회와 분리되어 존재하는 것이 아니라 사회 내에서 존재하고, 사회에 뿌리를 내리고, 사회적 관계에 의해 규정되는 존재로 이해한다. 이러한 인간 이해는 아리스토텔레스의 유기체적 존재로서의 인간 이해에 근거한 것으로서, 인간은 사회에 존재하는 목적이나 선을 이루려고 최선을 다하는 것에서 자신의 정체성을 발견하며, 그것을 자신의 삶의 목적으로 한다.

벗어나 보편적 가치를 추구함으로써, 도덕의 문제는 '옳고 그름의 판단 문제' 라기보다는 '어느 가치가 보다 더 합리적이냐' 하는 합리성의 문제로 전환하게 된다. 따라서 학교에서의 도덕 교육도 '무엇이 보다 더 합리적인가' 하는 합리성의 계산을 중시하게 되어, 도덕적 문제 사태에 대한 절차나 과정을 중시하는 교육으로 바뀌게 되었던 것이다.

이러한 교육적 경향은 학습자로 하여금 어떤 도덕적 문제에 직면하여 '무엇이 옳고 그른가' 에 대한 의식보다는 다양한 가치를 인정하는 토대 위에서 '어느 가치(덕목)가 보다 더 합리적인가' 를 선택하도록 하는 학습으로 유도하게 되었다. 따라서 기존 가치의 전달과 수용으로부터 출발했던 과거의 도덕 교육과는 달리, 보편적 합리성을 토대로 진행되는 도덕 교육의 구조에서 학습자는 자연히 전통과 단절되고, 사회가 가지고 있는 기존의 기본 가치에 대한 내면화 및 습관화를 기대하기는 어렵게 되었다.

또한 인지 중심의 도덕과 교육에서 교사의 역할은 가치중립적 위치에서 학생들로 하여금 반성적 추론을 통해 합리적 가치를 선택하도록 자극하는 것이 주된 임무가 되었다. 따라서 교사는 구체적 가치나 도덕적 신념을 전수하는 대신에 학생들의 다양한 가치를 존중하는 가치중립적 입장을 견지한다.[149] 그러므로 교사가 자신의 가치를 표현하는 것은 학생들의 도덕적 추론을 방해하는 것이 된다. 이처럼 인지적 접근에서는 도덕적 문제 사태에서 어떤 가치가 합리적이라거나 바람직하다는 교사의 가치 주장은 원천적으로 봉쇄되었으며, 교사에게는 오로지 학생들의 도덕적 추론을 도와 합리적 가치 결정을 이끌도록 안내하는 임무만이 부여되었던 것이다.

그러나 바람직한 가치를 안내해야 할 교사의 가치중립적 태도는 학생들로 하여금 도덕적 회의주의를 촉진하는 동인이 되었으며, 이러한 현상은 또다시 전통적 가치에 대한 소극적 수용으로 이어졌고, 그것은 결국

---

149. B. A. Sichel, op. cit., p. 50.

사회 유지의 근간이 되는 기본 가치 체계의 내면화와 습관화의 실패를 초래하게 되는 하나의 원인이 되었다. 이러한 교육의 결과는 덕목주의적 접근 방식에서 우려했었던 도덕 교육적 문제 못지않은 도덕적 사회 문제를 노정시키는 결과를 가져왔다.

이밖에도 도덕적 영역을 합리성의 증진에만 국한함으로써 그 개념을 너무 협소하게 규정하는 잘못을 범하게 되어, 도덕적 갈등 사태의 해결 이외의 일상적 도덕 생활에 대한 무관심을 초래하였으며, 도덕적 인간이나 내적인 도덕적 존재로서의 조건 그리고 도덕적 이상 등에 소홀하였다[150]는 비판이 제기되기도 하였다.

특히 인지적 접근은 도덕적 갈등 사태에서 도덕적 문제 해결의 연습을 통해 학생들의 도덕적 추론 능력의 발달은 가져왔지만 바람직한 인격을 지닌 인간을 육성하는 데에는 실패하였다는 점이 강하게 지적되었다. 인지적 접근은 덕목의 주입이 아닌 행위의 이유나 근거를 합리적으로 추구하는 방식이다. 다시 말해, 행위자의 인격을 추구하기보다는 행위의 정당한 근거를 찾아내는 교육 방식인 것이다. 즉, 학생들에게 가상적 딜레마를 제시하고 이를 합리적으로 해결하도록 함으로써 학생들의 추론 능력을 계발하고자 하였다. 이러한 점에서, 인지적 접근은 학생들의 구체적 현실 이해나 이에 따른 실천적 의지가 아니라 자신과 직접적으로 관련이 없는 도덕적 문제 사태에 대한 형식적 추리 능력만을 함양하는 결과를 가져와, 도덕적 실천보다는 논쟁 능력이나 토론 기술에 관심을 두는 교과로 잘못 인식되기도 하였다.

이처럼 인지적 접근은 도덕 교육을 함에 있어 '행위자' 보다는 '행위'에 주목했기에 행위자의 인격 자체에 관심을 두기보다는 행위의 원리나 규칙을 공식화하는 일에 관심을 두었다.[151] '어떤 인간이 도덕적인 인간인가' 의 문제보다는 복잡하게 전개되는 도덕적 문제 사태에서 '어떤 가

---

150. Ibid., p. 36.
151. 김태훈(1999), 『덕 교육론』, 양서원, p. 27.

치를 합리적으로 선택해야 하는가'에 보다 많은 배려를 하였던 것이다. 시첼B. A. Sichel은 인격이 인간 행위의 이유로서 기술되는 현상을 배격한다.[152] 행위자보다는 행위를 강조하는 인지적 접근은 인격과 덕이 결여된 인간을 양산하게 됨으로써 인간 개인의 도덕적 문제뿐만 아니라 공동체의 유대를 해치는 도덕적 문제를 낳았다는 것이다.

이처럼 인지적 접근은 합리성을 토대로 하는 행위 중심의 도덕 교육[153]에 치중한 나머지 덕이 결여된 인간을 양산하는 결과를 가져왔고, 근세 초기의 인식론적 문제를 그대로 물려받음으로써 사회·문화적인 맥락을 소홀히 한 나머지 공동체의 해체를 초래하였고, 나아가 파편화된 사회를 조장하였다는 지적을 면하기 어렵다. 결국 인지적 접근은 사회의 기본 가치나 덕목에 대한 내면화와 습관화 교육을 등한시할 수밖에 없었던 인식론적 한계를 지니고 있었던 것이다. 이것은 결국 도덕성의 행동적 측면의 문제이다. 도덕적 지식과 실천의 분리라는 이러한 인지 중심의 도덕 교육은 그 한계로 인해 인격 교육 혹은 덕 교육에게 도덕 교육의 자리를 양보할 수밖에 없었다.

---

152. B. A. Sichel, op. cit., p. 33.

153. 하트숀과 메이H. Hartshorne and M. A. May의 실험 연구는 기존의 덕목주의적 접근에 대한 대안으로서 행위 중심의 자율론적 접근의 기초를 제공했다. 이들은 11-16세 되는 공립학교 학생을 대상으로 한 정직성에 관한 연구(1928-1930)를 통해, 정직하거나 부정직한 아동이 존재하는 것이 아니라 정직하거나 부정직한 행동만이 존재한다는 결론을 내리고 있다. H. Hartshorne and M. A. May, *Studies in the Nature of Character*, Part I(Studies in Deceit), Book 1(NY: The Macmillan Company, 1928), p. 15.

제5부

인지 · 정의 · 행동의 통합적 도덕과 교육

도덕성의 세 구성 요소를 중심으로, 우리나라의 도덕과 교육은 제3차까지의 행동 중심의 도덕과 교육 과정을 거쳐 제4차에서 제6차까지 인지 중심의 도덕과 교육 과정을 실시하였다. 이러한 도덕과 교육 과정의 시행착오적 결과를 통해 제7차 도덕과 교육 과정에 이르러서는 인지·정의·행동의 통합적 접근을 지향한다. 제7차 도덕과 교육 과정에서는 제6차 도덕과 교육 과정의 '행위' 중심의 도덕과 교육에서 '행위자' 중심의 도덕과 교육으로 전환한다. 제6차 도덕과 교육 과정에서는 행위에 대한 정당성 탐구, 즉 행위에 대한 정당한 이유나 근거를 탐색하는 데 관심을 두었다면, 제7차 이후의 도덕과 교육 과정에서는 행위보다는 행위자의 인격이나 덕의 함양에 초점을 맞추고 있다. 즉, 행위에 대한 정당한 이유나 근거를 알고, 가슴으로 느낄 줄 알며, 기꺼이 실천으로 옮기도록 하는 행위자의 인격 혹은 도덕적 덕의 함양에 관심을 둔다. 이것은 구체적으로 도덕성의 인지, 정의, 행동적 측면의 구성 요소를 통합적으로 접근하는 방식이다. 이러한 맥락에서, 제7차 이후의 도덕과 교육의 주요어는 인격, 덕, 통합적 방법, 합당성 등이다.

제1장 인지·정의·행동의 통합적 접근의 필요성

　주지하다시피, 초등 도덕과 교육은 아동의 건전한 도덕성 함양을 목표로 한다. 도덕성은 도덕적 행위를 할 수 있는 능력이나 성향을 의미하며, 한마디로 규범을 준수하는 행위로 요약될 수 있다. 그리고 규범은 사회적 삶에 요구되는 도덕 규칙과 도덕 원리를 지칭한다. 따라서 도덕과 교육에서 아동의 도덕성 함양은 도덕 규칙이나 도덕 원리를 인지하고 의욕하며, 이를 생활에서 반복적으로 실천할 때 가능하게 되는 것이다. 이러한 시각에서 도덕과 교육은 도덕 규칙이나 도덕 원리를 이해하고 의욕하도록 하는 계획과 이를 실천하도록 하는 노력이 동시에 강구되어야 한다.

　도덕 규칙은 학습자 밖에 실재하는 전통적 혹은 인습적 가치를 의미하는 반면에 도덕 원리는 학습자 내에서 작동하는 행위의 존재 방식을 의미한다고 볼 수 있다. 도덕 규칙에 대한 지적 이해는 사회 구성원이 공유하거나 혹은 공유해 온 어떤 전통적 가치나 덕목을 학습하는 일과 관련되며, 도덕 원리에 대한 지적 이해는 다원화되고 다가치화된 사회 속에서 보다 합리적인 가치를 선택하는 능력과 관련된다. 초등학교 저학년 아동에게 있어서 도덕적 문제는 도덕 규칙에 대한 몰이해로 인해 이에 대한 지적 이해가 필요하며, 고학년 아동에게는 매 순간 복잡하게 직면하게 되는 도덕적 갈등과 긴장 속에서 합리적 선택에 필요한 능력, 즉 도덕 원리에 대한 지적 이해가 요구된다. 이렇게 볼 때 초등학교 저학년에서는 도덕 규칙(덕목)의 내면화를 통한 도덕 사회화를 지향하는 도덕과 교육이 필요하며, 고학년 아동에게는 가치 갈등 해결을 위한 도덕적 추론 능력을 함양할 수 있는 도덕과 교육이 요청된다.

도덕과 교육에서 도덕 사회화를 지향하는 도덕 교육자들은 다분히 전통적 가치나 덕목의 내면화를 통한 도덕적 실천을 강조한다. 그러므로 기존의 전통적 혹은 인습적 가치의 수용과 도덕적 실천을 통한 습관화의 도덕 교육적 방법을 견지한다. 이에 반해 도덕 원리를 강조하는 도덕 교육자들은 창의적이고 비판적인 사고를 위한 개인의 도덕적 추론 능력의 발달을 중시한다. 즉, 매 순간 직면하게 되는 선택적 상황에서 보다 높은 도덕 원리에 합치되는 가치를 스스로 선택하고 실천하도록 하는 도덕 교육에 관심을 둔다. 따라서 이때의 도덕과 교육은 기존의 도덕 규칙이나 덕목의 내면화를 위한 학습보다는 도덕적 추론 능력의 발달에 치중한다.

이와 같은 도덕 교육의 이원론적 대립은 내용과 형식, 습관과 이성 혹은 사회화와 도덕 발달이라는 이름으로 도덕 교육의 핵심적 쟁점이 되어 왔다. 도덕과 교육에서 내용(도덕 사회화)을 강조하는 덕목주의적 접근은 제3차까지의 행동 중심의 도덕과 교육 과정으로 진행되어 왔고, 형식(도덕 발달)에 관심을 집중하는 인지 발달적 접근은 제4차에서 제6차까지의 인지 중심의 도덕과 교육 과정으로 실시되어 왔다.

그러나 두 접근 모두 도덕과 교육을 정당화하기에는 부족함이 있다. 왜냐하면 도덕과 교육이 목표로 하는 건전한 도덕성은 도덕 규칙과 도덕 원리에 대한 지적 이해와 도덕적 정서와 실천 모두를 포함하는 것이며, 이는 도덕성의 행동, 인지, 정의적 측면의 조화로운 발달을 의미하기 때문이다. 이에 대한 프랑케나의 말을 들어보자.

우리는 도덕을 기본적으로 어떤 원리에 따르는 것으로 이해해야 할 것인가 아니면 어떤 성향이나 성격 특성을 함양하는 것으로 이해해야 할 것인가? 우리는 이 양자 중에서 어느 하나를 선택해야만 하는가? 만일 원리에 따라 행동하고자 하는 성향의 개발이 없다면 어떻게 원리의 도덕이 성립될 수 있는지는 이해하기 어렵다. 성향의 형성 없이 단지 원리에 따라서 행동하는 경우에는 행동의 동기가 사려적인 것이 되기도 하고 충동적으로 이타적인 것이 되기도 하는 등 시시때때로 변하게 된다… 또 반면에 어떤 특정한 상황에서 어떤 특정한 방식 으로 행동하는 성향을 포함하지 않고서는 성격 특성을 생각할 수 없다. 따라서 나는 의무와 원리의 도덕과 덕과 성격 특성의 도덕을 경쟁관계에 있어서 양자 택일 하는 것으로 볼 것이 아니라 한 가지 도덕의 상호 보완적인 두 측면으로 볼 것을 제안한다. 이렇게 이해하면 원리가 있는 모든 곳에는 그 원리에 따라 행동하려는 성향으로 구성되는 도덕적으로 좋은 성격 특성들도 같이 있게 될 것이다. 그리고 또한 모든 도덕적으로 좋은 성격 특성이 있는 곳에는 어떤 행 동이 그 성격 특성의 표현인지를 규정하는 원리도 함께 있게 될 것이다. 칸트 의 유명한 격언을 조금 바꾸어 표현해서 나는 이렇게 말하고 싶다: 성격 특성 이 없는 원리는 공허하고, 원리가 없는 특성은 맹목적이다.[1]

이러한 관점에서, 피터스는 도덕 교육에서 내용과 형식의 조화를 모색 하고 선 습관, 후 이성적 접근의 통합적 접근을 시도한다. 피터스는 "이성 의 궁전에 들어가기 위해서는 습관과 전통의 마당을 거쳐야 한다"고 주 장한다. 이는 이성의 도덕이 가능하기 위해서는 습관의 도덕이 선행되어 야 한다는 것을 의미한다고 볼 수 있다.[2] 또한 오크쇼트M. Oakeshott는 인 간의 도덕적 삶 자체에 두 가지 유형이 있음을 지적하고, 각 유형의 도덕 적 삶은 그에 적합한 방식의 도덕 교육을 함의하고 있음을 보여 주고 있 다. 인간의 두 가지 도덕적 삶의 유형은 '감정과 행위의 습관으로서의 도 덕 생활'과 '합리주의적 도덕 생활'을 말한다.

감정과 행위의 습관으로서의 도덕 생활은 판단이나 문제 해결의 필요 성이 없는, 그리하여 따로 시간을 내어 반성하는 일이 없이 삶의 흐름 속 에서 그때그때 도덕적 행동을 하는 도덕적 삶이다. 습관적인 도덕적 삶 속에는 지금까지 자라면서 접했던 도덕적 행위의 전통을 따르는 일만이

---

1. Frankena, 최병태 역(1998),『법과 규범』, 교육과학사, pp. 164-5.
2. R. S. Peters, 남궁달화 역(1993),『도덕 발달과 도덕 교육』, 문음사. 역자 서문.

있을 뿐이며, 그러한 삶은 이성이 배제된 삶이다.[3] 이에 반하여, '합리주의적 도덕 생활'은 두 가지 의미가 있다. 하나는 '도덕적 이상에 대한 의식적 탐구'라는 형태를 취하고, 다른 하나는 '도덕 규칙에 대한 반성적 사고'라는 형태를 취한다. 어느 경우든지 이 유형의 도덕적 삶에서 인간의 행위는 습관이나 관례에 의해서가 아니라 어떤 도덕 기준을 반성적으로 적용함으로써 이루어지는 것을 의미한다고 볼 수 있다.[4] 따라서 앞으로 도덕과 교육이 좀 더 효과적이려면, 도덕과 수업 과정상에 내용과 형식 혹은 사회화와 도덕 발달을 동시에 고려하는 접근 방식을 모색할 필요가 있다. 주지하다시피, 지금까지 우리나라의 도덕과 교육 과정은 제3차까지는 행동 중심의 도덕과 교육 과정을 실시하였고, 제4차에서 제6차 도덕과 교육 과정까지는 인지 중심의 도덕과 교육 과정을 견지해 왔다. 이러한 접근들은 도덕성의 3요소, 즉 인지, 정의, 행동 측면의 통합적 관점에 비추어 본다면 균형 잡힌 도덕성 교육은 아니었다. 따라서 제7차 이후의 도덕과 교육 과정에서는 행동과 인지, 내용과 형식, 도덕 사회화와 도덕 발달, 공동체주의와 자유주의, 습관과 이성의 통합적 접근이 요청된다.

---

3. 양희인(1993), 「도덕적 삶에서의 습관과 이성의 관련: 오크쇼트의 도덕교육론」, 『도덕교육연구』 제5집, 한국교육학회 도덕연구회, p. 96.
4. 김안중(1990), 「덕목교육의 재음미」, 『도덕교육연구』 제4집, 한국교육학회 도덕교육연구회, pp. 7-11.

제2장 인지·정의·행동의 통합적 도덕과 교육 목표

제7차 이후의 도덕과 교육 과정은 종래의 인지 중심의 도덕과 교육에서 인지·정의·행동의 통합적 접근을 지향한다. 시첼B. A. Sichel을 위시한 많은 학자들은 과거의 의무 윤리적 관점과 도덕 교육 범주의 편협성을 지적하면서, 앞으로의 도덕 교육은 도덕의 지평을 행위 중심에서 행위자 중심으로 확대하자는 주장을 편다.[5] 제7차 도덕과 교육 과정은 과거의 의무 윤리학적 배경의 도덕과 교육 과정에서 강조하던 '행위' 중심의 도덕 교육적 관점에서 인격 혹은 덕 윤리학[6]에 기초한 '행위자' 중심의 도덕 교육적 관점으로 전환된다. 따라서 여기에서의 도덕과 교육은 인격 혹

---

5. B. A. Sichel, *Moral Education: Character, Community and Ideals* (Philadelphia: Temple University Press, 1988.

6. 우리는 보통 선한 사람과 악한 사람에 대하여, 그리고 그들의 인격적 특성에 대하여, 행동을 하려는 의지에 대하여 판단을 내린다. 즉, 행위자로서 개인의 도덕적 가치에 대해 판단을 한다. 이것은 옳고 그름에 대한 의무 판단이 아니라 한 개인이 가지고 있는 성품, 인격에 대한 덕성 판단이다. 이 덕성 판단을 기본으로 삼는 것이 덕 윤리학이다. 그러므로 덕 윤리학은 적절한 경우에 적절한 행동을 하려는 경향을 포함하는 인격의 특질에 대한 평가를 중요하게 생각한다. 도덕은 일차적으로 규칙이나 원칙에 관한 것이 아니라 인격의 성향이나 품성을 계발하는 것으로 보는 것이 덕 윤리학의 핵심적 특징이다. 따라서 덕 윤리학은 존재 윤리학이라고도 한다. 우리가 어떤 도덕적 존재가 되느냐 하는 것은 우리가 어떤 도덕적 성품을 가진 존재가 되느냐 하는 것이다. 가령, 기본적인 도덕적 물음으로서 '나는 무엇을 해야 하는가'에 대한 대답으로 "어떤 도덕적 규칙을 따르라"고 말할 수 있지만, 구체적으로 "용감해라," "인내하라"라고 말할 수 있는 것이다. 이것은 어떤 규칙이나 원리의 도입 없이 나로 하여금 어떤 사람이기를, 즉 어떤 인격적 특질의 소유자이기를 요구하는 것이다. 여기서 도덕의 문제는 행위의 문제에서 존재의 문제로 전환된다. 심성보 외(2005), 『초등교사 교육을 위한 도덕교육 프로그램의 확산』, 교육인적자원부, p. 40.

은 덕의 함양을 도모한다. 이러한 도덕과 교육의 목표는 종래의 행동 중심의 도덕과 교육에서 강조했던 도덕성의 행동적 측면과 인지 중심의 도덕과 교육에서 강조했던 도덕성의 인지적 측면을 모두 아우르는 통합적 관점으로서, 도덕성의 인지, 정의, 행동적 요소를 모두 고려하는 것이다.

1. 도덕과 교육 목표 변천의 개요

1. 제7차 도덕과 교육 과정의 성격과 목표(1997-2006)

1. 도덕과 교육의 성격

초등 도덕과는 학생들이 바람직한 인성을 지닌 한국의 민주 시민으로 자라나는 데 필요한 건전한 도덕성 내지 유덕한 인격의 기초를 튼튼히 하고자 진력하는 교과라는 데 그 기본 성격과 특성이 있다고 할 수 있다. 이를 좀 더 구체적으로 살펴보면 다음과 같다.[7]

첫째, 초등 도덕과 교육은 인성 교육과 민주 시민 교육의 가장 중핵이 되는 교과로서의 성격을 가진다. 오늘날 인성 교육과 민주 시민 교육은 이 나라의 교육이 나아가야 할 궁극적 방향이 되고 있다. 말하자면, 건전한 인성을 지닌 한국의 민주 시민을 기르는 일이 우리 교육의 가장 중차대한 당면 과제가 되고 있다는 것이다.

바른 인성을 지닌 민주 시민을 기르는 데에는 많은 요소들이 관련된다. 그러나 그중에서도 가장 밑바탕이 되는 것이 바로 도덕적 자질과 품성이라고 할 수 있다. 왜냐하면 인간다운 인간이 형성되려면 도덕성의 성숙이

---

7. 교육부(1999), 『초등학교 교육과정 해설(III)』, 대한교과서주식회사, pp. 187-91.

핵심이 되며, 많은 민주주의 사상가들이 지적했듯이, 민주주의와 민주 시민성의 가장 밑바탕에는 윤리성이 자리하고 있기 때문이다. 따라서 한마디로 말해 건전한 도덕성, 바람직한 인격의 형성 없이 바른 인성을 지닌 민주 시민을 기를 수는 없을 것이다. 바로 이런 점에서 어린 시절부터 민주 사회의 한 구성원으로서 지녀야 할 건전한 도덕성과 바람직한 인격의 토대를 놓고자 노력하는 도덕과는 인성 교육과 민주 시민 교육의 가장 중핵이 되는 교과로서의 성격을 가진다고 말할 수 있다.

둘째, 초등 도덕과는 학생들이 바른 인성을 지닌 민주 시민으로 자라나는 데 필요한 바람직한 도덕적 덕성을 습득하게 함으로써, 유덕한 인격의 기초를 형성하는 데 도움을 주고자 하는 교과로서의 성격을 가진다. 초등 도덕과의 본질과 기본 방향은 바른 인성을 지닌 민주 시민에게 요구되는 건전한 인격의 토대를 굳건히 하는 데 있다. 그런데 그러한 바람직한 도덕적 인격을 기르기 위해서는 학생들로 하여금 그에 필요한 여러 가지 덕을 조화롭게 발달시켜 가도록 하지 않으면 안 된다. 왜냐하면 많은 학자들이 지적하고 있듯이 인격의 성숙에는 그와 관련된 적절한 덕성의 발달이 전제되지 않으면 안 되기 때문이다. 따라서 인격 형성과 덕의 발달이 이렇듯 필연적으로 관련되어 있는 상황에서, 도덕과 교육이 궁극적으로 학생들의 도덕적 인격의 육성에 공헌하고자 한다면 당연히 그에 필요한 덕성의 형성에 관심을 가져야 한다.

셋째, 초등 도덕과는 바른 인성을 지닌 민주 시민으로서의 유덕한 인격의 기초를 형성하기 위해, 우리 사회의 바람직한 구성원으로 자라나는 데 필요한 기본 생활 습관과 예절, 그리고 기본 도덕규범을 통합적 인격 교육 내지 덕 교육적 관점에 입각하여 가르치는 교과로서의 성격을 가진다. 올바른 인성을 지닌 민주 시민으로서의 바람직한 인격을 육성하기 위해서는 여러 가지 덕을 구유하게 하는 것이 필수적이다. 도덕적 덕은 어떤 도덕적 가치, 규범이 사람의 내면에 받아들여져서 그의 생각과 마음과 행동을 움직이는 비교적 고정된 내적 힘 내지 성향이 될 때 형성된다. 따라서 우리는 어떤 도덕적 덕을 형성하려면 그와 관련된 가치나 규범을 받아들여 성향화하게 하는 일, 그것이 사람의 내면에서 살아 움직이는 힘으로 자리 잡게 하는 일이 필수적이다.

도덕적 가치나 규범을 가르칠 때, 도덕과 교육은 이를 무작정 주입하거나 반복 훈련시켜 학생들을 일정한 방향으로 길들이고자 하는 것이 아니라, 학생들이 그러한 가치, 규범, 행동 양식의 의미와 근거, 중요성을 합리적으로 이해하여 신념화하게 하고, 기초적인 도덕적 사고력과 가치 판단 능력을 길러 구체적 생활 장면에서 올바른 의사 결정을 할 수 있도록 하며, 나아가 이들을 바탕으로 자율적인 도덕 생활을 할 수 있도록 그에 필요한 실천의지와 행동 성향을 기르는 데 중점을 둔다.

도덕적 덕을 형성하기 위한 도덕 교육적 접근은 덕이 무엇으로 구성되며, 그 구성 요소에 따라 어떤 접근이 취해져야 하는지 해명함으로써 밝힐 수 있다. 이와 관련하여 일찍이 아리스토텔레스는 덕은 선택, 정념, 그리고 행동의 세 가지 측면과 관련된다고 말한 바 있다. 즉, 덕은 선을 선택하는 일, 선에 관해 어떤 정념을 가지는 일, 그리고 선을 행동으로 실천하는 일과 관련된다. 다시 말해, 덕의 형성에는 선, 바람직한 도덕적 가치, 규범에 관해 알고, 그것을 존중하고, 의욕하며, 꾸준히 행동으로 실천하는 일이 필요하다는 말이다. 따라서 덕을 형성하려면 도덕적 가치, 규범에 대해 인지적 측면에서 올바로 알고 합리적으로 판단할 수 있는 능력을 기르고, 정의적 측면에서는 바람직한 도덕적 가치, 규범을 좋아하고 존중하며, 그것에 헌신하여 기꺼이 추구하고자 하는 마음을 가지고, 그리고 행동적 측면에서 그 도덕적 가치, 규범을 생활 속에서 지속적으로 실천하여 행동화, 습관화하게 하는 것이 필요하다.

여기서 도덕과 교육이 건전한 도덕성 내지 인격의 토대로서 덕을 습득하게 하기 위해서는 인지적 · 정의적 · 행동적 접근을 통합적으로 추구하는 교육적 관점이 필요한데, 이를 가리켜 우리는 도덕 교육의 인격 교육적 접근 내지 덕 교육적 접근이라고 부른다. 도덕과 교육은 이렇듯 학생들에게 진정한 덕성을 형성시키고, 그럼으로써 유덕한 인격을 갖추게 하기 위해 우리 사회에서 중요시하는 기본 생활 습관과 예절, 기본적인 도덕적 가치, 규범을 가르치되, 이를 통합적 인격 교육 내지 덕 교육적 접근의 관점에 기초하여 추구하는 교과로서의 특성을 지니는 것이다.

넷째, 초등 도덕과는 1, 2학년 바른생활과 교육과 중등 이상 7~10학년 도덕과 교육의 중간에서 양자를 연계하면서 유덕한 인격의 토대 구축과 그 심화 · 발전을 도모하는 교과로서의 성격을 가진다. 1학년부터 10학년까지 국민 공통 기본 교육 기간 동안의 도덕과 교육은 3단계로 구성되는데, 초등 1, 2학년 '바른생활'과 교육과 초등 3~6학년의 '도덕,' 그리고 중등 이상 7~10학년의 '도덕'이 그것이다. 이러한 10년간의 도덕과 교육 전체 계열에서 초등 도덕과는 1, 2학년의 바른생활과 교육을 출발점으로 하여 이를 더욱 심화시키면서 중등 이상 7~10학년의 도덕과 교육으로의 발전을 연계하는 기능을 수행하는 것이다.

초등 1, 2학년 바른생활과 교육이 기본 생활 습관과 예절 등 가장 기초적인 생활 규범의 습득을 통해 덕 형성의 출발과 함께 그 밑바탕을 마련하는 데 중점을 둔다면, 초등 3~6학년의 도덕과 교육은 이렇듯 바른생활과를 통해 형성된 덕성의 기초 위에서 기본 생활 습관과 예절, 우리 사회의 기본적인 도덕적 가치, 규범의 보다 깊은 내면화와 자율적 실천 성향의 형성을 꾀함으로써 유덕한 인격 형성의 토대를 더욱 튼튼히 하고 그 심화와 발전을 도모하는 데 중점을 둔다.

다섯째, 초등 도덕과는 교과 통합적 기능과 가치 통합적 기능을 통해 교과로서의 내실화를 도모하는 동시에 학생들의 유덕한 인격 형성에 기여하는 특성을 가진다. 학생들은 여러 교과를 통해 다양한 지식과 능력, 가치 · 태도를 형성한다. 도덕과 교육은 여러 교과를 통해 습득된 지식과 능력, 태도 등을 통합하여 도덕적 삶의 안목과 실천의지, 그리고 행동 성향의 형성에 직접적이고도 효과적으로 연결되는 교과 통합의 기능을 수행함으로써, 스스로 내실화를 기하면서 학생들의 건전한 인격 형성에 기여하고자 한다.

또한 학생들은 가정과 학교, 사회생활 등을 통해 도덕적 가치, 규범을 습득한다. 그러나 이렇게 얻어진 가치, 규범들은 그것의 의미나 근거, 상호 간의 관계 등을 잘 파악하지 못할 경우 서로 갈등하거나 모순된 상태로 남아 있을 수도 있다. 도덕과 교육은 이러한 문제의 해결과 관련하여 특별한 기능을 수행한다. 즉, 도덕과 교육은 학생들이 다양한 장면과 계기를 통해 습득한 여러 가지 가치, 규범들에 대한 합리적 이해를 도모하고 상호 관계나, 모순성을 파악하여 하나의 통합된 가치 체계를 형성하도록 돕는 가치 통합적 기능을 수행함으로써 학생들의 건전한 인격 형성에 기여하는 특성을 가지고 있는 것이다.

여섯째, 초등 도덕과는 학교를 중심으로 하면서 동시에 가정 및 사회와 연계된 지도를 필요로 하는 교과로서의 성격을 가진다. 도덕과는 학생들이 도덕 수업 시간에 배운 도덕적 가치, 규범을 실제 생활 속에서 실천과 행동으로 구현하면서 바람직한 덕과 인격을 형성할 때 비로소 그 의도하는 성과를 이룰 수 있는 교과이다. 이런 점에서 도덕과 교육은 도덕 수업 시간을 넘어 일상생활을 통한 도덕 교육으로 확대, 연결되지 않으면 안 된다. 학생들의 일상생활의 장은 크게 학교와 가정, 그리고 지역 사회 등으로 구성된다. 따라서 학교를 중심으로 하면서 가정 및 지역 사회와 연계된 도덕 교육이 이루어질 필요가 있다.

2. 도덕과 교육의 목표

제7차 교육 과정은 1997년 12월 교육부 고시 제1997-15호에 의해 개정 공포된다. 도덕과 교육 과정 개정의 기본 방향을 살펴보면 다음과 같다.[8]

첫째, 일상생활에 필요한 기본 생활 습관과 생활 예절 및 기본 도덕규

---

8. 교육부(1999), 앞의 책, pp. 183-6.

범을 가르쳐, 바른 인성을 지닌 민주 시민으로서의 건전한 도덕성, 유덕한 인격의 토대를 튼튼히 하는 데 주력하고자 하였다. 둘째, 제7차 교육과정의 총론에서 추구하는 인간상과 교육 목표, 운영 지침에서의 요구 사항 그리고 사회, 정치, 경제, 문화 등의 다양한 요구를 고려하여 이를 교과의 목표로 설정하고 지도 내용에 반영함으로써 도덕과 교육의 실효성을 높이고자 하였다. 셋째, 초등학교 도덕 교과 내용의 적정화를 이루려고 하였다. 넷째, 초등학교 1학년부터 고등학교 1학년에 이르는 국민 공통 기본교육 과정의 정신을 반영하고, 도덕과 교육의 전체적인 계열성과 연계성을 고려하여 교육 과정을 구성하였다. 다섯째, 도덕 교육을 과거의 지식 위주의 교육으로부터 벗어나서 교육 공급자의 입장이 아니라 학생들의 관심과 흥미를 최대화하여 도덕 교육의 실효성을 높이는 직접적인 실천과 활동, 적극적인 참여와 체험 위주의 교수–학습 방법을 강화하는 방향으로 설정하였다. 여섯째, 바람직한 인성의 기초를 함양하기 위해서 초등학교 3, 4학년 도덕과 교육은 종래의 인지적 접근을 포괄하면서 정의적이고 행동적인 영역을 함양하는 통합적인 인격 교육적 접근 내지 덕 중심의 교육적 접근을 시도하였다. 제7차 도덕과 교육 과정의 목표를 살펴보면 다음과 같다.[9]

① 목표 체계표

---

9. 앞의 책, p. 192.

위의 초등학교 도덕과 목표 체계표는 도덕성의 인지적, 정의적, 행동적 요소들을 통합적으로 달성하는 것으로 제시하였다. 도덕과 교육의 목적은 학생들의 도덕성을 함양하는 것이고, 이를 위해서는 인지적 요소에서 도덕적 규범과 가치의 의미와 중요성을 이해하고, 도덕적 사고력과 판단력을 신장하며, 정의적 요소에서 도덕적 민감성과 적극성을 키우고, 그리고 행동적 요소에서 실천의지와 습관화를 길러 궁극적으로는 자율적 도덕 생활을 영위할 수 있도록 한다는 것이다. 그런데 자율적인 도덕 생활은 도덕과 교육을 통해 단기적으로 달성되는 것이 아니라 장기적으로 완성되어 가는 것이므로 점선으로 표시하였다.

②도덕과 총괄 목표 및 학년 목표

초등학교 3~6학년 시기는 도덕적 발달 수준으로 볼 때, '인습 수준'에 해당하기 때문에 저학년 단계에서 습득한 기본 생활 습관을 바탕으로 기본예절과 도덕규범의 의미나 근거를 이해하고, 도덕규범의 내면화를 추구할 수 있는 시기이다. 또한 이 시기에 학생들이 당면하는 도덕적 문제는 주로 기존의 규범이나 규칙이 적용되는 문제라기보다는 규범이나 규칙이 서로 갈등하는 상황 속에서 초보적 수준에서나마 행동을 판단하고 어떤 결정을 내려야 하는가에 대한 합리적이고 바람직한 안목을 가지게 하는 것이다. 그리고 궁극적으로는 일상생활에서 부딪히는 도덕적 문제들을 해결하는 데 필요한 능력과 태도를 길러 자율적 도덕 생활을 할 수 있는 기초를 다지는 시기이다.

제7차 교육 과정에서 제시하고 있는 도덕과의 교과 목표는 다음과 같은 측면을 고려하였다. 첫째, 학교급 · 학년 간의 계열성을 인정하면서도 각 학교급 · 학년의 학생들이 인지적, 정의적, 행동적 요소를 모두 학습할 수 있도록 고려하였다. 둘째, 낮은 학교급 · 학년일수록 기본 생활 습관 및 도덕적 규범의 이해에 강조점을 두고, 높은 학교급 · 학년일수록 높은 수준의 도덕적 사고력과 자율적 도덕성의 습득에 강조점을 두었다. 셋째,

범위적 특성으로 인해, 초등학교에서는 학생들의 발달상의 특성을 고려
하여 개인, 가정·이웃·학교, 사회, 국가·민족생활의 모든 영역을 매
학년에서 다루도록 하였다. 그리고 저학년은 개인생활과 가정·이웃·
학교, 사회생활에, 고학년은 사회생활과 국가·민족생활에 더 중점을 두
도록 하였다. 이러한 측면을 고려하여 설정된 도덕과의 제7차 교육 과정
의 총괄 목표와 하위 목표를 제시하면 다음과 같다.[10]

　한국인으로서 바람직한 삶을 살아가는 데 필요한 기본 생활 습관과 예절 및
도덕규범을 익히고, 일상생활 속에서 부딪치는 도덕적 문제를 바람직하고 합
리적으로 해결할 수 있는 판단 능력을 기르며, 올바른 시민의식과 국가·민족
의식, 그리고 세계 평화와 인류 공영 의식을 함양하고, 삶의 이상과 원리를 체
계화하여 실천할 수 있는 도덕적 성향을 기른다.

① 인간이 도덕적으로 살아야 하는 이유를 이해하고, 삶의 다양성에 따른 가치
　갈등 문제를 해결할 수 있는 가치 판단 능력의 신장과 함께 인간 존중의 삶
　의 자세를 지닌다.
② 가정·이웃·학교생활에서 요구되는 도덕규범과 예절을 익히고, 이러한 생
　활에서 나타나는 도덕적 문제 사태들에 대한 합리적 해결 방안을 모색하는
　가치 판단 능력을 신장하여, 바르게 살아갈 수 있는 생활 태도와 실천의지를
　지닌다.
③ 전통 도덕과 시민 윤리를 중심으로 하는 오늘날 민주 사회의 도덕을 이해하
　고 실천하며, 현대 사회에서 발생하는 도덕 문제를 합리적이고도 바람직하
　게 해결할 수 있는 능력을 신장하여 원만한 사회생활을 영위하려는 태도와
　실천의지를 지닌다.
④ 국가, 민족, 민족 문화를 아끼고 사랑하는 애국애족의 자세를 지니고, 국토

---

10. 앞의 책, pp. 192-3.

와 민족 분단의 현실 및 남북한의 통일 정책과 통일 과제를 파악하여 통일
을 이룩하는 데 필요하며, 통일 이후에 기대되는 바람직한 한국인 및 세계
시민으로서의 능력과 태도를 기른다.

제7차 도덕과 교육 과정의 특징은 첫째, 일상생활에서 가장 필요한 기
본적 도덕 생활 능력을 양성하는 데 중점을 두었다. 둘째, 제7차 도덕과
교육 과정에서 강조하는 인간상, 교육 목표, 운영 지침의 요구 사항, 사회
적 특수성과 시대적 필요성 등을 최대한 고려하여 이를 교과 목표 및 지
도 내용에 반영하였다. 셋째, 도덕과 지도 내용의 적정화를 이루기 위해
제6차 교육 과정의 20개 지도 요소를 축소하여, 각 학년별로 핵심 지도
요소 10개를 선정하였다. 넷째, 국민 공통 기본 교육 과정의 정신을 중시
하여 1학년부터 10학년까지 도덕과 교육의 전체적 계열성과 연계성을
고려하였다. 다섯째, 단편적인 지식 중심의 획일적 교육 방법을 지양하고
학생들의 관심과 흥미를 불러일으켜 도덕과 교육의 성과를 고양하도록
하였다. 마지막으로 인지, 정의, 행동적 영역이 균형 있게 발달할 수 있도
록 통합적 도덕 교육을 지향하고자 하였다.

2. 2007년 개정 도덕과 교육 과정의 성격과 목표(2007-)

2007년 개정 도덕과 교육 과정 해설서에는 도덕과의 성격으로, 도덕과
의 의의와 목적, 도덕과의 필요성과 과제, 도덕과의 내용적 · 방법적 특
성, 도덕과의 범위 및 계열을 밝히고 있다.[11]

---

11. 교육과학기술부(2008), 『초등학교 교육과정 해설Ⅲ』(국어, 도덕, 사회), 대한교과서주식회
사, pp. 229-35.

1. 도덕과 교육의 성격

① 도덕과의 의의와 목적

도덕 교과는 인간의 삶에 필요한 도덕규범과 예절을 익히고, 자신뿐만 아니라 사회와 관련된 도덕 문제를 주체적으로 성찰하고 실천하도록 하여 자신의 삶을 바람직하게 영위하도록 하며, 나아가 우리 사회와 세계의 발전에 기여할 수 있도록 도와주는 교과이다. 이를 위해 학생들에게 기본적인 도덕규범과 예절을 실천하는 습관을 길러주고, 다양한 도덕 문제를 합리적으로 해결할 수 있는 도덕적 사고력과 판단력을 길러 주는 데 중점을 둔다.

② 도덕과의 필요성과 중심 과제

오늘날 우리 사회는 물질적 발전과 급속한 사회 변화에 상응하는 도덕적 · 정신적 발전이 요구된다. 특히, 우리 사회의 급격한 다원화와 정보화 추세에 따라 이념 갈등, 가치 갈등, 세대 갈등 등의 문제들이 심화되고 있으며, 그에 따른 개인들의 가치관 혼란 및 사회 분열 양상이 날로 확대되고 있다. 도덕과는 이러한 문제의 해결을 위해 개인의 가치관 확립과 우리 사회의 공통적인 도덕적 가치 기반의 공고화를 그 중심 과제로 삼는다.

③ 도덕과의 내용적 특성

도덕과는 인간의 삶에서 발생하는 다양한 도덕 문제, 즉 도덕적 주체로서의 나와 관련된 도덕 문제, 우리 · 타인 · 사회와의 관계에서 발생하는 도덕 문제, 국가 · 민족 · 지구 공동체와의 관계에서 발생하는 도덕 문제, 자연 · 초월적 존재와의 관계에서 발생하는 도덕 문제 등을 직접적이고 체계적으로 다룬다.

④ 도덕과의 방법적 특성

도덕 문제는 인간 삶의 전 영역에 걸쳐 발생하기 때문에 도덕과에서는 윤리학적 접근을 중심으로 하되, 연관된 여러 학문의 접근 방법을 활용한다. 또한 도덕적 사고력과 판단력의 향상과 더불어 일상생활에서의 도덕적 실천을 지향하며, 이를 위해 도덕과 수업뿐만 아니라 인성 교육 등 다양한 학교 활동들과 연계해 지도한다. 따라서 도덕과는 학생들로 하여금 다양한 도덕 문제에 대한 성찰과 탐구를 통해 바람직한 가치관을 확립하여 각자 자율적이고 통합적인 인격을 형성하도록 하는 데 역점을 둔다.

⑤ 도덕과의 계열

3~10학년의 '도덕'은 초등학교의 통합 교과인 1~2학년의 '바른생활'을 통해 학습한 내용을 심화하여 지도하고, 고등학교 선택 과목인 11~12학년의 '현대생활과 윤리,' '윤리와 사상,' '전통 윤리'를 학습할 수 있는 토대를 형성한다. 즉, 초등학교 3~6학년 '도덕'에서는 1~2학년의 '바른생활'에서 이루어진 기본 생활 습관을 내면화하고, 도덕규범의 이해 및 기본적인 도덕적 판단력의 육성과 도덕적 실천 능력의 형성에 강조점을 둔다. 그리고 중등학교 7~10학년 '도덕'에서는 초등학교에서의 교육을 좀 더 심화하여 도덕적 가치·규범에 대한 깊은 이해와 도덕 원리에 입각한 도덕적 사고력과 판단력의 육성 및 자율적 도덕성의 형성에 강조점을 둔다.

2. 초등 도덕과 교육의 목표

2007년 개정 도덕과 교육 과정 해설서에는 국민 공통 기본 교육 과정으로서 도덕과의 교과 목표와 초등학교 도덕과 목표를 제시하고 있다.[12]

---

12. 위의 책, pp. 236-41.

① 도덕과 교과 목표

자신과 타인·사회·국가·민족 및 자연과의 관계에 대한 올바른 이해를 바탕으로 인간의 삶에 필요한 도덕규범과 예절을 익히며, 생활 속에서 제기되는 여러 가지 도덕 문제를 합리적으로 해결해 나갈 수 있는 도덕적 사고력과 판단력, 실천 동기 및 능력을 함양하여 자율적이고 통합적인 인격을 형성한다.

첫째, 도덕적 주체로서 자기 자신에 대한 올바른 이해를 바탕으로 바람직한 삶을 영위할 수 있는 도덕적 능력과 태도를 지닌다.

둘째, 자신과 가정, 학교, 사회 등에서 만나는 사람들과의 관계에 대한 올바른 이해를 바탕으로 다른 사람과 조화롭게 살아갈 수 있는 도덕적 능력과 태도를 기른다.

셋째, 자신과 국가·민족 공동체 그리고 지구 공동체와의 관계에 대한 올바른 이해를 바탕으로 국가의 발전과 민족의 통일 및 인류공영에 이바지할 수 있는 도덕적 능력과 태도를 기른다.

넷째, 자신과 자연 및 초월적 존재와의 관계에 대한 올바른 이해를 바탕으로 이상적 삶을 영위할 수 있는 도덕적 능력과 태도를 기른다.

② 초등학교 도덕과 목표

초등학교 단계에서는 일상생활에 필요한 도덕규범과 기본 생활 예절을 습득하고 기본적인 도덕적 판단력과 실천 능력을 함양하여 공동체 속에서 다른 사람과 더불어 조화롭게 살아갈 수 있는 도덕적 능력과 태도를 기른다. 목표 체계표는 다음과 같다.

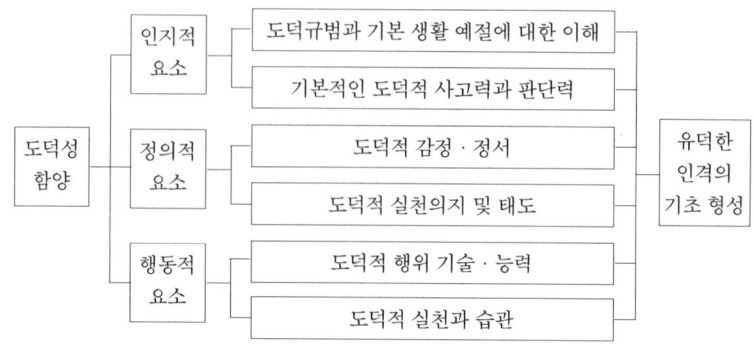

2. 이론적 기초

인지 중심의 도덕과 교육을 견인해 온 의무 윤리학은 칸트의 의무론과 공리주의로 대별된다. 이들 이론은 공통적으로 '인간은 어떻게 행위해야 하는가'에 대한 대답을 구하는 것이었다. 이것은 어떤 행위에 대한 정당성을 탐구하는 노력으로서, 칸트가 실천 이성의 명령에 의한 행위의 보편적 법칙을 통해 답을 구하였다면, 공리주의자들은 최대 다수의 최대 행복이라는 도덕 원리로서 응답하고자 하였다.

그러나 이러한 이론들은 도덕적 행위를 평가하고 정당화하는 데 요청되는 필요조건을 제시하는 데에는 크게 기여하였으나, 인간 자신이 도덕적 실천의 주체라는 점에서 중요한 결함을 노정시켰다. 즉, 이들 이론은 행위의 정당한 이유나 근거를 구하는 데에는 장점을 갖지만, 이러한 도덕적 지식이 도덕적 행위를 담보할 수 있는가라는 점에서 충분조건이 되기 어렵다는 지적이다. 왜냐하면 이들 이론은 행위의 보편성을 강조함으로써 개별 행위자의 특수한 상황을 존중하지 못하며, 이론과 실천 사이에 간극이 있었기 때문이다. 다시 말해, 우리가 직면하는 도덕적 문제는 개인이 처한 구체적 상황에 따라 다양하게 전개되므로 추상적 혹은 사회적, 관망자적 존재로서의 개인을 상정하는 이들 이론들은 개인이 직면하는 도덕적 문제들에 대해 이론이 아닌 구체적 실천으로 적극 적용하기 어려웠던 것이다.

또한 우리가 일상생활에서 직면하는 대부분의 도덕적 문제들은 거창한 도덕적 이론들을 동원해야 해결할 수 있는 성질의 것이라기보다는 습관적 혹은 관습적으로 대처해야 하는 것들이다. 이러한 관점에서, 제7차 이후의 도덕과 교육 과정에서는 과거에 중시했던 보편적이고 객관적인 합리성보다는 보편과 특수가 조화되는 합당성이 중시된다. 이러한 맥락에서, 최근에는 이론적인 행위의 정당성을 탐구하기보다는 구체적인 도덕적 행위의 실천자로서 행위자의 덕 혹은 인격의 함양을 통해 도덕적 선을 추구하는 덕 윤리가 주목받게 된다.

1. 이성 중심의 도덕과 교육의 반성과 새로운 동향

1. 도덕 판단의 준거로서 합리성의 한계

근대 철학적 관점에서 '합리合理'란 일반적으로 '이성과 합치하는 것'이다. 이성이란 보통 인식 주체로서 인간의 특수한 기능, 즉 어떤 대상에 대한 객관적 진리를 파악하는 지적인 능력이다. 이것은 구체적으로 개념을 파악하고, 개념과 개념을 결합하여 판단을 하고, 나아가 판단과 판단을 결합하여 추리하는 사유 능력이다.[13] 그러나 이러한 근대적 합리성은 두 가지 측면에서 한계를 갖는다. 먼저 근대적 이성이 도구적 이성으로 변질되면서 타인의 관점을 고려하지 못한다는 점이다. 롤즈J. Rawls는 이

---

13. 문성학(2002), 「이성의 힘과 한계」, 『철학연구』 제83집, 대한철학회, p. 63.

러한 도구적 합리성의 한계를 극복하고자 합당성의 개념을 사용한다. 그의 합당성 개념은 합리성과 도덕성을 동시에 고려하는 개념이다. 그러나 그의 합당성 개념은 칸트와 같이 실천 이성적 관점에서 주관적 능력을 가진 주체로서 개인이 강조되기 때문에 여전히 근대 철학적 성격이 강한 추상적인 개인의 선택이라는 비판에서 자유로울 수 없다. 하버마스는 이와 같은 롤즈의 주관적 능력으로서의 합당성의 개념을 넘어 상호 주관적인 의사소통적 합리성으로 이를 극복하고자 한다.

또한 근대의 합리성은 가치 판단과 관련하여 여전히 보편성에 의존함으로써 도덕 판단과 실천의 괴리 문제를 남긴다. 근대 철학적 관점에서 합리적 이성의 역할이란 가능한 특수한 속성이나 구체적인 상황적 맥락을 배제하고 보편성을 지향하는 것이었다. 이러한 맥락에서 서구 근대 사회를 지배한 최고의 가치로서 합리적 이성은 모든 담론에서 주관의 자율성과 독립성을 절대시하고 객관적이고 보편적인 가치를 제시할 수 있다고 믿었다. 그러나 이러한 보편적 판단은 개인의 사적인 감정과 구체적 상황이나 맥락이 배제된 판단이기에 도덕적 실천과 분리될 수 있다는 한계를 갖는다.

(1) 도구적 합리성의 한계와 극복

근대의 계몽적 이성의 합리성은 인간의 삶을 중세의 신의 말씀에 순종하는 삶에서 인간의 이성에 따르는 삶으로 바꾸어 놓는다. 이러한 맥락에서 베버M. Weber는 근대 철학의 본질을 탈미신화에 있다고 본다.

합리화가 의미하는 바는 세계를 설명하는데 더 이상 신비롭고 예측 가능하지 않은 힘에 의존하지 않아도 된다는 사실이다. 세계는 이제 탈미신화 되었다. 야만인들은 신들을 통제하거나 부르기 위해 마술적인 수단을 사용하였지만, 이제는 그럴 필요가 없다. 기술적 수단과 계산이 그 역할을 수행한다. 이것이 바

로 합리화의 의미이다.[14]

근대 철학은 인간의 인식 능력, 즉 이성에 의해 확실하게 얻은 지식이 아니고는 믿으려 하지 않았다. 그리고 이러한 인간 이성에 대한 절대적인 신뢰를 바탕으로 인류 역사의 진보를 계획한다. 이러한 근대 철학은 데카르트Descartes로부터 본격화된다. 그의 철학은 모든 것을 회의하는 데서 출발한다. 즉, 그는 조금이라도 확실하지 않은 것은 모두 의심해야 한다는 것이다. 그리고 그의 회의의 귀결은 "나는 생각한다. 그러므로 나는 존재한다"는 명제에 이른다. 그의 방법론적 회의는 '주관에로의 전환'을 통해 순수 이성을 상정한다. 이것은 사유하는 자아를 존재하는 모든 것을 근거 짓는 토대, 즉 주체의 위치에 올려놓는 단초가 된다. 이로써 인간은 세계를 객관적으로 대상화할 수 있는 위치를 점유하게 되었고, 세계는 인간에 의해 중립적 위치에서 문초당하는 대상이 된다. 이러한 점에서 근대의 합리성은 과학 모델로 이해된다.

> 과학은 합리성의 모델이다. 그것은 일어날 만한 일을 예견하거나 이미 일어난 일을 설명할 수 있는 법칙을 만들어 낸다. 심지어 과학은 과학 그 자체의 도덕적 역할을 인식하기도 하고, 세상이 더욱더 살 만한 곳이 되기를 바라면서 발명하거나 변형시킨다. 과학적 지식은 합리성의 모델이다. 모든 과학적 지식은 증거와 이유로써 정당화된 것이다.[15]

이러한 기반 위에서 인간은 과학을 발전시킬 수 있는 초석을 마련하였고, 마침내 새로운 물질문명의 발달을 가져오게 된다. 이러한 테크놀로지와 자본주의 경제 발달의 맥락에서 근대의 합리성은 도구적 측면에서 파

---

14. Max Weber, "Science as Calling," in H. H. Gerth and C. W. Mill(eds), *From Max Weber: Essays in Sociology*(New York: Oxford University Press, 1946), p. 139.
15. M. Lipman, 박진환, 김혜숙(2005), 『고차적 사고력』, 인간사랑, pp. 42-3.

악된다.

오늘날 합리성의 의미가 한정적으로 사용되는 데에는 실증주의적 사고의 영향
이 크다. 실증주의적 관점을 따를 때 이성은 자연적 혹은 사회적 현상을 과학
적으로 설명할 수 있게 한다. 우리는 실증주의적 이성에 따라 경험 세계에서
규칙성을 발견하고, 그것을 기반으로 미래를 예측할 수 있다. 실증주의적 이성
에 따를 때 우리는 합리적 결정 과정을 평가하고 특정한 목적을 달성하는데 필
요한 수단의 효율성을 사정할 수 있다.[16]

베버가 주장했듯이, 합리성은 적절한 수단을 정확하게 계산해 냄으로
써 주어진 목적을 조직적으로 달성하는 것이 된다. 따라서 이러한 과정에
서 합리성의 정도는 선택된 수단의 목적 달성에 대한 효율성에 의해 결
정된다. 합리성이 이렇게 규정될 때 이러한 합리성을 기반으로 내려진 판
단은 도덕성이 결여된 판단일 수 있다. 예컨대, 자기보다 힘이 센 아이를
피해 힘이 약한 아이를 구타하는 아이는 그의 입장에서 비합리적이지 않
다. 왜냐하면 그가 자기보다 힘이 센 아이를 괴롭히려 했다가는 도리어
피해를 입을 수 있기 때문이다. 따라서 이러한 합리성 개념은 개인이나
집단의 효율성을 목적으로 규범성(도덕성)을 훼손할 수 있는 심각한 문제
점을 가지고 있다. 이처럼 도구적 합리성에 기반을 둘 때 개인의 이익을
목적으로 남에게 피해를 주는 행위를 한다든지 혹은 자신이 속한 집단의
이익을 위해 남에게 피해를 주는 행위를 할 수 있다. 이처럼 도구적 합리
성은 자신의 관점만을 고려할 뿐 남의 관점을 고려하지 못한다.

롤즈는 합당성과 합리성을 구분하고, 합당한 것은 순수 실천 이성을 표
현하고 합리적인 것은 경험적 실천 이성을 표현한다고 본다.[17] 즉, 합리적

---

16. R. J. Bernstein, 한기철(2003), 「교육이념으로서의 합리성의 난점과 극복」, 『아시아교육연구』
제4권 2호, p. 118.
17. J. Rawls, 장동진 역(1993), 『정치적 자유주의』, 동명사, p. 61.

으로 행동하는 것은 이기적으로 자신의 목적을 추구하는 측면이 강한 반면, 합당하게 행동하는 것은 다른 사람과 관련해서 자신의 행동을 통제하는 것이다. 따라서 롤즈에 있어서 합당성은 이기주의와 양립할 수 없다. 이러한 맥락에서, 그는 합당성의 상호성 개념을 위해 협동의 공정한 조건을 제시한다.

> 협력은 협력의 공정한 조건의 개념을 포함한다. 이것은 다른 모든 사람들이 똑같이 받아들인다는 것을 전제로 각 참가자들이 합당하게 받아들일 수 있는 조건을 의미한다. 협력의 공정한 관계는 상호성의 개념을 명확히 한다. 협력에 종사하는 모든 사람과 규칙과 절차가 요구되는 자신의 역할을 수행하는 모든 사람은 적합한 비교 기준에 따라서 적절한 방식으로 이익을 얻어야 하는 것이다. 정치적 정의관은 협력의 공정한 조건을 규정한다.[18]

이처럼 상호성은 공정한 협력 체계를 함축하는 사회적 개념으로서, 공평성의 개념과 상호 이익의 개념 사이에 위치한다. 따라서 롤즈에게 있어서 합당성은 단순히 자신의 이익뿐만 아니라 타인의 이익까지도 고려하는 것이다. 이것은 합당성이 과학적 지식과 같은 합리성의 모델이 아니라 인간의 행위와 관련된 판단 모델임을 함축한다. 스플리터와 샤프Splitter & Sharp에게 있어서도 합당성은 자신의 관점뿐만 아니라 다른 사람의 관점을 동시에 고려하는 것이다.

> 합당성은 기본적으로 사회적 성향이다. 합당한 인간은 남을 존중하고, 남에 의해 변화될 수 있는 자신의 관점을 의식적으로 인정하면서 중요한 쟁점에 대해 자신의 마음을 변경할 정도로 다른 사람의 의견과 느낌을 고려하도록 준비한다.[19]

---

18. 앞의 책, p. 19.

따라서 그들에게 있어서, 합당성은 합리성과 도덕성을 동시에 고려하는 것이다.

만일 나의 행위가 도덕적 관점을 취하는 어떤 사람에 의해 합당하다고 생각되려면, 나는 단지 합리성이나 지성 이상의 어떤 것을 보여 주어야 한다. 여기에서 합당하다는 것은 각각(나와 남)이 가능한 대안적 행위에 의해 어떤 영향을 받을 것인가를 발견하기 위해, 더욱이 이러한 가능한 결과들의 평가에 의해 결정에 도달함에 있어서, 이것을 단지 어떤 신중한 사람이 행하듯이 보거나 공평무사하게 영향을 받도록 준비하기 위해 문제를 타인의 관점에서 보는 것이다. 나는 내 행위를 모든 관련된 집단에 호소할 수 있는 어떤 원리, 즉 우리가 일반적으로 추론할 수 있는 어떤 원리에 의해 정당화해야 한다.[20]

시블리Sibly 또한 합당성과 합리성은 도덕과 관련이 없는 상황에서는 별 차이가 없다고 주장하고, 합당한 사람은 첫째, 자신의 관점과 다른 사람의 관점의 차이점에 주목하면서 다른 사람의 관점에 대해 주목하며, 둘째, 다른 사람에게는 무엇이 문제인지를 이해하려 노력하며, 이러한 이해에 의해 영향받도록 준비하는 것이며, 셋째, 다른 사람들이 선호하는 개념들이 변경이나 수정을 요청할 수 있다는 가능성을 열어 놓아야 한다고 주장한다.[21]

또한 이러한 도구적 합리성은 목적 자체에 대한 정당성의 문제를 야기한다. 예컨대, 우리나라의 결혼 정책이 세계화 시대에 우성의 유전자를 가진 자손을 양산할 목적으로 머리가 좋고 건강하며 외모가 뛰어난 남녀를 선별하여 자녀를 낳을 권리를 갖게 하고, 그렇지 못한 사람들에게는

19. M. S. Pritchard, *Reasonable Children: Moral Education and Moral Learning*, University Press of Kansas,1996, p. 3.
20. Ibid., p. 6.
21. Ibid., pp. 6-7.

출산을 제한한다고 가정해 보자. 이러한 결혼 정책은 우리나라의 장래를 대비한다는 측면에서 효율적일 수는 있으나 개인의 출산의 자유를 제한함으로써 개인의 권리를 침해하고 있다. 따라서 결혼 정책 자체, 즉 목적 자체에 대한 근본적인 성찰이 필요하다. 이에 대해 하버마스는 도구적 합리성에 일관성과 규범성을 개입시킴으로써 도구적 합리성을 극복하고자 한다.

> 합리적 삶이나 행위는 결국 세 가지 측면에서 합리성을 동시에 추구하는 방식으로 전개되었다. 따라서 한 측면에서의 합리성의 고려는 다른 측면에서의 합리성의 고려를 전제로 하거나 권장하는 형태를 띠게 된다. 즉, 합리적 삶은 첫째는 도구적 합리성의 관점에서 효율적인 수단을 고안함으로써 문제를 기술적으로 해결하고, 둘째는 선택의 합리성이라는 관점에서 행위의 방향을 선택함에 있어 일관성을 유지하며, 셋째는 규범적 합리성의 관점에서 특정한 윤리적 규칙을 바탕으로 문제를 도덕적으로 해결하는 삶을 동시에 의미한다.[22]

하버마스는 합당성을 합리성에서 파생되는 개념, 즉 의사소통적 합리성으로 파악한다.[23] 그는 기존의 의식 철학으로부터 언어 철학으로의 패러다임 전환을 강조하고, 인간 이성의 인지적이고 도구적인 측면을 보다 포괄적인 의사소통적 합리성으로 전환하여 도구적 합리성의 한계를 극복하고자 한다.[24]

---

22. J. Habermas, *The theory of communicative action: reason and the rationalization of society*, translated by Thomas McCarthy, 2 vols. Vol.1, Boston: Beacon Press, 1984, p. 221.
23. 김혜성(2007), 「합당성과 합리성의 시민윤리」, 『윤리교육연구』 제13집, 한국윤리교육학회, p. 134.
24. 전경갑(1998), 『현대와 탈현대의 사회사상』, 한길사, p. 329. 그는 합리성을 둘로 구분한다. 어떤 목적을 달성하는데 가장 효율적인 수단을 선택할 수 있는 타산적 이성을 의미하는 합리성을 목적 합리성이라 하고, 비록 목적 달성을 이룩하는 데 비능률적이라 하더라도 가능한 한 우리 모두가 동의하고 합의를 이룩하는 데 높은 가치를 부여하는 의미의 합리성을 의사소통적 합리성이라 한다. 위의 책, p. 327.

의사소통적 이성을 가능하게 만드는 것은 언어적 매체이다. 이 합리성은 상호 이해라는 목적 가운데 화자와 청자가 함께 세계 속의 그 무엇에 관해 상호 이해에 도달하기 위해 특정한 전제를 받아들여야 하며, 타당성 주장의 상호주관적 이성을 통해 형성하며 합의로부터 도출되는 상호작용과 관련된 책무를 받아들일 자세가 되어 있다.[25]

하버마스에게 있어서 합리성은 타산적 이성의 목적 합리성과는 달리, 비록 목적 달성에는 비능률적이라 하더라도 가능한 한 우리 모두가 동의하고 합의를 이룩하는 데 높은 가치를 부여하는 의사소통적 합리성을 의미한다. 그는 사람들이 의사소통 행위를 보고 정보를 교환하고 경험들을 전달하고, 이를 통해 의미를 명백하게 하여 공동 이해에 도달하는 것을 목표로 한다.

도덕적 추론으로부터 귀결되고, 그 자체 독백적으로 수행될 수도 있는 규칙들 중의 하나는 당사자 모두의 합의에 의해 도달한 합법적 규범만이 도덕적으로 정당화된다는 것이다. …(중략)… 합의의 획득을 필수적으로 만드는 것은 모든 당사자의 의지의 자율성에 대한 도덕의 의무적 존중심이다.[26]

이러한 하버마스의 합당성에 관한 입장은 롤즈가 추구하는 주관적 능력으로서의 합당성을 뛰어넘는다. 즉, 롤즈에게 있어 합당성은 칸트의 독백적 사고의 전통을 이어받은 것으로서 상호성을 고려하되 궁극적으로는 개인이 가져야 할 실천 이성으로서의 덕목인 반면에, 하버마스의 합당성은 주관적 개인을 넘어서 상호 이해라는 목적이 생활세계 속에서 상호주관적으로 이루어지는 의사소통적 합리성이다. 이러한 롤즈의 합당성

---

25. J. Habermas, 한상진, 박영도 공역(1992), 『사실성과 타당성 ― 담론적 법이론과 민주주의적 법치국가 이론』, 나남출판, p. 28.
26. J. Habermas, 황태연 역(1997), 『도덕의식과 소통적 행위』, 나남출판, p. 115.

개념이나 하버마스의 의사소통적 합리성 개념은 근대의 도구적 합리성의 한계를 극복하려는 노력의 일환으로 이해할 수 있으며, 이것은 도덕판단과 관련하여 자신의 관점뿐만 아니라 타인의 관점을 고려하는 것이다.

이처럼 근대의 도구적 합리성의 한계를 절차적 합리성으로 극복하고자 하였으나 도덕 판단과 관련하여 근본적으로 해결해야 할 부분이 남아 있다. 그것은 여전히 도덕 판단의 준거를 객관적인 보편성에 의존함으로써 도덕 판단에서 구체적인 상황과 맥락을 고려하지 못하고, 사적 감정을 배제함으로써 도덕 판단과 도덕적 실천의 분리 문제를 야기하고 있다. 이러한 문제 역시 합리성의 기준을 추상적인 객관적 보편성으로 간주하는 근대 철학적 전통에서 기인하는 것이다.

(2) 보편적 합리성의 한계

도덕 판단이 도덕적 행위와 관련되려면 상황과 맥락이 고려되는 구체적인 판단이어야 한다. 상황이나 맥락이 고려되지 않은 도덕 판단은 실천과 동떨어진 공허한 이상적 혹은 추상적 판단이 될 공산이 크다. 그러나 근대의 합리성은 사적 자아에 토대를 두고 보편적 인간을 표방한다. 그리고 이때의 이성은 보편적이고 객관적인 도덕 판단의 근거로서 도덕적 행위를 인도하는 능력이었다. 이에 반해 감정은 개별 인간의 특수성을 반영하기 때문에 보편적 인간을 표방하는 근대적 합리성에 있어서 배제되어야 할 것이었다. 그러므로 근대적 합리성에 기초한 합리적 사고의 준거로서 보편성은 개인의 자연적 경향성과 사적인 관계성을 고려하지 못한다. 따라서 이러한 근대의 합리성에 기초한 도덕 판단은 구체성과 관계성이 결여되었다는 지적으로부터 자유롭지 못하다.

도덕 판단과 관련하여, 근대적 합리성의 핵심적인 이론적 기반을 구축한 사람은 칸트이다. 그의 자율성은 의지의 자율로서 이성적 행위자가 자신이 따라야 할 도덕 규칙을 정언 명령에 따라 스스로 입법하는 것이다. 그리고 이때의 도덕 규칙은 이성적 행위자라면 누구나 따라야 할 보편성을 지닌 것이다. 칸트에게 있어서, 도덕 법칙은 보편화의 원리로부터 도출된 것으로서 동일한 상황에서 동일하게 적용되어야 하는 공평성에 기초한다. 그리고 도덕 법칙은 '네 의지의 준칙이 항상 동시에 보편적 법칙 수립이라는 원리로서 타당할 수 있도록 행위하라' [27]라는 보편적인 검증을 통해 나타난다. 따라서 칸트의 실천 이성의 법칙은 누구에게나 적용될 수 있는 보편적이고 객관적인 행위가 된다.

그에게 있어 도덕적 행위자는 순수한 이성적·선험적 존재이다. 개인의 자연적 경향성, 즉 개인의 이익이나 목적 그리고 개인적 욕구나 성향이 고려되지 않고 이성적 존재로서의 추상적 개인만이 존재한다. 추상적인 개인이라는 개념은 현실적 삶에 구체적으로 존재하는 개인이 아니라 사회 문화적 맥락에서 벗어나 있는 합리적이고 보편적인 개인이다.

> 개인은 그가 몸담고 있는 사회 문화적 맥락과는 상관없이 이미 이성을 천부적으로 갖추고 나온 존재라고 가정한다. 이러한 추상적 개인의 개념은 개인의 의미를 제도적, 역사적, 사회적 조건들과 같은 우연적인 요인들에 의해 규정하지 않고 원천적으로 그리고 보편적으로 규정하는 것으로 그 자체가 해방적인 요소를 갖는 것이기도 하다.[28]

이러한 칸트의 도덕적 관점은 보편자로서의 관점일 뿐 구체적인 경험적 존재로서의 개별자의 관점은 아니다. 따라서 이때의 도덕 법칙은 도덕 현상들을 질서 짓고 근거 짓는 이론적이고 추상적인 원리이지 구체적인 행동 지침의 기능을 하는 것은 아니다. 그에 의하면, 각 개인의 욕구나 감

---

27. I. Kant, 최재희 역(1986), 『실천이성비판』, 박영사, p. 33.
28. 조난심(1991), 「도덕 교육의 목적으로서의 자율성」, 서울대학교 대학원 박사학위논문, p. 65.

정 혹은 경험은 도덕 법칙, 즉 행위의 옳고 그름에 전혀 관계하지 못한다. 다시 말해, 개인의 맹목적 습관이나 이익에서 파생된 도덕 규칙을 따르는 것은 진정한 의미에서 도덕적으로 행위하는 것이 아니다. 도덕적 행위는 도덕적 의무를 가진다고 생각되는 도덕 법칙을 따를 때만 도덕적인 것이다. 칸트의 이성에 의한 자기 입법은 도덕의 원천을 개인에게서 구하는 것으로서, 이때의 개인은 지금 여기에 존재하는 그러한 구체적이고 현실적인 개인이 아닌 추상적인 개인이다. 따라서 그의 도덕적 관점은 현실에 발을 딛고 서 있는 경험적인 개별자의 관점이 아니라 보편자 혹은 선험적 존재로서의 관점이다. 설리번 R. J. Sullivan은 이를 두고, '개성 없는 인격들'이라 부른다.

> 기이한 점은 완전히 비개인적인 추상성이 보다 일상적인 사람의 개념, 즉 그들의 우연성과 개별적인 특징들을 갖춘 그런 사람의 개념을 대치해버리는 그러한 방식이다. 피와 살을 가진 인간 존재는 도덕적 세계에서 사라져버리는 것 같다. 그리고 우리는 플라톤적인 절대 가치들의 세계, 호흡하고 살아있는 사람들이 거주하지 않는 세계에 있는 것 같다.[29]

칸트가 도덕 법칙의 보편성과 객관성을 실천 이성으로부터 도출했다면, 공리주의자들은 인간의 본성과 그에게 주어진 삶의 외적 조건과의 관계를 탐구함으로써 객관적 도덕 법칙을 발견할 수 있다고 믿었다. 그리고 칸트가 도덕적 가치의 자율성을 확보하려 했던 반면에, 공리주의자들은 도덕적 가치의 타율성을 믿었다.[30] 이러한 공리주의 역시 칸트의 도덕 법칙과 같이 객관성과 보편성을 보장하는 몰개인적인 관점을 전제하였다는 점에서 맥락을 함께한다. 공리주의 윤리학의 기본 개념은 유용성으로

---

29. Roger J. Sullivan, 허라금(1992), 「행위자 중심 도덕 이론에 관한 연구」, 서강대학교 대학원 박사학위논문, p. 10. 재인용.

30. 위의 논문, p. 21.

서, 어떤 행위의 옳고 그름은 유용성에 의해 평가된다.

> 자연은 인류를 고통과 쾌락이라는 두 주권자의 지배 하에 두었다. 우리가 무엇
> 을 하지 않으면 안 되는가를 지시하고, 우리가 무엇을 할 것인가를 결정하는
> 것은 쾌락뿐이다. 한편에서는 선악의 기준이, 다른 한편에서는 인과의 사슬이
> 이 옥좌에 걸려 있다. … 유용성의 원리는 그 이익을 문제시하는 사람들의 행
> 복을 증대시킬지, 그렇지 않으면 감소시킬지에 따라, 환언하면 그 행복을 촉진
> 시킬지, 혹은 행복에 대립할지에 따라 모든 행위를 인정하고, 또 부정하는 원리
> 를 의미한다.[31]

밀도 이와 유사한 정의를 내리고 있으나, 행복을 질적으로 파악한 점에
서 차이가 있을 뿐이다. 공리주의자들에게 있어서, 옳은 행위는 제시된
목적을 최대한 실현시켜 주는 행위이다. 그리고 여기서는 개인의 목적이
아니라 집단의 최대 행복이 목적이기 때문에 개개인의 고통과 쾌락은 전
체 가치와의 관계 속에서 고려될 뿐 그 자체가 독립적으로 고려될 가치
를 갖지는 않는다. 이러한 공리주의의 기본 입장에서 볼 때, 공리주의에
서 도덕적 행위를 판단하는 개인은 이상적 관망자이다. 이상적 관망자가
보기에 공리주의의 가치는 욕구를 만족시키고자 하는 주관적 경향성에
서 비롯된 것으로서 정감적이다. 그리고 이러한 각자의 정감적이고 주관
적인 만족의 객관적 가치는 각자가 만족을 공감할 수 있고 그 만족의 가
치를 공평하게 비교 평가할 수 있는 이상적 관망자에 의해 결정된다. 정
서적 영역들이 칸트의 실천 이성에서는 철저히 배제되었지만, 공리주의
에서는 객관적이고 공평한 도덕 판단을 위해 정감의 공감이 요구되었다.

자신의 요구를 전혀 갖지 않는 사람이라면 타인의 욕구와 열망을 이해할 수 없

---

31. W. T. Jones et al. (Ed), *Approaches to Ethics* (N.Y.: Mcgraw-Hill, 1969), p. 37.

을 것이다. 그래서 증진시켜야 할 가치 있는 것이 무엇인지도 알 수 없을 것이다. 따라서 공리주의에서 도덕적 관망자는 일차적으로 자신의 욕구와 경향성과 열망 등을 가져야 한다. 그리고 그 다음에는 일차적인 자신의 욕구에 의해 방해받음 없이 자신의 욕구와 타인의 욕구를 동등하게 취급해야 한다. 이것이 바로 공리주의가 받아들이는 공평성이다.[32]

공리주의에서의 도덕적 판단은 개인의 기호나 이해관계 그리고 감정 표현과 같은 주관적 판단이 되어서는 안 되며, 최대 다수의 최대 행복은 이상적인 관망자적 관점에서 공평하게 이루어져야 한다. 비록 공리주의가 욕구를 만족시키고자 하는 주관적 경향성에서 비롯된 것이기는 하지만 각자의 정감적이고 주관적인 만족의 객관적 기준은 전체의 만족을 공평하게 비교 평가한 데에서 나온다. 따라서 완전한 공리주의적 행위가 되려면 자신의 욕구와 타인의 욕구를 제3의 공평무사한 관점에서 비교하고 판단할 수 있어야 한다.

칸트의 형식적 도덕 법칙은 선험적 이성의 관점에서 인식되었던 반면에, 공리주의자의 도덕 원칙은 공감적 관망자의 공평한 관점에서 인식되었다. 도덕적 관점에서 행위할 것을 선택하고 가능한 그것을 수행하는 자를 도덕적인 사람이라고 할 때, 칸트의 도덕적 인간은 순수 이성적 관점에서 실천적 문제를 바라보는 순수 이성인이었던 반면에, 공리주의자는 개인 자신의 관점을 초월한 이상적 관망자의 관점을 취하는 일종의 "자비의 성인"이라 볼 수 있다.[33] 이처럼 인지 중심의 도덕과 교육의 핵심적 도덕 원리로서 작용하였던 칸트의 도덕 이론과 공리주의적 입장은 추상적이고 이상적인 관망자적 관점을 취하면서 개인의 바람직한 삶의 가치를 무시하게 되고 행위자를 도덕적으로 소외시키는 결과를 가져오는 요인으로 작용하게 되었다.

---

32. 허라금, 앞의 논문, p. 24.
33. Susan Wolf, 허라금, 위의 논문, p. 25. 재인용.

한편, 칸트와 공리주의적 입장에서처럼 보편적 인간을 표방한다는 것
은 사적 자아가 세계를 객관적 대상으로 보듯이, 타인을 객관적 대상으로
바라볼 때 가능하다. 다시 말해, 보편적 인간이 되어 판단하고 행위할 수
있는 것은 타인을, 심지어 자신과 가까운 사이에 있는 사람조차도 사적인
감정의 개입 없이 아주 이성적으로 혹은 객관적으로 대할 수 있을 때 가
능하다는 것이다. 이렇게 될 때 나의 이웃은 내게 의미있는 존재가 아니
라 단순한 객관적 대상인으로 전락한다.

> 자연의 수학화가 직접 체험되는 생활세계에 이념의 옷을 입히게 됨으로써 과
> 학은 단순한 사실들만을 연구하는 사실학으로 전락하고, 인간은 서로에게 아
> 무런 의미없는 단순한 사실인으로서 대상화되었다.[34]

따라서 이러한 관점에서의 이웃, 아니 부모 형제는 서로가 서로에게 의
미있는 존재가 아닌 완전한 타자로 존재하게 된다. 인간이 과학 기술의 발
전에 따라 더욱 행복해지고 성품도 향상될 것이라는 소박한 믿음에 근거
한 근대의 도덕은 인간의 도덕적 가치를 중립화시킴으로써 도덕적 무관심
이나 불감증에 빠지게 하였고, 결국 이러한 근대 철학의 과학적 이성은 인
간의 사물화 혹은 물상화라는 비인간화 현상을 초래하는 원인을 제공한다.
이처럼 근대적 합리성 개념은 추상적이고 이상적인 관망자적 관점을
취하면서 개인의 바람직한 삶의 가치를 무시하게 되고 행위자를 도덕적
으로 소외시키는 결과를 가져오는 요인으로 작용하게 되었다. 실제 삶 속
에서 살아가는 구체적 인간은 이러한 이론들이 가정하는 합리적인 도덕
적 판단과 실천에 도달하기는 어렵다. 그것은 지적인 능력의 한계뿐만 아
니라 자신을 둘러싼 내적, 외적 조건의 다양성에 의해 실질적으로 제약을
받기 때문이다. 따라서 도덕적 실천과 분리되지 않은 도덕 판단이 되려면

---

34. E. Husserl, 이종훈 역(1993), 『데카르트적 성찰』, 철학과 현실사, pp. 25-7.

추상적이고 보편적인 합리성을 추구하기보다는 상황과 맥락에 맞는 그리고 개인의 사적 감정이 고려되는 판단이 요청된다.

2. 도덕 교육의 새로운 동향

(1) 감성의 도덕 교육 중시

기존의 도덕과 교육은 서양의 근대 철학에 기반을 두는 이성 중심의 합리적 가치 판단 능력의 함양에 관심을 두었다. 즉, 그러한 서양의 근대 철학은 개인의 자율성과 독립성을 절대시하는 자유주의적 전통아래 있었다. 데카르트에서 칸트, 롤즈로 이어지는 이러한 자유주의적 전통은 개인의 자유와 권리를 중시하고 사회 유지를 위한 기본 원리로서 정의를 내세운다. 이러한 근대 철학의 자유주의적 토대 하에 콜버그는 인지 발달 이론을 주장하고, 개인의 합리적 가치 판단 능력의 신장을 도모하였다. 그러나 이러한 이성 중심의 도덕 발달론자들은 개인의 객관적이고 추상적인 도덕적 추론 능력의 발달은 가져왔으나 공동체에서 인간이 맺고 있는 상호성을 상대적으로 무시하였기에, 이기주의, 개인 간의 단절과 고립, 타자에 대한 공감이나 배려 등의 정서적 측면의 도덕성을 경시하는 잘못을 초래하였다.

이러한 도덕 교육적 결함은 결국 근대 철학의 이원론적 질서에 대한 근본적인 성찰을 요구하게 하였고, 이러한 반성적 성찰은 인간은 본래 공동체 속에서 남과 더불어 살아야 한다는 존재론적 인간 이해로 수렴된다. 다시 말해, 근대 철학의 '이성적 사유의 주체'로서의 인간 이해는 인간에 대한 본질적인 오해를 가져왔고, 이러한 오해는 인격적 존재로서의 인간을 대상화시켜, 정신과 신체의 이분법적 사고를 야기하였다. 진정한 인간의 모습은 정신과 신체가 상호 보완적인 관계에 있으며, 구체적인 인간 존재는 신체가 정신의 질서에 내재해 있는 전인적인 존재이다. 그리고 이때의 정신은 이원론적인 전통의 산물인 사유하는 이성과는 달리, 인간의 의지적이고 정서적인 활동을 포함하는 것이다. 이와 같은 인간 본질에 대한 이해는 인간 고유의 상호 주관성의 근거를 기본으로 하는 것이다. 이러한 인간 존재에 대한 이해는 공감과 배려와 같은 정서적 활동의 공간을 제공하며, 도덕 교육에 공감과 배려와 같은 정서적 도덕 교육이 자리할 수 있는 터전을 마련하게 된다.

주지하다시피, 이성 중심의 인지 발달론에서는 도덕 교육의 목표를 도덕적 추론 능력의 발달에 초점을 맞추고 도덕 지식과 도덕 원리의 습득과 체계화를 강조한다. 따라서 여기에서는 학생들의 합리적인 가치 판단 능력이나 도덕적 지식은 증대하지만 타인에 대한 배려나 공감, 동정, 사랑, 헌신, 책임감 등과 같은 도덕성의 정서적 측면은 경시된다. 그러나 도덕적 행위의 원인이 단지 합리적 가치 판단만은 아니며, 도덕적 실천을 위한 의욕이나 열정 또한 필요하다. 호프만은 도덕적 행위의 동기적 요소로서 공감을 강조한다. 그는 타인에 대한 정서적 이해를 통한 관계적 성향의 토대로서의 공감이 도덕적 행동에 중요한 요인으로 작용한다고 보고 있다. 또한 길리건C. Gillian이나 나딩스N. Noddings를 위시한 페미니스트들은 인지 발달론을 대표하는 콜버그의 도덕적 추론 능력의 함양을 통한 도덕 교육은 남성 중심의 도덕 교육이었다고 비판하고, 공감과 배려와 같은 여성 윤리적 관점에서 보살핌 윤리를 강조한다. 진정한 도덕성이란 이성과 정서의 결합, 즉 이성 중심의 도덕적 추론 능력뿐만 아니라 배려와 공감 같은 정서적 측면까지 도덕성의 조화로운 통합적 발달이 이루어진 것을 의미한다. 따라서 앞으로의 도덕 교육은 합리성, 자율성, 공정성, 개인의 권리 등이 일방적으로 강조되는 기존의 도덕 교육과는 달리, 합리적인 가치 판단 능력의 함양과 더불어 공동체 속에서 남과 더불어 살아가는 인간으로서 공감과 배려의 도덕적 정서가 동시에 고려되는 도덕 교육으로 전환되어야 할 것이다.

1) 도덕 판단의 토대로서 감정

근대는 이성 중심의 윤리학이 주도한다. 그러나 근대의 이성 중심의 윤리학에 대한 비판적 시각도 없는 것은 아니었다. 17, 8세기로 넘어오면서 영국의 경험론자들을 중심으로 도덕 판단의 근거는 단지 인지적 문제만은 아닌 감정적 문제도 있다고 보고 도덕적 정서에 주목한다. 이러한 사조의 중심 인물로 로크의 영향을 받은 샤프츠베리L. Shaftesbury가 있다. 그는 도덕 판단의 참된 근원을 도덕적 감정으로 보고, 이를 도덕감moral sense이라 불렀다. 그리고 도덕감은 최초에 느껴지는 정서적 성향의 조화나 부조화를 의미하므로 맹목적인 감정이 아니라 일정하게 지각되거나 상상되는 실제적 사실의 내용과 관련된 성질들에 관한 것이다.[35] 그는 인간 본성에는 도덕감이 생득적으로 구비되어 있어 선악을 구별한다고 본다. 그리고 이러한 도덕감에 의해, 우리는 모양, 색깔, 소리에 있어서 미추를 보는 것과 같이 행위와 마음에 있어서도 미와 추를 본다는 것이다.

> 미는 감성적 사물에 한해서 있을 뿐만 아니라 생명의 활동에도 고차적 미가 나타난다. 사물의 미가 각 부분의 조화에서 성립하듯이 행동의 미도 전체의 조화를 만들어 내는 경향이 있으며, 이러한 행동의 미가 곧 도덕적 선이다. 아름다운 것은 조화롭고, 비례에 맞는 것이 참된 것이다. 그리하여 진선미는 일치한다.[36]

허치슨F. Hutcheson은 이러한 샤프츠베리의 도덕감 이론을 받아들여 더욱 발전시킨다. 그는 도덕 판단은 이성에 의해서가 아니라 도덕감, 즉 일종의 자연적 본능에 의해 이루어진다고 본다. 즉, 인간 본성에는 도덕감이 생득적으로 구비되어 있고, 도덕감은 선악을 분별하는 감각으로서 자

---

35. H. Reiner, 이석호 역(1999), 『철학적 윤리학』, 철학과 현실사, p. 241.
36. 오병남(2004), 『미학강의』, 서울대학교출판부, p. 40.

연적이라는 것이다.[37] 허치슨도 샤프츠베리처럼 도덕 판단이 도덕감에 의해 이루어진다고 보고, 육체에 지각 기관이 있듯이 정신에도 미추나 선악을 감지하는 내적 감각이 구비되어 있다고 본다. 그리고 그는 감각을 통한 미적 인식과 추론적 이해를 구분한다.

우리가 어떤 것을 미적으로 완성할 때 그것이 어떤 자연의 경치든 아름다운 동상이든 간에 우리는 지금 미의 고유성이라고 부르는 특성을 직접 지각하며, 이 특성은 측정이나 분석을 할 수 없는 것으로 그것은 하나의 통일된 총체로서의 대상에 속하며 그것이 고학적 목적을 위해서 분석되는 요소들로 개조될 수 없는 것이다.[38]

흄D. Hume 역시 도덕 판단의 근거를 이성이 아니라 도덕감에 둔다. 그는 도덕감을 선천적인 기능으로 파악하지 않고 쾌와 불쾌의 감정에 기초하는 경험적 토대에서 찾는다. 따라서 그에 의하면 도덕 판단의 원천은 이성적 추론이 아니라 감정이다. 그는 도덕감을 반영 인상의 일종으로 본다. 즉, 모든 종류의 유용한 성격과 행위를 의식할 때, 사람들이 경험하는 기쁨의 감정은 기본적인 생리의 욕구가 충족되었을 때 느끼는 원초적 쾌감에 기원을 둔다.[39]

흄에 의하면, 도덕감은 관념이 아니라 인상이다. 인상은 감각의 인상과 반성의 인상으로 나뉘는데 정념은 후자에 속한다. 반성의 인상은 차분한 것과 격렬한 것으로 나뉜다. 그런데 반성의 인상은 관념에 기인한다. 인상은 처음에 감각기관을 자극하여 뜨거움, 차가움, 즐거움, 괴로움 등을 지각한다. 이 인상이 마음에 모사되어 인상이 사라진 뒤에도 남는다. 이것을 관념이라고 한다. 즐거움,

---

37. 김춘태, 이대희 공저(2002), 『서양근세 윤리학』, 형설출판사, p. 72.
38. T. Eagleton, 방대원 역(1995), 『미학사상』, 한신문화사, p. 166.
39. 김태길(1991), 『윤리학』, 박영사, p. 76.

괴로움의 관념이 마음에 다시 떠오르면 욕망과 혐오, 희망과 공포 등의 새로운 인상을 만들어 내고, 이것이 바로 반성의 인상인 것이다. 도덕감은 반성의 인상 중에 차분한 것에 속하는 것이다.[40]

이처럼 그는 도덕 판단의 기초를 자신 혹은 사회적 시인과 비난의 감정에 근거하고 있다. 아담 스미스A. Smith도 『도덕 감정론』이란 책을 통해 이러한 주장에 동조한다. 스미스는 흄이 간과했던 우리 자신의 행동에 대한 도덕 판단에 주목하고, 도덕 판단은 양심의 소리로 파악할 수 있는 판단으로 간주한다. 그에 의하면, 행위하는 사람의 마음속에는 '마음 밖의 사람'과 '마음 안의 사람'이 있는데, 언제나 후자에 따라야 하며, 가끔 마음 안의 사람이 격정이나 자애로 인해 그릇된 판단을 할 수 있으므로 자연에서 이루어진 도덕의 일반적 법칙을 따르라고 조언한다.[41] 스미스는 흄보다도 도덕 판단에서 이성의 의미를 축소시킨다. 왜냐하면 그는 도덕적 방향을 정하는 데 도움이 될 수 있는 보편적 규칙은 결국 도덕적 감정으로부터 도출된다고 보았기 때문이다.

현대 윤리학에서, 도덕 판단에 있어서 감정의 중요성을 강조하는 대표적인 학자는 오클리J. Oakley이다. 그는 감정이 인간관계의 결속을 이끌기 때문에 도덕적으로 중요하다고 본다. 그에 의하면, 감정은 인식, 욕구, 정서의 세 요소가 역동적으로 관련되어 있는 복합체로서, 인식은 대상을 향한 적당한 정도의 올바른 감정을 가질 수 있도록 하며, 욕구는 대상에 참여하려는 의지로서 도덕적 행위를 실현하는 데 기여하며, 정서는 대상과의 감정적 공유를 통해 대상과의 강한 결속을 가져오게 한다.[42] 특히, 셸러M. Scheler는 실질적 가치와 감정을 문제 삼고 철학적 인간학과 밀접한 관계에서 가치 윤리학의 토대를 마련한다. 가치 윤리학이란 가치를 실현

40. 박재주(2003), 『서양의 도덕교육사상』, 청계, p. 139.
41. 김두헌(1985), 『서양윤리학사』, 박영사, p. 277.
42. J. Oakley, *Morality and the Emotion* (London: Routledge, 1992), p. 6.

하려는 의지와 그것을 실현하는 행위를 도덕적으로 선하다고 파악한다. 도덕적 선의 토대와 출발점이 되는 가치를 인식하는 기능이 바로 감정이므로 감정 윤리학이라고도 부를 수 있다.[43] 그에 의하면, 윤리적 근거는 이성이나 감각이 아니라 인간의 가치 감각에 기인한다. 인간은 무엇이 가치있고, 무엇이 가치없는가를 직접적으로 느끼는 가치감을 갖고 있다. 우리는 이 가치감에 의해 가치 판단을 할 수 있다[44]는 것이다.

그 후 하르트만N. Hartman에 의해, 가치 윤리학은 더욱 공고히 된다. 그에 의하면, 윤리학의 임무는 인간으로 하여금 인생에 대해 규범적인 의미를 지니고 있는 가치를 볼 수 있도록 눈을 열어주는 데 있다. 그리고 가치를 파악하기 위해서는 가치를 지향하는 감정이 열려 있어야 한다. 즉, 가치에 대한 관심을 가져야 한다. 따라서 가치를 지향하는 활동을 하는 것은 근본적으로 이성이 아니라 감정이므로, 가치 판단의 토대는 이성이 아닌 감정이다. 따라서 가치 판단은 가치감에 근거하며, 가치를 파악하는 정신 활동은 순수 의식 작용이 아니라 감정 작용이며, 지성적인 것이 아닌 정서적인 것이다.

> 가치 의식이란 일차적으로 가치감이며, 가치가 충만한 우선적이며 직접적인 느낌을 갖게 하는 것이다. 모든 가치 파악은 가치감에 기인한다. 가치 파악을 하는 작용은 결코 순수한 인식 작용이 아니라 감정 작용이며 지성적이 아니라 정서적이다. 가치는 느껴질 수밖에 없으며 느낌의 기초를 구체적으로 직관한 것일 수밖에 없다.[45]

이처럼 도덕적 가치는 이성에 의해 주어지는 것이 아니라 다만 이성에

---

43. 조정옥(1993), 「하르트만의 관점에서 본 칸트의 법칙주의와 쉘러의 가치주의」, 『철학과 현상학 연구』, 한국현상학회, p. 365.
44. 진교훈(2003), 『현대사회윤리연구』, 울력, p. 21.
45. J. Hesson, 진교훈 역(1992), 『가치론』, 서광사, p. 100.

게 주어질 뿐이며, 도덕적 가치가 인식에 대해서 주어지는 것이 아니라 근원적인 가치 감정에 대해 주어진다는 것이다.[46] 이들의 주장에서 알 수 있듯이, 감정은 도덕 판단에서 배제되어야 할 것이라기보다는 도덕을 정초함에 있어 매우 중요한 역할을 한다는 것을 알 수 있다. 즉, 감정이 가치 지향적 활동을 수행함으로써, 감정과 도덕은 근본적으로 상호 관련을 맺고 있다는 것이다. 따라서 이성 못지않게 감정 역시 가치 판단의 근원으로 파악될 수 있으며, 온전한 의미의 도덕 판단은 이성에 의한 합리성뿐만 아니라 도덕적 감정의 활동을 통해 밝혀져야 한다는 것을 의미한다.

가치.판단의 근원으로서 감정의 가치 지향적 활동을 인정하게 될 때, 도덕적 가치는 자신에게만 국한되지 않고 타인의 가치까지 지평이 확대된다. 즉, 도덕적 가치란 나의 가치만을 고려하는 것이 아니라 남의 가치에 대해서도 진지한 태도를 갖고, 그것의 실현에 적극적으로 동참하지 않으면 안 된다. 이러한 의미에서, 이제 나는 단순한 독립된 주관으로서의 자아가 아니라, 다른 사람과 더불어 살아가는 상호 주관적 존재이다. 이로써 이성 중심의 철학에서 단순한 대상적 존재로서 존재했던 너는 나와 더불어 세상을 살아가는 또 다른 나로 승화된다. 이러한 맥락에서, 진정한 의미에서의 도덕성 함양은 나의 행복과 고통뿐만 아니라 남의 쾌락과 불행까지도 고려할 수 있는 공감이나 배려와 같은 도덕적 감정의 함양을 포함한다.

2) 공감 이론과 배려 윤리

① 호프만의 공감 이론

주지하다시피, 근대 이성 중심의 철학은 주관의 독립성과 자율성을 중

---

46. N. Hartman, 허재윤 외 역(1994), 『인식과 윤리』, 형설출판사, p. 174.

시한다. 즉, 이성 중심의 철학에 기반을 둔 도덕적 행동은 주관의 이성이 독립적으로 대상을 객관화함으로써 보편적 행위를 추구할 수 있다. 그리고 이때의 인간관계는 사적인 감정이 배제된 완전 타자적 관계이며, 도덕적 판단 또한 자기중심적 관점의 도덕적 추론에 의지할 수밖에 없다. 따라서 여기에서의 도덕적 행동이란 정의나 공평성의 원리에 따라 보편적 행위를 추구하는 것이었기 때문에 인간 상호 간의 상호성이나 관계성은 무시될 수밖에 없었다. 그러나 이러한 도덕 교육의 이론적 토대는 인간의 도덕적 행위에 대한 동기적 측면을 해명하지 못한다. 다시 말해, 이성 중심의 도덕 교육(콜버그)은 자신의 관점에서 도덕적 추론의 결과로써 도덕적 행동을 고려하지만, 타인의 관점에 기초한 도덕적 혹은 이타적 행동을 설명하지는 못한다.

이성을 중시하는 도덕 교육은 타인의 관점보다는 자신의 관점에서 도덕적 문제를 조망한다. 합리성을 추구하는 도덕적 추론의 과정은 자신의 입장에서 타인을 고려하지만 도덕적 동기로서 이타적 행위를 설명하지 못하는 한계를 갖는다. 그러나 도덕적 행동은 나만의 합리성뿐만 아니라 타인의 고통이나 이익에도 관심을 갖는 이타적 인간을 포함한다. 이러한 이타적 인간은 타인의 어려움과 고통을 이해하고 그 고통을 함께 할 수 있는 상호성 혹은 관계적 성향, 즉 자신보다는 타인의 관점에서 생각하고 타인의 상황에 더 적절한 정서적 민감성을 요구한다.

호프만M. L. Hoffman에 의하면, 이러한 이타적 성향은 '공감empathy'이라는 도덕적 감정에 의해 동기화된다. 그에 의하면, 공감이란 자신의 처지보다는 다른 사람의 처지에 더 알맞은 정서적 반응으로 정의된다.[47] 그는 자신의 상황보다는 다른 사람의 상황에 더 적절한 정서적 반응을 보이는 공감을 중시한다. 타인의 관점에서 공감하는 정서적 반응은 도덕 판단에 많은 영향을 미치며, 도덕적 행동에 동기적 요소로 작용한다. 도덕

---

47. M. L. Hoffman, "Development of prosocial motivation: empathy and guilt," In N. Eisenberg(ed), *The Development of Prosocial Behavior*(New York Press, 1982), p. 281.

판단을 정확하게 내리기 위해서는 다른 사람의 처지나 입장에 자신의 입장을 이입하는 과정이 필요하다.

우리는 누군가에게 도움을 주는 행위에 대해서는 칭찬을 하고, 해를 끼치는 행위에 대해서는 비난을 하며, 고의로 타인에게 고통을 준다면 그에 대해 분노를 느낀다. 이러한 공감적 정서는 도덕 판단을 결정하는 데 중요한 영향을 미치며, 도덕적 행동의 동기적 요소로 작용하게 된다. 그러나 만일 우리가 타인의 감정 상태에 제대로 공감하지 못한다면 정확하게 도덕적 판단을 내리기 어렵다. 그리고 도덕적 문제 상황에서 합리적인 판단을 결정하였다 하더라도 이를 실천하고자 하는 실천의지와 감정적 배려가 없다면 도덕적 행동을 담보하기 어렵다. 특히, 타인의 어려움이나 고통을 이해하고 관심을 보이며, 그에 적절한 정서적 반응을 보이는 공감의 능력이야말로 도덕적 행동의 주요 동인이라 할 수 있다. 따라서 어떤 대상에 대해 평가하고자 할 때, 다른 사람이 어떻게 생각하고 느끼는지를 도덕적으로 상상하지 못한다면 객관적인 판단은 불가능하다. 그러므로 이러한 공감 능력이 부족하다면 제대로 된 판단을 내리기 어렵다. 이처럼 그는 도덕적 행동이 어떤 사람이나 집단을 위해 어떤 행동을 하고자 하는 의도에 의해 일어나는 행동 또는 도덕규범에 부합하는 행동을 하려는 경향으로 인해 일어나는 것으로 본다. 이러한 맥락에서 도덕성의 발달과 관련하여 공감의 발달은 매우 중요하다.

호프만은 공감의 발달 수준을 네 단계로 정리하고 있다.[48] 1단계는 총체적 공감 단계이다. 이 단계는 공감의 초기 단계로서 생후 1년 된 대부분의 유아들은 고통을 겪고 있는 사람을 보면 총체적인 공감적 고통을 느낀다. 어렴풋이 느낀 다른 사람의 고통이 자신의 불쾌한 감정과 뒤섞이면서, 다른 사람에게 일어난 일을 자기 자신에게 일어난 일인 것처럼 행

---

48. M. L. Hoffman, "Empathy, Social Cognition and Moral education," In Andrew Garrod (ed), *Approaches to Moral development: New Research and Emerging Themes* (New York: Teachers College Press, 1993), pp. 159-62,

동한다. 이 시기에는 자타의 정확한 구별없이 혼동 속에서 고통을 경험하게 된다. 그리고 이때의 고통은 수동적이고 비자발적인 수준의 공감이지만 정교한 공감의 토대가 된다. 2단계는 자기중심적 공감 단계이다. 이 단계는 대개 1~2세 유아가 해당되는데, 이때에는 자신과 남을 신체와 이미지로 구분할 수 있게 된다. 그러므로 고통 속에 있는 사람이 자신이 아니라 타인이라는 것도 알게 되지만 아직은 타인의 내적 상태를 인식하지 못하므로 다른 사람의 마음도 자신의 마음과 유사할 것이라고 생각한다. 따라서 어떤 사람이 고통 속에 있다 하더라도 아동 자신의 내적 상태에 비추어 반응한다. 그러므로 이 단계의 유아는 타인의 고통에 대해 적절한 도움을 제공하지 못하고, 자신의 마음의 평안을 구하는 데 초점이 맞추어져 있다.

　3단계는 타인의 감정에 대한 공감의 단계이다. 이 단계는 3~10세 아동에 해당된다. 나이가 들면서 자신의 조망 능력을 갖게 되고, 다른 사람의 감정이 자신의 감정과 다름을 인식하게 된다. 이렇게 되면서 다른 사람이 실제로 무엇을 느끼는지 좀 더 잘 이해할 수 있게 되고, 언어를 습득하면서 복잡한 감정들에 공감할 수 있게 된다. 그리고 상황에 따라 어떤 도움이 필요한지를 이해하게 되면서 보다 적절한 도움을 줄 수 있게 된다. 4단계는 타인의 삶의 조건에 대한 공감의 단계이다. 이 단계는 10세 이후에 나타난다. 이 시기에는 자타를 구별할 수 있으며, 각기 개별적인 정체성을 지닌 존재로 파악할 수 있게 된다. 그리고 다른 사람의 고통이나 즐거움도 순간적인 상황 하에서 파악하는 것이 아니라 그들의 인생 전반에 걸친 경험에 비추어 판단한다. 따라서 특수한 상황에서의 자극보다는 연속적인 측면에서 타인의 삶을 고려한다. 더욱이 사회 개념이 형성되면, 아동의 공감적 능력은 하나의 전체적인 집단의 수준에서 공감할 수 있을 정도로 발달한다.

　이러한 도덕적 감정으로서 공감에 대한 이론적 연구는 그동안 인지적 도덕성만을 강조하면서 상대적으로 소외되었던 정서적 도덕성 발달에 많은 기여를 한다. 특히, 이타적 행위에 대한 설명이 가능하게 되고, 다른 사람의 어려움이나 고통을 이해하고 관심을 가지게 됨으로써, 인간은 단순한 주관으로서의 자아가 아니라 다른 사람과 더불어 살며 활동하는 상호 주관적 존재로서의 인간 이해가 가능하게 된다.

② 길리건과 나딩스의 배려 윤리

길리건은 합리성을 중시하는 정의正義의 윤리를 남성 중심의 도덕 교육이라고 주장하고, 이러한 정의의 윤리는 인간 간의 상호성이나 관계성을 무시함으로써 개인 간의 단절이나 고립, 타인에 대한 무관심, 배려의 부족, 이기주의와 같은 심각한 문제를 야기하였다고 비판한다. 그리고 이에 대한 대안적 도덕 교육으로 인간관계, 책임감, 인간적 유대, 희생과 헌신 등을 중시하는 여성 중심의 윤리적 특성을 반영하는 배려 윤리를 제시한다. 길리건에 의하면, 칸트, 롤즈, 콜버그로 이어지는 도덕 교육 전통은 정의의 도덕성을 강조하며, 개인의 권리, 공정성, 자율성, 객관성과 보편성의 남성적 특성을 중시한 반면에, 인간관계나 인간의 유대 관계, 상호 작용성, 동정심과 희생 같은 여성적 특성의 배려의 도덕성 측면을 소외시켜 왔다.

도덕성은 정의와 배려의 도덕성으로 구성되고, 두 도덕성은 성性과 관련되어 있다는 것을 길리건은 콜버그의 하인츠 딜레마에 대한 소년 제이크Jake와 소녀 에이미Amy의 응답을 통해 입증하고자 하였다.[49] 이 딜레마에서 제이크는 "사람의 생명은 돈보다 중요하다. 약사는 1,000달러만 벌어도 살아갈 수 있지만, 하인츠가 약을 훔치지 않는다면 그의 아내는 죽는다"라는 정의의 목소리로 콜버그와 동일한 논리를 따른다. 그러나 에이미는 "만일 하인츠가 약을 훔친다면 아내는 구할 수 있겠지만 아마 감

---

49. C. Gilligan, *In a Different Voice: Psychological Theory and Women's Development* (Cambridge: Harvard University Press, 1982), pp. 25-39.

옥에 갈 것이다. 그러면 아내는 더 아플 수 있고 더 이상 약을 구할 수 없기 때문에 결과적으로 좋을 것이 없다. 따라서 그들은 좀 더 논의해 보고 돈을 구할 수 있는 다른 방법을 찾아야 할 것이다"라는 답변으로 정의의 논리보다는 인간관계를 중시한다.

이러한 두 사람의 응답을 통해 도덕성은 성과 관련이 있음을 밝히고, 정의의 도덕성과 배려의 도덕성 간에는 각각의 특성이 있다는 것이다. 정의의 도덕성은 권리 간의 갈등을 문제 삼고, 배려의 도덕성은 책임 간의 갈등을 문제 삼는다. 그리고 정의의 도덕성은 형식적이고 추상적인 사고방식을 중시하는 반면에, 배려의 도덕성은 상황적이고 맥락적이고 서사적인 사고방식을 중시한다. 그러므로 정의의 도덕성은 의무, 공정성과 원리를 강조하는 반면에, 배려의 도덕성은 관계성이나 상호성을 강조한다. 따라서 그에 의하면, 그동안 정의의 도덕성만을 강조한 편향된 콜버그식 도덕 교육의 대안으로서 배려의 도덕 교육이 필요하다는 것이다.

길리건은 임신 중절 딜레마에 직면한 여성들과의 면담을 통해 3수준 2 과도기의 배려 윤리 발달 과정을 제시한다.[50] 배려 윤리의 제1수준인 이기심은 정의 윤리의 인습 이전의 수준에 해당하며, 주로 자기 자신의 이익과 생존에만 관심을 갖는 단계이다. 제2수준인 책임은 인습 수준에 해당되며, 주로 책임에 대해 관심을 갖는 단계이고, 제3수준의 비폭력적 도덕성은 인습 이후의 수준에 해당되며, 자신과 타인 모두에 관심을 갖는 단계이다. 이러한 길리건의 배려 윤리는 기존의 정의 윤리에서 배제되었던 인간의 관계성과 상호성의 중요성을 부각시키고, 정의 윤리로부터 초래된 비인간화 현상의 한계를 극복할 수 있는 대안적 도덕 교육으로 주목을 받게 된다.

이러한 길리건의 배려 윤리는 나딩스에 의해 윤리학적 관점으로 더욱 체계화된다. 길리건이 배려 윤리를 심리학적 관점에서 접근하였다면, 나

---

50. C. Gilligan, 허란주 역(1997), 『다른 목소리로 : 심리이론과 여성발달』, 동녘, pp. 150-78.

딩스는 윤리학적 관점에서 접근한다. 즉, 나딩스는 전통 윤리학의 비판적 검토를 통해 배려 윤리의 특징을 제시한다. 전통 윤리학에 대한 배려 윤리학자들의 비판은 첫째, 전통 윤리학이 여성을 도덕적 행위자로 인정하지 않았으며, 둘째, 전통 윤리학이 지나치게 개인주의적이며, 셋째, 전통 윤리학이 지나치게 추상성과 보편성만을 강조함으로써 도덕 판단이 요구하는 구체적 상황이나 행위자의 특수성을 등한시하였고, 넷째, 전통 윤리학은 공평성만을 강조하며, 다섯째, 전통 윤리학은 여성적 가치를 무시하고 낮게 평가했으며, 여섯째, 전통 윤리학은 이성과 감정을 분리하고 이성만을 중시하였다고 비판한다.[51] 그리고 그는 전통 윤리학의 비판적 고찰을 통해 배려 윤리의 토대로서 인간관계를 중시한다. 그리고 관계를 '관계를 맺고 있는 사람들이 서로에 대해 무엇인가를 느끼는 일련의 만남'으로 정의하고,[52] 배려하는 사람과 배려를 받는 사람 간의 관계성에 주목한다. 그에 의하면, 배려 윤리는 남성보다는 여성의 성향을 반영하고 있으며, 이는 인간관계 내에서 윤리적 의미를 찾는 관계의 윤리학임을 분명히 한다.

　그는 도덕성이 감정에 토대를 두고 있다고 보고, 배려의 감정을 자연적 배려의 감정과 윤리적 배려의 감정으로 나눈다. 그리고 두 배려의 감정 중 자연적 배려의 감정을 보다 근본적인 것으로 간주하고, 윤리적 배려의 감정은 자연적 배려의 감정으로부터 나온다고 본다. 자연적 배려는 다른 사람을 보살피고자 하는 자연스러운 감정에 의거해서 배려하는 경우로서, 단지 자연스럽게 배려해 줄 뿐 어떠한 윤리적 노력도 필요하지 않다. 따라서 나딩스의 관계 윤리는 칸트 윤리학에서처럼 보편적 도덕 원리와 일치하는 의무감의 행위를 도덕적 행위로 보지 않고, 인간적 사랑과 자연적 성향에서 나온 행위를 도덕적 행위로 간주한다.

---

51. 박병춘(1999), 「보살핌 윤리의 도덕교육적 접근 연구」, 서울대학교 대학원 박사학위논문, pp. 91-6.
52. N. Noddings, 앞의 논문, p. 99. 재인용.

나딩스는 배려의 의미를 배려하는 사람과 배려를 받는 사람 간의 관계로 이루어지는 것으로 보고, 배려 관계의 주체는 배려하는 사람과 배려를 받는 사람이며, 배려를 받는 사람이 배려를 인지하고 이에 응답할 때 배려는 완성된다고 본다. 배려하는 사람의 의식 상태는 전념과 동기 전환으로 설명할 수 있다. 전념은 타인의 실체를 이해한다는 개념으로, 다른 사람의 경험 안으로 들어가는 것을 의미하고, 동기 전환이란 자신의 동기적 힘이 타인의 계획을 위해 분출하는 것을 의미한다.

또한 그는 덕을 관계 자체에 속하는 덕과 관계를 강화시켜 주는 개별적인 덕으로 나누고, 배려, 우정, 동료 의식 등은 관계 자체의 덕으로, 정직, 성실과 같은 덕목들은 관계를 강화시켜 주는 개별적인 덕으로 간주한다. 그리고 모든 덕들은 개별적으로 독자적 의미를 갖지 못하고 관계 안에서만 의미를 갖기 때문에, 도덕 교육은 개별적 덕들을 독립적으로 지도해서는 안 되고, 관계 안에서 가르쳐야 한다.[53] 그리고 그는 도덕 교육에서 인지적 요소와 정의적 요소를 서로 배타적인 것이 아니라 상호 보완적인 것으로 보고, 모든 교육의 일차적 목적은 배려의 유지와 강화에 있다고 주장한다. 그리고 그것은 학교 교육뿐만 아니라 공동체 전체의 사업임을 강조한다. 특히 학생들을 가르치는 교사는 먼저 배려하는 사람이 되어야 하며, 학생들과 함께 협동적으로 문제를 해결함으로써 상호 배려하는 인간관계를 유지하는 것이 중요하다고 본다.

(2) 도덕 교육에서 행동의 중요성 제고

1) 사회 학습 이론

한동안 행동주의 이론은 행동이 어떻게 학습되고, 그리고 어떻게 직접

---

53. 위의 논문, p. 101.

적인 경험에 의해 수정되는지에 대한 이해를 도와주었다. 그러나 인간 행동을 연구하고 개념화하는 전통적 방식은 너무나 제한적이었고, 발달 초기의 기계적 모델에 의해 방해받아 왔다. 행동 학습 이론에 기초한 사회 학습 이론으로의 보완적 발전은 심리적 과정에 대한 이해의 지평을 넓혔고, 그것은 인간 행동이 어떻게 획득되고 조정되는가에 대한 근본 가정의 일부에 대한 재검증을 요구하게 되었다.

도덕 학습에 관한 협소한 행동주의적 유형의 설명에 불만족을 표현해 온 사회 학습 이론가들의 접근 방식은 대개 두 가지 방식으로 나타났다. 도덕 판단과 행위와 관련하여 인지적 혹은 평가적 고려에 대한 더 큰 배려와 도덕적 가치의 내면화와 관련하여 자기규제 내지는 자아 개입에 대한 생각을 강조하려는 시도였다. W. 미셸과 H. N. 미셸은 "도덕성과 자기규제에 관한 인지적 사회 학습 접근 방식"을 언급하면서, 삶을 영위하고, 행동하는 유기체, 개인으로서의 자아에 대한 개념을 중시한다.[54]

이러한 부류의 접근 방식은 인간적인 사회적 행동이나 유아 교육 훈련 그리고 학습의 다양한 형태에 더 큰 관심을 두었고, 도덕 판단과 기능에 관한 철학적 고려에 더 많은 관심을 기울인다. 로터J. B. Rotter 역시 그의 효과적인 강화 본성에 관한 연구에서, 정적 혹은 부적 강화는 그것들이 행동과 어느 정도 관련이 있는지를 학생들이 인식하는 정도에 따라 효과적이라고 주장한다.[55]

반두라A. Bandura는 인간의 사고와 행동에 대한 통합된 이론적 구조를 제시하고자 한다. 그는 인간의 심리 연구에서 인간의 외적인 측면만을 강조함으로써 인간의 내적인 측면을 간과하게 되는 잘못을 범할 수 있다고 경고하고, 인간의 자기 주도력(내적인 것)을 배제하는 이론가들은 자신들

---

54. W. Mischel and H. N. Mischel, "A Cognitive Social Learning Approach," in Thomas Lickona, *Moral Development*; also "Self-Control and the Self," in T. Mischel(ed), *The Self, Psychological Issues*, Oxford: Blackwell, 1977, pp. 31-64.

55. J. B. Rotter, "Generalized expectancies for internal versus external control of reinforcement," *Psychological Monographs*, 80, 1966, pp. 1-28.

의 연구를 외적인 영향력에 관한 자료로 제한할 수밖에 없다고 주장한
다.

> 외적인 영향력이 행동에 어떤 영향을 주는가에 대한 상세한 분석은 행동이 실
> 제로 외적 통제에 조건화되어 있다는 확신할 수 있는 증거를 제공한다. 하지만
> 다른 중요한 영향력을 지닌 부분을 간과하는 어떤 심리적 과정으로 과학적 탐
> 구를 제한하는 것은 인간 잠재성의 편중된 이미지만을 강화할 수 있다.[56]

　사회 학습 이론은 심리적 기능에서 대리적 · 상징적 과정과 자기 규제 과
정이 수행하는 현저한 역할을 강조한다. 다시 말해, 인간의 행동은 직접
경험이나 사회적으로 매개된 경험적 관찰에 의해 영향을 받을 수 있다는
것이다.

　특히, 기호를 사용하는 인간의 비범한 능력은 어떤 사건을 표현하고,
의식적으로 경험을 분석하고, 시공간에서 타인과 의사소통하고 계획하
고 창조하고 상상하고 미래의 행동을 예견할 수 있다. 인간은 사고하지
못하고 조건화된 동물과는 분명히 구별되는 존재이다. 이와 같은 인간의
상징적 기능을 재고함으로써 사고의 행동 규제 기제와 분석 기술의 범위
를 확대하였다. 사실상, 이러한 상징적 기능 없이 반성적 사고는 불가능
하다.

　이처럼 사회 학습 이론의 독특한 특징은 자기 규제적 절차에 중요한
역할을 부여한다는 것이다. 사람들은 외적인 영향력에 반응하는 단순한
그런 존재가 아니다. 사람들은 자신들이 받은 자극에 대해 선택하고 조직
하고 변형한다. 자기가 스스로 만들어 낸 유인 체계나 결과를 통해 그들
자신의 행동에 대해 영향력을 행사할 수 있는 것이다. 반두라는 반응 결
과에 대한 정보 기능, 즉 예견된 결과에 대한 정보를 인지함으로써 자기

---

56. A. Bandura, *Social Learning Theory*, Prentice-Hall, Inc. Englewood Cliffs, New Jersey, 1977. p. vi.

규제가 가능하다는 것이다. 자신을 위한 행동 결과를 산출하고 환경적 유인 요인을 분석하며 그리고 인지적 지지 요인을 찾아봄으로써 자신의 행동에 대한 어떤 계산을 경험할 수 있다[57]는 것이다.

사회 학습 이론에서는 이처럼 행동 학습 이론에서 간과했던 인간의 자기 규제 능력을 강조하지만, 그렇다고 인간이 환경에서 완전히 자유로울 수 있는 것은 아니므로 인간과 환경의 상호 작용성에 주목한다.

> 사회 학습 이론은 인지적 · 행동적 · 환경적 결정 요인들 사이의 지속적인 상호 작용에 의해 인간 행동을 설명하는 접근 방식을 취한다. 인간은 상호 작용적 결정주의의 과정 속에서 인간의 운명뿐만 아니라 자기 지도의 한계에 영향을 줄 수 있다. 인간의 기능에 대한 이러한 개념은, 사람들이 환경의 힘에 의해 통제되는 힘없는 그런 존재도 아니고, 그들이 무엇을 선택하든지 간에 어떤 것이라도 될 수 있는 자유로운 행위자도 아니라는 것이다. 사람과 그들의 환경은 서로가 상호 결정 요인으로 작용하는 것이다.[58]

아론프리드J. Aronfreed 역시 인간의 자기 규제 요소를 강조한다. 그는 그의 『행위와 양심』에서 도덕 학습에 적용할 수 있는 보다 더 만족스러운 사회 학습 이론을 개발하고자 한다. 그는 내면화 혹은 내면화된 행동 통제에 초점을 맞추고, 인간 행동에 있어서 좋고 나쁜 것에 대한 인지된 평가적 준거와 일치하는 행위와 자기 규제 능력을 지닌 도덕적 행위자로서 인간의 발달이라는 맥락에 관심을 둔다.

사회 학습 이론에서, 행위는 만약 그 행위를 강화하는 결과들을 갖지 못한다면 계속될 수 없다. 따라서 외적인 보상이나 벌 없이 행위가 일어날 때 예상할 수 있는 결론은 "그것을 강화하는 결과들이 어쨌든 그것의 본래적 상호 관련성 속에서 수행되어야 한다는 것이다."[59] 행동의 인지적

---

57. Bandura, Ibid, p. 13.
58. Ibid, p. vii.

요인, 특히 인간 자신을 평가하고 자기를 규제하는 능력을 고려하는 것이 필요하다.

아론프리드에 의하면, 대부분의 자율적 행위는 조건화된 동물처럼 훈련에 의존하지는 않는다. 오히려 그것은 아동의 현저한 인지적 능력에 의해 가능하게 된 학습의 종류와 관련 있다.[60] 따라서 그는 특별히 감정이입이나 대리 경험 그리고 관찰 학습과 모방의 중요성에 관심을 집중하면서 언어와 사고의 평가 능력 혹은 표현력에 주목한다.

아론프리드는 도덕성의 인지 과정에 충분한 관심을 기울였다. 하지만 그의 견해에 따르면, 인지적 요소(행동에 대한 본래적 상호 관련성)는 실제적 힘을 갖지는 못하는데, 그것들이 행동을 이끌려면 양심의 정서적 힘과 관련되어야 한다.[61] 그는 도덕 행위를 설명할 때 인지적 요소와 정서적 요소가 필요하다고 주장하고, 그들의 관계를 기술하는 하나의 방식은 인지적 요소가 정서적 요소를 중재한다는 것이다. 그리고 이러한 그의 주장은 근본적으로 행동은 정서적 힘에 의해 결정된다는 것을 일관되게 주장하는 것이다.

2) 사회 학습 이론의 학습 원리

○ 반응 결과에 의한 학습 원리 ──────────

인간이 선천적으로 기본적인 반사 작용을 지니지 않았다면, 인간은 행동 양식을 구비하지 못했을 것이다. 사람들은 그러한 행동 양식들을 배워야 하며, 새로운 행동 양식들은 직접 경험이나 관찰에 의해 획득될 수 있다. 물론 이때 생물학적 요소는 획득 과정에서 중요한 역할을 한다. 즉, 유전적인 것과 호르몬은 신체 발달에 영향을 주며, 마찬가지로 행동 잠재력에 영향을 줄 수 있다. 극단적인 유전론자나 환경론자가 여전히 존재하긴 하지만, 이제는 경험적인 것과 심리적인 것의 영향이 행동을 결정하는 데 미묘한 방식으로 상호 작용하고 있으므로 그것들을 쉽게 분리할 수 없다는 것이 폭넓게 인정되고 있다. 복잡한 행동은 하나의 형태로 나타나는 것이 아니라 근원이 다른 많은 구성 요소들 간의 상호 작용을 통해 형성된다.

직접적인 경험에 뿌리를 둔 기본 학습은 행동이 산출하는 긍정적 혹은 부정적 결과로부터 나온다. 사람들이 일상적인 문제를 다룰 때 그들 반응의 일부는 성공적인 것으로 입증되지만, 다른 것들은 효과가 없거나 비난받는 결과를 가져온다. 이러한 차별적 강화differential reinforcement를 통해 성공적인 행동 유형은 선택되고, 비효과적인 행동은 버려진다. 강화에 의한 학습은 보통 즉각적 결과에 의해 자동적으로 혹은 무의식적으로 그러한 반응이 형성되기 때문에 기계적 과정으로 표현된다. 스키너의 강화 이론은 다분히 인간을 동물적 수준에서 파악하고 인간의 행동을 설명한다. 그러나 단순한 행동들은 행동과 결과 사이의 관계에 대한 인식 없이도 행동 결과에 의해 변경될 수 있으나, 인간의 인지 능력은 생각하지 못하는 유기체보다 경험을 통해 더 광범위하게 유익함을 얻을 수 있게 해준다.

반응의 결과는 첫째, 정보를 전해 주고, 둘째, 그들의 유인적 가치를 통해 행동 동인으로서 기여하며, 셋째, 자동적으로 반응을 강화하는 능력에 관심을 두는 기능을 갖는다. 먼저, 정보적 기능을 살펴보면, 정보적 기능은 행동주의 학습 이론에서의 기계적 견해와는 달리, 반응 결과에 대해 인지적 사고가 개입되어 그 결과에 대한 영향력을 예견함으로써 인간 행동을 변화시키는 데 필요한 정보를 제공한다.[62]

---

62. A. Bandura(1977), *Social Learning Theory*, Prentice-Hall, Inc. Englewood Cliffs, New Jersey, 1977, pp. 17-22.

학습 과정에서, 사람들은 반응을 수행할 뿐만 아니라 반응이 생산해 내는 결과를 인식한다. 행동에 대해 각기 다른 결과를 관찰함으로써 사람들은 그 장면에서 가장 적절한 반응에 관한 가정을 고려하게 된다. 따라서 이렇게 획득된 정보는 앞으로의 행동을 위한 지침으로서 기여한다. 정확한 가정은 성공적인 수행을 초래하고, 반면에 잘못된 가정은 비효과적인 행동으로 이끈다.

두 번째는 결과 예측의 기능이다. 결과를 예측할 수 있는 능력은 인간에게 그에 따른 동기 유발 기능을 부여한다. 과거의 경험은 어떤 행위가 가치 있는지 또는 미래의 고통을 피할 수 있는지 예견할 수 있게 해준다. 예견할 수 있는 결과를 상징적으로 제시함으로써 사람들은 미래의 결과를 현재의 행동 동기의 유발 요인으로 전환할 수가 있다. 따라서 대부분의 행동은 예측 가능한 결과의 통제 하에 있게 된다. 예견적 사고에 의해 앞으로 닥칠 결과를 현재의 행동과 관련짓는 능력은 예측 가능한 행동을 자극한다.

세 번째는 강화적 기능이다. 원래 강화에 대한 설명은 의식의 개입 없이 결과가 자동적으로 행동을 증가시킨다고 가정한다. 그러나 이러한 견해는 스필버그와 나이키Spielberger & Nike의 언어 학습 실험의 결과에 의해 도전을 받는다.[63] 이러한 연구들은 강화되는 것에 대한 인식 없이는 결과가 행동에 많은 영향을 미치지 않는다는 것을 말해 준다. 이것은 반응 결과에 대한 인식이 행동의 변화를 용이하게 할 수 있다는 것을 보여 준다.

○ 모델링을 통한 학습 ─────────────

만약 사람들이 '어떻게 행동해야 할 것인가'에 대한 행동 정보를 단지 그들 자신의 행동 결과에만 의존해야 한다면 학습은 부담스러운 것이 될

---

63. C. D. Spielberger & L. D. Nike, "Descriptive Behaviorism versus Cognitive Theory in Verbal Operant Conditioning," *Psychological Review*, 1966, pp. 306-26.

것이다. 다행히 인간 행동의 대부분은 모델링을 통해 관찰함으로써 배운 다고 한다. 다른 사람을 관찰함으로써 행동을 어떻게 해야 할 것인가를 생각하게 되고, 나중에 이렇게 입력된 정보는 행동 지침으로서 기여하게 된다. 사회 학습 이론에 따르면, 모델링의 영향력은 그것의 정보적 기능 을 통해 학습을 도출한다. 모델링을 통한 관찰 학습은 4가지 단계를 거친 다.[64]

① 주의 단계

만약 사람들이 본보기 행동의 중요한 특징을 정확하게 인식하지 못하 거나 혹은 주의를 기울이지 않는다면 관찰에 의해 많은 것을 얻고 배우 지 못할 수 있다. 주의 단계는 관찰되는 모델링으로부터 무엇을 배울 것 인가에 대한 선택을 결정한다. 모범이 되는 행동은 다양한 효과를 함축한 다. 따라서 다른 모델에 의해 제시된 행동의 기능적 가치는 사람들이 어 떤 모델을 관찰할 것인지 그리고 어떤 것을 버릴지를 결정하는 데 있어 서 많은 영향을 미친다. 모델이 어떤 특징을 지니고 있는가에 따라 주의 집중은 달라진다. 매력적인 특징을 소유한 모델은 추구되며, 그렇지 못한 모델은 소외된다.

모델링의 일부 형태는 본능적으로 보상을 주므로 시대를 초월하여 사 람들의 관심을 끌게 된다. 이에 대한 좋은 예는 TV이다. TV의 출현은 아 동에게 유익한 모델의 범위를 크게 넓혔다. 오늘날 사람들은 매스미디어 에 의해 제공되는 풍부한 상징적 모델링을 통해 다양한 행동 유형을 관 찰할 수 있고 배울 수 있게 되었다. TV를 통해 제시된 모델은 관심을 사 로잡는 데 있어서 매우 효과적이므로, 어떤 특별한 유인 없이도 관찰자들 은 그들이 보는 것으로부터 많은 것을 배운다.

---

64. A. Bandura(1977), op. cit., pp. 22-9.

② 파지 단계

만약 사람들이 모범이 되는 행동을 기억하지 못한다면, 그것을 관찰하는 것만으로는 많은 영향을 받지 않는다. 관찰 학습에서 두 번째 중요한 단계는 모범이 되는 활동의 파지에 관심을 두는 단계이다. 관찰자가 본보기 활동으로부터 유익함을 얻기 위해서는 반응 형태가 상징적 형태로 기억 속에서 제시되어야 한다. 인간이 관찰에 의해 많은 행동을 배울 수 있는 것은 진보된 상징화 능력 덕택이라 할 수 있다. 관찰 학습은 주로 영상과 언어라는 두 가지 표현 체계에 의존한다. 어떤 관찰자는 이미지로 간직한다. 반복된 관찰의 결과는 궁극적으로 모범이 되는 실행에 대한 지속적이고 보유 가능한 이미지를 생산한다. 특히, 시각적 이미지는 언어 훈련이 부족한 초기 발달 단계의 관찰 학습에서 중요한 역할을 한다.

행동을 조절하는 대부분의 인지 과정은 기본적으로 시각적인 것보다는 언어적인 것이다. 관찰 학습과 파지는 상징적 신호에 의해 용이하게 된다. 그것들은 저장된 형태 속에서 쉽게 많은 정보를 처리할 수 있기 때문이다. 모델화된 활동이 이미지나 사용하기 쉬운 언어적 상징으로 변형되면, 이러한 기억 코드는 행동을 위한 지침으로서 기여한다.

상징적 코드 이외에, 시연은 기억에 도움을 준다. 사람들이 정신적으로 시연하거나 모델화된 반응 유형을 이행할 때, 만약 그것들에 관해 생각하지 않거나 본 것을 실행하지 않는다면 쉽게 잊어버릴 수 있다. 관찰을 통해 학습된 많은 행동들은 실제로 수행 기회의 부족으로 인해 쉽게 기억되지는 않는다. 따라서 정신적 시연을 통해 효율성과 기억을 증가시킬 필요가 있다. 가장 수준 높은 관찰 학습은 먼저 조직화하고, 그렇게 조직화된 모델 행동을 시연해 보고, 그리고 그것을 실제 생활에서 분명하게 실행하는 것이다.

③ 행동 재현 단계

모델링의 세 번째 단계는 상징적 표현을 적당한 행동으로 바꾸는 것이다. 행동 재현은 부분적으로 인간의 반응을 조직화하고 일시적으로 모범이 되는 형태와 일치시킴으로써 가능하다. 행동 재현의 초기 단계에서, 반응은 인지적 수준에서 조직되고 선택된다. 행동으로 보여 주는 많은 관찰 학습은 행동을 구성하는 기술에 의존한다. 행동을 구성하는 요소를 소유한 학습자는 새로운 형태의 행동을 하기 위해 그것들을 쉽게 통합할 수 있다. 그러나 만약 이러한 반응 구성 요소들의 일부가 부족하다면 행동 재현은 어렵게 된다.

인간이 관찰을 통해 학습한 것을 실행할 때 이를 방해하는 요인이 있다. 시행착오 없이는 생각을 올바른 행동으로 바꾸기는 쉽지 않다. 정확한 일치를 위해서는 많은 예비 노력이 필요하다. 일상적인 학습에서 사람들은 보통 모델링을 통해 새로운 행동에 근접할 수 있으며, 자기 교정 과정을 통해 행동은 발전하게 된다.

④ 동기화 단계

사회 학습 이론은 습득과 실행을 구별한다. 왜냐하면 사람들은 그들이 배운 모든 것을 실행하지 않기 때문이다. 사람들은 만약 행동이 가치 있는 결과를 가져온다면 그 행동을 선택할 것이지만, 만약 그것이 보상도 없이 벌을 받는 결과를 가져온다면 선택하지 않을 것이다. 관찰에 의해 얻게 된 무수한 반응들 중에서 타인이 보기에 효과적일 것 같은 그러한 행동들이 선호된다. 또한 사람들은 행동에 대한 평가 반응을 통해 학습된 행동들 중 어떤 것을 실행할 것인가를 결정한다. 사람들은 기본적인 단계의 고려 없이 모방 행동을 할 수 없다. 따라서 본보기의 행동과 관찰자의 행동이 일치하지 않는 것은 적절한 행동을 관찰하지 않았거나, 본보기를 부적절하게 상징화했거나, 학습된 것을 기억하는 데 실패했거나, 신체적으로 이행할 능력이 없거나, 충분치 못한 인센티브를 경험했기 때문이다.

○사회적 강화를 통한 학습 ─────────────

　많은 사회 학습 이론가(짐머만Zimmerman, 클리필드Kleefield, 반두라)들은 강화의 가치를 인정하고, 강화의 범위를 학교 환경의 사회적 면을 포함하는 것으로 광범위하게 확대하였다. 사회적 강화는 교실 환경에서 널리 행해질 수 있는 것이며, 이것은 직접 강화, 대리 강화, 그리고 자기 강화를 포함한다.[65] 직접 강화는 모델링의 과정 중에 일어난다. 예를 들면, 컴퓨터 교사가 학생들에게 키보드의 적절한 사용법을 일러줄 수가 있다. 만약 학생들이 교사의 시범을 따라할 수 있다면 그 교사는 좋은 점수와 함께 학생들에게 보상할 수 있다.

　자료를 통해 학생과 의사소통하려면 대리 강화를 통해 가능하다. 이것은 특별한 행동에 대한 벌이나 보상을 받은 다른 사람을 볼 때 일어나는 것으로서, 마치 우리 스스로 그러한 결과(벌이나 보상)를 받은 것처럼 받아들이고 우리의 행동을 수정하는 것이다. 예를 들면, 만약 한 학생이 A라는 사람으로부터 그림을 잘 그렸다고 칭찬을 받은 B 옆에 앉아 있다가 그 영향으로 더욱더 열심히 작품 활동을 하게 되었다면, 이것은 대리 강화를 보여 주는 것이다. 따라서 교사는 칭찬이나 미소 그리고 좋은 점수를 부여하는 것과 같은 강화가 교실에 있는 많은 학생들에게 영향을 줄 수 있다는 것을 이해하는 것이 매우 중요하다.

　대리 강화 역시 가끔 모델링의 결과일 수 있다. 학생들은 어떤 상황에서 다른 학생이 어떻게 취급 받는지를 관찰할 수 있다. 그리고 그 결과 그들의 행동을 모방하게 된다. 예를 들면, 한 학생이 친구가 제때 과제물을 제출함으로써 칭찬받는 것을 보고, 그 영향으로 교사에게 칭찬과 관심을 받을 것을 기대하면서 다음 과제물을 제때 제출하기 위해 열심히 공부하는 경우이다. 반대로 학생들이 교사에 의해 비난받거나 조롱거리가 되는

---

65. K. T. Henson & B. F. Eller, *Educational Psychology for Effective Teaching*, Wadsworth Publishing Company, 1999, p. 221.

경우도 마찬가지이다. 따라서 칭찬받거나 비난받는 다른 학생을 본 학생들은 영향을 받는다. 예컨대, 수업 시간에 늦은 학생이 교사로부터 혼나는 모습을 본 후에 수업 시간에 늦을 경우, 학생들에게 그것은 두려운 자극이 될 수 있다. 교사는 화가 났을 때 학생들에게 화를 낼 가능성이 높다. 교사의 불쾌한 표현은 분명히 학생들에게 불쾌한 어떤 것이 뒤따를 것이라는 조건이 될 수 있다. 따라서 교사가 화가 났다는 것은 학생들에게 두려움을 조성할 수 있다. 그리고 교사의 칭찬과 따뜻함은 학생들에게 기분 좋은 분위기를 이끌 수 있는 것이다.

자기 강화는 가장 중요한 학습 강화 중의 하나이다. 자기 강화에서 학생들은 자신들이 스스로 정한 개인적 목표나 기준에 의해 강화된다. 그들은 타인에 의한 강화에 의존하지 않는다. 왜냐하면 많은 사람들은 교육의 목표를 학생들이 독립성, 자기 의존성, 자기 동기화를 성취하는 것을 돕는 것으로 간주하기 때문에, 자기 강화를 교육 과정에서 중요한 것으로 간주한다. 예를 들면, 학생들은 독서를 통해 즐거움을 얻을 수 있기 때문에 혹은 그러한 독서를 통해 좋은 점수를 받을 수 있기 때문에 책을 많이 읽을 수 있다. 따라서 그들에게 있어서 독서는 개인적 가치 때문에 또는 좋은 점수를 얻거나 교사를 기쁘게 하려는 욕구 때문에 강화되고 있는 것이다.

아동의 행동을 습관화하는 데 있어 행동 · 사회 학습 이론의 고전적 · 조작적 조건화 원리와 강화 이론은 많은 시사점을 준다. 어린 아동에게 사회적 규범을 내면화하는 과정에서 정적 혹은 부적 강화, 사회적 강화, 벌, 소거 같은 방법은 규범에 대한 습관을 형성시키는 데 매우 유용한 전략이 될 수 있다. 실제로 초등학교 학생에게 있어서 강화의 교육 방식은 일반적으로 행해지고 있는 방식이라 할 수 있다. 바람직한 행동을 했을 때 칭찬이나 시인을 해주면서 그 행동이 지속될 수 있도록 지도하고, 잘못을 범했을 경우에는 벌이나 소거와 같은 방식을 사용하여 교육하는 것이 그것이다.

행동 · 사회 학습 이론가들은 아동의 어떤 행동에 대해 즉각적 강화를 주는 것이 효과적[66]이라고 주장한다. 즉, 강화는 칭찬이나 시인처럼 도덕적 행동을 즉각적으로 인식할 수 있도록 체계적으로 사용해야 한다는 것이다. 전통적으로 학교에서 사용하는, 도덕적 행동을 위한 강화의 주요 방법은 등급을 매기는 것이었다. 교사의 시인이나 칭찬, 친구들의 인정 같은 다른 유형의 강화도 있을 수 있다. 그렇지만 이러한 강화 방법들은 교실에서 도덕적 행동을 위해 즉각적인 강화 방법으로 사용할 수 없거나 사용하기 어려운 경우가 많다.

그러나 이러한 강화 전략의 통합적 방식이라 할 수 있는 토큰 살림살이Token economy 방법[67]은 행동 · 사회 학습 이론가들이 긴급 운영 체계로서 추천하는 대표적 전략이다. 이 방법은 도덕적 행동을 할 때 토큰이나 점수를 부여하는 방식으로서, 토큰은 나중에 등급 조정이나 자유 시간 활동 등의 보상 활동으로 환원된다. 따라서 도덕적 행위에 대한 보상이 되는 토큰으로 인해 비도덕적인 행동은 줄어들게 된다. 이러한 방식을 운영할 때에는 학생들이 직접 토큰 규칙을 정하도록 하고 상한선을 두어 시행하는 것이 효과적이다.

토큰을 간직하는 방식은 목걸이 형식을 갖춘다든가, 빌딩 탑 쌓기, 점 잇기, 기록 카드 등 여러 방법을 고안하여 학교 실정에 맞게 응용하는 것이 효과적이다. 이러한 토큰 살림살이 방법은 여러 실험 연구(Brooks, 1974; Hopkins, 1987; Hughes & Hendrickson, 1987; Mayor, 1986)를 통해 거의 모든 교육 활동에 효과적이라는 것이 입증된 바 있다.[68]

특히, 모델링은 도덕 교육에 시사하는 바가 적지 않다. 아동의 초기 학습은 그들의 부모나 형제의 행동들을 봄(관찰)으로써 이루어진다. 아동들은 자기보다 나이가 많은 아동이나 어른들의 행동을 흉내낸다. 이처럼 학

---

66. Ibid., p. 233.
67. K. T. Henson & B. F. Eller, Op. cit., pp. 233-4.
68. Ibid., p. 233.

생이 동료 학생이나 교사와 같은 다른 사람의 행동을 모방하는 것으로부터 배우는 과정이 모델링 혹은 사회 학습이다. 이러한 의미에서 관찰 학습은 사회 학습의 또 다른 이름이다. 따라서 모델링은 학교 환경에서 중요한 한 요소이다. 왜냐하면 교사와 같이 영향력 있고 권위 있는 사람의 행동은 더 좋게 혹은 더 나쁘게 학생들에게 모방될 가능성이 많기 때문이다. 모든 교사는 많은 학생들이 모방할 모델로서 봉사하고 있는 것이다. 그러므로 교사는 이러한 점을 인식하고 자신의 행동을 바람직하게 발전시키는 것이 중요하다.

반두라 같은 사회 학습 이론가들은 학생들 사이에 학습, 특히 사회적 행동을 위한 학습을 확대하거나 설명하는 데 모방, 모델링의 개념에 의존한다. 한 인간의 행동은 종종 다른 사람에 의해 관찰된 행동 결과(대리 강화)에 의해 영향을 받는다. 모델로서 교사는 영향력 있는 위치에 있다. 교사는 성취 준거로서 혹은 도덕 판단이나 자기 평가의 토대로서 영향을 미칠 수 있다. 교사는 학교생활을 하는 동안에 계속적으로 학생 앞에 있게 되고, 미소, 접촉, 언어적 칭찬, 그밖에 많은 것들을 보상으로 주게 된다. 교사의 이러한 행동들은 쉽게 모방될 수 있으며, 행동 모델로서의 교사는 도덕 교육에 많은 영향을 미칠 수 있다.

2. 행위자 중심의 덕 윤리

1. 아리스토텔레스의 덕 윤리

칸트의 실천 이성에 의한 도덕 법칙과 공리주의에서, 그 이론이 전제하고 있는 인간의 실천적 능력과 실제 인간의 실천적 능력 간에는 심각한 간극이 있음을 보았다. 실제 삶 속에서 살아가는 구체적 인간이 이러한 이론에 근거하는 도덕적 판단과 실천에 도달하기는 어렵다. 그런 판단에 이르지 못하는 데는 지적 능력의 한계뿐만 아니라 자신을 둘러싼 내적, 외적 조건의 다양성에 의해 실질적으로 제약받기 때문이다. 따라서 도덕 법칙이나 원칙과 개인 간을 매개하는 윤리 이론이 모색되어야 한다. 이러한 모색은 행위 중심의 윤리 이론에서 행위자 중심의 윤리 이론으로 전환을 고려하는 것이다. 이에 대해 아리스토텔레스의 덕 윤리를 살펴보고자 한다.

아리스토텔레스의 윤리설은 목적론적 세계관에 기초한다. 그의 『니코마코스 윤리학』은 "모든 기술과 탐구, 모든 고의적인 행위와 추구는 그 목표가 어떤 최고의 선을 달성하려는 데 있다"는 명제로부터 출발한다.[69] 즉, 모든 인간의 행위는 어떤 목적을 가지고 있다는 것이다. 이것은 그의 윤리설이 목적론적임을 의미한다. 그렇다면 인간 행위의 궁극적 목적은 무엇인가? 그는 최고선으로서 궁극적 목적을 행복eudaimonia이라고 대답한다. 최고선으로서 행복은 다른 목적이나 선의 수단이나 도구가 되는 것이 아니라 그 자체 자기 충족적이며 궁극적인 것으로서, 모든 인간 행동의 최종 목표라는 것이다.

그러나 '행복이 구체적으로 무엇이냐'에 대한 대답은 사람마다 다양하다. 흔히, 세상 사람들이 생각하는 행복, 예컨대 쾌락이라든가 명예, 재산, 덕 등은 진정한 의미의 행복이라고 할 수 없다. 왜냐하면 그런 것들은 그 자체가 목적이 될 수 없으며, 또한 자족적인 것이 아니기 때문이다. 그러나 이러한 물질적 부나 쾌락 혹은 명예 같은 것들이 궁극적 목적은 아니라 하더라도 행복에 영향을 끼치는 요소임을 부정하지는 않는다. 그는 행복을 '생활 전체에 걸친 유덕한 영혼의 활동'이라고 정의한다.[70] 이처럼 행복을 어떤 정지된 상태로 보지 않고 활동하는 과정으로 믿는 까닭에 '행복하다' 함은 쉬운 말로 '잘 산다'는 뜻이요, '잘 산다' 함은 '잘

69. Aristoteles, 최명관 역(1984), 『니코마코스 윤리학』, 서광사, pp. 31-2.
70. 강재륜(1996), 『윤리학의 역사』, 대왕사, p. 63.

한다'는 뜻이다. 그리고 '잘 한다' 함은 '기능을 잘 발휘한다'는 것을 가리킨다고 그는 생각한다.[71]

아리스토텔레스는 인간의 기능을 크게 세 가지, 즉 영양과 생식의 기능, 감각과 욕구의 기능, 이성과 사유의 기능으로 나눈다.[72] 그리고 인간은 이성과 사유의 기능을 잘 발휘할 때 행복해질 수 있다는 것이다. 왜냐하면 영양과 생식의 기능은 동물이나 식물 모두가 가지고 있는 기능이며, 감각과 욕구의 기능은 동물도 가지고 있는 기능이기 때문에 인간과의 차별성이 없다. 따라서 인간만이 유일하게 가지는 기능은 이성과 사유의 기능인 것이다. 그리고 그는 인간이 가지고 있는 이러한 이성의 기능을 지속적으로 발휘할 때 행복에 도달할 수 있다고 본다. 즉, 인간은 일시적인 이성의 발휘만으로 행복에 이를 수 없다는 것이다. 따라서 이성의 기능을 지속적으로 잘 발휘하기 위해서는 그러한 경향성이나 습성을 지녀야 한다는 것이다. 이러한 습성이 곧 덕이며, 덕을 지닐 때 비로소 인간의 궁극적 목적인 행복에 이를 수 있다는 것이다.

그렇다면 덕은 구체적으로 무엇인가? 그는 덕의 본질을 밝히기 위해 인간의 영혼을 분석한다. 그에 의하면, 인간의 영혼은 이성적 부분과 비이성적 부분으로 나눌 수 있다. 그리고 이성적 부분은 다시 사량적 부분과 인식적 부분으로 나뉘고, 비이성적 부분은 완전히 비이성적인 부분과 이성적인 것을 포함하는 비이성적 부분으로 나뉜다.[73] 사량적 부분은 그 근원이 변하는 것, 즉 다른 방식으로 존재하는 것이 가능한 것을 숙고하는 것을 가리키며, 인식적 부분은 그 근원이 불변하는 것, 즉 다른 방식으로 존재하는 것이 가능하지 않은 것을 숙고하는 부분을 말한다. 그리고 완전히 비이성적인 부분은 이성을 전혀 내포하지 않은 무의식적 기능을 말하며, 이성을 어느 정도 가지고 있는 비이성적 부분은 정의적 혹은 욕망적

---

71. 김태길(1991), 앞의 책, pp. 38-9.
72. 위의 책, p. 39.
73. 이택휘 외(2000), 앞의 책, p. 138.

부분을 포함하는 것을 말한다. 그리고 이러한 영혼의 각 부분들이 최선의 상태에 있을 때 덕을 지니게 된다는 것이다. 덕은 '탁월성arete'으로서 성품을 의미한다.

아리스토텔레스에 의하면, 지적 덕은 이성적 부분과 관련되고, 도덕적 덕은 비이성적이지만 이성적인 부분을 어느 정도 포함하는 부분과 관련된다. 도덕적 덕은 도덕적 삶을 살 수 있는 탁월한 성품을 가리키는 것으로 도덕적 생활을 위해 요구되는 덕이라 할 수 있다. 그러면 도덕적 덕은 어떻게 형성되는가? 아리스토텔레스에 의하면, 도덕적 덕은 인간의 영혼에서 비이성적이지만 이성적인 부분을 어느 정도 가지고 있는 곳에 위치한다. 이것은 도덕적 덕이 감정, 정서, 욕구, 의지와 관련됨을 의미한다. 그런데 이러한 인간의 감정, 정서, 욕구, 의지는 자연 상태에서는 선도 아니고 악도 아니다. 다만 이러한 감정, 정서, 욕구, 의지가 발현되는 상태에 따라 선도 되고 악도 된다. 따라서 이들이 과하지도 부족하지도 않은 중용의 상태를 유지하는 것이 중요하다. 이처럼 도덕적 덕은 단순한 심성의 능력도 아니며 정서도 아닌 어떤 특정한 성품으로, 행위 선택에 있어서 과도와 부족을 피하고 중용을 선택하려는 성향이다.

> 덕이라는 것은 중용에서 성립하는 행위 선택의 성품이다. 이때의 중용은 우리
> 와의 관계에 있어서의 중용이요, 이 중용은 이성적 원리에 의하여 그리고 실천
> 적 지혜를 가지고 있는 사람이 그것을 결정할 때 기준으로 삼을 원리에 의하여
> 결정되지 않으면 안 되는 것이다.[74]

이러한 점에서 도덕적 덕은 중용을 잘 실천하는 일과 관련되며, 이것은 인간의 감정, 정서, 욕구, 의지를 잘 통제할 때 도덕적 행위가 가능하다는 것을 함축한다. 따라서 도덕적 덕을 함양하기 위해서는 중용을 잘 실

---

74. 강재륜(1996), 앞의 책, p. 65.

천할 수 있는 성품을 길러야 한다. 이를 위해 요구되는 것이 실천적 지혜 (phronesis, 실천지)와 올바른 정념 그리고 습관의 형성이다. 여기에 인지, 정의, 행동의 통합적 도덕과 교육이 주목하는 이유가 있다.

먼저, 인지적 도덕성과 관련된 실천지를 살펴보자. 도덕적 덕을 위해 중용이 요구되는데, 여기에서 중용은 산술적 중간을 의미하는 것이 아니라 주어진 상황에서 최선의 적절함을 의미하는 것으로, 이를 위해 지적 능력인 실천지가 요구된다. 실천지는 일반적으로 좋은 삶에 기여하는 것이 무엇인지를 잘 살피고 숙고하는 것이다.[75] 그런데 실천지는 보편적인 것들에만 관계하는 것이 아니라 개별적인 것들에도 관계한다. 왜냐하면 실천지는 실천적인 것으로, 실천은 개별적인 것들에 관여하는 것이기 때문이다. 그리고 그것은 실천에 관계하기 때문에 보편적 측면과 개별적 측면을 모두 포함해야 하지만 후자에 더 치중해야 한다.[76] 다시 말해, 실천지는 실천에 관계하고, 행동이 일어나는 상황과 관련된 개별적 사실에 관심을 갖는다. 따라서 실천지는 보편적인 것들에 관심을 갖는 학적 인식과는 다르다. 이러한 실천지는 그 자체가 하나의 덕일 뿐만 아니라 다른 모든 덕에 꼭 필요한 요소이다. 즉, 한 사람이 용감한 사람이나 절제 있는 사람이 되기 위해서는 그 사람은 반드시 실천지를 가지고 있어야 한다. 따라서 아리스토텔레스에 의하면, 실천지 없이는 엄밀한 의미에서의 좋은 사람이 될 수 없고 실천지는 경험을 통하여 얻어진다.[77]

또한 도덕적 덕을 겸비하기 위해서는 올바른 정념을 구비해야 한다. 그에 의하면, 덕 있는 사람은 단지 올바른 상황 판단을 하는 사람일 뿐만 아니라 올바른 욕망을 가진 사람이기도 하다. 마음속에 나쁜 욕망이 가득 차 있는데도 불구하고 그것을 억제하고 올바른 행동을 하는 사람은, 아리스토텔레스가 볼 때, 덕 있는 사람이 아니다. 덕 있는 사람은 욕망도 항상

75. Aristoteles, 최명관 역(1984), 앞의 책, p. 179.
76. 위의 책, pp. 182-3.
77. 위의 책, pp. 183-5.

좋은 욕망을 갖고 있어야 한다. 따라서 우리는 고귀한 것에 대한 욕망을 계발하고 비천한 것에 대한 욕망을 가지지 않도록 하기 위해 마땅히 기뻐해야 할 것에 기뻐하고 마땅히 괴로워해야 할 것에 괴로워하도록 훈련되어야 한다.[78]

이런 까닭에, 어릴 때부터 훈련과 수련을 통해 고귀한 것에 대한 욕망을 계발해 나쁜 욕망이 생기지 않도록 해야 한다. 그러므로 덕 있는 사람이 되기 위해서는 무엇보다도 어릴 때부터 좋은 집안에 태어나서 바르게 양육되어야 한다고 본다. 옳고 그른 것을 따지기 이전에, 옳고 고귀한 일을 자신이 행하거나 다른 사람이 행하는 것을 보면 즐겁고 기쁘며, 비천하고 나쁜 일을 자신이 행하거나 다른 사람이 행하는 것을 보면 고통과 증오를 느낄 수 있는 환경에서 양육되어야 한다는 것이다. 왜냐하면 오직 좋은 양육에 의하여 이런 감정의 상태를 형성하고 있는 사람에게만 도덕적 훈계나 가르침은 효과가 있기 때문이다. 도덕적 가르침 이전에 먼저 올바른 정념의 형성과 습관화가 중요하다는 것이다. 이처럼 그는 올바른 정념을 기르는 일을 습관화와 관련하여 설명한다.

언설이나 교육도 누구에게나 다 힘 있는 것이라고 할 수는 없고 다만 배우는 자가 먼저 고귀한 기쁨과 고귀한 증오에 대한 습관을 기르지 않으면 안 된다. 마치 종자를 자라게 하는 토양처럼 정욕이 끌어가는 대로 사는 사람은 자기에게 무엇을 하지 말라고 하는 언설에 귀를 기울이지 않고 설사 귀를 기울인다 해도 그것을 이해하지 못한다. 어떻게 이런 상태에 있는 사람을 설복하여 그 버릇을 고치게 할 수 있단 말인가? 그리고 대체로 정욕은 언설에 굴복하지 않고 다만 강제에만 굴복하는 것 같다. 그러므로 덕에 잘 어울리는 그리하여 아름다운 것을 사랑하고 추악한 것을 미워하는 성품이 이미 있지 않으면 안 된다.[79]

---

78. 위의 책, pp. 65-6.

마지막으로 도덕적 덕을 기르기 위해서는 선을 추구하는 행동을 통해 그것을 습관화하여야 한다. 적절한 감정의 상태에 있는 것과 사태를 지각하고 판단하는 능력을 기르는 것과 함께 덕 있는 사람이 되기 위해서 요구되는 것은 습관화이다. 사실상 덕 있는 행동을 실천하고 습관화하는 것은 아리스토텔레스가 덕을 함양시키는 방법으로서 가장 강조하고 있는 부분이다. 이것은 덕 있는 사람이 되기 위해서는 무엇보다도 덕 있는 행동을 해야 한다는 것이다. 기술의 경우처럼 덕도 실천을 통해서 획득된다는 것이다. 예를 들어, 집을 지어 봄으로써 건축가가 되며, 거문고를 탐으로써 거문고 타는 악사가 되는 것이다. 이와 마찬가지로, 우리는 옳은 행위를 함으로써 옳게 되고, 절제 있는 행위를 함으로써 절제 있게 되며, 용감한 행위를 함으로써 용감하게 되는 것이다.[80] 이처럼 성품의 덕은 주로 습관의 결과로 생기는 것이다. 그가 말하는 습관은 사고나 의식의 결핍이라는 측면과 함께 반복적 행동이라는 것으로 이해해야 한다. 따라서 덕이 습관의 결과로 생긴다는 말은 덕 있는 행동을 반복적으로 실천함으로써 덕 있는 사람이 된다는 의미이다. 바로 이 점에 있어서 기술도 덕과 마찬가지라고 보고 있다.

또한 덕 있는 행동을 반복해서 한다는 것은 비판적 판단과 함께 그 행동을 한다는 말이다. 어떤 사람은 이러이러한 행동이 정의로운 행동이라고 듣고, 또 스스로 그렇게 믿을 수 있다. 그러나 그 사람이 직접 그 행동을 해보고 그것을 함으로써 즐거움을 얻기 전까지는, 그 행동의 내재적 가치를 진정으로 배웠다고 말할 수는 없을 것이다. 어떤 행동을 그 자체로 즐길 만한 것으로 받아들이기 위해서는 그 행동의 가치를 이해하고 평가할 수 있어야 하는데, 그런 이해와 평가를 위해서는 그것을 즐기도록 배워야 하며, 그렇게 되는 데는 시간과 연습이 필요하다. 요컨대 습관화

---

79. 위의 책, pp. 307-8.
80. 위의 책, pp. 61-2.

가 필요한 것이다.

그런데 번예트M. F. Burnyeat에 의하면, 무엇을 함으로써 배우는 것은 그 것이 즐길 만한 것이기 때문이며, 라일G. Ryle에 의하면, 우리가 어떤 기능 을 배울 때 우리는 그 기술만을 배우는 것이 아니라 그것과 함께 그것에 대한 기호와 애정도 함께 배운다는 것이다.[81] 덕의 획득에 대한 아리스토 텔레스의 입장도 이런 관점에서 해석할 수 있다. 그는 고귀한 삶이 가치 있다는 것을 알기 위해서는 고귀한 것을 맛보아야 하고, 그것에 대한 취 향을 계발해야 한다고 보는 것이다.

지금까지 고찰했듯이, 아리스토텔레스의 윤리 이론은 인간의 성품을 계발하는 것이었다. 즉, 그는 실천적 지혜를 계발하고(인지), 정의적 정념 을 기르고(정의), 반복적 실천을 통해 습관화(행동)하여 유덕한 인간을 기 르는 것을 목적으로 하였다. 이러한 그의 사상은 행위자 중심의 인지, 정 의, 행동의 통합적 접근을 시도하는 제7차 도덕과 교육 과정의 이론적 토 대가 되었다.

2. 다차원적 사고로서 합당성

근대의 합리성에 기초한 도덕 판단은 관계성이 결여된 추상적이고 보 편적인 판단을 지향함으로써 실천과 유리될 소지가 충분히 존재한다. 그 러나 아리스토텔레스의 실천적 지혜는 욕망과 행위의 문제에 관여하는 실천적 추론 기능으로서, 이때의 도덕 판단은 실천과 유리된 판단이 아니 라 실천을 전제한 판단이다. 그러므로 여기에서의 도덕 판단은 추상적이 거나 보편적인 판단이 아니라 상황과 맥락을 고려한 구체적·맥락적· 관계적 판단이다. 립맨M. Lipman을 위시한 탐구 공동체주의자들은[82] 아리

---

81. 최병태(1996), 『덕과 규범』, 교육과학사, pp. 248-9.
82. 탐구 공동체Community of Inquiry의 개념은 원래 미국의 실용주의자인 퍼스C. S. Peirce에 의해 처음 사용되었다고 추정된다. 그리고 이 개념을 립맨과 샤프A. M. Sharp가 아동을 위한 철학 교

스토텔레스의 '실천적 지혜'의 개념을 발전적으로 계승하여 '다차원적 실천적 지혜multi-dimensional practical wisdom'로 확대 해석하고, 이를 합당성의 개념으로 파악한다.[83] 여기에서 '다차원적'이라 함은 비판적 사고뿐만 아니라 창의적 사고와 배려적 사고를 포함하는 것이며, 나아가 '실천적'이라 함은 비역사적, 탈맥락적인 것이 아니라 맥락적 측면에서의 실천을 강조하는 것이다.[84] 이러한 합당성의 개념은 근대적 합리성의 보편적 합리성과 도구적 합리성의 한계를 보완한다. 다시 말해, 다차원적 실천적 지혜로서 합당성은 '다차원적 사고'를 통해 도구적 합리성의 한계를 극복하고, '실천적 지혜'를 통해 보편적 합리성의 한계를 극복할 수 있기 때문이다. 따라서 여기에서의 합당성의 개념은 합리성의 개념을 포함하면서 구체적이고 맥락적이며, 배려적이고 공감적이며, 상호적이고 관계적인 사고를 고려한다.

육의 방법론으로 발전시켰다. 퍼스의 영향을 받은 듀이는, 교실은 탐구하는 공동체가 되어야 한다는 것을 강조하고, 교실에서의 탐구 공동체 활동을 통해 아이들에게 민주 시민의 기본 자질을 길러 주어야 한다고 주장하였다. 탐구 공동체는 탐구와 공동체 개념이 결합된 조합으로서, 탐구는 사려 깊고 신중한 토론 활동을 통해 합리적 사고력과 문제 해결 능력을 기르는 것을 의미하고, 공동체는 공동체 활동을 통해 타인의 존중과 협동심 같은 공동체 의식을 함양하는 것을 뜻한다. 즉, 탐구 공동체는 탐구 활동을 통해 애매하거나 불확실한 것을 분명하고 확실한 것으로 이끌어 가면서 자기 수정적 사고와 판단을 촉진하고, 공동체 내에서 공개적인 토론 활동을 통해 합리적이고 객관적인 근거를 마련하면서 협동심, 관심, 믿음, 안정성과 공동 목표감을 불러일으키도록 고무하는 전략으로서, 아동 중심의 대화와 토론으로 이루어진다. 이러한 탐구 공동체 전략을 주장하는 학자는 립맨, 샤프, 프리차드, 메휴, 스프로드 등이 있다.
83. T. Sproad, 박재주, 김재식, 박균열 공역(2007), 『윤리탐구공동체교육론』, 철학과 현실사, p. 22.
84. 합당성은 립맨의 이론 체계에서 매우 중요한 개념이다. 아리스토텔레스와 듀이의 영향을 받은 립맨에 의하면, 사고 교육의 목표는 민주 시민을 육성하는 데 있으며, 그 규제적 이상을 합당성이라고 본다(박진환(2004), 「립맨의 탐구공동체의 특징과 윤리교육」, 『탐구공동체교육』 제4집, p. 3; M. Lipman, 박진환, 김혜숙(2005), 앞의 책, pp. 42-3; T. Sproad, 박재주, 김재식, 박균열 공역(2007), 위의 책, p. 22.

(1) 가치 판단의 토대로서 실천적 지혜

제7차 도덕과 교육 과정은 과거의 행위 중심의 도덕과 교육에서 행위자 중심의 덕(인격) 함양을 견지한다. 즉, 기존의 '행위에 대한 정당성 탐구'에서 '행위자의 도덕적 덕을 함양하여 유덕한 인간'을 기르고자 한다. 그리고 이러한 덕(인격) 교육적 접근의 이론적 토대는 아리스토텔레스의 덕 윤리학이다. 앞에서 고찰했듯이, 아리스토텔레스에 의하면, 행복한 삶을 위해 덕이 필요하다. 덕은 '탁월성'으로서 성품을 의미하며, 덕은 지적인 덕과 도덕적 덕으로 대별된다. 지적인 덕은 이성적 부분과 관련되고, 도덕적 덕은 비이성적이지만 이성적인 부분을 어느 정도 포함하는 부분과 관련된다.

도덕적 덕은 도덕적 삶을 살 수 있는 탁월한 성품을 가리키는 것으로 도덕적 생활을 위해 요구되는 덕이다. 아리스토텔레스가 도덕적 덕을 인간의 영혼 가운데 비이성적이지만 이성적인 부분을 어느 정도 가지고 있는 곳에 위치시키고 있다는 것은 도덕적 덕이 정념, 분노, 의지와 관련이 있음을 의미한다. 그런데 이러한 인간의 정념, 분노, 의지는 자연 상태에서는 선도 아니고 악도 아니다. 다만 이러한 정념, 분노, 의지가 발현되는 상태에 따라 선도 되고 악도 된다. 따라서 이들이 과하지도 부족하지도 않은 중용의 상태를 유지하는 것이 중요하다. 이러한 점에서 도덕적 덕은 중용을 잘 실천하는 일과 관련이 있으며, 이것은 인간의 정념, 분노, 의지를 잘 통제할 때 도덕적 행위가 가능하다는 것을 함축한다. 따라서 도덕적 덕을 함양하기 위해서는 중용을 잘 실천할 수 있는 성품을 길러야 한다. 이를 위해 요구되는 것이 실천적 지혜이다.

> 덕이라는 것은 중용에서 성립하는 행위 선택의 성품이다. 이때의 중용은 우리와의 관계에 있어서의 중용이요, 이 중용은 이성적 원리에 의하여 그리고 실천적 지혜를 가지고 있는 사람이 그것을 결정할 때 기준으로 삼을 원리에 의하여

결정되지 않으면 안되는 것이다.[85]

이렇게 볼 때 도덕적 덕은 욕망적 기능이 실천적 지혜에 의해 도덕적으로 승화됨으로써 얻게 되는 성품이다. 따라서 이때의 욕망적 기능은 현실태인 도덕적 덕의 질료적 가능태이고, 비이성적일 수 있는 욕망적 기능을 도덕적 덕으로 승화시키는 운동인의 역할을 하는 것이 바로 실천적 지혜이다. 즉, 도덕적 덕은 욕망적 기능이 중용의 상태로 올바르게 발현된 상태이며, 이때 실천적 지혜는 실천적 추론 기능을 통해 도덕적 행위의 기준을 결정한다. 아리스토텔레스에 의하면, 도덕적 행위를 결정하는 실천적 추론 삼단논법의 대전제, 소전제, 결론의 구성[86]에 실천적 지혜가 관여한다. 다시 말해, 실천적 지혜의 직관지에 의해 이러이러한 행위가 유덕한 것이라는 목적 개념의 대전제가 설정되고, 소전제에서 실천적 지혜의 직관지는 대전제의 목적 달성을 위해 유용한 수단을 판단하고, 결론에서 실천적 지혜는 그때의 상황에 맞는 합당한 구체적 행위를 결단한다.

> 대전제는 '이러이러한 것은 바람직하다' 라는 일반적인 좋음에 관한 목적의 개념을 기초로 하여 구성되고, 소전제는 '그 목적을 달성시켜 줄 수단' 의 선택으로 구성되며, 결론은 소전제에서 선택된 수단을 실행할 행위의지(결단)를 확립한다… 따라서 아리스토텔레스 자신의 형이상학적 입장에 기초하여, 내면적 동기(선에로의 지향성)와 구체적 행위(윤리적 덕)는 실천적 지혜에 의해 연결된다.[87]

---

85. 강재륜(1996), 앞의 책, p. 65.
86. 아리스토텔레스가 윤리적 원리를 확립하려고 한 실천적 추론 삼단논법의 형식은 다음과 같다. 대전제 : 행동 A, B, C… 등은 바람직하다. 소전제 : 행동 A, B, C… 등은 Z라는 성질을 지니고 있다. 결론 : 따라서 Z라는 성질을 지니고 있는 모든 행동은 바람직하다. Aristotle, *Nichomachean Ethics*, trans. by Rackham, pp. 360-1. 박성호(1990), 「아리스토텔레스의 실천지에 관한 연구」, 영남대학교 대학원 박사학위논문, p. 50에서 재인용.
87. 위의 논문, p. 50.

이것은 실천적 지혜가 일반적인 도덕적 행위의 목적뿐만 아니라 목적 실현을 위한 개별적인 수단의 선택에도 관여함을 함축한다. 따라서 실천적 지혜는 일반적으로 좋은 삶에 기여하는 것이 무엇인지를 잘 살피고 숙고하는 지성적 능력으로서 인간의 보편적 혹은 개별적 행위와 관련된다.

알지 못하는 일부 사람들, 특히 경험은 있으면서 알지 못하는 사람들은 알고 있는 다른 사람들보다 더 실천적이다. 왜냐하면 만일 어떤 사람이 소화가 잘되는 고기가 건강에 좋다는 것을 알고 있지만 어떤 종류의 고기가 소화가 잘되는 지를 알지 못한다면 그는 건강하지는 못하다. 그렇지만 닭고기가 건강에 좋다는 것을 알고 있는 사람은 건강하기가 더욱 용이할 것 같다. 이제 프로네시스는 행동에 관심이 있다. 따라서 사람들은 두 가지 지식의 종류, 특히 후자의 지식을 알 필요가 있다.[88]

이처럼 실천적 지혜는 실천에 관계하고, 행동이 일어나는 상황과 관련된 개별적 사실에 관심을 갖는다. 따라서 실천적 지혜는 보편적인 것들에만 관심을 갖는 학적 인식과는 다르다. 이와 같이 아리스토텔레스의 실천적 지혜를 가진 지혜로운 사람은, 프루덴시아prudentia가 의미하듯이, 개연적인 일에 사려깊고 신중한 사람이다.

사려깊은 사람을 일컬어 지혜로운 사람이라고 하려니와 사려깊다는 것은 필연의 법칙을 알고 있는 과학적 사고와는 달리 다른 방식으로도 할 수 있는 일, 즉 개연적인 일에 관하여 신중하고 용의주도하게 생각하는 것을 말한다. 따라서 실천적 지혜는 과학이 아니다. 그렇다면 실천적 지혜는 기술인가? 아니다. 왜냐하면 실천적 지혜는 행동을 목표로 하나 기술은 생산이나 제작을 목표로 하기 때문이다. 실천지가 과학도 아니요, 기술도 아니라면, 행동 규정이라는 것밖에

---

88. D. Carr & J. Steutel, *Virtue Ethics and Moral Education*, London and New York, 1999, p. 51. (NE VI 7 1141b 16-22 재인용).

안남는다. 그러나 이것이 도덕이라는 것은 확실하다. 도덕은 선택 의도에 관한 행동규정이나 실천적 지혜는 선택법칙에 관한 규정이다. 여기서는 행동의 올바름에 대해서는 관여하지 않고 기준의 적절함에만 관계한다. 그렇기 때문에 참된 법칙에 따른 실천 규정이라고 정의한 것이다.[89]

『니코마코스 윤리학』에 나오는 실천적 지혜는 좋은 것 그 자체를 떠나서 우리들에게 유익한 것을 탐구하는 목적을 갖는 앎[90]이다. 그리고 이러한 앎은 이성과 감정이 조화되고, 이론과 실천이 분리되지 않은 앎이다. 즉, 실천적 지혜는 욕망적 기능이 이성적 인도를 받는 것이며, 올바른 행위의 목적을 파악하고, 그 목적을 위한 정당한 실천적 수단을 선택하는 지적인 탁월성이다. 이것은 실천적 지혜가 상황과 맥락을 무시하지 않으면서 상호적이며 관계성을 중시하는 합리적 선택임을 의미한다. 이러한 실천적 지혜는 그 자체가 하나의 덕일 뿐만 아니라 다른 모든 덕에 꼭 필요한 요소이다. 즉, 한 사람이 용감한 사람이나 절제 있는 사람이 되기 위해서는 그 사람은 반드시 실천적 지혜를 가지고 있어야 한다. 따라서 아리스토텔레스에 의하면, 실천적 지혜 없이는 엄밀한 의미에서의 좋은 사람이 될 수 없고, 실천적 지혜는 경험을 통하여 얻어진다.[91]

(2) 다차원적 사고(실천적 지혜)로서 합당성

합당성이란 용어는 학자마다 여러 관점에서 달리 사용하고 있기 때문에 명확하게 정의하기는 어렵다. 그러나 합당성은 제6차 도덕과 교육 과정에서 추구하였던 합리성의 개념과는 분명히 다른 측면이 있다. 앞 장에서 고찰했듯이, 도덕 판단의 준거로서 합리성은 보편적이며 객관적 사고

89. 박전규(1988),『아리스토텔레스의 실천적 지혜』, 서광사, p. 42.
90. 위의 책, p. 14.
91. Aristoteles, 최명관 역(1984), 앞의 책, pp. 183-5.

로서 상황과 맥락 그리고 관계성을 구체적으로 고려하지 못하는 한계를 갖는다. 이러한 맥락에서, 스플리터와 샤프Splitter & Sharp는 합리성의 개념을 엄격하고, 전적으로 연역적이며, 탈역사적이고, 비창조적인 것으로 특징짓는다.[92] 또한 도덕 판단의 준거로서 합리성은 자기중심적인 도구적 합리성의 한계를 갖는다. 따라서 도덕 판단의 준거로서 합리성은 타인의 관점을 고려하는 다차원적 사고의 보완을 필요로 한다. 즉, 자신의 관점뿐만 아니라 타인의 관점, 나아가 창의적 사고나 정의적 측면에서의 태도 표명적 사고까지 다차원적 사고가 필요하다.

이러한 맥락에서, 립맨이나 스프로드T. Sproad 등은 아리스토텔레스의 실천적 지혜를 다차원적 실천적 지혜[93]로 확대 해석하고, 이를 합당성의 개념으로 발전시킨다. 합당성을 추구하는 도덕 판단은 이성의 인도를 받되, 여기에서의 이성은 시간과 공간에 구속받지 않는 독립적이고 자율적인 이성이 아니라 여러 가지 조건에 구속받는 이성으로서, 초월적이고 보편적인 이성이기보다는 상황적이며 구체적인 이성이다. 다시 말해, 합당성은 상황과 맥락을 고려하는 합리적 사고로서, 합리성의 객관성과 보편성의 한계를 극복하려는 구체적이고 맥락적인 관점의 사고와 도구적 합리성의 한계를 극복하기 위해 다른 사람과의 관계성과 상호성을 중시하는 배려적이며 공감적인 사고를 포함하는 다차원적인 사고의 개념이다.

이러한 개념적 이해는 스프로드의 다차원적 실천적 지혜로서 구체화된다.[94] 첫째는 비판적 사고이다. 인간이 동물과 구별되는 것은 수준 높은 사고 능력 덕택이다. 그동안 이러한 수준 높은 사고 능력은 합리성, 이성, 비판적 사고, 추론 등의 개념으로 사용되어 왔다. 또한 이러한 개념들은

---

92. 박재주, 김재식, 박균열 공역(2007), 앞의 책, p. 43.
93. 립맨의 다차원적 사고는 세 가지 사고, 즉 비판적 사고, 창의적 사고, 배려적 사고를 주장하고 있고(조성민(2008), 「탐구공동체 활동을 통한 도덕과 토론 논술 연계지도」, 『윤리철학교육』 제10집, 윤리철학교육학회, pp. 3-4), 스프로드는 다섯 가지 사고, 즉 비판적 사고, 창의적 사고, 태도 표명적 사고, 맥락적 사고, 체현적 사고를 주장한다.
94. T. Sproad, 박재주, 김재식, 박균열 공역(2007), 위의 책, pp. 45-103.

감정이 배제된 이성적 사고를 통한 형식 논리의 사용으로 정의되어 왔다. 특히, 형식 논리, 즉 논리적 사고와 관련하여 비판적 사고가 많이 논의되고 있다. 립맨은 고차원적 사고의 두 요소로서 비판적 사고와 창의적 사고를 제시한다. 그는 비판적 사고는 준거에 의존하고 있기 때문에 자기 수정적이고, 맥락에 민감한 판단을 촉진하는 사고라 정의한다. 어원적으로 '비판적critical' 이라는 말의 핵심적 의미는 비평critique과 준거criteria이다.[95] 사실, 비판적이라는 말이 비평과 준거라는 말과 너무 밀접하게 관련되어 있기 때문에 성향 혹은 창의적 사고를 포함하는 개념으로 확대된다. 그러나 스프로드는 이러한 비판적 사고의 확대 개념을 경계하고, 비판적 사고를 형식 논리와 관련시켜 비논리적인 사고로 제한한다.

스프로드는 형식 논리와 관련하여 비판적 사고를 말하고, 다른 사고의 측면들과 구별한다. 이러한 점에서, 사고의 비판적 측면에서는 이미 제안된 것이나 주어진 것, 주장의 일관성이나 추론의 정확성을 검토하는 일, 추론이 의존하고 있는 가정, 추론이 도출될 수 있는 함의들을 다룬다. 이처럼 바람직한 비판적 사고는 분석의 정확성이나 논리적 합리성으로 대변된다. 따라서 비판적 사고는 탐구에 어떤 새로운 자료를 제공하는 것이 아니라 단지 진술된 것에 함축되어 있는 판단을 하거나 이끌어내는 것이다.

둘째는 창의적 사고이다. 좋은 사고란 생각하는 사람이 주어진 정보를 초월할 수 있어야 한다. 순수하게 비판적인 사고는 이러한 것을 할 수 없다. 왜냐하면 순수한 비판적 사고는 주어진 정보로부터 논리적 추론의 결과로 얻게 되는 것이기 때문이다. 그러나 실제로 사고가 비판적 사고 하나만으로 한정될 수는 없다. 모든 사고는 여기에서 제시하는 다섯 가지 측면 모두는 아니라 하더라도 많은 부분이 서로 얽혀 있다. 실제로 모든 사고는 어떤 가정을 하거나 의미를 발견하기 위해서는 상상적 활동이 불

---

95. 위의 책, p. 47.

가피하므로 창의적 사고와 관련되어 있다. 또한 의미나 가정을 하려면 태도 표명적 측면의 도움이 필요하다.

립맨에 의하면, 창의적 사고는 자기 초월적이며, 맥락에 의해 인도되는 판단에 도움을 주는 사고라고 정의된다. 비판적 사고는 진위에 목적을 두지만, 창의적 사고는 의미에 목표를 둔다. 두 측면의 사고는 몇 가지 점에서 구별된다. 하나는, 비판적 사고는 준거에 의존하며, 준거는 비판적 사고를 하는데 지도적 역할을 수행한다. 다른 하나는, 두 측면의 사고는 모두 맥락과 관련이 있다. 맥락은 사고의 비판적 측면에서는 제한적이지만, 창의적 측면에서는 결정적인 자극제가 된다.

창의적 측면의 사고는 확장적이며 초월적이다. 창의적 사고는 사고의 영역을 넓히고, 직접 경험할 수는 없지만 상상을 통해 구성할 내용을 마음에 새기고, 이전에는 분리된 것으로 생각했던 각종 지식들 간의 연계성을 찾아낸다. 그리고 창의적 사고는 비판적 사고의 절차적 경계를 느슨하게 함으로써 직관적 과정들이 사고 과정에서 보다 더 큰 역할을 할 수 있게 한다. 상상력 없이 도덕적 이해는 불가능하므로, 창의적이고 상상적인 사고는 도덕적 삶에서 매우 중요한 역할을 한다.

셋째는 태도 표명적 사고이다. 과거의 철학적 전통은 이성과 정서의 이분법적 사고였다. 이성적 사고는 냉정하고, 침착하고, 심사숙고하는 것인 반면에 정서적 사고는 혼란스럽고, 성급하며, 격동적인 것으로 생각하였으므로, 가능한 객관적 사고에서는 정서를 배제하고자 하였다. 그러나 스프로드는 합리적 사고의 전형인 비판적 사고와 정념 혹은 정서를 대표하는 태도 표명적 사고를 합당성의 본질적 요소로 간주한다. 그는 양자를 공생적 관계로 보고자 한다. 다시 말해, 비판적이고 태도 표명적인 사고는 상호 관련되어 있다는 것이다.

정서는 놀람으로부터 태도 표명에 이르기까지 아주 다양한 것들을 포함한다. 정서의 원천은 생물학이며, 사회적이다. 사람들은 여러 방식으로 정서를 경험하고 표현하는 방식을 배운다. 모든 욕구들은 정서에 의해 뒷받침된다. 이러한 점에서, 정서는 본래 모든 사고와 관련되어 있고, 동기를 위해 필수적이며, 우리는 이성만으로는 행위할 수 없다. 정서는 우리의 삶 속에서 가치로운 것과 관련되며, 정서들과 단절된 사고의 비판적 측면이 순수하게 객관적일 수 없게 하는 요인이다. 우리가 특정한 태도나 주장 혹은 행위와 제휴할 때 정서나 가치는 하나의 태도 표명으로 발전한다. 이처럼 정서가 없다면 어떠한 태도 표명도 불가능할 것이다. 또한 어떠한 태도 표명이 없다면 생각할 수도 없을 뿐더러 이런저런 이유도 찾기 어려울 것이다. 따라서 사고의 비판적 측면을 위해 합리성에 대한 태도 표명이 필요하며, 사고의 창의적 측면 역시 상상이나 호기심의 태도 표명이 요구된다. 이처럼 사고의 태도 표명적 측면은 목적적 사고의 동인이 되며, 어떤 사고를 특정한 방향으로 이끌거나 바꾸게 하는 추진력을 제공한다.

또한 사고의 태도 표명적 측면은 사고의 결과를 행위와 연계시키는데 중요한 가교 역할을 한다. 판단에서 정서적 측면은 태도 표명을 수반하고, 이러한 태도 표명은 신념 지향적 판단들을 행위로 이끄는데 중요한 역할을 한다. 어떤 판단에 대한 태도 표명은 행위의 약속을 서약하는 것으로서, 판단과 행위를 관련시킨다. 그리고 이러한 판단에 대한 태도 표명은 자신의 사고를 배려하는 것이다. 이러한 점에서, 립맨은 비판적 사고와 창의적 사고 이외에 배려적 사고를 추가한다. 배려적 사고는 중요한 문제에 주목하게 하고, 적절성과 정당화에 관한 인지적 판단을 내리게 하고, 타인을 돌보고, 존재하는 것과 존재해야 하는 것에 관해 생각하게 하는 역할을 한다.

넷째는 맥락적 사고이다. 사고는 어떤 맥락 속에서 일어난다. 사고를 함에 있어서 맥락은 매우 중요하다. 왜냐하면 동일한 내용이라 하더라도 맥락에 따라 사고는 확연히 다를 수 있기 때문이다. 예컨대 개인의 역사, 생활환경이나 물리적 환경, 미래 희망, 정서 상태, 이해관계, 신념, 사회적 지위, 성 등에 따라 사고는 달라진다. 합리성을 중시하는 행위자나 탈역

사적이고 탈맥락적인 이론에서는 이러한 맥락이 무시된다. 이들 이론에서는 맥락적 요소들은 좋은 생각을 위해 극복되어야 하며, 괄호 속에 묶어야 할 필요가 있는 대상이다. 그러나 합당성을 추구하는 데 있어서 맥락적 요소들은 장애물이 아니라 합당성 구성의 본질적 역할을 한다.

상황이나 맥락을 파악하는 일은 그 속에서 기대할 수 있는 것과 기대할 수 없는 것을 이해하는 일이다. 우리가 사고를 할 때 자신을 추상적이거나 이상적인 관망자적 관점에서 사고할 수는 있지만, 그러한 사고의 산물은 자기 자신의 맥락과 관련된 사고가 아니기 때문에 행위와 분리될수 있다. 예컨대, 낯선 사람이 길을 물을 때 우리는 추상적이거나 이상적인 관망자적 입장(탈맥락적 상황)에서는 친절하게 가르쳐 줄 수가 있지만, 길을 묻는 여러 상황적 요인들이 자신에게 중대한 위협이나 불안을 유발할 경우에는 객관적이고 보편적인 법칙을 따르는 것이 반드시 옳은 것일수는 없을 것이다. 도덕적 사고가 도덕적 행위와 관련을 맺지 못한다면 추상적이며 공허할 수 있다. 실제로 도덕적 행위는 구체적인 맥락 속에서 이루어지며, 도덕적 사고에서 맥락을 충분히 고려하지 못한다면 풋내기 변호사bush lawyer를 양산할 우려가 있다. 여기에 도덕적 사고에서 맥락을 고려해야 하는 중요한 이유가 있는 것이다.

마지막으로 체현적 사고이다. 몸은 사고와 밀접하게 관련되어 있다. 보통 사고를 정신적 활동이라고 생각하지만, 사고 행위에서 육체적인 것과 정신적인 것은 분리할 수 없다. 예컨대 화강암 덩어리의 석영으로부터 장석을 분리시키려는 지질학자를 생각해 본다면, 화강암 덩어리를 붙잡고 있는 육체적 행위와 광물을 바라보는 지각적 행위 그리고 그 지각으로부터 어떤 광물인지를 추론하는 정신적 행위는 따로 분리되어 수행되는 것이 아니라 통합적이다. 인간은 몸과 정신의 합일체로서, 몸은 정신의 활동과 표현을 세계로 연결하는 통로이며, 정신은 몸을 통해서만 구체적이고 현실적이 된다.

스프로드는 이러한 몸과 마음의 상호 작용, 즉 몸과 마음의 조화를 사

고의 본질적 측면으로 간주한다. 마음은 몸이라는 하드웨어와 잘 조화될
수 있는 소프트웨어 프로그램이다. 따라서 마음의 자리로서 몸과 분리된
두뇌를 말하기는 어렵다. 처음에 어떤 것을 지각할 때 추론의 정신적 활
동이 함께한다. 그러나 그것이 반복적으로 이루어져 일상적인 지각으로
자동화되면 추론의 개입을 인지하지 못하게 된다. 즉, 추론 없이 지각이
가능하게 되면 추론을 하고 있다는 것을 잊어버리게 되는 것이다. 이렇게
되면 지각과 인지의 구별은 모호해지게 마련이지만, 이러한 지각은 좀
더 고차원적인 사고의 토대가 된다. 이처럼 우리의 몸과 사고는 따로 분
리되어 작동하는 것이 아니라 서로 밀접하게 관련되어 있다.

　우리의 사고는 대부분 구체적인 경험에 의해 촉발된다. 그리고 경험은
맥락 속에서 이루어지고 내면화된다. 그런데 경험이 규칙적인 육체적 행
위와 관련되지 못할 때 내면화는 어렵게 된다. 따라서 육체적 성향은 사
고 유형과 밀접하게 관련되어 있다. 예컨대, 남을 속이는 것이 어려운 것
은 속이는 사고의 체현적 행동이 속이는 것을 폭로할 수 있기 때문이다.
이처럼 몸을 통한 세계의 경험은 지각과 신체 움직임의 일반화된 유형을
만들고, 이것이 선-명제적 지식pre-propositional knowledge이 되어 다른 사
고의 기반이 된다. 이런 점에서, 몸과 사고는 분리되어 나타나는 것이 아
니라 물리적 세계 속에 조화롭게 구현되며, 물리적 세계와 육체의 상호
작용을 통해 형성된 사고는 육체의 구체적인 특성의 흔적을 담지하고 있
다.

3. 통합적 접근

　제7차 이후의 도덕과 교육은 행위자의 인격 혹은 덕 함양에 관심을 둔
다. 그리고 이를 위해 도덕성의 인지, 정의, 행동의 통합적 접근이나 도덕
사회화와 도덕 발달의 통합적 접근을 견지한다. 이 장에서는 통합적 접근

의 이론적 토대로서, 리코나Thomas Lickona의 인격 교육론, 비고츠키L. S. Vygotsky의 근접 발달 영역, 탐구 공동체에 관해 살펴본다.

1. 리코나의 인격 교육론

오늘날 도덕 교육 분야에서 미국을 중심으로 인격 교육 운동[96]이 하나의 새로운 동향으로 전개되고 있다. 이 운동의 특징은 학교 도덕 교육의 바람직한 결과는 훌륭한 인격의 육성에 두어야 하며, 훌륭한 인격은 미국 인격 교육의 역사적 전통을 이어받는 관점에 기초해야 한다고 본다. 이러한 인격 교육 운동을 선도적으로 이끌고 있는 대표적 인물이 리코나이다. 미국 사회에서는 그간의 도덕 발달 접근과 가치 명료화 접근 등의 자율론적 접근이 청소년들의 도덕성 발달과 학교 도덕 교육의 개선에 별다른 성과를 거두지 못한 것에 대한 반성이 제기되었고, 이에 대한 반동으로 전통과 현실을 중시하는 보수화 경향이 등장하였다. 이러한 시대적·사회적 흐름 속에서, 그는 보다 통합적이고 실효성 있는 도덕 교육을 실행하기 위해 학교와 가정과 사회를 통한 통합적 인격 교육 운동을 전개하고 있다.

리코나의 인격 교육론의 두드러진 특징은, 학교 도덕 교육은 학생들의 건전한 인격을 형성하는 데 초점을 맞추어야 한다고 주장하면서, 어떤 하나의 이론에 의거하여 인격 교육을 실행하기보다는 보다 포괄적이고 통합적인 관점에서 교육적 접근을 모색한다. 그는 도덕 심리학적 측면에서

---

96. 인격 교육 운동을 선도적으로 이끌고 있는 학자들로는 인격 교육의 5인방이라 불리는 베넷William Bennett, 위인Edward Wynne, 라이언Kevin Ryan, 킬패트릭William Kilpatrick, 리코나가 있다. 그중 베넷, 위인, 라이언, 킬패트릭 등은 전통적 인격 교육의 완전한 부활을 주장하는 복고적 입장을 취하는 반면, 인격 교육의 이론적 근거를 제공하는 데 있어 지도자적 위치를 굳히고 있는 리코나는 학교 도덕 교육은 학생들의 건전한 인격을 형성하는 데 초점을 맞추어야 한다고 주장하면서, 인격의 의미와 그 구성 요소 그리고 이를 육성하기 위한 교육적 접근을 모두 통합적 관점에서 추구하고자 하는 특징을 보인다. 추병완(1999), 『도덕 교육의 이해』, 백의, pp. 151-2.

는 인지적 도덕 발달론과 행동주의 도덕 심리학 및 정신분석학적 도덕 심리학의 종합을 추구하고, 도덕 교육 측면에서는 인지적 도덕 발달론에 입각한 도덕 교육론과 전통적 인격 교육론의 장점들을 살려 상호 보완하려는 통합적 입장에서 자신의 인격 교육론[97]을 전개하고 있다. 이러한 리코나의 통합적 인격 교육론은 도덕과 교육의 목표인 도덕성의 인지적, 정의적, 행동적 측면의 통합적 접근과 맥을 같이한다.

(1) 리코나의 도덕성 발달 단계론

콜버그의 도덕성 발달에 관한 20여 년간의 종단 연구가 끝나고, 그의 3수준 6단계론에서 제6단계에 이른 사람을 거의 찾아보기 어렵다는 사실이 경험적으로 밝혀지자, 리코나는 자신의 『아이들 잘 기르기*Raising Good Children*』라는 책에서 이 6단계를 생략하고 대신 0단계를 추가하여 0~5단계의 도덕성 발달 이론을 체계화한 후 이에 따른 도덕 교육 이론을 전개한다.[98]

① 0단계 : '자기중심적 추론egocentric reasoning'의 단계로서 학교에 들어가기 전 4세 정도의 아동들에게서 나타나는 단계이다. 이 단계의 특징은 지극히 우스울 정도로 자기중심적이라는 점인데, 그런 까닭에 무엇이든 자신이 원하는 것을 얻는 것이 공정한 것이라고 판단한다.

---

97. 리코나는 아리스토텔레스의 도덕 교육적 관점, 즉 훌륭한 인격은 자기 자신 및 타인과 관련하여 올바른 행동을 실천하는 삶으로 구성되며 그러한 삶은 자기 통제, 절제 등과 같은 자기 지향적인 덕들과 관용, 공감적 연민과 같은 타인 지향적 덕들을 구비함으로써 이루어질 수 있다고 한 견해를 받아들인다(추병완, 앞의 책, pp. 73-5). 또한 그는 통합적 도덕 교육의 방법을 제시함에 있어, 교실 안에서의 도덕적 규율의 도입을 주장하고 있다. 이에 대한 기초는 뒤르켐에게서 찾아볼 수 있는데, 그는 도덕 교육이 주어진 사회의 규범이나 이상에 일치하는 어떠한 방향으로 행위하도록 개인들을 도덕적으로 사회화시키는 것을 목적으로 해야 한다고 본다. 그에 따르면, 사회는 도덕성의 근원이며, 도덕성의 목적은 바로 사회의 집단 이익이다. 인격 교육에서 이러한 도덕적 사회화를 강조하는 것은 개인주의와 그에 따른 도덕 교육 방법에 대한 반성이라고 볼 수 있다.
98. 이택휘, 유병열(2000), 『도덕교육론』, 서울 : 양서원, pp. 219-21.

② 1단계: '무조건적인 복종unquestioning obedience'의 단계로서 유치원에 다니는 나이의 아이들에게서 나타난다. 이 단계에서의 옳음의 기준은 성인이나 권위 있는 존재가 하라는 것이고, 선한 삶을 살아야 하는 이유도 고통이나 괴로움을 당하지 않기 위해서라고 파악한다.

③ 2단계: '이기적 공정성what's-in-it-for-me fairness'의 단계로서 초등학교 저학년 학생들에게서 나타난다. 이 단계에서의 옳음의 기준은 나의 이익을 도모하는 것이다. 그러나 나에게 공정하게 대하는 사람에게는 나도 공정하게 대해야 한다는 것이다. 그리고 사람이 선해야 하는 이유를 자기이익, 즉 자신에게 득이 되는 것을 얻는 데에서 찾는다.

④ 3단계: '사람들 상호 간의 일치interpersonal conformity'의 단계로서 초등학교 중 · 고학년과 10대 초 · 중기의 연령대에 주로 나타난다. 이 단계에서의 옳음의 기준은 나는 착한 사람이 되어야 하고, 내게 관심을 가지고 있는 사람들의 기대에 부응하는 삶을 살아야 하고, 선한 삶을 살아야 하는 이유에 대해서도 다른 사람들이 자신을 좋게 생각하고 나 자신도 스스로에 대해 좋은 사람으로 인정해야 하기 때문인 것으로 파악한다.

⑤ 4단계: '체제에 대한 책임responsibility to the system'의 단계로서 고등학생 시절과 10대 말기의 학생들이 이에 해당된다. 이 단계에서의 옳음의 기준은 내가 그 한 부분인 사회 체제 또는 가치 체계에 대해 나의 책임을 다해야 한다는 것으로 나타나며, 사람이 선해야 하는 이유는 체제의 붕괴를 막고 자신의 의무를 다하는 사람으로서의 자기 존중을 유지하기 위해서라고 파악한다.

⑥ 5단계: '원리적 양심principled conscience'의 단계로서 젊은 성인들의 연령대가 이에 속한다. 이 단계에서의 옳음의 기준은 모든 개인의 권리와 존엄성에 대해 가능한 최대의 존경을 보이고, 또 인권을 보호하는 체제를 지지해야 한다는 것이다. 그리고 선한 사람이 되어야 하는 이유는 모든 인간 존재에 대한 존경의 원리에 따라 행위하는 양심의 의무에서 파악한다.

(2) 리코나의 통합적 인격 교육론

리코나가 추구하는 도덕 교육은 통합적 인격 교육이다. 그에게 있어, 인격은 바람직한 도덕적 가치들이 받아들여져 내면에서 작동하면서 행동을 움직이는 가치들로 화할 때 형성되는 것으로 파악된다. 따라서 훌륭한 인격은 선에 관해 알고, 의욕하고, 행동하는 것, 즉 도덕성의 인지 · 정의 · 행동 세 부분의 통합으로 구성됨을 전제한 후, 이러한 인격을 육성하기 위해 각 측면에서 인격 교육이 목표로 해야 하는 구성 요소들을 밝히고 있다.

① 존중과 책임

리코나는 다원적인 사회에서도 학교가 가르쳐야 하고 또 가르칠 수 있는, 객관적으로 인정받고 보편적인 합의가 이루어지는 가치들이 존재하며, 학교는 학생들에게 이러한 가치가 있다는 것을 보여 주기만 할 것이 아니라 그들이 그것들을 이해하고, 내면화하고, 그에 의거해서 행동할 수 있게 도와야 한다고 보고 있다.

리코나는 존중과 책임이라는 가치를 중심으로 학생들의 건전한 인격 형성을 통합적 접근의 입장에서 추구한다.[99] 존중은 사람이나 사물이 지닌 고귀한 가치에 대해서 경의를 표하는 것으로 자신에 대한 존중, 다른 사람들에 대한 존중, 모든 형태의 생명과 그것을 지탱시키는 환경에 대한 존중의 형식을 취한다. 자신에 대한 존중은 우리 자신의 생명과 몸을 본래적 가치를 지닌 것으로 대우하는 것으로, 다른 사람에 대한 존중은 다른 모든 사람들을 우리 자신과 똑같은 존엄성과 권리를 가진 사람으로 대하는 것으로, 모든 형태의 생명과 그것을 지탱시키는 환경에 대한 존중은 동물에게 잔혹한 행동을 금하며 모든 생명체가 의존하는 유약한 생태

---

99. T. Lickona, 박장호 · 추병완 역(1998), 『인격교육론』, 백의, pp. 64-6.

계인 자연 환경에 대해 항시 조심스럽게 대하는 것을 말한다. 책임은 존중이 확대된 것으로 다른 사람들을 가치 있게 여기고 그 복지에 대해 책임감을 느끼는 것을 말한다. 존중이 우리에게 해서는 안 될 것을 말해 주는 금지의 도덕, 즉 소극적 책무를 강조하는 것이라면, 책임은 서로를 보살펴야 할 적극적 책무를 강조하는 것이다. 또한 리코나는 학교에서 가르쳐야 할 그 밖의 다른 가치들로는 정직, 공정, 관용, 사려, 자기 규율 등이 있다고 보았다. 그리고 타인에 대한 존중과 책임을 필두로 해서 자신들이 가르치고자 하는 그들 나름의 가치 목록을 작성하고, 교사, 행정가, 학교 경영자, 학부모, 학생, 지역 대표들의 논의를 통해 이에 대한 관심과 지지를 모으게 되면, 그렇게 작성된 목록은 각별히 기억하고 최우선적 과제로 인식하게 되는 계기가 된다고 보고 있다.

② 인격의 의미

리코나가 말하는 인격의 개념은 훌륭한 인격에 관한 아리스토텔레스의 견해에 영향을 받았다. 그는, 아리스토텔레스가 말한 바와 같이, 훌륭한 인격은 다른 사람과의 관계에서 그리고 자신과의 관계에서 옳은 행동을 하며 살아가는 삶이며, 그러한 덕스러운 삶은 관후함과 동정 같은 다른 사람들을 대상으로 하는 덕과 자기 통제, 중용 같은 자기 자신에 대한 덕들을 구비함으로써 이루어질 수 있다고 보았다.

그는 아리스토텔레스의 이러한 인격에 대한 논의를 바탕으로, 인격은 살아 숨 쉬는 가치들, 행동으로 드러나는 가치들로 구성되며, 어떤 가치가 사람들에게 받아들여져서 도덕적 덕으로 될 때, 즉 가치가 주어진 상황에서 도덕적으로 좋은 방식으로 반응하는 믿을 만한 내적 경향성이 되었을 때 바람직한 인격이 형성된다고 보았다. 나아가 그는 이러한 인격은 도덕적 인지, 도덕적 정서, 도덕적 행동의 상호 연관된 세 개의 부분으로 이루어지며, 도덕적 성숙을 이루기 위해서는 선을 알고, 바라고, 행하는 사고의 습관, 마음의 습관, 행동의 습관이 필수적이라고 밝히고 있다. 따라서 그의 인격 개념은 인지적 · 정의적 · 행동적 차원을 모두 통합하고 있는 포괄적 개념이며, 우리의 도덕적 삶에서 인격의 세 가지 구성 요소들은 우리가 잘 인식하지 못하는 매우 복잡하고 동시적인 상황 속에서 상호 작용하고 있다는 것이다.

③ 인격의 구성 요소

훌륭한 인격은 도덕적 인지 · 감정 · 행동 세 부분의 통합에 의해 구성됨을 전제한 후, 리코나는 이러한 인격을 육성하기 위해 각 측면에서 인격 교육이 목표로 해야 하는 구성 요소들을 밝히고 있다.[100]

가. 인격의 인지적 측면 —————————————

인격의 인지적 측면, 즉 도덕적 앎의 측면은 도덕적 인식과 도덕적 가치들에 대한 지식, 관점 취하기, 도덕적 추론, 의사 결정, 그리고 자기 이해로 구성된다.

가) 도덕적 인식moral awareness: 도덕적 맹목에 반대되는 것으로서, 생활 속에서 구체적 문제 상황에 부딪혔을 때 그 속에 도덕적 문제가 내포되어 있고 또 그 문제는 도덕적 판단을 요구하는 것임을 인식하는 것이다.

나) 도덕적 가치들에 대한 지식knowing moral values: 생명 존중, 자유, 책임, 정직, 공정, 관용, 용기, 자기 규율, 친절, 용기, 연민 등과 같은 가치들에 대해 올바른 지식을 갖는 것을 말한다. 이러한 가치들은 여러 세대를 거쳐 전해 내려오는 도덕적 유산으로서 도덕적으로 개화된 사람이 되는 데 필수적인 것들이다.

다) 관점 취하기respective-talking: 다른 사람의 입장에서 사태를 바라볼

100. 이택휘 외, 앞의 책, pp. 228-32 참조.

수 있는 능력, 다른 사람이 보는 것처럼 상황을 바라보고 그들이 어떻게 생각하고 반응하고 느낄지를 상상해 볼 수 있는 능력을 가리키는 것이다.

라) 도덕적 추론moral reasoning: 주어진 문제 상황에서 옳고 그름을 판단할 때 도덕적이라는 것이 무엇을 의미하며, 왜 우리는 도덕적이지 않으면 안 되는지를 이해하고 논증하는 것을 말한다.

마) 의사 결정decision-making: 주어진 문제 상황에서 무엇이 올바른 행위 노선인지, 그리고 어떤 것이 중요한 가치에 충실하면서 좋은 결과를 극대화할 수 있는 것인지를 고려하면서 심사숙고하여 선택과 결정을 하는 것을 말한다.

바) 자기 이해self-knowledge: 자기 인격의 강점과 약점 그리고 그 약점을 보완할 수 있는 방안을 아는 것, 자기 행위를 검토하고 그것을 비판적으로 평가할 수 있는 능력을 지니는 것 등을 두루 내포한다.

나. 인격의 정의적 측면 ─────────────

정의적 측면은 양심, 자기 존중, 감정이입, 선에 대한 사랑, 자기 통제, 그리고 겸양으로 구성된다.

가) 양심conscience: 무엇이 옳은지를 아는 것과 그 앎을 행동 실천의 의무로 느끼는 마음의 자질을 말한다. 양심은 인지적 측면과 정의적 측면의 두 가지로 구성되며, 성숙한 양심은 파괴적인 죄책감이 아니라 건설적인 죄책감을 내용으로 하는 것이며, 이러한 양심은 비도덕적인 유혹에 저항하는 데 도움을 준다.

나) 자기 존중self-esteem: 자기 자신에 대해 긍정적 자세를 갖는 것을 말한다. 자기 존중감을 지니고 있는 사람은 바람직한 자기 개념을 지니고 있으며, 타인을 보다 긍정적인 자세로 대한다.

다) 감정이입empathy: 다른 사람의 상태에 대해 동일시하는 것 또는 그

것에 대해 대리 경험을 하는 것을 말한다. 감정이입의 능력은 타고 나는 것이기보다는 발달시켜 가는 것이며, 그것이 높은 수준에 이르면 사람들의 이질성 밑에 자리하고 있는 공통의 인간성을 보고 또 그것에 반응하는 일반화된 감정이입의 능력에까지 이르게 된다.

라) 선에 대한 사랑loving the good: 순수하게 선을 추구하는 것, 선을 좋아하고 악을 미워하는 마음을 가지는 것을 말한다. 선을 사랑하는 사람은 선을 행함에 있어 즐거움을 느낀다. 그러므로 그러한 사람은 단순한 의무의 도덕성만이 아니라 열망의 도덕성까지 지니는 것이다.

마) 자기 통제self-control: 우리가 도덕적이기를 원치 않는 경우에도 도덕적이도록 도와주는 것, 즉 자기 규율의 능력 내지 자질을 말하는 것이라고 할 수 있다. 이 자기 통제는 우리가 쉽게 방종이나 일탈, 자기 탐닉 등에 빠지는 것을 막아 준다.

바) 겸양humility: 겸손한 마음가짐이나 자세를 말한다. 겸양은 앞에서 본 자기 이해의 정의적 측면에 해당되는 것으로서, 진리에 대한 순수한 개방성과 자기 잘못을 기꺼이 고치려는 자세를 내포한다.

다. 인격의 행동적 측면

인격의 행동적 측면, 즉 도덕적 행동 부분은 능력, 의지, 습관으로 구성된다.

가) 능력competence: 도덕적으로 판단하고 느낀 것을 효과적인 행동으로 옮기는 것과 관련된 도덕적 기능을 말한다.

나) 의지will: 우리가 해야 한다고 생각한 것을 행동으로 옮기는 데 동원되는 에너지를 말한다.

다) 습관habit: 도덕적 행위를 일관되고 지속적으로 실천하는 것으로, 일상의 많은 도덕적 행동은 의식적으로 생각하여 선택된 것이라기

보다 거의 습관의 힘에 의해 이루어지는 경우가 많다.

(3) 리코나의 도덕 발달 접근법과 통합적 접근의 원리

리코나는 학생들을 훌륭한 인격을 지닌 사람으로 기르기 위한 도덕 교육 이론으로서 '도덕 발달 접근법Moral Development Approach'의 10가지 원리를 제시하고 있다.[101]

① 도덕성은 존중이다.

② 아이들의 도덕성은 천천히 그리고 단계적으로 발달한다.

③ 아이들을 존중하고 또 그 보답으로 존중해 줄 것을 요구하는 일이 필요하다.

④ 본보기로 가르쳐야 한다.

⑤ 말함으로써 가르쳐야 한다.

⑥ 아이들이 생각하는 것을 배우도록 도와주어야 한다.

⑦ 아이들이 진정한 책임감을 갖도록 도와주어야 한다.

⑧ 독립과 통제 사이에서 균형을 취하는 일이 중요하다.

⑨ 아이들을 사랑하고 그들이 긍정적 자아 개념을 형성하도록 도와주어야 한다.

⑩ 도덕성 발달과 행복한 가정을 동시에 이루어 나가야 한다.

또한 리코나는 학교에서 인격 교육을 도모하고자 할 때 통합적 접근의 관점에서 의거해야 할 원리들을 11가지로 정리하여 제안하고 있다.

① 인격 교육은 훌륭한 인격의 기초가 되는 핵심적인 윤리적 가치들을

---

101. T. Lickona, *Raising Good Children*, pp. 8-32; 이택휘 외, 앞의 책, pp. 222-4 재인용 참조.

증진시키는 데 목적을 두어야 한다.

② 인격은 도덕 생활을 할 수 있는 인간 능력의 인지적, 정서적, 행동적 측면들을 포괄하여 도덕적 사고와 감정과 행동을 종합적으로 기를 수 있도록 총체적 관점에서 정의되어야 한다.

③ 인격 교육을 효과적으로 수행하기 위해서는 학교생활의 모든 측면에서 핵심적 가치들을 증진시킬 수 있도록 의도적이고 적극적으로 교육에 임해야 하며, 교과 교육과 여타 학교 교육 프로그램, 수업과 평가, 교직원들의 모범학교 내 규율 정책, 학교 환경의 조성, 학부모와의 관계 등을 종합적으로 고려하여 포괄적 접근을 취해야 한다.

④ 바람직한 인격 교육을 실행하기 위해서는 학교 자체가 훌륭한 인격을 구비해야 한다.

⑤ 학생들의 바람직한 인격을 함양하기 위해서는 도덕적 행위를 실천하면서 배울 수 있는 기회를 제공해야 한다.

⑥ 효과적인 인격 교육을 수행하기 위해서는 모든 학생들을 존중하고, 그들이 학업과 관련하여 성공할 수 있도록 교육 과정을 의미 있고 적극적인 방식으로 운영하여야 한다.

⑦ 학교는 인격 교육을 수행함에 있어 외적 보상이나 처벌 등과 같은 방식에 의존하는 것을 최소화하고, 그들의 내적 동기를 유발하는 일에 최선을 다해야 한다.

⑧ 학교의 모든 교직원들은 인격 교육에 대해 책임을 공유해야 한다.

⑨ 바람직한 인격 교육을 위해 학교에 도덕적 리더십을 확립하고 실천해 나가지 않으면 안 된다.

⑩ 학교는 학생들의 인격 계발을 위한 교육 활동을 전개해 나감에 있어 가정과 지역 사회의 성원들을 충실한 협조자로 활용해야 한다.

⑪ 학교는 이러한 인격 교육을 실행하면서 또한 그것이 제대로 이루어지고 있는지를 늘 평가하면서 교육에 임하지 않으면 안 된다. 이때 학교의 인격 교육에 대한 평가는 대체로 학교 자체가 따뜻한 도덕

공동체로의 인격을 지니고 있는지, 학교 교직원들이 인격 교육자로서 성숙되어 있고 또 제대로 기능하고 있는지, 그리고 학생들의 인격이 바람직하게 성장하고 있는지 등을 대상으로 이루어질 필요가 있다. 그리고 학교는 이러한 평가를 바탕으로 인격 교육의 개선과 발전을 지속적으로 도모해야 한다.

2. 비고츠키의 근접 발달 영역

비고츠키의 근접 발달 영역Zone of Proximal Development(이하 ZPD)은 도덕 사회화와 도덕 발달을 동시에 고려하는 접근이다. 먼저 ZPD의 이론적 토대로서 비고츠키의 사회 · 문화적 심리학에 관해 살펴본 후 ZPD와 교수-학습 전략을 고찰하고자 한다.

(1) 비고츠키의 사회 · 문화적 심리학

비고츠키가 마르크스주의에 기초하여 자신의 심리학을 구성할 때의 기본 가정은 개인의 고등 정신 기능의 발달[102]을 이해하기 위해서는 그 개인이 처한 사회 · 문화적 역사를 이해하여야 한다는 것이다. 그에 의하면, 개인의 고등 정신 기능은 사회적 기원에 뿌리를 두고 있는데, 사회 ·

---

102. 비고츠키는 발달 과정은 질적으로 다른 기원을 갖는 두 가지 발달 노선으로 구분된다고 주장하는데, 하나는 생물학적 기원을 갖는 초등 정신 기능이고, 다른 하나는 사회적 기원을 갖는 고등 정신 기능이다(L. S. Vygotsky, *Mind in Society: The Development of Higher Psychological Processes* (M. Cole, V. John-Steiner, S. Scribner & E. Souberman. Eds), Cambridge, MA: Harvard University Press, 1978, p. 46). 또한 비고츠키는 초등 정신 기능과 고등 정신 기능을 구분하는 네 가지 준거를 제시하고 있다. 첫째는 초등 정신 기능은 환경 통제에 지배되는 반면에 고등 정신 기능은 자기 조절에 의해 지배되며, 둘째는 고등 정신 기능의 특징은 지성화와 숙달에 있고, 셋째는 고등 정신 기능의 사회적 기원과 본질로서 인간 행동에 있어 결정 요인으로 고려되어야 할 것은 자연이 아닌 사회이며, 넷째는 고등 정신 기능을 매개하는 것은 기호의 사용이다(J. V. Wertsch, *Vygotsky and the Social Formation of Mind*, Cambridge, MA: Harvard University Press, 1985, pp. 25-7).

문화적 역사에 강력한 영향을 받는다는 것이다. 따라서 개인의 고등 정신 기능은 사람들 사이의 상호 작용의 결과로서 얻어지는 산물이며, 비고츠키는 이를 개인 간 정신 기능이 개인 내 정신 기능으로 내면화하는 과정으로 설명한다. 개인 간 정신 기능이 개인 내 정신 기능으로 변화하는 과정에 ZPD 개념을 도입하고, ZPD에서 사회적 현상이 개인적 현상으로 변화하는 과정을 통해 고등 정신 기능의 발달을 설명한다. 이러한 비고츠키의 고등 정신 기능의 발달에 관해 이해하기 위해서는 그의 사회 · 문화적 심리학의 기초를 살펴볼 필요가 있다. 워치J. V. Wertsch는 비고츠키가 고등 정신 기능의 사회적 기원을 다루면서, 사회 · 문화적 심리학의 세 가지 기본 가정을 상정하고 있다고 요약한다.[103]

첫째, 고등 정신 기능은 발생적으로 혹은 발달적으로 분석하고 해석할 때 비로소 이해할 수 있다는 것이다. 비고츠키는 개인의 발생적 혹은 발달적 역사에 관한 탐구나 분석 없이 그의 정신적 기능을 충분히 이해하기 어렵다고 본다. 따라서 특별한 정신적 행위나 활동은 구체적인 정신적 활동으로서, 독립적 발달 과정이 아니라 점진적 발달 과정의 산물로 보아야 한다는 것이다. 고등 정신 기능의 발달을 설명함에 있어 결과보다 과정을 중시하는 관점[104]은 아동의 발달 수준 진단에서 구체적으로 드러난다. 이 같은 시각에서 비고츠키에게 있어서 발달적 분석은 정신 기능의 설명과 이해를 위한 기본 접근 방식이 된다.

발생적 분석과 관련하여, 그는 단일한 설명 원리로 발달의 모든 측면을 설명할 수 없다는 점을 인정하고, 발달의 단일한 설명 원리라 할 수 있는 개체 발생적 접근을 비판한다. 개체 발생적 접근은 변화에 대한 적절한 해석을 제공할 수 없다고 보고, 발달의 다원적 힘들 간의 변화하는 관계와 그 힘들이 포함된 일련의 설명 원리 체계에 관심을 둔다. 다시 말해서 그는 생물학적 원리로서 심리 현상을 설명하는 데 한계가 있음을 인정하

---

103. Ibid, pp. 14-6.
104. L. S. Vygotsky(1978), op. cit., pp. 64-5.

고, 생물학적인 힘을 넘어서는 사회 · 문화적 요인을 고려한다. 그리고 인간의 고등 정신은 육체 구조를 설명하는 생물학적 요인과 사회 · 문화적 요인 사이의 복잡한 상호 관계에 의해 발달한다고 본다. 그에 의하면, 인간의 정신 기능은 처음에 초등 형태로 나타났다가 나중에 고등 형태로 나타난다.[105] 생물학적 성장과 신체적 · 정신적 구조의 성숙을 의미하는 자연적 발달은 초등 정신 기능을 갖게 하는 반면에, 문화적 활동에 참여할 때 나타나는 인간의 의식을 의미하는 문화적 발달은 초등 정신 기능을 고등 정신 기능으로 변화시킨다고 보고, 이러한 정신 기능의 전환에 주목한다.

둘째, 고등 정신 기능은 말, 언어, 담화 형태에 의해 매개된다는 것이다. 비고츠키는 사회 문화의 내면화는 매개 기제를 통한 상호 작용의 결과로 보고 심리적 도구나 기호의 역할에 관심을 기울인다. 심리적 도구는 인간 자신의 사고와 행동을 보조하기 위하여 사용하는 것으로 비고츠키는 이를 기호라 하였다. 기호와 도구는 모두 매개 기능을 담당한다는 공통점을 갖고 있으나, 외부 지향적인 도구와는 달리 기호는 자신이나 타인에게 심리적으로 영향을 주는 행동을 할 때 사용되는 내적 활동의 수단으로서 고등 정신 기능을 형성하는 데 필수적인 요소이다. 따라서 문화가 제공하는 기호를 검토하지 않고는 인간의 사고를 제대로 이해할 수 없다고 보고, 인간의 의식을 분석하는 적당한 방법으로 기호의 의미를 분석한다.

비고츠키는 기호들 중에서도 언어에 특별한 의미를 둔다. 언어는 다른 사람들과의 언어 소통을 위한 기본 수단이자 필수 도구이므로 가장 중요한 기호이며, 주어진 심리적 문제를 해결하는 데 보조 수단으로 작용하게 된다. 아동들은 자신들의 눈과 손뿐만 아니라 언어의 도움으로 실천 과제를 해결한다고 그는 주장한다.[106] 이러한 점과 관련하여 비고츠키는 언어와 사고와의 관계에 대한 새로운 관점을 제공한다. 피아제는 아동의 발달

---

105. Ibid., p. 46.
106. Ibid, pp. 25-6.

을 탈자기중심화에 있다고 보고, 자기중심적 성향에서 사회적 성향으로 전환하는 것으로 이해한다. 따라서 혼잣말을 하는 자기중심적 언어는 사회적 목적과는 아무런 관련이 없는 것으로 간주한다.

그러나 비고츠키는 피아제의 이러한 관점을 거부한다. 그는 아동의 자기중심적 언어는 자기중심적 성향을 외부에 드러내는 무의미한 현상이 아니라 언어와 사고의 발달에 있어서 필수적 현상으로 개인적 차원의 사회적 언어와 심리적 차원의 내적 언어[107]의 과도기적 현상으로 간주한다. 자기중심적 언어는 연령이 증가함에 따라 사라지는 것이 아니라 오히려 내적 언어가 되어 고유한 방식으로 인간의 정신 기능을 형성한다는 것이다. 사고를 통해서 언어가 발달한다고 보는 피아제의 입장과는 달리 비고츠키는 언어를 통해서 사고가 발달한다고 본다.[108]

셋째, 고등 정신 기능은 개인 간 정신 기능이 개인 내 정신 기능으로 내면화되는 사회적 관계에 그 기원을 두고 있다는 것이다. 비고츠키에 의하면, 개인의 고등 정신 기능은 개인 간 사회적 상호 작용을 통해 내면화되고 발달한다. 그는 개인적인 심리적 환원론을 거부하고 개인 행위의 근본을 사회적 과정에 둔다. 사회적 과정은 근본적이고 일차적인 것으로서 의식의 전제 조건이 된다. 따라서 사회적 행위는 고등 정신 기능의 선결 조건이며, 인간의 고등 정신 기능은 본질적으로 사회적 기능이다. 이러한 관점에서 비고츠키는 인간의 고등 정신 기능의 기원을 사회에 두고 있다.

그는 인간의 정신 기능을 사회적 기능과 심리적 기능으로 나누고, 인간

---

107. 비고츠키는 개인 간 정신 기능이 개인 내 정신 기능으로 내면화될 때 언어가 중요한 매개 역할을 담당한다고 본다. 그리고 사회적으로 생성된 문화를 내면화하는 것은 반드시 언어의 내면화를 수반하게 되는데, 언어의 내면화는 원시적 단계, 외적인 말, 자기중심적인 말, 내적 언어의 단계를 거친다는 것이다. 여기에서 내적 언어Inner Speech의 단계는 언어가 사고로 내면화되는 단계를 말한다. L. S. Vygotsky, "Thinking and Speech," In R. Rieber & A. Carton(Eds), N. Minick (Trans.), *The Collected Works of L. S. Vygotsky*, Vol. 1: Problems of General Psychology (New York: Plenum, Press), 1987, pp. 113-5.

108. Ibid., pp. 119-20.

의 정신 기능이 사회적 수준에서 심리적 수준으로 변형되는 과정을 내면화로 본다. 아동의 고등 정신 기능의 발달 과정은 먼저 다른 사람과 상호 작용하는 가운데 나타나고, 그런 다음 사람들 간의 고등 정신 기능을 내면화함으로써 아동 내에 나타난다.[109] 내면화가 되었다고 하는 것은 고등 정신 기능이 내적 정신 기능으로 학습자 내에서 작용함을 의미한다. 따라서 개인의 고등 정신 기능은 다른 사람과의 상호 작용을 통해 발생하게 되는데, 개인 간에 존재하는 정신 기능이 사고 과정에 통합되어 개인 내부의 개별적인 것이 되는 것이다.

이와 같은 비고츠키의 주장은, 개인의 고등 정신 기능의 발달은 언어를 매개로 타인과의 상호 작용을 통한 사회 문화의 내면화에 그 토대를 두고 있음을 의미한다. 개인의 고등 정신 기능의 발달은 개인 간 정신 기능이 개인 내 정신 기능으로 변화하는 내면화 과정에 토대를 두며, 그 과정은 언어를 매개로 하는 사람들과의 상호 작용으로 가능하게 된다. 따라서 세 가지 기본 가정은 비고츠키의 사회 · 문화적 심리학의 매개 변인이며, 그의 이론적 핵심을 형성한다. 비고츠키는 이러한 이론적 기반 위에 발달이 학습에 선행한다거나 학습과 발달이 동시에 발생한다는 견해를 거부하면서 학습과 발달 사이의 관계에 관한 자신의 생각을 피력한다. 그리고 학습과 발달 사이의 관계에 관심을 두는 새로운 접근을 위해 근접 발달 영역의 개념을 제시한다.

(2) ZPD와 교수-학습 전략

① 근접 발달 영역

비고츠키는 학습과 발달의 관계에 대한 일련의 반성적 맥락에서 ZPD의 개념을 도입한다. ZPD는 사람들 간에 공유하는 환경에 있던 정신 기

---

109. L. S. Vygotsky, "The Instrumental Method in Psychology," in J. V. Wertsch(1981), *The Concept of Activity in Soviet Psychology*, Armonk, NY: M. E. Sharpe(Original Work Published, 1930), 1981, p. 163.

능들이 개인 내로 들어오게 되는 지점으로서 아동 발달에 관한 일반적인 심리적 관점과 교수에 관한 교육학적 관점을 연결한다. ZPD는 아동의 발달 수준과 관련하여 독립적으로 문제를 해결하는 것에 의해 결정되는 실제적 발달 수준과 능력이 좀 더 나은 동료나 어른의 안내 하에 문제를 해결하는 것에 의해 결정되는 잠재적 발달 수준 사이의 거리를 말한다.[110]

ZPD 접근의 요체는 아동의 발달 능력에 대한 교수 전략을 조화롭게 하기 위해서 실제적 발달 수준뿐만 아니라 잠재적 발달 수준을 고려하는 것이다. 실제적 발달 수준은 현재 아동이 알고 있거나 할 수 있는 수준이나 능력의 정도를 나타내며, 아동이 독립적으로 해결할 수 있는 과제에 토대를 두는 평가이다. 아동에게 일련의 다양한 난이도를 가진 과제를 제시하고, 우리는 아동이 어떻게 그것들을 판단하고 그리고 어떤 수준의 난이도에서 해결하는지에 기초하여 아동의 실제적 발달 수준을 판단한다.

실제적 발달 수준은 충분히 형성되고 성숙된 그리고 충분히 완성된 그러한 정신적 기능을 포함하는데, 그것은 발달의 최종 산물로서 학습자 혼자서 알고 행동할 수 있는 수준을 의미한다. 그러나 이러한 실제적 발달 수준은 궁극적으로 아동의 발달 상태에 관한 부적절한 측정을 제공할 수밖에 없다고 비고츠키는 주장한다. 아동의 진정한 발달 수준은 실제적 발달 수준뿐만 아니라 아동보다 더 능력 있는 다른 사람의 안내나 조언으로 성취할 수 있는 것까지 고려해야 한다는 것이다.[111]

ZPD는 아직 성숙되지 않은 그리고 성숙 과정에 있는 그리고 도움에 의해 성취될 수 있는 그러한 능력과 기능을 모두 포함한다. 따라서 실제적 발달 수준은 회고적인 것의 정신 발달 수준을 나타내는 것이고, 잠재적 발달 수준은 전망적인 정신 발달 수준을 특징으로 한다. 이처럼 비고츠키는 발달을 고정된 어느 한 지점이 아니라 행동의 연속 혹은 성숙의 정도로 보았기에 '영역(대)'이라는 용어를 사용하고, 학습자에게 궁극적으로

---

110. L. S. Vygotsky, *On the Child's Psychic Development*, Copenhagen: NytNordisk, 1982, p. 117.
111. L. S. Vygotsky, op. cit., 1987, p. 208.

나타날 수 있는 모든 행동을 의미하는 것이 아니라 주어지 시간 내에 그리고 가장 가까운 때에 나타날 행동을 의미하므로 '근접'이란 용어를 사용한다.[112] 그리고 행동의 발달은 ZPD의 경계가 되는 두 수준 사이에서 일어난다고 본다.

이러한 비고츠키의 ZPD 개념은 로고프B. Rogoff나 워치 등에 의해 더욱 명료화된다. 워치는 ZPD에서의 효과적인 상호 작용을 위해 상황 정의 situation definition라는 개념을 사용한다. 상황 정의는 어떤 상황이나 맥락이 표상되는 방식을 의미하며,[113] 그 상황에서 작용하고 있는 사람들에 의해 정의된다. 따라서 상황 정의는 사람마다 과제 상황을 표상하는 방식이 다르므로 차이가 있게 마련이다. ZPD에서 개인 간 정신 기능에 관한 연구를 하려고 할 때 아동과 어른의 상황 정의를 분석해야만 한다. 왜냐하면 상황 정의의 분석을 통해 비로소 어른과 아동의 공동 이해가 가능해질 수 있기 때문이다. 어떤 과제 상황에서 아동의 상황 정의는 실제적 발달 수준과 일치하지만, 성인의 상황 정의는 아동의 잠재적 발달 수준과 일치하지 않고 더 높을 수도 있다.

상황 정의를 분석하는 일은 아동과 어른 사이의 간주관성의 문제와도 관련된다. 어른과 아동은 그들이 직면한 과제에 대한 초기의 이해는 달랐지만, 상황 정의의 분석을 통해 그들의 간주관성의 확보가 가능해진다. ZPD에서 어른이나 교사와의 상호 작용 과정 중에 공유된 이해에 도달하는 것은 참으로 중요하다. 각 참여자가 상대방의 관점에 자신의 관점을 조절함으로써 의사소통이 가능해지며, 공동의 과제를 해결할 수 있는 토대가 마련된다. 이러한 관점에서 상황 정의를 분석하는 일은 각 참여자와

---

112. E. Bodrova & D. Leong, *Tools of Mind: The Vygotskian Approach to early Children Education*, NY: Prentice-Hall, Inc, 1996; 김억환 · 박은혜 공역(1998), 『정신의 도구: 비고츠키 유아교육』, 이화여자대학교 출판부, pp. 72-3.
113. J. V. Wertsch, "The Zone of Proximal Development: Some Conceptual Issues," in B. Rogoff & J. V. Wertsch(Eds), *Children's Learning in The Zone of Proximal Development*(New Directions for Child Development, No. 23), 1984, pp. 8-10.

의 간주관성을 획득할 수 있는 중요한 수단이 된다. 워치는 간주관적 상황 정의의 절충은 기호의 매개, 특히 언어를 통해 가능하다는 점을 강조한다. 어른과 아동 사이에 상황 정의가 다르다 할지라도 적절한 기호 매체가 의사소통을 위해 사용된다면 간주관성이 확보될 수 있다는 것이다. 이러한 시각에서 로고프는 비언어적 형태가 가끔 언어 이상으로 ZPD에서 일어나는 대화적 상호 작용을 형성하고 중재하는 데 많은 기여를 한다고 본다.

② ZPD에서 교수-학습 전략

로고프는 ZPD 내에서의 상호 작용을 '안내된 참여guided participation'라는 개념으로 비고츠키의 생각을 확장시킨다. 그에 의하면, 아동의 발달은 안내된 참여의 과정으로부터 결과하기 때문에, 아동은 그들 사회의 성숙된 가치와 기술을 지닌 어떤 구성원과의 상호 협동 관계 속에 있어야 한다.[114] 사회의 성숙된 가치와 기술을 지닌 사람은 부모나 교사 혹은 능력 있는 또래일 수도 있다. 아동은 이러한 능력 있는 사람과의 상호 작용을 통해 고등 정신 기능을 내면화하게 된다. 안내된 참여는 아동과 교사 간에 첫째는 아동의 현재의 이해와 기술로부터 새로운 이해와 기술에 도달하도록 하는 어떤 다리를 형성해 주고, 둘째는 아동의 책임 속에서 발달에 대한 역동적 변화를 가져오면서 활동 속에 아동의 참여를 구성하고 조정하도록 상호 작용한다.[115] 비고츠키 이론의 핵심은 아동이 상호 작용을 통해 개인 간 정신 기능을 내면화하고, 상호 작용의 맥락 속에서 능력 있는 파트너의 안내와 더불어 문화적 활동 속에 참여하게 된다는 것이므로, 아동의 발달을 위해서는 ZPD 내에서 파트너와의 적극적이고 구체적인 상호 작용이 필수 요인이 된다.

---

114. B. Rogoff, *Apprenticeship in Thinking: Cognitive Development in Social Context* (New York, Oxford University Press), 1990, p. 65.
115. J. V. Wertsch, op. cit., p. 8.

ZPD에서 효과적인 교수-학습이 이루어지려면 이에 적합한 교육 환경의 조성이 필요하다. 이 영역에서의 교수-학습 활동은 주로 어른과 아동의 상호 작용[116]을 통해 이루어진다. 따라서 효과적인 상호 작용을 위해서는 상호 작용을 위한 상황 설정과 아동에게 적절한 도움을 제공하기 위한 비계 설정 그리고 상호 작용에 적합한 기법이 요구된다.

비고츠키에게 있어서 발달은 사회화를 목표로 하는 것이 아니라 사회적 관계의 정신적 기능으로의 변형이다.[117] 따라서 아동의 발달은 주입이 아닌 상호 작용을 매개로 실제적 발달 수준에서 잠재적 발달 수준으로 이행하는 것이다. 상호 작용은 유용한 기술과 정보를 적용하면서, 새로운 문제 상황과 더 친숙한 문제 상황을 관련시켜 실제적 발달 수준과 잠재적 발달 수준 사이의 거리를 극복하는 중요한 작용을 담당한다. 그러므로 ZPD에서는 상호 작용을 극대화하기 위해 '어떻게 아동에게 도움을 주며 안내할 것인가' 혹은 '어떻게 아동을 상호 작용에 적극적으로 참여시킬 것인가' 하는 것이 중요한 관심사이다. 아동에게 주어진 현재의 지식과 기술 위에서, 알기 쉬운 상호 작용을 위한 상황 설정 없이 교사와 아동 간에 의사소통은 불가능하며, 교사는 아동을 새로운 지식으로 이끌기 어렵다. 따라서 교사는 ZPD를 설정하고, 문제 해결을 위해 아동에게 친숙한 상황을 설정하는 것이 필요하다.

---

116. 이러한 상호 작용에 참여하는 아동은 두 가지 조건을 전제한다. 하나는 놀이의 능력, 즉 상상력이다. 이것은 아동이 발달과 성장을 위해서는 현재의 방식과는 다른 방식으로 자신을 생각할 수 있어야 한다는 것이다(L. S. Vygotsky(1978), Ibid., pp. 100-4). 다른 하나는 타인의 도움을 이용할 수 있는 능력이다. 근접 발달 영역에서의 상호 작용은 타인과의 대화나 경험을 주고받는 과정을 통해 이익이 되는 것을 취할 수 있는 능력이 필요하다. 어른은 근접 발달 영역에서 아동과의 질문과 답변을 통해 아동의 잠재적 수준에 도달하기 위해 노력해야 하며, 아동은 어른의 도움과 안내를 이용할 수 있는 능력이 있어야 한다. 따라서 어른은 아동을 돕기 위해 질문하는 방법과 생각을 이끄는 방법에 대한 고려가 요구된다. G. D. McNamee, "Learning to Read and Write in an Inner-City Setting: A Longitudinal Study of Community Change," In L. C. Moll, *Vygotsky and Education*, Cambridge University Press, 1990. p. 288.
117. L. S. Vygotsky, "The Genesis of Higher Mental Functions," In J. V. Wertsch (Ed.), *The Concept of Activity in Society Psychology*, Armonk, NY; Sharpe, 1981, p. 165.

새로운 지식에 대한 아동의 동화는 아동의 기존 지식과의 양립 가능성에 의존한다. 그러므로 ZPD에서 어른과 아동이 상호 작용을 공동으로 수행하기 위해서는 새로운 지식의 이해를 위한 공동 구조의 창출이 필요하다. 이러한 공동 구조는, 교사와 아동 간의 상이한 상황 정의 속에서도, 상호 작용을 통해 간주관성의 성립을 가능하게 한다. 따라서 교사와 아동이 상호 작용에 대해 알기 쉬운 상황을 설정하는 일은 필수적이며, 아동의 현재 지식과 기술이 양립하는 새로운 지식을 만드는 상황을 구성하는 것은 교수 활동의 고유한 일이다. 브라운Brown은 이를 '두뇌 조절하기head-fitting' 라고 부른다.[118]

ZPD에서 어른과 아동 간의 상호 작용을 위한 상황이 설정되면 비계 설정이 필요하다. 비계 설정scaffolding은 효과적인 상호 작용을 안내한다. 비계 설정은 교사의 이상적 역할을 서술하기 위해 로스Ross, 브루너Bruner, 우드Wood에 의해 사용된 은유metaphor[119]로서, 어른과 아동의 상호 작용에서 어른이 아동으로 하여금 새로운 지식과 기술을 발달시키고 구축해 나가도록 지원해 주는 것이다. 비계는 지원을 제공하고, 도구로서의 기능을 하며, 학습자의 범위를 확대시키며, 학습자로 하여금 비계 없이는 불가능할 과제를 완수하도록 하며, 학습자가 필요로 하는 곳에 선택적으로 도움을 주는 등 다섯 가지 특성을 갖는다.[120]

비계 설정은 아동에게 제시되는 과제의 수준과 도움의 양을 적절하게 조절하여 제공한다. 만일 과제가 아동이 해결하기 어려운 경우에는 과제를 세분화하고, 너무 쉬우면 아동이 적당한 도전감을 갖고 도전할 수 있도록 과제의 수준을 높여 제시한다. 이를 위해 과제 분석이 필요하다. 특히 각각의 과제들에 대해 세부 수준까지 과제를 분석하는 일이 매우 중

118. B. Rogoff & W. Gardner, "Adult Guidance of Cognitive Development," in B. Rogoff, & J. Lave, *Everyday Cognition: Its Development in Social Context*, Harvard University Press, 1984, p. 97.
119. P. M. Greenfield, "A Theory of Teacher in the Learning Activities of Every Life," in B. Rogoff & J. Lave, *Everyday Cognition: Its Development in Social Context*, Harvard University Press, 1984, p. 118.
120. Ibid., p. 118.

요하다. 주어진 과제를 해결하는 데 어떤 지식이나 기능이 요구되는지 또는 어떤 전략이 필요한지를 분석할 필요가 있다. 이러한 과제 분석을 기초로 아동에게 적합한 도움을 줄 수가 있는 것이다. 과제 분석을 통해 아동과 어른의 수준을 파악함과 동시에 아동의 수준에 적절한 과제의 단계적 해결을 통해 아동의 발달을 상향 유도할 수 있다.

아동에게 제공하던 도움의 양도 발달 과정을 관찰하면서 줄여 나가는 융통성을 발휘해야 한다. 이러한 유관 조절contingent regulation은 아동에게 적절한 도전감을 유지하면서 문제 해결의 기쁨을 충족시킬 수 있도록 하는 중요한 방식이다. 이처럼 ZPD에서의 접근은 아동이 주도적으로 문제를 해결하되, 문제 해결 과정 중에 아동이 직면하게 되는 어려움을 어른의 적절한 도움을 받아 해결하는 방식이다. 따라서 ZPD에서의 상호 작용은 아동이 과제 해결의 주도적 역할을 맡고 어른은 아동을 지원하며 문화적 확장자로서의 역할을 담당하는 방식이다.

상황 및 비계 설정과 함께 어른의 도움 혹은 안내 기술이 병행될 때 상호 작용은 효과적이다. 도움을 제공하는 사람의 감독적이고 권위적인 요소의 개입은 아동의 적극적인 상호 작용의 참여를 방해하거나 위축시킨다. 그러므로 ZPD에서의 상호 작용을 극대화시키기 위해서는 민주적인 수업 환경과 분위기 조성이 무엇보다 중요하다. 이러한 활동은 구체적으로 아동이 이해할 수 있는 말로 문제를 설명해 주거나 성숙한 시범을 보여 주고, 어려운 과제에 대해서는 쉬운 과제부터 부분적으로 해결을 유도하고 쉬운 과제는 어려움을 체계적으로 증가시켜 과제의 난이도를 조절하며, 문제를 해결하는 데 필요한 지식이나 기술 및 전략을 제공하거나 상호 작용 과정 중에 칭찬하고 격려하는 등 따뜻하게 반응하는 것이다.

③ ZPD에서의 교수 방법

ZPD에서의 교수 활동은 일반적으로 아동의 민감성의 영역과 발달을 위한 비계를 설정하고, 아동이 혼자 문제를 해결하도록 하는 것이 아니라

문제 해결 과정에 아동을 참여시키는, 다시 말해 어른의 안내 하에 아동
이 문제 해결의 주도적 역할을 담당하는 안내된 참여의 방식이라 할 수
있다. 그리고 이 지역에서 교수 활동을 성공적으로 수행하려면 상호 작용
을 위한 교수-학습 조건과 더불어 구체적인 상호 작용의 전략, 즉 교수
전략이 필요하다.

　서프R. Tharp와 갤리모어R. Gallimore는 ZPD에서 교사와 아동 간의 효과
적인 상호 작용을 위해 교수-학습에서 교수적 대화instructional conversa-
tion[121]를 강조한다. 교수라는 말에는 권위와 계획 수립이 함의되어 있고,
대화라는 용어에는 평등과 반응이라는 의미가 함축되어 있어 이 둘은 상
호 모순되는 개념처럼 보인다. 그러나 ZPD에서의 교수-학습은 상호 작
용을 통해 어른이 아동의 발달을 이끄는 활동으로서 교수와 대화라는 두
요소의 통합적 지도의 성격을 갖는다. 교수 활동에서 교사는 토론 주제의
선정과 학습의 전반적 계획을 세우고, 토론을 위한 배경 지식이나 정보를
제공한다. 그리고 필요하다면 개념에 대한 직접적인 설명이나 질문을 통
해 아동의 경험이나 알고 있는 지식을 이끌어 내고, 아동들의 주장이나
추론에 대한 근거나 이유를 진술하도록 유도하는 교수 요소적 활동을 한
다.

　교사는 아동들에게 알려진 답이 없는 질문을 하고, 학생의 질문이나 반
응에 관심을 갖고 문제 해결을 위해 협력하고, 아동을 격려하는 대화적
요소를 교수 활동에 포함한다. ZPD에서 교수적 요소만을 고려한다면 교
수 활동이 권위적이어서 상호 작용을 위축시킬 수 있다. 그렇다고 대화적
요소만을 강조하면 가르쳐야 할 방향성과 관련된 문제를 초래할 우려가
있다. 따라서 교사는 아동들의 과제 수행을 적극적으로 지지하고 격려해
주면서 문제 해결을 도와주고 지도하는 방식, 즉 교수적 대화이면서 대화

121. R. Tharp & R. Gallimore, *Rousing Minds to Life: Teaching, Learning and Schooling in Social Context*, Cambridge University Press, 1988, p. 111.

적 교수인 방식을 견지하는 것이 바람직하다. ZPD에서의 교수 활동은 교사가 아동의 학습 활동에 전혀 참여하지 않은 채 아동이 혼자 힘으로 과제를 해결하도록 방치해서는 안 된다. 아동은 이 영역에서 다른 사람과의 상호 작용을 통해 학습하게 된다. 상호 작용을 통한 학습은, 교사와 아동이 의미를 공유할 수 있는 기회를 갖지 못한다면, 아동의 발달을 기대하기 어렵다. 따라서 교사는 아동들과의 상호 작용적 상황에서 간주관성에 도달할 수 있도록 노력해야 한다.

브라운 등은 ZPD에서의 교수 방법으로 상보적 교수reciprocal teaching를 제안한다.[122] 상보적 교수 전략은 교사가 아동들이 할 수 있고 다룰 수 있는 것에 몰두하도록 그들을 이끌면서 그들이 할 수 없는 것은 지원해 주는 방식을 말한다. 이를 위해 교사는 아동들과 상호 작용하고 대화할 시간을 갖고, 아동과의 간주관성에 이르기 위해 아동의 관점에서 사물을 볼 수 있어야 하고, 아동이 속한 가정과 문화를 이해할 수 있어야 한다. 상보적 교수는 교사의 적극적 참여를 독려한다. 일반 수업 활동에서처럼 교사가 아동에게 과제를 제시하고 교실을 돌며 질문이나 비평을 해주는 소극적인 참여가 아니라 교사가 아동의 과제에 직접 참여함으로써 아동과 함께 과제를 해결해 가는 교수 방식이다. 따라서 교사는 아동과 과제 상황을 함께 공유하면서 아동의 과제 반응에 민감하게 대처하고, 반응을 면밀히 관찰 분석하여 과제 해결을 위한 적극적인 안내자로서의 역할을 담당한다.

또한 위치와 스톤Wertsch & Stone은 ZPD에서의 교수 방식으로 예기적 교수proleptic instruction를 언급한다.[123] 예기적 교수는 아동이 교사의 지도하에 실제로 과제를 수행하면서 과제와 관련된 상황적 지식을 창출하는데 참여하고, 문제와 문제 해결에 관한 교사의 이해를 획득하는 방식을

---

122. A. S. Palincsar & A. L. Brown, "Reciprocal Teaching of Comprehension - Fostering and Monitering Activities," *Cognition and Instruction* I, 1984, pp. 117-75.
123. B. Rogoff & W. Gardner, op. cit., p. 101.

의미한다. 아동은 가끔 형식적 혹은 비형식적 교수 활동에서 교사를 관찰함으로써 지식과 기술을 학습하게 된다. 이러한 과정은 대부분 교사에 의해 안내되는 단순한 과제를 수행하지만, 아동에게 편안하면서도 약간은 도전적인 상황을 조성해 주는 것이 필요하다.

예기적 교수는 교수 활동에 아동의 참여를 강조하면서 설명과 시범의 통합적 방식을 취한다.[124] 단지 교사의 언어적 설명에만 의존하기보다는 설명과 시범(사례)이 함께 적용되는 교수 활동에 아동을 참여시키는 방식이 더 생산적이며, 단지 비언어적인 시범보다는 교사의 주의 깊은 안내와 과제를 통한 아동의 참여를 유도하는 교수 활동이 훨씬 효과적이다. 예기적 교수는 의도적이지만 무언의 과정으로서 기능한다. 지식과 기술은 문제 해결에 관한 어떤 명시적 지도보다는 공유된 구조를 통해 전수되므로 문제 해결에 관한 명시적 처방보다는 특별한 문제 상황에서 개발된 무언의 과정을 중시한다. 따라서 예기적 교수는 참여자로 하여금 의도적이고 유연한 방식 속에서 지식과 기술을 습득하고, 의사소통의 과정 속에서 지식을 구성하도록 하는 방식이다. 이처럼 예기적 교수는 의도적인 상호 작용 하에 명시적 해결보다는 문제 해결의 공유된 구조를 전수하도록 하는 전략이라고 할 수 있다.

지금까지 고찰했듯이, 비고츠키는 기존의 인지 발달에 관한 개인적 · 사회적 현상의 분리를 극복하기 위해 사회 · 역사적 인지 발달 이론을 주장하고, 개체 발생 측면뿐만 아니라 계통 발생의 사회 · 역사적 측면에 관심을 기울인다. 그는 인지 발달의 사회적 측면에 관심을 두고 인간의 고등 정신 기능의 형성 과정에 관심을 둔다. 그리고 그는 인간의 고등 정신 기능의 사회적 기원을 다루면서 개인 간 정신 기능 형태가 개인 내 정신 기능에 강력한 영향을 미친다고 주장하고, 개인 간 정신 기능이 개인 내 정신 기능으로 변화하는 과정에 대한 설명으로 ZPD라는 개념을 도입한

---

124. Ibid, p. 102.

다. ZPD는 사회적 현상이 심리적 현상으로 전환되는 지점으로서 아동 발달의 심리학적 관점과 교수 활동에 관한 교육학적 관점을 연결시킨다. 그리고 아동의 이미 완성된 성숙뿐만 아니라 성숙 상태에 있는 과정을 고려하므로 ZPD는 교수를 계획하고 교수 결과를 설명하는 데 필요한 분석적 도구가 된다.

비고츠키의 ZPD에서의 교수 활동은 심리적 도구(언어)를 매개로 교사와 아동 간의 대화를 통해 아동을 잠재적 수준으로 인도하는 기획으로서 발달과 교육을 동시에 고려한다. 도덕과 교육에서의 ZPD 접근 방식은 기본적으로 공유된 사회·문화적 가치를 전제하므로 이러한 가치에 대한 숙지를 통해 아동의 도덕 사회화를 견고히 할 수 있다. 또한 아동의 도덕 발달 수준을 고려함으로써 보다 높은 도덕 원리를 선택할 수 있는 능력을 배양할 수 있다. 따라서 ZPD 접근 방식은 하나의 틀 속에서 도덕 규칙을 내면화하고, 보다 높은 도덕 원리의 능동적 가치 구성을 독려함으로써 도덕 추론 능력을 함양할 수 있도록 하는 유용한 접근 방식으로 활용될 수 있을 것이다.

3. 탐구 공동체

(1) 개념 및 특성

탐구 공동체Community of Inquiry의 개념은 원래 미국의 실용주의자인 퍼스C. S. Peirce에 의해 처음 사용되었다고 추정된다.[125] 그리고 이 개념을 립맨과 샤프A. M. Sharp가 아동을 위한 철학 교육의 방법론으로 발전시켰다. 이 개념은 교육 체계에 민주적 신념을 적용시킨 것으로서, 이것은 어린 아동들도 지적인 대화와 민주적 과정에 참여할 수 있다는 립맨의 생각이

---

125. R. Ohlsson, "An Early Form of the Community of Inquiry: The Study Circle," *Thinking: The Journal of Philosophy for Children*, Vol. 14, no. 2, p. 28.

반영된 것이다. 어린 아동들도 마땅히 존중받아야 할 가치가 있고, 사고하는 인간으로서 취급되어야 한다는 것[126]이 그의 주장이다.

퍼스의 영향을 받은 듀이는, 교실은 탐구하는 공동체가 되어야 한다는 것을 강조하고, 교실에서의 탐구 공동체 활동을 통해 아이들에게 민주 시민의 기본 자질을 길러 주어야 한다고 주장하였다.[127] 그는 거대 사회가 완전한 민주주의 사회가 되려면 거대 공동체가 되어야 한다고 주장하고, 이를 위해 자유로운 사회적 탐구와 모든 시민 간에 자유로운 의사소통이 필요하다고 주장하였다. 그리고 이러한 사회에서 민주 시민이 되기 위해서는 학교 자체가 민주적이어야 하며, 참여적 민주 시민의 자질을 길러 주기 위해서는 교실을 탐구 공동체로 전환해야 한다는 것이다. 한마디로 듀이에게 있어서 교실은 상호 작용하고 협력하는 거대 공동체의 축소판이 되어야 한다는 것이다.[128]

탐구 공동체는 탐구와 공동체 개념이 결합된 조합어이다. 탐구는 사려 깊고 신중한 토론 활동을 통해 합리적 사고력과 문제 해결 능력을 기르는 것을 의미하고, 공동체는 공동체 활동을 통해 타인의 존중과 협동심 같은 공동체 의식을 함양하는 것을 뜻한다. 즉, 탐구 공동체는 탐구 활동을 통해 애매하거나 불확실한 것을 분명하고 확실한 것으로 이끌어 가면서 자기 수정적 사고와 판단을 촉진하고, 공동체 내에서 공개적인 토론 활동을 통해 합리적이고 객관적인 근거를 마련하면서 협동심, 관심, 믿음, 안정성과 공동 목표감을 불러일으키도록 고무한다.

탐구 공동체는 구체적으로 아동 중심의 대화와 토론으로 이루어진다. 대화식 토론 과정에서 아동들은 자발적 사고 활동을 촉진하고, 스스로 의미를 발견하고 내면화한다. 소그룹으로 배열된 자리에 앉아 서로에 대한

126. Ibid., p. 28.
127. 조성민(2000), 『인성과 창의성 개발을 위한 NIE 탐구공동체 활동 프로그램』, 교육과학사, p. 14.
128. 위의 책, p. 14.

관심과 배려, 협동과 믿음 그리고 존중과 격려의 분위기 속에서 자신들이 흥미 있어 하는 주제에 대해 탐구한다. 탐구를 진행하는 과정에서 의견을 교환하고, 더 좋은 판단의 근거와 준거를 마련하고, 자기 수정적 사고를 통해 관점을 변경하고 확대하는 활동을 한다. 이러한 과정을 통해 더 좋은 사고와 사고 기술을 습득할 뿐만 아니라 다른 사람을 존중하는 마음과 원숙한 대인 관계를 형성하는 기술을 획득하게 된다.

탐구 공동체는 탐구를 공동체로 접근하는 방식으로서, 공동체가 정당하고 합리적인 논거를 토대로 건전한 비판과 토론을 통해 문제를 해결하고 발전을 모색하는 방식이다. 이러한 접근의 배경에는, 아동들은 천성적으로 또래 집단을 좋아하고 어울리기를 좋아하기 때문에, 탐구를 촉진하려면 또래 집단과 어울리도록 해서 흥미를 유발할 수 있는 환경을 만드는 것이 중요하다는 생각이 깔려 있다.

그리고 이 접근은 탐구 공동체를 통해 건전한 사고와 합리적 행동을 가능하게 해주는 기능과 능력 그리고 성향과 전략을 가르치고 배우는 데 관심을 둔다. 그리고 공동체적 상호 작용을 통해 학생들의 인지 구조의 발달을 가져오고, 스스로 사고하도록 함으로써 자기 수정 능력을 배양하도록 하는 계획인 것이다. 이로써 탐구 공동체에서의 교육은 스스로 의미를 찾고 판단을 길러 주는 삶 그 자체가 되고, 학생들은 능동적으로 활동하고 스스로 삶을 계획하는 사람이 된다. 따라서 이 접근은 어떤 공동체의 공동 목적을 지향하며, 구성원이 탐구 과정에 참여하여 합리적 대화와 토론을 통해 스스로 사고하는 방법을 습득하도록 하는 데 그 목적이 있다.

이러한 맥락에서 탐구 공동체는 다음과 같은 특징을 갖는다.[129] 첫째, 탐구 공동체는 어떤 특정한 결과를 산출할 목적으로 진행되는 목적적 과정이다. 둘째, 탐구의 과정은 어떤 방향감을 갖고 움직인다. 셋째, 탐구의 과정은 단순히 주고받는 것이 아니라 대화적인 것으로서 논리라는 절차적

---

129. M. Lipman, *Thinking in Education*, New York: Cambridge University Press, 1991, pp. 229-41.

규칙에 의해 구성되는 구조를 갖는다. 그리고 넷째, 탐구의 과정은 합리적 사고와 배려적 사고 그리고 비판적 사고와 창조적 사고에 의해 진행된다.

(2) 운영 및 교사의 역할

탐구 공동체는 공동체 형식으로 접근하는 탐구 방식이다. 탐구 공동체 주의자들은 탐구 공동체 접근에 대한 기본적이고 포괄적인 원리나 조건을 제시한다. 탐구를 공동체로 접근함에 있어 공동체를 구성하는 구성원의 합리적 태도와 상호 존중하기, 교화의 배제, 교실의 물리적 환경, 소그룹 형성과 같은 몇 가지 선행 조건들과 탐구를 반성적 사고 과정과 관련하여 몇 가지 범주로 나누어 접근하도록 하는 포괄적 방법을 제시하고 있다. 이렇게 본다면 탐구 공동체는 어떤 일정한 형식이나 구체적 틀로 이해되기보다는 탐구를 공동체 형식으로 접근한다는 포괄적이며 역동적인 접근 방식으로 이해할 수 있다. 따라서 탐구 공동체는 이러한 원리와 조건을 바탕으로 여러 가지 구체적 모형의 구안이 가능하다.

립맨은 이러한 원리와 조건을 토대로 5단계 모형을 제시하고 있다.[130] 첫째는 교재를 제공하는 단계로서, 교재를 돌아가며 소리 내어 읽는 단계이다. 아동의 윤독 활동은 구성원들이 읽기와 듣기를 돌아가면서 진행하기 때문에 수업에의 참여와 아동 개개인의 흥미와 의문 나는 곳을 발견하게 해준다. 둘째는 안건을 구성하는 단계로서, 교재를 읽은 후 학생들이 자발적으로 참여하여 스스로 문제를 제기하고 선택하도록 하는 단계이다. 이 단계에서 교사는 학생들의 관심사를 발견하고 토론 준비를 한다. 학생 스스로 문제를 선택하게 함으로써 참여도를 높이고 창의적인 의미 구성 활동을 자극할 수 있다. 셋째는 공동체를 결속하는 단계로서, 선

130. Ibid., pp. 241-3.

택한 주제를 가지고 공동체 구성원들이 토론을 통해 대화적 탐구를 하는 단계이다. 이때 토론이나 담화가 산만하게 진행되지 않고, 타인의 말에 귀 기울이며, 자신의 말 또한 가다듬어 표현하는 것이 중요하다. 넷째는 연습 문제와 토론 주제 이용하기 단계로서, 주제에 대한 탐구가 이루어진 다음에 탐구를 심화 확대시키는 단계이다. 교사는 교사용 책자를 활용하고, 탐구는 학문적 전통으로부터 문제를 인용해 전문적인 안내 방향을 따른다. 그리고 마지막은 심화 반응을 이끌어내는 다양한 시도로서, 상호 협력을 통해 이룩한 비판적, 창조적 사고의 종합을 깨닫게 하는 단계이다.

한편 조성민은 탐구 공동체의 기본 전략으로서 주제 및 자료의 선정, 수업 또는 활동 목표의 설정, 탐구지 구성을 제시하고, 운영 방법으로서 7가지를 제시하고 있다.[131] 첫째는 교과 안에서 탐구 공동체 수업을 할 경우 교과 내용 또는 주제와 관련하여 소재를 선택하여 탐구지를 만들고, 둘째는 최소한 3~4주일 전에 학생들에게 충분한 시간적 여유를 주고서 자료를 수집하도록 하고, 셋째는 수업 1~2주일 전에 수집한 자료를 제출받아 교사가 단독으로 또는 학생들과 공동으로 탐구지를 구성하여 탐구 공동체 수업에 투여하며, 넷째는 수업 준비가 되면, 토론의 유형을 결정하고 수업의 절차에 대해 간략히 설명한 후, 다섯째는 교사는 학생들에 대한 공정한 배려의 마음가짐(FAIR)을 가다듬고, 탐구 공동체의 규칙을 학생들에게 상기시키고, 여섯째는 학생들의 토론 활동이 어떻게 평가되는지를 알려 주고, 마지막으로 탐구 공동체 활동을 교실 밖으로 확장시키도록 한다.

이러한 탐구 공동체 활동을 원만하게 진행하려면 교사의 역할이 매우 중요하다. 교사는 아동들이 스스로 생각하고 대화에 참여하도록 하는 분위기 조성과 아동들의 다양한 능력과 경험을 이해하고 존중하며 적극적

---

131. 조성민(2001), 「인성과 창의성 개발을 위한 탐구공동체」, 『탐구공동체교육』 제1집, 탐구공동체교육학회, pp. 9-10.

인 탐구 활동을 촉진하도록 유도해야 한다. 또한 합리적이고 논리적인 토론 과정을 이끌도록 진행을 도와주고, 아동들의 오류를 찾아내고, 불명료한 부분에 대한 명료화 과정과 아동들 사이의 친숙한 관계 형성에 관심을 보여야 한다. 교사는 절대적 권위를 소유한 사람이 아니라 탐구 과정에 함께 동참한 한 구성원일 뿐이다. 조성민은 교사의 기본 자질에 대해[132] 첫째, 고전이나 신문 등의 다양한 자료를 수집, 분석하고 평가하면서 교과 수업 또는 활동과 관련지어 연구하는 열성이 있어야 하며, 둘째, 토론을 이끌어 갈 수 있는 기량을 갖추어야 하며, 셋째, 모든 학생들에 대해 애정과 관심과 존중의 태도 그리고 공평한 배려의 태도를 가져야 한다는 점을 제시하고 있다.

(3) 통합적 접근

① 탐구

오늘날은 세계화와 국제화 시대를 지향하는 개방화된 사회이다. 이러한 사회에서는 다양한 가치와 다원화된 사회가 공존하며, 사물과 현상에 대한 절대적이고 폐쇄적인 관점보다는 다양한 시각으로 접근하는 상대적 관점이 강조된다. 이 같은 시대적 상황 하에서 우리에게 요구되는 것은 비판적이고 창의적인 사고이다. 삶의 다양성과 미래에 대한 불확실성은 무엇보다도 자신의 삶을 주체적으로 이끌 수 있는 자율적 인간을 요청하고 있다. 이러한 시각에서 인지적 측면의 도덕성, 즉 합리적 판단 능력을 함양하고자 하는 자율적 접근은 오히려 강화되어야 할 것이다.

그렇지만 도덕적 행동의 동기화를 위해서는 인지적 측면의 도덕성뿐만 아니라 정의적 측면의 도덕성 또한 불가피하다. 따라서 도덕적 인지와 도덕적 정서의 균형이 유지되어야 하며, 인지적 접근 또한 기존의 자율론

적 접근 방식을 견지하기보다는 이를 발전적으로 수용할 필요성이 제기된다. 그동안의 자율론적 접근은 지나치게 개인의 자율적 판단에만 의존하여 도덕 판단의 상대주의적 경향이라는 한계를 드러내게 되었다. 이와 같은 한계는 급기야 도덕의 문제를 기호의 문제로 환원하여, 어느 것이 옳고 그른지에 대한 도덕적 회의를 초래하게 되는 하나의 원인을 제공하였다. 탐구 공동체는 이러한 문제에 대해 많은 시사점을 제공한다.

립맨과 샤프에 의해 주도된 탐구 공동체는 아동의 사고 교육을 위한 철학 교육의 접근 방법으로 출발하였다. 이들은 올바른 사고와 가치관 정립을 위해 어릴 때부터 체계적인 프로그램이 필요하다고 생각했다. 따라서 이 프로그램은 올바르고 합리적인 사고를 목적으로 하고, 올바른 가치관 형성과 바른 행동을 그 사고의 내용으로 하고 있다. 이러한 관점에서 탐구 공동체는 도덕과 교육과 밀접하게 관련되어 있다.

탐구 교육은 아동에게 덕목을 알려 주고 그것을 반성적 사고 없이 수용하여 습관화시키는 전통적 도덕과 교육과는 다른 방식이다. 기존의 덕목을 가치 있는 것으로 전제하고 그것을 내면화하려 했던 덕목주의적 방식은 다양한 가치가 상존하는 세계화 · 정보화 시대에는 그 힘을 상실한다. 더욱이 가치가 서로 갈등하고 긴장하는 상황이나 기존의 사회적 가치가 개인이 처한 상황과 맥락 내에서 결정되어야 하는 도덕적 판단의 문제에 관해서는 더욱 그 한계가 드러난다. 따라서 앞으로의 도덕과 교육은 자기 스스로 비판적이고 반성적이며 창의적인 사고 과정을 통해 기존의 가치를 재구성하도록 지도하여야 한다. 그렇지 않으면, 기존의 가치나 덕목이 개개인의 도덕적 의무로서 작동하기 어렵다. 도덕과 교육이 맹목적인 가치의 수용이 아닌 윤리적 탐구로서의 교과가 되어야 하는 이유가 여기에 있다. 그렇다고 기존 가치나 덕목을 내면화하는 것이 중요하지 않다는 것은 아니다. 다만 도덕과 교육이 지향해야 할 목표로서의 자율성은 아무리 강조해도 지나치지 않다는 것이다. 이러한 관점에서 윤리적 탐구를 중시하는 탐구 공동체적 접근이 주목받는다.

탐구 공동체는 기존의 자율론적 방식과는 몇 가지 점에서 구별된다. 첫째는 탐구의 방법적 특성이고, 둘째는 기존의 자율론적 접근에서는 인지적 측면만을 강조한 반면에 탐구 공동체에서는 도덕성의 정의적, 행동적 측면의 요소를 포괄적으로 다룬다는 점이다. 셋째는 기존의 자율론적 접근은 개인적 기능으로서의 자율성을 강조하지만, 탐구 공동체에서는 사회적 성향으로서의 자율성을 강조한다.

먼저, 탐구의 방법적 특성을 살펴보자. 립맨은 레스닉 L. Resnick의 고차적 사고의 개념을 비판적 사고, 창조적 사고, 배려적 사고의 개념으로 발전시킨다.[133] 그는 비판적 사고를 진리의 문제와 관련된 것으로 간주한다. 그리고 비판적 사고의 궁극적 목적을 판단과 근거에 의한 사고, 자기 수정적이고 맥락적인 사고로 특징짓는다. 또한 창조적 사고를 의미 구성과 관련된 것으로 보고, (그것을) 가능한 세계에 대한 세밀한 윤곽을 제공하는 상상적 사고, 무에서 유를 찾는 독창적 사고, 무언가를 만들어 내는 생산적 사고, 관습적 해결을 부정하고 스스로 생각하는 독립적 사고, 부분과 부분, 부분과 전체의 관련을 상황에 따라 생각하는 통합적 사고 그리고 새로운 것을 창출하는 산파적 사고로 세분한다.

배려적 사고는 가치와 관련된 것으로 보고, 정신이나 예술, 학생들의 활동을 도와주는 후견적 사고, 보호, 유지, 구제를 포함하는 보존적 사고, 치료와 교정의 복구적 사고, 양육하고 증진하며 훈련시키는 것을 하는 양육적 사고, 존중과 칭찬과 보살핌을 포함하는 찬양적 사고, 상상을 통해 타인의 경험을 함께 나누는 공감적 사고, 가치 있고 합리적인 것을 존중하고, 아름다운 것을 인정하고, 덕 있는 것을 경탄하며, 정서적인 면을 고려하는 인정적 사고, 옳고 그른 것에 대한 근거나 추론에 대한 경험과 관심을 갖는 윤리적 사고로 구분한다.

---

133. M. Lipman, "The Contributing of Philosophy to Deliberative Democracy," *Teaching Philosophy on the Eve of the Twenty-First Century*, ed. D. Evans, I. Kucuradi, Ankara, Meteksan, 1998, pp. 17-20.

이처럼 탐구 공동체에서의 사고의 방법적 특성은 비판적 사고로써 추론의 근거와 판단의 절차를 알도록 하고, 창조적 사고로써 의미의 관련성과 대안 및 그 결과들을 고려하고 통합하며, 배려적 사고로써 타인에 대한 감수성을 길러 준다는 측면에서 포괄적으로 접근하는 기존의 자율론적 접근보다는 사고에 관해 더 분석적이며 체계적이다. 이러한 탐구 공동체의 고차적 사고의 개념을 도덕과 교육에 적용한다면 도덕적 판단은 보다 합리적이고 객관적일 것이다.

기존의 자율론적 접근이 도덕의 발달을 지능의 발달과 관련지어 도덕성의 발달을 인지 발달로 보고 인지적 요소를 강조한 것과는 달리, 탐구 공동체에서는 사고를 단순한 기능만이 아닌 성향으로 간주한다. 사고 교육은 단지 사고 교육 자체만을 위한 것이 아니라 합리적 행동을 이끌기 위한 것으로서, 이때의 합리성은 행동에 대한 준비를 포함한다. 따라서 합리적 행동을 이끄는 사고는 그 기능뿐만이 아니라 그렇게 사고할 준비가 되어 있는 일련의 성향을 요구한다. 사고를 성향으로 보는 것은 인지적 측면뿐만 아니라 정서나 행동까지 고려하는 것을 의미한다. 성향 없는 사고의 기능은 가치가 없으며, 사고 없는 성향은 건전하지 않다는 립맨의 주장은 인간의 사고가 감정이나 행동과 분리되어 작용하지 않는다는 것을 단적으로 드러낸다.[134] 사고와 감정은 분리되어 독립적으로 존재하는 것이 아니며, 인지적 요소에 정의적 요소가 포함되어 있다고 주장하는 것이다.[135]

또한 탐구 공동체에서의 자율성 개념은 기존의 자율론적 접근에서의 자율성 개념과는 차이가 난다. 자율론적 접근에 있어서 자율성의 토대로서 이성은 칸트의 이성적 자기 입법에 기원을 둔다. 그는 자신의 도덕 철학에서 이를 의지의 자율로 표현하고, 자율성을 도덕적 행위자가 자신이

---

134. A. M. Sharp, L. J. Splitter, *Teaching for Better Thinking*, Melbourne: Acer, 1995, pp. 6-8.
135. M. Lipman 외, 서울교대 철학연구동문회 편역(1986), 『어린이를 위한 철학교육』, 서광사, p. 137.

따라야 할 도덕 규칙을 스스로 입법하는 것으로 보았다. 그리고 여기서 도덕성의 근원으로서 이성은 경험적 세계로부터 파생되는 것이 아닌 실천적 이성과 보편적 형식이 결합된 이성으로서 구체적 내용이 결여된 공허하고 추상적인 형식이다. 따라서 자율론적 접근은 도덕성의 근거를 이성에 두고 사회·문화적 맥락에서 벗어나 보편적 가치를 추구하고 정당화함으로써 개인을 파편화·원자화하였다는 비판에 직면한다.

그러나 탐구 공동체에서의 자율성은 도덕 교육의 내용으로서 전통과 사회적 가치들을 자율적 판단의 근거로 간주한다. 전통과 사회적 가치에 기반을 둔다는 것은 사회적 성향으로서의 자율성의 개념을 의미한다. 그러나 전통과 사회적 가치가 자율성의 토대로서 존중되지만 그것이 절대적 가치로서 그저 무비판적으로 수용되고 받아들여지는 것이 아니라 시대적 상황에 따라 그 정당성을 묻고 의미를 재구성해 가는 과정을 거친다. 그러므로 이때의 자율성은 개인적 차원에서 이성에 근거하는 것이 아닌 나와 타인의 관점을 고려하는 상호 작용의 결과로서의 자율성이다. 따라서 기존의 자율론적 접근에서의 자율성은 내용이 결여된 형식적 절차가 중시되었으나, 탐구 공동체에서의 자율성은 탐구 과정으로서의 형식과 내용이 동시에 고려되는 접근이다.

이렇게 볼 때 탐구 공동체는 도덕에 대한 자율적 판단이 대화나 토론을 통해 공동체나 전통 내에서 다양한 관점들과 조우하면서 자기 수정적 과정을 거침으로써 독단이나 상대주의의 늪으로부터 벗어날 수 있다. 이처럼 탐구 공동체에서의 '탐구'는 체계적이고 심도 있는 합리적 사고의 계발과 사회적 성향으로서의 자율성을 고려함으로써 기존의 자율론적 접근에서의 단점이었던 개인적 차원에서의 합리적 사고를 사회적 차원의 합리성으로 승화 발전시킬 수 있고, 이를 통해 어느 정도 공동체 의식 결여를 극복하는 데 도움을 줄 수 있다.

② 공동체

 기존의 자율론적 접근에서 도덕 교육의 과제는 개인의 합리적 가치 판단 능력의 함양에 있었다. 따라서 기존의 사회가 가지고 있던 덕목의 내면화를 통한 도덕 사회화에는 별반 관심이 없었다. 오히려 덕목을 가르치는 일을 교화라는 이름으로 배척하였다. 이러한 교육적 결과는 아동으로 하여금 척박한 공동체 의식을 갖게 하였으며, 사회의 이익보다는 자신의 이익을 우선시하는 이기주의적 관점을 부추겼다. 이와 같은 도덕 교육적 반성은 덕목 교육을 강조하는 인격 교육적 접근을 도입하게 되는 원인을 제공하게 되었다. 인격 교육적 접근은 덕목 교육을 강조하고, 학생들로 하여금 덕목을 내면화하고 습관화하도록 하여 이를 실천으로 옮기도록 하는 데 주력한다. 이러한 도덕과 교육은 도덕 사회화를 유도하는 것이고, 공동체를 중시하는 도덕 교육이다.

 그러나 기존의 덕목주의와는 달리 인격 교육적 접근에서는 공동체 의식을 함양하는 동시에 개인의 자율성을 지향한다. 자칫 공동체를 중시하는 도덕과 교육은 개인의 자율성을 위축시킬 위험성을 내포하고 있다. 이것은 주지하다시피 도덕과 교육이 궁극적으로 지향하는 목표와는 상반되는 것이다. 특히 기존의 덕목주의에서와 같이 행동적 측면의 도덕성만을 강조하는 것이 아니라 도덕적 정서에 관심을 두는 접근이어야 할 것이다. 따라서 앞으로의 도덕과 교육은 개인의 자율성과 공동체 의식을 조화롭게 발달시키는 도덕과 교육이면서 인지적, 정서적, 행동적 측면의 도덕성 모두를 고려하는 접근이 되어야 할 것이다.

 탐구 공동체는 기본적으로 개인 간의 차이를 전제하고, 공동체를 개인들의 합리적 대화 구성체로 간주한다. 구성원들은 기본적으로 서로에 대한 차이를 인정하고 다양한 의견을 존중해 주면서 대화와 토론을 통해 합리적 탐구를 모색한다. 혼자서 문제를 탐구할 때에는 그 해결이 부분적일 수 있고, 편파적이며, 자기중심적일 가능성이 농후하다. 그러나 탐구가 타인과의 상호 작용을 통해 이루어질 때, 그 해결은 보다 객관적이고 공정한 판단에 가까이 접근할 수 있다. 공동체 구성원들과의 대화와 토론을 통해 합리적 근거를 발견하는 일은 개인 간의 차이를 극복하고, 구성원들 간의 깊은 상호 이해를 가능하게 한다. 그리고 합리적이고 객관적인 토대 위에서 문제를 해결하도록 하는 것은 도덕적 문제에 대해 개인적 차원을 넘어서 구성원 간의 합리적 합의에 의존하는 것을 의미한다. 따라서 탐구 공동체는 도덕을 개인적 차원이 아닌 사회적 차원으로 접근하는 것이다.

탐구 공동체는 교사와 학생 혹은 학생들 간의 활동으로 이루어지는데, 그 구성원들은 서로 배우고 도움을 주는 관계를 맺는다. 아동들의 도움뿐만 아니라, 아동이 교사로부터 혹은 교사가 아동으로부터 서로 도움을 주고받으면서 배우게 된다. 이러한 과정을 거치면서 사물과 옳고 그른 것에 대한 다양한 관점을 발견하고 인식하게 되고, 그러한 인식의 기반 위에서 협동적 사고는 합리적 탐구를 통해 공동 목적을 달성한다. 이와 같이 공동체의 집단 활동을 통해 봉사 정신과 우정 그리고 동정심을 함양하며, 궁극적으로는 공동체 의식을 견고하게 할 수 있다.

탐구 공동체는 다양한 능력과 재능, 가치와 관점을 소유한 사람들이 대화를 통해 협동적으로 도덕적 문제를 해결한다. 공동체 내에서 도덕적 문제를 합리적으로 해결해 나가는 데 요구되는 것이 협동적 사고이다. 과제 해결을 위해서는 언어를 사용하는 기술, 육체적이고 사회적인 기술 등 여러 기술이 필요하다. 여기에는 무엇보다도 협동 자체를 향한 경향성이 요구된다. 이러한 경향성에는 대체로 봉사 정신과 동정심의 성향이 동원된다. 그리고 이러한 성향은 무모한 충동적 행동을 최소화하고 예측 가능한 결과에 대한 반성적 사고를 고양시킬 때 가능하게 된다.

또한 합리적 탐구 과정을 공동체로 접근함으로써 자연스럽게 타인을 존중하는 마음이 생겨나게 된다. 구성원들 간의 대화와 토론은 타인의 관점으로부터도 사물을 보도록 하고, 자신의 의견만큼이나 타인의 의견을 존중하는 것을 학습하게 된다. 타인을 존중하는 능력의 발달은 나와 다른

입장에 대한 이해와 관용을 동반한다. 공동체 내에서의 합리적 탐구 과정
은 이성의 조율 이외에도 감성의 만남이 수반된다.

탐구가 개인과 개인을 관련짓는 수단이 되려면 타인과의 사회적 활동
을 통해 간주관성intersubjectivity의 형성이 필요하다.[136] 개인 간에 간주관성
이 발생하지 않을 때 개인 간의 다양한 차이를 극복하기는 매우 어렵다.
탐구 공동체 활동에서 간주관성은 다양한 사회 · 문화적 차이로부터 발
생되는 근본적 차이의 문제를 넘어서는 데 매우 필요한 요소이다. 일반적
으로 사람들은 다른 문화에 대해 피상적으로 객관적 요인을 알고는 있지
만, 간주관성이 개입되기 전까지는 그 문화에 대한 진정한 이해나 감정을
소유하지는 못한다. 심지어 같은 문화 내에서 성장한 사람들까지도 세계
를 인식하는 방식이 다르다. 이러한 차이로부터 야기되는 다른 의미 구성
때문에, 만약 생산적 인식을 창출하려면 간주관적이고 직관적인 이해가
필요하다. 간주관적이고 직관적인 이해의 발달은 타인을 이해하는 데 필
수적인 요소이며, 이것의 발달은 공동체 활동을 통해 촉진된다.

토마스J. C. Thomas는 비록 탐구 공동체가 지성의 만남이 일어나는 공동
체이지만 영혼의 만남이 이루어질 수 있는 곳임을 강조하면서, 영혼의 만
남이야말로 깊은 창발적 형질deep-emergents을 발견할 가능성을 높여 준
다[137]고 본다. 그는 합리적 탐구의 목적을 넘어서는 그 무엇을 찾고자 한
다. 그는 공동체를 자연적 공동체와 형식적 공동체로 나누고, 탐구 공동
체를 형식적 공동체에 포함시킨다.[138] 자연적 공동체는 자연적으로 인간
적 결합이 이루어진 공동체를 의미하고, 형식적 공동체는 사람들이 특별
한 목적을 성취하기 위해 함께 모인 공동체를 말한다. 탐구 공동체는 합
당성의 계발이라는 특별한 목적을 위해 만들어진 것으로서 형식적 공동

---

136. J. C. Thomas, "Community of Inquiry and Difference of the Heart," *Thinking: The Journal of Philosophy for Children*, Vol. 13, no. 1, p. 43.
137. Ibid., p. 44.
138. Ibid., pp. 44-5.

체에 속한다.

그러나 탐구 공동체에는 영혼적 요인이 존재하기 때문에 자연적 공동체의 측면을 지니고 있다. 탐구 공동체에서의 감성의 만남은 부버의 심오한 나와 너의 관계와 하이데거의 타인에 대한 전의식적 인식과 같은 것이라 할 수 있다.[139] 탐구 공동체에서 타인과 함께하는 활동은 타인을 객관적으로 바라보고 기술하는 것이 아닌 함께 경험하면서 느끼는 것이므로 합리성을 목적으로 하는 지성의 탐구라 하더라도 여러 사람들 간에 서로의 감정이 교제한다. 따라서 탐구 공동체 내에서 요구되는 타인 존중은 합리성의 창출로부터 공감(감정이입)의 발달로 확대된다.

도덕성 발달에서 공감은 매우 중요하다. 왜냐하면 공감은 도덕적 행위를 촉발하는 동인이 되기 때문이다. 타인의 관점을 이해하고 타인의 감정을 대리적으로 경험할 수 있는 능력을 겸비할 때 비로소 도덕의 성립이 가능해진다. 비록 공감이 대부분의 인간들에게서 자연스럽게 발달하는 정서이긴 하지만 도덕과 교육을 통해 좀 더 바람직한 방향으로 강화된다. 아동들로 하여금 공동체 내에서 폭넓고 다양한 감정을 경험하게 하고, 도덕적 대화를 통해 공감적 정서를 발달시킬 때 도덕적 행동을 위한 동기화는 촉진된다. 특히 공감은 이타주의적 행동을 매개한다. 남의 감정을 살필 줄 알고 이해할 줄 아는 사람은, 이것이 이타적 행위의 동기적 기초가 되어, 타인을 더 많이 생각하고 어려움을 도울 수 있는 행동으로 발전시키게 된다.

실제 도덕적 상황에 대한 정확한 이성적 판단만으로는 인간의 도덕적 행위를 보장하기는 어렵다. 감정적 배려와 관심 없이, 즉 다른 사람의 처지에 자신의 감정을 이입하는 능력이 결여되어 있다면 도덕적 행동의 동기를 유발하기는 어렵다. 정확한 도덕적 판단은 합리성에서만 도출되는 것이 아니라 타인과 접촉하면서 느끼는 직관적이고 정서적인 요인을 고

---

139. Ibid., pp. 44-5.

려할 때 완성된다. 이처럼 탐구 공동체 내에서 자연 공동체 요소를 촉진함으로써 공동체 구성원 간의 정신적 유대 관계의 성취가 가능하다. 이것은 단순히 어떤 특별한 목적 달성을 위해 존재하는 형식적 공동체를 능가하는 것이다. 이러한 관점에서 탐구 공동체는 합의를 중시하기보다는 의사소통을 중시한다. 공동체 활동을 통한 사람들 간의 공감적 이해는 의사소통적 이해의 토대가 된다. 공감 행위는 타자의 내면세계를 이해할 뿐만 아니라 그 이해한 바를 정확하고 민감하게 전달할 때 완성된다.

탐구 공동체는 타인과의 만남을 통해 다양한 관점과 개성을 접하며, 이를 통해 인간과 세계를 이해하고, 타인과의 상호 관계 속에서 협동심, 봉사 정신, 동정심을 키워 공동체 의식을 견고히 하는 데 도움을 줄 수 있다. 또한 타인과의 교제는 역지사지의 성향을 갖게 하며, 타인 존중과 감정이입 그리고 배려적 사고와 공감 능력의 고양을 통해 이타심 같은 도덕적 정서를 함양할 수 있다. 타인과의 협동적 사고는 남의 관점을 존중하고, 합리적 공감대 위에서 자신의 관점을 변화시킬 수 있는 관용을 기를 수 있다. 이러한 시각에서 탐구 공동체는 타인과의 의사소통 활동을 통해 나의 준거와 관점을 검토하고 재구성하여 공동체 속의 나를 구성해 나가는 전략인 것이다. 이것은 분명히 기존의 덕목주의에서의 덕목을 중시하는 도덕과 교육이나 자율론적 접근에서의 개인의 추론 능력의 발달에 관심을 둔 것과는 구별되는 접근이다.

탐구 공동체적 접근은, 탐구 과정이 체계적이고 분석적이며 효과적인 공동체가 되려면, 탐구 과정에 대한 세부 계획이 요구된다. 이러한 문제는 탐구를 어떻게 계획하고, 공동체를 어떻게 조직할 것인가 하는 문제로 요약된다. 먼저 공동체 전략을 살펴보자. 탐구 공동체의 공동체 전략에서 중요한 것은 공동체를 어떻게 구성하느냐 하는 문제보다는 공동체 운영에 대한 교사의 기본자세나 학생들이 공동체 속에서 지켜야 할 기본 규칙이나 역할 분담 같은 것이다. 왜냐하면 공동체를 조직하는 문제는 탐구 사안이나 학급의 상황에 따라 유동적일 수 있기 때문이다.

공동체를 운영하는 교사는 다음과 같은 사항에 유념할 필요가 있다.[140] 첫째, 토론할 문제는 아직 해결되지 않은 문제로 선정하고, 둘째, 구성원 대부분이 관심을 갖고 있는 문제를 다루어야 하며, 셋째, 토론은 단순한 의견 표현 이상의 어떤 목적이 있어야 한다. 그리고 넷째로 토론은 어떤 진전이 있어야 하며, 다섯째, 교사는 공동체의 모든 구성원에게 똑같이 말할 수 있는 기회를 제공해야 한다. 여섯째, 토론의 원활한 진행을 위해 구성원에게 일련의 의무나 규칙을 부과하고, 일곱째, 각자의 발언에 대해 등급을 매기거나 평가하는 것을 삼가는 등의 사항을 고려해야 한다.

또한 어떤 형태로든지 공동체가 구성(토론에 필요한 사회자, 기록자, 발표자 등을 정하거나 구성원들의 구체적 역할 정하기)되면, 공동체 활동에 필요한 기본 규칙을 정해야 한다. 예를 들면, 학생들은 적극적으로 자신의 의견을 발표하며, 타인의 의견을 경청하고 존중하며, 옆 사람과 이야기하거나 소란을 피우지 않고, 주어진 과제는 정직하게 수행하며, 옳다고 판단하면 다 함께 실천의지를 다지는 등 학생이 준수해야 할 다섯 가지 기본 규칙을 들 수 있다.[141]

다음으로 탐구 전략을 살펴보면, 대체로 탐구 전략에는 탐구에 대한 기본 운영 전략을 토대로 탐구의 합리적인 절차적 과정이 필요하다. 윤리적 탐구의 기본 운영 전략은 반성적 사고에 토대를 둔 고차적 사고의 범주, 즉 비판적이고 창조적이며 배려적인 사고에 기초한다. 윤리적 탐구는 먼저 서로의 사고를 존중하면서 칭찬하고 감정이입하고, 둘째는 서로를 교정하고 협력하는 사고로써 자신의 오류 가능성을 인정하고 교정할 수 있는 열린 생각으로, 셋째는 적절한 근거와 맥락과 상황을 고려하면서 생산적인 사고로 새로운 무엇을 창출해 내어야 하며, 마지막으로 관습적인 사고에서 벗어나 다양한 관점에서 문제를 독립적이고 창의적으로 사고하

140. 조성민(2000), 『인성과 창의성 개발을 위한 NIE탐구공동체 활동프로그램』, 교육과학사, p. 19.
141. 조성민(2001), 앞의 논문, p. 8.

도록 하는 것이다.

탐구 공동체가 요구하는 윤리적 탐구가 되려면 탐구 대상에 대한 비판적이고 창의적이며 배려하는 사고가 되도록 하는 탐구의 절차가 필요하다. 그럼 어떻게 비판적이고 창의적이며 배려적인 사고가 되도록 윤리적 탐구 과정을 계획할 것인가? 윤리적 탐구로서 도덕과 교육이 추구하는 비판적이고 창의적인 사고를 위해서는 인지적 측면의 도덕성 함양을 위한 보다 심도 있고 체계적인 접근이 필요하다. 오히려 인지적 측면의 도덕성 함양을 강조했던 기존의 자율론적 접근에서보다도 더욱 체계적이고 분석적인 전략이 요구된다.

이러한 관점에서 탐구의 기본 전략으로서 기존의 자율론적 접근을 적극 활용하는 것이 필요하다고 생각된다. 예컨대 합리적 가치 판단 능력을 기르기 위한 탐구 전략으로서 가치 분석 모형을 적용할 수 있다. 가치 분석 모형은 합리적 가치 판단을 위해 추론의 근거와 판단의 논리적 연관성을 중시하는 전략이므로 비판적이고 창의적인 윤리적 탐구 활동에 도움을 줄 수 있다. 이렇게 된다면 탐구 전략으로 가치 분석 모형을 적용한 탐구 공동체 전략이 될 것이다.

그러나 가치 분석 모형은 인지적 측면에서는 강점을 가지나 정의적 측면에서는 보완이 필요하다. 따라서 이러한 점을 보완함으로써 기존의 자율론적 접근의 한계를 극복할 수 있다. 이렇듯 탐구 전략에는 인지적 사고 과정뿐만 아니라 정의적 사고 과정을 요구한다. 이에 대한 전략 역시 기존의 자율론적 접근에서의 배려 모형이나 역할극 모형을 통해 도움을 받을 수 있다. 이처럼 탐구 공동체에서의 탐구 전략은 기존의 자율론적 접근에서의 여러 전략들을 발전적으로 적용할 수가 있다. 이렇게 본다면 탐구 공동체에서의 탐구 전략은 탐구에 관한 한 개방된 전략으로서 다양한 전략의 구안이 가능하다 할 수 있으며, 이러한 점에서 기존의 집단 탐구 수업 모형과는 구별된다.

탐구 공동체는 어린이를 위한 철학 교육의 방법론으로 출발했다. 이 접근의 목표는 아동들이 스스로 생각하는 능력을 길러 자기 나름대로 세계와 인간의 삶에 대한 의미를 찾고 관점을 세우도록 돕는 것이었다. 탐구 공동체는 인간의 상호성을 바탕으로 올바른 사고를 형성해 주는 기능과 성향을 키워 주고, 타인을 존중하고 배려하는 마음, 나아가 감정이입 능력을 계발해 주며, 교실 환경을 도덕적인 탐구 공동체로 전환함으로써 도덕적 행동을 경험할 수 있는 장을 제공한다. 이러한 접근 방식은 인지적, 정의적, 행동적 측면의 도덕성을 균형적으로 발달시키고자 하는 도덕과 교육의 방향성과 일치한다.

탐구 공동체는 탐구의 개념을 확장하고 탐구의 내용을 강화하여, 인지의 범주를 사고와 감정까지 포함하는 포괄적인 인지적 개념으로 정립한다. 탐구를 견고히 함으로써 무비판적으로 도덕 규칙을 받아들이지 않고, 자신이 수긍하는 범위 안에서 도덕 규칙을 재구성하고 수용함으로써 다가치화된 국제화 시대에 주체적인 삶을 구성할 수 있는 능력을 겸비하도록 한다. 그리고 사고와 감정을 분리하지 않고 상호 역동적인 관계로 보고 통합적으로 접근함으로써 도덕적 행동의 동인을 보다 더 강화시킬 수 있도록 유도한다.

무엇보다도 공동체의 협동적 사고를 통한 탐구 활동은 사회적 가치와 전통 내에서의 자율적 판단이므로 하나의 틀 속에서 도덕 사회화와 자율성을 동시에 담보할 수 있는 장점을 갖는다. 이것은 기존의 자율론적 접근에서는 결여되었던 공동체 의식의 문제와 기존의 덕목주의의 한계인 자율성의 문제를 극복할 수 있다. 도덕 사회화와 발달을 하나의 틀 속에서 담아냄으로써 도덕을 단지 사회화나 개인의 자율성에서 기원하는 것으로 보지 않고, 도덕의 내용으로서 덕목이나 전통을 기반으로 하는 자율적 판단의 근거를 존중한다. 특히 사회가 공유하는 도덕적 가치나 덕목을 비판적으로 수용하고 내면화함으로써 공동체감을 함양하고, 합리적이고 객관적인 근거를 확보하는 과정을 통해 자신에게 의미 있는 도덕적 의무를 스스로 부여할 수 있는 자율적 가치 판단 능력을 함양할 수 있다.

도덕 사회화와 도덕 발달은 도덕과 접근 방식의 핵심적인 두 축이다. 도덕과 교육은 아동에게 사회가 공유하는 중핵적인 가치의 전수와 도덕적 추론 능력의 발달을 동시에 충족시켜야 하는 책무가 있다. 그러나 그간의 도덕과 교육은 이 두 과제를 만족스럽게 충족시키지 못한 채 어느 한쪽에 편중된 도덕 교육을 수행함으로써 논란의 대상이 되어 온 게 사실이다. 도덕과 교육은 기본적인 도덕 규칙이나 덕목의 내면화와 더불어 자율적 도덕인을 실현해야 할 과제를 안고 있다. 따라서 아동의 도덕 사회화와 도덕 발달의 조화로운 함양이야말로 도덕과 교육이 지향해야 하는 중대한 과제이다. 이러한 관점에서 비고츠키의 ZPD와 탐구 공동체적 접근은 많은 시사점을 준다.

제3장 인지 · 정의 · 행동의 통합적 도덕과 교육의 내용

　앞 장에서 고찰했듯이, 초등 도덕과 교육의 목표는 '한국인으로서 살아가는 데 필요한 기본 생활 습관과 예절 및 도덕규범을 익히는 일(도덕 사회화)'과 '일상생활에서 부딪히는 도덕적 문제를 합리적으로 해결할 수 있는 판단 능력을 기르는 일(도덕 발달)'을 동시에 고려하고 있다. 이러한 도덕과 교육의 목표는 종래의 행동 중심의 도덕과 교육 과정에서 강조한 도덕성의 행동적 요소와 인지 중심의 도덕과 교육 과정에서 강조한 도덕성의 인지적 요소를 균형있게 접근하는 것이다. 따라서 제7차 이후의 도덕과 교육 과정에서는 도덕적 판단이나 도덕적 감정 그리고 도덕적 행동을 모두 포함하는 도덕과 내용 구성이 필요하다. 이러한 관점에서, 제7차 이후의 도덕과 교육의 내용 구성은 도덕성의 인지적 측면인 도덕적 지식에 대한 이해와 사고력이나 판단력을 기를 수 있도록 하는 내용, 도덕성의 정의적 측면인 도덕적 민감성이나 도덕적 의지를 고양시킬 수 있도록 하는 내용, 도덕성의 행동적 측면인 도덕적 실천을 다짐하고 실천에 옮기도록 하는 내용으로 구성되었다.

1. 제7차 도덕과 교육 과정의 내용

1. 내용 선정 및 조직의 원칙

제7차 도덕과 교육 과정의 내용 선정 및 조직의 원칙은 다음과 같다.[142]

1. 내용 선정의 원칙

도덕과의 내용은 도덕과의 목표와 유기적 관계를 가지고 있는 것으로서, 도덕과의 목표를 달성하기 위한 수단으로 선정, 조직되는 것이다. 제7차 초등학교 도덕과 교육 과정의 내용 선정 원칙은 다음과 같다. 첫째, 개인의 도덕적 성장과 인격 형성에 필수적인 규범들을 중심으로 내용 요소를 선정하였다. 둘째, 제6차 교육 과정에서와 마찬가지로 제7차 교육 과정에서도 각 생활 영역별로 학생들이 반드시 달성해야 할 주요 가치, 덕목을 중심으로 초등학교 3학년부터 고등학교 1학년까지의 내용을 선정하였다. 단, 제6차 교육 과정에서의 '주요 지도 요소'가 제7차 교육 과정에서는 '주요 가치 · 덕목'이라는 용어로 바뀌어 사용되고 있다.

셋째, 우리의 전통적 규범과 가치, 서구 민주 사회의 가치와 덕목 중에서 오늘날 우리 사회 현실에 적절한 내용들을 선정하였다. 넷째, 초등학교 학생들의 생활 경험과 관련되고, 실천 가능한 경험을 중심으로 선정하였다. 다섯째, 오늘날 우리 사회에서 크게 부각되고 있는 도덕적 문제들을 도덕적으로 판단해 볼 수 있는 내용들을 중심으로 선정하였다.

---

142. 교육부(1999), 『초등학교 교육과정 해설(III)』, 대한교과서주식회사, pp. 194-6.

2. 내용 조직의 원칙

제7차 초등학교 도덕과 교육 과정의 내용은 다음과 같이 조직, 구성되었다. 첫째, 내용 구성상 체계성을 매우 중시하였다. 제6차 교육 과정에서는 학년 간의 체계성만 주로 고려되었으나, 제7차 교육 과정에서는 학년 간의 체계성뿐만 아니라 초등학교 3학년부터 고등학교 1학년까지의 학교급 간의 계열성도 함께 고려하여 내용 선정을 체계화하였다. 둘째, 도덕과의 범위와 관련하여 좀 더 상세히 살펴보면, 도덕과는 그 본질상 학제적 성격을 띠고 있기 때문에 통합적 접근법integrative approach을 취하였다. 제7차 교육 과정에서는 제6차 교육 과정에서와 마찬가지로, 환경 확대에 따른 통합 원리에 따라 4개의 생활 영역(개인생활, 가정 · 이웃 · 학교생활, 사회생활, 국가 · 민족생활)을 기준으로 정하였다.

셋째, 도덕과의 계열성과 관련하여 좀 더 상세히 살펴보면, 도덕과의 내용은 우리나라 초등학생들의 도덕성 발달 특성을 고려하여 결정한 것이다. 초등학교 중학년의 경우에는 저학년의 바른생활과의 연계성을 고려하여 '개인생활'과 '가정 · 이웃 · 학교생활'에 강조를 두었고, 고학년인 경우에는 '국가 · 민족생활'을 좀 더 강조하여 구성하였다. 또한 초등학생들에게는 기본 덕목의 내면화가 필요하므로 같은 생활 영역의 내용을 매년 반복, 심화할 수 있도록 매 학년마다 네 개의 생활 영역을 모두 다루었다. 넷째, 제7차 교육 과정에서는 생활 영역별로 다루어야 할 내용 요소를 대폭 축소하여 각각의 내용 요소별로 좀 더 활동 중심적이고 심화된 학습을 할 수 있도록 내용을 구성하였다. 즉, 제6차 교육 과정에서는 총 68개('개인생활' 16개, '가정 · 이웃 · 학교생활' 16개, '사회생활' 20개, '국가 · 민족생활' 16개)의 내용 요소를 다루었으나, 제7차 교육 과정에서는 총 40개(각 생활 영역 모두 10개씩)의 내용 요소를 다루도록 하였다.

2. 내용 체계표 및 도덕 교과서 내용 구성

1. 내용 체계표

제7차 도덕과 내용 체계표는 〈표 5-1〉과 같다.[143]

2. 도덕 교과서 내용 구성

제7차 도덕과 교육 과정의 내용 구성은 다음과 같다.[144]

(1) 교과서 구성 방향과 체제

① 구성 방향

제7차 도덕과 교육 과정에서는 기존 교과서의 장점을 유지하면서 기술한 기존 교과서의 문제점을 개선하고자 하였다. 그 편찬 방향은 다음과 같다. 첫째, 제7차 도덕과 교육 과정의 내용을 충실히 학습할 수 있는 교과서가 되도록 한다. 제7차 도덕과 교육 과정의 내용은 오늘날 우리 사회에서 요구되는 중핵적인 도덕규범으로서, 제6차 도덕과 교육 과정의 내용보다 축소되었다. 즉, 제6차 도덕과 교육 과정의 교과서에서는 하나의 가치 · 덕목을 2차시에 걸쳐 지도하도록 되어 있었으나, 제7차 교육 과정의 교과서는 3차시에 걸쳐 지도하도록 하였다.

둘째, 도덕성의 인지적 요소, 정의적 요소, 행동적 요소들을 통합적으로 기를 수 있도록 제재의 내용을 구성하였다. 이를 위해 교육 과정에서 제시한 주요 가치 · 덕목을 3차시에 걸쳐 지도할 수 있도록 1차시에는 인지

---

143. 교육부(1999), 앞의 책, p. 194.
144. 교육부(2002), 『초등학교 교사용 지도서 도덕 5』, 대한교과서주식회사, pp. 40-4.

구분	주요 가치 덕목	3학년	4학년	5학년	6학년
개인생활	생명 존중 성실 정직 자주 절제	• 청결 • 위생 • 정리 정돈 • 맡은 일에 책임 다하기 • 물건 아끼고 소중히 하기	• 바른 몸가짐 • 스스로 생각하고 실천하기 • 시간을 아끼고 잘 활용하기	• 정직한 생활 • 절제하는 생활	• 근면하고 최선을 다하는 생활 • 생명을 소중히 하기
가정 · 이웃 · 학교 생활	경애 효도 예절 협동 애교 · 애향	• 효도와 우애 • 인사 · 언어 예절 • 약속과 규칙을 잘 지키기	• 친절과 양보 • 친족 간의 예절 • 친구 사이의 믿음과 우정	• 서로 아끼고 공경하는 마음 • 이웃과 다정하게 지내기	• 사랑과 관용의 자세 • 학교 · 고장의 발전과 협동
사회생활	준법 타인 배려 환경 보호 정의 공동체 의식	• 거리 · 교통 질서 지키기 • 환경 보호하기	• 공공장소에서의 예절과 질서 • 공정한 생활 태도	• 타인의 권익 존중 • 공익 추구의 생활 • 민주적 절차 준수	• 법과 규칙을 잘 지키기 • 타인에 대한 배려와 봉사 • 자연 보전과 애호
국가 · 민족 생활	국가애 민족애 안보 의식 평화 통일 인류애	• 나라 사랑 • 분단 현실과 통일 필요성 인식	• 민족 문화 유산 애호 • 국가 안보를 위한 바른 자세	• 국가 발전에의 협력 • 평화 통일의 당위성과 방법 • 올바른 국제 문화 교류	• 통일 국가의 미래상과 민족 통일의 의지 • 해외 동포들에 대한 이해와 사랑 • 세계 평화와 인류 공영

〈표 5-1〉 제7차 도덕과 내용 체계표

적 요소에, 2차시에는 정의적 요소에, 3차시에는 행동적 요소에 중점을 두어 교과서의 제재를 구성하였다. 셋째, 교과서의 획일적인 내용 구성 방식에서 탈피하여 교사와 학생이 선택할 수 있는 '선택 활동'을 설정하였다. 이런 구성은 제7차 교육 과정 총론의 내용 적정화 방침에 따라 학습 내용을 축소하면서 교사와 학생이 학교와 학급 형편에 따라 적절한 활동을 선택할 수 있게 하는 열린 교육적 구성이라고 할 수 있다.

넷째, 도덕과의 독자적 교수-학습 과정을 안내하는 교과서가 되도록 하였다. 즉, 교사에게는 가르칠 거리가 풍성하고 학생에게는 배울 거리가 풍부한 교과서로서 다른 교과의 수업에서는 경험하기 힘든 교수-학습 과정을 유도하는 교과서가 되게 하였다. 이를 위해 도덕적 사고나 도덕적 판단의 결과를 직접 제시하지 않고, 교과서를 통해 교사와 학생들이 결과에 도달하는 과정을 체험할 수 있도록 교과서 내용을 제시하였다. 다섯째, 하나 이상의 가치 · 덕목을 관련지어 구성하는 통합적 제재도 설정하였다. 하나의 가치 · 덕목으로 한 제재를 구성하는 것을 원칙으로 하였으나 경우에 따라서는 한 제재를 여러 가치 · 덕목으로 구성하기도 하였다.

② 구성 체제

제7차 도덕과 교육 과정은 통합적 접근을 기조로, 1차시에는 도덕성의 인지적 요소에, 2차시에는 정의적 요소에, 3차시에는 행동적 요소의 함양에 주안점을 두고 수업을 하도록 교과서를 구성하였다. 한 권의 도덕 교과서는 10개의 제재로 구성되며, 각 제재는 3차시로 인지 중심, 정의 중심, 행동 중심으로 구성하였다. '도덕' 교과서 제재 구성의 형태는 〈표 5-2〉와 같다.

(2) 교과서의 내용과 진술

'도덕' 교과의 내용은 체계적이고 연계성 있게 구성하려고 노력하였

차시	체제상의 특징
1차시 (인지적 요소 중심)	• 제재명 • 도입글 • 양쪽에 걸친 삽화 • 제재를 안내하는 발문이나 학습 목표 제시
	• 도덕적 판단을 위한 다양한 문제 상황 제시(생활 주변 이야기, 사례 중심) - 때에 따라서는 삽화, 만화, 사진 등으로 제시 • 문제 상황과 관련된 발문
2차시 (정의적 요소 중심)	• 감동적인 예화 제시(압축된 자료 형태로 제시, 두 가지 이상의 예화를 제시해도 좋음, 자신뿐만 아니라 타인의 감정도 공유할 수 있는 기회 제공) • 느낌이나 감정과 관련된 발문, 자신의 생활과 비교
	• 감동을 주는 동시, 광고 등 - 다른 사람의 입장 생각하기 - 감동을 주는 동시, 동요, 사진 등
3차시 (행동적 요소 중심)	• 실천할 내용 제시하기/실천해 보기 - 모범적인 실천 사례 찾기 - 실제로 해보기
	• 체험을 위한 활동 - 봉사 활동, 예절 연습 등 - 역할 놀이, 시뮬레이션, 미래/과거 체험하기 등
	• 실천 다짐하기(확언하기) - 마음에 새겨 둡시다 • 관련된 명언

〈표 5-2〉 제7차 도덕 교과서 제재 구성의 체제

다. 개인생활 영역에서는 생명 존중, 성실, 정직, 자주, 절제를, 가정 · 이웃 · 학교생활 영역에서는 경애, 효도, 예절, 협동, 애교 · 애향을, 사회생활 영역에서는 준법, 타인 배려, 환경 보호, 정의, 공동체 의식을, 국가 · 민족생활 영역에서는 국가애, 민족애, 안보 의식, 평화 통일, 인류애를 주요 가치 · 덕목으로 설정하였다(〈표 5-1〉 참조).

1. 약속과 규칙

우리는 살아가면서 많은 약속을 하게 됩니다. 약속을 잘 지키면 사람들끼리 서로 믿고 생활할 수 있습니다. 또, 사회생활을 하면서 규칙을 잘 지켜야 우리 모두 즐겁고 명랑한 생활을 할 수 있습니다.

- 약속과 규칙을 지켜야 하는 까닭을 알아봅시다.
- 약속과 규칙을 지키려는 마음을 다져 봅시다.
- 약속과 규칙 지키기를 실천해 봅시다.

약속과 규칙을 지켜야 하는 까닭을 알아봅시다.

수철이의 고민

수철이는 학급 신문을 만들기 위해 토요일 오후 3시에 반 친구들과 교문 앞에서 만나기로 하였습니다. 수철이는 컴퓨터 문서 작성 프로그램을 잘 사용하기 때문에 학급 신문을 만들 때에 없어서는 안 됩니다. 이번에는 다른 때보다 학급 신문을 더 잘 만들어 보자고 친구들과 다짐했습니다. 약속한 토요일이 되었습니다. 수철이가 학교에서 돌아와 학급 신문을 만들 준비물을 챙기고 있는데, 어머니께서 부르셨습니다. "수철아, 방금 아버지께서 전화하셨는데, 회사 친구분들이 우리 집에 오신다는 구나. 어디 가지 말고 나 좀 도와 주어야겠다." 어머니께서는 음식 준비를 하느라고 몹시 바쁘게 움직이셨습니다. 시계를 보니 약속 시각이 거의 다 되었습니다. "하필 이런 때에 손님이 오신담." 수철이는 어떻게 해야 할지 고민에 빠졌습니다.

> 1. 내가 수철이라면 어떻게 할지 이야기해 봅시다. 그렇게 생각하는 이유는 무엇입니까?
> 2. 약속을 지키는 것이 왜 중요한지 말해 봅시다.

경원이의 약속

경원이네 반 친구인 민수는 몸이 약해 자주 결석을 합니다. 지난주에도 몸이 아파 내내 결석을 했습니다. 그렇지만 공부는 열심히 합니다. 오랜만에 학교에 나온 민수가 점심시간에 걱정스러운 얼굴로 경원이에게 다가왔습니다. "경원아, 부탁이 있어. 사회과 자료 조사 과제 좀 가르쳐 줄래? 1주일이나 결석을 했더니, 어떻게 해야 할지 잘 모르겠어." "다른 아이들도 어렵다고 하더라. 마침 내가 만들어 둔 자료 목록과 자료가 좀 있는데, 내일 가져다줄게." 경원이가 수업을 마치고 집으로 가려 할 때, 친구들이 축구를 하자고 하였습니다. 경원이는 장래 희망이 축구 선수일 정도로 축구를 좋아합니다. "그래, 좋아. 한 경기만 하자." 빨리 집에 가서 민수가 부탁한 자료를 찾고 정리해야 했지만, 정신없이 축구를 하다 보니 어느덧 해가 지고 말았습니다. 집으로 돌아온 경원이는 저녁을 먹고 책상 앞에 앉았지만, 피곤하여 잠이 쏟아졌습니다. 책상 위에 엎드려 잠깐만 잔다는 것이 눈을 떠 보니 밤 12시가 넘었습니다. "에이, 그냥 자 버리자. 다음에 알려 주면 되겠지, 뭐." 하고 생각하면서 자리에 누우려던 경원이는 "아니야, 약속을 지키지 않으면 민수가 얼마나 섭섭해할까." 하고 다시 생각했습니다.

> 1. 경원이는 어떻게 해야 할까요? 그 까닭은 무엇인가요?
> 2. 우리가 약속을 지켜야 하는 까닭을 알아봅시다.

은주의 후회

은주는 학교에서 집으로 돌아오자마자 책상 앞에 앉았습니다. "은주야! 밖에서 돌아왔으면 손부터 씻어야지!" 하시는 어머니의 말씀은 들리지 않고, 눈앞에는 오늘 학교에서 있었던 일만 떠오르는 것이었습니다. 수업이 끝나고 계단을 내려갈 때였습니다. 군대에 간 삼촌이 오신다는 소식을 듣고 빨리 집으로 돌아가려는 마음에 은주는 계단을 뛰어 내려갔습니다. 그러다가 계단을 올라오던 아이와 부딪치면서 함께 넘어지고 말았습니다. 무릎이 몹시 아팠지만, 그것보다 은주는 자기와 함께 넘어진 아이가 더 걱정이 되었습니다. 그 아이는 큰 소리로 울면서 일어서지도 못하고 계단에 쓰러져 있었습니다. "큰일 났네. 많이 다쳤으면 어떡하지?" 순간, 겁이 덜컥 났습니다. 은주는 미안하다는 말도 못 하고, 너무나 겁이 나서 도망치듯 집으로 뛰어왔습니다. 은주는 저녁 식사를 하면서 음식 맛도 몰랐습니다. 방에 돌아와서 과제를 하려고 책을 펼쳤지만, 아무것도 할 수 없었습니다. 머릿속이 온통 넘어진 아이에 대한 걱정으로 가득 차 있었기 때문입니다. "그러게 급히 계단을 뛰어내려오지 말걸. 내가 왜 그랬을까?" 하고 후회를 했지만, 이미 때는 늦었습니다.

> 1. 내가 은주라면 어떻게 하였을지 이야기해 봅시다. 그렇게 생각하는 이유는 무엇입니까?
> 2. 우리가 규칙을 지켜야 하는 까닭을 알아봅시다.

약속과 규칙을 지키려는 마음을 다져 봅시다.

약속을 지킨 안창호 선생

안창호 선생이 중국 상하이에서 독립 운동을 할 때의 일입니다. 어느 날, 안창호 선생은 한 동포의 집에 들렀습니다. 이튿날이 그 집 아이의 생일이라는 것을 알게 된 선생은, 그 아이에게 생일 선물로 인형을 사주기로 약속했습니다. 마침 그때, 상하이의 홍커우 공원에서 윤봉길 의사가 일본군 장교와 관리들에게 폭탄을 던진 일이 있었습니다. 일본 경찰은 독립 운동을 하는 우리나라 사람들을 잡기 위해 샅샅이 뒤지고 있었습니다. 독립 운동을 하는 사람들은 모두 몸을 피했습니다. 안창호 선생을 모시던 사람들은 선생에게 당장 몸을 피할 것을 권했습니다. "지금은 일본군이 시내 곳곳을 지키고 있으니, 선물은 다음에 전하는 것이 어떨까요?" 그러나 안창호 선생은 단호하게 말했습니다. "나는 그 아이에게 오늘 선물을 주겠다고 약속했네. 나는 평소에 "장난으로라도 거짓말을 하지 마십시오. 꿈에라도 거짓말을 하지 마십시오."라고 말해 왔는데, 어떻게 약속을 어길 수 있겠나?" 안창호 선생은 선물을 기다릴 어린아이의 눈망울을 생각했습니다. 약속을 지키지 않아 그 아이를 실망시키고 싶지 않았습니다. 안창호 선생은 아이와 한 약속을 지키기 위해 선물을 들고 그 집으로 가다가 일본 경찰에게 붙잡히고 말았습니다.

> 1. 안창호 선생이 위험을 무릅쓰고 어린아이의 집으로 간 까닭은 무엇입니까?
> 2. 안창호 선생에게서 우리가 본받을 점은 무엇인지 말해 봅시다.

♣ 다음 글을 읽고, 나는 평소에 규칙을 잘 지켰는지 반성해 봅시다.

규칙을 지켜야지

영호네 가족은 입원하신 할아버지께 병문안을 갔습니다. 할아버지께서는 큰 수술을 받으셨는데, 이제는 많이 회복되었기 때문에 가족이 함께 뵈러 간 것입니다.

병원으로 가면서 영호는 아버지께 말씀드렸습니다. "아버지, 할아버지가 계신 병실에 꽃을 꽂아 드렸으면 좋겠어요." 그러자 아버지께서 말씀하셨습니다. "아니다. 꽃가루가 환자에게 좋지 않기 때문에 꽃을 선물하는 일은 삼가야 한단다." 그래서 영호는 할아버지를 즐겁게 해 드릴 수 있는 다른 방법이 없을까 생각해 보았습니다. 병원에 도착한 후, 영호네 가족은 면회 시간이 될 때까지 대기실에서 기다렸습니다. 병원 대기실에는 사람이 무척 많았습니다. 치료를 받기 위해 순서를 기다리는 사람들, 드리고 여러 가지 검사를 받으러 오가는 사람들로 대기실은 매우 복잡했습니다. 그런데 한 어린아이가 신을 신은 채 대기실의 의자 위에 올라가서 큰 소리로 떠들며 장난을 치고 있었습니다. 영호는 그 모습을 보면서 동생에게 말했습니다. "민호야, 여러 사람이 앉는 의자에 저렇게 신을 신고 올라가면 그 자리가 더러워져서 다른 사람들이 어떻게 앉지?" "맞아, 형. 그리고 저렇게 여러 자리를 차지하고 장난을 치니까, 몸이 아픈 사람들이 앉지도 못하고 서서 기다리잖아." 면회 시간이 되자, 영호네 가족은 엘리베이터를 타기 위해 줄을 섰습니다. 엘리베이터 문이 열리고, 많은 사람이 내렸습니다. 영호와 민호가 서둘러 타려고 하자, 아버지와 어머니께서 말씀하셨습니다. "애들아, 잠깐 옆으로 비켜서자." 휠체어를 타고 팔에 주삿바늘을 꽂은 환자가 바로 곁에 있었습니다. 영호와 민호는 그 환자가 엘리베이터 안으로 들어간 다음에 탔습니다. 병실에 들어서자 할아버지께서는 무척 반가워하셨습니다. 병실에는 다른 환자들도 있었습니다. 수술을 받은 지 며칠 안 된 환자들은 몹시 고통스러워했습니다. 의사 선생님과 간호사 누나들이 자주 병실을 드나들면서 환자들을 돌보고 있었습니다. 영호는 조심스럽게 행동했습니다. 그 환자들은 안정이 필요하므로, 큰 소리로 떠들거나 뛰어다니면 그 사람들에게 방해가 될 것이라고 생각했기 때문입니다. 영호는 작은 소리로 말했습니다. "민호야, 우리는 복도에서 뛰지 말자. 그리고 큰 소리로 떠들지도 말자. 알았지?" 민호는 고개를 끄덕였습니다. 영호와 민호를 바라보고 계시던 어머니와 아버지께서는 흐뭇한 미소를 지으셨습니다. 할아버지 옆 침대에는 영호 또래의 남자 아이가 누워 있었습니다. 이름이 철수였는데, 오른쪽 다리에 석고 붕대를 하고 있었습니다. 철수는 수영장에서 뛰어다니며 장난을 치다가 물기가 많은 바닥에서 미끄러져 다리를 다쳤다고 합니다. 집에 돌아온 영호는 병원에서 느꼈던 일들을 일기장에 적었습니다. 물론, 철수의 이야기도 적었습니다.

> 1. 이 이야기에 나타나 있는 규칙 중에서 우리가 지켜야 할 것들을 찾아봅시다.
> 2. 규칙 지키기와 관련된 나의 경험을 발표해 봅시다.

약속과 규칙 지키기를 실천해 봅시다.

♣ 약속을 잘 지키기 위한 방법을 알아봅시다.

◦ 잘 생각하고 약속하기
초롱: 기현아, 우리 내일 오후에 박물관에 갈까?
기현: 나는 내일 오후에 어머니와 치과에 가기로 했는데, 다음에 가는 게 어떨까?
초롱: 그래. 그러면 다음에 가자.

◦ 약속 장소, 시각, 준비물 확인하기
지은: (전화로) 성우야, 우리 수요일 오후 5시에 만나기로 했지?
성우: 그래, 오후 5시에 도서관 정문에서 만나기로 했지.
지은: 공책하고 연필 가지고 오는 거 알지?

성우: 맞아. 준비해야겠구나. 그럼 수요일에 만나자.

선택 활동 1. 카드놀이를 하며, 배운 것을 익혀 봅시다.

놀이 방법
1. 5-6명씩 모둠을 정합니다.
2. 모둠별로 아래 〈보기〉의 내용과 같이 한 가지씩 적어 '약속 놀이 카드'를 만듭니다.
3. '약속 놀이 카드'를 상자에 모두 넣습니다.
4. 가위 바위 보를 하여 이긴 사람부터 카드를 한 장씩 뽑습니다.
5. 카드를 뽑은 사람은 카드에 적힌 내용을 보고, 나는 그러한 경우에 어떻게 할지 친구들에게 이야기합니다.
6. 누가 상황에 맞게 바르게 이야기했는지 말해 봅시다.

보기
1. 약속한 친구가 나보다 먼저 와서 기다릴 때
2. 갑자기 약속을 지키지 못할 사정이 생겼을 때
3. 먼저 약속한 일보다 더 하고 싶은 일이 생겼을 때
4. 약속 시간이 지났는데도 친구가 오지 않을 때
5. 친구가 약속을 취소하고 싶어 할 때

선택 활동 2. 역할극을 해 봅시다.
                            …(중략)…
 선택 활동 3. 우리 반 친구들은 학급의 규칙을 잘 지키고 있는지 조사해 봅시다. 그리고 앞으로 규칙을 잘 지키기 위한 방법을 이야기해 봅시다.
                            …(중략)…
마음에 새겨 둡시다.
• 약속을 소중히 여기겠습니다.
• 지키지 못할 약속은 하지 않겠습니다.
• 나 자신과 한 약속도 지키도록 노력하겠습니다.
• 규칙을 소중히 여기겠습니다.
• 정해진 규칙은 꼭 지키겠습니다.

> 작은 약속을 지키지 못하면 큰 약속도 지키지 못한다.

〈표 5-3〉 제7차 도덕 교과서 구성과 진술의 예시
출처: 교육부(2002), 『도덕 3-2』, 대한교과서주식회사, pp. 4-25.

도덕과 교과서의 구성은 도덕성의 인지적, 정의적, 행동적 영역을 균형 있게 접근하고 있으며, 진술 방식은 전반적으로 학생들의 도덕적 논의를 중시하였다. 인지 중심의 접근에서의 진술 방식은 행위에 대한 이유나 근거 혹은 까닭을 묻는 질문이 제시되고 있다. 그러나 인지 중심의 접근에서의 목표는 도덕적 지식에 대한 지적 이해와 가치 판단 능력을 함양하도록 계획하고 있으나, 제7차 도덕과 교육에서는 주로 합리적 가치 판단 능력을 배양하기보다는 인지적 접근을 통한 덕목의 내면화에 초점이 맞추어져 있다. 정의 중심의 접근에서는, 제1차시의 인지 중심의 접근에서와는 달리, 학생들이 도덕적인 감동 사례를 제시하고 본받을 점과 느낀 점을 상호 발표하고 공유하게 함으로써 덕목을 가슴으로 받아들이도록 하는 데 관심을 두고 있다. 행동 중심의 접근에서는 앞 차시에서 학습한 인지적, 정의적 접근을 토대로 실제 학생들이 도덕적 실천을 하도록 유도하는 다양한 활동들을 제시하고 있다(〈표 5-2〉, 〈표 5-3〉 참조).

2. 2007년 개정 도덕과 교육 과정의 내용

1. 기본 방향 및 특성

2007년 개정 도덕과 교육 과정은 18개의 주요 가치 덕목과 4개의 영역 그리고 36개의 학년별 주요 지도 요소로 구성되어 있다. 이러한 내용 체계를 구성할 때에는 다음과 같은 기본 방향들이 추구되고 있다.[145]

첫째, 선행 연구 등을 토대로 우리 사회의 구성원으로서 알아야 할 기본적이고 핵심적인 도덕적 덕목을 중심으로 내용을 선정하였다. 둘째, 인

---

145. 교육과학기술부(2008), 앞의 책, pp. 242-4.

접 교과와 중복되는 내용을 조정하여 중복을 피하고, 필수적인 내용은 각 교과의 특성을 부각시켜 다룰 수 있도록 하였다. 셋째, 학생들이 일상 생활에서 경험하는 여러 가지 도덕적 문제 상황과 관련된 덕목을 중심으로 선정하였다. 넷째, 3, 4학년은 단일 덕목 중심의 내용 요소를 선정하고, 5, 6학년은 좀 더 추상적이고 수준 높은 다양한 적용의 문제와 연관된 요소를 중심으로 선정하였다. 다섯째, 3학년의 '도덕적 주체로서의 나' 영역에 도덕과 학습을 안내하는 메타 도덕[146]의 내용을 제시하여 도덕과 학습에 대해 안내할 수 있도록 하였다. 그리고 마지막으로 학년별 지도 요소의 수를 제7차 때의 10개에서 좀 더 줄여 내용 적정화를 도모하고자 하였다.

제7차 도덕과 교육 과정과는 달리, 개정 교육 과정에서는 기존의 **생활 영역 확대법**에 따라 분류한 개인생활, 가정 · 이웃 · 학교생활, 사회생활, 국가 · 민족생활의 4개 생활 영역을 **가치 관계 확대법**에 따라 '도덕적 주체로서의 나,' '우리 · 타인 · 사회와의 관계,' '국가 · 민족 · 지구공동체와의 관계,' '자연 · 초월적 존재와의 관계'의 네 영역으로 바뀌었다.[147] 영역 I의 '도덕적 주체로서의 나'에서는 도덕적 주체인 나를 중심으로 도덕의 개념, 삶의 목적, 도덕적 자율성 등을 다루는 가운데 개인의 도덕적 성장의 출발을 적절히 하고 기반을 다진다. 영역 II의 '우리 · 타인 · 사회와의 관계'에서는 가깝거나 먼 타인, 우리라는 공동체, 시민 사회의 제반 인간관계와 도덕적 문제들을 다루고, 특히 가족이나 친구와 같은 가까운 인간관계는 물론 그 연장선상에서 사회 전반의 보편적인 인간관계의 문제를 검토한다. 영역 III의 '국가 · 민족 · 지구공동체와의 관계'에서는 남북 분단과 통일의 문제, 세계화와 국가, 민족의 정체성 문제 등 현실

---

146. 메타 도덕이란 도덕 자체 곧 도덕이나 윤리학적 지식 자체를 직접 다루기보다는 도덕에 '관하여' 다루는 내용을 의미한다. 즉, 도덕의 본질이 무엇인지, 도덕과의 학습은 어떻게 해야 하는지 등이 그것에 해당한다. 위의 책, p. 243.
147. 위의 책, p 244.

주요 가치 덕목	내용 영역	3학년	4학년	5학년	6학년
정직 자주 성실 절제 책임 용기 효도 예절 협동 민주적 대화 준법 정의 배려 애국·애족 평화·통일 생명 존중 자연애 사랑	도덕적 주체로서의 나	• 도덕 공부는 이렇게 해요 • 소중한 나의 삶	• 정직한 삶 • 자신의 일을 스스로 하는 삶	• 최선을 다하는 생활 • 감정의 올바른 관리 • 반성하는 삶	• 자긍심과 자기계발 • 자기 행동에 대한 책임감 • 용기 있는 행동
	우리·타인·사회와의 관계	• 가족 사랑과 예절 • 감사하는 마음의 표현 • 친구 간의 우정과 예절	• 약속을 지키는 삶 • 공중도덕 • 인터넷 예절	• 이웃 간의 도리와 예절 • 서로 돕는 생활 • 대화와 갈등 해결 • 게임 중독의 예방	• 준법과 규칙 준수 • 공정한 행동 • 남을 배려하고 봉사하는 삶
	국가·민족·지구공동체와의 관계	• 나라의 상징과 나라 사랑 • 분단의 배경과 민족의 아픔	• 우리나라·민족에 대한 긍지 • 통일의 필요성과 우리의 통일 노력	• 북한 동포 및 새터민의 삶 이해 • 재외 동포에 대한 관심	• 편견 극복과 관용 • 우리가 추구하는 통일의 모습 • 평화로운 세상
	자연·초월적 존재와의 관계	• 생명의 소중함	• 올바른 자연관과 환경 보호	• 참된 아름다움	• 사랑과 자비

〈표 5-4〉 2007년 개정 초등학교 도덕과 내용 체계표

적인 요구를 고려하여 지도하고, 다만 국가와 민족의 문제라 하더라도 이를 한반도라는 제한된 시·공적 차원에만 국한하여 보는 관점에 머무는 것이 아니라 세계화와 지구공동체라는 더 넓은 맥락에서 객관적이고 보편적인 시각에서 다룬다. 마지막으로 영역 IV의 '자연·초월적 존재와의 관계'에서는 인간관계 수준의 도덕을 넘어 자연과 종교와 같은 초월적

인 차원의 도덕들을 다룬다. 초등학교 도덕과 내용 체계표는 〈표 5-4〉와 같다.[148]

2. 도덕 교과서 내용 구성

1. 교과서 구성의 기본 관점

개정 도덕 교과서 구성의 기본 관점은 제7차 도덕 교과서에서처럼 인지적, 정의적, 행동적 측면의 통합적 접근을 견지한다. 그러나 기존의 도덕 교과서에서처럼 일률적으로 인지적, 정의적, 행동적 측면을 1시간씩 배당하여 구성하기보다는, 단원 상황에 따라 복합적으로 고려되어야 한다는 점을 강조한다. 예컨대, 그 단원에서 다루는 가치나 덕목 그리고 지도 요소, 형성시키고자 하는 도덕적 능력이나 성향, 학생들의 발달 수준, 기타 여건들을 복합적으로 고려하여 결정한다.[149] 이러한 맥락에서, 한 시간의 도덕과 수업에서 인지적 접근과 정의적 접근이 같이 추구될 수도 있고, 인지적 접근과 행동적 접근을 엮어서 들어갈 수도 있으며, 각 접근을 취하는 순서도 언제나 인지 · 정의 · 행동의 순서를 지켜야 하는 것도 아니다. 결국, 인격과 덕성의 제 측면에 대한 통합적 접근의 관점을 기본으로 하되, 다루는 가치 · 덕목과 여러 제반 조건 등에 따라 유연하고 다양하게 구성하고자 하였다.

2. 구성의 기본 틀과 구성 체제[150]

단원 전체의 기본 틀은 도입 — 전개(1차시, 2차시, 3차시) — 정리의 세

---

148. 위의 책, p. 242.
149. 유병열(2008), 『초등 도덕과 교과용 도서 편찬 계획서』, pp. 16-7.

전개 과정	구성 내용
도입	• 단원명 • 학습 내용 개요
(1차시) 도덕적 이해 중심 + (도덕적 심정과 실천)	• 차시 제재명과 학습 목표 • 마음 열기 • 함께 알아봅시다 • 마음을 가꾸어 봅시다 • 생활 속에서 실천해 봅시다
(2차시) 가치 판단 중심 + (도덕적 심정과 실천)	• 차시 제재명과 학습목표 • 마음 열기 • 바르게 판단해 봅시다 • 마음을 가꾸어 봅시다 • 생활 속에서 실천해 봅시다
(3차시) 가치심화 중심 + (도덕적 심정과 실천)	• 차시 제재명과 학습 목표 • 마음 열기 • 활동하면서 익혀 봅시다. • 마음을 가꾸어 봅시다 • 생활 속에서 실천해 봅시다
정리	• 배운 것을 정리해 봅시다 • 마음에 새겨 봅시다 • 더 공부해 봅시다

〈표 5-5〉 2007년 개정 도덕 교과서 단원 구성의 체제

부분으로 구성하였다. 도입 부분은 단원명, 도입글, 삽화, 학습 목표(또는 학습 과제, 방향 등)으로 구성하였다, 단원의 전개와 관련하여, 1차시에는 도덕적 지식 이해 중심의 기본 학습을 하고, 2차시에는 1차시의 기본적 이해를 적용해 보고, 도덕적 문제 해결 능력을 기르는 가치 판단 중심의 발전 학습을 도모하며, 3차시에는 1, 2차시의 학습을 바탕으로 보다 심층 적으로 도덕적 능력과 성향들을 증진시키기 위해 인지, 정의, 행동의 통

---

150. 교육과학기술부(2009), 앞의 책, pp. 62-8.

합 중심의 심화 학습을 추구하도록 하였다. 이를 위해 6가지 수업 모형(지적 이해형, 모범 감화형, 가치 판단형, 가치 심화형, 실습 실연형, 실천 체험형)의 유연한 적용을 유도하고자 하였다. 그리고 단원 구성의 전개 방식은 〈표 5-5〉와 같다.[151]

3. 교과서의 내용과 진술

개정 도덕 교과서는 현장의 적합성과 실효성을 확보하고자 하였으며, 도덕적 사고력과 판단력을 증진하고 탐구와 체험 중심의 활동을 중시하였다. 특히, 하나의 단원을 인지, 정의, 행동으로 획일화하여 구분하는 구성 방식을 탈피하여 차시별로 통합적 방식이 되도록 구성하였다(〈표 5-6〉참조).

개정 도덕 교과서는 제7차 도덕 교과서와는 통합적 접근을 시도한다는 측면에서는 공통적이지만 접근 방법은 차이가 난다. 기존의 도덕 교과서는 통합적 접근을 위해, 제1차시에는 인지적 접근을, 제2차시에는 정의적 접근을, 제3차시에는 행동적 접근을 하였지만, 개정 도덕 교과서는 제1차시에는 지적 이해 중심의 접근을 견지하지만 동시에 정의와 행동적 접근을 고려한다. 즉, 제1차시는 기본 학습 과정의 도덕 사회화에 관심을 두는 접근으로서, 도덕규범에 대한 지적 이해의 측면과 정의적·행동적 측면을 동시에 고려하는 통합적 접근이다. 제2차시는 발전 학습 과정의 도덕 발달적 측면을 강조하는 가치 판단 중심의 접근으로서, 도덕 판단 중심의 인지적 측면과 정의·행동적 측면을 동시에 고려하는 통합적 접근이다. 마지막 제3차시에는 가치 심화 학습 과정으로서, 제1, 2차시에서의 학습을 바탕으로 도덕 사회화나 도덕 발달적 측면을 강화하거나 혹은 도덕적 행동의 강화를 모색하는 학습 과정으로 구성되어 있다(〈표 5-5〉참조).

---

151. 교육과학기술부(2009), 『초등학교 교사용 지도서 도덕 4-1』, 지학사, p. 64.

1. 사랑이 가득한 집

'가화만사성'이라는 말을 알고 있나요? 가정이 화목하면 모든 일이 잘 이루어진다는 뜻입니다. 내가 힘들거나 아플 때에는 사랑으로 위로해 주고, 기쁠 때에는 그 누구보다도 축하해주는 사람들이 바로 가족입니다. 그런데 가족이 항상 곁에 있어서 고마움을 모르고 부모님께 투정을 부리거나 형제자매 사이에 다투지는 않았나요? 소중한 가족을 위해 내가 할 수 있는 일에는 무엇이 있을까요? 화목하고 행복한 가정을 이루기 위해 어떻게 해야 할지 함께 공부해 봅시다.

무엇을 공부할까요?
• 화목한 가정의 의미와 그 중요성을 알아보고, 화목한 가정을 이루기 위해 내가 할 수 있는 일을 찾아 실천하려는 마음을 다져봅시다.
• 화목한 가정을 이루기 위해서 어떻게 행동해야 하는지 바르게 판단해 봅시다.
• 가족끼리 화목하게 지내기 위해 우리가 해야 할 일을 찾아보고, 생활 속에서 꾸준히 실천해 봅시다.

1. 세상에서 가장 아름다운 보석

• 화목한 가정의 의미와 그 중요성을 알아보고, 화목한 가정을 이루기 위해 내가 할 수 있는 일을 찾아 실천하려는 마음을 다져봅시다.
마음열기: 다음 사진의 공통점을 찾아봅시다.
함께 알아봅시다: 가족의 중요성과 다양한 가정의 모습을 알아봅시다.
⊙ 화목한 가정에 대해 알아봅시다.

어머니의 사랑

저녁이 되자 날이 어두워지고 있었습니다. 나는 대문 앞에 우두커니 앉아 어머니를 기다리고 있었습니다. 누나는 나의 행동이 이상해 보였는지 혹시 풋과일을 따먹고 배탈이 난 게 아니냐고 물어보았습니다. 한참 후 피곤에 지친 어머니의 얼굴이 저쪽 길모퉁이에 보이자, 나는 벌떡 일어나 달려갔습니다. 이 세상의 어느 누구도 어머니의 모습과 비슷할 수는 없었습니다. "어머니, 이제 오세요?" 나는 어머니를 꼬옥 안아 드렸습니다. "힘드시죠, 어머니?" "우리 찬우구나. 엄마는 괜찮아." "얼마나 피곤하세요! 가방 이리 주세요." "오늘도 학교에서 장난 많이 쳤니?" "조금요, 어머니!" "그런데 왜 우리 아들이 엄마를 기다리고 있었을까?" "어머니는 저를 정말 사랑하시지요?" "그럼, 사랑하고말고! 형이랑 누나들과 똑같이 말이야."

♣ 일하고 피곤에 지쳐 집으로 돌아오신 어머니를 보면서 찬우는 무엇을 느꼈을까요?
♣ 부모님을 사랑하고 걱정하는 찬우의 마음에 대해 생각해 봅시다.

⊙ 화목한 가정을 이루기 위해 어떻게 해야 하는지 알아봅시다.

박 서방네와 최 서방네

옛날, 배나무골에 박 서방네와 최 서방네가 살았습니다. 박 서방네는 아들딸이 많아 몹시 가난했지만 가족들이 모두 부지런히 일하는 아주 화목한 집이었습니다. "박 서방네는 어쩌면 저렇게 화목하고 즐겁게 살까? 참부러운 일이야." 이웃 사람들은 이렇게 박 서방네를 항상 부러워했습니다. 화목한 박 서방네와 달리 최 서방네는 식구가 적고 논밭이 많아 살림도 넉넉했지만 하루도 조용한 날이 없이 매일 다투는 집이었습니다. 최 서방네 집 앞을 지나가면 언제나 고함 소리와 우는 소리가 들렸습니다. 그러던 어느 날, 최 서방은 박 서방을 찾아가 물었습니다. "어떻게 당신네 가족은 항상 화목하게 지내는지 가르쳐 주시겠소?" "글쎄요, 별로 남에게 알려 드릴 만한 일은 없는데요." 이때 밖에서 박 서방네 어린 아들이 소리쳤습니다. "아버지! 소가 보리밭에 들어갔어요." 그 소리에 박 서방은 물론 온 집안 식구가 뛰어나가 보니, 집 앞 보리밭에 소가 들어가 마구 뜯어 먹고 있었습니다. 박 서방은 다른 식구를 꾸짖지 않고 이렇게 말했습니다. "참, 내가 소를 나무에 매어 두지 않았구나. 내가 실수를 했어." 그러자 이번에는 큰 아들이 말했습니다. "제가 소를 몰아다 놓지 않아서 그래요. 제 잘못이에요." 이때 냇가에서 빨래를 해 가지고 오던 큰 며느리가 말했습니다. "아버님, 오늘따라 빨래하느라 정신이 팔린 제 잘못이에요." 최 서방은 박 서방네 가족들이 잘못한 일에 대해서 서로 책임을 지려 하는 모습을 보고 많은 것을 느끼게 되었습니다.

♣ 박 서방네와 최 서방네, 두 가족의 모습을 비교해 봅시다.
♣ 화목한 가정을 이루기 위한 가족들의 바람은 무엇인지 알아봅시다.

마음을 가꾸어 봅시다.
다음 시를 읽고 가족의 소중함을 느껴 봅시다.

생활 속에서 실천해 봅시다.
가족의 화목을 위해 내가 할 수 있는 일을 실천해 봅시다.
♣ 작은 일이라도 부모님을 돕는 생활 습관을 가져봅시다. 아주 작은일도 부모님께 큰 감동을 드릴 수 있습니다.

2. 우리 가족 사랑해요

• 화목한 가정을 이루기 위해서 어떻게 행동해야 하는지 바르게 판단해 봅시다.
마음 열기: 다음은 어떤 상황인지 살펴봅시다.
바르게 판단해 봅시다.

태규의 장난

나에게는 형과 동생이 한 명씩 있습니다. 형의 이름은 민규이고 동생은 태규입니다. 그런데 태규와 나는 가끔씩 형을 미워하게 됩니다. 형이 나빠서는 아닙니다. 다만 형이 여러 가지 면에서 너무 뛰어나기 때문입니다. 6학년인 형은 전교에서 모범생으로 소문이 나 있습니다. 태규도 축구를 잘 하지만 형은 친구들이 부러워할 정도로 축구를 잘 합니다. 운동이라면 못하는 게 없고, 공부를 잘 해서 선생님께 늘 칭찬을 받곤 합니다. 태규와 나는 바로 이런 형과 늘 비교를 당하곤 합니다. 그래서 속상하고 서러울 때가 많습니다. "네 형 민규는 무엇이든 잘 하는데, 너희는 그게 뭐니?" 그런 말을 들을 때마다 태규와 나는 자꾸만 형이 미워집니다. 그리고 어머니께서는 항상 우리보다 형을 더 챙기십니다. 형은 늘 새 옷을 입지만 우리는 거의 형의 옷을 물려받아 입습니다. 물려받아 입는 것이 절약의 미덕이라고는 하지만 새 옷을 입고 좋아하는 형이 얄밉습니다. 게다가 어머니께서는 우리가 형과 놀다가 가끔 다툼이 생기면 동생들이 형에게 대드는 것이 잘못이라고 우리만 꾸짖으십니다. 태규가 '어머니는 왜 형만 좋아하세요' 하고 물을 때면 어머니의 대답은 늘 똑같습니다. '너희도 형처럼만 잘 해봐.' 라는 것입니다. 그러던 어느 날, 나는 태규가 형의 책상 위에 놓인 원고지를 빈 원고지로 바꾸는 모습을 우연히 보게 되었습니다. 그것은 바로 학교에서 내준 독서 감상문 숙제였습니다. 사실 낮에 어머니께 혼이 난 태규는 '형 준비물을 숨길까? 숙제에 낙서를 할까?' 하고 내게 말했습니다. '그런 장난하면 안 돼!' 하고 말했는데 태규가 기어코 형에게 심한 장난을 한 것입니다. '형도 한번쯤은 숙제를 안 가져간 기분이 어떤 것인지 느껴 보는 것도 괜찮을 거야.' 하는 생각도 들었습니다. 그러나 막상 모른 척하려고 하니 '이렇게 장난을 쳐도 되나? 형이 무척 당황할 텐데….' 하는 생각에 나는 왠지 마음이 무거워졌습니다.

⊙ 어떤 일이 일어났는지 이야기해 봅시다.
 ♣ 태규는 왜 형을 미워합니까?
 ♣ 태규는 형에게 어떤 장난을 쳤습니까?
⊙ 주인공이 선택할 행동에 대해 친구들과 이야기해 봅시다.
 ♣ 내가 주인공이라면 어떤 결정을 하겠습니까?
 ♣ 주인공이 선택할 수 있는 행동들의 결과를 이야기해 봅시다.

⊙ 주인공이 선택할 행동에 대해 생각해 봅시다.
　♣ 주인공이 선택할 행동의 좋은 점과 나쁜 점을 생각하여 정리해 봅시다.
　♣ 주인공이 선택할 행동이 부모님, 형, 동생애게 어떤 영향을 줄지 생각하여
　　정리해 봅시다.
　♣ 내가 주인공이 되어 최종 선택을 하고, 친구들 앞에서 발표해 봅시다.

마음을 가꾸어 봅시다.
⊙ 형제자매 사이에 우애있게 지낸 경험이 있나요? 그때 어떤 느낌이 들었는지 이
　야기해 봅시다.

생활 속에서 실천해 봅시다.
형제자매 사이에 우애있게 지내기 위한 말이나 행동을 실천해 봅시다.

3. 행복한 우리집

• 가족끼리 화목하게 지내기 위해 우리가 해야 할 일을 찾아보고, 생활 속에서 꾸
　준히 실천해 봅시다.
마음 열기: 가족과 관련된 노래를 다 함께 부르며 가족을 떠올려 봅시다.

활동하면서 익혀봅시다.
선택활동 1: 가족을 위해 감사의 선물을 직접 만들어 봅시다.
선택활동 2: 형제자매 사이에 우애있게 지내는 방법을 생각해 보고, 그 내용을 노
　　　　　　래 가사로 바꾸어 불러 봅시다.
선택활동 3: 나의 효도 점수를 알아보고, 효도 음료를 만들어 봅시다.

마음을 가꾸어 봅시다.
다음 시를 읽고 부모님의 사랑을 마음에 새겨 봅시다.

생활 속에서 실천해 봅시다.
우리 주변에서 효심 또는 우애가 깊은 사람들로부터 본받고 싶은 점을 찾아서 실
천해 봅시다.

배운 것을 정리해 봅시다.
마음에 새겨 둡시다.
더 공부해 봅시다.

〈표 5-6〉 개정 도덕 교과서 구성과 진술의 예시
출처: 교육과학기술부(2009), 『도덕 3-1』, 지학사, pp. 46-65.

제4장 통합적 도덕과 교육의 교수-학습 방법

　제7차 도덕과 교육 과정은 인격 혹은 덕 교육적 접근을 시도한다. 그러나 이러한 접근 방식은 구체적으로 종래의 행동 중심의 도덕과 교육이나 인지 중심의 도덕과 교육의 통합적 접근 방식으로서, 도덕성의 3요소를 어느 한 요소에 편중됨이 없이 균형 있고 조화롭게 발달시키고자 하는 접근 방식이다. 이러한 접근 방식은 도덕 사회화와 도덕 발달을 동시에 고려하는 것이다.

　이러한 관점에서, 제7차 도덕과 교육은 한 제재 당 3차시 수업을 계획하고, 제1차시에는 인지 중심의 접근, 제2차시에는 정의 중심의 접근, 제3차시에는 행동 중심의 통합적 접근을 하도록 구성되었다. 2007년 개정 도덕과 교육에서는 기본 학습, 발전 학습, 심화 학습 단계로 구분하고, 기본 학습 단계에서는 도덕 사회화적 관점에서 덕목에 대한 지적 이해와 내면화에 관심을 두고 있고, 발전 학습 단계에서는 도덕 발달을 고려하는 관점에서 도덕적 사고력이나 가치 판단 능력을 도모한다. 그리고 심화 단계에서는 기본 학습과 발전 학습에 대한 심화 학습 내지는 행동 중심의 체험 학습을 계획한다.

1. 이론적 기초: 사회적 구성주의 학습관

주지하다시피, 객관주의적 관점에서의 지식은 실재의 객관적 표상에 지나지 않는다. 그리고 이때의 지식은 주체의 인식과는 관계없이 외부 세계의 객관적 실체로서 고정 불변하는 특성을 갖는다. 따라서 이러한 관점에서의 교육 활동은 교사의 입장에서는 그러한 지식을 짧은 시간에 가능하면 잊어버리지 않도록 교사 중심의 일제식 수업을 통해 잘 전달하는 것이고, 학생은 그러한 지식을 가능한 많이 오랫동안 기억하는 것이다. 이러한 객관주의적 학습관은 도덕과 교육에서는 도덕 사회화와 맥을 함께한다.

도덕 사회화는 사회 구성원이 공통적으로 공유하고 지향하는 중핵적인 가치의 전수에 관심을 두고, 덕목의 내면화와 습관 교육에 치중한다. 도덕과 교육에서 도덕 사회화를 지향하는 도덕 교육자들은 다분히 전통적 가치의 전수나 덕목의 내면화를 강조한다. 기존의 전통적 혹은 인습적 가치의 전수와 이에 대한 수용의 습관화 교육을 견지한다는 것은 도덕적 관점을 확대하여 보편주의적 관점에서 바라보면 국지적이며 상대적 성격이 강하지만, 도덕적 관점을 한 국가나 사회로 축소해 보면 다분히 객관주의적 관점을 띠고 있다.

그러나 이러한 객관주의적 학습관은 구성주의적 학습관의 비판에 직면하게 된다. 구성주의 학습관은 하나의 객관적 실체를 부정하고 다양한 관점에서 진리에 접근하며, 단편적 지식의 전수, 암기 위주의 수업, 이기적 경쟁주의, 획일화된 수업을 지양하고, 개성과 창의성, 그리고 사고력을 함양시키고자 한다. 구성주의는 지식의 객관적 가치를 인정하지 않는다. 지식은 오직 인식 주체에 의해서 주관적으로 구성된다. 인간은 자신의 주관적 경험이나 대상과의 관계를 바탕으로 사물이나 현상을 해석하므로, 지식은 개별 인간의 정신 활동의 산물이다. 여기에서는 인식의 주체가 외부 세계에 대한 주관적인 경험을 바탕으로 실체를 구성한다는 점에서 객관주의와 다르다. 따라서 이때의 학습자는 자신의 인지 구조에 대하여 스스로 정보를 선택하고 변형하며 가설을 설정하고 행동을 결정한다.

도덕과 수업과 관련하여, 교사는 학생들이 스스로 가치를 구성할 수 있도록 유도하거나 격려해야 한다. 학생들의 합리적 가치 판단 능력을 함양하도록 하는 도덕 발달적 접근[152]은 구성주의적 접근을 반영한 것이다. 그러나 학습자가 가치를 구성할 때 구성의 준거로서 정의나 기타 도덕적 가치나 이상을 전제한다면 진정한 의미에서 구성주의적 관점이라 보기 어렵다. 이러한 점에서 진정한 구성주의는 급진적 구성주의를 의미한다고 할 수 있다.

급진적 구성주의는 칸트의 인식론[153]에 기초하는 것으로서, 개별적 인식 주체의 경험 세계의 맥락에 따라 구성되는 인식 대상은 각기 다를 수 있다는 관점을 취한다. 이들은 객관적 인식론에 바탕을 두고 있는 객관적 실재의 존재 자체를 거부한다. 급진적 구성주의자들에게 있어서 인식의 내용은 외부의 실재를 객관적으로 수용하여 표상한 것이 아니라 인식 주체의 관점에 의해 구성된 것이다. 급진적 구성주의자들은 객관적 실재를 부정하고 지식을 개인이 구성하는 것으로 본다. 그러므로 급진적 구성주의에서 인식의 내용은 외부 실재를 객관적으로 표상한 것이 아니라 인식 주관에 의해 구성되는 것이다. 굿맨Goodman은 이것을 '세계가 주어지는

---

152. 자율론적 접근으로 대변되는 도덕 발달적 접근은 급진적 구성주의자인 피아제와 피아제의 학문적 전통을 이어받은 콜버그에 의해 주도된다. 콜버그는 합리성을 기준으로 하는 자신의 도덕 발달 이론을 전개한다. 그는 칸트의 영향을 받아 합리성의 준거는 보편성이라고 보았다. 따라서 가설 연역적인 형식 논리의 추론 능력의 배양에는 관심이 많았지만, 배려적, 창조적, 맥락적 사고를 배양하는 데에는 부족함이 있었다. 특히, 자율론적 접근의 하나인 가치 명료화 접근은 가치 상대주의를 조장한다는 비판을 받았다.

153. 칸트의 인식론은 지식의 근원으로서의 이성이 경험 세계로부터 파생되는 것이 아닌 실천적 이성과 보편적 형식이 결합된 이성으로서, 독백론적인 주관적 자율성이라는 점과 구체적 내용이 결여된 공허하고 추상적인 형식이라는 비판을 받는다.

것이 아니라 세계를 만드는 것'이라고 표현한다.

급진주의적 관점에서 보면, 보편적 가치가 실재한다는 가정 하에 동일한 내용을 동일한 방식으로 가르치고 그것이 같은 방식으로 이해되고 내면화되는 것은 불가능하다. 따라서 여기에서의 교육학적 논의는 보편적 가치 체계를 훼손함으로써 무엇이 옳고 그른지, 무엇이 가치 있는 일인지 알 수 없으며, 자의적이고 감각적인 취향에 따라 생각하고 행동하게 함으로써 사회적 혼란뿐만 아니라 자칫 개인적 허무주의에 빠지게 할 수 있다.

이러한 점에서, 도덕과 교육과 관련하여, 객관주의적 관점에서의 도덕 사회화 접근과 급진적 구성주의적 관점에서의 도덕 발달적 접근 모두는 도덕 교육적 한계를 갖고 있다. 따라서 도덕과 교육은 객관주의적 관점에서의 행동적 도덕성을 강조하는 도덕 사회화뿐만 아니라 구성주의적 관점에서의 인지적 도덕성을 강조하는 개인의 합리적 가치 판단 능력을 길러 주어야 하는 교육적 과제를 안고 있다. 이러한 점에서, 도덕과 교육은 이 둘을 대립적 관계가 아니라 적절하게 조화시킬 수 있는 학습관과 방법론적 대안을 모색해야 하는 필요성이 제기된다.

이러한 비판적 대안으로 등장한 대표적 학습 이론이 사회적 구성주의이다. 사회적 구성주의social constructivism는 급진적 구성주의와 같이 객관적 외부 세계에 상응하는 객관적 지식이 있음을 부정하지만, 객관성을 완전히 부정하지는 않는다. 여기에서는 사회 혹은 집단 내에서의 합의consensus 여부를 객관성의 기준으로 간주한다. 다시 말해, 사회적 구성주의는 급진적 구성주의의 객관성 결여[154]를 집단 구성원들의 간주관적인 합의의 개념으로 객관성의 근거를 확보하고자 한다. 여기에서는 간주관적인 의미의 객관성을 합의성, 사회성으로 표현하면서, 급진적 구성주의의 비객관성 논의를 완화한다. 그리고 객관적 지식은 최정상의 학자 집단

---

154. 급진적 구성주의자들이 객관성이라고 할 때, 이는 '주관의 독립성'을 의미한다.

의 간주관적인 합의에서 도출된 지식으로서, 충분히 가르칠 만한 유용한 지식이다. 이러한 관점을 수용한다면 기존 지식의 내용이 무엇이든지 간에 별로 문제될 것이 없으며, 다만 교육 방법 면에서 대화와 토론을 강조하고, 교사는 조력자 혹은 안내자로서 협력하면 된다. 다시 말해, 오랜 역사를 통해 전문가들에 의해 검증된 타당성을 의심할 필요가 없는 기존의 지식으로 가르치되, 지식 구성의 원리를 고려하여 학습자가 자신의 사회 문화적 맥락과 관련하여 능동적으로 학습할 수 있도록 학습 환경을 조성해 주는 일이 중요하다.[155]

공동 구성주의co-constructivist는 사회적 구성주의와 맥을 같이한다. 공동 구성주의자들은 도덕적 문제 해결을 간주관적 합의의 방식으로 해결하고자 한다. 그들은 개인적 차원의 도덕적 딜레마는 비판적 의사 결정으로 해결하고, 집단적 차원의 도덕적 문제는 민주적 의사 결정 방법을 통해 해결 가능하다고 주장한다.[156] 개인적인 도덕적 딜레마의 해결에서 비판적 사고는 비판적 태도를 취하는 것이며, 비판적 태도를 취한다는 것은 우리 자신의 결정 또는 행위와 그것들을 정당화하는 도덕적 전통 또는 의무들과 관련하여 판단을 중지하는 것과 그것들을 비판적으로 검토하는 것이다. 비판적 사고를 한다는 것은 적어도 각 개인이 자신의 결정과 행위에 이의를 제기하고, 개인적 목표와 가치들, 그리고 그것들을 정당화하기 위해 사용하는 원칙들의 타당성에 이의를 제기하는 것을 의미한다. 그리고 각 개인은 자신의 도덕적 결정의 정당성에 확신이 없다면 다른 사람들과의 비판적 토론을 통해서 그 정당성을 재확인해야 한다.

또한 집단의 도덕적 딜레마 해결을 위한 방법으로 민주적 의사 결정을 언급한다. 민주적 의사 결정은 민주적인 비판적 의사 결정을 포함한다.

---

155. 이화진(1999), 「구성주의와 교육과정 구성」, 『구성주의와 교육』, 한국교원대학교 초등교육연구소, p. 34.

156. W. M. Kurtines, S. Berman, A. Ittel, S. Williamson, "Moral Development: A Co-constructivist Perspective," *Moral Development: An Introduction*(Allyn and Bacon, 1995), pp. 360-6.

민주적이라는 말은 모든 사람들이 동등한 참여 기회를 가진다는 것을 의미한다. 민주적 결정은 결과에 의해서 영향을 받는 모든 개인들이 의사결정에 참여할 자유와 기회의 평등을 가지는 상황에서 비판적 검토의 과정을 거치는 집단적 또는 공동의 결정들이다.

이러한 관점에서 볼 때, 도덕적 개인과 도덕적 사회는 개인적으로 또는 집단적으로 도덕적 문제와 딜레마를 비판적으로 사고하고 토론하는 과정을 거친 후 도덕적 결정을 내리고, 그러한 결정에 따라 사회 구성원들이 도덕적 행위를 반복함으로써 이루어진다. 이러한 점에서, 피아제의 급진적(개인적) 구성주의와 공동 구성주의 간의 차이점이 드러난다. 개인적 구성주의는 도덕적 사고와 결정에 있어서 개인의 판단 능력을 신뢰하는 측면이 강하지만, 공동 구성주의는 개인의 도덕적 사고와 결정의 오류 가능성을 인정한다. 그리고 이러한 개인의 도덕 판단의 오류를 바로잡는 것은 다른 사람들과의 토론을 통해서 가능하다는 것이다.

이러한 학문적 이론들은 지식의 뿌리로서 사회나 공동체에 그리고 지식의 객관적 기반으로서 간주관적 합의에 토대를 둔다. 이것은 도덕적 지식, 즉 도덕규범이 사회나 공동체에 뿌리를 두고, 그 토대 위에서 공동체 구성원들의 간주관적 합의를 통해 현실 상황에 맞는 합리적인 도덕적 가치를 선택하고 창조하는 것을 의미한다.

도덕이란 것이 사회의 질서 유지 차원 내지는 인간의 도덕적 성향을 실현하고자 하는 토대 위에서 존재의 이유를 갖는다면, 사회 구성원의 합의와 밀접한 관련을 맺는다고 볼 수 있다. 사회는 시대에 따라 변하게 마련이며, 사회의 변화는 도덕의 변화를 수반한다. 사회 구성원이 사회 변화의 맥락에서 도덕을 새롭게 합의해 낼 때 도덕의 생명력은 유지될 수 있다. 따라서 학습자 자신이 추구하는 덕목이나 가치를 여러 동료 학습자들과의 도덕적 논의 과정을 통해 상호 비교 분석하는 학습 경험 속에서 합의를 도출해 낼 수 있도록 안내하는 학습이 필요하다.

2. 교수-학습 방법

제7차 도덕과 교육 과정에서는 도덕성의 인지적, 정의적, 행동적 측면의 통합적 접근을 견지한다. 이때 통합적 접근은 아동의 도덕성 발달 단계를 고려하여 도덕 사회화를 통한 기본 도덕규범의 습관화와 덕목의 내면화 과정 그리고 도덕적 추론 능력의 함양을 통한 합리적 가치 판단 능력을 포함하는 것이다.

1. 통합적 접근의 도덕과 교수-학습의 일반적 절차

1. 제7차 이후의 도덕과 교수-학습의 일반적 절차

제7차 도덕과 교육은 인지적, 정의적, 행동적 측면의 통합적 접근을 통해 도덕적 인간의 형성을 목표로 한다. 인지적 측면에서는 도덕적 선과 의무에 대해 바로 알고 잘 판단하며, 정의적 측면에서는 그것을 좋아하고 적극 추구하는 마음을 지니고, 행동적 측면에서는 그러한 선과 의무를 실제로 행동해 보고 반복하면서 익히는 것이다. 이러한 맥락에서, 도덕과 수업의 기본 교수-학습 절차는 크게 인지적 접근 부분과 정의적 접근 부분 그리고 행동적 접근 부분의 통합적 방식을 견지하는 것이 바람직하다.

이와 같은 점에 주목하면서, 유병열은 한 제재를 다루는 수업이 형식상 크게 다섯 부분으로 이루어진 도덕 수업의 기본 틀[157]을 구상한다.[158] 첫

---

157. 도덕과 일반 수업 모형으로 ① 도덕적 문제 사태 제시, ② 문제 사태와 관련된 규범 찾기, ③ 규범의 의의와 타당성 찾기, ④ 도덕적 판단 연습하기, ⑤ 실천 동기 부여하기를 제시하고 있다(이택휘 외, 앞의 책, p. 521; 유병열(2003), 『도덕과 교육론』, 양서원, pp. 323-6; 서강식

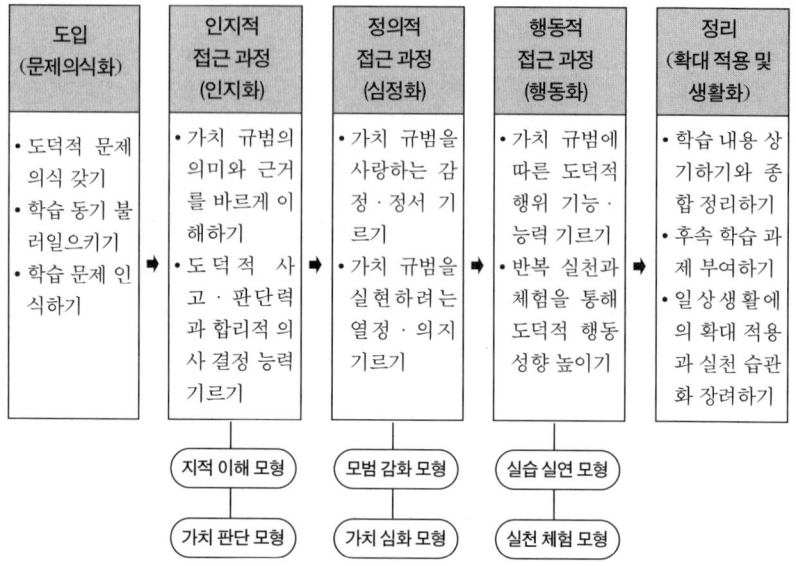

〈그림 1〉 도덕과 교수-학습의 기본 틀

출처: 유병열(2003), 『도덕과 교육론』, 양서원, p. 326.

단계에 ① 도입 과정을 두고, 이어 ② 해당 도덕적 가치 규범에 대해 이해를 깊게 하고, 도덕적 사고·판단력을 기르는 데 기여하고자 하는 과정(인지적 접근), ③ 해당 가치 규범에 대한 바람직한 도덕적 감정과 정서, 의지 등을 함양하고자 하는 과정(정의적 접근), ④ 그 가치 규범과 관련된 도덕적 실천 방식, 기능, 행위 성향 등을 증진하고자 하는 과정(행동적 접근), 마지막으로 ⑤ 정리 단계로서 도덕 수업 후 생활 속에서 그 가치 규범의

(2001), 앞의 책, pp. 261-6). 그러나 이러한 5단계 절차는 도덕과 일반 수업 모형이라 보기 어려우며(도덕과 일반 수업 모형이라면 인지적, 정의적, 행동적 측면을 모든 수업에 적용 가능해야 하는데 그렇지 못함), 인지적 접근 중심의 수업 모형으로 보는 것이 타당한 것 같다. 이러한 점을 인식해서인지 현행 도덕과 교사용 지도서에는 도덕과 교수-학습의 일반적 절차로서 인지화, 심정화, 행동화 단계를 제시하고 있다. 또한 유병열은 도덕과 교수-학습의 기본 틀로서 5단계 절차를 제시하고 있는데(유병열(2003), 위의 책, pp. 323-6), 이러한 도덕과 교수-학습의 기본 틀 5단계가 도덕과 교수-학습의 일반적 절차의 토대를 이룬다고 볼 수 있다.

158. 유병열, 위의 책, pp. 323-6.

확대 적용과 지속적 실천을 장려하는 과정이 그것이다(〈그림 1〉 참조).

이러한 5가지 교수-학습의 기본 틀을 토대로 도입과 정리 단계를 줄여, 도덕과 교수-학습의 일반적 절차를 〈그림 2〉와 같이 간략히 도식화할 수 있다.[159]

인지 영역 중심(1차시)	정의 영역 중심(2차시)	행동 영역 중심(3차시)
도덕적 문제 사태와 관련된 규범의 의미를 파악하고 도덕적 판단을 연습하기	도덕적 감정을 표현하고 자신과 관련지어 반성하고 평가하기	도덕적 실천을 확인하기 (도덕적 행동 및 습관화)

〈그림 2〉 도덕과 교수-학습의 일반적 절차(제7차 교육 과정)

그리고 이러한 도덕과의 기본적 교수-학습 절차를 토대로 인지 중심의 교수-학습, 정의 중심의 교수-학습, 행동 중심의 교수-학습으로 각각 구체화된다. 먼저, 제1차시 인지 중심의 교수-학습에서는 도덕규범과 관련된 도덕적 이해, 도덕적 사고와 판단력 등을 기르는 데 역점을 둔다(〈그림 3〉 참조).[160]

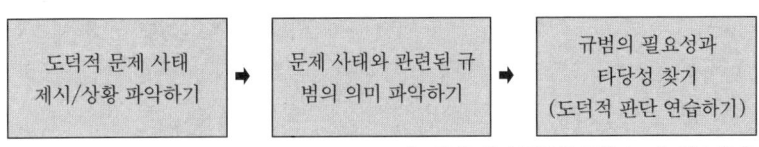

도덕적 문제 사태 제시/상황 파악하기	문제 사태와 관련된 규범의 의미 파악하기	규범의 필요성과 타당성 찾기 (도덕적 판단 연습하기)

〈그림 3〉 인지 중심의 도덕과 교수-학습 절차

제2차시 정의 중심의 교수-학습에서는 도덕규범과 관련된 도덕적 감정을 표현하고 자신과 타인의 도덕적 정서를 공유하며, 도덕적 규범에 비추어 자신을 반성하는 태도를 기르는 데 중점을 둔다(〈그림 4〉 참조).[161]

---

159. 교육인적자원부(2003), 『초등학교 교사용 지도서 도덕』, 대한교과서주식회사, pp. 23-4.
160. 위의 책, p. 24.
161. 위의 책, p. 24.

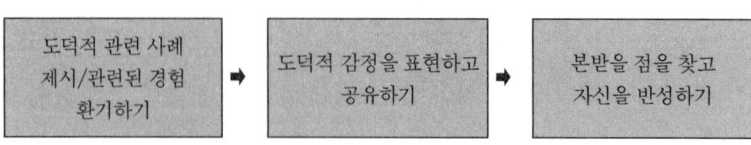

〈그림 4〉 정의 중심의 도덕과 교수-학습 절차

　제3차시 행동 중심의 교수-학습에서는 도덕규범과 관련된 도덕적 행위 능력, 도덕적 실천과 습관을 기르는 데 중점을 둔다. 여기에서 '도덕적으로 행동하고 습관화하기' 단계는 매 차시에 포함하기보다는 상황에 따라 수업 시간에 다루지 않고 학생들이 장기적으로 습득하기를 기대하는 궁극적 목표로 설정할 수도 있다(〈그림 5〉참조).[162]

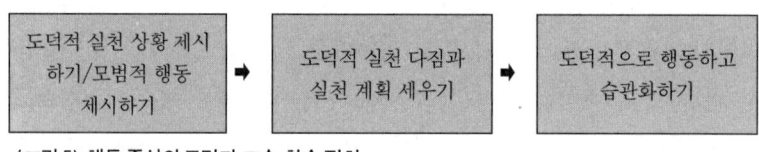

〈그림 5〉 행동 중심의 도덕과 교수-학습 절차

　이러한 도덕과 교수-학습의 일반적 절차는 도덕성의 인지, 정의, 행동의 통합적 접근 과정이라 할 수 있다.

2. 2007년 개정 도덕과 교수-학습의 기본 틀

　2007년 개정 도덕과 교육 과정에 이르러서는 기존의 단위 시간별로 분리해서 접근하던 통합적 접근 방식을 각 단위 시간별로 도덕성의 인지, 정의, 행동의 통합적 접근을 견지한다. 다시 말해, 2007년 개정 도덕과 교육 과정에서는 각 단위 시간 별로 인지 중심, 정의 중심, 행동 중심으로 분리 접근하는 것이 아니라 각 차시별로 인지, 정의, 행동의 도덕성을 통

162. 앞의 책, p. 25.

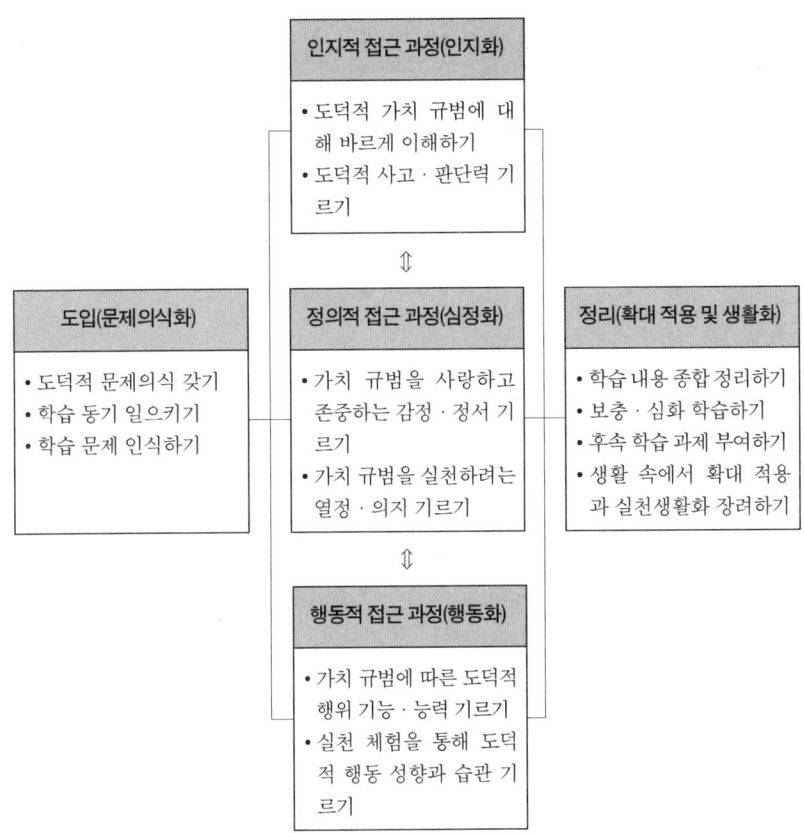

〈그림 6〉 2007년 개정 도덕과 교수-학습의 기본 모형

합적으로 접근한다.

이것은 도덕과 교육의 목표 지향적 접근의 통합으로서, 도덕 사회화와 도덕 발달적 접근을 통합하는 형태라 할 수 있다. 즉, 제1차시에는 덕목의 내면화에 치중하는 도덕 사회화를 겨냥하는 접근으로서, 덕목에 대한 지적 이해를 중심으로 접근하면서 정의적, 행동적 접근을 통합한다. 제2차시에는 합리적(합당한) 가치 판단 능력을 도모하는 도덕 발달적 접근을 중시하면서, 정의와 행동적 접근을 동시에 고려하고 있다. 그리고 제3차시에는 제1, 2차시에서 배운 도덕 사회화와 도덕 발달적 접근을 강화하

면서, 정의와 행동적 접근을 통합하는 접근을 모색하고 있다. 도덕과 교수-학습의 기본 모형은 〈그림6〉과 같다.[163]

이러한 도덕과 교수-학습의 기본 모형을 토대로 차시별 절차를 구조화하면 제1차시 지적(지식) 이해 중심의 과정과 절차는 〈그림 7〉과 같다.[164]

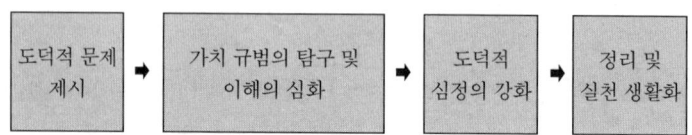

〈그림 7〉 지적(지식) 이해 수업 모형

제2차시 가치 판단 중심의 과정과 절차는 〈그림 8〉과 같다.[165]

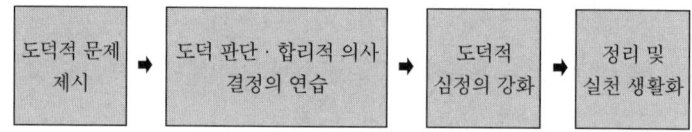

〈그림 8〉 가치 판단 수업 모형

제3차시 가치 심화 중심의 과정과 절차는 〈그림 9〉와 같다.[166]

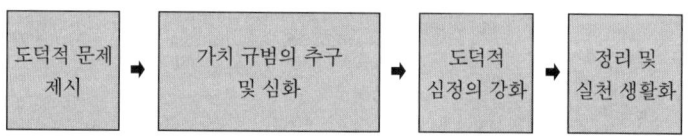

〈그림 9〉 가치 심화 수업 모형

163. 교육과학기술부(2009), 『초등학교 교사용 지도서 4-1』, p. 34.
164. 위의 책, p. 36.
165. 위의 책, p. 38.
166. 위의 책, p. 40.

2. 통합적 접근의 도덕과 교수-학습 모형

1. 인지 중심 접근의 수업 모형

도덕과 교육에서 인지적 접근의 수업 모형은 인지, 정의, 행동의 통합적 접근의 한 측면으로서, 여기에서는 도덕적 가치 규범의 의미와 근거에 대한 지적 이해를 깊게 하고, 도덕적 문제를 해결할 수 있는 사고력과 합리적 가치 판단 능력을 증진시키는 것을 주된 과제로 하는 접근법을 가리킨다. 그러므로 인지적 접근의 주된 관심은 도덕적 감정이나 행동보다는 도덕적 이성을 계발하는 데 있다. 따라서 이 접근에서는 자율적인 지적 이해 방식을 통해 도덕규범을 이해하고 내면화하며, 도덕적 추론 능력의 계발을 통해 바람직한 도덕적 가치 규범에 대한 합리적 이해를 높여 자율적인 도덕적 삶을 살 수 있는 자질과 성향을 증진시키는 데 있다. 인지 중심의 도덕과 교육에서의 주된 수행 평가 요소로는 문제 사태로부터 도덕적 문제를 도출해 내는 능력, 도덕적 규범의 이해 정도, 도덕적 규범의 필요성에 대한 인식 정도, 도덕적 사고력과 판단력 정도 등을 들 수 있다.[167] 이를 위해, 여기에서는 인지적 접근 중심의 수업 모형으로서 도덕규범의 내면화에 관심을 두는 지적 이해 모형과 학습자의 추론 능력 개발을 중시하는 합리적 가치 판단 모형으로 대별하여 살펴보고자 한다.

(1) 지적(지식) 이해 모형

지적 이해 모형은 도덕적 덕을 함양하기 위해 도덕규범의 참된 의미와 중요성, 타당한 이유나 근거 등을 지적으로 깊이 이해하여 합리적 내면화를 이루도록 하는 데 중점을 두는 모형이다. 인지적 접근의 주된 목적은

---

167. 위의 책, p. 24.

도덕규범에 대한 지적 이해를 통해 도덕규범의 내면화를 이루고, 더불어 추론 능력의 계발을 통해 합리적 가치 판단 능력을 함양하는 데 있다. 지적 이해 모형은 전자의 목적을 달성하기 위한 전략으로서, 도덕규범에 대한 지적 이해는 덕스런 삶과 행동을 안내하고, 그것에 표준이나 준거를 제공하는 도덕규범에 대한 올바른 이해를 갖는 것을 의미한다. 이러한 도덕규범에 대한 올바른 이해는 덕스러운 삶을 사는 데 있어 그 바탕을 이루는 행위의 지침을 제공해 줄 뿐만 아니라 자율적 도덕인이 지녀야 할 도덕성의 합리적 형식의 발달에 중요한 내용적 측면을 확보하게 해준다. 따라서 도덕규범에 대한 지적 이해는 합리적이고 자율적인 도덕인을 기르기 위한 기초 단계로서 도덕규범의 내면화를 위해 매우 중요하며, 이때 도덕규범에 대한 지적 이해 방식은 타율적 방식보다는 자율적 방식으로 이루어지는 것이 바람직하다.

1) 합리적인 지적 이해 방식의 추구

도덕규범에 대한 지적인 이해는 타율적 방식보다는 자율적 방식으로 접근하는 것이 바람직하다.[168] 왜냐하면 도덕규범에 대한 자율적인 지적 이해 없이 특정한 행동 유형을 주입하도록 하는 타율적 방식은 맹목적인 신념의 소유자를 양산할 우려가 없지 않으며, 도덕적 주체로서 도덕 생활을 영위하는 데 부정적 요인으로 작용할 소지가 충분히 있다. 따라서 도덕과 교육은 도덕규범에 대한 자율적 이해 방식을 통한 합리적 내면화에 관심을 가져야 할 것이다.

이러한 방식은 과거의 덕목주의에서와 같이 특정 덕목을 설득하거나 주입하는 형태가 아닌 학생들 스스로 도덕규범의 근본정신을 이해하고 내면화하면서 동시에 실천을 통한 습관화를 꾀하는 교육 방식이라 할 수

---

168. 김재식(2000), 「초등도덕과에서의 덕목교육방법탐색」, 『초등도덕교육』 제6집, pp. 244-8.

있다. 과거처럼 타율적 도덕성 단계의 고착화를 조장하는 그러한 방식이 아니라 학습자를 능동적 존재로서 인정하면서 궁극적으로는 자율적 도덕성을 이상으로 하는 교육 방식을 추구해야 하는 것이다. 그러므로 도덕적 자율성의 기초로서 덕목의 내면화는 단순히 덕목의 맹목적 기억이나 습득이 아닌 도덕규범의 이면에 숨어 있는 기본 정신이나 합리적 이유에 대한 이해를 전제하는 것이다.

맹목적으로 획득한 도덕규범은 그 획득에 관여했던 조건이 소멸되면 자동적으로 무기력해지고 만다. 따라서 도덕규범에 대한 지적 이해를 위해서는 그것의 이유나 근거를 파악하는 인지적 과정을 통해 충분한 지적 이해를 성취하도록 하는 덕목 교육이 필요하다. 이러한 과정은 가치가 타율적으로 획득되는 것이 아니라 자율적 방식으로 획득되는 것임을 의미하며, 도덕규범에 대한 자율적 탐구 과정을 요청한다.

이를 위해, 도덕규범에 관한 지적 이해 교육은 첫째, 학습자를 단순히 도덕규범을 받아들이기만 하는 수동적 입장이 아니라 적극적이고 능동적인 자세로 도덕규범의 기본 정신을 탐구하도록 하고, 둘째, 도덕규범에 대한 충분한 지적 이해를 토대로 이를 내면화하고 습관화할 수 있는 전략으로 계획되어야 할 것이다. 도덕규범이 타율적 방식이 아닌 자율적 방식으로 이해되고 획득되려면, 도덕규범이 규범으로서 지위를 획득하게 된 모든 과정을 학습자가 스스로 탐구할 수 있도록 하는 절차가 필요하다. 따라서 도덕규범에 대한 지적 이해의 방식은 합리성에 기초한 자율적 이해 방식으로서의 도덕 교육, 즉 가치 탐구 수업이 되어야 할 것이다.

이를 위해 브루너J. S. Bruner에게 주목하면, 그는 교과를 가르칠 때 그 교과에 내재해 있는 기본 원리나 핵심 개념을 교사가 찾아내어 학생들에게 제시하고 주입하는 것이 아니라, 해당 분야의 학자가 한 것과 동일한 방식으로 그것을 찾아내도록 하는 탐구 과정을 중시한다. 다시 말해서 물리학을 공부할 때에는 물리학자가 한 것과 동일한 일을 학생들에게 하도록 한다는 것이다.[169]

이러한 브루너의 주장을 받아들인다면, 도덕과 교육 시간에 교사의 역할은 학생들을 도덕 철학자가 되게 하고, 도덕 철학자가 가치를 탐구했던 것과 동일한 방식으로 가치를 탐구하도록 안내하는 일일 것이다. 그러나 과거의 우리의 도덕과 수업은 이러한 방식이 아니라 도덕 철학자가 탐구해 낸 탐구 결과[170]를 학생들에게 주입 내지는 전달하는 식의 교육이었다. 이와 같은 교육 방식이 다름 아닌 덕목주의적 접근 방식이다. 이러한 관점에서 볼 때, 덕목은 세상 사람들이 탐구해 사용하고 있는 중간 언어이며,[171] 덕목주의는 이러한 덕목을 학생들에게 제시하고 주입하려 했다. 이러한 교육 방식은 타율적이고 수동적이며 맹목적인 신념의 소유자를 양산할 가능성이 있다. 따라서 학생들에게 지켜야 할 도덕규범을 단순히 제시·설명하고 이를 준수하도록 가르치기보다는 도덕적 가치나 덕목을 학생들 스스로 탐구하여 발견해 내도록 하는 전략을 적용하는 것이 도덕규범에 대한 이해의 폭을 넓힐 수 있다.

어떤 도덕규범이 어떠한 이유나 근거에서 이 사회가 공통적으로 지향하는 규범으로 자리매김할 수 있게 되었는지를 학생 스스로 탐구하고 이해하도록 함으로써 도덕규범에 대해 깊이 이해할 수 있게 하는 것이다. 예컨대 정직이란 덕목에 대해, 정직은 거짓말을 하지 않는 행위이며, 정직한 행위가 왜 필요한가에 대한 설명을 덧붙이고, 정직한 행위를 실천하도록 강요하는 수업보다는 정직이 문제가 되는 도덕적 문제 사태를 제시하고, 이 도덕적 문제 사태 속에서 정직이 요청되는 이유를 학생 자신이 발견하도록 하여 스스로 정직의 중요성을 깨닫도록 안내하는 수업 전략이 정직에 대한 이해도를 훨씬 더 심화시킬 수 있다. 특히 이러한 교육 방식은 도덕적 가치나 덕목의 근본정신을 이해하게 하는 데에 용이하다. 그

169. J. S. Bruner, 이홍우 역(1997), 『브루너 교육의 과정』, 배영사, p. 60.
170. 우즈호울 회의에서는 해당 분야의 학자가 탐구해 낸 탐구 결과로서 학자들의 발견을 학생들에게 전달해 주는 언어라는 뜻에서 중간 언어middle language라 불렀다. 이홍우, 앞의 책, p. 60.
171. 이학주(1982), 「도덕교육에서 덕목이란 무엇인가?」, 『도덕교육연구』 제1집, p. 143.

리고 덕목에 대한 근본정신을 이해할 때 각 시대마다 그 정신을 반영하는 표현 방법이 다를 수 있다는 이해가 가능하다. 이것은 도덕규범에 대한 지적 이해 교육은 합리성에 기반을 둔 자율적 가치 탐구 활동이어야 함을 함축한다.

2) 지적 이해의 일반 수업 모형

주지하다시피, 도덕적 가치나 덕목에 대한 이해는 타율적 이해 방식보다는 자율적 이해 방식을 견지하면서 학습자 스스로 도덕적 가치나 덕목을 발견 · 탐구하도록 하는 절차가 필요하다. 지적 이해 모형은 학습자 밖에 존재하는 도덕적 가치나 덕목에 대한 지적 이해를 도모하는 모형으로서, 학습자가 스스로 도덕적 가치나 덕목을 발견하고 탐구하도록 하는 자율적 이해 방식의 절차가 필요하다. 따라서 일반 수업 모형에서는 학습자가 도덕적 문제 상황에서 문제 사태와 관련된 규범을 찾고, 그 의미와 타당성을 발견하도록 하는 전략이 중요하다. 이러한 이론적 토대 위에서, 기존의 도덕과 일반 수업 모형[172]을 지적 이해의 일반 수업 모형으로 정립할 수 있을 것이다(〈그림 10〉참조).[173]

이를 각 단계별로 구체적으로 살펴보자.

---

172. 이택휘 외, 앞의 책, pp. 520-5; 서강식(2003), 앞의 책, pp. 261-6.
173. 초등학교 교사용 지도서에는 이러한 지적 이해 모형의 5단계 절차를 아래와 같이 3단계로 압축하여 제시하고 있다.

| 도덕적 문제 사태 제시/상황 파악하기 | ➡ | 문제 사태와 관련된 규범의 의미 파악하기 | ➡ | 규범의 필요성과 타당성 찾기(도덕적 판단 연습하기) |

교육인적자원부(2003), 앞의 책, p. 24.

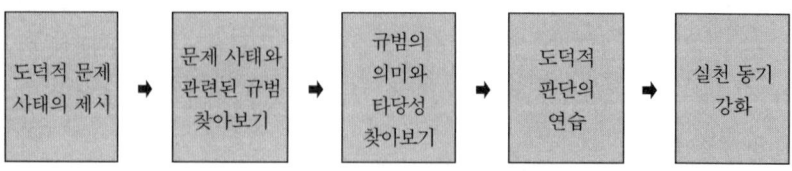

〈그림 10〉 지적 이해 수업 모형의 교수-학습 절차

① 지적 이해의 일반 수업 모형의 절차[174]

가. 도덕적 문제 사태의 제시

이 단계는 도덕과 수업의 도입 단계에 해당되는 부분으로, 도덕규범이 문제가 되는 상황을 제시한다. 도덕적 문제 사태를 제시하는 이유는 교사가 일방적으로 도덕규범을 전달하거나 전수하고 준수하도록 강요하는 식의 타율적 방식에서 벗어나, 학습자가 자율적으로 도덕규범에 대한 지적 이해와 그 도덕적 문제 사태에 포함된 도덕규범을 발견하도록 유도하기 위한 것이다. 도덕적 문제 사태는 교사가 자신의 학교와 학급의 여건을 고려하여, 또 시대적 상황을 고려하여 자료를 선정하여 제시할 수 있다. 도덕적 문제 사태를 선정, 제시할 때 유의할 점으로는 학생들의 경험과 밀접한 것이어야 하며, 가능하다면 학생들이 문제 사태와 관련된 도덕규범을 쉽게 찾을 수 있는 내용으로 선정하는 것이 중요하다.

나. 문제 사태와 관련된 규범 찾아보기

여기에서는 제시된 도덕적 문제 사태와 관련된 도덕규범과 도덕적 문제 사태의 해결을 위한 판단 기준이 되는 도덕규범이 무엇인지 찾아보는 단계이다. 도덕적 문제 사태에서 취할 수 있는 도덕규범이 무엇인지를 발견하려면 도덕적 문제 사태가 포함하고 있는 도덕적 문제가 무엇인지 명

---

174. 서강식(2001), 앞의 책, pp. 262-6 참조.

확하게 이해하여야 한다. 따라서 여기에서는 도덕적 문제 사태에서 도덕적으로 문제가 되는 도덕규범이 무엇인지를 찾아내도록 하는 것이 중요하다.

다. 규범의 의미와 타당성 찾아보기

여기에서는 도덕적 문제 사태와 관련된 도덕규범의 의미가 무엇인지 혹은 왜 도덕규범이 요청되는지를 찾아보는 단계이다. 도덕규범의 의미를 파악한다는 것은 그 규범이 진정으로 뜻하는 바가 무엇인지를 이해하는 것이다. 규범의 의미를 살펴본 다음에는 규범을 지켜야 하는 타당한 근거를 찾아야 한다. 규범의 타당성을 파악한다는 것은 그 규범이 왜 중요하고 요청되고 소중하게 지켜져야 하는지를 이해한다는 것이다. 이로써 도덕규범에 대한 합리적 이해가 가능하게 된다.

라. 도덕적 판단의 연습

이 과정은 도덕규범에 대한 합리적 이해보다는 지금까지 배운 도덕규범을 새로운 도덕적 문제 상황에 적용하여 도덕적 사고력과 판단력을 높이기 위한 단계이다. 도덕적 인간이 되기 위해서는 도덕규범을 알고, 신념화하고, 올바른 사고력과 판단력을 갖추어야 한다. 이와 같은 도덕적 사고력과 판단력을 길러 주기 위해서는 다양한 도덕적 문제를 해결해 볼 수 있는 기회가 주어져야 한다.

마. 실천 동기 부여

도덕 교육의 종국적 목표인 도덕적 행동이 이루어지기 위해서는 도덕규범에 따라 행동하고자 하는 의지와 열망을 지녀야 한다. 이와 같은 열망은 정의적 영역에 속하는 요소로서, 이 단계에서 지도되어야 한다. 이 단계는 도덕 수업을 정리하는 단계이며, 우리가 바라는 도덕적 행동을 이끌어 내기 위한 이전 단계로서, 학생들의 일상생활과 관련된 적절한 모범

사례를 보여 주거나 들려주고, 읽을거리를 읽게 하거나 실천하고자 하는
자신의 마음가짐이나 각오들을 써 보고, 여러 사람들 앞에서 자신의 입장
을 공언하고 발표하도록 하여 실천 의욕을 불러일으키도록 한다.

② 일반 수업 모형의 적용

앞에서 살펴본 지적 이해를 위한 일반 수업 모형의 실제 적용에 관해
살펴보자.[175]

가. 도덕적 문제 사태의 제시
이 단계는 수업의 도입 단계로서, 도덕적 문제의식 갖기, 학습 동기 유
발, 학습 목표 또는 학습 문제 인식하기 등의 활동이 이루어져야 한다. 도
덕적 문제의식 갖기에서는 그 수업에서 다루고자 하는 도덕규범이 생활
경험과 관련해 어떤 문제가 있는지를 인식하게 한다. 학습 동기 유발에서
는 이러한 생활 속의 도덕적 측면에 대한 인지와 문제의식을 바탕으로
학습해 보고 싶은 동기를 불러일으키는 것이며, 학습 주제 인식하기는 그
시간의 학습 문제, 학습의 핵심 방향이 무엇인지를 파악하는 것이다.
이 단계에서는 언제 있었던 일인가? ○○는 무엇을 하고 있었는가? 이
와 같은 문제는 누구로 인하여 생겨났는가? 등장하는 사람은 누구인가?
가장 문제가 되고 있는 것은 어떤 사람들 사이의 문제인가? 무엇이 문제
가 되고 있는가? 어떤 일이 생겼는가? 도덕적으로 문제가 되고 있는 것은
무엇인가? 등의 질문을 할 수 있다.

나. 문제 사태와 관련된 규범 찾아보기
이 단계는 도덕적 문제 사태와 관련 가치 규범을 찾는 단계이다. 주지

---

175. 서강식(2001), 앞의 책, pp. 266-9 참조.

하다시피, 도덕규범에 대한 지적 이해 과정은 학습자들에게 어떤 도덕적 가치 규범을 일방적으로 강요하거나 주입하기보다는 스스로 깊이 생각하여 내면화하도록 하는 데 보다 큰 강조점이 두어진다. 따라서 이러한 도덕 수업의 본질에 충실하려면 도덕적 문제 사태와 관련된 규범을 학습자 스스로 찾아내도록 하는 것이 중요하다.

이 단계에서는 이와 같은 사태는 우리의 어떤 마음가짐이 부족해서 일어났는가? 이와 같은 문제는 무엇 때문에 일어났는가? 어떤 규칙을 지키지 않아서 이러한 일이 일어났다고 생각하는가? 양쪽의 주장은 무엇인가? 그들의 주장은 어떤 점에서 서로 다른가? 이 문제를 해결하기 위해서는 어떻게 하는 것이 좋은가? 이 문제와 관련해서 우리들이 마땅히 지켜야 할 일(규범)에는 어떤 것들이 있는가? 문제를 해결하기 위한 판단의 기준은 무엇인가? 등의 질문을 할 수 있다.

다. 규범의 의미와 타당성 찾아보기

도덕적 문제 사태를 제시하고 관련 가치 규범을 파악한 다음, 그 가치 규범의 참 의미는 무엇이고 왜 지켜야 하는가 하는 문제, 즉 우리가 따라야 할 선과 도덕적 의무는 무엇이며, 어떤 이유에서 요청되는가를 살펴보아야 한다. 이 단계는 지적 이해 모형에 의한 수업 중 매우 중요한 의미를 가지는데, 그 이유는 여기에서 도덕적 가치 규범에 대한 합리적 이해와 깊은 신념화가 본격적으로 이루어지기 때문이다.

이 단계에서는 문제를 해결하기 위하여 어떻게 해야 하는가? 문제를 해결하기 위하여 어떻게 한다는 것은 구체적으로 무엇을 뜻하는가? ○○의 뜻은 무엇인가? 그렇게 하는 것은 올바른 것인가? 그렇게 한다면 문제를 해결할 수 있는가? 그렇게 하여도 관련된 여러 사람들이 찬성하겠는가? 그렇게 하여도 다른 사람들에게 피해를 주지 않겠는가? 네가 주장한 것을 다른 사람이 네게 적용해도 괜찮다고 생각하는가? 모든 사람들이 너의 의견대로 행동해도 괜찮은가? 등의 질문을 할 수 있다.

라. 도덕적 판단의 연습

이 과정은 학습자가 도덕적 문제 사태를 인식하고 자기 경험의 바탕 위에서 어떤 행동을 취할 것인가에 적극적으로 반응하도록 하는 단계이다. 따라서 이 단계에서는 지금까지 배운 도덕규범들을 새로운 도덕적 문제 사태에 적용해 보고 도덕적 사고력과 판단력을 고양하기 위해 다양한 도덕적 문제를 해결해 볼 수 있는 기회를 제공해야 한다.

이 단계에서는 앞에서 논의한 문제와 새로운 문제는 어떤 점에서 같은가? 앞에서 논의한 문제와 새로운 문제의 다른 점은 무엇인가? 앞에서 논의한 판단 기준을 그대로 적용하여 판단할 수 있는가? 유사한 다른 상황에서는 어떻게 적용될 수 있는가? 이런 상황에서도 앞에서처럼 똑같이 판단할 수 있는가? 등의 질문을 할 수 있다.

마. 실천 동기 부여

도덕적 사고력과 판단력에 이어 요구되는 절차는 도덕적 행동이다. 그러나 도덕적 판단이 곧바로 실천으로 연결되는 것은 아니다. 따라서 도덕적 판단과 행동을 연결해 주는 실천 동기를 강화하는 과정이 필요하다. 도덕적 인간으로 성장하려면 자기 성찰과 이를 바탕으로 한 꾸준한 노력이 매우 중요하다. 이러한 시각에서, 이 단계에서는 수업 시간에 다룬 도덕적 가치 규범과 관련하여 평소 자신의 생활이 어떠했는지 등을 돌이켜 보고 반성하면서 잘한 점과 잘못한 점은 무엇인지, 잘못이나 부족한 점이 있다면 이를 어떻게 고칠 것인지를 생각해 보도록 하는 동시에 보다 바람직한 삶을 살고자 하는 의지를 다지도록 한다.

이 단계에서는 오늘 배운 것에 비추어 볼 때 나의 생활은 어떠한가? 오늘 배운 것을 어떻게 실천할 것인가? 앞으로 나의 생활에는 어떤 변화가 있을 것인가? 자신과의 약속을 이야기 형식으로 간략하게 써 보자, 자신의 마음가짐이나 다짐을 이야기해 보자, 오늘의 마음가짐을 계속 유지하며 생활 속에서 실천하기 위해서는 어떻게 해야 하는가? 자신의 마음가짐을 편지로 간단히 써 보자, 오늘 배운 것을 실천하겠다는 자신의 다짐을 간단히 시나 동요, 시조 등으로 나타내 보자. 만화나 그림으로 표현해도 좋다. 자신의 다짐을 일기장, 공책, 학습지에 간단하게 써 보자 등의 질문이나 활동을 요구할 수 있다.

3) 지적 이해에 활용 가능한 수업 모형

① 개념 분석 수업 모형

개념 분석의 원형은 소크라테스의 대화법이다. 소크라테스는 사람들이 잘 알고 있다고 생각하는 도덕적 개념의 의미를 묻고, 그에 대한 답변을 유도한다. 그리고 답변을 반박함으로써 답변이 불충분함을 깨닫게 하고, 자신들의 무지함을 깨닫도록 하는 것이다. 개념 분석 모형에서, 교사는 소크라테스의 대화법처럼 질문에 대한 답을 제시하고 학생들이 잘 이해하도록 설명해 주는 사람이 아니라 학생들 스스로 개념의 의미를 이해하도록 안내한다. 이와 같은 개념 분석의 기법을 보다 더 발전시킨 윌슨J. Wilson의 개념 분석의 전략은 〈그림 11〉과 같다.[176]

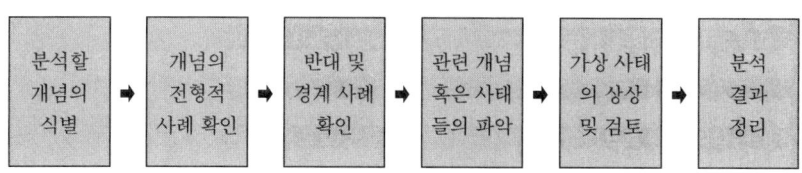

〈그림 11〉 개념 분석 수업 모형의 교수-학습 절차

가. 분석할 개념의 식별

이 단계는 도덕적 문제 사태의 내용을 파악하여 수업 시간에 분석할

176. 서강식(1999), 『도덕윤리과 수업모형』, 양서원, pp. 69-85 참조.

개념을 식별해 내는 것이다. 예를 들면, 초등학교 5학년 '도덕'의 여섯 번째 제재는 '사람의 기본 권리'이다. 이 제재의 1차시 수업 목표는 '인간 권리의 중요성을 알아 다른 사람의 권리를 존중하고자 노력한다'로 설정할 수 있다. 이때 분석의 대상이 되는 개념은 인간의 권리(인권)이다. 이 단계에서는 주어진 도덕적 문제 사태에서 인간의 권리라는 개념을 분석할 대상으로 식별해 내면 된다.

나. 개념의 전형적 사례 확인

이 단계에서는 개념이 사용되는 전형적 사례를 확인한다. 예를 들어, 인권이란 개념은 인권과 동일시할 수 있는 여러 가지 속성을 고찰함으로써 분석할 수 있다. 인권이 존중되는 사회의 모습은 여러 가지가 있다. 인간으로서의 최소한의 존엄성을 유지하며 살 수 있는 생존권, 집회 · 결사의 자유가 보장되는 사회, 종교의 자유가 보장되는 사회, 양심 추구의 자유가 보장되는 사회, 법 앞에서의 평등이 보장되는 사회, 인종 · 빈부 · 남녀노소 · 사회적 지위나 경제적 지위 등의 차별 없이 모두 존중받을 수 있는 사회의 모습이 인권이 존중되는 사회의 모습의 한 예라고 할 수 있다.

그러나 이와 같은 예는 초등학교 5학년 수준의 학생들에게는 그다지 실감이 나지 않는 관념적이고 추상적인 사회의 모습으로 자리 잡을 가능성이 높다. 이보다는 학생들이 쉽게 접할 수 있는 가정, 학급, 학교에서 구체적 사례들을 찾아보는 것이 인권이 존중되는 사회가 어떤 모습의 사회인지 보다 쉽게 이해할 수 있게 해준다.

다. 반대 및 경계 사례 확인

이 단계에서는 개념의 전형적 사태와 반대되는 사태를 확인한다. 반대되는 사태를 찾아보는 것은 분석하고자 하는 개념이 적어도 어떤 특징을 가져야 하는가, 또 어떤 특징과 대조적인가를 확인하는 데 많은 도움을 준다. 이와 같은 단계를 거침으로써 개념을 보다 명확하게 이해하는 데 도움을 줄 수 있다. 인권과 관련하여, 가정에서 사람들의 권리가 존중되지 않는 사례들, 예를 들면 동생을 윽박질러 심부름을 시키거나 먹을 것을 빼앗아 먹는 일, 어른들이 아이들을 어리다고 하여 무시하고 함부로 대하는 경우, 형제끼리 다투어도 형 또는 동생이 일방적으로 혼나는 경우 등이다.

경계에 해당되는 사례는 어떤 관점에서 보면 개념에 해당되는 것 같기도 하고, 다른 관점에서 보면 개념에 해당되지 않는 것 같기도 한 사례들이다. 이와 같은 예가 바로 밤늦은 시간에 피아노 연습을 해서 이웃 사람들이 조용하게 쉴 수 있는 권리를 침해하는 경우이다. 여러 사람이 함께 사는 아파트나 공동 주택에서는 뛰거나 큰소리를 지르거나 텔레비전 등을 크게 틀 수 없다. 모두 다른 사람에게 피해를 주기 때문이다. 이와 같은 경우에는 권리가 존중되지 않는다. 이와 같이 개념의 경계에 해당하는 사태를 확인하는 것은 말의 모호성, 즉 말이 뜻하는 바의 한계가 분명하지 않음을 밝히고 말이 적용되는 사태의 다양성을 이해하는 데 도움을 준다.

라. 관련 개념 혹은 사태들의 파악

이 단계에서는 관련된 개념 혹은 사태를 제시해 보도록 한다. 우정을 설명하고자 할 때 어떤 말의 도움을 필요로 하는가 혹은 우정이 성립된 관계에 있는 친구는 일상적으로 어떤 생활 경험을 하게 되는가를 밝힌다. 우정 있는 사이를 '의리' 혹은 '신의'를 존중하는 사이라고 한다면 의리 혹은 신의는 우정을 설명하는 데 도움을 준다. 이때 의리나 신의도 다소간 명료화될 필요가 있다. 관련된 개념과 분석하고자 하는 개념의 논리적 관계를 밝힘으로써 분석하고자 하는 개념을 보다 정확히 이해할 수 있다. 예를 들면, '신의 없는 우정은 가능한가?' 또는 '신의만 지키면 우정은 다하는 것인가?' 등의 질문을 통해 신의와 우정이라는 두 개념들의 논리적 관계를 밝혀낼 수 있다.

마. 가상 사태의 상상 및 검토

이 단계는 개념 분석 과정을 통하여 보다 명확해진 개념이 올바르게 정립되었는지 가상적 사태를 상상하여 검토해 보는 단계이다. 여러 사태를 통하여 확립된 개념을 또 다른 여러 사태에 적용시켜 보는 단계로서 수학에서 연습 문제를 풀어 보는 단계와 유사하다. 이처럼 가상 사태를 상상하여 개념을 검토해 봄으로써 현실 세계에서 살펴볼 수 없는 개념의 또 다른 주요한 특징을 생각해 볼 수 있는 기회를 가질 수 있다.

예를 들어, 나의 가장 절친한 친구가 사회적으로 용납받을 수 없는 범죄를 저질렀다고 가정하자. 이때 우정은 그것으로써 끝날 것인가 아니면 그래도 지속될 수 있는 것인가? 혹은 나의 가장 친한 친구가 외국으로 떠났는데, 다시 만나기는 거의 어렵고, 전화 연락도 거의 불가능하다고 하자. 이런 경우 우정은 더 이상 의미 없는 것인가를 검토해 볼 수 있다. 또는 내가 키우고 있는 강아지와는 우정이란 것이 성립될 수 없는 것인지 또는 노인과 어린이 사이의 우정은 성립될 수 없는 것인지 등을 상상하여 검토해 볼 수 있다.

이어서 분석 결과로 얻은 개념의 의미를 일상적인 언어생활에 비추어 검토해 본다. 만약에 분석 결과가 이러이러한 것이라고 할 때, 그와 같은 의미로 일상 대화에서 '우정'이라는 말을 사용해도 아무런 무리가 없는가를 검토해 보아야 한다. 만약 무리가 있다면 그 의미는 일단 재검토해 보아야 할 것이다. 모든 사람들이 그러한 의미로 우정이라는 말을 사용하고 있는지의 여부도 검토해 본다. 물론 모든 사람이 똑같은 의미로 언어를 사용하고 있는 것은 아니지만, 사람들이 어떤 말을 사용할 때에는 대체로 상당한 정도의 공통된 의미 요소가 있다. 그 공통성이 없으면 대화가 불가능하기 때문이다.

바. 분석 결과 정리

이 단계에서는 앞에서 분석한 결과를 체계적으로 정리하여 개념의 정의를 확립하도록 한다. 우리가 흔히 말의 의미를 사전을 통하여 확인하듯이 개념을 사전에서 찾는다면, 그것은 가장 일반적인 용법만을 압축하여 표현하고 있기 때문에 여러 가지 상황에서 개념이 어떤 방식으로 정의될 수 있는지에 대해서는 체계적으로 이해하기 어렵다. 그러므로 앞서 살펴본 과정을 통하여 분석한 내용을 체계화하고, 우리가 일상적으로 사용하는 언어의 맥락에서 개념의 의미를 이해하는 것은 매우 중요한 일이다. 도덕적 언어의 기능을 바로 파악하여 도덕적 개념의 의미를 정확하게 인식해야 도덕적 원리를 체계적으로 이해할 수 있기 때문이다.

② 집단 탐구 수업 모형

집단 탐구 수업 모형은 집단과 탐구가 결합된 모형으로서 집단적 탐구 활동을 통해 교육적 효과를 거두려는 수업 모형이다. 도덕과 집단 탐구 수업 모형은 집단의 교육적 가능성을 강조한 텔렌H. A. Thelen을 중심으로 살펴보는 것이 보다 적합하다.[177]

텔렌은 사람을 '다른 사람과 함께 사회적 실체를 구성하는 규칙과 협약을 형성하는 사람,' 즉 사회적 존재의 개념으로 인식하고, '사회적 존재는 또래 집단에 속하지 않고서는 행동하기 어렵다는 것, 그렇지 않다면 자아 유지와 자율성을 추구하는 각 개인은 다른 사람과의 갈등을 피하기 어렵다'는 관점을 취한다.[178] 이러한 관점에서, 학생들은 그 대상이 무엇이든 간에 자신들이 탐구하려고 하는 질문에 대해서까지 도움을 받아야 한다고 그는 생각하였다. 더 나아가서 그는 학생들이 집단 탐구를 통해서 교과목의 내용뿐만 아니라 협동적 학습 태도까지 학습할 수 있도록 소집

---

177. 집단 탐구 수업 모형은 두 부류의 학자들에 의해 도출되었다. 하나는 시카고 대학의 텔렌을 중심으로 한 부류이고, 다른 하나는 미시간 대학의 리피트R. Lippitt 등의 학자들에 의해 주도되었다. 이택휘 외(2000), 앞의 책, pp. 567-71 참조.
178. 서강식(1999), 앞의 책, pp. 108-28 참조.

단 학습이 이루어져야 한다고 믿었다.

집단 탐구의 핵심은 탐구의 형성에 있다. 탐구의 관심은 어떤 것에 주의를 기울이기 시작하여 다른 사람과 상호 작용을 하고, 자극을 받고, 결론에 도달하고, 수행할 새로운 탐구를 확인하고, 행동을 취하고, 보다 나은 결과를 내는 것이다. 교사가 문제 상황을 제시하면 학생들은 탐구자로서 탐구하기를 원하는 문제들을 확인하고, 탐구하는 데 필요한 점들을 고려하고, 탐구 기법을 학습하고, 탐구를 수행하고, 탐구 결과를 보고하고 평가한다. 이 수업 모형의 절차는 문제 상황의 제시 및 탐구 문제 설정, 탐구의 계획, 탐구의 실시, 탐구 결과 발표, 탐구에 대한 평가의 다섯 단계로 제시할 수 있다(〈그림 12〉참조).[179]

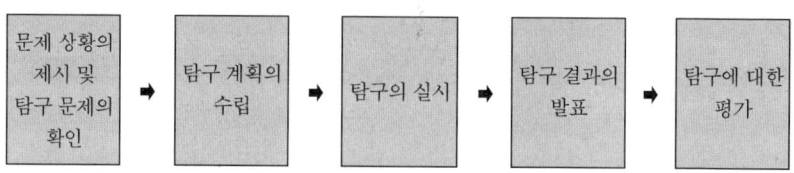

〈그림 12〉 집단 탐구 모형의 교수-학습 절차

가. 문제 상황의 제시 및 탐구 문제의 확인

교사는 민주적인 학급 분위기를 조성한 후, 다양한 방법으로 도덕적 문제 상황을 제시한다. 학생들의 탐구를 자극하기 위해 제시된 도덕적 문제 상황은 학생들이 쉽게 결정 내리기 어려운 딜레마 상황이거나 가급적 학생들에게 상당한 의미를 지니고 있어야 하며, 또 학생들의 지적 수준에 적절해야 하며, 학생들이 제시된 상황으로부터 많은 질문을 발견할 수 있도록 일반성이 있어야 한다.

179. 서강식, 위의 책, pp. 108-28; 유병열(2003), 앞의 책, pp. 413-7 참조.

나. 탐구 계획의 수립

탐구 계획을 수립하기 위해, 먼저 탐구 문제 확인하기 단계로서, 교사는 학생들이 주어진 상황에서 무엇을 탐구할 것인가를 결정하는 데 도움을 주어야 한다. 또 학생들이 탐구할 수 있는 적절한 질문인지를 구별할 수 있도록 지도해야 한다. 교사는 주제를 선정한 다음 학생들로 하여금 선정한 주제에 대하여 원하는 것을 모두 질문하게 하고, 질문의 목록을 작성하고, 학생들의 질문에 대하여 다시 질문하는 방식으로 학생들이 탐구하려는 질문에 대해서 비판적으로 사고할 수 있도록 도와줄 수 있다. 탐구 문제를 확인한 후에는 탐구 문제를 세분화한다. 여기에서는 보다 상세하게 탐구 주제의 의의, 탐구 내용의 범위, 탐구 문제와 관련된 내용의 한계 등을 결정해야 한다. 학생들이 탐구 문제를 제대로 세분화하지 못할 경우 교사가 도움을 줄 수 있다.

이러한 탐구 계획의 준비 단계를 마치면 탐구 계획을 수립한다. 탐구 계획을 수립할 때, 학생들은 맡은 영역에 대하여 책임감을 갖고 탐구를 수행할 수 있도록 탐구 집단 조직하기, 탐구할 각 질문의 세부 질문 목록 만들기, 각 질문에 대한 정보를 어떻게 어느 곳에서 수집하는가에 대해 논의하기, 탐구 결과를 어떻게 발표할 것인가에 대해 결정하기, 각 학생이 책임질 과제 배당하기 등에서 교사의 도움을 받는다.

다. 탐구의 실시

이 단계는 학생들이 효율적으로 탐구를 수행하고 있는지, 또 합리적으로 과제를 수행하고 있는지를 교사가 살펴보고 지도하는 과정이다. 교사는 각 집단의 과제가 어떻게 수행되고 있는지 관찰하며, 학생들이 함께 협력하여 과제를 수행할 수 있도록 돕는다. 또한 학생들이 어려움에 당면하여 낙담하기 전에 미리 조치를 취하여 탐구를 계속할 수 있도록 격려하고 도와주어야 한다.

라. 탐구 결과의 발표

각 탐구 집단은 자신들의 탐구를 끝낸 후에 자신들이 발견한 결과를 발표한다. 탐구 결과를 발표함으로써 각 집단의 구성원들은 정보를 요약하고, 탐구 결과를 해석하여 결론을 내릴 수 있으며, 자신들이 내린 결론의 타당한 근거를 알 수 있게 한다는 목적을 달성하게 된다.

집단은 연극, 신문, 만화, 극화, 벽보, 보고서, 발표회 등의 제시 방법을 통하여 탐구 결과를 발표할 수 있다. 각 발표 집단의 조사, 발표 내용에 대하여 의문이 있으면 질문을 할 수 있다. 이어서 조사, 발표 내용을 중심으로 토론에 들어갈 수 있다. 이 단계에서 교사는 발표 내용을 종합하여 요약, 정리해 줄 수 있다.

마. 탐구에 대한 평가

탐구가 끝나면 학생들은 탐구 과정 중에 있었던 자신들의 경험을 반성해 봄으로써 또 새로운 것을 배울 수 있다. 이 단계에서는 탐구 주제가 아니라 탐구 과정의 활동과 각 단계가 토의의 주제가 된다. 탐구를 유도했던 질문이나 탐구 수행에 관한 것, 집단 과정에서 일어났던 일에 관해 토의하면 보다 명료하게 평가할 수 있다.

(2) 가치 판단 모형

가치 판단 모형은 구체적인 도덕적 문제 사태에서 합리적으로 사고하면서 올바른 도덕 판단과 결정을 할 수 있는 능력을 기르는 데 중점을 두는 모형을 말한다. 앞에서 살펴본 지적 이해 모형이 주로 가치 규범의 이해와 내면화를 겨냥한 것이라면, 이 모형은 대체로 도덕적 추론 능력의 계발을 통해 도덕적 사고와 판단 능력을 기르는 데 주안점을 두는 것이다. 도덕적 인간이 되는 데에는 어떤 도덕적 가치 규범을 알고 신념화하는 것만으로는 부족하다. 복잡하게 전개되는 다원화된 사회의 도덕적 문제 상황에서 도덕적 문제를 해결하기 위해서는 보다 높은 도덕 원리를 창출할 수 있는 추론 능력이 요구된다.

인지적 도덕성은 도덕규범의 내면화로 완성되는 것은 아니다. 도덕과 교육은 또 다른 목표, 즉 도덕적 추론 능력의 계발을 통한 합리적 가치 판단 능력을 요청한다. 도덕과 교육의 궁극적 목표는 타율적 도덕인이 아닌 자율적 도덕인이다. 자율적 도덕인은 행위자 자신이 스스로 따라야 할 도덕 원리를 결단하고 이를 실천하는 인간이다.

도덕적 가치나 덕목을 발견하는 도덕과 교육은 도덕적 가치나 덕목이 문제가 되는 상황에서 기존의 도덕적 가치나 덕목 혹은 도덕 규칙을 발견하여 이를 행위에 적용하는 과정이다. 그러나 자신이 도덕 원리를 결단하는 과정은 기존의 도덕적 가치나 덕목 혹은 도덕 규칙을 기반으로 행위자 자신이 스스로 도덕 원리를 정립하는 것을 의미한다. 이러한 도덕 교육은 행위자가 가치 갈등 혹은 가치 선택적 상황에 직면하여 합리적 가치를 선택하고 결정하는 과정으로 구체화된다. 이러한 가치 판단 모형은 학습자 밖에 존재하던 도덕을 학습자 안에서 작동하게 만드는 것으로서, 바로 이러한 자질과 능력을 기르는 데 중점을 두는 수업 모형이다. 여기에서는 가치 판단의 일반 수업 모형을 고찰한다. 여기에서 활용할 수 있는 수업 모형들로는 가치 명료화, 도덕적 추론, 가치 분석 모형이 있다.[180]

---

180. 가치 명료화, 도덕적 추론, 가치 분석 모형은 인지 중심의 도덕과 교수-학습 부분을 참고. 주지하다시피, 제7차 도덕과 교육 과정에서는 통합적 방법을 견지하고 있다. 그러나 여기에서 말하는 통합적 방식이란 것이 종래의 행동 중심적 접근이나 인지 중심적 접근의 종합적 방식을 의미하는 것인지는 생각해 볼 필요가 있다. 왜냐하면 제7차 도덕과 교육 과정에서는 '합리성' 보다는 '합당성' 을 추구하고 있기 때문이다. 예컨대, 제6차 도덕과 교육 과정을 주도했던 가치 명료화나 가치 분석, 도덕적 추론 모형 등은 합당성보다는 합리성을 추구하는 수업 모형으로서, 이러한 수업 모형을 제7차 도덕과 교육 과정에 적용했을 때 제7차 도덕과 교육 과정에서 의도하는 본래의 도덕과 교육의 목적과 부합하는지는 의문이다. 필자가 보기에는 종래의 도덕과 수업 모형의 종합이 아닌 제7차 교육 과정이 의도하는 본래의 목적에 맞는, 즉 합당성을 모색하는 새로운 교수-학습 모형의 구안이 필요하다고 본다.

1) 가치 판단의 일반 수업 모형

가치 판단의 일반 수업 모형을 제시하면 〈그림 13〉과 같다.[181]

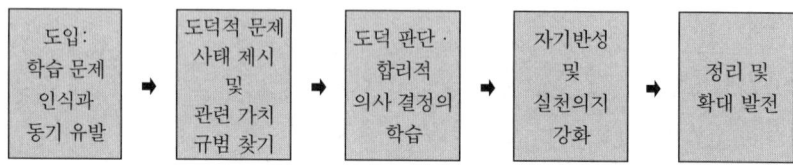

〈그림 13〉 가치 판단 일반 수업 모형의 교수-학습 절차

가치 판단 모형의 일반적 절차 중에서 가장 핵심적인 단계는 세 번째 도덕 판단 · 합리적 의사 결정의 학습 단계이다. 합리적 도덕 판단을 위한 수업 모형이 다양하게 제시되고 있으나, 각 수업 모형은 사실상 세 번째 단계에서의 가치 판단 전략이 다르다고 볼 수 있다. 다시 말해서 이 단계에서 각 수업 모형마다 가치 판단 전략, 즉 사실 판단과 가치 원리를 고려하는 각 과정이나 절차가 다를 수 있다. 이러한 점에 주목하면서, 가치 명료화, 도덕적 추론, 가치 분석 모형과 함께 단계별로 구체적으로 고찰해 보자.

① 학습 문제 인식과 동기 유발

이 단계에서는 그 시간에 학습할 것과 관련하여 문제의식을 갖고 학습 동기를 불러일으키도록 하는 동시에 학습 목표 내지 학습 문제에 대해 잘 인식하도록 이끈다. 도덕적 문제의식과 학습 동기를 불러일으킬 때에도 가급적 학생들의 생활 경험과 관련지으면서 이를 도모할 필요가 있다.

---

181. 유병열(2003), 「초등도덕과에서의 인지적 접근의 교수-학습모형」, 『초등도덕교육』, 한국 초등도덕교육학회, 제12집, p. 101.

② 도덕적 문제 사태를 제시하고 관련 가치 규범 찾기

도입 단계에 이어, 다음에는 도덕적 문제 사태를 제시하고 관련 가치 규범을 찾는 활동으로 나아간다. 이때 도덕적 문제 사태에는 나의 이익과 가치 혹은 가치와 가치 그리고 덕목과 덕목이 갈등한다. 즉, 도덕적 문제 사태의 유형은 선악이 충돌하는 단순한 문제 사태에서부터 선과 선이 부딪치는 문제 사태에 이르기까지 다양할 수 있다. 또한 선과 선이 부딪치는 문제 사태에서 양 가치가 최소한의 손상을 받는 선에서 조화를 이루어 내도록 판단해 보는 유형이나 선과 선이 부딪치는 문제 사태에서 양 가치를 모두 충족시킴으로써 문제를 해결해 내는 경우 혹은 악을 방지하고 선 자체를 증진시키는 문제 해결의 유형을 경험하게 할 수 있다.

도덕적 문제 사태를 제시한 다음에는 그 사태의 성격을 분석하고 어떤 가치 규범이 관련되어 있는지를 파악한다. 해당 문제 사태에서 무엇이 옳은지, 어떤 행동을 해야 하는지를 판단하고 결정하려면 먼저 그 문제 사태의 성격이 어떤 것이고, 어떤 도덕적 문제와 관련되어 있는지를 명확히 알고 있지 않으면 안 되기 때문이다. 더욱이 그 문제 사태에서 취할 수 있는 입장이나 행동이 여러 가지일 경우, 즉 두 개 이상의 규범이 갈등을 일으키는 경우에는 더더욱 관련 규범이 무엇인지를 파악하는 일이 중요하다. 대체로 관련 규범을 찾는 일은 문제 사태를 제시하고 그 개요를 파악하는 일과 함께 이루어지게 된다. 이때 수업은 주로 누가 무슨 생각을 하고 어떤 주장 또는 입장을 내세우거나 취했는지 또는 어떤 행동을 했는지 등을 검토하면서, 어떤 도덕적 가치 규범이 문제가 되고 또 왜 그러한 문제가 대두되게 되었는지 등을 파악해 내는 방식으로 전개하게 된다.

③ 도덕 판단 · 합리적 의사 결정의 학습

도덕적 문제 사태를 제시하고 그 관련 가치 규범을 찾은 후에는, 그 의미와 근거 등을 짚어 본 후 본격적인 도덕 판단 내지 의사 결정을 도모해 보는 단계로 나아간다. 이 단계에서 중요한 교수-학습 활동 중의 하나는 학생들로 하여금 그들의 생활 경험과 지적 · 도덕적 발달 수준에 맞는 도덕적 문제 사태를 놓고 생각해 보도록 하는 것이다. 그리고 사고와 판단의 타당한 이유와 근거를 제시하면서 상위 도덕 원리로부터 연역적으로 또는 행위가 가져올 결과로부터 귀납적으로 추론하고 판단해 보게 함으로써 도덕적 사고 · 판단력을 증진시킬 수 있도록 하는 일이다.

이를 위해서는 주지하다시피 평가 대상과 관련된 가치 원리와 사실 판단을 합리적으로 이끌어 내도록 해야 한다. 합리적인 혹은 보다 높은 수준의 가치 원리를 창출하도록 하기 위해서는 학생들로 하여금 구체적인 도덕적 문제 사태를 놓고, 도덕 원리, 규칙, 가치 등을 그 사태에 적용해 보거나, 그 사태를 해결하는 것과 관련된 원리와 규칙, 가치 등의 관계를 잘 파악하면서, 무엇이 바람직한 원리와 기준에 따르는 옳은 행동인지, 어떤 행동이 최선의 결과를 가져올 것인지를 깊이 생각하고 판단, 결정하는 학습 경험을 해보도록 하는 일이 필요하다. 이 과정에서 도덕적 추론 능력을 기르도록 학습 활동을 이끌어가는 일도 중요하다. 도덕적 추론은 무엇을 좋은 도덕적 이유로 채택하고, 무엇을 그 근거로 하지 말아야 하는지를 심사숙고하는 것이다. 나아가, 합리적 의사 결정 능력을 증진시키고 문제 해결 과정과 절차에 익숙하도록 학습을 이끄는 일 또한 중요하다.

또한 보다 합리적인 사실 판단을 위해 평가 대상에 대한 사실 관계를 폭넓고 정확하게 파악해야 한다. 즉, 평가 대상에 대한 여러 가지 사실 판단과 관련된 것들, 예컨대 대안이나 결과의 고려, 사실 관계의 폭넓은 고려나 진위 등을 면밀히 검토해야 한다. 이 단계에서 요구되는 과정과 절차로는 합리적 사실 판단과 가치 원리와 관련하여, 도덕적 문제의 인식과 정의, 문제와 관련된 사실 관계의 명료화, 가치 갈등의 확인, 대안과 그 결과들에 대한 인식과 경과 예측, 가치 원리의 합리성, 결정의 도출과 정당화 등으로 구성된다고 할 수 있다.

이처럼 가치 판단의 일반 수업 모형의 3단계 과정에서는 학습자의 의사 결정이나 합리적 가치 판단을 이끌어 낸다. 그러나 이러한 합리적 가치 판단을 이끌어 내는 절차나 과정은 각 수업 모형마다 다를 수 있다. 예컨대 가치 명료화 모형에서는 대안들로부터 각 대안들의 결과를 고려한 후에 자유롭게 선택하는 과정을 거친다. 그리고 도덕적 추론 모형에서는 도덕적 갈등 사태 속에서 그것을 해결할 수 있는 잠정적인 행동의 방향들을 추천하고 정당화하고, 소집단에서 그들이 제안한 사항 이면에 있는 이유를 논의하고, 갈등 사태에 대한 해결책으로서 정당화할 때 그들의 이유와 다른 집단의 이유를 전체 학생들이 검토하는 단계를 거친다. 또한 가치 분석 모형에서는 도덕적 문제와 관련된 사실들을 수집하고, 그 진위와 관련성을 평가하고, 가치 결정에 함축되어 있는 가치 원리 검사를 통해 가치를 판단하거나 도덕적 문제를 해결한다.

이러한 각각의 가치 판단 과정이나 도덕적 문제 해결 과정은 각 수업 모형마다 사실 판단과 가치 원리를 고려하는 정도에 따라 절차를 달리한다. 예컨대 가치 명료화 모형은 가치 원리의 과정보다는 사실 판단과 관련된 고려를 중시하고, 도덕적 추론 모형이나 가치 분석 모형은 가치 원리와 사실 판단을 모두 중시하는 수업 모형이라 볼 수 있다. 따라서 각각의 수업 모형은 각기 특색이 있으며, 도덕적 문제 사태와 관련하여 어느 것을 적용할 것인지를 결정해야 한다.

④ 자기반성 및 실천의지 강화

도덕적 문제에 대해 바르게 판단하고 합리적으로 의사 결정해 보는 과정을 거친 후에는 자기의 생활을 반성하고 실천의지를 강화하는 수업 활동의 단계로 나아간다. 즉, 이 단계에서는 도덕적 추론 과정이나 가치 판단 과정에서 깊이 깨우친 바를 바탕으로 자기 생활을 반성해 보고, 앞으로 힘쓸 일과 실천할 일을 생각해 보도록 하는 것이다. 이때 보통 대화나 문답법이 많이 쓰이지만, 공책에 자기 생각을 적은 후 이를 발표하면서 논의하는 것도 학생들의 반성과 자각을 깊게 하는 데 도움이 된다.

⑤ 정리 및 확대 발전

마지막으로, 정리 및 일상생활에의 확대 적용 단계에서는 지적 이해 모형에서와 마찬가지로 학습 내용 정리하기, 후속 학습 과제 부여하기, 일상생활에의 확대 적용과 지속적 실천 장려하기 등과 같은 활동을 수행한다. 학습 내용을 정리할 때에는 보통 중요한 학습 내용들에 대해 문답을 통해 다시 한 번 강조하면서 교사는 판서를 하고 학생들은 이를 공책에 정리하는 방식이 많이 이용된다. 그리고 생활에의 확대 적용과 실천을 위해서는 그 시간에 다룬 가치 규범과 관련하여 자신이 행하고자 하는 일들 몇 가지와 그 계획을 설정하게 한 후 이를 일정 기간 동안 실천하도록 하거나 미리 실천 기록표를 마련해 제공하고 이에 기록을 하면서 실제 생활 속에서 실천해 가도록 할 수도 있다. 이 경우 가정과 협력하여 이러한 일들을 추진해 간다면 더욱 바람직할 것이다.

2. 정의 중심 접근의 수업 모형

제7차 이후의 도덕과 교육 과정은 인격 교육을 지향한다. 인격의 완성은 인지적 측면에서 합리적 가치 판단 능력과 정의적 측면에서 도덕적 민감성이나 의무감 그리고 도덕적 열정과 의지를 지니며, 도덕적으로 가치 있는 것을 실천으로 행동하는 격조 높은 성품을 의미한다. 인지 중심의 접근을 통해 도덕성의 인지적 측면, 즉 도덕규범에 대한 지적 이해와 합리적 가치 판단 능력을 도모하였다면, 정의 중심의 접근에서는 주로 도덕성의 정의적 측면의 교수-학습 활동을 한다. 여기에서는 도덕규범을 머리보다는 주로 가슴으로 느끼며 받아들이도록 하는 데 관심을 둔다. 인지 중심의 접근에서는 도덕적 규범이나 가치에 대한 정당한 이유나 근거를 찾는 교수-학습 활동을 주로 하였지만, 여기에서는 가슴으로 받아들여 그것을 존중하고 기꺼이 헌신하고자 하는 마음가짐을 기르는 것이다.

도덕과 교육에서 도덕성의 정의적 요소를 함양한다는 것은 도덕적으로 문제가 되는 상황에서 도덕적으로 민감하게 느끼고, 도덕적 감정을 표현하고, 도덕적 모범에 비추어 자신을 반성하고, 일상생활에서 도덕적 행동을 실천하고자 하는 열정과 의지를 갖도록 하는 데 관심을 두는 것이다. 도덕적 감정은 도덕적 민감성과 이타심으로 구별할 수 있다. 도덕적 민감성은 타인의 감정을 읽고 이해하고 공감할 수 있는 감정이입 능력과 관련 있다. 감정이입은 역지사지의 정서적 측면으로 타인의 형편과 정서적 대리 경험을 의미한다. 그리고 이타심은 타인에 대한 배려의 감정을 의미한다.

또한 도덕적 열정은 선을 좋아하고 소중하게 생각하며, 그것을 기꺼이 행하려는 마음가짐으로서, 만약 그것을 행하지 못하였을 경우에는 죄책감이나 수치심을 느낀다. 덕을 기르기 위해서는 선악을 구별하는 도덕적 사고뿐만 아니라 선을 사랑하고 악을 미워하는 것을 배우는 것이 중요하다. 도덕적 열정은 선을 좋아하고 적극적으로 추구하는 것과 악을 미워하고 피하는 것이다. 도덕적 의지는 도덕적 선과 의무를 추구함에 있어 유혹에 굴하지 않고 모든 어려움을 극복하면서 마땅히 행할 바를 행하고자 하는 내적 정신력이다.

중점 지도 내용은 규범과 관련된 도덕적 감정을 표현하고, 자신과 타인의 도덕적 정서를 공유하며, 도덕적 규범에 비추어 자신을 반성하는 태도를 기르는 것이다. 여기에서의 주된 수행 평가 요소로 도덕적 관심 정도, 자신의 도덕적 가치를 느끼고 타인의 도덕적 가치를 공유하는 정도, 도덕적으로 반성하는 정도, 규범과 관련된 자신의 태도나 경향성 등을 들 수 있다.

이러한 정의적 접근 방식의 전형은 전통적으로 어른이나 교사들이 학생들에게 도덕적 감화나 감동을 주기 위해 전래 동화나 모범 사례, 일화 등을 이야기 형식을 통해 들려주는 것이다. 이러한 이야기 형식의 도덕교육은 도덕적 가치나 규범을 정서적 혹은 감정적 차원에서 받아들여 그것을 소중히 여기고 존중하며 또한 그것에 기꺼이 헌신하고자 하는 마음가짐과 자세를 기르는 것이다. 정의적 접근의 교수-학습 방법은 주로 모범적인 이야기를 통해서 학생들에게 감화 감동을 주는 모범 감화 모형과 도덕규범에 대한 자각과 바람직한 삶에 대한 신념과 실천의 내적인 힘, 도덕적 열정, 의지를 강화시키는 가치 심화 모형으로 나눌 수 있다.

(1) 모범 감화 모형의 일반적 절차[182]

이 모형은 정의적 측면의 요소 중 도덕적 감정이나 정서, 도덕적 열정이나 의지의 형성을 도모하고자 하는 모형이다. 다시 말해, 함양하고자 하는 가치 규범을 좋아하고, 존중하며, 실현하고자 의욕하는 도덕적 심성을 형성하고자 하는 것이다. 이를 위해, 기르고자 하는 덕목과 관련하여 바람직한 도덕적 모범을 제시하고 논의하는 가운데 감화와 감동을 얻고, 바람직한 삶의 모습을 본받으며, 자기반성과 실천의지를 다지는 데 중점을 둔다.

이 모형은 기본적으로 도덕적 모범 사례를 제공한다. 도덕적 가치 규범을 가르침에 있어, 단순한 지적 설명이나 언어적 상호 작용에 그치지 않고, 생활 주변이나 사회 속에서 바람직한 인물의 모범 행동이나 TV, 영화, 역사물, 위인전, 문학 작품 등에 등장하는 실존 또는 가상 인물들의 바람직한 도덕적 삶의 모습을 제시하고, 이를 심도있게 탐구하고 학습하게 함으로써 감화와 감동을 받아, 도덕적 가치 규범에 대한 태도와 행동의 바람직한 변화를 기대하는 것이다.

이 모형의 구체적인 교수-학습 절차는 〈그림 14〉와 같다.

① 학습 문제 인식과 동기 유발

이 단계에서는 다루고자 하는 가치 규범과 관련하여, 문제의식을 갖고

---

182. 유병열(2003), 앞의 책, pp. 344-50.

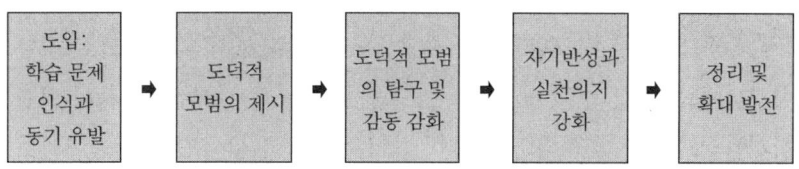

〈그림 14〉 모범 감화 모형의 교수-학습 절차

동기를 유발하며, 학습 과제와 주제를 인식하게 한다. 이를 위해, 일상생활의 경험을 상기하면서 그 시간에 다루는 가치 규범과 관련된 도덕적 측면을 이해하게 한다. 이때에는 인식 과정에 대한 주관화, 초점화, 공통화가 이루어지도록 한다. 주관화란 학생들이 그 학습 문제가 남의 것이 아닌 바로 자기의 문제일 수 있음을 느끼게 하는 것이며, 초점화는 학습 문제가 무엇인지 정확히 파악하도록 하는 것이고, 공통화란 이러한 주관화, 초점화가 한둘 또는 몇몇 학생들에게만 이루어지는 것이 아니라 학급의 대다수 학생에게 공통적으로 일어나도록 하는 것을 말한다.

② 도덕적 모범의 제시

이 단계에서는 학생들이 해당 가치 규범과 관련하여, 바람직한 모범을 접하고 내용의 개요를 파악하면서 마음을 움직이도록 하는 데 중점을 둔다. 즉, 학생들에게 동일시와 모방, 격려의 대상을 제공하는 동시에 그들이 닮기를 열망하게끔 하는 바람직한 인간의 모습을 보여줌으로써 이를 따라 배우도록 하는 데 역점을 둔다. 도덕적 모범을 제시하는 방식은 이야기로, 읽기 자료나 영상 혹은 녹음 자료를 이용할 수 있고, 제시자는 교사, 학생, 자원 인사 등이 할 수 있다. 이때 제시되는 도덕적 모범이 항상 위대한 인물일 필요는 없으나 학생에게 의미있고 감동적이며, 매력 있는 인물로 선택한다. 여기에서 주의할 점은 학생들의 지적·도덕적 발달 수준을 고려하여 도덕적 모델을 선정하는 것이 중요하다.

③ 도덕적 모범의 탐구 및 감동 감화

이 단계는 도덕적 모범을 탐구하면서 이를 정의적 차원에서 내면에 깊이 받아들이도록 하는 단계로서, 도덕적 모범을 제시하여 학생들이 이를 접하는 가운데 감화와 감동을 받아 그러한 행동과 삶의 모습을 좋아하고 또 그것을 실천하려는 마음이 일어나도록 하고자 하는 데 역점을 둔다. 즉, 이 단계에서 교사는 학생들로 하여금 도덕적 모범에 대한 지적 이해와 감화 감동을 통해 모범적 삶의 모습을 받아들이고 본받게 하는 한편, 긍정적인 도덕적 감정을 공유하게 함으로써 도덕적 심정을 깊게 한다. 이 단계를 이끌 때 교사는 설명이나 문답, 발표, 토의, 명상, 글쓰기, 소집단 활동 등 다양한 기법과 수업 형태를 동원할 수 있다. 교사는 제시된 도덕적 모범에 대해 논의하거나, 그와 관련된 학생 자신의 경험을 발표하게 하고, 사례를 더 제시하여 도덕적 모범을 더 확대하거나, 그와 관련된 실천 사례를 생활 속에서 찾아보게 하는 활동을 한다.

④ 자기반성과 실천의지 강화

이 단계에서는 학생들로 하여금 도덕적 모범의 삶에 비추어 자신을 되돌아보게 하고, 바람직한 삶을 살고자 하는 의지를 다지는 활동을 하게 한다. 도덕적 모범 사례에 비추어 자기의 생활을 되돌아보고 스스로를 반성하면서 잘한 점과 잘못한 점은 무엇인지, 잘못이나 부족한 점이 있다면 이를 어떻게 고칠 것인지를 생각해 보도록 한다. 또한 앞으로 무엇을 어떤 계획 하에 실천해 나갈 것인지 등을 생각해 보고, 이를 생활 속에서 실천하고자 하는 마음을 다진다.

⑤ 정리 및 확대 발전

이 단계에서는 일련의 도덕 수업 후에, 이를 종합 정리하고 그 가치규범을 일상생활 속에 확대 적용하면서 지속적인 실천을 위해 노력한다. 대체로 학습 내용의 상기와 요약 정리, 일상생활에 확대 적용과 지속적인 실천의 장려, 후속 학습 과제 등의 활동을 한다.

(2) 모범 감화 모형에 활용할 수 있는 수업 모형

1) 내러티브 교수-학습 모형

　종래의 '도덕적 이야기하기'가 교사나 어른이 일방적으로 도덕과 관련된 이야기를 들려주는 교사 중심의 주입식 방식이었다면, 내러티브는 학생들 스스로 자신의 도덕적 이야기를 하도록 유도하는 방식이다. 이러한 내러티브 방식[183]은 학생들로 하여금 자신의 도덕적 이야기를 말하게 함으로써 자신이 이야기의 저자가 되고, 그러한 과정을 통하여 자신의 권위와 책임감을 표현하고 고양할 수 있는 기회를 부여하는 특징을 갖는다.

　내러티브 수업 모형의 교수-학습 절차는 〈그림 15〉와 같다.[184]

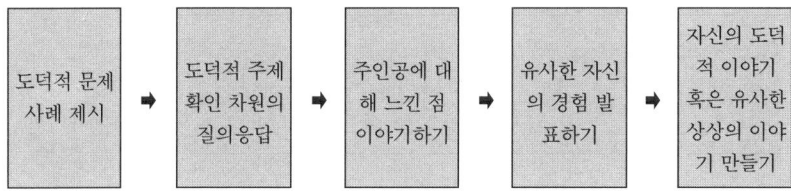

〈그림 15〉 내러티브 수업 모형의 교수-학습 절차

① 도덕적 문제 사례 제시

　이 단계에서는 학생들에게 도덕적 이야기를 제시한다. 여기서 사용되는 도덕적 사례는 보통 학생들에게 이야기 속에 등장하는 이상적 인물들

---

183. 내러티브 교수-학습 전략은 종래의 도덕적 이야기하기뿐만 아니라 도덕적 이야기 쓰기, 구두 편지, 극적인 모험하기 등 다양하다.
184. 김항인(2001), 「이야기하기와 ICT활용을 통한 초등도덕과 정의적 측면 교수-학습 모형」, 『초등도덕교육』, 한국초등도덕교육학회, pp. 126-9.

을 통해 감화 감동을 주는 이야기들이다. 도덕적 감화 감동은 평범한 삶의 이야기나 부정적 결과의 이야기와는 달리 어려움 속에서도 선을 실천하는 주인공의 의지가 반드시 담겨 있어야 한다. 학생들에게 제시하는 이야기 사례의 선택은 교과서나 생활의 길잡이, 그 외 다양한 자료로부터 구할 수 있다. 이야기를 전달하는 방법에는 독서법과 설화법이 있다. 독서법은 이야기로 구성된 독본이나 교재를 한 학생이 일어나 읽거나 전체 학생이 각자 묵독하는 방법이 있다. 설화법, 즉 이야기해 주기는 어른이나 교사가 도덕적 이야기를 들려주는 방식으로 도덕적 가치나 규범을 전달하는 것이다. 이러한 방법의 핵심은 교사가 말로 도덕적 교훈을 담고 있는 이야기를 들려줌으로써 학생들이 감화 감동을 받게 하는 것이다.

② 도덕적 주제 확인 차원의 질의응답

이 단계는 도덕적 사례를 들려주고 난 후에 학생들이 도덕적 사례와 관련하여 얼마나 이해하고 있는지를 확인하는 단계이다. 여기에서 사용되는 질문의 형태는 학생들의 다양한 답변들을 인정하는 개방적 질문보다는 도덕적 주제의 이해를 돕는 것을 목적으로 하는 폐쇄적 질문이 필요하다. 폐쇄적 질문은 개방적 질문과 달리 제한된 수의 반응을 요구하는 질문으로서 해답이 이미 문맥에 나와 있다. 이처럼 도덕적 사례에 대해 충분히 이해한 다음에야 비로소 다음 단계로 나갈 수 있음을 유의해야 한다.

③ 주인공에 대해 느낀 점 이야기하기

이 단계에서는 학생들이 이야기 속의 등장인물에 대해 감정이입을 시도하면서 주인공의 입장이 되어 보는 정서적 역할 채택을 해본다. 또한 주인공의 태도나 행동에 대한 자신의 느낌을 표현하도록 한다. 여기에서는 폐쇄적 질문이 아닌 개방적 질문을 사용하는 것이 좋다.

④ 유사한 자신의 경험 발표하기

이 단계부터 학생 중심의 도덕 이야기 하기가 시작된다. 학생들은 앞에서 들은 도덕 이야기의 주제와 관련된 자신의 경험을 회상하고, 이를 다른 학생들 앞에서 표현한다. 그리고 도덕적 주제를 자신의 삶 속에 적용한다. 도덕적 주제에 대한 지식과 이해가 뒷받침되지 않은 상태에서는 올바른 도덕적 적용이 이루어질 수 없다. 도덕적 주제를 불완전하게 이해한 학생들은 가끔 주인공이 등장한 사실적 배경에 집착하여 자신의 경험을 이야기하곤 한다. 또한 소집단 학습을 통하여 학생들의 의견을 서로 이야기할 수 있다. 교사와의 대화뿐만 아니라 학생들이 서로 얼굴을 보며 대화할 수 있도록 하는 대화 학습의 형태를 적용할 수도 있다.

⑤ 자신의 도덕적 이야기 혹은 유사한 상상의 이야기 만들기

이 단계는 이미 네 번째 단계에서 발표되었던 내용을 중심으로 학생들에게 도덕적 주제와 관련하여 자신의 생활을 돌아보고 스스로 반성하면서 자신의 경험에서 잘한 점은 무엇이고, 잘못한 점은 무엇인지를 이야기 형식을 빌려 표현하게 하는 단계이다. 이러한 이야기는 내러티브 형식으로 표현하는 것이 바람직하다. 즉, 추상적이고 종합적인 자신의 견해를 표현하는 것이 아니라 자신이 겪은 경험을 시간의 흐름에 따라 자세하게 진술하고, 마지막 부분에 자신의 느낌이나 의지를 표현하도록 한다. 그리고 자신의 경험을 이야기하거나 표현하는 것을 어렵게 생각하는 학생들에게는 들려준 이야기와 같은 주제로 상상의 도덕적 이야기를 쓰게 하는 방안도 대안으로 제시할 수 있다.

2) 배려 모형[185]

도덕 이론 분야에서 콜버그의 도덕 이론을 남성 위주의 도덕 윤리라고 비판하면서, 여성 중심의 배려 윤리를 주장하는 길리건이나 나딩스 등이

정의情意 중심의 윤리를 주도하고 있다. 길리건은 정의正義의 윤리가 지니고 있는 문제점을 극복하기 위해 보살핌의 윤리를 제시한다. 여기에서는 인간관계와 책임, 상호 관계성, 사랑, 연민 등의 인간의 정의적 측면이 중시된다.

길리건에 의하면, 도덕성은 남성적 특성을 반영하는 정의의 윤리와 여성의 특성을 반영하는 보살핌의 윤리의 두 도덕성으로 구성되는데, 지금까지 우리의 윤리는 정의의 윤리를 지나치게 강조하여 왔다는 것이다. 따라서 이제 여성적 특성을 지닌 보살핌의 윤리와의 조화로운 발달을 추구해야만 한다는 것이다. 나딩스 역시 보살핌의 윤리를 강조하는데, 그녀는 교육의 목적을 보살핌의 윤리를 유지하고 강화시켜 주는 것이라고 본다. 그리고 이러한 교육 목적 달성을 위해 본보기, 대화, 실천과 확신을 제안한다.

이처럼 도덕적 행위를 유인하는 요인으로는 인간의 이성적 판단만이 아니라 정의적 측면도 무시할 수 없다. 도덕적 행동은 합리적인 도덕적 추론의 힘과 올바른 동기의 힘을 동시에 요청한다. 특히 배려 윤리를 주장하는 사람들은 감성을 도덕성의 원천으로 강조하고 있다. 이러한 맥락에서 배려 모형을 제시하면 〈그림 16〉과 같다.[186]

① 도덕적 문제를 상호 관계의 측면에서 파악하기

이 단계는 제시된 도덕적 문제 사태나 관련 사례와 관련해 제기되는

---

185. 그동안 서양 윤리의 지배적 흐름은 이성 중심의 사고였다. 이러한 서양 윤리 사상은 칸트, 롤즈로 이어지고, 콜버그에 의해 이성 중심의 도덕 교육은 정점을 맞는다. 이들의 자유주의적 전통은 개인의 자유와 권리를 중시하면서 사회 유지의 기본 원리로서 정의를 강조한다. 여기에서의 도덕 교육은 합리성, 객관성, 보편성이 중시되었고, 이를 위해 이성적 형식의 도덕 교육을 통해 도덕적 추론 능력의 발달을 도모하고자 하였다. 따라서 여기에서는 감정이 배제되고 합리적 추론 과정이 중시되었다. 그러나 도덕적 동기를 유발하는 주요 원천은 인간의 이성만이 아니라 감정도 중요한 역할을 한다. 실제 도덕적 문제 상황에서는 합리적 판단만으로는 도덕적 행동이 보장되기 어렵다. 도덕적 행동은 감정적 배려나 공감, 관심, 감정이입이 중요하다.
186. 교육부(2003), 『초등학교 교사용 지도서』, p. 26.

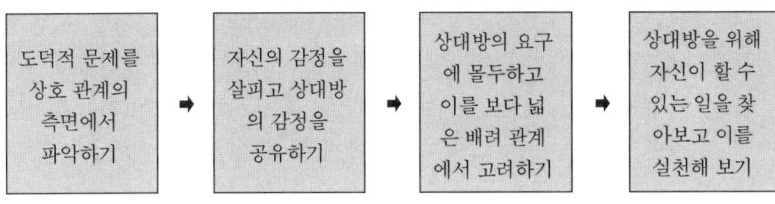

도덕적 문제를 상호 관계 속에서 파악하는 단계이다. 이 단계에서는 제1차시의 인지 중심의 교수-학습 활동에서와는 달리, 학생들로 하여금 도덕적 관련 사례와 관련된 사람들에 초점을 맞추어 도덕적 문제를 해결해 보도록 한다. 이를 위해, 도덕적 문제 사태나 관련 사례를 구체화하여 관련된 사람들의 입장을 생생하게 구성한다. 이러한 과정을 통해 도덕적 관련 사례와 관련된 사람들이 어떤 도덕적 문제를 함축하고 있는지를 등장인물의 상호 관계를 중심으로 정확하게 파악할 수 있게 된다.

② 자신의 감정을 살피고 상대방의 감정을 공유하기

이 단계에서는 도덕적 관련 사례와 관계된 도덕적 문제에 대해 자신의 감정을 살피고 상대방의 감정에 공감하는 단계이다. 앞 단계에서 도덕적 관련 사례에 등장하는 사람들의 입장을 정확하게 파악하고 나면, 그 사람들의 입장에서 생각하고 느껴 보게 한다. 그리고 배려해야 하는 상대방의 생각과 느낌 그리고 감정을 그대로 표현해 보고, 도덕적 관련 사례에 등장하는 사람들의 역할을 맡아 감정을 표현해 봄으로써 상호 공감을 갖도록 한다.

③ 상대방의 요구에 몰두하고 이를 보다 넓은 배려 관계에서 고려하기

이 단계는 상대방의 요구를 이해하고 배려하는 단계이다. 여기에서는 도덕적 관련 사례에 등장하는 상대방의 입장과 환경을 파악하여 상대방

을 이해하고, 상대방의 요구가 무엇인지를 이해하고, 이에 맞는 배려를 하도록 한다. 상대방의 입장이 되어 상대방을 이해하고 배려하는 이러한 과정을 통해 타인의 감정을 식별하는 능력을 키울 수 있다. 그리고 남의 입장을 이해하고 배려하는 것이 상대방의 일방적 이익이 아니라 넓게는 상호 이익이 된다는 점을 이해하게 한다.

④ 상대방을 위해 자신이 할 수 있는 일을 찾아보고 이를 실천해 보기

이 단계는 학습 내용을 정리하는 단계로서, 도덕적 관련 사례를 통해 느낀 점을 발표하고, 남을 배려하는 실천의지를 함양하는 단계이다. 그동안의 자신의 생활을 반성하게 하고, 일상생활에서 남을 배려할 수 있는 일을 찾아 실천하도록 실천 계획을 세우고 실천을 다짐하게 한다.

(3) 가치 심화 모형의 일반적 절차[187]

가치 심화 모형은 바람직한 삶에 관한 성찰과 자각을 깊게 하고 다양한 가치 추구 활동을 통해 도덕적 가치 규범을 존중하고 실현하려는 심정을 심화시킴으로써 그 가치 규범의 내면화와 실천 의욕을 도모하는 모형이다. 다시 말해, 도덕적 가치 규범에 대한 자각과 그것을 좋아하고 존중하는 도덕적 감정과 정서를 깊게 하며, 바람직한 삶에 대한 신념과 실천의 내적인 힘, 도덕적 열정, 의지를 강화시키는 것이다. 이를 위해, 여기에서는 해당 가치 규범에 대한 지적 성찰과 자각을 도모하고, 그에 대한 긍정적이고도 의미 있는 정서적 학습 경험을 제공하며, 가치를 재정립하고 주체화하며 실천의지를 다지는 일을 중점적으로 추구한다. 교수-학습 절차는 〈그림 17〉과 같다.

---

187. 유병열(2003), 앞의 책, pp. 351-6.

〈그림 17〉 가치 심화 모형의 교수-학습 절차

① 학습 문제 인식과 동기 유발

이 단계에서는 다루고자 하는 가치 규범과 관련하여 문제의식을 갖고 학습 동기를 불러일으키며, 학습 과제 또는 주제를 인식하도록 한다. 즉, 수업에서 다루고자 하는 가치 규범을 생활 경험과 관련해 어떤 문제가 있는지를 인식하게 하는 것이다. 또한 생활 경험 속에서 인지한 도덕적 측면과 문제의식을 바탕으로 학습해 보고 싶은 동기를 불러일으키는 것으로서, 교사의 적절한 아이디어와 지도 방법 자료 등이 동원되어야 한다. 학습 문제의 인식은 그 시간의 학습 과제, 학습의 핵심 방향이 무엇인지를 파악하는 것으로서, 학습 문제를 정확하게 파악하고, 그것이 자기 문제일 수 있음을 인식하게 한다.

② 가치 사례의 제시 및 성찰

이 단계에서는 해당 가치 규범과 관련된 문제나 사례 또는 생각할 거리를 제시하고, 자신의 가치 입장을 성찰하고, 바람직한 가치에 대한 자각을 깊게 하는 단계이다. 여기에서는 보조 교과서, 신문, TV, 인터넷이나 시청각 자료 같은 다양한 형태의 자료를 적절한 여러 가지 방식으로 제시할 수 있다. 이때 교사는 학생들로 하여금 제시된 가치문제에 대해 평소에 어떤 가치 입장이나 관점을 가지고 있는지 혹은 자신의 생활은 어떠한지 등을 반성하고 성찰하게 한다. 나아가 그러한 가치문제와 관련하여 자신은 무엇이 옳고 바람직하다고 보고, 그 이유는 무엇인지를 생각하게 하고 논의한다.

③ 가치의 추구 및 심화

이 단계는 가치 규범에 대한 다양한 교수-학습 활동을 통해 감정적, 정서적 차원에서 이를 보다 깊이 받아들이고 사랑할 수 있는 경험을 제공함으로써 좀 더 심화된 내면의 심정화를 도모하고자 한다. 여기에서는 여러 자료를 제시하고 그 느낌이나 생각을 논의하게 하거나 실제 실천 사례를 제시함으로써 도덕적 삶을 본받거나 해당 가치에 대한 마음의 감화를 보다 깊게 한다.

④ 가치 주체화와 실천의지 강화

이 단계에서는 앞의 여러 가지 활동을 하면서 느끼고 알게 된 점을 발표하고 논의하는 것을 통해 가치의 개별화와 주체화 그리고 일반화를 도모한다. 이전 과정을 거치면서 학생들은 느낌과 생각을 서로 달리 하였을 수도 있고 그 정도나 강도에 있어서 차이가 생길 수 있다. 그러므로 각자가 경험했거나 가지게 된 도덕적 감정과 감동 그리고 생각을 교류하고 정련하면서 가치를 자기 것으로 만들고, 일반화해야 할 관점은 공유하도록 한다. 이 과정에서 학생들에게 자신의 가치 입장에 대한 존중과 실천의지를 발표하고 확언할 수 있도록 하는 것도 필요하다.

⑤ 정리 및 확대 발전

이 단계에서는 이상과 같은 과정을 거치면서 학습한 내용을 상기하고 요약 정리하면서 해당 가치 규범의 실천을 도모한다. 해당 가치와 관련하여 실천의지를 다지고 실천 가능한 일들을 구체적으로 생각하여 실천 계획을 세운다든가, 가정의 협력을 얻어 학생들이 직접 실천해 보도록 한다.

3. 행동 중심 접근의 수업 모형

도덕성의 구성 요소를 인지, 정의, 행동으로 구분한다면, 행동적 접근은 행동을 강조하는 교수-학습 방법이다. 그러나 행동적 요소의 함양을 위한 도덕과 교수-학습은 도덕성의 인지적 및 정의적 요소와 밀접하게 연결되어 있다. 왜냐하면 실천적 체험을 통해 생활 속에서 도덕적 행동 성향을 높이기 위한 도덕과 교수-학습은 인지적 이해를 도모하거나 어떤 도덕적 감정, 정서, 의지 등을 함양하는 일과 관련되어 있기 때문이다.

행동 중심의 접근을 위한 도덕과 교수-학습은 도덕성의 행동적 요소인 도덕적 행위 능력을 함양하고 도덕적 행동을 경험하게 함으로써 바람직한 도덕적 습관을 형성하는 데 주안점을 둔다. 다시 말해, 주요 가치나 덕목에 따르는 도덕적 행동을 직접 해보면서 도덕적 행동을 익히는 데 관심을 둔다. 중점 지도 내용은 규범과 관련된 도덕적 행위 능력, 도덕적 실천과 습관을 기르는 것이다. 여기에서의 주된 수행 평가 요소로는 모범적인 도덕적 행동 이해하기, 도덕적 실천에 대한 확언 정도, 도덕적으로 행동하는 정도, 도덕적 행동의 습관화 정도 등을 들 수 있다. 행동 중심의 수업 모형은 실습 실연 모형과 실천 체험 모형으로 나누어 살펴본다.

(1) 실습 실연 모형의 일반적 절차

실습 실연 모형은 수업에서 다루는 도덕적 가치 규범과 관련된 구체적인 도덕적 행동을 직접 해보면서 익히도록 하는 데 주안점을 둔다. 즉, 이 모형은 도덕적 행위 기능과 능력을 기르고 도덕적 행위를 반복적으로 실천함으로써 덕목을 내면화하고 습관화하는 것이다. 이 모형의 구체적 과정은 〈그림 18〉과 같다.[188]

---

188. 유병열(2003), 앞의 책, pp. 358-62.

〈그림 18〉 실습 실연 모형의 교수-학습 절차

① 학습 문제 인식과 동기 유발

이 단계는 다루어야 할 가치 규범과 관련하여 문제의식을 갖고 학습해야 할 것이 무엇인지를 인식시킨다. 그리고 도덕적 행동들을 어떤 방식과 과정을 통해 실습 실연할 것인지를 검토하고, 실습 실연을 위한 여건이나 상황, 자료 등을 사전에 준비한다.

② 도덕적 모범 행동의 제시

이 단계에서는 도덕적 모범 행동을 제시하고, 이를 실천하는 방식과 행위 기능을 이해하도록 한다. 도덕적 모범 행동을 제시할 때에는 그에 대한 효과적 이해를 위해 설명과 더불어 다양한 매체를 활용해 시각적 효과를 높이는 것이 좋다. 그리고 모범 행동을 보여 주고 실습해 보면서 그 행동에 담겨 있는 도덕적 의미를 되새기게 하고, 이것이 오늘날 어떤 의미를 가지며, 현대에 맞는 도덕적 행동은 어떤 것인지를 함께 검토하는 것도 의미 있는 활동이다.

③ 모범 행동의 실습 실연

이 단계에서는 지적으로 이해된 구체적 행동 방식이나 행위 기능을 직접 실행하면서 몸에 익힌다. 즉, 추상적이고 관념적인 가치 규범을 구체적 상황 속에서 실제 경험을 통해 학습한다. 실습을 통한 교육은 도덕적

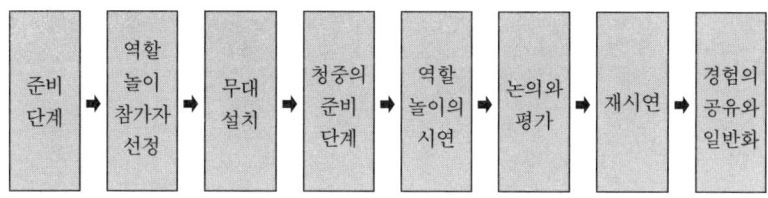

〈그림 19〉 역할 놀이 수업 모형의 교수-학습 절차

행동을 직접적인 실습과 훈련을 통해 익히는 것이고, 실연은 가상적인 상황을 설정해 놓고 그러한 장면에서의 바람직한 행동을 터득한다. 실습 실연 전후에 도덕적 모범 행동이 지니는 가치나 의미 그리고 필요성에 대한 이해도 함께 지도하고, 실습 실연의 결과 학생 개개인이 도덕적 행동을 올바로 익힘으로써 주체화와 개별화를 이루어 내도록 하는 일도 중요하다.

④ 자기반성 및 실천의지 강화

이 단계는 자기를 반성하면서 실천의지를 다진다. 평소 자신의 생활을 반성하고 앞으로 꾸준히 실천할 것을 다짐한다. 실습 실연 과정에서 새롭게 알고 느낀 점을 이야기하고, 서로의 경험을 교류하고 일반화를 도모하는 가운데 모범 행동이 발전적으로 정착할 수 있도록 한다.

⑤ 정리 및 확대 발전

이 단계는 수업의 결과를 전체적으로 정리하고 평가하며 일상생활에서 지속적으로 실천할 수 있도록 실천의지를 다진다.

(2) 실습 실연 모형에 활용 가능한 수업 모형 : 역할 놀이 수업 모형

여기에서는, 역할 놀이 수업 모형으로 샤프텔 부부Fannine R. Shaftel &

George Shaftel가 개발한 수업 모형을 소개하고자 한다. 샤프텔 부부는 역할 놀이 수업 모형을 8단계로 구분한다(〈그림 19〉참조).[189]

① 준비 단계

이 단계는 여러 개의 기능을 가지고 있다. 그것은 역할 놀이에 참가하는 집단을 도덕적 갈등 사태와 친근하게 만들며, 그것을 다루는 방법을 배워야 할 필요성을 깨닫게 하여 준다. 그것은 집단으로 하여금 특정한 상황 속에 감정적으로 젖어들게 하며, 또 도덕적 갈등 사태를 발생시킨 인간관계들의 얽힘을 극복하려는 사람과 자신들을 동일시할 수 있도록 도와준다. 준비 단계에서, 교사는 집단 구성원으로부터 충분한 반응을 얻어내는 데 관심을 두고, 어떤 도덕적 갈등 사태에 직면해 있다는 것을 느끼게 한다. 교사는 함께 참여함으로써 학생들이 어떤 도덕적 문제에 직면해 있고, 도움이 필요하다는 사실을 보여 준다. 도덕적 갈등은 반드시 모든 학생들에게 중요한 것이어야 하며, 그들이 쉽게 인식할 수 있고 극복해야 할 필요성을 느낄 수 있는 것이어야 한다.

도덕적 갈등 사태는 믿을 수 있고 동시에 흥미 있는 인간관계를 다루어야 한다. 갈등 사태는 기본적으로 학생들에게 실감을 줄 수 있어야 하며 동시에 중요한 것이어야 한다. 이야기가 실감이 나면 날수록 그것은 더욱 흥미 있게 진전될 것이며, 그 이야기를 듣는 학생들은 이야기 속의 인물들을 더욱 분명하게 인식할 것이다. 학생들은 이야기를 듣는 동안 자신들에게 발생한 공감이나 생각, 신념 등의 정도에 따라 직접 역할 놀이에 참가하려 할 것이다.

도덕적 문제 사태를 읽어 준 후, 교사는 전체 학생들이 토론과 역할 놀

---

189. F. R. Shaftel & George Shaftel, *Role-Playing for Social Values: Decision-Making in the Social Studies* (Englewood Cliffs, NJ: Prentice-Hall, 1967), pp. 74-84. 그러나 초등학교 교사용 지도서에는 역할 놀이 수업 모형 단계를 4단계 — ① 역할 놀이의 상황 설정과 준비, ② 역할 놀이 참가자 선정 및 청중의 준비 자세 확인, ③ 역할 놀이의 시연, ④ 역할 놀이의 검토와 평가 — 로 구분하고 있다. 교육부(2001), 『초등학교 교사용 지도서』, pp. 32-3.

이를 할 수 있도록 도와주어야 한다. 학생들은 훌륭한 청중이나 어른보다 자기 규제가 덜하기 때문에 도덕적 문제 사태를 들으면서 한숨, 신음, 조언, 박수로써 자신들의 감정을 분출한다. 때로 학생들의 얼굴 표정과 신체적 자세는 매우 중요하다. 도덕적 문제 사태 읽기가 끝나면, 학생들은 보통 말할 거리를 많이 가지고 있기 때문에, 그것을 황급히 말하려고 한다. 그들의 반응으로 교실은 소란스럽다.

도덕적 문제 사태에 관한 이야기가 끝나고 역할 놀이로 들어가기 위해서는 간단한 논의 시간이 있어야 한다. 교사는 논의를 이끌어낼 때 확산적 질문을 통해 학생들의 주의를 촉구하고 도전감을 심어 주어 역할 놀이에 등장하는 배역들이 하는 말에 주의를 집중하도록 한다. 그러면 학생들은 이야기에 나오는 다양한 인물과 자신들을 동일시할 것이고, 그 상황에서 가능한 많은 의미를 찾아내려고 노력할 것이다. 그 결과 학생들은 그 문제들을 효율적으로 다룰 수 있을 것이다.

② 역할 놀이 참가자 선정

역할 놀이의 배역을 정하기 위해서는 그 역할을 잘 인식하고 있는 사람을 선택하는 것이 중요하다. 이를 위해서 교사는 선별 작업을 한다. 등장인물을 잘 인식하는 학생에게 그 역할을 맡아 주기를 요청할 수 있고, 때로는 자원자가 할 수도 있다. 이때 주의할 점은 어떤 역할을 자원한 사람에게 다른 역할을 억지로 강요하지 말아야 한다는 점이다. 왜냐하면 강제로 맡은 역할을 제대로 인식하지 못할 수도 있기 때문이다.

교사는 도덕적 갈등 사태 속의 어떤 역할을 인식하거나 또는 특정 인물의 행위에 관하여 강한 감정을 가진 학생들을 우선적으로 선택한다. 일반적으로 성인 지향적인 해결책, 사회적으로 수용 가능한 해결책을 제시하는 학생은 처음 역할 놀이에서 배역을 맡기지 않도록 한다. 그러한 학생을 먼저 내세웠다가는 학생들이 문제 상황에서 실제로 생각하고 느끼는 것에 대한 탐구를 멈추게 하는 결과를 가져올 수도 있기 때문이다. 일반적으로 도덕적 문제 사태에 대한 학생들의 감정과 인식에 대하여 철저한 탐구가 이루어진 후, 교사는 성숙하고 수용 가능한 해결책을 제안한 학생들에게 되돌아올 수 있다. 그때쯤이면 학생들은 역할 놀이를 통하여 자신들이 예견하지 못했던 결과들을 알게 되기 때문에 발표하려 했던 자신들의 해결책을 포기할 수도 있다.

③ 무대 설치

역할 놀이를 행하기 전에 역할 놀이의 배역을 맡은 사람들은 무엇을 어떻게 할 것인가에 대하여 계획을 세워야 한다. 학생들이 대사 전부를 준비할 필요는 없으나 전반적인 행동 방향은 정해야 한다. 교사는 학생들의 어떤 생각을 선택하여 이야기함으로써 학생들로 하여금 학생 자신의 생각과 일치하는 행동 방향을 정하도록 격려할 수도 있다. 역할 놀이는 다른 참가자들의 행동에 대해 동시에 반응을 할 때 가장 가치가 있다. 역할 놀이는 대사와 상세한 줄거리를 고정시키지 않는다. 탐구를 위한 간단한 행동 방향이 일단 결정되면, 교사는 주요 배역을 맡은 사람들에게 역할 놀이를 수행하는 데 필요한 사람이 누구인지 물어 볼 수도 있다. 역할 놀이 배역이 정해지면, 교사는 배역을 맡은 사람들이 상황 속으로 몰입하도록 도와준다.

④ 청중의 준비 단계

청중을 관찰자로서 준비시키는 단계이다. 여기서는 듣는 기능이 필요하다. 훈련받지 못한 관찰자들은 수동적으로 관람을 하거나 지나치게 비판적일 수 있다. 학생들이 다른 사람의 느낌이나 생각에 귀를 기울이고, 다른 사람의 입장에서 보고 생각하도록 한다. 진실된 경청자의 입장에 있을 때에만 다른 사람들이 인식하고 이해한 것을 배울 수 있다. 사실, 우리는 자주 자신만의 생각을 표현하기에 바빠서 다른 사람과의 상호 작용에서 얻을 수 있는 것들에 대하여 폐쇄적이 된다. 학생들이 다른 사람에 대하여 주의 깊게 귀를 기울이는 수용적인 자세를 갖춘 사람이 되기 위해서는 단순히 다른 사람의 생각을 이해하는 수준에 머무르지 않고, 문제를 해결할 수 있는 다른 대안을 탐색할 수도 있어야 한다. 관찰자를 훈련시킴에 있어서, 교사는 그들에게 관찰자로서 감당해야 할 여러 가지 과제를 부과한다. 특히 교사가 역할 놀이에 처음 참가하는 초보적인 청중을 가르칠 때는 제시된 현실적 문제의 질을 판단하는 것도 가르쳐야 한다. 또 청중들에게 웃음은 역할 놀이를 엉망으로 만들 수 있다는 점과 주의 깊게 관찰하는 것이 역할 놀이의 배역들을 돕는 것이라는 점을 주지시키는 것이 좋다.

 ⑤ 역할 놀이의 시연

 역할 놀이 참가자들은 다른 사람의 말과 행위에 대하여 자신들이 느끼는 대로 행동해야 한다. 정해진 줄거리가 있는 것은 아니고, 단지 상황 — 시간, 장소, 그리고 아마도 자신의 행동 방향은 설정되어 있어야 할 것이다 — 속에서 각각의 배역을 맡은 사람들은 자기 스스로 생각하고 느끼고 그리고 발전되어 나가는 사태에 자발적으로 반응해야 한다. 어느 누구도 완전무결하게 그의 역할을 수행할 수는 없다. 어색한 순간도 그대로 받아 넘겨야 한다. 때때로 우연한 언어와 동작들이 있을 수 있고, 주고받는 말들 중에 지극히 비속한 것들이 있을 수 있다. 이때 교사는 좀 더 신중해야 한다. 교사가 너무 엄하게 그들의 대화를 규제하면, 그들의 자발적 의욕과 현실감을 무시하게 되는 결과를 가져올 수도 있다. 그리고 청중들은 배역을 맡은 사람이 그려 내는 인물이 결코 배역을 맡은 사람 자신이 아니라는 것을 이해해야 한다. 배역을 맡은 사람은 자신의 해석에 대하여 교사나 다른 그 누구에 의해서도 비난받아서는 안 되고, 역할 놀이에 참가한 그 누구도 역할 놀이에서의 행위로 인하여 평가되어서도 안 된다. 역할 놀이는 흥행에 초점을 맞춘 공연이 아니라 현실적인 탐구 활동이기 때문이다.

⑥ 논의와 평가

역할 놀이에 있어서 가장 중요한 절차는 역할 놀이 실시 후의 토론이다. 토론을 통하여 문제, 아이디어, 가치 등을 자유롭게 검토함으로써 사고가 지속적으로 풍부해질 수 있고, 반성적인 의사 결정이 이루어질 수 있다. 토론을 통해 의견을 교환하면서 문제 해결 절차가 학습되고 더욱 세련되어진다. 일반적으로 역할 놀이가 끝난 후, 교사가 곧바로 토론을 촉구할 필요는 없다. 그렇게 되면 오히려 토론이 빠르고 격렬해질 가능성이 많다. 이러한 논의를 통하여 자신이 제안한 선택의 결과를 고려하면서 친구들의 의견에 찬성하는 법, 때로는 반대하는 법을 배운다.

교사는 적절한 질문을 통해 논의를 유도한다. 질문의 초점은 관찰자들이 역할 놀이의 배역 인물에 대하여 사고하는 것을 도와주는 데 맞춘다. 뒤이어 교사는 대안으로 유도하는 조언을 해준다. 역할 놀이의 참가자들은 청중들로 인하여 더욱더 사고의 자극을 받고, 청중들은 역할 놀이 참가자들과 반응을 주고받음으로써 역할 놀이 참가자들의 시각을 넓혀 준다. 왜냐하면 청중들은 역할 놀이 참가자들과 달리 감정적으로 관련되지 않았기 때문에 제안들을 더욱 쉽게 이해할 수 있고, 또 더욱더 많은 대안들을 살필 수 있는 유리한 입장에 있다.

⑦ 재시연

재시연은 역할 놀이를 다시 한 번 더 진행시키는 것이다. 역할 놀이의 시연은 도덕적 문제 사태와 관련하여 필요한 만큼 기회를 가질 수 있다. 이것이 역할 놀이가 지닌 중요한 가치이다. 이처럼 시연과 토론, 또다시 시연으로 왔다 갔다 하는 것이 가장 효과적인 학습 결과를 가져올 수 있다. 자신이 이성적인 해결 방안을 가지고 있다고 생각하는 사람은 실제로 역할 놀이를 해봄으로써 자신의 감정이 자신의 이성적 해결 방안에 걸림돌이 될 수 있다는 것을 깨닫는다. 그는 행동적 수준에서 때때로 해결책을 발견하거나 또는 다른 역할 놀이 참가자의 행동에 대해 감정적으로 반응하면서 자신의 의도와는 다른 방식으로 행동하는 자신을 발견한다. 그러한 경험은 현실에 더 접근하도록 해주고, 교사로 하여금 복잡한 인간 관계 문제에 직면한 학생들을 도울 수 있는 기회를 제공한다. 개인은 역할 놀이의 배역과 참관자의 역할을 번갈아 맡게 됨에 따라 통찰력이 생긴다. 이러한 통찰력은 학생들로 하여금 자신만의 사고 계획에 의한 자신만의 결론에 도달하게 해준다.

⑧ 경험의 공유와 일반화

마지막 단계는 전체 토론을 통해 경험을 함께 나누어 가지는 단계이다. 학생들은 시연, 비판, 제안과 재연, 격렬한 의견 충돌로부터 어떤 행동의 일반적 원리를 찾아낸다. 어떤 역할 놀이는 일반화의 수준에 도달하지 못할 수도 있지만, 그것을 인정하고 점진적인 발전을 위해 관심을 가져야 한다. 특히, 교사는 자신이 찬성하거나 찬성하지 않는 감정들을 그대로 드러내지 말고, 학생들의 감정을 존중하고 이해하며, 그러한 학생들의 감정을 판단하지 않도록 하는 것이 중요하다.

(3) 실천 체험 모형의 일반적 절차

실천 체험 모형은 학생들이 직접적인 실천과 체험을 통해 도덕적 가치규범에 대한 자각을 깊게 하고, 생활 속에서 이를 행동으로 실천할 수 있는 능력과 태도, 성향을 기르는 데 주안점을 둔다. 이 모형의 구체적 과정을 살펴보면 〈그림 20〉과 같다.[190]

① 학습 문제 인식과 동기 유발

이 단계는 학습에 대한 문제의식을 갖고 학습 과제와 방향을 인식하며,

---

190. 유병열(2003), 앞의 책, pp. 362-7.

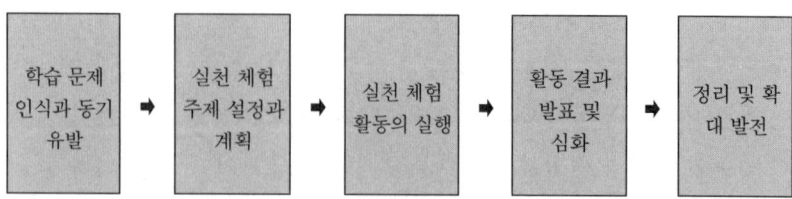

| 학습 문제 인식과 동기 유발 | ➡ | 실천 체험 주제 설정과 계획 | ➡ | 실천 체험 활동의 실행 | ➡ | 활동 결과 발표 및 심화 | ➡ | 정리 및 확대 발전 |

〈그림 20〉 실천 체험 모형의 교수-학습 절차

학습 의욕을 높이는 단계이다.

②실천 체험 주제 설정과 계획

이 단계는 실천 체험 활동의 주제를 설정하고 이에 대한 준비와 계획을 수립하는 단계이다. 주제는 단순한 것으로부터 복잡한 것 그리고 개인 활동에서 소집단 또는 대집단 수준의 활동에 해당되는 것에 이르기까지 다양하게 설정할 수 있다. 주제를 설정한 후에는 실천하고 체험해야 할 활동을 준비하고 계획을 수립하고, 어떤 유형 ─ 집단 탐구, 현장 학습, 협동 학습, 봉사 활동 학습, 집단 수련 활동, 학내외 행사 참여, 학생 자치 활동 ─ 으로 활동을 할 것인지도 생각한다. 그리고 그 유형은 특정 가치 규범을 행동으로 옮겨 보는 단순한 것으로부터 복합적인 활동에 이르기까지 다양하게 모색할 수 있다.

③실천 체험 활동의 실행

이 단계는 실제적인 실천 체험 활동을 실행하는 단계로서, 직접적인 실행이나 활동을 통해 도덕적 삶을 체험하고 그 구체적 행동을 익히고 실천 성향을 증진시킨다. 여기에서는 피상적으로 가치 규범을 익히는 것이 아니라 실제로 실행하고 체험하면서 구체적인 도덕적 행동을 몸에 익히고 실천 성향을 높이도록 수업을 구상하는 일이 중요하고, 또 그렇게 되도록 관심을 갖고 적절한 방안을 강구해야 한다. 이 단계에서 중요한 것은 실제 활동을 하는 중에 교사의 관심과 지도가 필요하다는 점이다. 체험 활동이 원만히 추진되고 있는지 혹은 어려움이나 잘못된 점은 없는지를 살피고 지도하며 적절한 격려와 안내를 해주어야 한다.

④ 활동 결과 발표 및 심화

이 과정은 실천 체험의 결과와 경험을 공유하고 일반화를 이루어내는 데 매우 중요하다. 이 단계에서 학생들은 개인적으로 또는 집단별로 그들의 실천 체험 결과를 요약 정리하고 특별한 경험, 새로이 알고 느끼게 된 점 등을 발표하고, 질의응답을 통해 논의도 한다. 이 과정에서 무엇이 마땅한 일인지, 왜 그런지, 앞으로 어떤 태도를 가져야 하는지 등에 관해 공동의 각성이 이루어지도록 한다.

⑤ 정리 및 확대 발전

이 단계는 실천 체험 결과를 발표하고 논의하는 과정에서 중요하게 부각된 사항들을 요약하거나 종합하고, 실천 체험 활동 전체에 대해 평가를 해본다. 또한 학생들이 개별적으로 혹은 집단별로 느끼고 생각하게 된 점, 아쉬웠던 점, 잘한 점, 앞으로 더 노력해야 할 점 등에 대한 반성과 바람직한 생활을 위한 실천을 다짐한다.

제5장 인지 · 정의 · 행동의
통합적 도덕과 교육의 평가

　도덕과 교육에서의 학습 평가는 도덕과의 학습을 개선하여 학생들의 도덕성 발달을 촉진하기 위한 학습의 한 과정이다. 다시 말해서 학습 평가를 통해 교사는 수업을 반성하고 학생들의 도덕성 발달 수준을 확인하여 각 개인에게 적절한 학습 처치를 함으로써 궁극적으로는 학습자의 도덕성 함양을 꾀하고자 하는 것이다. 이러한 관점에서, 도덕과 학습 평가는 교수-학습 방법에 대한 반성적 검토와 함께 학습자의 학습 성과나 도덕적 능력에 관한 실질적인 정보를 얻는 과정이라 할 수 있다. 먼저, 평가의 일반적인 방향성 고찰을 통해 학습 과정의 발달이나 성장에 관한 평가가 평가의 본질에 부응하는 것임을 이해하고, 도덕과 교육의 평가에 관해 살펴본다.

1. 학습 과정의 발달 평가

1. 학습 평가의 새로운 동향

　교육 평가에 대하여 어디에 평가의 관점을 두고 있느냐에 따라 학교 평가, 아동 평가, 교사 평가로 나눌 수 있고, 아동 평가는 다시 학습 평가와 행동, 성격 평가로 구분한다. 평가는 그 관점에 따라 평가의 대상이 달라지며, 학습과 학습의 결과로 나타나는 행위에 관한 평가로 다시 세분된다. 이렇게 본다면 학습 평가는 교육 평가에 포함되면서 학생의 학습과 관련된 평가임을 알 수 있다. 아동들에게 있어서 학습은 학교 활동의 중심에 위치하고 있으므로 교육 평가 중에서 학습 평가를 가장 중요하게 간주할 수밖에 없다. 따라서 학습 평가는 교육 평가의 한 부분이기는 하지만 실질적으로는 교육 평가의 핵심이라 할 수 있다. 이러한 시각에서 일반적으로 교육 평가는 곧 학습 평가를 의미하는 것으로 볼 수 있다.

초기의 학습 평가는 학습 결과의 비교에 관심을 두었다. 전통 사회의 신분제가 무너지고 능력주의 시대를 맞이하면서 선발적 교육관이 대두되고, 학교는 능력주의의 전형으로서 새로운 상층 구조를 형성할 인적 자원을 선발하는 제도적 장치가 되었다.[191] 따라서 학교의 선발적 기능에 충실하기 위해서는 평가 역시 선발하고 분류하고 순서를 정하기 위한 평가에 충실할 수밖에 없었다. 이와 같은 맥락에서 평가 방법 역시 학생 능력을 측정하기에 용이한 상대 평가가 주를 이루게 된다.

그러나 이러한 선발적 교육관으로는 1960년대 이후 폭발적으로 늘어나는 지식의 양과 갈수록 다원화되는 사회의 요구에 적극적으로 대처하기 어렵게 되었다. 특히 세계화와 정보화 사회는 창의력과 사고력을 요구하게 되었고, 이러한 요구는 급기야 교육에서 학생 개개인의 능력을 중시하는 '발달적 교육관'으로 바뀌게 된다.[192] 여기에서는 학습자에게 적절한 교수-학습 방법만 제시해 준다면 누구나 교육을 통하여 소정의 교육 목적을 달성할 수 있다는 가정과 신념을 전제한다. 따라서 교육의 행위는 학생 개개인의 소질과 적성을 조기에 발견하여 이를 계발시켜줌으로써 자아를 실현할 수 있도록 도와주는 것이 되었다. 이에 따라 학교도 학습자 개개인의 능력을 발달시키고자 하는 '학생 능력의 신장'에 관심을 두

191. 국립교육평가원(1996), 『수행평가의 이론과 실제』, 대한교과서주식회사, p. 13.
192. 위의 책, p. 14.

게 되었다. 이러한 시각에서 평가 역시 학습자의 학습 결과를 비교하거나 선발하기 위한 것이 아니라, 학습자의 적성이나 소질 파악과 더불어 교육 목표를 어느 정도 달성했는지의 여부를 잘 파악할 수 있는 절대 평가로 방향 전환을 하게 되었다.

교육이 학습자의 능력 신장에 초점이 맞추어지면서, 평가를 교육 목표의 성취와 관련시키는 평가 개념이 도입된다. 타일러R. W. Tyler의 목표 지향적 평가 개념이 그것이다. 이러한 평가 개념은, 과거의 비교나 선발을 중시했던 평가와는 달리, 교육 목표라는 기준을 설정하고 이 목표에 준하여 평가를 실시해야 한다는 것이다. 그는 교육 과정을 목표와 학습 경험 그리고 학습자 사정의 세 요소로 가정하고, 평가를 목표 달성을 향한 학습자의 학습 발전을 사정하는 데 사용되는 절차로 보고 있다.[193]

이러한 사정 절차는 학습자의 목표 달성 정도와 학습 경험의 적절성에 관한 정보를 제공하는 중요한 요소가 된다. 평가에 대한 타일러의 이러한 입장은 평가를 교육 과정의 일부로 간주하고 있는 것이다.[194] 즉, 학습 과정의 결과를 평가한 후 이 자료를 토대로 교수-학습의 개선에 기여하도록 한다는 것이다. 이러한 목표 지향적 평가 개념은 학습 과정이 이루어진 다음에 평가를 실시하므로 총괄 평가적 성격이 강하다.

이러한 총괄 평가는 여러 가지 중요한 정보를 제공해 주기[195]는 하지만

---

193. 권낙원(1991), 「교육평가모형」, 『교육과정 평가도구 개발연구』, 한국교원대학교 교육연구원, p. 6.

194. 학교에서의 교육 평가는 주로 학습 결과의 평가에 치중하여 왔다. 학습 결과의 평가를 통하여 교육 목표가 어느 정도 달성되었는지를 확인해 볼 수는 있다. 그러나 학습 결과의 평가 자료만으로는 교수-학습을 개선하는 데 필요한 구체적 정보를 확보하기는 어렵다. 따라서 교수-학습을 개선하기 위해서는 학습자의 학습 결과에 대한 평가뿐만 아니라 교수-학습에 작용하는 변인의 평가가 필요하다. 다시 말해서 수업 전반에 대한 평가 없이는 불가능하다. 따라서 교사, 학습 내용, 학습자 모두 — 수업의 평가 — 가 평가의 대상이어야 한다. 그러나 여기에서는 학습자의 학습 평가에 관한 문제만을 다루고자 한다.

195. 총괄 평가는 ① 학생들의 여러 교과에 걸친 성적 평가를 매김에 있어서, ② 학생들의 분류나 선발, 또는 교육적 배치에 있어서, ③ 학생들의 장차 성적을 예측해 보는 근거로서 없어서는 안 될 중요한 정보를 제공해 준다(김호권 외(1988), 『현대교육평가론』, 교육출판사, p. 23).

일련의 수업 활동이 끝났거나 끝나려 하는 시점, 교육 목표의 실현도가 이미 기정사실로 확정되고 난 뒤에야 평가가 실시된다는 데 문제가 있다.[196] 다시 말해, 교육 평가를 실시한 후에 평가 결과가 만족스럽지 못하다면 시기적으로나 심리적으로 부족한 부분을 달성하기가 쉽지 않다.

그러나 스크리븐M. Scriven의 형성 평가 개념[197]이 도입되어 평가 개념이 교수-학습의 개선과 밀접한 관련을 맺게 되면서 총괄 평가의 단점은 해소의 기미를 보인다. 형성 평가는 수업 활동의 마지막 단계에서 혹은 수업 활동이 종료된 시점에서 수행하는 평가가 아니라 수업 활동이 수업 목표 성취를 위하여 정상적으로 진행되는지를 수업 활동 진행 중에 계속적으로 점검해 가는 평가를 말한다.

형성 평가의 목적은 학습자의 학습이 형성되어 가는 학습의 진전 상태에 관한 정보를 수집하고 분석함으로써 궁극적으로는 수업과 학습에 도움을 주는 것을 목적으로 한다고 볼 수 있다. 권낙원은 형성 평가의 기능을 첫째, 학습 진행 속도를 조절해 주고, 둘째, 학습 진행 중인 학생들의 학습에 대한 보상 내지 강화 체제의 역할을 하며, 셋째, 학생들이 당면하는 학습 곤란을 밝히는 데 도움이 되며, 넷째, 학습 지도 방법의 개선에 기여한다는 것이다.[198] 형성 평가 개념이 도입되면서 수업 과정을 개선하게 되었고, 학습 과정 중에 이루어지는 학습자의 학습에 관한 평가를 통해 총괄 평가의 약점으로 지적되던 학습자의 학습 결손에 대한 피드백 과정의 어려움은 훨씬 용이해지게 되었고, 학습 평가의 개념 또한 학습자의 학습 개선에 이바지하는 쪽으로 바뀌게 되었다.

---

196. 위의 책, p. 23.
197. 스크리븐은 형성 평가라는 개념을 처음 사용한 사람으로서, 신교육 과정의 개발과 평가의 문제를 다루면서 이미 개발된 새로운 교육 과정이나 교육 과정 자료의 효율성을 종합적으로 밝히는 활동을 총괄적 평가라는 용어로, 개발 과정에 있는 교육 과정 자료의 효율성을 부분적으로 점검함으로써 그 결함이나 미비점을 시정할 수 있게 하는 활동을 형성 평가라는 용어로 구분해서 사용했다(위의 책, p. 24).
198. 권낙원(1991), 앞의 논문, pp. 19-20.

이처럼 학습 평가의 방향이 초기에 학습자의 학습 결과를 비교하고 학습자의 학습 목표 성취도를 평가하는 쪽에서 교수-학습을 개선하려는 쪽으로 전환되고 있다. 이와 같은 움직임은 최근의 구성주의적 학습관에 터하여 더욱 강화되고 있다. 즉, 학습 평가가 학습자의 학습 개선을 위해서는 형성 평가 중심의 학습 과정에 관한 평가로 나아가야 한다는 목소리가 커지고 있다.

2. 참 평가

전술한 바와 같이, 학습 평가는 교수-학습 방법을 개선하고, 궁극적으로는 학습자 개개인의 도덕성 발달을 촉진하는 데 기여해야 한다. 이러한 평가 본래의 취지에 충실하기 위해서는 기존의 평가 방법에서처럼 학생들 간의 성취도 비교보다는 그들 각자의 학습 성장을 목적으로 하여야 할 것이다. 이러한 시각에서 조용기는 참 평가authentic assessment를 주장한다.[199] 참 평가는 먼저 학습을 위한 평가이어야 하며, 그것은 학습 결과의 비교보다는 학습 과정의 발달에 관심이 있는 평가이어야 하는, 학습 과정의, 학습 과정에 의한, 학습 과정을 위한 평가이어야 한다는 것이다. 따라서 참 평가는 학습의 종결로서가 아니라 학습 발달의 평가를 의미하기 때문에 성취를 위한 평가보다는 학습을 위한 평가이며, 학습 과정에 의한 평가이므로 교수-학습 과정에 직접 연루되어 있는 사람들에 의한 평가로서 교사에 의한 평가이며, 학생들 자신에 의한 자기 평가이기도 하다.

학습을 돕기 위한 학습 과정의 평가는 학습 과정의 진척에 따라 그리고 교수-학습에 참여하는 사람들에 의하여 이루어지는 평가이다. 그러므로 외부 기관에 의한 평가라기보다는 가르치는 교사에 의한 평가이며, 학

---

199. 석문주 외(1998), 『학습을 위한 수행평가』, 교육과학사, pp. 3-16.

습이 끝나고 난 후의 평가라기보다는 학습 과정에서 수시로 행해지는 평가이며, 결과의 비교에 목적이 있는 것이 아니라 학습의 성장에 목적이 있다. 따라서 평가의 시기가 따로 있을 수 없으며, 총괄 평가이기보다는 학습을 도와준다는 의미에서 형성 평가에 가깝다. 따라서 이러한 평가는 공식적 평가라기보다는 비공식적 평가이며, 일제 평가이기보다는 개별 평가이며, 규칙적 평가이기보다는 수시 평가이다. 또한 일과 성적으로 이루어지는 평가라기보다는 지속적으로 이루어지는 학습 과정과 밀접하게 관련되어 있다. 그렇기 때문에 이러한 목적을 위해서는 선다형 객관식보다는 포트폴리오portfolio와 같은 수행 평가가 적절하다고 볼 수 있다.

학습 과정의 평가는 학습 과정 중에 이루어지는 평가일 뿐만 아니라 학습 과정을 주된 평가의 대상으로 삼는다. 한 시간 수업을 종결하고 난 후의 학습 목표와 관련하여 평가하는 것이 아니라 교수-학습 과정 중에 이루어지는 수업 활동과 관련된 평가이어야 한다. 학습자의 학습 진행 과정을 수시로 평가하여 학습 과정상의 진전 상황을 점검하는 것이다. 이와 같은 학습 과정에 대한 평가는 학습자의 교수-학습 과정의 이해 정도를 묻는 방식과 교수-학습 과정 중에 실시하는 방식을 포함한다.

이러한 평가관에 비추어볼 때, 평가의 문제는 평가 문항이 '주관식이냐, 객관식이냐' 혹은 '선다형이냐, 수행 평가냐' 하는 문제는 아니며, '학습 결과 비교에 목적이 있는가' 아니면 '학습 과정의 성장 발달에 있는가' 하는 문제가 될 것이다. 다시 말해서 객관식 평가라도 학습의 성장을 위하여 학습 과정 안에서 이루어지는 평가라면 참 평가가 될 수 있고, 포트폴리오의 평가라도 학습 결과의 비교를 목적으로 한다면 그것은 참 평가라 할 수 없을 것이다. 이와 같은 평가의 본질에 비춰 새롭게 논의되고 있는 평가 개념들이 수행 평가, 대안 평가, 포트폴리오 평가 등이다. 이처럼 참 평가는 학생들의 수행에 관한 정보를 얻는 데 사용될 수 있는 다양한 방식으로 정의되며, 학생 측정 이외에 학생 행동, 학습 결과물, 태도나 가치를 포함한다. 이러한 관점에서, 이러한 참 평가의 평가 방

식으로 요즈음 많이 논의되고 있는 것이 수행 평가performance assessment
이다.

2. 수행 평가

1. 수행 평가의 필요성 및 의의

수행 평가는 학생 스스로가 자신의 지식이나 기능을 나타낼 수 있도록
답을 작성(구성)하거나, 발표하거나, 산출물을 만들거나, 행동으로 나타내
도록 요구하는 방식이라고 정의할 수 있다.[200] 따라서 수행 평가는 전통적
인 평가와는 달리 사실이나 파편적인 기능에 초점을 맞추기보다는 학교
에서 가장 소중하게 생각하는 능력, 즉 학생이 다양한 현실 상황 및 장면
속에서 스스로 자신의 지식과 기능을 활용할 수 있는 능력이 어느 정도
인지를 평가하기 위해서 설계된 평가 방안을 의미하는 것이다.

종전의 평가가 지식이나 기능 그 자체에 중점을 두었다면, 이 평가는
지식이나 기능이 형성되는 과정에 대한 평가에 중점을 두고 있으며, 이는
새로운 학습 평가 방법의 대부분을 포괄하는 의미로 사용되고 있다. 이렇
게 볼 때 수행 평가는 전통적인 평가의 대안 평가의 하나로서, 새로운 문
제 해결 혹은 구체적인 과제의 완성에서 미리 획득한 지식을 사용하는
학습자의 구체적 기술과 능력을 측정하려는 노력으로, 교육의 질 개선에
관심을 두고 있다고 볼 수 있다. 특히, 수행 평가는 전통적인 평가 방법으
로는 쉽게 평가할 수 없었던 학습 성과, 이를 테면 사고력, 적용 능력, 문
제 해결력, 복잡한 기술 및 사고의 습관 등과 같은 고차적 인간 능력을 평

---

200. 백순근(2000), 『수행 평가의 원리』, 교육과학사, p. 48.

가하는 데 유용할 수 있다.[201]

이러한 수행 평가의 일반적 특징은 다음과 같다. 첫째, 수행 평가는 학생의 지식이나 기능, 태도 등을 평가할 때 교사의 전문적 판단에 의거하여 평가하는 방식이다. 둘째, 수행 평가는 학생이 정답을 선택하는 것이 아니라 자기 스스로 정답을 작성하거나 행동으로 나타내도록 하는 평가 방식이다. 셋째, 수행 평가는 추구하고자 하는 교육 목표의 달성 여부를 가능한 실제 상황에서 파악하고자 한다. 넷째, 수행 평가는 교수-학습의 결과뿐만 아니라 교수-학습 과정도 함께 중시한다. 다섯째, 수행 평가는 학생의 학습 과정을 진단하고 개별 학습을 촉진하려는 노력을 중시한다. 여섯째, 수행 평가는 개인 단위뿐 아니라 집단 평가도 함께 중요시한다. 일곱째, 수행 평가는 단편적인 영역에 대해 일회적으로 평가하기보다는 지속적으로 평가하는 것을 강조한다. 마지막으로, 수행 평가는 학생의 인지적, 정의적, 행동적 영역을 모두 포괄하는 통합적, 전인적 평가를 중시한다.[202]

이러한 특성을 지닌 수행 평가의 의의를 도덕과 평가의 입장에서 몇 가지로 정리하면 다음과 같다.[203] 첫째, 수행 평가는 교육 목표로 내세우는 공식적 목표와 실제로 행하는 평가 내용을 보다 직접적으로 관련시킬 수 있다. 도덕과 평가를 행하는 중요한 목적 중의 하나는 도덕과 교수-학습의 개선과 도덕과 교육 과정의 개선을 위해서이나 실제로는 도덕과 평가 자체를 위해서 평가를 행하고 있다. 학생들을 변별하고 선발하는 것은

---

201. 최근 평가 동향은 양적 평가에서 질적 평가로 전환되고 있다. 양적 평가는 전통적으로 학생의 선발이나 배치 서열화를 목적으로 학생들의 학습 결과를 양적으로 측정해 온 평가 방식으로 선택형 검사를 위주로 하며, 질적 평가는 학교 교육 현장에서 교수-학습 과정을 개선하기 위한 목적으로 교수-학습의 과정이나 그 결과에 대한 각종 정보를 수집하고 전문적으로 판단하는 평가 방식을 말한다. 수행 평가를 중시한다는 것은 곧 양적 평가에서 질적 평가로의 전환을 의미한다. 백순근(2000), 앞의 책, pp. 15-6.
202. 국립교육평가원(1996), 앞의 책, pp. 30-2.
203. 조난심(1998), 「도덕 · 윤리과 평가론」, 『도덕윤리과교육』 제9호, 한국도덕윤리과교육학회, pp. 193-5.

입학시험뿐 아니라 학교 현장의 교육에서도 일상적으로 행해지고 있다. 실제로 학교에서는 도덕과 교육의 목표인 성숙한 도덕적 인격을 위한 평가보다는 단순히 지식이나 정보 등을 선택형 검사로 측정하고 있다.

둘째, 환원주의 평가의 한계를 극복할 수 있는 평가 방식이다. 도덕적 인간에 대한 환원주의적 입장은 도덕적 지식과 행동을 구분하고 그 각각을 다시 세분화하여 그에 알맞은 평가 방식을 사용해야 한다는 것이다. 이러한 입장은 행동적 목표 진술이라는 타일러와 블룸B. S. Bloom 등의 아이디어에 토대를 둔 것이다. 그들의 기본 가정은 평가할 목표나 대상이 행동적으로 진술되기만 하면 객관적이고 정확한 평가가 가능하다고 보는 입장이다.

도덕성의 인지적 · 정의적 · 행동적 영역의 요소들은 서로 떼어놓을 수 없는 것임에도 불구하고 각각의 영역을 별개의 평가 방법과 준거에 의해 평가한다고 하면 통합된 전체로서의 도덕성이나 인격의 의미와는 상당히 거리가 있는 그 무엇을 평가할 가능성이 항상 존재한다. 도덕적 인격이나 덕은 지식과 행동을 별도로 측정해 낼 수 있는 것이라기보다는 오히려 현실의 도덕적 상황에 대한 문제 인식과 이에 관한 도덕적 사고를 거친 도덕적 판단 능력을 포함하는 행동의 경향성이므로 이 요소들은 결코 따로 분리될 수 없다. 따라서 도덕과 평가는 통합적으로 이루어져야만 한다. 수행 평가는 도덕성을 각각으로 분리하여 평가할 수도 있지만 통합적으로 평가할 수 있으므로 환원주의 평가의 한계를 극복할 수 있는 좋은 평가 방식이다.

셋째, 객관주의의 오류를 극복할 수 있는 방안이다. 선택형 검사는 객관성, 신뢰성, 실용성 등을 확보할 수 있지만, 도덕과 평가가 본질적인 기능을 달성하고 있는지의 여부를 말해 주는 '내용 타당도'는 제대로 확보하지 못한다. 그러므로 선택형 검사는 도덕과 평가 문항이 본래 담고 있어야 할 교수–학습 활동을 제대로 반영하지 못할 수밖에 없다. 수행 평가는 바로 이와 같은 문제를 해결할 수 있는 평가 방식이다.

2. 수행 평가의 여러 가지 유형

다양한 학습 성과의 확인을 통해 학습 과정의 성장이나 발달이라는 평가 본래의 목적을 수행하는 데 적합하게 활용할 수 있는 수행 평가의 구체적 방법으로는 서술(논술)형 검사, 구술시험, 실기 시험, 실험법, 면접법, 관찰법, 포트폴리오법 등이 있다. 이러한 수행 평가 방법은 과거에도 있었다. 그러나 이러한 수행 평가 방법들은 종래와 같이 교수-학습에서 기존의 권위나 가치의 수용보다는 창의적 사고력과 문제 해결력을 강조하는 새로운 유형의 교수-학습 방법과 만나면서 오늘날에는 학생들의 고등 사고 기능을 파악하고 신장하기 위한 평가 방법으로 새롭게 주목받고 있다. 이러한 수행 평가 방법들은 앞에서 지적했듯이 평가의 본질적 목적인 학습 과정의 성장과 발달에 초점을 맞춰 행해질 때 비로소 수행 평가 본래의 목적에 부합하는 평가가 될 것이다. 몇 가지 수행 평가를 소개하면 다음과 같다.[204]

① 서술(논술)형 검사

서술형 및 논술형 평가는 흔히 주관식 평가라고 부른다. 논술형 평가는 개인의 생각이나 주장을 창의적이고 논리적이면서도 설득력 있게 조직하여 작성해야 한다는 점에서 서술형 평가와 구분되기도 한다. 그러나 논술형 평가도 일종의 서술형 평가이다. 이러한 평가 방식은 학생들로 하여금 출제자가 제시한 답의 보기 중에서 정답이라고 생각하는 것을 선택하도록 하는 것이 아니라, 학생이 정답이라고 생각하는 내용이나 생각, 의견 등을 직접 서술하도록 하는 평가 방식이다.

이 평가 방식은 학생 스스로 답을 서술해야 하므로 학생의 도덕적 지식, 도덕적 사고력 및 판단력, 합리적 가치 결정 능력, 창의성, 문제 해결

---

204. 백순근(2000), 앞의 책, pp. 67-121 참조.

력, 비판력, 정보 수집 및 분석 능력 등의 고등 사고 기능뿐만 아니라 도덕적 민감성을 비롯한 도덕적 감정, 도덕적 열정 및 의지 등의 정의적 요소까지도 평가할 수 있다. 서술형 및 논술형 평가의 유형은 학생들이 서술한 내용을 제한하는 정도에 따라 응답 제한형과 응답 자유형으로 나눌수 있다. 응답 제한형은 응답을 제한하는 방식에 따라 다시 내용 제한형, 분량 제한형, 서술 방식 제한형으로 나눌 수 있고, 응답 자유형은 내용 특성에 따라 범교과형과 특정 교과형으로 나누며, 자료나 정보의 제시 방식에 따라 단독 과제형과 자료 제시형으로 나눈다.

② 구술시험

구술시험은 종이나 붓 등의 필기도구가 발명되기 이전부터 시행되어온 가장 오래된 수행 평가 방법 중의 하나이다. 학생에게 특정 교육 내용이나 주제에 대해 자신의 의견이나 생각을 발표하도록 해 평가할 수도 있고, 일정 범위의 교육 내용에 대해 교사가 질문을 하고 학생들이 답을 이야기하도록 할 수도 있다. 교사는 평가 기준표를 작성하여 학생의 준비도, 이해력, 표현력, 의사소통력 등을 평가할 수 있다.

③ 토론법

토론법은 특정 주제에 대해 학생들이 서로 토론하는 것을 보고 평가하는 방식이다. 개인적으로나 사회적으로 서로 다른 의견을 제시할 수 있는 토론 주제, 예를 들면 집단 따돌림 문제, 학생들의 음주와 흡연 문제, 청소년의 PC 게임방 및 노래방 출입 문제, 컴퓨터 채팅에서의 예의 문제, 공공장소에서의 휴대전화 사용 문제, 교육에 있어서의 체벌 문제 등을 가지고 개인별, 모둠별, 또는 집단별로 찬 · 반 토론을 하게 한 다음, 사전에 준비한 자료의 다양성이나 충실성, 토론 내용의 충실성과 논리성, 반대 의견을 존중하는 태도, 토론 진행 방법 등을 총체적으로 관찰하면서 평가하는 방법이다. 이 방법은 서술형 및 논술형 평가, 구술시험을 통해 얻을 수 있는 정보를 모두 얻을 수 있지만, 학생 수가 많으면 개별 학생들에게 발언 기회를 충분하게 주지 못하는 단점이 있다.

④ 면접법, 관찰법

면접법은 평가자와 학생이 서로 대화를 통해 얻고자 하는 정보나 자료를 수집하여 평가하는 방법이다. 즉, 평가자가 학생과 직접 대면하여 질문하고 답하는 과정을 통해 지필 시험이나 서류만으로는 알 수 없는 사항들을 알아보고 그것을 평가하는 방법이다. 구술시험도 평가자와 학생이 대면하여 질문하고 대답하는 과정을 거치지만, 구술시험은 주로 인지적 영역을 중심으로 한 학업 성취도를 평가하기 위한 방법인 반면에, 면접법은 주로 정의적 영역이나 신체적 영역에 관한 것을 평가하기 위한 방법이다. 면접법은 학생을 이해하고 평가하는 데 심도 있는 정보를 얻을 수 있고, 사전에 예상할 수 없었던 정보나 자료를 얻을 수 있다는 점, 진행상의 융통성이 있다는 점 등의 장점이 있으나 평가에 시간이 많이 소요되는 단점도 있다.

관찰법은 학생에 관해 관찰한 바를 기록하여 이를 평가하는 것이다. 교사는 늘 학생들 곁에서 그들과 함께 생활하고 있어 자연스럽게 학생들을 관찰할 수 있다. 교사는 의도하였든 의도하지 않았든 간에 항상 개인 또는 집단으로 학생들을 관찰하게 된다. 예를 들면, 교사는 학생들 간의 사회적 관계 구조를 파악하기 위해 한 집단 내에서 개인 간 또는 소집단 간의 역동적 관계를 의도적으로 집중 관찰할 수 있다. 특히 나이가 아주 어리거나 지적 능력이 지나치게 낮은 학생들을 평가할 경우, 평가 상황을 의도적으로 마련할 수 없는 경우가 많기 때문에 인위적이 아닌 자연적 상황에서 관찰법을 활용할 수밖에 없다. 객관적이고 정확한 관찰을 위해 관찰 대상을 있는 그대로 기술하는 일화 기록법이나 체크리스트나 평정 척도 등을 이용하기도 하고, 비디오 녹화를 한 후 분석하기도 한다.

⑤ 자기 평가 및 동료 평가 보고서법과 연구 보고서법

자기 평가 보고서법은 개별 학생 스스로 특정 주제나 교수-학습 영역에 대한 학습 과정이나 학습 결과에 대해 자세한 자기 평가 보고서를 작성 제출하도록 한 다음, 그것을 이용하여 교사가 평가하는 것이다. 예컨대 학생들에게 어떤 교육 프로그램을 이수하게 한 후, 그 프로그램에 대한 자신의 학습 과정이나 학습 결과에 대해 자기 평가 보고서를 작성 제출하도록 하고, 그것을 교사가 평가한다. 이러한 평가는 학습자로 하여금 학습 준비도, 학습 동기, 성실성, 만족도, 다른 학습자들과의 관계, 성취 수준 등에 대해 스스로 생각하고 반성할 수 있는 기회를 제공할 수 있다. 특히, 학생들이 많을 때에는 학생들이 평가 위원이 되어 동료 평가 보고서를 작성하게 할 수도 있다.

연구 보고서법은 다양한 연구 주제 중에서 학생 자신의 능력이나 흥미에 적합한 주제를 선택한 후, 이와 관련된 여러 가지 자료를 수집, 분석, 정리하고 연구 보고서를 작성·제출하도록 하여 이를 평가하는 방법이다. 연구의 주제는 교사가 제시할 수도 있고, 학생 스스로 정할 수도 있다. 또한 연구의 수행은 학생 단독으로 할 수도 있고, 모둠별로 할 수도 있다.

⑥ 포트폴리오법

포트폴리오법은 보통 자신이 쓰거나 만든 작품을 체계적으로 모아 둔 개인별 작품집 혹은 서류철을 이용한 평가 방법이다. 포트폴리오는 원래 개인의 작품 모음으로서 그것은 담는 그릇, 휴대용 상자를 의미하는 말에서 유래하였으며, 오늘날 교육학에서는 학생들이 졸업에 필요한 학점을 이수하도록 학생들에게 부과하는 과제나 필수 요구 사항에 대한 반응을 제시하는 평가 기술로 정의되어 왔다. 즉, 학생들의 학습 결과는 특정 시기에 치른 시험이 아니라, 학생들이 일정 기간에 걸쳐 수행한 결과를 얼마나 진실되게 나타내느냐와 관련된다. 포트폴리오 속에는 완성된 작품뿐만 아니라 노트 초안, 예비 모델, 계획, 여행 일지, 기타 기록물, 나아가서 비디오테이프, 사진, 입체 영상 등도 포함될 수 있다. 따라서 교사는 포트폴리오가 포함하고 있는 완성된 결과뿐만 아니라 학생들이 과제를 수행하면서 밟은 절차를 위주로 평가한다.

포트폴리오는 학생들의 사고와 기능이 발달되고 성숙해 가는 정도와 자신의 잠재 가능성 및 성실성 같은 장점과 나태함, 집중력과 끈기 부족, 의지 부족 등 단점까지도 쉽게 알 수 있게 한다. 교사 역시 학생의 과거와 현재 상태를 쉽게 파악하고, 나아가 미래의 발전 방향까지도 어느 정도 예측할 수 있어 학생들에게 지도 조언 및 충고를 할 수 있다. 이처럼 포트폴리오법에 의한 평가는 일회적 평가가 아니라 일정 기간에 걸친 과정을 평가하는 것이므로 학생들의 성장과 발달을 종합적으로 평가할 수 있고, 수행 평가의 특성을 잘 나타내는 좋은 방법으로 인식되고 있어 현장에서 많이 활용되고 있다.

3. 도덕과 교육의 평가

제7차 이후의 도덕과 교육 과정은 인지, 정의, 행동 중심의 통합적 접근을 시도한다. 이러한 도덕과 교육의 접근 방식은 도덕과 교육의 평가 역시 도덕성의 인지적, 정의적, 행동적 측면의 통합적 평가를 요구한다. 따라서 도덕과 평가는 학습 과정의 발달이나 성장에 대한 평가에 기초하면서, 도덕성의 인지적, 정의적, 행동적 측면의 통합적 평가를 실시하는 것이 바람직할 것이다. 왜냐하면 이러한 평가야말로 도덕과 평가가 목적하는, 이른바 평가를 통해 학생들의 학습 성과나 도덕적 능력에 관한 정보를 얻을 수 있고, 이를 근거로 해 궁극적으로는 학생들의 건전한 도덕성을 함양하는 데 효과적일 수 있기 때문이다.

1. 학습 과정의 발달을 위한 평가

평가 방법의 변화는 미래의 사회가 인간의 정보 활용 능력을 요구하고 있고, 예측 불가능한 사회에서의 복잡한 문제 해결 능력을 필요로 하기 때문이라고 볼 수 있다. 이러한 관점에서, 도덕과 교육이 도덕적 문제에 직면하여 자율적으로 문제를 해결하고 실천해 나갈 수 있는 도덕인 육성이라는 도덕과 교육의 목적에 공헌하기 위해서는 도덕적 지식에 대한 이해 과정의 성장이나 도덕적 가치를 스스로 발견하거나 창출하는 가치 탐구 과정의 발달과 이를 실천하도록 하는 학습 과정의 성장이 중시되는 평가가 도덕과 평가의 본질에 부합된다고 본다.

주지하다시피, 전통적 입장의 진리관은 진리가 인식 주체와는 무관하게 인식자 밖에 객관적으로 실재하고, 인식 주체는 단지 인식자 밖에 존재하는 진리를 모사하거나 반영한다고 보았다. 그러나 시대가 바뀜에 따라 진리가 인식 대상과의 상호 작용을 통해 인식 주관에 의해 구성된다는 진리관의 변화를 가져왔고, 이러한 진리관의 변화는 교육관에서도 지식의 전달 내지는 전수를 위주로 하는 교수-학습 방법 — 주입식 혹은 암기식 — 에서 학습자가 상호 작용을 통해 진리를 구성해 내도록 하는 교육 방법의 변화를 가져왔다.

이러한 학습 방법에서의 변화는 평가 방법에서도 변화를 유도하였다. 전통적 입장에서는 학습자 밖에 객관적으로 실재하는 지식을 얼마나 많이 습득 혹은 기억하고 있는가를 측정하는 저장 창고의 측정 또는 비교였다. 그러나 진리관과 학습 방법에서의 변화는 평가 방법에서도 학습 과정에 대한 평가를 요구하게 되었다. 다시 말해서 가치가 어떻게 구성되는가에 대한 과정이나 절차가 중시되면서 학습자의 가치 습득 과정에 대한 평가가 주목받기 시작하였다. 이로써 학습자의 학습 과정에 대한 정보와 이해 정도를 파악하여 적절하게 처치함으로써 학습자의 학습을 도와주는 쪽으로 평가의 방향이 변화하게 되었다. 따라서 도덕과 평가 역시 도덕과 학습 과정에 대한 평가이어야 한다. 도덕과 학습 과정 중에 나타나는 학습자의 학습 상태를 점검하고 이를 보충해 줌으로써 도덕적 인격에 도달하도록 하는 것이다.

도덕과 학습 과정의 성장에 대한 평가는 학습자가 일정 시간 동안 이루어낸 학습 과정의 발달 정도를 평가하는 방법이다. 평가 방법에서도 학습 목표와 관련된 평가, 다시 말해서 학습자가 평가 목표를 어느 정도 달성했느냐에 대한 평가라기보다는 학습자가 학습 목표를 지향해 가는 학습 과정의 성장에 대한 평가이다. 예컨대 인지 중심의 도덕과 교육에서, 효란 무엇인가 혹은 도산 안창호 선생님에게서 본받을 점은 무엇인가라는 단순한 덕목 자체에 대한 물음을 통해 덕목의 언어적 의미를 일러주고, 덕목이나 가치를 암기하게 하는 것보다는 효를 행해야 하는 이유는 무엇이고, 도산 안창호 선생님에게서 배울 만한 덕목은 무엇이고, 그 이유는 무엇인가에 대한 질문을 통해 학습자들로 하여금 덕목이나 가치가 존중되어야 하는 이유를 알게 하고, 그것을 획득해야 하는 이유를 확실하게 인지하도록 하는 학습 과정에 대한 평가를 중시한다. 따라서 도덕과 교육에서의 평가는 가치나 덕목에 대한 근본적인 이유나 근거에 대한 이해로부터 출발하여 학습자가 가치를 어떻게 획득 내지는 형성해 가고, 이를 습관화해 가는지 그 정도에 대한 학습 과정의 발달을 평가하는 방식이 되어야 할 것이다.

교과로서의 도덕과 교육은 어떤 도덕적 문제 상황에 대해 무엇이 옳은 판단이며, 그 이유와 근거는 무엇인지에 대한 가치 탐구 과정과 도덕적 실천의지와 태도를 기르고 이를 습관화하는 학습의 성장이나 발달 과정을 중시한다. 그러므로 도덕과 교육은 가치 탐구 능력과 '탐구 결과로서 얻게 된 가치를 어떻게 일관성 있게 실천과 결부시킬 것인가'에 관심을 집중하며, 이러한 관점에서 도덕과 평가는 덕목의 이해 과정이나 가치 탐구 과정 그리고 도덕적 열정이나 의지 그리고 습관화 과정의 발달이나 성장 정도의 학습 평가가 되어야 할 것이다.

인지 중심의 가치 탐구 수업은 수업 모형에 따라 탐구 과정이 달라질 수 있다. 예컨대 가치 명료화 모형에서는 가치 형성 과정이 7단계로 구성되어 있고, 가치 분석 모형에서는 사실 탐구 과정과 가치 탐구 과정을 거치도록 계획되어 있고, 가치 갈등 모형에서는 학습자 상호 간의 도덕적 토의 과정을 거쳐 가치문제를 해결하도록 구안되어 있다. 따라서 각 수업 모형에 따라 평가 과정 또한 달라지게 마련이다. 예를 들면, 가치 명료화 모형을 통해 도덕과 수업을 진행했을 경우에 도덕과 평가 방법은 가치화 과정 7단계를 과정별로 평가하는 것이 된다. 이러한 학습 평가 과정을 통해 학습자의 학습이 몇 단계에서 제대로 이루어지지 않고 있는가를 정확히 진단함으로써 교사는 그에 대해 적절한 처방을 할 수가 있는 것이다.

또한 학습 과정의 평가는 평가자가 교수–학습 과정 중에 학습자의 학습 진행 과정을 평가하는 방식이다. 이러한 평가 방식은 형성 평가 방식의 평가라 할 수 있다. 일견 수업 과정과 평가는 별개의 활동으로 볼 수 있다. 왜냐하면 평가는 수업 과정의 결과인 학습 성과를 측정하고 그 효율성에 대한 판단을 내리는 활동이기 때문이다. 그러나 앞에서 살펴보았듯이, 형성 평가 개념이 등장하면서 단지 수업 결과인 학업 성취뿐만 아니라 수업이 진행되는 동안 수업의 진행 과정을 판단해 주는 것으로 평가를 이해하게 되었다. 따라서 진단 단계에서는 진단 평가, 지도 단계에서는 수업 활동이 진행되는 과정에서 그 수업 활동이 수업 목표의 달성을 향하여 정상적인 진전을 보여 주고 있는지를 점검할 수 있고, 정리 단계에서는 일정한 단위의 수업이 종결되었을 때 학업 성취도를 총괄적으로 평가할 수 있는 것이다.

이러한 학습 과정 평가의 개념을 도덕과 수업에 적용한다면 각각의 가치 탐구 단계마다 평가 문항을 제작하여 학생들의 반응을 점검할 수 있을 것이다. 그러나 실제로 교사가 각 수업 단계마다 평가한다는 것은 무리가 있으므로 가치 탐구 과정 중심의 학업 성취도 평가에서는 각 수업 단계를 고려하면서 형성 및 총괄 평가 문항을 제작(지필 평가)하는 것이 실용적일 것이다. 또한 교사는 각 수업 단계마다 질문에 대한 학생들의 대답이나 자신들이 가치 있다고 여기는 것의 근거나 이유에 대한 정당화 정도, 도덕적 민감성이나 도덕적 감정의 표현이나 공유 여부, 도덕적 실천 능력을 중심으로 학생의 반응을 관찰하여 누가 기록하는 수행 평가를 실시함으로써 도덕과 평가에 반영할 수 있을 것이다.

이와 같이 도덕과 평가는 학습 발달 과정을 평가함으로써 단순 암기식에서 범할 수 있는 피상적 평가가 아닌 학생의 합리적 가치 판단 능력이나 동기 그리고 의지까지도 평가가 가능하며, 수업 과정에서 이루어지는 수행 평가의 누가 기록(포트폴리오)을 통해 학생들의 도덕성 발달 정도를 측정할 수 있을 것이다. 따라서 도덕과 평가는 도덕과 교수-학습 방법에 따라 인지적 측면에서는 지적 이해 과정이나 가치 탐구 과정의 학습 능력을 평가하고, 정의적 측면에서는 도덕적 감정의 표현이나 공유 과정 그리고 도덕적 열정 혹은 의지 등의 태도가 형성되는 학습 과정의 발달 정도를 평가하며, 행동적 측면에서는 도덕적 행위 능력이나 습관 형성의 정도 등을 평가할 수 있다.

2. 도덕과 평가의 준거

도덕과 평가의 준거를 확보하는 일은 도덕과 평가에서 매우 중요하다. 왜냐하면 도덕과 평가의 준거는 곧 도덕과 평가의 대상 혹은 내용을 결정하는 일이기 때문이다. 도덕과의 평가는 도덕과 교육이 목표로 하는 건전한 도덕성, 즉 도덕적 덕이나 인격을 내용으로 해야 한다. 그리고 도덕적 덕이나 인격은 도덕성의 인지적, 정의적, 행동적 요소의 총합으로 구성된다. 따라서 도덕과 평가의 준거는 도덕성의 인지, 정의, 행동의 통합적 요소에서 찾아야 할 것이다.

그동안 도덕과 평가의 준거에 관한 논의를 살펴보면, 1985년 조난심과 정재걸의 한국교육개발원 연구보고서 「도덕과의 새로운 학습평가방안 탐색연구」를 필두로 도덕과 평가의 준거에 관한 논의가 활발히 진행되었다. 여기에서 조난심과 정재걸은 블룸 식의 환원주의적 접근을 비판하면서, 도덕과 평가는 통합적인 것이 되어야 한다고 보고 통합적 준거를 제시한 바 있다. 여기서 통합적이라는 말은 두 가지 의미를 가지고 있다. 하나는 평가 대상인 학생의 도덕적 성취를 어느 한 측면만을 중심으로 파악할 것이 아니라 여러 측면을 동시에 고려해야 한다는 것이며, 다른 하나는 평가 도구도 도덕성의 영역에 따라 다른 도구를 사용할 것이 아니라 통합적인 하나의 도구를 사용해야 한다는 것이다.

이러한 통합적 평가는 특정한 도덕적 문제 사태에 대해 도덕적으로 성숙한 인간의 반응은 통합적 양상을 띠게 된다는 것을 가정하고 있다. 즉, 문제 사태에 대해 지적 판단과 아울러 모종의 정서적 반응과 행동 태세를 갖추게 될 때, 우리는 그러한 사람을 도덕적으로 성숙했다고 한다. 물론, 도덕적 성숙 과정에 있는 학생들의 경우에도 지적 측면으로든 정의적 측면으로든 어느 하나에 치우치는 경향을 보일 수 있다.

그런데 도덕성의 서로 다른 측면들을 서로 다른 평가 도구로 측정할 때에는 많은 경우 학생의 다른 측면의 반응은 무시하게 된다. 예를 들어, 판단력 평가에서 정서적 반응은 무의미하거나 불리하게 취급될 수 있다. 이와 같은 취지에서 도덕과 평가 준거로서 합리성과 도덕적 열정성을 〈표 5-7〉과 같이 통합하였다.[205] 그리고 이런 준거를 적용하여, 도덕과 평가 결과를 서열화하지 않고 〈표 5-8〉과 같이 유형화할 수 있다.[206] 이는 도덕과 평가 결과가 학생들을 서열화, 등급화 하는 방식뿐만 아니라 학생들이 현재 어떤 유형의 도덕성에 가까운지를 파악하여 그에 알맞은 교수–학습 방법을 모색하는 데 활용할 수도 있다는 것을 시사한다.

1992년 한국교육개발원 연구보고서의 도덕과 평가 모형은 도덕성의

205. 조난심 · 정재걸(1985), 「도덕과의 새로운 학습평가방안 탐색연구」, 『한국교육개발원 연구보고』 RR85-27, p. 59.
206. 위의 책, p. 60.

구분	평가 준거	성취 정도
1. 도덕적 열정성	11. 도덕적 사태에 대한 민감성 12. 사태 해결을 위한 적극성	예민 : 둔감 적극적 : 소극적
2. 도덕적 합리성	21. 도덕적 사태 파악의 정확성 22. 도덕적 규범의 이해 정도 23. 원인 분석 범위의 포괄성 정도	정확 : 부정확 높은 수준 : 낮은 수준 포괄적 : 제한적(한정적)

〈표 5-7〉 도덕과 평가의 통합적 준거

구분		도덕적 합리성	
		고	저
도덕적 열정성	강	A유형(이상형)	B유형(열정형)
	약	C유형(합리형)	D유형(무도덕형)

〈표 5-8〉 통합적 평가 준거 적용에 의한 도덕성의 유형화

인지적, 정의적, 행동적 측면을 모두 고려하면서, 평가 대상이나 내용을 일상생활에서 학생들의 도덕적 행동에 대한 도덕성 평가와 도덕과 수업 시간을 통해 획득된 도덕과 학업 성취 평가를 동시에 접근하고 있다. 한국 교육개발원의 연구보고서에서 제시한 도덕과 평가의 일반적 준거는 〈표 5-9〉와 같다.[207]

〈표 5-9〉의 평가 준거표에서는 도덕성 평가와 도덕과 학업 성취 평가를 구분하고 있다. 이것은 도덕과 교과의 성격을 일차적으로 학생들의 도덕적 삶의 향상을 지향하는 것으로 규정할 것인가, 아니면 학생들의 도덕적 삶에 대한 이해의 향상을 지향하는 것으로 규정할 것인가에 따른 구분이다. 도덕성 평가는 일상적인 삶에서의 도덕성에 대한 평가를 의미한

---

207. 한국교육개발원(1992), 『교육의 본질 추구를 위한 도덕·국민윤리 교육평가 체제연구』, pp. 13-21.

평가의 구분	인격의 영역	도덕 · 윤리과 평가의 전인적 측면
도덕성 평가	인지적 영역 정의적 영역 행동적 영역	• 도덕적 실천에 대한 지적 이해 • 도덕적 실천에 수반된 정서(열망 등) • 도덕적 실천(의지, 습관, 행동 등)
도덕과 학업 성취 평가	인지적 영역 정의적 영역 행동적 영역	• 도덕과 탐구 활동에 활용되는 지식 및 능력 • 도덕과 탐구 활동에 수반된 정서 • 도덕과 탐구 활동

〈표 5-9〉 도덕과 평가의 일반적 준거

인지적 영역	수준(높음 낮음)
지식 단계	사실, 개념, 일반화
이해 단계	도덕적 문제 인지, 문제의 정확한 파악, 문제의 설명과 해석
적용 단계	도덕적 지식의 구체적 삶 속에서의 적용, 새로운 관련 사례의 제시
분석 단계	상호 관련성 분석, 다양한 대안의 선택에 따른 결과의 추론
종합 단계	핵심 내용 요약 및 해결 방안 발견
평가 단계	자기 입장에 대한 근거 제시(정당화), 비판적 수용 능력

〈표 5-10〉 인지적 영역 평가 준거

정의적 영역	수준(높음 → 낮음)
감수 단계	가치에 대한 감지
반응 단계	바람직한 가치에 대한 관심, 합리적인 가치 추구에 대한 관심
가치화 단계	바람직한 가치에 대한 의무감, 자기 가치에 대한 존중 및 확언 정도
조직화 단계	타인의 가치에 대한 관용, 자기 가치에 대한 허심탄회함
인격화 단계	지속적인 도덕적 실천의지 및 삶의 철학으로서 확립

〈표 5-11〉 정의적 영역 평가 준거

다. 이때 도덕성은 가정, 학교, 사회 등의 모든 생활 장면에서 도덕적 칭찬과 비난의 대상이 되는 그러한 삶 자체를 가리킨다. 반면, 도덕과 학업 성취 평가는 도덕과 수업에서 목표로 하고 있는 것에 대한 평가이다.

또한 차우규는 인지적 영역의 평가 준거를 블룸의 인지적 영역 요소 분류를 토대로 〈표 5-10〉과 같이 분류하였다. 그리고 정의적 영역 평가 준거를 크라드홀Krathwhol의 정의적 영역 요소 분류를 토대로 〈표 5-11〉과 같이 분류하였다.[208]

유병열은 서로 다른 가치 덕목을 측정하여 그 결과를 종합하는 기존 평가 방법의 오류를 지적하면서, 학생들의 도덕성 내지 인격의 성장 정도를 평가하기 위해서는 필요한 도덕적 덕들을 어느 정도 발달시켜 가는지를 평가해야 한다고 주장한다.[209] 예컨대 학생들의 건전한 도덕성 평가를 위해 근면, 성실, 정직, 자주, 절제, 예절, 책임 등의 도덕적 덕을 설정하고 평가에 임하되, 어떤 도덕적 덕을 평가의 대상으로 하느냐 하는 문제는 학교 수준이나 학년별 혹은 교사 수준에서 결정하게 한다는 것이다.

서강식은 도덕과 교수-학습 활동이 통합적 접근을 추구하고 있다면 평가 또한 통합적으로 이루어져야 한다고 주장하면서, 도덕과 평가의 통합적 준거와 도덕성의 유형화를 제시하고 있다(〈표 5-12〉, 〈표 5-13〉참조).[210]

이러한 도덕과 평가의 준거에 대한 다양한 논의는 도덕과 평가에 대한 어려움을 단적으로 드러낸다. 그러나 도덕과 평가는 도덕성의 인지, 정의, 행동의 통합적 관점에서 접근해야 한다는 점은 기본적으로 합의하고 있는 것 같다. 다만 평가의 대상이나 내용에 대해서는 이견이 있는 것 또한 사실이다. 제7차 이후의 도덕과 교육 과정은 평가의 특성으로 통합적 평가를 강조하고 있다.

---

208. 차우규 외(2000), 『도덕 · 윤리과 수행 평가』, 백의, p. 18.
209. 유병열(2003), 앞의 책, pp. 460-6.
210. 서강식(2002), 『도덕과 평가』, 양서원, pp. 262-6.

도덕성의 영역	도덕성의 요소: 평가의 준거	성취 정도
인지적 영역	1. 도덕적 이해	높은 수준 ——— 낮은 수준
	2. 도덕적 사고력 및 판단력	높은 수준 ——— 낮은 수준
정의적 영역	1. 도덕적 감정	성숙 ——— 미숙
	2. 도덕적 열정	강렬함 ——— 냉랭함
	3. 도덕적 의지	굳셈 ——— 박약
행동적 영역	1. 도덕적 행위 능력	높은 수준 ——— 낮은 수준
	2. 도덕적 행위	자율적 ——— 타율적
	3. 도덕적 습관	습관적 ——— 일회적

〈표 5-12〉 도덕과 평가의 통합적 준거

도덕적 이성	도덕적 감성	도덕적 행동	비 고
잘 발달됨	잘 발달됨	잘 실천함	이상형
잘 발달됨	잘 발달됨	실천하지 않음	지행불일치형
잘 발달됨	발달되지 못함	잘 실천함	/
잘 발달됨	발달되지 못함	실천하지 않음	인지형
발달되지 못함	잘 발달됨	잘 실천함	충동형
발달되지 못함	잘 발달됨	실천하지 않음	열정형
발달되지 못함	발달되지 못함	잘 실천함	/
발달되지 못함	발달되지 못함	실천하지 않음	무도덕형

〈표 5-13〉 도덕성의 유형화

도덕과 평가는 도덕성의 인지적, 정의적, 행동적 측면에 대한 통합적 평가가 되도록 하는 것이 바람직하다. 따라서 도덕과 평가에서는 도덕적 가치 및 규범에 대한 이해, 도덕적 사고력과 판단력, 도덕적 신념과 태도, 실천의지와 행동성향 등을 포함하게 된다. 도덕과의 인지적 영역의 평가에서는 대체로 도덕적 가치 및 규범의 의미, 근거에 대한 이해 정도, 도덕적 사고력과 추론 능력 정도, 가치 판단의 합리성 정도 등을, 정의적 영역의 평가에서는 도덕적 민감성과 열정성,

도덕성의 영역	도덕성의 요소 : 평가의 준거	성취 정도
인지적 영역	• 도덕적 가치 규범 및 규범의 의미 • 근거에 대한 이해 정도 • 도덕적 사고력과 추론 능력 정도 • 가치 판단의 합리성 정도	상 중 하
정의적 영역	• 도덕적 민감성과 열정성 • 도덕적 가치 및 규범의 내면화 정도	상 중 하
행동적 영역	• 도덕적 가치 및 규범의 실천과 습관화 정도	상 중 하

〈표 5-14〉 **도덕과 평가의 준거**

도덕적 가치 및 규범에 대한 내면화 정도를 그리고 행동적 영역에서의 평가는 도덕적 가치 및 규범을 실천하고 습관화한 정도를 평가의 준거로 할 수 있다.[211]

또한 제7차 도덕과 교육 과정에서는 학습 과정의 발달 평가에 적합한 평가 방법으로 수행 평가를 제안하고 있다.

도덕과 평가는 도덕성의 제 측면에 대한 통합적 평가를 추구하고, 학생들의 학습 과정과 결과를 종합적으로 평가하는 것이 바람직하므로 평가의 방법에 있어서도 가능한 한 여러 가지 방법을 적용하여야 한다. 따라서 지필평가, 행동관찰평가, 자기보고서법, 면담법, 구술평가, 포트폴리오, 토론과정 및 발표에 대한 관찰평가, 학생상호평가 등 다양한 평가 방법과 기법을 적용하여 객관적이고 합리적인 평가가 이루어져야 한다. 평가 결과는 기록, 보고, 보관하는데 그치지 말고 궁극적으로는 학생들의 계속적인 도덕적 성장을 촉진하고 도덕과 수업의 목표, 내용, 방법 등을 개선하기 위한 근거 자료와 수단으로 활용되도록 한다. 도덕과 평

---

211. 교육부(2003), 『초등학교 교사용 지도서 도덕 6』, 대한교과서주식회사, p. 35.

가는 학생들을 등급화, 서열화하는 판정과 분류로서가 아니라 학생들의 계속적인 도덕적 성장과 도덕과 교수–학습의 개선을 지향하는 평가가 되도록 한다.[212]

이러한 관점에서, 이 책에서는 학생들의 학습 과정 발달과 성장을 촉진하는 도덕과 평가를 염두에 두고, 도덕과 평가의 내용으로 통합적 관점을 중시하면서, 제7차 도덕과 교육 과정의 평가의 준거를 〈표 5-14〉와 같이 제시한다.

---

212. 위의 책, p. 35.

제6장 제7차 도덕과 교육 과정의 반성

제7차 도덕과 교육은 도덕성의 인지적, 정의적, 행동적 측면의 통합적 접근을 견지한다. 이러한 통합적 접근은 종래의 행동 중심의 도덕과 교육이나 인지 중심의 도덕과 교육의 편협한 도덕성 교육과는 달리, 도덕성의 인지적, 정의적, 행동적 요소의 균형 있는 발달이라는 관점에서 바람직하다. 그렇다면 제7차 도덕과 교육 과정이 본래의 의도대로 도덕성의 인지적, 정의적, 행동적 측면의 균형된 통합적 접근을 견지하고 있는지를 살펴보고, 초등 도덕과 교육에서 보완할 점이 무엇인지를 알아본다.

1. 제7차 도덕과 교육의 목표, 내용, 방법의 검토

1. 도덕과의 목표와 인격 교육적 접근

먼저, 초등 도덕과 교육 과정의 목표부터 살펴보자. 도덕과의 목표는 도덕과 교육을 통해 달성할 것으로 기대하는 바람직한 결과에 대한 진술을 나타내는 것으로서, 도덕과의 본질을 드러낸다. 따라서 도덕과 교육의 목표는 도덕과의 방향성과 교과 특성을 나타내는 교육 과정상 가장 중요한 부분이다. 도덕과 교육의 목표에 관해 고찰하려면 명시적으로 드러난 목표 이면에 그 목표를 지탱해 주고 있는 이론적 배경을 짚어 봐야 할 것이다. 여기에서는 초등 도덕과 교육의 이론적 토대로서 인격 교육적 접근과 도덕과 교육의 목표와의 관계를 살펴보고자 한다.

그동안 도덕과 교육의 목표로서 도덕성 함양을 표방해 온 것은 주지의 사실이다. 이것은 교육의 하위 교과로서 도덕과 교육을, 그리고 교육이 목적으로 하는 인간 교육의 하위 개념으로서 도덕적 인간을 설정하고, 이를 실현하기 위한 방안으로 도덕성 함양을 도덕과의 목표로 설정한 것으로 보인다. 따라서 도덕과 교육은 도덕성이 어떻게 규정되느냐에 따라 목표, 내용, 방법, 평가의 방향이 결정된다.

도덕성의 개념은 도덕의 개념을 어떻게 정의하느냐에 따라 달라진다. 일반적으로 도덕성의 개념을 정의하는 데에는 철학적, 심리학적, 교육학적 이론이 동원되며, 각각의 이론에 따라 도덕성은 다르게 규정된다. 그동안 일곱 차례에 걸친 도덕과 교육 과정의 역정을 살펴보면 도덕성의 변천 과정을 이해할 수 있다. 필자가 보기에, 제6차 교육 과정까지는 도덕성의 개념 정의가 비교적 명료하였으며, 이러한 점에서 도덕과 교육은 나름대로 교과적 특성이 존재했다고 보인다.

제4차 이전의 교육 과정에서는 도덕 사회화를 통해 도덕성을 기르고자 하였다. 그리고 여기에 동원되었던 이론적 배경으로는 주로 행동주의 도덕 심리학이나 프로이트 이론 그리고 사회 학습 이론 등이다. 도덕에 대한 이 이론들의 공통된 견해는, 도덕을 인간 외부에 이미 존재하고 있는 전통, 관습, 가치, 행위 규범 등을 가리키는 것으로 보았다는 점이다. 그러므로 여기에서의 도덕성은 사회적으로 규정된 가치 및 행위 규범을 내면화하여 충실히 실천해 나가는 성향으로, 도덕적 인간은 그 사회의 지배적 행위 규범을 잘 받아들여 내면화하고 그 사회에서 요구하고 기대하는 행동을 잘 실천하면서 살아가는 인간으로 규정된다.

따라서 여기에서의 도덕과 교육의 목표는 도덕 사회화에 초점이 맞추어졌고, 내용 구성 역시 사회 공동체 구성원들이 요구하는 행동 규범 체계를 중심으로 선정하고 조직하는 것이 목표와 내용의 일관성을 유지하는 것이었다. 가르치는 방식 또한 학습자 밖에 존재하는 도덕규범 체계를 어떻게 효과적으로 내면화할 것인가에 관심을 둘 수밖에 없었고, 강화, 모방, 동일시 등이 이를 대표하는 접근이었다.

제6차 도덕과 교육 과정에 이르러, 도덕성의 개념은 합리적 가치 판단 능력으로 전환된다. 여기에서는 철학적으로는 자유주의가, 교육 심리학 적으로는 피아제나 콜버그 등의 인지 발달 이론이 이론적 뒷받침을 한 다. 인지 발달 이론에서의 도덕 개념은 인간의 외부에 존재하면서 행위를 외적, 타율적으로 규율하는 것이라기보다는 인간 내부로부터 반성적 검 토 과정을 거쳐 자율적으로 채택된 규범 체계로 규정된다. 따라서 이때의 도덕성은 도덕적 삶과 관련하여 무엇이 옳고 그른지, 무엇을 마땅히 해야 하거나 하지 말아야 하는 것인지 그리고 그 이유와 정당한 근거는 무엇 인지를 사고하고 판단하는 능력, 즉 도덕적 사고 판단 능력으로 규정된 다. 그리고 이때의 도덕적 인간은 스스로 보다 수준 높은 가치 원리를 선 택해서 자율적으로 실천해 가는 인간이다.

이러한 관점에서 도덕과 교육의 목표는 합리적 가치 판단 능력을 배양 하는 것에 두어지고, 그 내용 역시 합리적 가치 판단 능력을 함양할 수 있 도록 선정되고, 조직된다. 그리고 가르치는 방식 또한 이러한 도덕과 교 육의 목표에 부합되도록, 도덕 사회화를 꾀하는 교육 방식과는 달리, 가 치 판단 능력이나 가치화 과정을 중시하는 방향으로 가닥을 잡는다.

제6차까지의 긴 여정을 거쳐, 제7차 도덕과 교육 과정은 인격 혹은 덕 의 함양에 닻을 내린다. 인지적 접근의 대안으로 등장한 것이 인격 교육 적 접근이다. 제7차 도덕과 교육 과정에서는 과거의 의무 윤리학적 배경 의 도덕과 교육 과정에서 강조하던 '행위' 중심의 관점을 인격 혹은 덕 윤리학에 기초한 '행위자' 중심의 관점으로 전환한다. 따라서 여기에서 의 도덕성은 인격의 함양을 뜻한다.

제7차 도덕과 교육 과정이 행위자 중심의 인격 교육적 접근으로 전환 되면서, 도덕성은 인격의 함양과 동일하게 간주된다. 그러나 여기에서는 도덕이나 도덕성에 대한 개념 규정을 명백하게 해명하지 못한다. 인격과 도덕성 사이의 명확한 개념 규정 없이 상황에 따라 도덕성과 인격 혹은 덕이라는 용어를 적당히 혼용해서 사용하고 있다. 따라서 기존의 도덕과 교육 과정에서와는 달리, 도덕과 교육의 목표는 인격의 함양과 동일하게 된다.

유병열은 도덕성 함양을 인격의 함양과 동일하게 간주하고 있으며, 인격의 속성으로서 덕을 들고 있다.

> 도덕 교육은 학생들로 하여금 건전한 도덕성으로서의 유덕한 인격을 형성하도록 돕는 일을 그 본질로 하고 …(중략)… 도덕 교육을 말할 때는 어떤 규칙 또는 원리뿐만 아니라 이를 넘어 인격의 속성으로서의 정직, 친절, 사려 등과 같은 어떤 도덕적 성향, 즉 덕을 계발하는 일에 주력하지 않으면 안 된다.[213]

도덕과 교육의 목표로서 도덕성을 인격과 동일하게 간주함으로써 나타날 수 있는 문제는 의외로 심각할 수 있다. 왜냐하면 이 문제로 인한 오해는 도덕과 교육의 정체성과 관련된 문제로 나타날 수 있기 때문이다. 도덕성이 곧 인격이라는 진술은 교육의 목적과 도덕과 교육의 목적 사이의 경계가 모호해지는 개념상의 혼란을 야기할 수 있으며, 이렇게 된다면 도덕과 교육은 교과로서의 차별성을 잃고, 타 교과로 흡수되는 것의 빌미를 제공하게 될 수도 있다.

교육의 목적을 인간 혹은 인격의 완성으로 본다면, 하위 교과로서 도덕과 교육의 목표는 도덕성의 함양으로 볼 수 있다. 여기에서 인격의 완성은 각 개별 교과의 목표들의 총체로서 실현되는 그 무엇이다. 이렇게 본다면, 도덕성의 함양을 곧 인격의 함양과 동일하게 간주하는 것은 무리가 있는 듯하다. 물론 헤르바르트J. F. Herbart 같은 학자는 도덕 교육을 교육의

---

213. 유병열(2004), 『도덕교육론』, 양서원, pp. 476-80.

목적으로 간주하고, 심리학을 그 방법으로[214] 제시하고 있다.

그러나 이러한 그의 주장은 교과로서 도덕과 교육의 정당성을 위하기보다는 교과로서 도덕과 교육의 무력화를 꾀하는 논리에 이용될 가능성이 훨씬 많다. 왜냐하면 타 교과에서 다루고 있는 모든 교과 교육 역시 도덕 교육 혹은 인격의 함양과 음으로 양으로 관련되어 있고, 도덕과 교육의 덕목 교육 정도는 타 교과 혹은 생활 지도를 통해 얼마든지 지도가 가능하다고 주장할 수 있기 때문이다.

제7차 교육 과정에서, 도덕 교육 강화라는 미명 하에 전 교과에서 도덕 교육을 실시하고자 하는 발상은 이러한 시각을 반영한 것이라고 볼 수 있으며, 이러한 도덕 교육적 발상에 편승한 일부 학자들은 노골적으로 교과로서 도덕과 교육을 부정하고 있는 것이 현실이다.[215] 무엇보다도 많은 사람들이 도덕 교육은 도덕과 교육의 전유물이 아니며, 타 교과에서도 가르칠 수 있고 가르쳐야 한다는 생각을 갖고 있는 것이다. 이러한 교육적 분위기에서 인격과 도덕성을 동일하게 간주한다는 것은 도덕과 교육의 정체성 문제를 악화시키는 요인으로 작용할 수 있다.

따라서 차제에 이러한 문제를 좀 더 명확히 규명할 필요가 있다고 본다. 다시 말해서 도덕과 교육이 목적하는 도덕성의 개념을 명확히 규정해야 한다는 것이다. 필자가 보기에, 제7차 도덕과 교육 과정에서의 도덕성은 도덕 사회화 이론에서 주장하는 도덕성과 인지 발달 이론에서 주장하는 도덕성의 통합적 성격이 짙다고 본다. 이러한 주장은 실제 도덕과 교육 과정의 구체적 목표를 살펴보면 더욱 명확해진다.

한국인으로서 바람직한 삶을 살아가는데 필요한 기본생활 습관과 예절 및 도

---

214. 손인수(2003), 『교육사 · 교육철학의 이론과 실제』, 문음사, p. 265.
215. 이에 대한 자세한 내용은 정보주(2000), 「현행도덕과 교육의 쟁점과 올바른 이해」, 『초 · 중등학교 도덕과 교육의 실태파악과 새로운 교육목표 및 내용체계의 정립』, 교육과정평가원, pp. 120-8 참조.

덕규범을 익히고, 일상생활 속에서 부딪히는 도덕적 문제를 바람직하고 합리적으로 해결할 수 있는 판단 능력을 기르며… 삶의 이상과 원리를 체계화하여 실천할 수 있는 도덕적 성향을 기른다.[216]

유병열은 도덕과 교육의 총괄 목표 아래, 초등학교 도덕과 교육의 목표를 다음과 같이 요약한다. 일상생활에 필요한 도덕적 가치 규범의 의미와 중요성을 이해하고 존중하며, 이를 꾸준히 실천하여 습관화함으로써 건전한 이성을 지닌 민주 시민으로서의 유덕한 인격의 기초를 형성한다. 그 하위 목표로서, ① 기본 생활 습관과 예절 그리고 기본적인 도덕규범의 의미와 중요성을 이해하고, ② 도덕적 문제 해결에 필요한 기초적인 도덕적 사고, 판단력과 합리적 의사 결정력을 기르고, ③ 가치 규범을 사랑하고 실천하려는 마음가짐과 태도를 기르고, ④ 이를 꾸준히 실천하여 습관화한다.[217]

이러한 그의 초등 도덕과 교육 목표는, 하위 목표에서 보여 주듯이, 구체적으로 도덕 사회화와 도덕 발달을 통합하는 것이다. 추병완 역시 제7차 도덕과 교육의 목표를 도덕 사회화와 도덕 발달론의 통합적 관점으로 보고 있는 것 같다.

현행 도덕과 교육 과정은 이러한 논리(아동 초기에는 도덕 사회화 접근을 그리고 아동 후기에는 도덕 발달 접근을 활용하는)를 매우 충실하게 반영하고 있다. 즉, 초등학교에서는 생활습관 형성에, 중학교 1~2학년에서는 규범 및 예절의 습득과 실천의지 형성에, 중 3과 고 1에서는 가치 판단 능력 신장과 생활 원리의 체계화에 초점을 맞추고 있다.[218]

---

216. 교육부(1988), 『초등학교 교육과정해설』, 대한교과서주식회사, p. 133.
217. 유병열(2004), 앞의 책, p. 514.
218. 추병완(2004), 「도덕과 교육과정의 이론적 기저 탐색」, 『도덕윤리과교육』 제18호, p. 157.

제7차 교육 과정의 목표는 초등학교에서는 도덕 사회화 관점의 도덕성 함양에 초점을 맞춘 반면에, 중등학교에서는 도덕 발달 이론 관점의 도덕성 함양에 초점을 맞추고 있다.[219] 이러한 접근은 피터스R. S. Peters의 주장과 크게 다른 것이 아니다. 따라서 제7차 교육 과정에서 추구하는 도덕성은 인격의 함양을 통한 접근으로서 덕목 교육이긴 하지만,[220] 결국 도덕 사회화와 도덕 발달이 추구하는 도덕성 개념을 통합한 것으로 파악하는 것이 맞다고 본다. 실제로 이러한 도덕성 개념이 제7차 도덕과 교육 과정이 추구하는 도덕과 교육의 목표이며, 이러한 도덕성 함양을 목표로 도덕과 교육은 진행되고 있다.

이렇게 본다면, 도덕성을 인격이나 덕으로 보기보다는 도덕 사회화에서 말하는 '사회적으로 규정된 가치나 행위 규범을 내면화하여 충실히 실천해 나가는 성향'과 도덕 발달 이론에서 말하는 '자율적 가치 판단 능력'을 통합한 개념으로 보는 것이 타당하다고 생각한다. 여기에서의 도덕은 개인 밖이나 혹은 내부에 존재하는 행위 규범 체계가 되며, 이를 성향화 하는 것으로 도덕성의 개념은 명료화될 수 있을 것이다. 그리고 이때의 도덕적 인간은 개인 밖에 존재하는 행동 규범 체계를 내면화하고 합리적 가치 판단 능력을 겸비한 자가 된다.

도덕과 교육은 도덕성 함양을 목표로 한다. 따라서 도덕과 도덕성의 개념이 명료하게 규정되어야 도덕과 교육의 구체적 구현 방안이 가능하다. 도덕성을 막연히 인격 혹은 덕과 동일하게 간주함으로써 오히려 도덕과 교육의 방향성이 불투명해지고 경계가 모호해질 수 있다. 인격을 도덕적 인격으로 혹은 덕을 도덕적 덕으로 제한한다 하더라도 도덕 개념이 제대

219. 현행 도덕과 교육 과정을 거시적 관점에서 접근할 때 초등학교에서는 도덕 사회화 측면을 강조하고 있고, 중등학교에서는 도덕 발달 쪽에 무게를 두고 있다고 볼 수 있다. 그러나 초등학교 도덕과 교육 목표는 도덕 사회화 쪽에 비중을 두고 있지만, 도덕 사회화와 도덕 발달을 모두 포함하는 개념이다.
220. 인격이나 덕의 함양을 덕목으로 접근해야 하는가 하는 문제는 여전히 남는다. 덕을 덕목으로 접근하는 방식은 도덕 사회화 접근과 별반 다르지 않다고 본다.

로 규정되지 않는다면 도덕성 함양의 구체성은 드러나기 어렵다.[221]

2. 윤리학적 이론에 기초한 내용 구성

교육 목표가 달성되어야 할 그 무엇이라면, 교육 내용은 그 목표에 도달하기 위해 제공되어야 할 그 무엇이다. 따라서 도덕과 교육의 내용이 어떻게 선정되고 조직되어야 하는가 하는 문제는 도덕과의 목표와 관련하여 평가되어야 하며, 내용의 구성이 학문적 체계성을 유지하여야 교과로서의 도덕과 교육의 위상을 인정받을 수 있을 것이다. 그렇다면 현행 도덕과 교육의 내용[222]은 도덕과 교육의 목표에 어느 정도 부합하고, 학문적 체계성을 유지하고 있는가?

먼저, 초등 도덕과 교육의 내용 구성이 도덕과 교육의 목표를 충분히 반영하고 있는가 하는 문제와 관련하여 지적해야 할 부분이 있다고 본다. 초등 도덕과 교육은 도덕성, 즉 인격 함양을 위해 덕[223]의 함양을 계획하고, 덕목 교육을 통해 덕의 함양을 도모한다. 이러한 논리를 얼핏 보면,

---

221. 아리스토텔레스가 말하는 도덕적 덕이 도덕과 교육이 구현하고자 하는 덕이라면, 도덕성은 인간이 가지고 있는 기능, 그것도 이성과 비이성이 혼재되어 있는 감정, 정서, 욕구, 의지의 이상적 발현 상태로 볼 수 있을 것이다. 그러나 여기에서도 도덕의 개념을 규정하는 것은 쉽지 않아 보인다. 왜냐하면 아리스토텔레스는 습관, 정념, 중용의 선택에 관한 도덕 교육을 주장하고 있기 때문이다.

222. 일반적으로 교육 내용을 구성하는 방식은 두 가지로 대별된다. 하나는 교육 내용을 지식으로 제공하는 방식이고, 다른 하나는 경험이나 활동으로 제공하는 방식이다. 이러한 방식들은 각기 인식론적인 토대로서 객관주의와 구성주의를 배경으로 한다. 초등 도덕과 교육은 현재 교육 내용으로서 덕목을 제시하고, 구성 방식은 경험이나 활동을 통해 접근하고 있다고 보인다. 초등 도덕과 교육은 구성주의적 관점에서 후자를 택하고 있는 것으로 보인다. 그러나 구성주의적 방식과 덕목 교육은 상치되는 부분이 없지 않아 보인다.

223. 아리스토텔레스는 도덕적 덕을 위해 습관의 교육을 강조하지만 직접적으로 덕목 교육을 해야 한다고 주장하지는 않은 것 같다. 다만 우리는 습관의 내용으로서 덕목을 가정하는 것이라고 생각한다. 그리고 그가 말하는 중용을 위한 실천적 지혜pronesis도 합당성reasonableness의 계발과 깊이 관련되어 있다고 본다.

목표와 내용 간의 일관성을 유지하고 있는 듯이 보인다. 그러나 도덕과 교육의 구체적 목표를 들여다보면 문제점이 드러난다. 초등 도덕과 교육의 목표는 '한국인으로서 살아가는 데 필요한 기본 생활 습관과 예절 및 도덕규범을 익히는 일'(도덕 사회화)과 '일상생활에서 부딪히는 도덕적 문제를 합리적으로 해결할 수 있는 판단 능력을 기르는 일'(도덕 발달)을 동시에 고려하고 있다.

그러나 현행 초등 도덕과 교육의 내용 구성은 도덕 사회화 측면인 덕목의 내면화에 초점이 맞추어져 있다. 이것은 과거의 도덕 사회화가 목적했던 과정과 크게 다르지 않다고 본다. 다만 다른 점이 있다면 접근 방법으로서, 과거에는 행동적 측면의 도덕성이 강조된 반면에 현행 도덕과 교육은 인지적, 정의적, 행동적 측면이 모두 고려되고 있다는 점이다. 따라서 현행 도덕과 교육에서 인지적 도덕성을 위한 내용 구성은 도덕 발달에 대한 고려가 거의 배제된 채, 덕목에 대한 지적 이해에 국한되어 있다.

주지하다시피, 덕목 교육에서 인지적 탐구를 위한 내용 구성은 매우 중요하다. 왜냐하면 덕목에 대한 충분한 지적 이해를 동반하지 못한 일방적이고 맹목적인 덕목의 수용은 피상적이거나 표면적인 내면화에 불과하며, 이러한 내면화의 결과는 지속적인 실천을 보장하기 어렵기 때문이다. 과거의 덕목주의적 접근에서는 덕목이나 가치에 대한 합리적 근거나 이유가 생략된 채 덕목이 주입되었다고 볼 수 있다. 일반적으로 덕목을 강조하는 도덕 교육에서는 덕목의 합리적 가치를 전제하므로 기존 덕목의 정당성이나 타당성을 문제 삼기보다는 덕목의 무반성적인 수용을 강요한다.

현행 도덕과 교육 내용은 과거의 덕목주의와는 달리, 이 부분을 보완하였다고 볼 수 있다. 그러나 이러한 내용 구성은 덕목에 대한 지적 이해를 통해 덕목의 내면화는 강화시켰지만, 도덕적 문제를 전체적으로 볼 수 있는 안목을 키워 주기에는 부족하다. 도덕적으로 문제가 되는 상황에서 요구되는 가치나 덕목을 찾아내고, 이에 대한 정당한 근거나 이유를 발견해

내는 일은 가치를 합리적으로 볼 수 있는 안목이 결여되었다면 불가능하다. 이것은 도덕 발달 측면, 즉 자율적 가치 판단 능력의 함양과 관련 있다. 현행 초등 도덕과 교육은 이 부분이 소외되어 있거나 상당 부분 배제되어 있다.

도덕 교육이 궁극적으로 목적하는 바는 자율적 도덕인이다. 도덕적 가치가 결정되는 과정을 소홀히 하고 결과를 중시하며, 가치를 주입하기에 적합하게 교육 내용이 구성될 때 자칫 맹목적인 신념의 소유자로 성장시킬 가능성이 높다. 여기에 덕목 교육의 심각한 결함이 존재한다고 말할수 있다. 오늘날은 다양한 가치가 복잡하게 얽혀 있는 다원화된 사회이다. 다양한 가치가 공존하는 다원화된 사회에서 어떤 가치를 무조건 따라야 할 가치라고 주장하기는 매우 어렵다. 다양한 가치가 공존하는 다가치사회에서 우리는 매 순간 선택적 상황에 직면한다. 이러한 선택적 상황에서 맹목적 신념의 소유자는 당황할 수밖에 없을 것이다. 특히 사회의 급속한 변화는 새로운 도덕적 문제를 계속해서 양산하고 있어, 기존의 덕목교육으로는 그것들을 진단하고 처방하는 데 한계가 있다.

초등학생은 아직 이성이 발달하지 않았다는 이유로 도덕과 교육이 도덕 사회화 측면에만 머문다면, 합리적 가치 판단을 배양할 수 있는 때를 놓칠 수도 있다. 교육은 적절한 교육 환경을 제공한다면 연령에 관계없이 가능하다는 브루너의 이야기를 경청할 필요가 있다고 본다. 도덕 사회화와 도덕 발달은 연령이나 단계로 구분하기보다는 어떻게 발달 수준에 맞는 교육 환경을 제공할 것인가로 접근해야 하며, 이러한 점에서 도덕과교육도 도덕 사회화나 도덕 발달의 어느 한쪽에 편중되기보다는 동시에 진행하는 것이 바람직하다고 본다. 또한 피아제의 관점뿐만 아니라 비고츠키의 혜안을 고려할 필요도 있다고 본다. 즉, 교육을 통해 발달을 인도하자는 것이다. 따라서 초등 도덕과 교육의 또 다른 목표인 합리적 가치판단을 담아내는 내용 구성이 요청된다.

다음으로, 초등 도덕과에서 덕목 교육을 함에 있어, 학문적 정당성을 확립하고 있다고 보기에는 부족한 면이 있다는 것이다. 도덕과의 교육 목표를 제대로 달성하려면 교육 내용이 체계적이고 위계적이어야 하나, 현행 도덕과 교육은 이 부분이 매우 취약하다고 생각한다. 중요한 이유 중의 하나는 덕목 교육에 대한 학문적 근거의 부재에서 찾을 수 있다. 현행 도덕과 교육은 덕목 중심의 교육을 통해 도덕성 함양을 겨냥하고 있다.

덕목은 '학생들이 어떤 덕을 함양해야 할 것인가'에 대한 교사나 학부모, 학자들의 조사 연구를 통해 선정하지만, 이에 대한 학문적인 이론적 근거가 미약해 보인다. 초등학교에서의 도덕과 교육의 목표는 도덕 사회화 측면이 강조된다고는 하지만, 이를 뒷받침해 주는 학문적 근거 없이 단순히 사회나 개인이 요구하는 덕목에만 의존한다면 타 교과와 차별화된 교과적 정당성을 보장받기 어렵다. 왜냐하면 덕목 교육을 한다는 이유만으로 도덕과의 학문적 가치가 인정되는 것은 아니기 때문이다.

초등학교에서의 도덕과 교육이 생활 교과로서의 성격이 강하다 할지라도, 이를 뒷받침하는 윤리학적 이론이 없다면 교과로서의 지위를 인정받기 어렵다. 도덕과 교육이 아무리 그럴듯한 목표를 표방하고 치장한다 하더라도 가르쳐야 할 내용이 이론적 기초 없이 덕목을 소개하고 내면화하는 데에만 치중한다면 교과로서의 권위는 약화될 수밖에 없다. 설령, 도덕과 만의 방법론적 특성으로 덕목 교육을 포장한다 하더라도 같은 문제는 여전히 남는다. 왜냐하면 도덕과 교육에 기대할 수 있는 것은 단순히 덕목의 내면화이기 때문이다.

도덕 윤리과 교육은 도덕성에 관한 지식[224]을 가르치는 것이며, 윤리학을 내용으로 한다.

도덕 윤리과 교육은 근본적으로 윤리학에서 출발하는 교육 내용 중심적 교과 교육학이다. 즉 윤리학이라는 내용을 학습자의 수준에 맞게 재해석하여 가르

---

224. 교육부(1998), 『도덕과 교사용 지도서』, 대한교과서주식회사, p. 7.

치는 것이 도덕 윤리과 교육의 핵심이 된다. 그러므로 윤리학 이론을 충실히 습득하고 새로운 추세를 올바로 파악하며 이를 바탕으로 도덕 윤리과 교육과 연계시키는 노력을 더욱 기울여야 할 것이다.[225]

이러한 주장을 받아들인다면 도덕 윤리과 교육의 본질은 윤리학 혹은 도덕 철학을 내용으로 하는 학문이다. 그렇다면 초등학교 도덕과 교육의 내용 구성이나 조직에 있어서, 과연 이러한 도덕성에 관한 지식이나 윤리학적 이론이 내용으로 구성되어 있는가라는 물음에는 회의적이다. 만일 초등학생이라는 심리 혹은 인지 발달을 이유로, 도덕성이나 윤리학의 이론이 어렵다는 이유로, 덕목의 내면화와 습관화에 충실하기 위해 어쩔 수 없다는 이유로 이러한 내용적 본질이 배제되었다면 도덕 윤리과 교육 본질 자체의 수정이 불가피하다.

이러한 교과의 내용적 본질의 결여로 인해 나타나는 문제점으로는 도덕과 교육이 교과 교육으로서 학문적 정당성을 인정받기 어렵다는 점과 교과의 체계성과 위계성의 문제가 있다. 현행 도덕과 교육 내용은 통합적 인격체를 위한 도덕과 교육의 이론적 기초를 제공하지 못하고, 시대와 상황에 따른 단편적인 덕목의 내면화와 습관화에 관심을 집중하고 있다. 이러한 점에서 도덕과 교육으로서의 덕목 교육은 학문적 체계성을 확보하지 못하고, 생활 교과적 성격의 행동 교본 내지는 지침서 역할을 하는 측면이 적지 않다.

주지하다시피, 도덕 윤리 교과는 윤리학을 교육 내용으로 하는 교과이다. 이러한 관점에서 좀 더 포괄적이고 큰 틀의 학문적 배경, 이를테면 어떤 인간이 바람직한 인간인지, 어떻게 사는 것이 바람직한 삶인지, 도덕적 존재의 내적 조건은 무엇이고, 어떤 도덕적 이상을 소중히 해야 하는지에 대한 포괄적인 이론적 배경 아래 덕목을 지도하는 방식을 생각해

---

225. 윤현진(1998), 「도덕윤리과의 윤리학적 접근」, 『도덕윤리과교육』 제9호, 한국윤리교육학회, pp. 115-6.

볼 수 있을 것이다. 학문적 배경 없이 백화점 식으로 나열하고, 단순히 덕목을 내면화시키는 교육만으로는 교과로서의 학문적 가치를 인정받기 어려울 것이다.

윤리학이 도덕 교육의 이론이라는 본래의 모습을 되찾는 것은 윤리학의 발전을 위해서 뿐만 아니라 도덕 교육을 위해서도 바람직한 일이다. 도덕 교육의 이론으로서 윤리학은 교육을 받으며 살아가는 삶의 의미, 그리고 그것의 핵심을 이루는 교과의 설명을 주요 관심사로 포함한다. 교과의 의미에 의해서 드러나는 것은 교과의 심성 함양적 의미, 또는 교과의 도덕적 의미이며, 도덕을 거점으로 하여 다시 말하면 그것은 교과의 의미로서의 도덕이 될 것이다.[226]

교과의 학문적 배경 없이 지도되는 덕목에 대한 단순한 지적 이해는 윤리학적 관점에서 해석하고 재구성하는 데까지는 이르지 못하고, 표면적 혹은 피상적으로 나타날 수 있는 삶의 문제 해결에 요청되는 이유나 근거 이상을 넘기 어렵다. 덕목이 내면화되는 과정에서 이론적으로 혹은 학문적으로 통합되지 못하고 덕목에 내재된 근본정신을 이해하지 못한 상태로 단순히 덕목만 주입된다면, 이것이 인간 혹은 인격과 어떤 관련이 있고 덕목과 덕목 간의 관계성은 무엇인지를 이해하지 못하게 되고, 이를 실생활에서 탄력적으로 적용하기도 어려울 것이다.

이러한 점에서, 교육 내용을 구성할 때 윤리학적 관점에서 각각의 덕목을 포괄적으로 묶어 줄 수 있는 이론적 연구가 필요하다. 다시 말해서 여러 덕목을 나열하는 것에서 벗어나 이러한 덕목을 학문적으로 수렴하고 통합하는 작업이 절실히 요청된다. 도덕과 교육은 가치 통합적이고 교과 통합적이며 도덕과의 학문적 근거로서 학제적 성격을 갖기에, 이를 도덕과 교육의 목표 중의 하나인 도덕성 함양이라는 패러다임으로 담아내는 학문적 연구가 더욱 필요하다고 본다. 이러한 체계적 학문 구조 속에서

226. 임병덕(2005), 「초등도덕과교육의 근본: 교과의 의미로서의 도덕」, 『도덕교육연구』 제16권 2호, 한국도덕교육학회, p. 125.

도덕과 교육이 이루어진다면 교과로서 도덕과 교육의 입지는 공고해질 것이다. 사실, 현행 초등 도덕과의 내용 구성은 중요한 몸통은 없고 지체들만 작동하고 있는 형상이다.

또한 초등 도덕과 교육에서 이러한 학문적 배경의 부재 현상은 교과 내용의 체계성 혹은 위계성의 부담으로 작용할 수밖에 없다. 이러한 현상은 초등 도덕과의 학년별 교육 과정 내용 요소를 보면 명료하게 드러난다.[227] 일반적으로 초등 도덕과 교육은 계열화하기 어려운 교과임에는 틀림없다. 그러나 이 말은 계열화하기 어렵다는 말이지 계열화할 수 없다거나 해서는 안 된다는 말은 아니다.

현실적으로, 윤리학적 배경이 없는 상태에서 교육 내용을 체계적으로 계열화시킨다는 것은 불가능하다. 실제로, 초등학교 3학년에 제시되었던 정직이라는 덕목이 4, 5, 6학년에 다시 제시되지만 교과의 계열성이나 위계성을 따지기가 매우 어렵게 구성되었다. 현행 초등 도덕과 교육 과정에서는 덕목별 내용 요소로 학년을 구분 짓고, 발달 수준을 고려한 예화 자료나 지도 수준만을 달리할 뿐 정직이란 덕목을 계열화하고 있지는 못한 실정이다. 교과의 계열성을 유지하기 위해서는 교육 내용을 단순히 반복적으로 되풀이하는 것(습관화 교육에는 도움이 될 수 있을지 모르지만)으로 만족할 수 없고, 내용의 깊이나 폭을 확대 심화해야 한다.

이러한 관점에서도 덕목을 이론적으로 담아낼 수 있는 이론적 패러다임을 구축할 필요가 요청된다 하겠다. 이러한 학문적 구조에서 덕목 교육이 이루어질 때 교과의 체계성과 계열성은 유지될 수 있을 것이다. 이렇게 될 때, 덕목 교육은 덕목이 목적이 아니라 보다 한 차원 높은 어떤 학문적(윤리학) 목적을 실현하기 위한 덕목 교육으로 전환될 수 있을 것이며, 교과로서의 도덕과 교육은 타 교과 혹은 잠재적 교육 과정에서 지도할 수 있다는 그러한 주장을 넘어서는 것이 될 것이다.

---

227. 교육부(1998), 『초등학교 교육과정』, 대한교과서주식회사, pp. 134-5.

만일 큰 틀에서 이러한 윤리학적 기초를 마련하는 일이 불가능하거나 어려운 일이라면 덕목 교육에 대한 윤리학적 근거를 마련하는 일은 가능할 것이다. 여기에서 윤리학적 근거는 서양 윤리와 동양 윤리를 포함하는 개념으로서, 예컨대 덕목에 대한 인지 중심의 접근 과정에서 덕목에 대한 이유나 근거가 어떤 윤리학적 의미를 갖는지, 거기에 함축된 근본정신은 무엇이며, 오늘날 어떻게 재해석 내지는 재구성할 수 있는지를 고려하게 하는 교수-학습 절차는 가능할 것이다. 이러한 과정은 결국 절차만 다를 뿐이지 같은 목적을 완수하는 접근이라 볼 수 있다. 큰 틀을 먼저 고려하고 덕목을 교육하는 것이나 덕목의 윤리학적 접근을 통해 도덕적 이상을 고려하는 것 모두 도달하고자 하는 목적은 같기 때문이다.

3. 통합적 접근과 도덕과 교수-학습

도덕과 교수-학습 방법은 도덕과 교육의 목표와 내용을 이어주는 교량 역할을 한다. 따라서 교수-학습의 핵심은 교육 내용을 효과적으로 목표에 이르도록 하는 것이다. 아무리 훌륭한 교육 내용이 준비되어 있다 하더라도 전달 수단이 적절하지 못하면 효과적으로 목표에 도달하기 어렵다. 초등 도덕과 교육은 도덕과의 설정 배경으로 방법론적 특성을 제시하고 있다.[228]

오늘날 학문은 방법론의 발달과 더불어 세분화되는 경향이 있다. …(중략)…
학교는 지식의 구조적 특징과 방법론적 원리를 주된 관심사로 하고 지식교육

---

228. 이 부분에도 충분히 논란이 있을 수 있다. 교육이 목적하는 지향점이 같다면(덕목의 내면화) 도덕과 방법론만이 유일한 것이라고 주장하기 어렵다. 그리고 교육 목적을 달성하기 위한 방법은 다양하게 존재할 수 있다. 따라서 교수-학습 방법론으로 교과의 정체성을 말하는 것은 한계가 있다.

에 임하지 않으면 안 되었다… 기존의 교과를 이루고 있던 잡다한 주변적인 요
소를 버리고 그 교과 특유의 방법론을 중시할 수밖에 없게 되었다. …(중략)…
가치탐구의 방법론적 특수성은 별개의 교과로서 도덕과 교육을 요청하고 있
다.[229]

그렇다면 초등 도덕과 교육의 방법론적 특성은 무엇인가? 현행 도덕과
교육은 하나의 덕목에 대해 3시간을 배정하고, 일주일에 한 시간씩 인지
중심, 정의 중심, 행동 중심의 접근을 하도록 하고 있다. 인지적 접근으로
덕목에 대한 지적 이해를 도모하고, 정의적 접근으로 마음으로 느끼고 받
아들이게 하며, 행동적 접근으로 이를 생활에서 일관성 있게 실천하고,
습관화하도록 하고 있다. 이러한 접근 방식은 분명 타 교과와 구별되는
도덕과만의 방법론적 특성이다. 그러나 좀 더 개선할 여지는 없는 것인
가? 다시 말해서 초등 도덕과 교수-학습 방법은 목표에 충실하고, 다양한
접근을 하고 있는가에 대한 검토가 필요하다는 것이다.

먼저, 도덕과의 접근 방법이 도덕과 교육 목표에 어느 정도 부합하고
있는가 하는 문제를 살펴보자. 현행 도덕과 교수-학습 방법은 과거보다
괄목할 만한 발전을 이루었지만, 도덕과 교육 목표를 적절하게 구현하기
위해서는 여전히 개선할 점이 있다고 본다. 앞에서, 도덕과의 내용이 도
덕 사회화를 구현하는 방식으로 구성되어 있어 도덕 발달을 위한 도덕성
함양에는 부족한 측면이 있다는 것을 밝힌 바 있으며, 초등 도덕과 교육
은 도덕 사회화와 도덕 발달이 동시에 고려되어야 함을 언급한 바 있다.
그런데 현행 도덕과 교육은 도덕 사회화 측면을 강조하는 만큼 교육 과
정 구성상 도덕 사회화에 치중할 수밖에 없다. 그러나 앞으로의 도덕과
교수-학습은 도덕 사회화와 도덕 발달을 함께 고려할 수 있는 접근이 요
구된다.

---

229. 교육인적자원부(2005), 『초등학교 교사용 지도서 도덕』, 대한교과서주식회사, p. 7.

이러한 두 가지 목표를 동시에 고려할 수 있는 방법으로 비고츠키의 근접 발달 지대와 탐구 공동체 접근을 활용할 수 있다. 근접 발달 지대에서의 도덕과 교육은 어른과의 상호 작용, 즉 안내된 참여는 도덕 사회화를 그리고 도덕적 지식의 점유 과정은 도덕 발달을 동시에 접근하는 것이며, 탐구 공동체 역시 탐구를 공동체로 접근함으로써 탐구는 합리적 가치 판단 능력의 함양과 관련되고 공동체는 도덕 사회화와 관련되는 접근 방법이다

다음으로, 현 도덕과 교육의 접근이 획일적인 교수–학습 방법의 적용을 조장하고 있다는 점을 지적하고 싶다. 하나의 덕목에 대해 획일적으로 인지적, 정의적, 행동적 접근을 하고 있고, 인지 중심의 접근 또한 도덕적 문제 사태 제시, 도덕적 문제 사태와 관련된 규범의 의미 파악하기, 규범의 필요성과 타당성 찾기, 도덕적 판단의 연습, 실천 동기 강화의 일반적 절차를 거의 획일적으로 적용하고 있는 실정이다. 교수–학습 방법을 고려하여 교과서나 교사용 지도서가 그렇게 구성되어 있으므로 실질적으로 다양한 접근 방법을 구안 적용하기에는 한계가 있다고 본다.

또한 현행 도덕과 교육은 도덕적 문제 사태를 제시하고 그것을 해결하는 식의 접근이라는 것이다. 도덕과 교육은 타 교과와 달리 생활 교과라는 이유로 도덕성 함양이라는 내적인 성숙함을 위한 접근보다는 현실적으로 나타나는 도덕적 문제 해결에 초점을 맞추고 있다고 볼 수 있다. 이것의 결과는 이러이러한 인간이 되기 위해 필요한 덕목을 배우기보다는 실제적인 도덕적 문제를 해결하기 위한 수단적 방편으로서의 도덕과 교육이 될 수 있다. 이렇게 될 때 도덕과 교육은 목적 교육으로 기여하기보다는 수단적 교육으로 기여할 가능성이 농후해진다.

2. 합당성 함양을 위한 도덕 교육적 전략 탐색

여기에서는 제7차 도덕과 교육 과정이 목표로 하는 합당성 함양을 위한 도덕 교육적 전략에 대해 고찰하고자 한다. 먼저, 현행 제7차 도덕과 교육의 교수-학습 전략의 문제점을 살펴보고, 대안적 접근을 모색해 보고자 한다.

1. 현행 도덕과 교육의 문제점

현행(제7차) 도덕과 교육의 문제점을 살펴보면, 먼저 현행 도덕과 교육은 덕목 자체에 대한 정당성 탐구, 즉 덕목 자체에 대한 보편적인 이유나 근거를 찾는 데 몰두하고 있다는 점을 들 수 있다. 다시 말해, 현행 도덕과 교육에서는 도덕적 문제 사태를 제시하고, 그 사태와 관련된 규범이나 덕목을 발견하고, 그 덕목이나 규범이 지켜져야 하는 이유나 까닭을 찾는 데 많은 시간을 소비하고 있다는 것이다. 이러한 도덕과 수업은 첫째, 덕목에 대한 추상적이고 보편적인 정당성에 대한 이해는 확보될 수 있을지 모르나 덕목과 관련된 구체적인 도덕적 상황과 맥락을 고려하는 도덕적 논의가 되지 못하므로, 지와 행이 분리될 수 있다는 점이다.

현행 초등 도덕과 교육에서는 함양해야 할 20개의 덕목을 제시하고, 제1차시 인지 중심의 접근에서 관련 덕목을 함양해야 하는 이유나 까닭을 지도하도록 되어 있다. 여기에서 추구하는 덕목이 필요한 일반적인 이유나 근거는 아리스토텔레스의 관점에서 보면 실천적 추론 삼단논법 중 '대전제'를 정당화하는 것에 해당한다고 볼 수 있다. 예를 들어, '환경보호'와 관련하여, 도덕과 수업을 진행할 경우, 1교시에는 '환경을 보호해야 하는 이유나 까닭'을 아는 데 치중하고 있다. 그러나 이러한 덕목에 대한 일반적인 이유나 근거는 인간의 직관 능력에 의해 상당부분 파악이 가능한 것들이다. 사실, 초등학교에서 제시하고 있는 20개의 덕목에 대해 대부분의 학생들은 함양해야 할 이유나 까닭을 어느 정도 숙지하고 있다고 본다. 특히, 고학년으로 가면 이러한 현상은 더 뚜렷해진다. 이렇게 본다면, 덕목에 대한 일반적이고 보편적인 이유나 까닭을 아는 데 지나치게 많은 시간을 소비하고 있는 셈이다.

일반적으로, 우리가 그 덕목이나 규범을 지키지 못하는 데는 그러한 상황과 맥락이 있기 때문이다. 따라서 덕목이나 규범 준수의 필요성을 명확하게 이해하기 위해서는 구체적인 도덕적 문제 상황에서 덕목이나 규범과 관련하여 정당성과 타당성을 논의하는 것이 바람직할 것이다. 다시 말해, 어떤 사람이 규범을 지키지 못했을 때의 상황이나 맥락이 그 규범을 지키지 못할 정도로 심각하고 절박한 것이었는지에 대한 충분한 조건을 살펴야 한다는 것이다. 이런 점에서 도덕과 교육은 도덕적 문제 상황과 관련하여 구체적인 상황과 맥락이 제시되고, 그 상황과 맥락에 따른 합당한 행위를 선택할 수 있는 다양한 기회를 제공할 필요가 있다.

둘째, 현행 도덕과 수업은 일반적으로 덕목을 준수해야 하는 이유나 까닭에 대해서는 이해시킬 수 있을지 모르나 목적 달성을 위한 수단을 고려하는 도덕적 논의는 부족하므로 덕목을 현실 상황에서 구체적인 실천으로 옮기는 데에는 어려움이 있다는 것이다. 앞에서 살펴보았듯이, 현행 도덕과 교육은 덕목 자체에 대한 정당성 탐구에 치중하기 때문에 덕목이나 규범과 관련하여 이를 실현할 구체적인 수단에 대한 논의는 부족하다. 예컨대 '환경보호'와 관련하여 도덕과 수업을 진행할 경우, 1교시에는 '환경을 보호해야 하는 이유나 까닭'을 아는 데 치중하기 때문에 '환경보호를 어떻게 해야 할 것인가'에 대한 논의가 부족하다. 아리스토텔레스의 실천적 지혜는 목적뿐만 아니라 수단도 강구한다. 그의 실천적 추론 삼단논법 중 소전제에 대한 숙고는 대전제의 목적을 달성하기 위한 수단에 관한 지적 능력이다. 이런 점에서 실천적 지혜를 함양하기 위한 도덕과 교육은 '환경보호'에 대한 이유나 근거뿐만 아니라, 나아가 환경을 보호하는 방법까지도 고려해야 할 것으로 본다.

셋째, 도덕적 문제 상황의 다양한 대안적 사고에 대한 도덕적 논의가 부족하므로 창의적이고 배려적인 사고와 같은 다차원적 사고를 촉진하기 어렵다는 것이다. 다차원적 실천적 지혜로서 합당성은 합리성이 중시하는 비판적 사고만이 아닌 다차원적인 사고를 고려하는 것이다. 어떤 도덕적 상황에서 좋은 삶과 관련하여 합당한 행위를 결정하려면 다양한 사고와 결정을 필요로 한다. 따라서 합당성 함양을 위해서는 도덕적 문제 상황에 적합한 비판적, 창의적, 태도 표명적, 맥락적, 배려적 사고를 동원해야 한다.

넷째, 현행 도덕과 교육에서 활용하고 있는 도덕과 교수-학습에 대한 전략을 수정 보완해야 한다는 점이다. 현행 도덕과 교육은 인격이나 덕의 함양을 위해, 제1차시에는 인지적 접근, 제2차시에는 정의적 접근, 제3차시에는 행동적 접근을 실시하고 있다. 좀 더 구체적으로 말하면, 제1차시의 인지적 접근은 덕목이나 가치에 대한 지적인 이해와 더불어 합리적인 판단 능력을 도모한다. 그리고 이를 위해 도덕과 교육에서는 제6차 도덕과 교육 과정에서 활용했던 다양한 교수-학습 모형의 활용을 권장하고 있다. 그런데 제6차 도덕과 교육 과정에서 활용했던 수업 모형들은 합리성 함양을 위한 수업 모형이다. 따라서 이러한 교수-학습 전략은 합리성 함양을 위한 전략이지 합당성 함양을 위한 전략이라고 보기 어렵다. 이러한 맥락에서, 현행 도덕과 교육에서의 교수-학습 전략은 수정 보완될 필요가 있다.

마지막으로, 현행 도덕과 교육의 인지, 정의, 행동의 분리적 접근은 수정되어야 한다. 왜냐하면 현행 도덕과 교육의 제1차시 수업은 합리성의 관점에서 접근하는 것으로서, 이는 주로 '자신의 관점'과 개인의 사적 감정을 배제하는 합리적 추론을 추구한다. 그러나 제2차시의 정의적 접근은 타인의 입장을 고려하거나 배려하는 접근으로서, 정의와 인지적 접근이 상호 부조화를 이룰 수도 있다. 따라서 합당성을 중시하는 관점에서는 인지적 접근과 정의적 접근이 동시에 이루어지는 것이 바람직하다고 본다.

2. 대안적 초등 도덕과 교육의 탐색

1. 현재 중심의 도덕과 교육으로 전환

합리성을 중시하는 도덕과 교육은 규칙이나 도덕 원리를 중시하고, 현재보다는 미래의 도덕적 행동에 초점을 맞춘다. 합리성 중심의 도덕과 교육은 미리 정해진 행동 양식을 학생들로 하여금 받아들이도록 하거나 보편적인 도덕 규칙이나 원리를 상정하고 그것의 내면화를 계획한다. 그러므로 이러한 도덕과 교육은 학생들에게 도덕적 문제 사태를 제공하고, 이를 숙고하여 합리적으로 해결하게 함으로써 현실의 도덕적 삶보다는 앞으로의 도덕적 삶을 기대한다.

그러나 이러한 도덕과 교육은 현재 상황에 도덕적인 방식으로 참여하여 의미있게 혹은 창의적으로 도덕적 삶을 살아가도록 하는 도덕적 능력을 기르도록 하는 데에는 부족함이 있다. 왜냐하면 도덕 규칙이나 원리를 모든 상황을 초월하여 획일적으로 적용한다는 것은 구체적인 상황에서 어떤 선택을 하고 행동을 하게 되었을 때 그 책임을 회피하도록 하는 원인이 될 수 있으며, 구체적인 도덕적 상황에서 창의적으로 대처하는 데 방해가 되기 때문이다. 도덕적 행위의 중요한 측면은 도덕 규칙이나 원리를 일방적으로 따르는 것이 아니라 구체적인 상황에서 그에 합당한 근거를 갖고 행위하는 것이다. 그리고 이러한 도덕적 행위는 도덕 규칙이나 원리에 기초하면서 구체적 상황에 합당하게 적용하는 능력에서 비롯된다.

합당성을 중시하는 도덕과 교육은 합리성, 즉 보편적이고 일반적인 도덕 규칙이나 도덕 원리의 토대 위에서 현실적 상황과 맥락을 고려하는

접근 방식이다. 이러한 방식은 합리성뿐만 아니라 상황과 맥락을 창의적
이고 자기 반성적인 사고를 통해 고려하면서 현재의 도덕적 행위를 조율
하는 능력을 촉진한다. 그리고 현실적 맥락을 충분히 고려하며 살아간다
는 것은 현재의 도덕적 활동의 중요성뿐만 아니라 정체성에 대한 경험적
이해를 함축한다. 오늘날과 같이 전통적 가치가 약화된 다가치 · 다원화
된 사회에서 학생들을 일방적으로 하나의 규정된 원리나 규칙으로 인도
하게 될 때 자칫 편협된 정체성이나 가치관을 형성하게 될 우려가 항시
존재한다. 따라서 합리성의 교육에서 합당성의 교육으로 전환할 필요가
있다. 즉, 합리성의 교육을 통해 보편적인 도덕 규칙이나 원리를 익힌 다
음에는 이것을 실제 도덕적 삶에 응용하거나 적용하는 도덕적 능력을 길
러야 한다는 것이다. 따라서 여기에서는 추상적인 도덕 원리를 고려하되,
그것을 상황과 맥락에 따라 실제적인 도덕적 행위와 관련짓는 것이 중요
하다.

진정한 도덕성이란 본래 현재의 상황이나 맥락에서 도덕적 의미가 있
는 방식으로 반응하는 인간 성품의 문제이다. 다시 말해, 바람직한 도덕
적 행위는 과거의 도덕적 행위에 대한 자기반성과 미래 지향적 가치의
토대 위에서 현재의 도덕적 삶을 의미있게 구성해 나가는 것이다. 그리고
보편적인 도덕 원리나 도덕 규칙을 현재와 조율한다는 것은 미래 지향적
인 도덕적 행위를 추구하기보다는 현실의 도덕적 행위를 더 중시한다는
것이다. 이렇게 현실의 도덕적 실천을 고려할 수 있을 때 앎과 행이 분리
되지 않으며, 이러한 지와 행의 결속을 통해 도덕적 성품은 구비되는 것
이다. 이러한 점에서 합당성을 중시하는 도덕과 교육은 지와 행 사이의
관계를 인식하는 능력을 고양하는 도덕과 교육이라 할 수 있다.

2. 다차원적 사고를 촉진하는 도덕과 교육

주지하다시피, 합리성을 강조하는 도덕과 교육은 객관적이고 보편적

인 가치를 지향한다. 그리고 여기에서 개인은 현실적이고 구체적인 개인
이라기보다는 추상적이고 이상적인 관망자적 입장의 관점을 중시한다.
따라서 합리성을 추구하는 가치는 개인의 성향이나 감정이 배제된, 모든
사람들이 보편적으로 인정하는 객관적 가치이다. 또한 합리성의 도덕 교
육은 도구적 합리성으로 변질되면서, 자기중심적 관점에 함닉되어 타인
의 관점을 고려하지 못하는 단점을 갖는다. 그러나 합당성을 추구하는 도
덕과 교육은 어떤 도덕적 문제에 직면하여 자신을 추상적이고 이상적인
관망자적 입장에서 판단하기보다는 상황과 맥락을 고려하여 가장 바람
직한 가치를 선택하도록 한다. 다시 말해, 모든 사람이 인정하거나 최대
다수의 유용성을 창출하는 보편성 혹은 합리적 객관성을 추구하기보다
는 개인의 성향이나 자질이 존중되는 가운데 이성과 정서, 보편과 특수,
이상과 현실이 조화되는 판단을 추구한다. 그리고 합당성 함양을 위해 동
원될 수 있는 것은 비판적, 창조적, 태도 표명적, 맥락적, 체현적, 배려적
사고이다.

　　예를 들면, 초등학교 3학년 '아껴쓰는 보람'이란 단원에 '만약 내가 입
던 옷을 동생이 물려 입지 않겠다고 한다면 동생에게 무슨 말을 하겠습
니까?' 하는 질문[230]이 있다. 이때, 한 아동은 "동생아! 새 옷은 아니지만 입
으면 생각보다 예쁘고 돈도 절약할 수 있고, 환경오염(아마 헌옷쓰레기로
인한)도 막을 수 있어서 좋은 일을 하는 거야"라고 말해 주겠다고 대답을
했고, 다른 한 아동은 "동생에게 아무리 좋은 말을 해도 동생이 입기 싫
어한다면 억지로 옷을 입힐 수는 없다고 생각해요"라고 대답했다.

---

230. 교육부(2006), 『생활의 길잡이 3-1』, p. 41. 이러한 문제는 3학년 도덕과 교과서(같은 단원
의 '헌 운동화')에 나오는 제재에도 동일하게 적용될 수 있다 교육부(2006), 『도덕 3-1』, pp. 44-
5. 즉, '헌 운동화' 제재에서도 '내가 상우라면 어떻게 했을까요?'라는 질문이 나오는데, 어떤
학생은 '엄마가 알뜰시장에서 사 주신 것을 감사하게 생각하고 신겠다'라고 답할 수 있을 것
이고, 혹은 어떤 학생은 '나는 알뜰시장에서 사온 신발은 절대 신지 않겠다'라고 답변하는 것
이 가능하다. 이러한 상황에 대해 교사용 지도서는 아무런 지도를 해주지 못하고 있다. 다만
교사용 지도서의 지도 방향(제재가 '아껴쓰는 생활'임)을 미루어 짐작해 볼 때, 전자의 답변
이 옳고, 후자의 답변은 수정되어야 할 답변으로 간주되는 듯하다.

이 사례에서 "동생아! 새 옷은 아니지만 입으면 생각보다 예쁘고 돈도 절약할 수 있고, 환경오염을 막을 수 있어서 좋은 일을 하는 거야"라고 답을 한 아동은 제6차 도덕과 교육에서 요구하는 합리성을 추구하는 답변에 가깝다고 볼 수 있다. 왜냐하면 동생이 옷을 물려 입는 것은 개인에게는 그리 달갑지 않은 일이지만 여러 사람에게는 좋은 일들을 결과할 것이기 때문이다. 이러한 합리성을 지향하는 곳에서 사적인 감정이 개입하기는 어렵다.[231] 더욱이 답변하는 학생의 처지가 형이나 누나가 없는 상황일 때에도 이처럼 이상적인 답변을 한다면 더욱더 제6차 도덕과 교육에서 요구하는 합리성의 추구라고 볼 수 있다. 그러나 이러한 추상적인 답변은 자칫 실천과 유리된 판단일 수 있다. 따라서 지와 행이 분리되는 현상을 초래하게 되며, 이러한 판단은 아리스토텔레스가 말하는 실천적 지혜일 수 없다. 따라서 적절한 상황을 제시하여(예를 들면, "집안 형편이 부유하다면 동생이 입으려 하지 않을 텐데"라고 질문한다) 이상과 현실의 조화를 고려하도록 유도할 수 있다.

한편, 같은 질문에 대해 "동생에게 아무리 좋은 말을 해도 동생이 입기 싫어한다면 억지로 옷을 입힐 수는 없다고 생각해요"라고 대답한 경우에도 마찬가지로 여러 상황을 제시해 볼 수가 있다. 예컨대, 집안 형편이 매우 어려운 경우라면 대답은 달라졌을 것이다. 이때 고려할 수 있는 도덕적 사고로는 부모님을 생각하는 배려적 사고가 가능할 것이다. 예컨대, "동생아, 네가 그렇게 물려 입지 않는다면 가정 형편이 어려워서 힘들어하시는 부모님께 도움이 되지 않을 텐데"라고 되물을 수 있을 것이다. 또한 집안 형편이 넉넉한 경우라면, "고아원 혹은 재활용 센터에 기증하겠다"는 배려적 혹은 창조적 사고가 가능하다.

---

231. 덕 윤리학은 사랑이나 우정 같은 사적인 자질을 강조하며, 의무감이 아닌 감정들을 도덕적 행위의 동기로 인정함으로써 일상적인 도덕적 동기에 부합하는 강점이 있다. 반면에 이러한 사적인 자질이나 감정을 인정함으로써 도덕적 이상이 손상될 가능성이 존재하지만 실천적 지혜라는 여과 장치로서 합당한 판단을 내리도록 유도하는 것이 중요하다.

같은 맥락에서, 낯선 사람이 길을 묻는 경우 "친절하게 길을 가르쳐 주어야 한다"라고 답변한 아동에게는, 예컨대 "낯선 사람이 길을 묻는 장소가 한적하고 인적이 거의 없는 지역이었다면 어떻게 해야 할까?"라는 구체적인 상황을 제시하여 합당성 함양을 위한 사고를 촉진할 수 있을 것이다. 또한 "모른다고 대답하고 얼른 집으로 가야 한다"라고 답변한 아동에게는 "길을 묻는 사람이 짐을 많이 들고 있는 할머니였다면 어떻게 하겠니?"라고 질문함으로써 상황과 맥락에 따른 합당한 답변을 유도할 수 있을 것이다.

이처럼 합당성은 합리성을 포함하는 개념으로, 합당성 함양을 위한 도덕과 교육은 합리성을 배제하는 것이 결코 아니다. 다만 합리성의 추구를 넘어 합당성의 함양을 지향하는 것이다. 이것은 합리성의 지와 행의 분리를 최소화하고 합당성, 즉 다차원적 사고를 통해 도덕적 앎을 실천으로 연결해 도덕적 성품을 기르는 데 있는 것이다. 이러한 점에서, 합당성을 중시하는 도덕과 교육이 되려면 보다 구체적인 상황과 맥락을 다양하게 제시하여 다차원적 사고를 촉진할 수 있도록 해야 할 것이다. 이를 위해, 합리성의 도덕과 교육에 초점이 맞추어져 있는 현행 도덕 교과서를 합당성의 도덕과 교육을 위한 도덕 교과서로 개편할 필요가 있으며, 교수-학습 절차에서도 반드시 현재의 상황과 맥락을 고려하도록 하는 절차나 과정이 요구된다.

3. 마치며

인간의 좋은 삶을 위해 도덕적 삶은 불가피하다. 왜냐하면 도덕적 삶을 영위하지 못하면서 좋은 삶을 기대할 수는 없기 때문이다. 따라서 교육이 도덕적 인간을 기르는 데 기여해야 함은 자명하다. 이러한 원론적 차원에서의 도덕 교육의 필요성에는 누구나 동의하지만, 방법론에 들어가면 상황은 복잡해진다.

도덕과 교육은 도덕적 인간을 기르기 위한 핵심 교과이다. 도덕적 인간 교육의 필요성에는 누구나 인정하지만 교과로서의 도덕과 교육에 대한 신뢰는 그렇게 확고하지 못하다. 이러한 현상은 교과로서 도덕과 교육의 정체성의 문제와 관련 있다. 따라서 도덕과 교육이 교과로서 입지를 공고 히 하려면 학문적 정당성을 확고히 해야 할 필요가 있다고 본다. 이러한 관점에서, 제7차 교육 과정과 관련하여 목표, 내용, 교수–학습 방법에 몇 가지 보완해야 할 사항들이 있다고 본다.

첫째는 도덕과 교육의 목표와 관련하여, 도덕성에 대한 개념 규정을 명 료화하는 일이다. 도덕과 교육은 도덕성 함양을 통해 도덕적 인간을 기획 한다. 도덕과 교육에서 도덕성의 개념 규정은 도덕과 교육의 방향성을 결 정하는 중요한 일이다. 그러나 도덕성의 개념 정의가 불명확하다면 도덕 과 교육의 목표나 방향이 불분명해질 수 있다. 따라서 도덕성의 개념이 분명히 정의되면 될수록 도덕과 교육의 내용은 보다 구체적으로 구현될 수 있을 것이다.

제7차 교육 과정에서처럼 도덕성을 인격의 함양을 통해 접근하고자 할 때 도덕과 교육의 정체성 혼란이 제기될 수 있다고 본다. 왜냐하면 인 격의 함양은 모든 교과의 총체적 목표이기 때문이다. 도덕성이라는 하위 개념이 인격이라는 상위 개념을 포섭한다는 것은 논리적인 문제도 내재 하고 있다. 인격의 범주를 축소시켜 도덕성을 도덕적 인격이라고 규정해 도 여전히 문제는 남는다. 왜냐하면 도덕의 개념 규정 없이 도덕성을 정 의하는 논리적 모순이 존재하기 때문이다. 실제로, 현행 초등 도덕과 교 육에서 도덕은 덕목이고 도덕성은 덕목을 내면화한 것이라고 볼 수 있 다.

둘째는 도덕과 내용 구성과 관련하여, 윤리학적 이론에 토대를 둔 내용 구성을 제안하고자 한다. 초등 도덕과 교육이 크게 환영받지 못하는 중요 한 이유 중의 하나는 학문적 토대가 미약하다는 점이다. 다시 말해, 초등 도덕과에서 지도하는 덕목 교육은 타 교과 혹은 잠재적 교육 과정을 통해 지도가 가능하다는 것이다. 이러한 주장이 나올 수 있는 배경에는 초등 도덕과 교육이 상식 수준을 벗어나지 못하고, 학문적 정당성을 인정받지 못한다는 점이 있다. 따라서 이러한 문제를 극복하려면 도덕과 교육이 학문적 가치를 인정받을 수 있도록 하는 내용 구성이 필요하다고 본다.

셋째는 도덕과 교육의 목표에 부합하는 교수-학습 방법의 적용이 요구된다는 점이다. 현행 도덕과 교육의 교수-학습은 초등 도덕과가 지향하는 목표를 전체적으로 담아내지 못하고 획일화되어 있어 보인다. 그리고 도덕과의 내용 구성이 인지, 정의, 행동이라는 정형화된 틀을 벗어나기 어렵게 교수-학습 방법을 구속하고 있는 측면이 많다고 생각된다. 접근 방식 또한 덕목의 내면화에 초점이 맞추어져 있어, 합리적 가치 판단 능력을 기르기 위한 전략은 미흡하다. 따라서 초등 도덕과 교육의 목표인 도덕 사회화와 도덕 발달이 조화되는 그러한 전략적 보완이 필요하다.

마지막으로, 제7차 도덕과 교육은 인격 혹은 덕 교육적 접근을 견지한다. 덕을 함양하기 위해 도덕적 실천이 매우 중요하다. 따라서 행위자의 덕을 기르기 위해 지와 행이 분리되어서는 곤란하다. 도덕 판단과 도덕적 실천이 유리되어서는 제7차 도덕과 교육 과정이 소망하는 덕을 함양하기 어렵다. 이러한 점에서 아리스토텔레스가 주장하는 실천적 지혜에 주목할 필요가 있다. 실제로, 그동안 제7차 도덕과 교육 과정의 이론적 배경으로서 인지, 정의, 행동의 통합적 접근에 대해서는 많이 강조해 왔지만 그의 '실천적 지혜'에 대해서는 별 관심이 없었던 게 사실이다. 제6차 도덕과 교육에서 강조했던 '합리성'을 추구하는 도덕과 교육과 제7차 도덕과 교육이 지향하는 '실천적 지혜'를 함양하는 도덕과 교육은 차이가 있고, 또 있어야 한다.

분명, 실천적 지혜에 기초한 도덕 판단은 기존의 합리성을 추구하는 도덕 판단의 준거와는 다르다. 실천적 지혜는 도덕적 실천을 고려하는 지적 능력이다. 도덕적 실천과 분리되지 않는 도덕적 사고는 추상적이거나 이상적인 관망자적 관점에서 벗어나 개인이 처한 맥락이나 상황을 고려하고, 좋은 삶을 위해 다차원적 사고가 동원되는 그러한 사고이다. 실천적 지혜는 과 혹은 불급에로 잘못될 수 있는 욕망적 기능을 바람직하고 올바르게 발휘되도록, 즉 중용의 상태로 발현되도록 하는 이성적 능력이다. 중용적 행위는 인간이 처한 개별적 상황에 따라 다르기 마련이며, 다차원적 사고를 요구한다. 이러한 관점에서 스프로드는 다차원적인 실천적 지혜로서 합리성과 구별되는 합당성을 주장한다. 이러한 합당성은 포스트모던 시대에 우리에게 요청되는 새로운 합리성의 개념이다.

> 모던적 합리성은 규범적 이상을 미리 전제하고 모든 인간과 사회의 가치를 보편적으로 규정한 것이기에 초월적인 전체적 이론으로 간주되지만 역사와 전통 내에서의 부분적 편파성이 인간의 사고와 의식을 자리매김하는 담론의 부분으로서 성립되는 점을 강조하는 포스트모던적 담론은 시간과 공간의 특수한 위치 내에서 합리성을 재구성하기를 요구한다.[232]

합당성은 합리성을 배제하는 것이 아니라 상황과 맥락에 따라 합당한 행위 원인을 결정하는 실천과 유리되지 않는 새로운 차원의 합리적 사고이다. 따라서 합당성을 추구하는 도덕과 교육은 행위자를 추상적 혹은 이상적 존재로서 파악하는 것이 아니라 현실 속에서 행위하는 구체적인 행위자로 이해하는 것이다. 이것은 보편적 · 객관적 · 이상적인 도덕적 정답을 구하는 것이 아니라 행위자가 처한 구체적 상황과 맥락에서 가장 합당한 구체적 실천을 고려하는 것, 즉 중용의 선택을 지향하는 것이다.

인간의 삶의 문제는 논리적 추론이나 과학적 탐구보다는 실천적이고 사회적인 과정에 의해 합당한 것을 결정하는 것이 필요하다. 합당성은 논리적 추론이나 과학적 분석이나 논증의 과학 모델로 접근하기보다는 사

---

232. 정호표(2001), 「합리성의 구성근거와 교육담론: 모더니즘과 포스트모더니즘」, 『교육철학』, 제19집, 한국교육철학회, p. 154.

회적 관계 속에서 의사소통이나 대화를 통한 판단 모델로 접근하는 것이다. 따라서 도덕적 추론 과정의 합당성은 주로 실천적이고 사회적인 관계의 고려를 통한 다차원적 사고로부터 나오는 것이며, 도출한 결과의 사회적 승인과 실천적 가치에 의해 판단되는 것이다.

이러한 관점에서, 현행 도덕과 교육은 여전히 합당성보다는 합리성을 추구하는 도덕과 교육으로서 반성할 점이 있다고 본다. 도덕과 교육의 이론적 토대의 변화는 도덕 교육의 전반적인 패러다임의 전환을 요구한다. 이제, 제7차 도덕과 교육에서는 제6차에서와 같이 '어느 것이 보다 합리적인가'에 대한 합리성의 탐색이 아니라 '어느 것이 보다 합당한가'에 대한 탐색이어야 하며, 이는 덕목에 대한 일반적이고 보편적인 정당성을 탐구하기보다는 구체적인 상황과 맥락 속에서 합당한 것을 찾는 활동으로 구체화되어야 한다. 따라서 앞으로의 도덕과 교육은 합리성의 도덕과 교육을 한 단계 끌어올려, 덕이 함양될 수 있도록 하는 합당성을 추구하는 도덕과 교육으로 발전해야 할 것이다.

참고 문헌

강재륜(1996), 『윤리학의 역사』, 대왕사.

곽병선(1983), 『교육과정』, 배영사.

고미숙(2005), 『대안적 도덕교육』, 교육과학사.

교육과정·교과서 연구회(1990), 『한국교과교육과정의 변천』, 대한교과서주식회사.

교육법전편찬회(2004), 『교육법전』, 교학사.

교육부(1992), 『국민학교 교육과정 해설』, 교육과학사.

교육부(1992), 『국민학교 교육과정 해설(II)』, 대한교과서주식회사.

교육부(1993), 『국민학교 교육과정 해설(II)』, 대한교과서주식회사.

교육부(1997), 『도덕과 교육과정』, 대한교과서주식회사.

교육부(1997), 『초등학교 교사용 지도서 도덕』, 국정교과서주식회사.

교육부(1999), 『초등학교 교육과정 해설(II)』, 대한교과서주식회사.

교육부(2001), 『초등학교 교사용 지도서 도덕 3-2』, 대한교과서주식회사.

교육부(2001), 『초등학교 교사용 지도서 도덕 4-1』, 대한교과서주식회사.

교육부(2001), 『초등학교 교사용 지도서 도덕 4-2』, 대한교과서주식회사.

교육부(2001), 『초등학교 교사용 지도서 도덕 6』, 대한교과서주식회사.

교육부(2002), 『도덕 3-2』, 대한교과서주식회사.

교육부(2002), 『초등학교 교사용 지도서 도덕 5』, 대한교과서주식회사.

교육부(2003), 『초등학교 교사용 지도서 도덕 6』, 대한교과서주식회사.

교육부(2004), 『초등학교 교사용 지도서 바른생활 2-1』, 대한교과서주식회사.

교육부(2005), 『초등학교 교사용 지도서 도덕』, 대한교과서주식회사.

교육부(2005), 『초등학교 교사용 지도서 바른생활』, 대한교과서주식회사.

교육과학기술부(2008), 『초등학교 교육과정 해설III』(국어, 도덕, 사회), 대한교과서주식회
    사,

교육과학기술부(2009),『도덕 3-1』, 지학사.

교육과학기술부(2009),『초등학교 교사용 지도서 도덕 4-1』, 지학사.

국립교육평가원(1996),『수행평가의 이론과 실제』, 대한교과서주식회사.

군정청학무국(1946),『초등공민』제오륙학년함께씀, 조선서적인쇄주식회사.

권낙원(1991),「교육평가모형」,『교육과정 평가도구 개발연구』, 한국교원대학교 교육연구원.

김두헌(1985),『서양윤리학사』, 박영사.

김안중(1982),「도덕과」,『국민학교 교육과정 해설』, 교육과학사.

김안중(1990),「덕목교육의 재음미」,『도덕교육연구』제4집, 한국교육학회 도덕교육연구회.

김재식(2000),「초등 도덕과에서의 덕목교육방법 탐색」,『초등도덕교육』제6집, 한국초등도덕교육학회.

김재식(2001),「사회학습이론과 도덕교육」,『초등도덕과교육』제2집, 충북초등도덕과교육학회.

김재식(2001),「비고츠키의 근접발달대와 초등도덕과 교육」,『초등도덕교육』2001특집, 한국초등도덕교육학회.

김재식(2002),「가치탐구교과로서 도덕과 교육의 윤리학적 근거」,『초등도덕과교육』제4집, 충북초등도덕과교육학회.

김재식(2002),「탐구공동체 접근의 도덕교육적 함의」,『초등도덕교육』제9집, 한국초등도덕교육학회.

김재식(2003),「가치판단의 논리적 구조를 통한 자율적 수업모형분석」,『초등도덕교육』제13집, 한국초등도덕교육학회.

김재식(2005),「초등도덕과 정체성 확립을 위한 교육과정 구성요소의 고찰」,『윤리교육연구』제8집, 한국윤리교육학회.

김재식(2008),「합당성 함양을 위한 초등 도덕과 교육의 탐색」,『초등도덕교육』, 제28집, 한국초등도덕교육학회.

김재은(1982),『인지발달론』, 정민사.

김춘태, 이대희 공저(2002),『서양근세 윤리학』, 형설출판사.

김태길(1984),『윤리학』, 박영사.

김태훈(1993),「도덕 교육을 위한 가치 판단의 정당화에 관한 연구」, 서울대학교 박사학위 논문.

김태훈(1999), 『덕 교육론』, 양서원.

김항인(2001), 「이야기하기와 ICT활용을 통한 초등도덕과 정의적 측면 교수-학습 모형」, 『초등도덕교육』, 한국초등도덕교육학회.

김혜성(2007), 「합당성과 합리성의 시민윤리」, 『윤리교육연구』 제13집, 한국윤리교육학회.

김호권 외(1983), 『현대교육평가론』, 교육출판사.

김회식(1972), 「도덕과 수업의 전개과정에 대한 소고」, 공주교대 논문집.

남궁달화(1995), 『콜버그의 도덕교육론』, 철학과현실사.

남궁달화(1996), 『도덕교육론』, 철학과현실사.

도덕교육연구회 편(1985), 『도덕과 교육』, 형설출판사.

문교부(1947), 『사회생활 6-1』, 대한문교서적.

문교부(1957), 『초등도의 4』, 대한서적공사.

문교부(1963), 『국민학교 교육과정 해설』, 교학도서주식회사.

문교부(1965), 『도덕 6-1』, 국정교과서주식회사.

문교부(1973), 『국민학교 교육과정』, 교학도서주식회사.

문교부(1979), 『도덕 6-1』, 국정교과서주식회사.

문교부(1984), 『유치원 교육과정 해설』.

문교부(1988), 『국민학교 교육과정 해설』, 서울시 인쇄공업주식회사.

문교부(1990), 『국민학교 교사용 지도서 도덕』, 국정교과서주식회사.

문교부(1990), 『국민학교 교사용 지도서 도덕 6-1』, 국정교과서주식회사.

문성학(2002), 「이성의 힘과 한계」, 『철학연구』, 제83집, 대한철학회.

문용린(1987), 「도덕과」, 『국민학교 교육과정 해설』, 교육과학사.

문용린(1987), 『국민학교 교육과정 해설』, 교육과학사.

문용린(1988), 『도덕과 교육』, 갑을출판사.

문화교육출판사(1954), 『도의 생활』.

박병기 외(2000), 『윤리학과 도덕교육』, 인간사랑.

박병춘(1999), 「보살핌 윤리의 도덕교육적 접근 연구」, 서울대학교 대학원 박사학위논문.

박병학 외(1998), 『교육과정과 교수』, 교육출판사.

박성호(1990), 「아리스토텔레스의 실천지에 관한 연구」, 영남대학교 대학원 박사학위논문.

박장호(1998),「도덕 · 윤리과 지도내용론」, 한국도덕윤리과교육학회,『도덕 · 윤리교과 교육학 개론』, 교육과학사.

박재주 편역(1989),『도덕교육: 이론과 실제』, 도서출판 거제.

박재주 편역(2003),『서양의 도덕교육 사상』, 청계.

박전규(1988),『아리스토텔레스의 실천적 지혜』, 서광사.

박진환(2004),「립맨의 탐구공동체의 특징과 윤리교육」,『탐구공동체교육』제4집.

백순근(2000),『수행평가의 원리』, 교육과학사.

서강식(1999),『도덕 윤리과 수업모형』, 양서원.

서강식(2001),『도덕과 교육론』, 양서원.

서강식(2001),『초등도덕과 교육과정의 이해』, 양서원.

서강식(2002),『도덕과 평가』, 양서원.

석문주 외(1998),『학습을 위한 수행평가』, 교육과학사.

손인수(2003),『교육사 · 교육철학의 이론과 실제』, 문음사.

신기철, 신용철(1981),『새 우리말 큰사전』, 삼성출판사.

심성보 외(2005),『초등교사 교육을 위한 도덕교육 프로그램의 확산』, 교육인적자원부.

안종운(1990),『생활인의 윤리학』, 형설출판사.

양희인(1993),「도덕적 삶에서의 습관과 이성의 관련: 오우크쇼트의 도덕교육론」,『도덕 교육연구』제5집, 한국교육학회 도덕연구회.

오병남(2004),『미학강의』, 서울대학교출판부.

유광찬(1996),『교육과정 및 교육평가』, 교육과학사.

유균상(1993),「도덕과」,『국민학교 교육과정 해설』, 교육과학사,

유병열(1998),「도덕 · 윤리과 목표론」, 한국도덕윤리과교육학회,『도덕 · 윤리교과 교육 학 개론』, 교육과학사.

유병열(2003),「초등 도덕과에서의 인지적 접근의 교수–학습모형」,『초등도덕교육』제12 집, 한국초등도덕교육학회.

유병열(2003),『도덕과 교육론』, 양서원.

유영준(1963),『도덕교육』, 현대교육총서출판.

윤현진(1998),「도덕 윤리과의 윤리학적 접근」,『도덕윤리과교육』제9호, 한국윤리교육학 회.

이규민(2006), 「우리시대의 얻은 것과 잃은 것」, 동아일보 이규민 칼럼.

이돈희(1988), 『도덕교육원론』, 교육과학사.

이영덕 외(1982), 『국민학교 교육과정 해설』, 교육과학사.

이영춘(1983), 『도덕과 교육』, 교육과학사.

이종호(1989), 『도덕과 교육론』, 형설출판사.

이택휘 · 유병열(1997), 『도덕과 교육의 이론과 실제』, 교육과학사.

이택휘 · 유병열(2000), 『도덕교육론』, 양서원.

이학주(1982), 「도덕 교육에서 덕목이란 무엇인가?」, 『도덕교육연구』 제1집.

이현우(1988), 「도덕추리와 도덕 판단과의 관계에 미치는 여섯 가지 관련변인」, 부산대학
    교 대학원 박사학위 논문.

이홍우(1993), 『지식의 구조와 교과』, 교육과학사.

이화진(1999), 「구성주의와 교육과정 구성」, 『구성주의와 교육』, 한국교원대학교 초등교
    육연구소.

임병덕(2005), 「초등도덕과교육의 근본: 교과의 의미로서의 도덕」, 『도덕교육연구』 제16
    권 2호, 한국도덕교육학회.

임한영(1983), 『존 듀이의 생애와 사상』, 배영사.

전경갑(1998), 『현대와 탈현대의 사회사상』, 한길사.

정범모(1955), 『교육평가』, 중앙교육출판사.

정보주(2000), 「현행도덕과 교육의 쟁점과 올바른 이해」, 『초 · 중등학교 도덕과 교육의
    실태 파악과 새로운 교육 목표 및 내용체계의 정립』, 교육과정평가원.

정세구(1979), 『가치이론과 가치교육』, 교육과학신서.

정세구(1984), 『가치태도교육의 이론과 실제』, 배영사.

정승교(1993), 「아동기의 도덕성 형성에 관한 연구」, 『사회와 사상』 제12집.

정인석(1982), 『뒤르켕의 도덕교육론』, 재동문화사.

정인석(1988), 『신교육심리학』, 대왕사.

정호표(2001), 「합리성의 구성근거와 교육담론: 모더니즘과 포스트모더니즘」, 『교육철
    학』, 제19집, 한국교육철학회.

조난심(1991), 「도덕교육의 목적으로서의 자율성」, 서울대학교대학원 박사학위논문.

조난심(1998), 「도덕 · 윤리과 평가론」, 『도덕윤리과교육』 제9호, 한국도덕윤리과교육학
    회.

조난심 외(2003),『도덕교육학신론』, 문음사.

조난심 외, 「제7차 교육과정 개정과 학교 도덕과 교육」,『제7차 교육과정에 따른 초등학
　　교 도덕교과용 도서 개발 방향 정립』, 한국교육과정평가원,

조난심 · 정재걸(1985), 「도덕과의 새로운 학습평가방안 탐색연구」,『한국교육개발원 연
　　구보고』, RR85-27.

조선초등교육연구회 편(1939),『각과지도지침』, 경성 : 조선도서출판주식회사.

조성민(2000),『인성과 창의성 개발을 위한 NIE 탐구공동체 활동 프로그램』, 교육과학사.

조성민(2001), 「인성과 창의성 개발을 위한 탐구공동체」,『탐구공동체교육』제1집, 탐구
　　공동체교육학회.

조성민(2008), 「탐구공동체 활동을 통한 도덕과 토론 논술 연계지도」,『윤리철학교육』제
　　10집, 윤리철학교육학회.

조성민 · 정선심(1993),『논리와 가치탐구』, 철학과현실사.

조정옥(1993), 「하르트만의 관점에서 본 칸트의 법칙주의와 쉘러의 가치주의」,『철학과
　　현상학 연구』, 한국현상학회.

진교훈(2003),『현대사회윤리연구』, 울력.

차우규 외(2000),『도덕 · 윤리과 수행평가』, 백의.

차인석 외(1992),『철학개론』, 서울대학교 출판부.

최병태(1996),『덕과 규범』, 교육과학사.

추병완(1999),『도덕교육의 이해』, 백의.

추병완(2004), 「도덕과 교육과정의 이론적 기저 탐색」,『도덕윤리과교육』제18호.

허라금(1992), 「행위자 중심 도덕이론에 관한 연구」, 서강대학교 대학원 박사학위논문.

하루히코, 손영수 역(1994),『지능이란 무엇인가』, 전파과학사.

한국교육개발원 편(1973),『한국교육목표의 탐색』, 배영사.

한국국민윤리학회(1989),『사회사상과 윤리』, 형설출판사.

한기언 외(1996),『한국교육사료집성 교과서편 VIII』, 한국정신문화연구원.

한명희(1993),『국민학교 교육과정 해설』, 교육과학사.

홍웅선(1988),『새초등교육과정』, 교학연구사.

Aristoteles, 최명관 역(1984),『니코마코스 윤리학』, 서광사.

Bernstein, R. J, 한기철(2003), 「교육이념으로서의 합리성의 난점과 극복」, 아시아교육연구

제4권 2호.

Bruner, J. S., 이홍우 역(1997), 『브루너 교육의 과정』, 배영사.

Chazan, B., 이구재 외 역(1990), 『현대도덕교육 방법론』, 법문사.

Dewey, J., 이상옥 역(1989), 『민주주의와 교육』, 배영사.

Eagleton, T., 방대원 역(1995), 『미학사상』, 한신문화사.

Frankena, W. K., 안상원 역(1987), 『교육철학』, 성원사.

Frankena, W. K., 최병태 역(1998), 『법과 규범』, 교육과학사.

Habermas, J., 한상진, 박영도 공역(1992), 『사실성과 타당성 — 담론적 법이론과 민주주의
    적 법치국가 이론』, 나남출판.

Gilligan, C., 허란주 역(1997), 『다른 목소리로: 심리이론과 여성발달』, 동녘.

Gilligan, C., 황태연 역(1997), 『도덕의식과 소통적 행위』, 나남출판.

Hartman, N, 허재윤 외 역(1994), 『인식과 윤리』, 형설출판사.

Hesson, J., 진교훈 역(1992), 『가치론』, 서광사.

Kant, I., 최재희 역(1988), 『순수이성비판』, 박영사.

Husserl, H., 이종훈 역 (1993), 『데카르트적 성찰』, 철학과 현실사.

Lickona, T., 박장호 · 추병완 역(1998), 『인격교육론』, 백의.

Lipman, M. 외, 서울교대 철학연구동문회 편역(1986), 『어린이를 위한 철학교육』, 서광사.

Lipman, M. 외, 박진환, 김혜숙(2005), 『고차적 사고력』, 인간사랑.

Metcalf, L. E.(ed), 정선심 · 조성민 역(1992), 『가치교육』, 철학과현실사.

Peters, R. S., 남궁달화 역(1993), 『도덕 발달과 도덕 교육』, 문음사.

Peters, R. S., 이홍우 역(1994), 『윤리학과 교육』, 교육과학사.

Rachels, J., 김기순 역(1989), 『도덕 철학』, 서광사.

Rawls, J., 장동진 역(1993), 『정치적 자유주의』, 동명사.

Raths, L. E., et. al., 조성민 · 정선심 역(1994), 『가치를 어떻게 가르칠 것인가』, 철학과현실사.

Reiner, H., 이석호 역(1999), 『철학적 윤리학』, 철학과 현실사.

Sahakian, W. S., 송휘칠 · 황경식 역(1986), 『윤리학의 이론과 역사』, 박영사.

Sproad, T., 박재주, 김재식, 박균열 공역(2007), 『윤리탐구공동체교육론』, 철학과 현실사.

Taylor, P. W., 김영진 역(1985), 『윤리학의 기본원리』, 서광사.

Vygotsky, L. S., 김억환 · 박은혜 공역(1998), 『정신의 도구: 비고츠키 유아교육』, 이화여자
    대학교 출판부.

Arbuthnot J. B. & Faust. D., *Teaching Moral Reasoning: Theory and Practice*, New York: Harper & Row, Publishers, Inc., 1981

Aronfreed, J., *Conduct and Conscience*, New York and London: Academic Press, 1968.

Ayer, A. J., *Language*, Truth and Logic(Pelican Book, 1936).

Bandura, A., *Social Learning Theory*, Englewood Cliffs, New Jersey: Prentice-Hall, Inc. 1977.

Bodrova, E. & Leong, D., *Tools of Mind: The Vygotskian Approach to early Children Education*, NY: Prentice-Hall, Inc., 1996.

Carbone, Jr. P. F., "Reflections on Moral Education," Peter F. Carbone, Jr.(ed), *Value Theory and Education*, Malabar, Florida: Robert E. Krieger Publishing Company, 1987.

Carnap, R., *Philosophy and Logical Syntax*, London; Routledge & Kegan Paul, 1935.

Carr, D., "Three Approaches to Moral Education," *Educational Philosophy & Theory*, Vol. 15, No. 2, October, 1983.

Carr. D. & Steutel, J., *Virtue Ethics and Moral Education*, London and New York, 1999.

Coombs, J. R., "Attainments of the Morally Educated Person," D. B. Cochrane (ed), *Development of Moral Reasoning*, A Division of CBS, Inc., 1980.

Dewey, J., *How we think in John Dewey - The middle works* Vol. 6, Boydston: Southern Illinois University Press, 1978.

Dewey, J., *Human nature and conduct*, New York: Henry Holt and Company Inc, 1944.

Dewey, J., *Logic, the Theory of Inquiry*, New York: Henry Holt and Company Inc, 1938.

Dewey, J., *The Quest for Certainty*, London: Unwin Brothers Press, 1930.

Eysenck, H. J., *Fact and Fiction in Psychology*, Harmondsworth: Penguin Books, 1965.

Forisha, B. E. & Forisha, B. E., *Moral development and education*, Lincoln, Nebraska: Professional educators publishing, Inc., 1976.

Galbraith, R. E. & Jones, T. M., *Moral Reasoning: A teaching handbook for adapting Kohlberg to classroom*, Minnesota: Green haven press Inc., 1976.

Greenfield, P. M., "A Theory of Teacher in the Learning Activities of Every Life," In B. Rogoff & J. Lave, *Everyday Cognition: Its Development in Social Context*, Harvard University Press, 1984.

Gilligan, C, *In a Different Voice: Psychological Theory and Women's Development*, Cambridge: Harvard University Press, 1982.

Habermas, J., *The theory of communicative action: reason and the rationalization of society*, translated by Thomas McCarthy, 2 vols. Boston: Beacon Press, 1984.

Hartshorne, H. and May, M. A., *Studies in the Nature of Character, Part I(Studies in Deceit)*, Book 1(NY: The Macmillan Company, 1928).

Henson, K. T. & Eller. B. F., *Educational Psychological for Effective Teaching*, Wadsworth Publishing Company, 1999.

Hersh, R. H., et al., *Models of moral education*, New York Longman Inc., 1980.

Hoffman, M. L, "Development of prosocial motivation: empathy and guilt," In N. Eisenberg(ed), *The Development of Prosocial Behavior*, New York Press, 1982.

Hoffman, M. L., "Empathy, Social Cognition and Moral education," In Andrew Garrod(ed), *Approaches to Moral development: New Research and Emerging Themes*, New York: Teachers College Press, 1993.

Hunt, M. P. & Metcalf, L. E., *Teaching High School Social Studies*, New York: Haper & Row, 1968.

Jones, W. T., et al.,(Ed), *Approaches to Ethics*, NY: Mcgraw-Hill, 1969.

Kenner, G. E., *The Revolution in Ethical Theory*, Oxford University Press, 1966.

Kohlberg, L., "The cognitive-developmental approach to moral education," *Phi Delta Kappan* (June, 1975).

Kohlberg, L., "The development of moral judgement and moral action," in Kohlberg, *Child psychology and childhood education*, New York: Holt, Rinehart and Winston, 1985.

Kurtines, W. M., Berman, S., Ittel, A., Williamson, S., "Moral Development: A Co-constructivist Perspective," *Moral Development: An Introduction*, Allyn and Bacon, 1995.

Kurtines, W. R. and Gewirtz, J. L., Morality, *Moral Behavior and Moral Development*, Wiley-Interscience Publication, 1984.

Lipman, M., "The Contributing of Philosophy to Deliberative Democracy," *Teaching Philosophy on the Eve of the Twenty-First Century*, ed. D. Evans, I. Kucuradi, Ankara, Meteksan, 1998.

Lipman, M., *Thinking in Education*, New York: Cambridge University Press, 1991.

MacIntyre, A., *After Virtue: A Study in Moral Theory*, Notre Dame: University of Notre Dame Press, 1981.

McNamee, G. D., "Learning to read and Write in an Inner-City Setting: A Longitudinal Study of

Community Change," In L. C. Moll, *Vygotsky and Education*, Cambridge University Press, 1990.

Metcalf, L. E., (ed), *Values Education: Rationale, Strategies and Procedures*, Washington, DC: NCSS, 1971.

Mill, J. S., *Utilitarianism*, The Liberial Art Press, 1863.

Mischel, W. and Mischel, H. N., "A Cognitive Social Learning Approach," in Thomas Lickona, *Moral Development*; also "Self-Control and the Self," in T. Mischel(ed), *The Self, Psychological Issues*, Oxford: Blackwell, 1977.

Moore, G. E., *Principia Ethica*, Cambridge University Press, 1903.

Ohlsson, R., "An Early Form of the Community of Inquiry: The Study Circle," *Thinking: The Journal of Philosophy for Children*, Vol. 14, no. 2.

Oakley, J, *Morality and the Emotion*, London: Routledge, 1992,

Oliver, D. W. & Shaver, J. P., *Teaching Public Issues in the High School*, Boston: Houghthon Mifflin, 1974.

Palincsar, A. S. & Brown, A. L., "Reciprocal Teaching of Comprehension-Fostering and Monitering Activities," *Cognition and Instruction* 1, 1984.

Peters, R. S., "Classical Theory of Justification," in P. F. Carbone(ed), *Value Theory and Education*, Florida: Robert E. Krieger Publishing Co, 1987.

Peters, R. S., "Moral Principle and Moral Education," in D. B. Cochrane, C. M. Hamm, A. C. Kazepides, *Development of Moral Reasoning*, 1980.

Pritchard, M. S., *Reasonable Children: Moral Education and Moral Learning*, Lawrence, Ks: University Press of Kansas,1996.

Raths, L. E. Harmin, M. & Simon, S. B., *Values and Teaching: Working with Values in the Classroom*, 2nd ed., Columbus Ohio: A Bell & Howell, 1978.

Reimer, J., Paolitto, D. P., Hersh, R. H., *Promoting Moral Growth: From Piaget to Kohlberg*, New York & London: Longman, 1983.

Rogoff, B. & Gardner, W., "Adult Guidance of Cognitive Development," in B. Rogoff & J. Lave, *Everyday Cognition: Its Development in Social Context*, Harvard University Press, 1984.

Rogoff, B., *Apprenticeship in Thinking: Cognitive Development in Social Context*, New York: Oxford University Press, 1990.

Rotter, J. B., "Generalized expectancies for interal versus external control of reinforcement," *Psychological Monographs*, 80, 1966.

Shaftle, Fannine R. & Shaftle, G., *Role-Playing for Social Values: Decision-Making in the Social Studies*, Englewood Cliffs, NJ: Prentice-Hall, 1967.

Sharp, A. M., Splitter, L. J., *Teaching for Better Thinking*, Melbourne: Acer, 1995.

Sichel, B. A., *Moral education: Character, Community and Ideals*, Philadelphia: Temple University Press, 1988.

Sichel, B. A., *Moral Education: Character, Community and Ideals*, Temple University Press, 1988.

Skinner, B. F., *About Behaviorism*, New York: Knopf, 1971.

Spielberger. C. D. & Nike, L. D., "Descriptive Behaviorism versus Cognitive Theory in Verval Operant Conditioning," *Psychological Review*, 1966.

Sprod, T., *Philosophical Discussion in Moral Education*, Routledge, 2001.

Stevenson, C. L., *Ethics and Language*, Yale University Press, 1944.

Tharp, R. & Gallimore, R., *Rousing Minds to Life: Teaching, Learning and Schooling in Social Context*, Cambridge University Press, 1988.

Thomas, J. C., "Community of Inquiry and Difference of the Heart," *Thinking: The Journal of Philosophy for Children*, Volume 13, Number 1.

Toulmin, S. E., *An Examination of the Place of Reason in Ethics*, Cambridge University Press, 1970.

Tyler, R. W., *Basic principle of curriculum and instruction*, Chicago: The University of Chicago Press, 1949.

Vygotsky, L. S., "The Genesis of Higher Mental Functions," In J. V. Wertsch (Ed.), *The Concept of Activity in Society Psychology*, Armonk, NY: Sharpe, 1981.

Vygotsky, L. S., "The Instrumental Method in Psychology," in J. V. Wertsch, *The Concept of Activity in Soviet Psychology*, Armonk, NY: M. E. Sharpe, 1981(Original Work Published 1930).

Vygotsky, L. S., "Thinking and Speech," In R. Rieber & A. Carton(Eds), N. Minick(Trans.) *The Collected Works of L. S. Vygotsky, Vol. 1: Problems of General Psychology*, New York: Plenum, Press, 1987.

Vygotsky, L. S., *Mind in Society: The Development of Higher Psychological Processes* (M. Cole, V. John-Steiner, S. Scribner & E. Souberman Eds), Cambridge, MA: Harvard University Press, 1978.

Vygotsky, L. S., *On the Child's Psychic Development*, Copenhagen: NytNordisk, 1982.

Weber, M, "Science as Calling," in H. H. Gerth and C.W. Mill(eds), *From Max Weber: Essays in Sociology*, New York:Oxford University Press, 1946.

Wertsch, J. V., "The Zone of Proximal Development: Some Conceptual Issues," In B. Rogoff & J. V. Wertsch(Eds), *Children's Learning in The Zone of Proximal Development*, New Directions for Child Development, No. 23, 1984.

Wertsch, J. V., *Vygotsky and the Social Formation of Mind*, Cambridge, MA: Harvard University Press, 1985.

Wilson, J., et. al., *Introduction to Moral Education*, Penguin, 1968.

찾아보기

인명

내용

울력의 책

문학 분야

카산드라의 낙인
칭기스 아이뜨마또프 지음 | 손명곤 옮김

현대시와 오이디푸스 콤플렉스
한명희 지음

교육 분야 ─────────────────────

MIPS 환경 교육
카롤린 데커 외 지음 | 남유선 외 옮김

구술 면접의 길잡이
황인표 지음

논리와 가치 교육
김재식 지음

도덕 교육과 통일 교육
황인표 지음

도덕·가치 교육을 위한 100가지 방법
하워드 커센바움 지음 | 정창우 외 옮김

배려 윤리와 도덕 교육
박병춘 지음

상상력을 활용하는 교수법
키런 이건 지음 | 송영민 옮김

윤리와 논술 I
정창우 지음

정보 윤리 교육론 문화관광부 선정 교양도서
추병완 지음

초등 도덕과 교육의 이해
김재식 지음

콩글리쉬 클리닉
박성학 지음